漢字キーワード事典

前田富祺　阿辻哲次【編集】

朝倉書店

序

近年の情報機器の発達は目覚しいものがある。ワープロ機能の付いたパソコンが普及し，携帯電話などで文字を打って文章を綴り情報を交換し合うようになり，漢字の使用は多様化した。それらをそのまま印刷することも可能になった。作字に手間のかかる活字による印刷から写真植字による印刷に替わり自由な字形の整版が簡単に出来るようになった。

かつては，英文タイプが自由に使えるようになった時代にも，和文タイプの利用は専門的に打ってくれる人に頼まざるをえなかった。このような状況の中で情報機器を利用しての漢字使用は革命的なものであった。

日本語における漢字使用の難しさを柔らげるために当用漢字が定められた。当用漢字は漢字制限をすることから始めて，次第に漢字使用を減らすことを予想していたものと思われる。実際，小説の中の漢字使用率の変化を調査した安本美典は，1971 年に発表した論文の中で二百年ほどで漢字が使われなくなると予測したのである。しかし，その後の漢字使用はむしろ増加する傾向を示し，当用漢字に入っていない漢字を子供の名前に用いたいという希望は絶えることがない。たびたびの人名用漢字の追加や常用漢字表の制定はそのような状況の変化に応えるものでもあったのである。

しかし，情報機器の発達はなおも続いている。漢字の在り方は中国においても日本においても問題となっており，国際的なユニコードの制定も行われるようになった。日本は漢字仮名混じり文を中心とする方向が決まっており，複雑な漢字使用をいかにすべきかを考えるべき時期に至っている。常用漢字表の改定も計画されているが，漢字の問題は国民一人ひとりの考えるべき問題なのである。

漢字の問題は当然中国における漢字の歴史と漢字についての考え方を確認してお

くことも必要であるが，日本独自に生じた問題についてもなぜそのようになっているかを慎重に考える必要がある。ここでは漢字の問題で使われる用語について正確に理解しておくことが前提となる。最近は日本語についての国民の関心が高まり，漢字の問題がクイズに出されることも多い。漢字を頭においた言葉遊びもいろいろ行われている。それらの中には漢字についての正確な知識に欠けていると思われるものもないわけでない。

『漢字キーワード事典』はそのような一般の人々にも利用されることを期待している。当然のことながら，漢字の問題が多様化する中で，本書が的確に漢字を考える出発点となってほしいものである。

2009 年 4 月

前 田 富 祺
阿 辻 哲 次

執　筆　者

阿辻　哲次　京都大学
浅野　敏彦　大阪成蹊短期大学
荒川　清秀　愛知大学
池田　幸恵　長崎大学
上野　隆三　立命館大学
氏原基余司　文化庁
内田　宗一　東京家政学院大学
遠藤　邦基　奈良女子大学名誉教授
大西拓一郎　国立国語研究所
岡島　昭浩　大阪大学
奥村佳代子　関西大学
小椋　秀樹　立命館大学
辛島　美絵　九州産業大学
菊田　紀郎　岩手大学名誉教授
北山　円正　神戸女子大学
木村　秀次　前千葉大学
木村　義之　慶應義塾大学
木島　史雄　愛知大学
釘貫　亨　名古屋大学
小出　敦　京都産業大学
小出　裕子　京都大学
神戸　和昭　千葉大学
小林　龍生　ジャストシステム デジタル文化研究所
坂詰　力治　東洋大学
笹原　宏之　早稲田大学
佐藤　貴裕　岐阜大学
佐藤　稔　秋田大学
山東　功　大阪府立大学
信太　知子　神戸女子大学名誉教授
渋谷　勝己　大阪大学
島村　直己　国立国語研究所
清水　政明　首都大学東京
周　雲喬　高知大学
鈴木丹士郎　専修大学名誉教授
高橋　久子　東京学芸大学
高山　善行　福井大学
田島　優　宮城学院女子大学
田中　章夫　東呉大学
張　莉　立命館大学
陳　捷　立命館大学
土屋　信一　前共立女子大学
中澤　信幸　山形大学
西原　一幸　金城学院大学
沼本　克明　安田女子大学
野村　雅昭　前早稲田大学
橋本　行洋　花園大学
蜂矢　真郷　大阪大学
林　義雄　専修大学
林　史典　聖徳大学
深澤　愛　近畿大学
福田　哲之　島根大学
藤井　俊博　同志社大学

藤田　高夫　関西大学
藤田　保幸　龍谷大学
前田　富祺　大阪大学名誉教授
松本　光隆　広島大学
道坂　昭廣　京都大学
三保　忠夫　神戸女子大学
村上　雅孝　東北大学名誉教授
安田　敏朗　一橋大学
矢放　昭文　京都産業大学
山口　真輝　神戸女子大学
山本　真吾　白百合女子大学
山本　秀人　高知大学
湯沢　質幸　筑波大学名誉教授
楊　　昌洙　大阪大学
米谷　隆史　熊本県立大学

（五十音順）

項 目 一 覧

1. 総　　論

2. 漢字と日本語

3. 人　名

4. 書　名

5. 音 韻

6. 字体・書体

7. 実 用

8. 書 道

9. 文 物

10. 国語政策

11. 文字改革

12. 印刷・電脳

あて字(じ)

あて字を最も広く定義すると，日本語を漢字表記した実態そのもの，ということができるが，通常は日本語と漢字とが変則的に対応することをいう。特に，二字以上の漢字連結に対して日本語が対応するものをあて字と考えることが一般的で，それが和語の場合，熟字訓と呼ばれる。また，社会の慣用として認知されたもの以外にも，個人の誤用を含めた臨時的表記や，国語施策による漢字制限に伴って「銓衡→選考／輿論→世論」となった代用表記をもあて字に含めることがある。ただし，漢字と日本語との関係における正則・変則の別は時代や使用者層などによって異なるため，漢字表記を個別に取り上げて，あて字か否かを区別するのはむずかしく，考察モデルとしては誤字を除く場合が多いものの，あて字と誤字の境界線もまた明確にしがたい (田島 1998)。当用漢字表のような強い社会的教育的規範が存在すれば，そこから外れた表記にはあて字という意識も強くなるものと思われる。

あて字という用語は『名語記』に見られる例が早いようで，中世頃に自覚的に使用され始めたと考えられる。その背景には，識字層の広がりのなかで，(1) 日常語を漢字で表記することへの欲求，(2) 語源的に正しい漢字を日常語に対応させようという本国主義という二方向で発達したと考えられる (池上 1984)。

あて字の分類としては一般に，①一字一字の漢字の音または訓から日本語を音として復元できないもの (＝借義法：角力(すもう)・少女(おとめ)・五月蠅(うるさ)いなど)，②一字一字の漢字の意味からは対応する日本語の意味が復元できないもの (＝借音法：我多彼是(がらくた)・瓦落離(がらり)・独逸(ドイツ)など/借訓法：矢張(やはり)・出鱈目(でたらめ)など)，③それらの混用 (＝借音義混用法：型録(カタログ)・倶楽部(クラブ)など) の三類に分けられる。また，本来あてるべき漢字が存在する正字表記とあてるべき漢字がなかったことによる補欠表記とで整理する案もある (柳田 1987)。①は時代によってそれぞれの漢字がもつ読みの範囲が異なり，通時的に一貫した尺度で捉えることがむずかしい。②は歴史的に日本人の漢字使用意識に照らしたとき，漢字の音訓を厳密に区別していたとは考えにくい面もあり，一括して日本語の語の音という意味で〈語音〉を設定し，借語音法とする案もある (杉本 1998)。②の場合でも漢字のもつ表意性から，読み手は漢字表記から何らかの意味を読み取ってしまうことがありうるし，書き手もそれを意図して漢字を選択することがありうる。特に書き手がそれを意図する場合は戯書(ざれがき)などと称されることがある。あて字の考察は資料の性格，漢字使用者層の吟味をしながらの実態記述が最優先されるべきであろう。また，その際には書き手の立場，読み手の立場の両面を考えることが必要となる。 (木村義之)

【参考文献】池上禎造『漢語研究の構想』岩波書店，1984/柳田征司「あて字」(『漢字講座 9 漢字と日本語』明治書院)，1987/杉本つとむ「宛字の論」(『日本文字史の研究』八坂書房)，1998/田島 優『近代漢字表記語の研究』和泉書院，1998/木村義之「あて字」『朝倉漢字講座 1 漢字と日本語』朝倉書店，2005。

後付（あとづけ）

書簡の末尾に書く日付・署名・宛名・脇付などをひとまとめにして呼ぶときの名称。

明治以前の書簡作法書を見ると，書簡の用語について相手との上下関係により，語の使い分けや書体の使い分けが行われていたことがうかがわれる。後付の書き方についても，相手との上下関係に基づく決まりなどがあったようである。

例えば，宛名の書き方については『書礼口訣』(元禄 12(1699))の「名ノ書キ所上中下之事」に記述が見られる。ここでは，宛名を書きはじめる位置として，①日付より一段高い位置，②日付と同じ高さ，③日付より一段下がった位置という 3 段階をもうけ，①は目上・②は同輩・③は目下の者に対するものとしている。これと類似した記述は，江戸時代初期の成立とされる『簡礼記』にも見られる。『簡礼記』には「充所高下ノ事，賞翫ノ方ヘハ凡本文ノ通ナルヘシ。但，至上ノ貴人・高人ナトノ御名ヲハ，本文ヨリ上テモ書之也。中輩下輩等，段々ニ月付ヨリ下ルヘシ。」とあり，やはり相手との上下関係によって宛名を書きはじめる位置に違いがあるということが述べられている。

宛名につける敬称については，『書札調法記』(元禄 8(1695))で「殿」「様」をとりあげ，楷書から行書・草書とくずした書体を用いるに従って敬意が下がるということが示されている。なお，この「殿」「様」を宛名の敬称に用いることの起源については，『書礼口訣』に「人の名に殿文字を付ける事，上代にはなし。中世よりおこる。(中略)近代は様の字を用て，下輩にもかくわが方様など云詞よりおこりしにや。此事は，はなはだ近き世よりはじまる。」とあり，『貞丈雑記』(天保 14(1843))にも「何がし様の様，上古にはなき事也」とある。

古代・中世の書簡を見ると，宛名の上に「進上」「謹々上」「謹上」という語が書かれている。これらの語を上所（あげどころ）と呼ぶ。これは公家の書簡作法に始まるもので，「進上」「謹々上」「謹上」などが上所として使われていた。それぞれに敬意の差があり，「進上」が最も敬意が高く，「謹々上」「謹上」の順に敬意が低くなる。この上所は武家の書簡作法にも受けつがれ，語だけでなく書体によって敬意の差を示すことも行われた。『書札作法抄』では上所として「進上」「謹上」の 2 語をあげ，真行草の書体によって 6 段階に分けている。しかし室町時代中期以降次第に衰退したようである。

また宛名を連名で記す場合の作法については，『書礼口訣』に「大勢宛所の時は，上下は奥書は奥を上，うは書は端を上。」とある。後付(奥書)ではより身分の高い者を後(奥)に書き，上書ではより身分の高い者をはじめのほうに書くということである。

署名の下に相手への敬意を示すために「拝」という字を書きそえることがある。これを下付という。下付には「拝」のほかにも，謙遜の意を表す「生」がある。(小椋秀樹)

【参考文献】真下三郎『書簡用語の研究』渓水社，1985/橘　豊「書簡・往来物の語彙」『講座日本語の語彙 5 近世の語彙』明治書院，1982。

新井白石

江戸時代中期の儒学者・政治家。名は君美。白石は号。明暦3年(1657)–享保10年(1725)。30歳の頃までは独学であったらしいが，木下順庵の門に入ってその高弟となり，「木門の十哲」の一人に数えられた。順庵の推挙によって徳川綱豊の侍講となり，綱豊が六代将軍家宣となってからはその篤い信任の下で幕府政治の中枢に参画した。七代将軍家継が没するまで活躍したが，吉宗が八代将軍になると政治的地位を失い，以後は不遇のうちに著述に専念したという。

政治的には高邁な理想主義を採ったが，一方で歴史や現実に対して強い関心と該博な知識とを以て臨み，著書も歴史・地理・言語などにわたって多い。主なものを挙げれば，歴史に関しては，慶長5年(1600)から延宝8年(1680)に至る337大名の事績を記した『藩翰譜』，儒教的道徳思想に基づく歴史観の下に公家政治の衰退と武家政治の成立過程を論述した『読史余論』，古事記・日本書紀などに基づいて古代史を究明しようとした『古史通』などがある。幕府が直面する課題の一つを論じた『本朝宝貨通用事略』にも独自の歴史的識見が窺え，『武家官位装束考』は制度史・有職故実に関する考証として意義が認められる。地理に関しては，屋久島に渡来したイタリア人宣教師シドチ，オランダ人商館長ラルダインなどから聴取した内容を元に，世界各地の地理・歴史・風俗・産物・政治情勢等について記された『西洋紀聞』『采覧異言』が有名で，前者はキリスト教の大意とその批判に，後者は地理書としての詳細な記述に特色がある。その他，日本の地誌に『蝦夷志』『南島志』『琉球国事略』がある。言語に関する著述には，『東雅』『東音譜』『同文通考』がある。『東雅』は，中国の『爾雅』に倣って日本語の名詞を挙げ語源を解釈した書。「総論」には当時として優れた言語観が見えるが，語源解釈には単なる思い付き，こじつけが少なくない。『東音譜』は，「東音」すなわち日本語の音を中国語音と対照して体系的に解釈したもの。五十音を基本として，「二合音(クァ・クィの類)」「発声(頭子音)」「送声(長音)」「余音(カァ・キィの類)」「収声(中国語で陰類および陽類の韻尾を持つ音)」「入声(中国語で入類の韻尾を持つ音)」「濁音」「重音(パ行音)」を挙げ，仮名による表記法を示している。『同文通考』は，文字に関する和漢の説を検考した書。漢字の起源・構成・書体・字音，仮名の成立・字源，日本の漢字に認められる諸事例などについて述べられており，特に日本の漢字について記された第4巻が注目される。

白石はまた漢詩にも長じ，『停雲集』『白石詩草』などの詩集を残したほか，平易・明快な和漢混淆文体で綴られた自伝『折りたく柴の記』は，白石の生涯，思想の形成を知る上で，あるいは政治的生涯の回顧録として史料的価値が高い。　　(林　史典)

【参考文献】市島謙吉編『新井白石全集』吉川半七，1907/宮崎道生『新井白石の研究』吉川弘文館，1958/勝田勝年『新井白石の学問と思想』雄山閣，1973。

有坂秀世（ありさかひでよ）

言語学者。音韻学者。明治 41(1908)年–昭和 27(1952)年。若くして大成し，日本語の古典学的音声研究に独創的境地を拓いて後学に多大の影響を与えた。旧制第一高等学校在学中に病を得，以後生活の大半を病床で過ごした。そのため定職につかず，没年までの 10 年間は研究活動をほぼ停止している。巨大な業績と薄幸の生涯は，伝説の天才として後輩の強い憧れの的となった。有坂の業績は，2 種類に分けられる。一つは主著『国語音韻史の研究』(明正堂書店)や没後公表された『上代音韻攷（じょうだいおんいんこう）』(三省堂)に代表される奈良時代から中世にかけての古典音声学，そして，いま一つが学位論文『音韻論』(三省堂)によって知られる理論的研究である。古典音声学の分野では奈良時代語研究が最も輝かしい業績として評価が高い。古代日本語における音節結合法則(有坂法則)の発見は当時の学界を驚かせ，日本語がアルタイ語族であることが証明されたとまでいわれた。今日それを主張する研究者はないが，有坂法則は今なお古代語解明の鍵であることに変わりがない。有坂の研究は，古代語の発音の実際を復元する音価推定に及び，そのために中国語音韻学の研究を併せて行った。中国古音学は，清朝考証学において全盛期を迎えたが，詳細な音価推定の技術は伝統的音韻学では達成できず，ヨーロッパの言語学の方法によらざるをえなかった。伝統的な韻書や音図，中国各地の方言や日本漢字音などの情報を駆使して最初に近代言語学の立場から中国中古音を復元したのがスウェーデン人カールグレン(Karlgren)であった。有坂は，カールグレンの拗音説を批判していわゆる「重紐（ちょうちゅう）」問題を解決したが，これは不朽の業績と称えられる。このような基礎に立って有坂は，日本古代語音声研究に前人未到の業績を残し，彼の研究は今なお学界の第一線に立っている。その一方で，有坂は，古典音声学の実証的研究に勝るとも劣らない情熱を理論構築に注いだ。昭和 7 年頃からプラハ学派の音韻論がわが国の『音声学協会会報』などを通じて紹介され，これが有坂の理論的情熱に火をつけた。しかし，有坂の理論は，彼の実証的古典音声学の成果ほどには実りをもたらさなかった。有坂の「音韻」の規定は「発音運動の理想，目的観念」とするものであり，記述者の内省に依存する心理主義であった。このような心理主義的規定は，母語以外の言語や方言の記述に際して有効性をもたず，後の日本語音韻論に積極的影響を与えなかった。また彼のプラハ学派批判も意図的に行われたものであり，今日では学説としての有効性は否定されている。有坂の『音韻論』は，自らの古典音声学の正当性を確認するためのドイツ観念論哲学流の理論構築であって，そのため彼の「理論」は古典音声学者の間でのみ信奉され，彼のプラハ学派批判の否定的な影響は，1980 年代まで及んだ。（釘貫　亨）

【参考文献】有坂愛彦・慶谷壽信『有坂秀世言語学国語学著述拾遺』三省堂，1988/釘貫　亨『古代日本語の形態変化』和泉書院，1996。

石塚龍麿

江戸時代の国学者。語学者。明和元(1764)年–文政6(1823)年。遠江浜松の人。最初，内山真龍に入門し，のち本居宣長に弟子入りした。古典語学上の著書に『古言清濁考』(寛政6(1795))，『仮名遣奥山路』(寛政10(1799))がある。ともに師宣長の示唆を受けて成った。特に注目されるのは，『仮名遣奥山路』において上代の文献でエ・キ・ケ・コ・ソ・ト・ノ・ヒ・ヘ・ミ・メ・ヨ・ロに当たる万葉仮名にそれぞれ2種類の使い分けがあって整然と区別されていることを実証したことである。これは，宣長が『古事記伝』「仮字の事」で『古事記』に観察されるこの事実を報告しているが，龍麿の著はこれを上代文献全般に調査を及ぼしたものである。その結果，宣長の指摘した事実が上代文献全般に適用される現象であることが明らかになった。日本古代音に関する卓越した認識の持ち主であった宣長は，これを上代に存した発音の区別によるものと直観したが，龍麿はこの点に関して直接の言及を行わなかった。龍麿の業績は，写本で伝わったこともあって，賛同者を得なかったものと思われ，わずかに草鹿砥宣隆(明治2年没)『古言別音鈔』(嘉永2)に影響をとどめるのみであった。なおエの二類の区別については奥村栄実『古言衣延弁』(文政12(1829))によって五十音図のア行「衣」とヤ行「延」の区別であることが判明した。龍麿の観察対象が従来の仮名遣いの説明の枠組みであるいろは歌や五十音図から外れた万葉仮名の用字法であったために，古典語学の内部で理解者を得られないまま，幕末明治維新期を境にして忘却された。大正期に橋本進吉が龍麿の業績を再発見し，本書の無視できない学説史上の価値を報告し，学界の関心を集めることになった。これによって『奥山路』の評価はほぼ定まったといえよう。橋本は，龍麿が見いだした事実に関して，通常いわれる仮名遣いと区別してこれを「上代特殊仮名遣」と呼んだ。橋本は，近代言語学の手法を用いてこの現象の背後に，宣長が直観したとおりの奈良時代語に存した発音の区別，それもおそらくは母音の区別に帰せられることを明らかにした。すなわち，既存の5母音に加えてキヒミ(イ列音)，ケヘメ(エ列音)，コソトノヨロ(オ列音)に二類の母音の区別があると考えれば未知の3母音が新たに加わる。その結果，奈良時代語の母音組織は，古来不動のものと考えられてきたアイウエオ5母音ではなくイ列エ列オ列音に未知の母音それぞれ一個が加わる8母音から構成されていたという驚くべき実態が浮かび上がった。橋本の発見は，近代の日本語学史上最大の発見として称えられている。その後，有坂秀世をはじめとする後継者がこの問題をさらに深く追究し，1980年代まで古代日本語の母音組織論として言語学者を巻き込んだ学界の中心的論争点を提供した。龍麿の『奥山路』は，かかる論点の直接の出発点となる業績であり，日本語学史上，その価値を没することができない。　(釘貫　亨)

【参考文献】橋本進吉「国語仮名遣研究史上の一発見」『文字及び仮名遣の研究』(橋本進吉『博士著作集第3冊』岩波書店に収録)，1949。

異体字(いたいじ)

同音同義の漢字群のうちの，社会的にあまり使われない字形に対する総称。ある意味を表す漢字で，字義と字音(じおん)が全く同じであるにもかかわらず，異なった字形をもつものが数種類ある場合，慣習として最もよく使われていて，社会的に標準と考えられ，使用が定着している字形を通用字体とし，それと異なった字形をもつものを異体字(また「別体字」「或体字」とも)と呼ぶ。

ただしこの分類はあくまでも社会的な習慣に基づくものにすぎず，学問的に明確な基準やよりどころがあるわけではない。また標準的な字形に関する認識が，時代によって異なることもある。例えば「野」と「埜」は同音同義であり，最も正統的な漢字の規範を示すと意識される『説文解字(せつもんかいじ)』では「埜」が見出し字として掲げられているが，しかし現実の社会では「野」のほうがよく使われた。そこで一般には「野」を通用字形と考え，「埜」を異体字とする。

異体字の歴史は非常に古く，甲骨文字(こうこつもじ)や金文の中からすでに存在する。とりわけ秦の始皇帝の時代に中央集権の官僚制国家が成立し，各地に建てられた役所に多くの書記が配属されるようになると，文字の使用者人口が飛躍的に増えた。その傾向は漢にも受け継がれ，こうして多くの人が日常的に漢字を書くようになると，それとともにより簡単に文字を書こうとして，便宜的に字形をくずす傾向が強まった。

さらに書写材料の多様化が，それに拍車をかけた。ある者は石や岩肌に楷書で文字を刻んで石碑を作る。またある者は先端が柔らかい筆で，表面がなめらかな紙に行書や草書で文字を書く。このような文字記録環境で，同じ形の文字が書かれるほうがむしろ不思議であった。文字文化の多様化とともに，多くの異体字が生まれることとなったのはいわば必然でもあった。

異体字が増えだしたのは，楷書による文字の表記が普及してからのことである。南北朝時代に書かれた文字に多くの異体字があることは，今も洛陽に残る龍門石窟の「造像記」(仏像建立の由来を岩肌に刻んだ文章)や，王羲之(おうぎし)をはじめとする書家の作品に示されているとおりである。

南北朝時代の文字に現れた混乱状況については，当時の文献に具体的な記述がある。学者として名声の高い顔之推(531–591？)が，文化人として生きる心構えや教養などについて子孫のために書き残した『顔氏家訓』に「書証篇」という篇がある。これはそれに続く「音辞篇」とともに，南北朝時代の文字・文献・言語に関する学問的状況が非常に具体的に活写されている部分として，古くから重要な資料とされているが，その「書証篇」で顔氏は，漢字の書き方は時代によってそれぞれ変化するものであり，本来は誤字でありながら，現実の社会のあちらこちらで通用している文字として，合計15種類の文字を例としてあげる。

とはいっても，その指摘は異体字そのものの字形を掲げるのではなく，「亂旁為舌」とか「席中加帯」「悪上安西」というような表現で書かれていて，いささかわかりにくい。最初の「亂旁為舌」(亂の旁を舌と為す)とは，「亂」のヘンの部分を《舌》と書くということである。つまり「乱」という字形のことで，この記述によって，戦後日本の当用漢字・常用漢字に使われる「乱」が，実は6世紀の中国ですでに使われていた，ということがわかる。

同様に「席中加帯」とは，「席」の内部を《帯》と書くこと，また「悪上安西」とは「悪の上は安くんぞ西ならんや」と読み，「悪」の上部にある《亞》がその時代にすでに《西》と書かれていた，すなわち「悪」と書かれていたことを批判しているのである。そのほかにもこの部分の記述によって，当時の字形では「鼓」のツクリにある《支》が《皮》となっていたり，「靈」の下の部分が《器》になっていたことなどがわかる。そしてこれらの字体は誤りだから，「治さざるべからず」と顔氏はいう。

顔之推の記述によって，南北朝末期には漢字の字形と使い方が相当に混乱していたことがわかる。そして唐になっても，このような文字の混乱状況がほぼそのまま引き継がれた。

同じ文字でありながら異なったいくつかの書き方があることは，とりわけ科挙での出題と採点において大きな問題となった。高級官僚採用試験としての科挙を行い，それを採点して受験者の優劣をつけるためには，このような異体字が大量に使われるのは混乱を招くばかりである。そこで多くの異体字のなかから由緒正しい文字とそうでない通俗的な文字とを区別する必要が次第に痛感されてきた。

そのような流れのなかで各種の「字様」(異体字の正俗を論じる書物)が作られ，多くの異体字が正字・別字・俗字・通字・誤字などに分類された。その最も重要な成果は顔元孫の『干禄字書(かんろくじしょ)』であり，そこで示された分類がその後長く正俗の規範とされた。なおこの書物は日本にも早くに輸入され，日本の漢字文化にも大きな影響を与えてきたが，清代になって『康熙字典(こうきじてん)』が作られると，漢字の規範はすべてそれに求められた。

異体字は現在の日本にもまだ多く存在する。特に「渡邉」とか「髙橋」「𠮷田」というような姓に使われる異体字は，個人のアイデンティティにかかわる部分もあって，そう簡単に整理はできないが，そうではない異体字は，できるだけ早く淘汰する必要があるだろう。異体字がむやみに増えることには，社会での文字使用に大きな混乱を与えるからである。まして今後コンピュータによる漢字処理がどんどん進む状況を考えれば，異体字の淘汰を積極的に推進する必要があるだろう。新しい時代に応じた漢字の規範の策定が今こそ必要である。

(阿辻哲次)

一切経音義

『一切経音義』は漢訳仏典中の音訳または意訳された梵語，教義上のキーワード，難語，僻字などについて音(字音)と義(意味)を注釈した漢訳仏典専用の辞書である。注釈の対象語は二字から成ることが多い。西域を経て中国に渡来した主要仏典の経律論の漢訳については，陀羅尼(呪誦)を音訳する以外は意訳されることが多かった。中国では仏伝以前の早い時代に儒教道教および諸子百家の政治思想や倫理思想が成立しており，漢訳仏典は仏教特有の用語を使用しつつも在来の儒教道教の経典用語を多量に使用することで実現した。したがって仏教用語だけでなく儒教経典を解釈する際の辞書機能も有用とされ後世に伝わった。代表的なものとして『玄応音義』と『慧琳音義』が現存する。

『玄応音義』の作者玄応には詳細な伝記が残存せず不明な点が多い。限られた資料によれば唐太宗の貞観19(645)年，玄奘三蔵が西域より帰朝し勅命により訳経事業を始めた際に「字学大徳」として訳場に召集されている。また貞観19年から顕慶元(656)年までの12年間は同訳場で「正字」作業に参画したこと，『大般若経』の漢訳が進行しつつも完成前の龍朔元(661)年の秋か，遅くとも龍朔2〜3年の間に亡くなったこと，さらに『玄応音義』成立も7世紀中期頃として大きく誤らないとされている。

仏典類を「内典」，儒教道教など仏典以外を「外典」と呼ぶ習慣が初唐時代には定着していたが，『玄応音義』の引用書には内典のみならず外典に類する古字書が多く見られる。例えば『爾雅』『方言』『説文解字』『広雅』『釈名』『玉篇』など現存の字書類であるが，それ以外に『倉頡篇』『三倉』『通俗文』『古今字詁』『埤倉』『聲類』『韻集』『字林』『字書』などの佚書も多数見いだされる。清代の考証学者は『玄応音義』引用のこれら佚書の訓釈例を多数見いだし文字学，訓詁学，音韻学典の研究に役立てた。『玄応音義』の清代考証学に対する貢献には特筆すべきものがある。

特に音韻学面での『玄応音義』反切の価値は大きい。周法高氏の報告によれば，反映する音系は隋の仁寿元(601)年成立の陸法言『切韻』音系にきわめて近い。『切韻』にほぼ90%共通する『玄応音義』反切の音系は，当時の士大夫階級の読書音を反映するものであると論証されている。ただし韻分類の詳細な点での違いや反切用字の分析により，『切韻』音系と異なる非人為的特徴も存在している点の指摘は，当時の実際音の特徴を探るうえで貴重な価値をもつ。

現存するものとして大治年間(1126–1131)鈔本『一切経音義』『叢書集成本』『縮刷蔵経本』などがあるが，『高麗蔵本』に基づいて宋元本と対校された『縮刷蔵経本』がテキストとしてすぐれている。なおこのテキストは周法高氏により索引2種類を付録として1961年に台湾中央研究院より単刊影印されている。

『慧琳音義』の作者慧琳は疏勒(カシュガル)出身，不空三蔵 Amoghavajara(705–771)

の弟子で当時の都長安の大興善寺に在籍した。密教に通じ同時に儒学をも修め，インド声明学と中国音韻学の精髄を究めていた。『慧琳音義』は建中末（783）年に着手し元和2（807）年に完成，25年の歳月が費やされた。また元和12年2月30日長安城内西明寺で亡くなった。慧琳と長安のつながりは深く『慧琳音義』反切は長安を中心に通行した「秦音による読書音」を表す一方，「呉音」との違いを明確に示してこれを採用しなかった。審音基準には元庭堅『韻英』，張戩『考聲切韻』など秦音系韻書に依拠しており『慧琳音義』反切の特質を考察することでこれら秦音系韻書の特徴を知ることが可能になる。

また『玄応音義』同様『説文』『玉篇』など伝統的字書を引用するほか，『字林』『字統』『古今正字』『文字典説』『開元文字音義』など今日に伝わらない字書により訓注を加えており，これら佚書の原貌の一端を知るうえで貴重な価値を持っている。

『慧琳音義』は『玄応音義』など先人の音義をも集大成したものであるだけにその内容は複雑で，純粋に慧琳による部分と先人の音義を踏襲する部分から成り立つ。龍朔元（661）年以降に漢訳完成の『大般若経』（600巻）や開元元（713）年漢訳完成の『大寶積経』（129巻）など巨部の新訳経論の音義は純枠に慧琳による部分である。一方『慧琳音義』所収『玄応音義』は単刊本と異なり慧琳が初めて音義を作成した経論部分と混在して収録されている。巻25『大涅槃経音義』「釈雲公撰，翻経沙門慧琳再刪補」，巻27『音妙法連花経8巻』「大乗基撰述慧琳再詳定」のように釈雲公，窺基などの先人の音義を慧琳が再校定し収録された部分もある。さらに『慧琳音義』所収『玄応音義』の音訓注には慧琳による加筆と改筆があり，語学資料として扱う場合にはこの点の語学的意味を考察する必要がある。

『慧琳音義』反切は語学上に特に重要である。『切韻』に代表される在来型伝統韻書の反切では，反切上字は音節の声母と韻母の最初の部分，つまり多くても介母までを表し，反切下字が残りの韻母と声調を担う傾向が強い。ところが『慧琳音義』反切では反切上字が声母のみならず介母・主母音と韻尾までを担い，下字は声調を示すのみ，という類型が珍しくない。反切帰字と声調のみが異なる反切上字を選び，反切帰字と同声調の下字を使って声調を整える方法は，反切を口誦し審音する作業をきわめてスムースに進める。この類型の反切の多数の存在は，『慧琳音義』型反切が経典読書音を示す際に一音一音を誦えつつ審音し作成された可能性を強く物語る。『慧琳音義』型反切は敦煌出土の音韻資料にも一部見られるが，中国語学史上きわめて貴重な価値をもつ。

『慧琳音義』は唐末五代の戦乱期以降中国では伝わらず久しく佚書であった。北宋時代の開宝勅版，福州版，南宋時代の思渓版，沙磧版一切経はいずれも伝えていない。現存するものとして韓国海印寺に伝わる再彫高麗蔵経版が最古のものである。この版は遼の道宗咸雍8（1072）年契丹蔵を経て高麗に伝わり，フビライの高麗侵入期に一度焼失したものの，後に奇跡的に復刻され今日に伝わる。まさに天下の孤本である。また日本には遅くとも豊臣秀吉の朝鮮出征以前に伝来していたという考証もある。元文2(1737)年刊行の洛東獅谷(いがたに)白蓮社本『一切経音義』は海印寺再彫高麗蔵経本に由来する。丁福保(ていふくほ)本および近年の上海古籍出版社刊『正続一切経音義』は白蓮社本の復刻版である。中国で早くに失われたにもかかわらず契丹蔵，高麗蔵，洛東獅谷白蓮社本を経て中国に戻った経緯はまことに歴史上の奇縁といえる。　　　　（矢放昭文）

【参考文献】神田喜一郎『東洋学説林』思文閣，1948/周法高『玄応音義反切考』歴史語言研究所集刊第20本，1948/黄淬伯『慧琳一切経音義反切考』歴史語言研究所，1937/鎌田茂雄『中国仏教史』岩波書店，1978/徐時儀『慧琳音義研究』上海社会科学院出版社，1997/姚永銘『慧琳一切経音義研究』江蘇古籍出版社，2003。

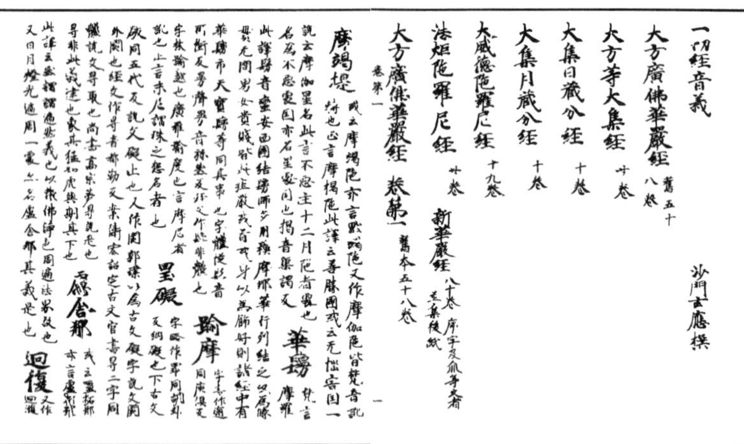
一切經音義　沙門玄應撰
大方廣佛華嚴經
大方等大集經
大集日藏分經
大集月藏分經
大威德陀羅尼經
法炬陀羅尼經
大方廣佛華嚴經 巻第一

大治本

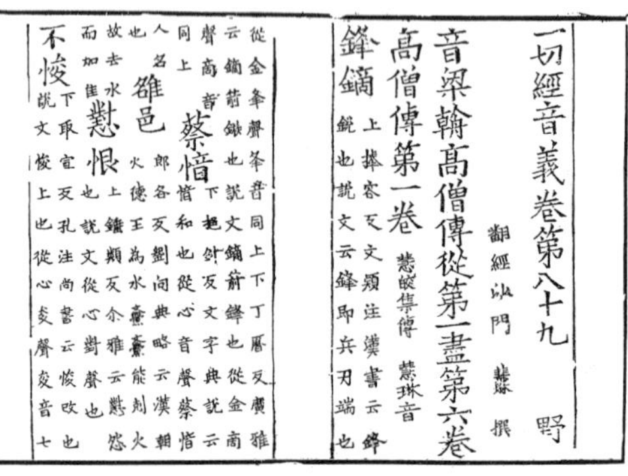
一切經音義卷第八十九　野
翻經沙門慧琳撰
音梁翰高僧傳從第一盡第六卷
高僧傳第一卷　慧皎集傳　慧琳音
鏘鏑

白蓮社本

再彫高麗蔵本

『色葉字類抄』(いろはじるいしょう)

『色葉字類抄』は日本語を中心に据えた国語辞書の嚆矢である。編者は内膳司の典膳，橘忠兼(たちばなのただかね)で，貢士有成入道の助力を得た。典膳は従七位下，貢士は進士すなわち文章生の唐名，ともに社会的身分は低く，伝記もわからない。中国文化摂取を急務とする当時において，かかる人物によって初めて日本語中心の辞書が編まれたことは興味深い。

単語の第1音節により，いろは47篇に分かち，各々を21部に意味分類する。原初形態は2巻本であった。2巻本『世俗字類抄』を基に，①人事・辞字部は音節数により次第する，②畳字(じょうじ)部は，音読語を先に，訓読語を後にまとめる，などの改編が行われ，2巻本『色葉字類抄』が成立した。3巻本は，序文に「凡四十七篇，分為両巻」とあり，また「一詞」「一言」注記や漢字音注記の分布状況からみて，2巻本の体裁の痕跡が色濃く残る。2巻本を基に，①畳字部は，音読語・訓読語各々の内部を漢字数により次第する。また，音読語の二字漢語は意味分類を施し，さらに，同じ意味範疇の語を頭字類聚する，②注記の形式を整備・統一する，③語を補綴する，などの改編・補訂が行われ，3巻本が成立した。さらに，2巻本『世俗字類抄』系統の本を基に一大増補が行われ，鎌倉初期までに10巻本『伊呂波字類抄』が成立した。

テキストは，2巻本『世俗字類抄』に天理図書館蔵本と東京大学国語研究室蔵本，2巻本『色葉字類抄』に尊経閣文庫蔵永禄8年写本，3巻本に前田本と黒川本がある。前田本は鎌倉極初期の書写で，諸本中最も基本となるが，残念ながら完本ではない。黒川本は完本であり，前田本の欠を補う点で貴重であるが，誤脱が多い。10巻本には，学習院大学蔵本および同書断簡と大東急記念文庫蔵本がある。前者は鎌倉初期の書写で，零本ながら原撰本の姿をよく伝える。後者は完本ではあるが，省略・誤脱が多い。ほかに，上冊が2巻本，中・下冊が10巻本の内容をもつ，花山院本がある。花山院本は，一面において，大東急本よりも古態を存し，今後の活用が期待される。

本書は，多くの漢籍・国書から語を蒐集し，漢文訓読語のほか，文書・消息類に使用された語も採録しており，文献読解に役立つ情報の宝庫である。古典文学作品のみならず，古記録・古文書の語の読み方を調べる際，大きな力を発揮する。当時の助数詞の読み方や用法については員数部，雅楽の曲名や異名の読み方・意味については畳字部が役立つ。また，前述の畳字部の意味分類は，漢語の意味を考えるうえで，重要な手がかりを与えてくれる。さらに，本書は，当時の言語資料から，一般的用法の用例を，比較的緩やかに採集しており，中国的な規範意識にしばられることなく，「日本の文字用法」を中心に据えて編纂している。このため，「賛(カフ・カハル)」「哢(アサケル)」などを収め，当時の漢字の通用現象を観察するうえでも有用である。平安から鎌倉期における国語資料として，第一級の価値を有する。　(高橋久子)

【参考文献】山田孝雄『色葉字類抄攷略』西東書房，1928。

韻　学

漢字の音韻に関する学問。一言でいえば漢字音韻学（およびそれに影響を与えた梵語音韻学――悉曇学）のことを韻学と称するのだが，もっぱら西洋言語学の手法を取り入れる前の段階を指して使われる。また，漢詩の押韻や韻字についての書籍などで「韻学」を冠することも多い。

中国では，作詩の際の押韻のために韻を意識するようになっていたが，仏教経典を漢訳する際に，悉曇学と呼ばれる梵語音韻学を学び，そこから漢字音韻学が発展していったものと考えられる。日本においても，悉曇学が漢字音韻学とともに行われた。

例えば空海の『文鏡秘府論』は，漢詩文を作成するための書であるが，韻学にかかわるものが多く含まれる。中国で逸書となったものなども引用していて，中国の古い韻学を知る手がかりともなる。空海の後，安然の『悉曇蔵』は悉曇学を大成したものといわれるが，同書も，中国で逸書となったものを引用するなど，中国の悉曇学を知るうえでも参照すべき書となっている。明覚の『反音作法』（寛治 7（1093））は，仮名で反切を理解させようとしており，韻学の日本化を見ることができる。

中国では，押韻のための韻書に加えて，唐代以降，「等韻学」と呼ばれる，声母や韻母を分類整理する学問が深められた。等韻学ではそれらを図式化した等韻図が作られたが，その等韻図の一つである『韻鏡』が，中世以来の日本では重んじられ，韻学の中心となった。鎌倉時代末に明了房信範がこれを発見して取り上げたことによるものだが，これ以降，日本においては，韻鏡を研究することが韻学の大きな部分を占めることとなったのである。道恵，印融，覚算，頼勢といった人々によって，韻鏡の註釈書が書かれた。

しかし次第に韻鏡を等韻図として理解するよりも，韻鏡本図に付された「韻鏡序」や「調韻指微」などの文章を解釈することに中心がおかれるようになり，等韻図としての理解はなかなか深まらなかった。韻書の反切を理解するための手だてとされる程度であったり，さらには人名反切といわれる，姓名判断の道具としての役割を担わされたりすることもあった。

江戸時代になり，学問一般が秘伝から解放されると，韻学も新しい段階を迎える。韻鏡の註釈書が多く刊行されるようになり，韻鏡序の注解にとどまらない，音韻の図としての韻鏡研究が行われるようになった。これは，ほかの学問と同様にこの時代に学問が開けたこと，中国の音韻学の書（韻鏡以外の等韻図を含む）が多く渡来したことのほかに，韻鏡の解釈に従来の日本漢字音と当時の中国音の両方を利用できたことによるものである。初期には宥朔『韻鏡開奩』（寛永 4（1627）），盛典『韻鏡易解』（元禄 4（1691））が広く流布したが，これらは悉曇学系のものであった。叡龍（河野通清・漣窩）『韻鑑古義標註』（享保 11（1726））は，人名反切のための韻学は無益の学問であると述べ，これも広く流布した。当時の中国音である「華音」を利用した文雄(もんのう)『磨光韻鏡』(延享元(1744))では大きな成果が上がり，これ以降は，韻鏡といえば『磨光韻鏡』というような状況になったが，『磨光韻鏡』の成果は，韻鏡そのものの研究のみならず日本漢字音の研究につながった。太田全斎『漢呉音図』(文化 12 (1815) 年) は，日本漢字音の研究と韻鏡の研究を直接に結びつけようとしたものである。

このように漢字音研究としての韻学が盛んになる一方で，韻鏡が姓名判断に使われることは相変わらずで(その場合でも『磨光韻鏡』などが使われることもあった)，そのような姓名判断をする人が韻学家を称することもあって，近代になってもその伝統は続いていた。

また，上記では，韻鏡を中心に韻学を述べたが，悉曇学は韻鏡にとどまらない広い学問として続けられていた。契沖の師としても知られる浄厳(じょうごん)は，『悉曇三密鈔』(天和 2 (1682)) で，その頃までの悉曇学を集大成した。また，江戸時代後期の行智『悉曇字記真釈』などは蘭学を取り入れるなどしていたし，明治期にも悉曇学はあった。

以上のように，韻学は，漢字音韻の学であったのだが，その音韻学の力を日本語音の観察に向けることもあった。例えば五十音図が現在見られるような形になったのには，韻学の力があずかっているし，古い時代の日本語の音韻状態を考証することができるのも韻学資料が残している記述によることが多い。 (岡島昭浩)

【参考文献】馬淵和夫『日本韻学史の研究』日本学術振興会，1962。

韻鏡

現存する最古の等韻図である。作者不詳。現存する中国の古代目録書には全く記録がない。南宋末理宗(1225–1264)の淳祐(1241–1252)年間に日本に伝来，のち多数の書写本と刊行本が現われた。江戸時代の研究者も多い。古写本の代表として元徳3(1331)年玄恵の識語が記された断簡(岩崎文庫蔵)がある。また最初の刊本に享禄元(1528)年清原宣賢の跋文付の宗仲校訂本があるが評価は低い。のち天文8(1539)年(岩崎文庫蔵)本などが校訂本として流布した。さらに正親町天皇(1557–1586)永禄7(1564)年に埋木改刻版が刊行された。永禄本である。また寛永18(1641)年本も通行した。

中国では南宋以降佚書となったが，清末に黎庶昌が日本を訪れ永禄本を入手，古逸叢書十八として覆刻した。巻首には傳刻者張麟之(生卒年不詳)の識語が紹興31(1161)年付で収録されている。この識語に依れば元来書名は『指微韻鏡』であったが，「微」字採用は聖祖(960–975)の名「玄朗」の上一字を避けた為であり，従って『指微韻鏡』の前は『指玄韻鏡』の筈であったと推定される。金(1115–1234)の韓道昇(生卒年不詳)『五音集韻』序文(1208)，韓考彦(生卒年不詳)『四聲篇海』(1191–1200に成立)序文に『指玄』という書名が見えるが，この『指玄韻鏡』を指す可能性がある。

『韻鏡』の成立時期については嘉泰3(1203)年付の張麟之序文に重要箇所がある。「翼祖の諱を避け『韻鑑』と呼んだが，今日祖廟を移されたので本来の名称が復活した(今遷祧廟，復從本名)」である。翼祖は宗の太祖が其の祖父を追封した尊号であるから，『韻鏡』が宋代人の著作ならば最初から「敬」と同音の「鏡」を避けているはずであり，本来の名称を復活させる必要はなかった。復活させたということは著述年代が宋代以前にちがいないという立論である。この説はまた，敦煌発見の守温韻学残巻は30字母のみで声母分類は不十分であり，唐末には36字母は未成立であったと言い，『韻鏡』成立年代は宋代に至る迄の五代(907–960)年間だという。『韻鏡』に限定すればこの主張は概ね成立するであろう。

しかし『韻鏡』を含む等韻図の成立時期になると話は別である。張麟之序文には，二十歳の時に始めて『韻鏡』を入手し字音を学んだこと，昔から伝わる同類のものとして『洪韻』があり僧侶が著したものであること，沙門神珙という人物がいて音韻を知ることで有名であり，『切韻図』を著し『玉篇』巻末に掲載されていることを述べた上で，『韻鏡』の作者は神珙であろう。世の中では珙を訛って洪としていると言い，『洪韻』は本来正しくは『珙韻』であると記している。ここから読み取れるのは『韻鏡』が独自に成立したのではなく，先行する『切韻図』『珙韻』という等韻図が『韻鏡』以前に存在していたということである。またその時代を五代に限定することもできない。

小川環樹によれば鄭樵の『通志・校讎略』に貴重な記述があり，『韻鏡』『七韻略』に先行する等韻図は八世紀には成立していた。『通志・校讎略』に言う『内外轉歸字圖』『内外轉鈐指歸圖』『切韻樞』は書名から推していずれも等韻図の一種であることがほぼ確実である。また「内轉」「外轉」という述語が現存の『韻鏡』『七韻略』に見えることも根拠に挙げられている。

また『大廣益會玉篇』の附録に『四聲五音九弄反紐圖』があり「沙門神珙撰」と題されている。この資料については黄耀堃が詳細に研究しているが，『九弄圖』がいつ製作されたかを具体的に定めることは不可能としても，序文に引く『元和新聲韻譜』は元和年間（806–820）以降であること，等韻図が内包する「口訣」分析法は短期間に流布するものではなく，長期に流布して始めて変化を生むものであることを詳細に考察しており，等韻図の成立過程を考察する上で示唆に富む論文である。

『韻鏡』は 43 枚の轉圖から成り，轉圖ごとに内外轉・開合口が注記される。内轉は独立二等韻の韻攝を持たないものを指し，外轉はこれをもつ。例えば，第一轉東韻，第二轉冬韻・鐘韻は通攝に属するが，いずれも独立二等韻をもたないので内轉である。第二十五轉蕭韻・霄韻・爻韻・豪韻，第二十六轉霄韻はいずれも效攝に属するが，爻韻は独立二等韻である。したがって第二十五轉・第二十六轉は外轉である。つまり『韻鏡』自体に「攝」名称は見あたらないが，実際には「攝」概念が成立しており十六攝に分類されることを物語っている。

開口は[u]介音をもたず主母音も円唇母音の韻ではない。合口は[u]介音あるいは主母音が円唇母音の韻を指す。例えば第六轉脂韻は[u]介音をもたず主母音も円唇母音の韻ではない。だから開口である。第七轉脂韻は[u]介音をもち合口である。第二轉冬韻は[u]介音をもたないが主母音は円唇母音[o]であり合口となる。なお永禄本は開合としているがこれは誤りである。

『韻鏡』各轉圖は横に声母を標注している。発音部位の順に，唇・舌・牙・歯・喉・舌歯・歯舌の七音に分け，七音は類ごとに発音方法により清・次清・濁・清濁に分けている。『七韻略』36 字母によると幇・滂・並・明・端・透・定・泥・見・渓・群・疑・精・清・従・心・邪・影・暁・匣・喩・來・日となり 23 行が横に並ぶ。幇・滂・並・明と非・敷・奉・微，端・透・定・泥と知・徹・澄・娘，精・清・従・心・邪と照・穿・牀・審・禪はそれぞれ同一行に並ぶ等の違いにより区別される。

声母の下は平・上・去・入四欄に大別され，各欄はさらに一等・二等・三等・四等の四段に分けられる。各轉圖の右一行には内外轉・開合口を注記する。また「去聲寄此」を注記し，入聲を配せず去声を配していることを表示する。例えば，第九轉では廢韻（去声韻）を入聲の欄に置いている。轉圖の左一行には『広韻』206 韻の韻目を標記し，各韻目はそれにより代表される韻の声調と等の区別をそれぞれ該当する位置に表示している。この際韻目は実質上韻母を表しており，韻部を示すものではない。

『韻鏡』は総数 3695 字を収録する。韻圖は中古音の音節配合表であるから，この数は語音体系中の音節総数を示すものである。しかしながら『韻鏡』収録字の一部分は重出している。『広韻』『集韻』などの韻書により照合すると一字が二つの異なる韻位置に配されることがわかる。例えば「郁」は第一轉屋韻三等に配されると同時に，第二轉燭韻三等にも配される。しかるに『広韻』『集韻』では屋韻一音のみであり燭韻字音は見あたらない。このような重出字は総数で 80 前後あり，『広韻』『集韻』からみれば『韻鏡』の音節数は 3695 字にはならないことが判明する。

また『韻鏡』が配列する韻部は 206 韻で『広韻』の韻数と同一であるが用字には違いがある。『広韻』肴・号・映・怗は『韻鏡』では爻・號・敬・帖となる。韻の配列順序も『広韻』と異なるが，最大の特徴は蒸・登二韻を最後に置くことである。『広韻』は蒸・登を耕・清の後，尤・侯の前に置く。韻尾型式に基づけばこの処置が最も合理的であるが，『広韻』以前の随唐時代の韻書は常に蒸・登を鹽・添韻と咸・銜（いずれも[-m]韻尾）の間に置く。代宗（762–779）から徳宗（780–804）の治世の間に成立したと推定されている李舟（りしゅう）『切韻』は職・徳二韻を最後に置き，蒸・登二韻も最後に置いている。この点は『韻鏡』も同様であり，隋唐韻書の韻順を保存していると考えられる。これ以外にも『韻鏡』には『広韻』と合わない箇所があるが，大筋において中古漢語の語音体系を反映すると判断される。中古音系を研究する上で『韻鏡』は不可欠の資料である。

（矢放昭文）

【参考文献】小川環樹「等韻図と韻海鏡源——唐代音韻史の一側面」『中国語學研究會論集』1，1953。/黄耀堃「試釋神珙『九弄圖』的“五音”」『黄耀堃語言學論文集』鳳凰出版社，南京，2004。/楊軍『韻鏡校箋』浙江大学出版社，2007 年。

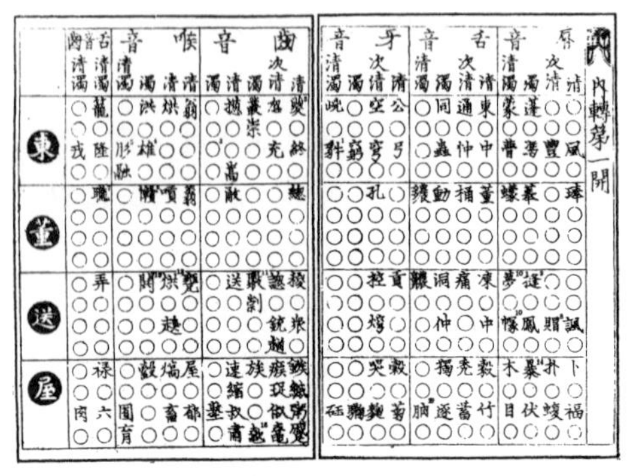

『韻鏡』内轉第一開

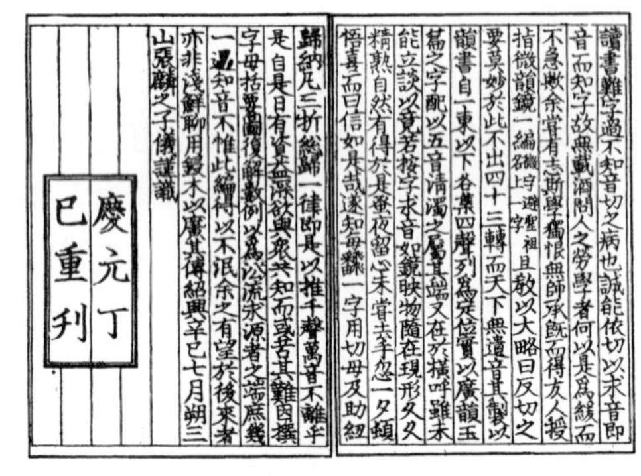

『韻鏡』張麟之序

『殷墟書契』

甲骨文字に関する研究書。中国清末・民国の学者羅振玉（1866–1940）の著。

羅振玉は字は叔言，号は雪堂。浙江省上虞の人。1909（宣統1）年に京師大学堂農科大学監督に就任したが，1911年の辛亥革命で姻籍にあたる王国維とともに日本に亡命し，旧知の内藤湖南（虎次郎），狩野直喜らのいる京都に7年間滞在した。20世紀初頭に発見された甲骨文字や敦煌文書などの新資料の価値をいち早く認識し，その収集と整理に多大の功績をあげた。

『殷墟書契』は前・後・続と精華の4種から構成された図録集で，自身が所蔵する甲骨文字の拓本を，当時最も進んだ印刷技術であったコロタイプによって刊行した。それまでは文人やコレクターの書斎の中で，珍奇な骨董という目で眺められていた甲骨は，この書物によってはじめて世間に広く紹介された。その解説である『殷墟書契考釈』とともに，のちの甲骨学研究の基礎を築いた契機となった書物で，その意義は非常に大きい。

もともと羅振玉が1910年に『殷商貞卜文字考』を著したとき，彼の手元にはわずか700点あまりの甲骨しかなかったが，その後羅氏は精力的に収集に努め，ついには3万点を超える所蔵を誇るようになった。

そのコレクションの中から民国元（1912）年に，2229点を選んで羅氏は『殷墟書契前編』8巻を刊行した（1932年に上海で重印）。その後さらに民国5（1916）年には『後編』2巻（1090片）が，また民国23（1933）年には新たに存在が明らかになった甲骨2016点を収めた『続編』6巻が刊行された。それとは別に，サイズや文字の大きさ，あるいは内容の面で特にすぐれたもの68点を厳選して，『殷墟書契精華』1巻を民国3（1914）年に刊行している。

（阿辻哲次）

【参考文献】貝塚茂樹編『古代殷帝国』みすず書房，1967。

『殷墟卜辞綜述』

甲骨文字研究書。陳夢家(1911-1966)の著。

陳夢家は浙江省上虞の人，1932年に燕京大学に入学，はじめは古代中国における宗教や神話を学んだが，やがて古文字学と古代史を専攻するに至った。1937年には西南連合大学で，1947年には清華大学で古文字学を講じ，1952年以後は中国科学院考古研究所の研究員として研究と著述に専念したが，文化大革命で迫害を受けて死去した。

『殷墟卜辞綜述』は陳夢家の古代文字学研究における代表的著作で，1956年に科学出版社から「考古学専刊」甲種第2号として刊行された。若い頃から研鑽を積んでいた殷代の宗教や神話などの研究の蓄積と，青銅器の時代判定に関する研究成果をふまえて，甲骨の全面的な整理にとりかかった陳は，1949年には甲骨の断代研究に関する論文を4編公刊し，1953年から本書の執筆にとりかかった。

本書は，総論・文字・文法・断代(上下)・年代・暦法天象・方国地理・政治区域・先公旧臣・先王先妣・廟号(上下)親族・百官・農業及其他・宗教・身分・総結・附録の計20章から構成される。構成を見るだけでも，陳の甲骨研究の範囲の広さが見てとれる。それはまさに，彼の時代までの甲骨研究の集大成といっても決して過言でない著述である。

この書物はそれまでの甲骨研究の成果を総括し，それに新資料を加え，さらに独自の見解を数多く提出している。特に新たに知られた発掘資料を重視し，それを文献上の記述とリンクさせて，甲骨研究史上に新しい局面を開いた。

なかでも特筆すべきは断代(時代区分)に関する新しい見解で，中央研究院による第13回発掘で発見されたYH127坑から発見された甲骨によって自組や子組・午組などの卜辞を区分し，それらがいずれも武丁期のものであって，董作賓が主張したような文武丁期のものではないことを明らかにした。この発見はすでに定説となっていて，それ以後の甲骨研究にきわめて大きな影響を与えるものとなった。　(阿辻哲次)

『殷墟文字類編』

甲骨文字の研究書。商承祚(1902-1991)の著。

商承祚は広東番禺の人，1921年に羅振玉について甲骨文字と金文の勉強を始め，のち北京大学の研究生となった。戦前には中山大学をはじめ，清華大学，北京大学，金陵大学などで古代文字学を講じたが，1948年に中山大学にもどり，そのままずっとそこで教鞭をとっている。

商は甲骨・金文などを中心とした古代文字学に造詣が深いだけでなく，中華人民共和国成立以後は湖南省長沙に出土する文物の研究を通じて楚文化の研究に邁進し，大きな成果をあげてきた。

商承祚が1923年に刊行した『殷墟文字類編』は，甲骨文字に関する字典として最も早いもののひとつである。本書の成立には商の師にあたる羅振玉の業績が大きく関係しており，羅振玉は1915年に『殷墟書契考釈』を刊行して甲骨文字の解釈を世に問い，さらに翌年には未釈読の文字を集めた『殷墟書契待問編』を刊行した。そこに収められた文字のいくつかはその後王国維によって考釈が加えられたが，商はそれらに見える羅振玉と王国維の字釈に，自分の見解を加えながら一書にまとめた。

文字は『説文解字』の順序に従って配列されているが，これは『説文解字』に通暁していた甲骨の研究者にとっては最も便利な配列であったという理由による。また甲骨文字には異体字が非常に多いが，この書物ではそれらを可能な限り網羅する形で掲出されている。

(阿辻哲次)

殷虛文字類編第二
上虞羅振玉叔蘊考釋
受業商承祚類次
文八十一　重三百六十七
八卷一第六葉八同上八第十六葉八同上小龜甲
獸骨卷二第二十五葉八後編上第二十四葉八第
二十八葉
祚案小卜辭作三點示微小之意與古金文同許
君訓从八丨見而八分之殆非初誼矣
小卷四第五十五葉小龜甲獸骨卷一第十四葉

殷虛文字類編　第二　一　決定不移軒

『殷契粋編』

郭沫若の著した甲骨文字研究書。

歴史学者として多くの書物を著した郭沫若（1892–1978）は，また詩人・作家としてもよく知られている。四川省楽山県の地主の家に生まれたが，幼少時から反骨精神に富んでいた。成都の中学在学中に辛亥革命を体験，やがて 1914 年には日本に留学し，旧制第一高等学校特設予科，旧制第六高等学校を経て，九州帝国大学医学部に学んだ。

本国の五・四運動に触発されて，文学活動を始め，同じく留学中の郁達夫らと創造社を結成。さらに国民革命の進展とともに中国のあり方に危機意識をもち，河上肇の影響も受けてマルクス主義に接近，文学と革命との結合を唱えた。

中華人民共和国成立後は文化界のトップとして，副総理や中国科学院院長などの要職を歴任する一方，古代史研究や歴史劇などに多くのすぐれた仕事を残した。

『殷契粋編』は 1937 年刊行。郭沫若が千葉県市川市にいたときの著述。その頃著名な甲骨コレクターであった劉体智（号は善斎）が所蔵する甲骨 2 万 8000 点を拓本にとり，全 20 冊からなる『書契叢編』を作っていた。1936 年の夏，劉体智が同じく甲骨のコレクターであった金祖同とともに来日し，携えてきた『書契叢編』を郭沫若に見せ，そのなかからすぐれたものを選ぶようにと委嘱した。

郭沫若はその拓本集から文字が鮮明で大きなものを中心に計 1595 片を選び，文求堂書店から刊行した。『殷契粋編』の名は劉氏の『書契叢編』の中から逸品を選抜したとの意味で命名されている。

本書は中華人民共和国になってから図版を新たに取られた拓本に入れ替え，胡厚宣の考釈をつけて，1965 年に科学出版社から「考古学専刊」第 12 号として出版された。ここに収められた甲骨は学術的価値が高いものを中心に厳選されており，またそれまで珍奇な骨董という目で眺められることが多かった甲骨を第一級の歴史的資料として扱い，さらにそれをマルクス主義的歴史観で解釈した郭沫若の態度は，甲骨文字研究のうえでも特筆されるべき業績とされる。（阿辻哲次）

【参考文献】貝塚茂樹『古代殷帝国』みすず書房，1967。

印刷

印刷とは，何らかの可視化表現を，物理的な媒体に複製定着させることである。その際，同一の複製物が複数個作成できることが暗黙のうちに前提されている。

一般的には，中国唐代に始まったとされる木版印刷を嚆矢とするが，古代から中国やオリエントなどで使われていた，封印，官職印，石碑からの拓本なども，技術的な観点からは，印刷と何ら変わりはない。

現存する最古層の印刷物としては，日本に残る百万塔陀羅尼，韓国慶州の仏国寺から 1966 年に発見された無垢浄光大陀羅尼経，1907 年に敦煌（とんこう）で発見された金剛般若波羅蜜経などがある。

しかし，印刷技術の画期は，1450 年頃のグーテンベルクによるとされる活版印刷技術の発明にある。グーテンベルク以前にも，中国や朝鮮半島などで，木版活字，銅版活字は使用されており，何よりもヨーロッパの木版印刷技術そのものが中国に起源をもつことは確実である。グーテンベルクが世に送り出した 42 行聖書がインキュネブラ（揺籃期本）の時代を開き，聖書の世俗化，ルッターによるドイツ語への翻訳，宗教革命，大航海時代，科学革命といった西欧近代への大きなうねりを形成していく。

こうしたうねりのなかで，活版印刷技術は，主としてイエズス会による東洋への布教活動の一環として，ゴア，マカオなどとともに，日本にももたらされた。1591 年から 1614 年の間に「キリシタン版」といわれる多くの版本が刊行された。同時期には，豊臣秀吉の朝鮮出兵の機に日本にもたらされた朝鮮銅活字に倣って鋳造された駿河版銅活字による出版も行われた。

しかし，日本の活版印刷の歴史は，キリスト教の迫害によって途絶え，以後の発展は，明治初期の本木昌造の出現を待たねばない。

本木昌造は，1969（明治 2）年に，上海の美華書館から活字，活字鋳造機，印刷機などを導入するとともに同書館の責任者であったウィリアム・ガンブル（William Gamble）を迎えて，長崎に活版伝習所を開設した。日本の近代的な活版印刷産業の始まりである。☞活字

日本の印刷技術にとっての次の画期は，1924 年から 1929 年にかけての，石井茂吉，森沢信夫による写真植字機の開発にある。☞写植文字

印刷技術はインクを紙面に定着させる方法により，凸版印刷，平版印刷，凹版印刷に分類することができる。また，印刷機への紙の供給方法により，紙を一枚一枚切った形で供給する平台印刷，ロール状に巻いた紙を連続して供給する輪転機印刷に分類することができる。

凸版印刷は，通常，組み上がった活字から紙型と呼ばれる雌型を作成し，そこに鉛を主体とした金属を流し込んで，刷版と呼ばれる雄型を作成，この雌型で印刷を行

う。また，写植文字や手書き文字，写真などは，写真製版の技術を用いていったん凸版を作成し，さらに紙型を作成するという手順も用いられる。近来では，刷版に金属ではなく合成樹脂を用いる樹脂版印刷と呼ばれる方法も用いられている。樹脂版印刷の場合，紙型を用いることなく，紙に定着させたページイメージ（清刷（きよずり））から直接刷版を作成する。

平版印刷の代表的なものは，オフセット印刷である。オフセット印刷では，親水性のある部分と撥水性のある部分をもつ平板な刷版を用い，親水性のある部分に付着した水分を中間的なローラーに転写，そこに水溶性インクを付着させて，最終的にはこのローラーから紙にインクを定着させる。

凹版印刷の代表的なものは，グラビア印刷である。刷版の凹部にインクを埋め込み，強い圧力でインクを紙に転写する。主として写真や絵画など，陰影のはっきりした印刷物に用いられる。

輪転印刷は，主として新聞や雑誌など，短時間に大量部数を印刷する必要があるものに用いられ，平台印刷は，書籍など比較的印刷部数が少ないものに用いられる。

従来，日本においては，出版社などからの依頼を受けて，原稿をもとに活字を一字一字拾い（文選），1ページずつに組み上げ（植字），紙型を取って，それ以降の印刷工程も行うのは，印刷会社の役割だった。紙型を取った後の活字は，バラバラにしてしまい，多くは鋳造し直して再利用されていた。名刺やはがきなど一部の少部数印刷（端物（はもの）印刷という）では，活字から直接紙に印刷する場合もあったが，大部分の出版物は，追加印刷の際は，短期的には同一の刷版を用い（第○刷），中期的には同一の紙型から刷版を起こし（第○版）ていた。このような過程ゆえに，紙型は出版社にとっても，印刷会社にとっても，非常に重要な財産であった。紙型は，従来は，印刷会社が保管しておくという商習慣があった。出版社，印刷会社合意の下で，紙型を破棄することを，絶版といった。

樹脂版を含め，オフセット印刷やグラビア印刷などでは，陰画フィルムが紙型に相当する。印刷工程の自動化，電子化は，鑽孔テープを用いた活字の自動鋳造に始まる。

以後，CTS（Cold Type-Setting：鉛版を用いない印刷，Computerized Type-Setting）を経て，DTP（Desk-Top Publishing）の時代につながる。

DTPにおいては，執筆，編集過程の一部として，組み版作業が電子的に行われ，印刷会社には，電子的データもしくは陰画出力されたフィルムのみが渡されて，印刷会社は刷版以降の工程のみを行うことが多くなっている。

さらに，最近では刷版工程をもたず，電子データから直接印刷を行う高速印刷機も登場している。

このような工程の変化は，旧来の紙型を結節点とした出版社と印刷会社との関係にも変化をもたらしている。（小林龍生）

韻書（いんしょ）

中国の詩や詞などの韻文を作る際に相互に押韻しうる漢字を調べるために，同じ「韻」をもつ漢字をグループごとにまとめる形式で漢字を配列した字書。「韻」とは漢字の字音のうち声母(＝子音)を除いた部分，すなわち各字の発音のうちの母音を中心とした後半のひびきを指す。韻書は一字一音節という漢字の特質に着目して案出された漢字の配列方式で，それぞれの漢字の下には字義や用例が簡単に掲出されていることが多いので，「音引き」の字書という側面をもつ。

ある漢字を字書の中から見つけようとする場合，その字の所属する部首を考えて検索するよりも，もしその字の読み方がわかっているならば，音によって検索する方が早いことはいうまでもない。それは過去の中国人にとっても同様であり，字音によって文字を配列する韻書は，検索の面でまことに実用的な字書であった。しかし韻書が盛んに制作されたのには，それとは別の理由もあった。中国では早い時代から，知識人たちは必須の教養として詩を作らねばならなかった。詩では必ず脚韻をふまねばならない。そこで実際の詩作に便利なように，同じ韻母をもつ文字をグループごとにまとめた韻書が作られたというわけである。

初期の韻書は三世紀あたりから作られはじめ，初期のものには魏の李登『声類』や晋の呂静『韻集』などがあったというが，いずれも伝わっていない。六朝時代になると詩文が多く制作されるようになり，それにつれてさらに多くの韻書が作られた。しかしそれらは撰者の個人的な好みによる収字の傾向，あるいは出身地の方言音による韻の規定の相違などがあり，広く人々が利用できるものではなかった。

南北朝の統一を受けて規範的な押韻の枠を確立したはじめての韻書は陸法言『切韻』(仁寿元年(601)であり，後世の韻書に大きな影響を与えたが，それ自体は収録字数も多くなく，各文字の下に加えられた注解も簡単なものであったので，実際に詩文を制作する立場の人から見れば，実用性の面で満足できるものではなかった。それゆえ唐代に入ってから『切韻』に増訂作業の手が加えられた。このような『切韻』の増訂本を「切韻系韻書」とよぶ。

宋代以後になると『広韻』(1006年)や『集韻』(1039年)，あるいは科挙における詩文制作の規範を示した『礼部韻略』(1037年)など多くの韻書が作られるようになった。

また詩の押韻に関する以外に俗語による韻文である詞のために『詞林正韻』が，曲のために『中原音韻』などが作られた。これらの書物に示される音韻体系は，近世の漢字音を研究する上での基本的な資料でもある。　(阿辻哲次)

引伸（いんしん）

漢字の意味の変遷に関する理論。「引き伸ばす」という意味から作られた用語。

漢字には一字が複数の意味をもつ「一字多義」という現象があるが，それぞれの漢字が作られたときに最初に表した意味（「本義」）からほかの意味に変化していくプロセスに，引伸と仮借（かしゃ）がある。「引伸」とは本義から「引き伸ばされ」て，それと関連のある概念や事物を表すこと，「仮借」とは，その文字と意味の面では関連性がないが，同じ発音であるがゆえに「借りられ」て表す意味をいう。

例えば「生」は『説文解字（せつもんかいじ）』に「艸木生じて土上に出づるにかたどる」とあるように，「草木が芽を出して地上に伸びてくること」が本義とされるが，そこから意味を延長させて，「生」という文字が「生命」，また「人間が成長すること」「ものを生産すること」「社会の中で生活すること」などを表すようになった。これらはいずれも引伸義である。

また「徒」は『説文解字』に「歩行するなり」とあるように，「歩く」ことが本義であるが，そこから意味が引き伸ばされ，車などに乗らず歩いて戦場で戦う兵隊を「徒兵」と呼ぶ。また歩くときには乗り物を使わないことから「ただそれだけ」という意味に引き伸ばされた。「徒手空拳」というときの「徒」がその意味である。

七篇下　六

从宀。亘聲。須緣切。十四部。向 北出牖也。豳風。塞向墐戶。毛曰。向北出牖也。按士虞禮祝啓牖鄉。注云。鄉、牖一名。明堂位達鄉。注云。鄉、牖屬。是渾言不別。毛公以在冬日可塞。故定爲北出者。引伸爲向背字。經傳皆假鄉爲之。从宀。从口。口舊作口。按亩下曰。从口。中有戶牖。是皆从口象形也。今正。許諒切。十部。詩曰。塞向墐戶。

説文解字の「向」

なお漢字がもつ複数の意味のなかには引伸義と仮借義が混在するものもあり，「北に出づる牖（まど）なり」と『説文解字』（7 上）に訓じられる「向」が，「出向」とか「偏向」「方向」という熟語に使われるのは引伸義であるが，「向来」（これまで）とか「向例」（前例）などの熟語に使われるのは，「向」と「曏」（「さきに」「これまで」の意）と同音であることから，「宛字」として使われた仮借義である。　　　　（阿辻哲次）

『韻補』

宋の呉棫撰，五巻。遼寧図書館所藏宋刻本を 1987 年に中華書局が縮刷影印し，四角号碼索引を附録して出版したテキストが入手しやすい。その他，元刊本，明刊本，『連筠簃叢書』本，『叢書集成初編』本がある。

呉棫（1100 頃-1154），字は才老。建安（現在の福建省建甌県）出身，宋代の音韻・訓詁学者である。宋の宣和 6（1124）年中の進士であった。

著書に『韻補』『書裨伝』『毛詩協韻考補音』『論語続解』『論語考異』『論語説例』『字学補韻』『楚辞補音』の八部があるが『韻補』以外の七部は佚書であり今日に伝わらない。ただし『毛詩協韻考補音』については宋代の楊簡『慈湖詩伝』朱熹（1130-1200）『詩集伝』王質『詩総聞』などに異なる形式で音釈の内容が保存されていることが判明し，張民権により『宋代古音学與呉棫詩輔音研究』としてその内容が最近公刊されている。『韻補』成書年代についての記録は今日に伝わらないが，張民権の考証（張氏上掲書第 7 章）によれば呉棫が福建を離れる紹興 22（1151）年までには成立していたと判断される。

『韻補』は古音を考察する専門書である。『韻補』に引用された古韻の証拠としての書目には『書』『易』『礼』『詩』以下，宋代の歐陽修，蘇軾文集に至るまでの五十種がある。全書は上平声，下平声，上声，去声，入声五巻に分かれている。収録する古韻字の範囲について呉棫は「用韻で『集韻』に見えるものはすべて掲載しない。ただし韻書に見出しても訓義が同じでないもの，諸韻書が自ら読音を定めても注釈が未収録のもの，については収録した」と記している。個々の古韻字については，例えば；「降，胡公切，下なり。」『毛詩』：「我が心即ち降ばん」，屈原『離騒』：「わが家は高陽帝の後裔で，…庚寅の日に吾は降れた，三。」の如く，先ず反切による古音を注記し，字義を解釈したうえさらに用例をあげ，同音字数を記している。その後，これら古韻字を古音に基づいて『廣韻』『集韻』206 韻目下に「通・転」を注記する体例により 35 韻に帰入している。35 韻とは上平声「東・支・魚・真」4 韻，下平声「先・蕭・歌・陽・尤」5 韻，上声「董・紙・語・軫・銑・篠・哿・養・有」9 韻，去声「送・寘・御・震・翰・霰・嘯・個・媽・漾・宥」11 韻，入声「屋・質・月・薬・合・洽」6 韻を指す。他の 171 韻に帰字は無く，「古音某に通じる」「古音某に通じるか或は某に転入する」「古音転声し某に通じる」と注記している。例えば「二冬，古音東に通じる。三鐘，古音東に通じる。四江，古音陽に通じ或は東に転入する。」という如くである。

南北朝以降，人々は『詩経』を代表とする韻文を読む際，相当数の押韻が合わないと感じていたが，語音は変化するものであるということに気づかず，某字を臨時的に某音に改めるという方法で処理してきた。これが「協韻」説である。唐の陸徳明はこの説に賛成せず「古人の押韻は緩やかであったから，字を改める必要はない」とし，韻が合わないからといって臨時的に改読する必要はないことを強調した。呉棫の「通転」説は陸徳明のこの「古人韻緩」説を受け継ぎ，「協韻」説を発展させて古韻を九類にまとめたものである。ただし，呉棫は古人の用韻が後世と異なっていることには気づいていたが，語音が発展変化することには気づいていなかった。したがって呉棫の古韻九類は古韻についての簡略な帰納であり，本質的に古韻の分部を反映することはできなかった。まさにこの点があったからこそ古韻の証拠として五十種類の引用書の中に唐宋文人の作品までも取り入れたのであるが，同時にその処置は後人の批評を受けることが不可避のものであったことを物語っている。

なお『韻補』の語音基礎は宋代の閩北(びんほく)建甌方言であるという研究が近年公表される一方，これを否定し，江淮・杭州一帯の当時の通語がその基礎方言であるという論考も主張され，『韻補』基礎方言についての研究も新たな側面を展開している。

(矢放昭文)

【参考文献】頼惟勤「清朝以前の協韻説について」『お茶の水女子大学人文科学紀要』第 8 巻，1956/邵榮芬「呉棫『韻補』和宋代閩北建甌方音」『邵榮芬音韻学論集』首都師範大学出版社，1997/張民権『宋代古音学與呉棫詩輔音研究』商務印書館，2005。

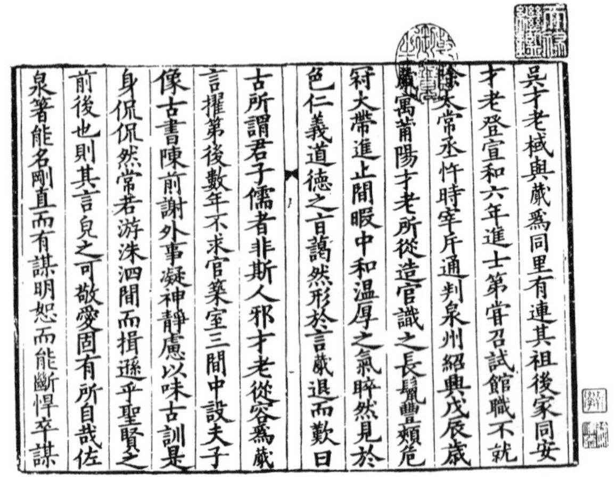

吳才老棫與蔵爲同里有連其祖後家同安
才老登宣和六年進士第嘗召試館職不就
除太常丞忤時宰斥通判泉州紹興戊辰蔵
寓莆陽才老所從遊官識之長身豐頰危
冠大帶進止閒暇中和溫厚之氣睟然見於
色仁義道德之言藹然形於言蔵退而歎曰
古所謂君子儒者非斯人邪才老從容爲蔵
言擢第後數年不求官築室三間中設夫子
像古書陳前謝外事凝神靜慮以味古訓是
身侃侃然常若游洙泗間而揖遜乎聖賢之
前後也則其言皃之可敬愛固有所自哉佐
泉箸能名剛直而有謀明恕而能斷悍卒謀

『韻補』徐蔵序

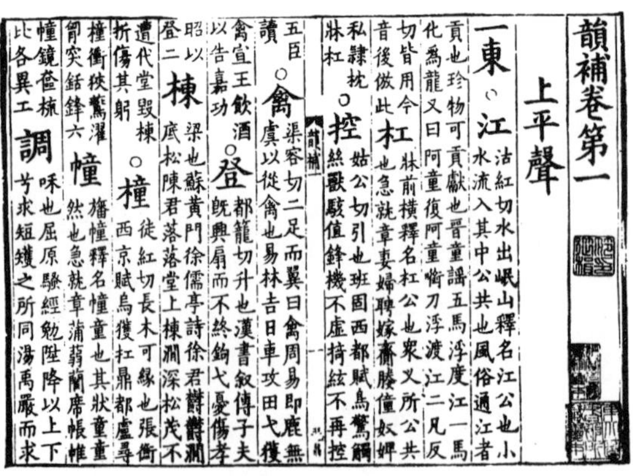

韻補卷第一
上平聲
一東 ○江 沽紅切水出岷山釋名江公也小水流入其中公共也風俗通江者
貢也珍物可貢獻也晉童謡五馬浮度江一馬化爲龍又曰阿童復阿童㘅刀浮渡江二凡反
切皆用今音後倣此 ○杠 牀前橫釋名杠公也衆又所公共也急就章妻婦聘嫁齎媵僮奴婢
私隸枕牀杠 ○控 姑公切引也班固西都賦鳥驚觸絲獸駭値鋒機不虛掎絃不再控
五臣讀 ○禽 渠容切二足而翼曰禽周易即鹿無虞以從禽也易林吉日車攻田弋獲
禽宜王飲酒以告嘉功 ○登 都籠切升也漢書叙傳子夫既興扇而不終鉤弋憂傷孝
昭以登二 ○棟 梁也蘇黃門徐儒亭詩徐君欝欝澗底松陳君落落堂上棟澗深松茂不
遭代堂毀棟折傷其躬 ○橦 徒紅切長木可緣也張衡西京賦烏獲扛鼎都盧尋
橦衝狹鷰濯胷突銛鋒六 ○幢 旛幢釋名幢童也其狀童童然也急就章蒲蒻藺席帳帷
幢鏡奩梳比各異工 ○調 咊也屈原騷經勉陞降以上下兮求矩矱之所同湯禹嚴而求

『韻補』上平声第一葉

ウェード式

イギリスの外交官ウェード（T.F.Wade，中国名は威妥瑪，1818-1895）が考案したローマ字による中国語表記法。清朝末期から，1958年に漢語拼音方案が公布されるまで，世界で，特に英語圏で最も広く使用されたローマ字表記法であった。中国語では「威妥瑪式拼音」という。

ウェードは将校としてアヘン戦争に従軍したあと退役し，上海副領事などを経て，1871年に北京駐在の全権公使となり，1883年に退職帰国し，のちにケンブリッジ大学の初代中国語教授となった。ウェード式ローマ字は，彼の『尋津録』（1859）で初めて用いられ，彼のすぐれた中国語教科書として有名な『語言自邇集』（1867）で用いられたことによって広く世界に知られるようになった。

19世紀半ばまで，外国人が学ぶべき中国語は北京語であるという共通認識がまだ成立していなかった。例えば，1815年に出版されたモリソン（R.Morrison）著『華英字典』で用いられたローマ字は官話を表記していたが，尖団（tsi-とki-）の区別や入声を残しており，当時の北京語の発音とは異なるものであった。しかし，ウェードは北京語を学ぶべきだと主張し，完全に北京語の発音に基づくウェード式ローマ字を考案した。『語言自邇集』とともにウェード式は普及し，その結果，国際的には北京語が中国の標準語であると見なされるようになっていった。イギリスの中国駐在外交官であり，のちにケンブリッジ大学でウェードの後任教授となったジャイルズ（H.A.Giles）がその著書『語学挙隅』（1873），『字学挙隅』（1874），『華英字典』（1892年上海初版，1912年ロンドン再版）の中で，ウェードが両音併記していたものを一音に統一するなどの若干の修正を加えたため，ウェード式はウェード・ジャイルズ式とも呼ばれる。

ウェード式では頭子音の無気と有気を「‘」の有無で区別する。例えば，無気音p，有気音p‘。声調は音節の右肩に数字で示す。例えば，ma^1，ma^2，ma^3，ma^4。ただし，有気音を表す「‘」や声調を表す数字は，辞書や学習書では表記されるが，一般に地名・人名などを表記する際，省略されることが少なくない。また，発音と文字の対応関係が一対一でないものがある点は，合理的とはいえない。例えば，chは舌面音“j”とそり舌音“zh”の両音を表すのに用いられる。chi “ji”，chih “zhi”。tsは舌歯音“z”を表すが，母音ûの前ではtzとなる。例えば，tsu “zu”，tzŭ “zi”。“　”内は漢語拼音表記。

世界的に広く用いられたウェード式であったが，最近は英語圏を含めて，漢語拼音方案の使用が広がりつつある。（小出　敦）

【参考文献】ウェード著，張衛東訳『語言自邇集－19世紀中期的北京話』（中国語訳）北京大学出版社，2002/高田時雄「トマス・ウェイドと北京語の勝利」狭間直樹編『西洋近代文明と中華世界』京都大学学術出版会，2001。

永字八法

楷書「永」の字を毛筆で書く練習を繰り返すことにより，最初の筆の入れ方・縦画・横画・止め方・はね方・払い方などを習得するための書道の方法。

「永」という字には，いろいろな漢字の筆画についての八つの書き方(八法)が含まれているといわれている。すなわち，側・勒・努・趯・策・掠・啄・磔の八つである(永字八法図参照)。側は点のうち方をいい，鳥の着地の形ともいわれる。勒は横画の書き方で，馬の鞍のきずなを用いる形といわれる。努は縦画の引き方をいい，力を込める形といわれる。趯ははね方でとびはねる様をいう。策は短い横画の斜め上がりの書き方で馬に鞭をあてる形といわれる。掠は左斜めの払い方で櫛で髪をすく形といわれる。啄は短い左斜めの払い方で鳥が啄ばむ形といわれる。磔は右斜めの払い方でいけにえをひきさく形といわれる(上記は唐代の書家 智永の八法論による)。

永字八法は，後漢時代に蔡邕が嵩山の石窟の中で書を学んでいた際に白髪の老人から授かったとの伝説がある。蔡邕は書をよくし，著書『九勢八訣』の中で「書は自然より肇む。自然，既に立ちて陰陽焉より生ず。陰陽，既に立ちて，形勢尽く。」と述べており，書の根源を自然のなかに求めた。また，東晋時代の王羲之の書『蘭亭序』における最初の文字が「永」であるところからできた用法であるとの一説もある。

現在の教育では楷書の基本点画として点・横画・縦画・そり・曲がり・左払い・右払い・折れの八つが教えられ，このうち，そり・曲がりは永字八法の用法にはない。『文化庁国語シリーズVI漢字』(1974)によると漢字の点画は18種に分類されている。したがって，永字八法は用法のすべてを網羅したものではない。一方，現在一般者向けに市販されている書道の教本には永字八法を載せているものがなお多く存する。楷書の基本は，一点一画の細部にまで心を行き届かせ字全体の形態を整えることにあるから，単に技法だけでなく書道に向かう心構えが永字八法の要諦であるともいえる。

(張　莉)

【参考文献】藤原　宏他編『書写・書道用語辞典』第一法規出版，1978/中西慶爾編『中国書道辞典』木耳社，1981/宇野雪村他編『書道名言辞典』東京書籍，1990/全国大学書写書道教育学会編『書写指導』[小学校編]萱原書房，1990。

越南漢字音

日本漢字音，朝鮮漢字音とならぶ域外漢字音(中国国外における漢字の読音)の一種で，ベトナムで使用されたもの。現代ベトナム語は正書法として漢字を使用せず，もっぱら補助記号を伴ったローマ字表記法(国語字)のみを使用するため，字面から漢語起源語彙を判別することは困難であるが，新聞など論説調の文体では今日も夥しい数の漢語が日常的に使用されている。

ベトナム漢字音の母胎となった中国語の時代，方言に関して，各音節構成要素について見ると，声母(語頭子音)に関しては，「三十六字母」と『切韻』より帰納される体系の最大公約数的枠組みを設定するとほぼ一致する。韻母(介母音＋母音＋末子音)に関しては『慧琳一切經音義』の体系に酷似し，声調に関しては基本的に四声，清濁の区別を反映するが，全濁上声が去声へ合流した状況を反映している。これらの事実から，唐代末期の北方標準音の体系をその母胎と考えるのが現在のところ一般的である。

ベトナムにおいていったん定着した漢字音はベトナム語内部の音韻変化により独自の変化過程をたどった。例えば，語頭子音「心」母/s-/は現代ベトナム漢字音の/t-/に対応しているが(「三」/tam^{1}/)，その変化過程/s-/＞/t-/はベトナム国内に分布するオーストロ・アジア語族モン・クメール語派ベト・ムオン語支のうち特にChutと呼ばれる小グループに属する少数民族の言語との比較によっても確かめることができる。(例：「耳」ベトナム語/taj^{1}/，Ruc語/saj^{1}/)また，ベトナム漢字音の大きな特徴として，中古漢語にかつて存在したとされる2種の拗介音/-i-/，/-ɪ-/の区別(重紐)を反映していることが注目される。例えば，元来両唇閉鎖音を語頭子音とする字「便」，「辺」に関して，「便」に対しては/t-/で対応し(/tien^{6}/)，一方「辺」に対しては/b-/で対応する(/bien^{1}/)といった具体である。/p-/＞/t-/の中間段階としてさまざまな変化過程を想定する説があるが，重紐の区別がベトナム漢字音の語など子音に反映されている事実が確認できる。さらに声調に関して「上声」に対応する声調の調値が「清」系列で低い調値の声調(hoi)，「濁」系列で高い調値の声調(nga)で対応しており，元来の高低が逆転して対応しているのも大きな特徴の一つである。新たな内部資料が発掘される昨今，漢語を借用する段階のベトナム語(10世紀頃)が現在とは異なった音韻構造を有していた可能性が指摘されており，従来指摘されてきたような単音節を基盤とする言語同士の借用関係という単純な図式が一部で否定されつつある。具体的には上述Chutグループの言語に一般的な双音節構造(前音声＋主音節)を有する，あるいはその痕跡を色濃く残した状態のベトナム語が単音節を基盤とする漢語の語彙を大量に借用し，さまざまなレベルで前者の単音節化に拍車を駆けたのではないかという指摘である。今後のベトナム漢字音研究の新展開を示唆する点で重要である。　(清水政明)

【参考文献】三根谷　徹『中古漢語と越南漢字音』汲古書店，1993/橋本萬太郎・鈴木孝夫・山田尚勇『漢字民族の決断―漢字の未来に向けて―』大修館書店，1987。

江戸文字

江戸時代に芝居などの興業の看板や番付に用いられた独特の書体の文字の，現代での総称。江戸文字は，歌舞伎芝居の文字(勘亭流と東吉流)，演芸文字，相撲文字，篭字，その他看板・千社札に見られる毛筆体の文字などに分けることができる。

(1)歌舞伎文字

安永 8(1779)年江戸の岡崎屋勘六(号勘亭)が中村座のために考案した書風「勘亭流」と，天保期に上方の南翁軒東吉による「東吉流」とがある。肉太で丸味を帯びた書体。浄瑠璃正本などの書体を様式化したものと思われる。勘亭の作品は現存しないが，書風は梅素玄魚，河竹黙阿弥，竹柴晋吉，竹柴鴻昨，竹柴蟹助と受け継がれている。

(2)演芸文字

講釈，浄瑠璃，音曲，落語，漫才などのびら，ちらしの書体として定着してきたもの。寄席文字とも。関東大震災により一時その伝統は途絶えたが，橘右近により再興。橘流といわれる。

(3)相撲文字

明治期に工夫された書体。力文字ともいわれ，土俵の力闘を視覚化して力士のせめぎ合いと，大入りの客を願って非常に筆太で，空白を小さくする。番付や幟に用いられる。

(4)篭字

襟字，まとい字とも。細い線で輪郭を引き，中を塗りつぶす。塗りつぶす個所を篭目状に印すことからこの名がある。

勘亭流　演芸文字　相撲文字　篭字

図　江戸文字の「字」(『江戸文字大字典』から)

このほかに「千社札文字」や，かすれを強調した「ひげ文字」がある。

なお，「江戸文字」という用語は，国語学・日本語学の世界ではほとんど用いられず，広告・グラフィックデザイン界でもっぱら用いられる。冷やかな活字体に対して，温かみのある力強い毛筆書体として，今後も注目されるだろう。　(土屋信一)

【参考文献】蓜島庸二編著『町まちの文字』芳賀書店，1973/日向数夫編『江戸文字』グラフィック社，1976/日向数夫『江戸文字大字典』あすか出版，1977/佐藤喜代治編『漢字百科大事典』明治書院，1996。

王引之

清代，江蘇省高郵の人（1766–1834）。字は伯申。嘉慶4年（1799）の進士。王念孫の子。父念孫の学を受け継いで古文献の訓詁的な考証・校勘・解読の作業を拡充・整理した。主要な著作に『経義述聞』『経伝釈詞』がある。

進士合格後，役人として翰林院編修，侍講，侍読学士などの文教系官職のほか，工部尚書，戸部尚書，吏部尚書，礼部尚書など高位を歴任した。

その学術は父念孫が打ち立てた発音を利用する文字解釈に加え，用例を広く集めて検討する手法を体系的に採用した点に特色がある。フレーズ単位での用例を比較検討することにより当該箇所での適切な意味をまず導き出し，類例を通仮字として確定してゆく。それ以外にも，各文字が担っている機能を「常語」「語助」「嘆詞」「発声」「通用」「別義」といった風に分類し，それまでの訓詁解釈が場当たり的に文字の置き換えで説明していた手法をきわめてシステマティックなものにくみ上げるものであった。解釈不能に陥るか，あるいは通仮字を用いて恣意的で不確かな解釈に陥りがちであったそれまでの訓詁解釈を言語分析の学術にまで引き上げた意義は大きい。また分析手法のみならず提示解説手法もシステマティックで，まず当該の文字の用法を説明し，その用例を証拠としてあげる。さらには原初の意味を確定し，下って用法・意味の変化を跡づけるという記述方式を取った。この方法を用いてテクストの校訂にも作業をおよぼし，句読の切り方，譌字，衍字，脱簡などを指摘していった。考古学の成果，甲骨・今文の利用以前の，文献学的手法による一つの学術到達点といってよい。

『経義述聞』はその名が示すとおり父念孫の学説を聞いて祖述したものであるというが，「家大人曰く」として引かれる王念孫の説のほか，自身の説も随所に記録されている。対象とした古代文献は『周易』『尚書』『毛詩』『周礼』『儀礼』『大戴礼記』『礼記』『左伝』『国語』『公羊伝』『穀梁伝』『爾雅』に及ぶが，あくまでも経書の解釈を目的にしたものである。一方『経伝釈詞』は書物ごとの検討成果ではなく，検討した文字ごとにまとめたもので，虚詞160を発音によって分類しており，字典の体裁をとっている。しかしこちらも実際に検討対象として取り上げられたのは経伝の文字であり，わずかに前漢までの書が利用されているにすぎない。こちらはいわば経書解釈字典である。

『経義述聞』『経伝釈詞』の文字解釈は，現在でも経書を中心とする古代文献の読解の際にまず依拠すべきものとして利用され続けている。

王念孫，王引之父子の発音と用例検討の手法を駆使する古文献解釈の手法は，高郵王氏の家学となると同時に，先だっては段玉裁，戴進，下っては兪樾，孫詒譲らとともに学術上の一つの流れを為して皖派と呼ばれる。また父子の出身地江蘇省高郵には「王氏紀年館」があって，父子の著作や後人の評価研究書などを収集展示している。

（木島史雄）

王国維（おうこくい）

清末から中華民国時代，浙江省海寧の人(1877-1927)。

字は静安，また静菴，伯隅。号は礼堂，観堂。

その学問は，三変したといわれる。上海の新聞に勤めた後，1901年日本に留学。そこでは物理学を学ぼうとしたが，まもなく帰国。師範学校で哲学を教えながら，まず文学に視線を向けた。『人間詞話』『曲録』『宋元戯曲史』などがその頃の業績であり，芝居の台本に関心を示したものとしては古い部類に入る。1906年には北京へ出て，羅振玉（らしんぎょく）の許で清朝の学校・圖書行政にもたずさわったが，辛亥革命の後，再び日本へ渡航し，京都で羅振玉などと亡命生活を送った。その際には京都在住の学者たちとの親交もあった。羅振玉の許での生活は，彼の研究を考証学，金石学へと向かわせることになった。甲骨文字（こうこつもじ）をはじめとする彼の古代史研究の業績は，羅振玉の知識と資料と指導，そして資力のたまものであったといってもよい。またこの時期には，西洋の哲学，美学も研究したという。6年間の日本滞在を経て帰国後は上海倉聖明智大学，清華大学などで教鞭を執った。この時期には，経・史・文物・考証学に業績を上げた。1917年には「殷卜辞中所見先公先王考」「殷周制度論」などの著名論文が著されている。これらの論文をまとめて，まず「学術叢編」，1921年には「観堂集林」を編んでいる。1927年，清朝の衰落を悲しんで北京・頤和園に投身自殺した。51歳。

彼の学問の特色は，西洋的学問伝統と，中国的学問伝統をうまくつないだことにある。その先ず第一は，考古学と文献学をつないだことである。「殷卜辞中所見先公先王考」などにもみえるように，甲骨文字の考古学的データを，既存の文献学と照らし合わせることによって，双方の研究を進めることができたのである。もう一つは，見識とデータ量にはすぐれていても，ほとんど注釋形式のみ，せいぜいが劄記形式のものしかなく，学として焦点の絞り切れていなかった既存の中国学に，テーマと論証と結論からなる，論文という学術形式をもち込み，発表した点である。

このように彼の学術研究は先駆的な要素を多くもっていたが，一方でそのマイナス面も見逃してはならない。彼の論文を検討してみると，テーマの斬新さの一方で，いざ考証の段になると，テーマ設定時の思いつきに自らとらわれて，無理な論理展開や的はずれの証拠羅列に陥っていることが少なくない。またこれは近代の中国学研究者にまま見られることだが，考古学的なデータと，文献学とを無理にも結びつけようとする点である。思想的営為の産物としての文献学もしくは經學・諸子学と，歴史研究は，必ずしもすべての点で一致している必要はない。しかし彼らは，そこに唯一絶対の歴史・文献学体系を作り上げようとし，王国維も，その使徒であることは免れなかった。彼の業績について，今一度慎重に検討してみる必要があるように思われる。

(木島史雄)

王先謙(おうせんけん)

清末から民国初期にかけて生きた学者，教育行政家(1842–1917)。湖南省・長沙の人。字(あざな)は益吾。晩年葵園老人と号した。同治4(1865)年の進士。官職としては国子監祭酒，江蘇学政などの教育行政の重要ポストをを歴任するとともに，岳麓書院や南菁書院を主導するなど，教育者としても活躍した。

学者としての業績には，以下の著作がある。まず経学(中国古典を研究する学術)に関しては，『尚書孔伝参正』『詩三家義集疏』『釈名(しゃくみょう)疏証補』があげられる。『尚書孔伝参正』は『尚書』に孔安国がつけたとされる注釈すなわち孔伝についての考証。『詩三家義集疏』は，早くに失われた三つの系統の本文と解釈を集め考証したもの。『釈名疏証補』は，清代の学者江声の『釈名疏証』を補完するかたちで，漢時代の字書『釈名』につけた注釈。これらは音声を研究の大きな手がかりにし，かつ古い書物を広く資料として活用する，いわゆる清朝考証学と呼ばれる学問手法によるが，時代が遅れることもあって，それぞれの分野の集大成となっており，現在でも経書を読む際の重要な参考図書である。次に歴史・地理学の分野では，『漢書補注』『後漢書集解』がある。両書とも，唐時代に著された注釈を基本に，考証学的手法で先行研究を集大成したもの。こちらは経学の三書以上に評価され，現在，『漢書』『後漢書』を読む際の基本テクストとなっている。この分野のものとしてはほかに『新旧唐書合注』『合校水経注』などがあり，いずれも現在でも研究の基礎文献である。諸子学(先秦時代の思想家の著作を研究する学術)の分野でも『荀子集解』『荘子集解』などを著し，先行研究をまとめる作業をしている。これら彼の著した研究書は，景印版や活版として現在でも容易に入手できるが，それは，時代が比較的近く，資料的にも研究の進歩の点でも現在の研究状況に近いために，これらの著作が現在当該の書物を読む際の基本もしくは基準テクストとされていることを如実に物語っている。

また彼を語る際，落としてはならないのは，教育行政家としての仕事である。周知のように中国では，制度としてさだめられた官・公の学校が教育機関として十分に機能していなかった一方で，実質的な教育の役目を担うものとして書院があった。この機構は，創立者以来の学術の傾向を重んじながら，それぞれの地方で特色のある教育を行っていた。王先謙は，教育関係の官職として制度上最高の位である国子監祭酒となり，また経済力を背景に最も学術・教育がすすんでいた江蘇地域の教育総監督である江蘇学政に就くとともに，重要な書院の一つである岳麓書院や南菁書院の院長を務めた。すなわち先謙は，あらゆる面で清末の学術・教育分野の重鎮であった。そして清代の経学研究を集め普及させる事業として，「皇清経解続編」を南菁書院から刊行し，清朝考証学の成果を同時代ならびに後世に広めた業績はきわめて大きい。

また個人文集「葵園四種」(岳麓書社，1986)が刊行されている。　(木島史雄)

王念孫（おうねんそん）

清代，江蘇省高郵の人(1744–1832)。字（あざな）は懐祖。乾隆40(1775)年の進士。清朝考証学の典型的にして最高峰の文献学者。

「典型的」とは，地理的時間的な点にもあるが，何よりも古代の音韻を武器として古文献を読み明かした点，概説・論文よりも古文献の訓詁的な考証・校勘に大きなエネルギーを注いだ点にある。主要な著作として『広雅（こうが）疏証』『読書雑誌』『古韻譜』がある。

彼は戴震について音韻・文字・訓詁（くんこ）の学を修めたが，その研究手法は，まず個々の文字の古代音韻を確定し，それを基礎に古文献中の，仮借（かしゃ）・音通文字の使用を見極める。そしてそれを本来の文字に置き換えることによって，古文献の真意を明らかにしようとするものである。この手法は，彼以前の訓詁学が，形音義のうちの形と義のつながりを重視する傾向があったのに対し，音と義のつながりに着目したことで画期的であった。

黙読が一般的である現在の視点からすれば，書物はあくまでも読むモノであるが，かつて，すなわち現在古典と称されているような書物が文字に定着されかけた時点，あるいはその後の伝承の間にあって，書物は，音声の要素を比較的強くもっていた。端的にいえば，「形と義」とならんで「音と義」のつながりが相当強く，目的の語義を担う本来の正しい文字を必ずしも用いず，同音あるいは近接音の別の文字をかりて臨時的に文字化した場合が往々にしてあるという認識が，この研究手法のベースになっている。仮借字の頻用は，文字への定着，および少なくとも筆写伝承の間に音声的な保存・比較の状況があったことに由来する。ところが原著者自身が筆を執って書き表し，それが誤ることなく伝播するという仕組み，すなわち取りわけて印刷という媒体を享受している注釈者・読解者は，仮借字，音通字への注意が足りず，紙面に現実に載っている文字の字義のみによって解釈しようとし，望文生義の弊に陥ることがあった。彼は単に古代音韻に着目したのでなく，古代における書物の成立，文字への定着，流布といった，現在的な用法での文献学(philology)に近い視点と見識をもっていたことを物語っている。すなわち彼の手法は，一種のメディア論でもあったのである。さらに彼の場合には，以上のような見識と視点に加えて，博引旁証によって自らの考えを論証していくという能力にも長けていた。したがって彼の指摘した校勘・解釈は，現在でも有力な説としてさまざまの注釈のなかに引用・活用されている。

『広雅疏証』は，三国・魏の張揖の著した『広雅』という語義辞書が，伝承の間にテクストに乱れが生じていたのを，上記の手法によって原著の旧に戻そうとしたモノである。また『読書雑誌』は，多くの古文献に上記の手法を適用し，校勘考証を行った小論文集である。彼の考察は，自身の著作以外にも，息子である王引之の著作のなかに「家大人」の説として記録されている。 （木島史雄）

王　力

中国の言語学者・詩人(1900–1986)。字は了一。広西壮族自治区博白縣の人。1900年8月10日生まれ，1986年5月3日逝去。

1913年，小学校を卒業後，進学できず，一度学業を中断した。1916年に博白の高等小学校の国文教員に就く。1924年，上海南方大学に入学。1926年，清華大学の国学研究院に入学。1927年，フランスへ留学，パリ大学の文学博士号を取得。1932年に帰国，その後，清華大学・広西大学・昆明西南聯合大学で教鞭を執っている。1946年から中山大学及び嶺南大学教授・文学院院長などを歴任した。1954年に北京大学教授に転任し，漢語教研室主任，中文系副主任を歴任，併せて中国文字改革委員会委員に任じていた。1956年，中国社会科学院哲学社会科学部の学部委員に聘された。中国人民政治協商会議全国委員会の第5・6期の常務委員であった。国家語言文字工作委員会の顧問を兼任し，中国語言学会名誉会長，『中国大百科全書』総編集委員会委員でもあった。

王力は60年にわたって，語言の研究と教育に従事し，著作は40部あまりにのぼり，中国の言語学に大きな貢献を成した。1936年に発表された『中国文法学初探』は中国の文法学界に『馬氏文通』以来続く，英語の文法研究方法を踏襲する状態を批判すると同時に，中国語の文法の特徴と研究の方法について，探究の第一歩を踏み出したものである。1937年の「中国文法中的系詞」の中で「系詞」は古漢語では必要なものではないことや，漢語の句の中で，動詞は必ずしもいるわけではないことを指摘した。これによって漢語はインド・ヨーロッパ語と大きく異なる点が示された。その後，出版された『中国現代語法』(1943)・『中国語法理論』(1944)・『中国語法綱要』(1946)は主に『紅楼夢』を研究の対象にして，独自の文法理論を組み立てた。これらの著作はその当時の中国文法の研究に対して，大きな影響を与えた。

『漢語史稿』(全3冊，1957–1958)は彼の中国語の語音・文法・語彙の歴史に対する代表作である。『中国音韻学』(商務印書館，1936)は現代語音学の理論で，伝統的な音韻学の概念を解釈し，今音学・古音学・等韻学に関して記述している。清の顧炎武から，江永・段玉裁・戴震・孔広森・王念孫・朱駿声・江有誥，近代の章炳麟・黄侃などの古音学における研究成果を紹介したものである。『古代漢語』(上冊・下冊1・2，中華書局，1962〜1964)は大学のテキストとして採択され，高い評価を得ている。『漢語詩律学』(新知識出版社，1958)は中国の詩詞の格律と言語の特徴について論じているものである。その他，『龍蟲並彫斎文集』(中華書局，1980)，『龍蟲並彫斎詩集』(中華書局，1984)。　(周雲喬)

【参考文献】『中国大百科全書』語言文字巻，中国大百科全書出版社，1986。

岡井慎吾

漢字学者。明治5(1872)年-昭和20(1945)年。福井県出身。五高教授など。

著書には次のようなものがある。

『玉篇の研究』東洋文庫 1933(昭和8)年

梁の顧野王によって作られた字書『玉篇』を総合的に研究した書。原本系『玉篇』の逸文を集めるなどのほか，増補版の『大広益会玉篇』や日本の『和玉篇』についても考察している。

『日本漢字学史』明治書院 1934(昭和9)年

日本における漢字研究の歴史を概説した書であるが，研究史にとどまらず，漢字学習の歴史にまで及んでいる。上代から大正にまで至るものだが，江戸時代については特に詳しい。個々についてはその後研究が進展し，補うべきところも多いが，漢字研究書について広く収集し解題している点においては現在もこれにかわるものはない。当初，日本字音史あるいは韻鏡研究史として企図されたこともあり，字音研究関係の記述は特に詳しい。なお，1935年の再版には補遺として全体の概観が付され，1940年の版にも補正があるが，1989年の複製本はこれらを有さない。

『柿堂存稿』有七絶堂 1935(昭和10)

文集で，論文(「玉篇の研究補正」や「広韻若くは切韻に関するもの五編」などの漢字学関係や松崎慊堂・小島成斎などの伝など)のほかに漢詩文なども集めてあるが，これに収められていない論文も多い。

ほかに，『漢字の形音義』(1916，六合館)，『国語科学講座』(1933，明治書院)には「漢語と国語」「漢字の研究」を書いている。また『五経文字九経字様箋正』(1926，上海商務印書館)，『説文新附字考攷正合編』(1928，六合館，『日本藝林叢書』第3巻にも採録)，恭畏『破収義』の翻刻(1930，有七絶堂)，『香字抄』ならびに覚算・俊睿『指微韻鏡私抄略』の解説(1933，1936，貴重図書影本刊行会)，『狩谷望之転注説釈文』(1938，有七絶堂)のように，漢字学資料などの整理刊行も行っている。なお有七絶堂とあるのは岡井の自家版である。著作目録は，下記「岡井慎吾博士伝記」中にあるが，『柿堂存稿』所収以外のものはまとめられていないのが現状である。　(岡島昭浩)

【参考文献】江上波夫編『東洋学の系譜』大修館書店，1992/「岡井慎吾博士伝記」『漢文学』(福井漢文学会) 4，5　1955-6。

置き字

一般には漢文を訓読するときに，読まない文字のことであり，矣・焉・於・于などがそれである。例えば，「迄至于今，二十有五年矣」(『文選』，曹植「与楊徳祖書」)の「于」は，動詞の後に付いて次の語が目的語であることを明らかにし，「矣」は，文末に位置して強調するはたらきをもつ。また，「学而時習之」(『論語』・学而)の「而」は，文中において接続の機能を有する。これらは現在読まないことが習慣となっている。この語は，古くは『手爾葉大概抄』において「和歌手爾波者唐土之置字也」と述べている。この書が成立したと考えられる，鎌倉時代末期から室町時代初期頃にはすでに見られ，ある程度普及していたらしい。助詞などを置き字と考え，不読については言及のないところからすると，現在の認識とはかなり隔たりがある。「悲伐檀，楽楽胥」(『史記』・司馬相如伝)の「胥」は，『史記抄』には「楽胥ノ胥ハ置キ字ト思フゾ」と説き，ここでは助字を置き字と見ている。「何物老嫗，生寧馨児」(『蒙求』・王衍風鑒)の「寧」については，『蒙求抄』に「晉宋間人語助耳，置キ字ゾ，調子置イタマデ，心ハナイゾ」と述べ，調子を整えるためのものであり，意味をもたないという。「寧」は俗語と見るべきものであろう。このように抄物は置き字についてしばしば言及し，助字をそう呼ぶことが多い。ただそれを読まないとは，必ずしも考えていなかったようである。上の「胥」「寧」はともに不読というわけにはいかなかったであろうし，「疇昔之夜」(『古文真宝』，蘇軾「後赤壁賦」)を『古文真宝彦龍抄』は「疇ハ置キ字ノ心，夕ベト云フ心マデヨ」というが，「疇」を不読とはしなかったはずである。「帰去来辞　本集ニハ帰去来兮辞トアリ，置字ヲバ読マズ」(同前)のように，読まないと断る場合はまれである。「揆厥所元，終都攸卒」(『漢書』・司馬相如伝)の「都」を，『漢書抄』が「都字ハ置キ字デ，読マズトモゾ」と説明するのは，「都」はあまり用いない助字であり(「於」に同じ)，述べておく必要があると判断したためにあえて説明したのである。不読か否かについては，時代により人によりまた文脈によって差異がある。「心之憂矣，不可弭忘」(『毛詩』・沔水)の「忘」に対して『毛詩抄』は，「心(忘)字ヲ古点ニハ置字ニシテ読マヌゾ，注ヲ以テミタレバ，止ミ忘ルベカラズト読ムカト見エテ候フゾ，正義ニモ不可止而忘之トシタゾ，其レナラバ読マウゾ，毛ガ注ニ詞字ニシタヤラ見エヌゾ，古点ニハ置字ニシタゾ，注ニハヨ(読)ウダマデゾ」と諸説を紹介しつついかに読むべきかを述べている。「古点」によれば置き字であって読まず，「注」と「正義」によれば読むことになり，「毛注」はこの点は分明ではないとしている。注はそれぞれ見解を異にしており，いずれに従うかで不読か否かは変わってくる。その区別は明確でない場合が多い。置き字は，教育現場や学習参考書などでは意義明解となっているが，その使用は控えるべきである。ほとんどが助字なのでありそう称するほうが正しい。　(北山円正)

【参考文献】吉川幸次郎『漢文の話』筑摩書房，1962/築島　裕『平安時代の漢文訓読語につきての研究』東京大学出版会，1963。

送り仮名（おくりがな）

漢字仮名交じり文で語を表記するときに，漢字の読みを確定するために語の末尾を表すのに用いる仮名の部分。添え仮名・捨て仮名ともいう。普通は和語について，つまり訓読みの語についてのみ用いられる。実際には「奇っ怪」「三ン下」のような例もあり，これも送り仮名と考えられるが，通常は考慮されていない。また，語の一部を仮名表記する「語い」(語彙)・「編さん」(編纂)の類は読みを確定するためではないので，送り仮名とはいわない。

送り仮名は漢字の訓読みに基づき，奈良時代から始まった。読みを確定するためには，規則的に多く送るほうが確かだが，それでは文字数が多くなって不便である。そこで誤読のおそれのないものは習慣的に送る仮名の数を少なくする。このように送り仮名の送り方は非常に便宜的なもので，法則として立てるのは困難である。明治以降，教育の普及に伴い，また欧米の正書法にならって，送り仮名の付け方の規則化が叫ばれ，いくつかの案となった(国立国語研究所資料集 3『送り仮名法資料集』に詳しい)。

第二次世界大戦後では，1946(昭和 21)年に内閣通達「送りがなのつけ方」，1959(昭和 34)年に内閣告示「送りがなのつけ方」が出され，さらに 1973(昭和 48)年にそれを改定した内閣告示「送り仮名の付け方」が出され，1981(昭和 56)年に一部が改正されて現在に至っている。

この「送り仮名の付け方」は，「本則」「例外」「許容」から構成される。学校教育では原則として「本則」と「例外」とを指導することになっている。そのほか，法令や公用文書はこの規則に従うことが義務づけられている。新聞・雑誌・放送は内閣告示には拘束されないが，おおむねこの規則を受け入れている。個人の文筆活動は拘束されない。したがって社会にはさまざまな送り仮名が存在する。

送り仮名を正確に送ることは困難なことで，かつては表記上の大問題であり，国語審議会でも漢字に次ぐ重要課題であった。しかし，ワープロの開発・普及によって，規則的に送ることが可能になり，選択して書く労苦がなくなり，また国語施策の制限的色彩が薄くなったこともあり，現在ではあまり問題にされなくなった。

しかし，「アカルイ(明)」を「明るい」「明かるい」「明い」のいずれで表記するかとか，一時「オコナッタ(行)」を「行なった」と表記して「イッタ(行)」と区別したが，現行ではともに「行った」と書くために区別できなくなったとか，正書法の観点からは，まだまだ問題はある。

(土屋信一)

【参考文献】国立国語研究所資料集 3『送り仮名法資料集』，1952/『言語生活』228 号 1970.9 特集「現代表記を考える」国立国語研究所報告 40『送りがな意識の調査』，1971/国語研究会監修『現行の国語表記の基準』第 6 次改訂 2001。

踊り字

漢文において，また，本邦の文章である平仮名文や片仮名交じり文などにおいて，同一の文字，または，複数の文字列を繰り返し表記しようとする場合，再度同じ文字や複数の文字列を表記することを避け，符合によって繰り返しを表す，その符合の称。畳字，重点などとも。

漢文本文の踊り字としては，一字の踊り字「各〻」や，「善哉〻〻」「善〻哉〻」などの形式が存した。

本邦における仮名の踊り字も，漢字における方式から取り入れられたと思しく，「善哉〻〻」に対応する踊り字は，「マシ丶丶テ」「ヨル丶丶」（息心抄建久 4（1193）-6 年写本）のごとく認められる。「善〻哉〻」の形式に対応しては，平安初期の訓点資料中には「禾〻十〻」（東大寺諷誦文稿）などの例が認められる。古文尚書平安中期点などには，「カ丶モ丶」のごとき例が認められ，時代が下ると，上字に附属した符号が短線となり，「ホ＼ト丶」（史記延久 5 年点）のごとき形が見られる。院政期の資料に及んでは，踊り字の上字の起筆位置が，「カ＼宀丶」（打聞集）のごとく，上字右傍らまたは右下，一筆書きの場合も「ナ￣カ＼」（打聞集）も同様に，上字右傍または右下から起筆するが，時代が下り，草案集建保 4（1216）年写本では，いずれも一筆書きとなり，起筆位置も「シハ＼」のごとく，下字の右肩からのもの，「ツク＼ト」のごとく，下字の右肩やや下寄りのもの，「シカ＼ノ」のごとく，下字の右傍中央より起筆したものが存する。却廃忘記文暦 2（1235）年写本では，下字右肩からの起筆の踊り字は用いられず，下字右肩やや下寄りからの起筆「ミル＼」や下字右傍中央から起筆する「ナカ＼」のごときもののみが現れている。高山寺蔵受法用心集正和 2（1313）年写本においては「ヨソ＼タツヌルニ」のごとく，下字右下寄りから起筆したものが認められ，遍口抄元亨 4（1324）年写本では，「ハカ＼シク」のように，下字右傍下端から起筆したものが現れるようになる。特に，二字以上の踊り字の一つの流れは，上字と下字の間と下字の下に二筆で書かれていたものが，一筆目が次第に右寄りに移り単斜線に変じ，さらに，一筆書きとされるようになった。起筆位置も，平安後期，院政期には，上字の右傍，または，右下からであったものが，鎌倉時代を通じて，時代とともに起筆位置が下がり，下字の右肩から右中央，さらに，右下に変化したものであることが知られている。

（松本光隆）

【参考文献】小林芳則「中世片假名文の国語史的研究」広島大学文学部紀要特輯号，1987。

音韻学

中国語言語学の一分野。歴史言語学として位置づけられ，主として音韻変化を扱う歴史音韻学とも呼ばれる。漢字音の声母，韻母，声調の三要素を中心に分析しつつ，中国語史上の語音体系の変遷，異なる時代の雅音と方言音，あるいはその異同の原理を探求する学問である。西洋の音韻論“phonology”が時には音素論“phonemics”とも呼ばれ主に共時的研究を扱うのに対し，中国語音韻学は現代語音の共時的研究から出発して通時的に遡り，歴代の語音変化をも研究対象とする。この点が歴史音韻学と見なされる所以である。

古代中国の音韻研究は「小学」の一部門として発達していた。「小学」とは古代中国の教育制度上の名称であったが，時代が下がるにつれ図書分類あるいは学術上の専門用語となり，テキスト類は小学書，研究者は小学家と呼ばれた。漢代の「小学」は字形・字音の認識および記憶と字義の理解を特色として発達し，隋・唐代には文字・音韻・訓詁三分野の研究が「小学」を構成した。さらに宋代の王応麟『玉海』では「体制（字体の構造）」・「訓詁」・「音韻」として明確に分類される一方，「字有形有音有義（字には形・音・意味がある）」という認識に基づく言語観は，中国の言語研究の基本的視点として宋代以降も脈々と継承された。

字形の持つ拘束力が時間的・空間的に極めて根強い反面，字音の把握，確定，保存，伝播は最も難しく不安定であった。ただし，その字音も文字により記録され流通すると，実際の語音はともかく，字形に拘束された字音体系が長い生命力を保持することになった点は，研究の方法と結論にも大きく影響を与えている。さらに音韻学資料には完全な体裁を整えるものの種類が少ないため，方法と結論が資料により制約される点もこの学問の特色と言えよう。

音韻学の資料として挙げられるのは，『詩経』押韻，『説文解字』諧声（形声）符，先秦文献の異文，読若・読如，声訓，反切と韻書，近体詩韻，詞韻，曲韻，対音，域外訳音，借用語，等韻，直音，言葉遊び，方言音などである。

この中でも『詩経』押韻は最古の資料として今日に伝わっている。先史時代には文字文化こそ未発達であったが，口誦文芸として抒情的な詩歌は伝承されていた。文字が発達しこれら抒情詩を収集記録した最初のアンソロジーが『詩経』であったが，その作品の大半は韻律と押韻がもたらす聴覚上の美しさを特色としていた。特に押韻は歌の調子を整え人々が暗誦・伝承する際の重要な形式であった。

『詩経』押韻の分類基準は，先秦時代（770B.C–222B.C）から漢魏六朝を経て七世紀初に成立した陸法言『切韻』（601 年）に包摂され，唐代修訂の孫愐『唐韻』（751），宋の陳彭年『広韻』（1008）を経た後，約 600 年後の清代に至り，顧炎武（1613–1682）『唐韻正』，江有誥（？–1851）『唐韻四声正』等において「古韻分部」問題として継続的に検討された。その成果は今日も継承され悠久の生命力を持つ学問となっている。

『説文解字』収録 9000 字の約 80%は諧声(形声)字である。清の段玉裁(1735-1815)はこの点に着目し，形声字の偏旁に基づいて『説文解字』収録の古字を『六書音均表』に分類した。その結果が『詩経』押韻に来源する「古韻分部」の結果と大筋において一致することが判明したのは音韻学の一大事であった。この面での研究は嚴可均『説文聲類』に受け継がれ，さらに甲骨文・金文の解読が進み成果は進展した。代表業績に孫海波『古文聲系』がある。また沈兼之(1886-1947)『広韻声系』は諧声符を使い古音の声母を研究した専著である。

秦始皇帝の焚書坑儒により『詩経』『論語』『孟子』などの先秦文献が多数焼去されたが『詩経』は暗誦しやすいため，漢代に入っても流行した。その際，斉・魯・韓で流行した詩文の間に異同があった。これが先秦異文である。銭大昕(1728-1804)はこれら異文を利用し，古代にはいくつかの声母が存在しなかったことを立証した。またこれら異文は先秦から両漢時代にかけての漢字の通借状況を反映しており，間接的に古代の語音状況の一端を知ることが出来る。

漢代に入ると経書に注を施す作業が盛んに行われ「読若」注記が通行した。例えば「A 読若 B(A は B の若く読む)」というもので当時の語音の一面を知る資料となる。また何休(129～182)注『春秋公羊伝』には「長言」「短言」「内而深」「外而浅」，高誘注『淮南子』には「急気言」「緩気言」等の注記があるが，分量が少なく，定義を下す学者間の意見が異なることなどにより利用されることは少ない。さらに声訓は訓釈字と非訓釈字の音が非常に近いことを示す注音法である。『易・説卦』『尚書・暁典』『釋名』などに収録されたものが代表的な声訓資料であるが，朱駿声(1788-1850)の『説文通訓定声』はこれらの資料について詳細に研究を展開している。

反切の出現時期については，魏の孫炎が創始したという説もあるが，章炳麟(1869-1936)『国故論衡・音理論』と安然『悉曇藏』引用の『韻銓・反音例』に基づく考証では後漢末であると推定される。後漢末の製紙技術開発に伴い学術のあり方も大きく変化しており，字音伝承も口伝から紙面利用に移行したと考えられる。この点でも後漢末説は有力である。また反切が出来て始めて比較的精確な注音方法が完成したと言える。清末の陳澧(1810-1882)『切韻攷』は反切系聯法を帰納し同用・互用・通用の三種に分類した。また黄淬伯『慧琳一切経音義反切攷』は陳澧帰納の三種に補助手段を加え聲類と韻類を帰納している。

歴代の韻書で最も権威のあるのは『切韻』であるが，残巻及び数種類の増修本が伝わるのみであった。ただし近年，多数の敦煌写本残巻を総合的に網羅し，主に異体字の継承関係を詳細に分析する方法を駆使して原本『切韻』を復元する試みもなされている。その公刊が待たれるところである。今日最も通行しているのは宋代に増修された『広韻』(1008 年刊)である。なお，その反切体系がもたらす音韻総目録は辻本春彦(1918-2003)により『広韻切韻譜』(第 3 版，1986 年)として公刊されている。

『切韻』系の韻書はすべて詩韻の書であるが，韻書には他に詞韻，曲韻の書がある。中でも特筆すべきは周徳清(1277–1365)『中原音韻』である。これは元曲(元代の演劇)で歌われる言語の韻を元に編まれた。本書から帰納される音系は『切韻』系韻書のものと大いに異なり，現代の北方官話音系に近いものが当時ほぼでき上がっていたことを物語っている。

対音は，漢語以外の言語音を漢字に拠り標音したもので音訳外来語とも呼ばれる。梵漢対音，蔵(チベット)語漢語対音，ウイグル漢語対音，コータン語漢語対音，契丹語漢語対音，トカラ語漢語対音，ペルシャ語漢語対音，西夏語漢語対音，モンゴル語漢語対音などがよく知られている。具体例では，Buddha を仏陀，Arhan を阿羅漢，Hindu を天毒，sabun を雪文，pasar を巴刹，Olympic を奥林匹克とするのはいずれも対音である。また維吾爾，納西，錫伯など中国の少数民族名にも対音はよく使われる。台湾でよく見かける ichiban 一級棒，otousan 烏多桑なども対音である。

一方，中国域外の言語音により漢字の読音を記録したものを域外漢字音(借用音)と呼ぶ。これには日本漢字音(呉音・漢音・唐音)，朝鮮漢字音，越南漢字音，ウイグル漢字音などが挙げられる。茶を日本語でチャ，サというのは時期を異にして日本に伝わった結果である。また厦門方言[te^1]が英語の tea の起源であることはよく知られた例である。

等韻の通行は，唐代に入り密教が大いに行われた時期，すなわち則天武后の時代に悉曇が流行したことと軌を一にしている。悉曇とは梵文(サンスクリット文字)の学習と発音練習の入門教材，字母，単字発音，連読発音の規則などを含んでいた。僧侶達は悉曇を学ぶ過程で，語頭子音，母音の広狭，声調及び抑揚，など漢語語音を分析する能力と用語を身につけた。守温の三十六字母，唇舌牙歯喉の五音，声帯の振動・非振動を伴う清・次清・濁・清濁などの基準により，等韻図四十三転が完成されていた。

直音は，一般によく知られている常用字を使い，「A 音 B」の如く，難字・僻字の発音を示す方法を指す。『広韻』蒸韻上声の「拯，無韻切，音蒸上声」もよく知られた例である。また張参『五経文字』(776)，唐玄度『九経字様』(837)，慧琳の『一切経音義』，『敦煌掇瑣』所収『開蒙要訓』などの資料は直音例を多数含むものとして知られている。

音韻学の研究史は大きく 4 期に分けられる。漢代から宋代までの第 1 期，宋代から清末までの第 2 期，陳澧『切韻考』に始まり『広韻』反切を詳細に，かつ科学的に分析する作業が行われた 20 世紀中葉までが第 3 期，20 世紀に入りカールグレン(高本漢)が『中国音韻学研究』を公刊した後，その修正作業が続いているのが第 4 期である。第 3 期と第 4 期が連続ではなく重なっているのは，陳澧以来の『広韻』反切分析の決着がついていないことを物語っているのかもしれない。　　　　(矢放昭文)

【参考文献】楊剣橋『漢語音韻学講義』復旦大学出版社，2005/平田昌司「《切韻》与唐代功令」《東南語言与文化》東方出版中心，2003，上海/辻本春彦著・森　博達編『附諸表索引広韻切韻譜』2008。

『音韻闡微』

清の李光地(1642–1718)が大綱を定め，王蘭生(1680–1737)が編纂した勅選韻書。全書18巻。康熙54(1715)年に着手し，雍正4(1726)年に完成した。本書の成立には，当時の改土帰流政策に基づき官話一元化が推し進められた，という背景がある。

序文凡例につづき，巻頭には韻譜(韻図)が配備されている。各図の横枠は声母で，見・溪・群・疑・端・透・定・泥・知・徹・澄・娘・幇・滂・並・明・非・敷・奉・微・精・清・従・心・邪・照・穿・牀・審・禪・暁・匣・影・喩・來・日の36字母順に分類される。縦枠は『韻鏡』などに倣い一〜四等に大別，各等内はさらに平・上・去・入に分割，各音節には該当小韻の代表字が充填されている。韻譜は合計38枚より成る。

続く本文は『広韻』等の伝統韻書に従い「上平」(東〜刪・巻1〜3)，「下平」(先〜咸・巻4〜6)，「上」(董〜豏・巻7〜10)，「去」(送〜陥・巻11〜14)，「入」(屋〜洽・巻15〜18)に分類され，各韻目の下には『広韻』『集韻』の韻目を記すと同時に，『平水新刊韻略』106韻目を記入している。ただし，文と殷，吻と隠，問と欣，物と迄，迥と拯，径と證も合流とは言えない状況があり，『広韻』など伝統韻書の拘束力も働いて，実質上112韻を認める立場もある。

各韻目内は[見一][禪三][日三]の如く声母と等位を示したうえで，声母毎に同音字を小韻として集めている。小韻字には『広韻』『集韻』の反切を，用字に変化がない場合はそのまま記し，異なる場合は個々に記している。また同時に『音韻闡微』での反切を「今用」「協用」として記している。さらに注目すべきこととして，各韻目内の「見一」〜「日三」各声母下の字群を実質一音と認定すると同時に，例えば六魚韻の末尾に「按以上二十四音，共分三等，其居第二等者，為合口呼，居第三等四等者，為撮口呼」などと詳細に注記していることがあげられる。この「開口呼・合口呼・斉歯呼・撮口呼」という四呼の呼称は，清代の等韻学者が名づけたことがわかっているが，本書にも採用されている点は従来の伝統韻書には見られない特色である。なお，収録字の字義と訓釈は『説文解字』『広韻』などを引用しているが比較的簡略である。

『音韻闡微』の最大の特色は反切用字の改良が著しいことである。これは満州語文字の表音用法に啓発されたことに基づいている。満州語文字は単音文字であるが，音節文字的性格ももっており，『音韻闡微』反切の用字選定に際しては，恐らくこの点が影響したものと考えられている。原則的に，反切上字は單韻母字，つまり主母音で終わる字音を利用し，反切下字にはゼロ声母字を選んで使っている。この方法は呂坤(1536–1618)『交泰韻』，潘耒(1646–1708)『類音』が既に採用しているが徹底していなかった。『音韻闡微』では，ゼロ声母字の見あたらない韻類，あるいはゼロ声母字がほとんどない韻類の場合，非ゼロ声母字に改めて使っている。反切上字に單韻母字を利用し，反切下字と併せて連読すれば被音注字の読音を一層唱えやすく実現できるのであるが，この方針が全編の「今用」「協用」反切を通じて徹底しているところが『音韻闡微』の大きな特色と言えるであろう。（矢放昭文）

【参考文献】耿振生『明清等韻学通論』語文出版社，1992/平田昌司「制度化される清代官話」『明清時代の音韻學』京都大学人文科学研究所，高田時雄編，pp.31-59，2001/葉宝奎『明清官話音系』厦門大学出版社，2001。

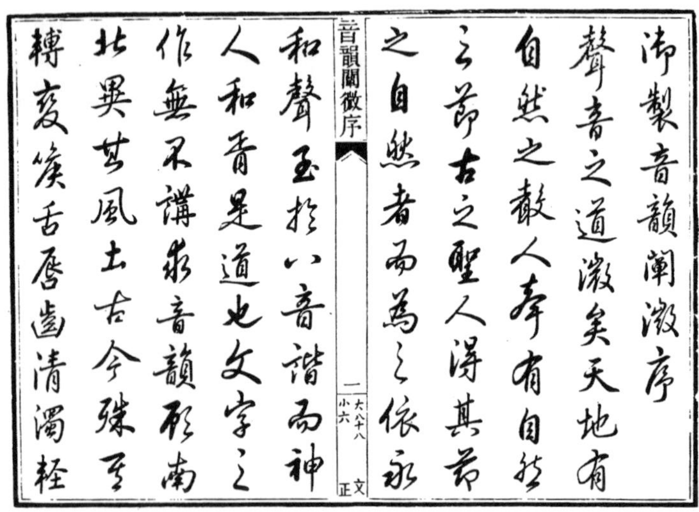

御製音韻闡微序
聲音之道微矣天地有
自然之數人聲有自然
之節古之聖人得其節
之自然者而為之依永
和聲至於八音諧而神
人和皆是道也文字之
作無不講求音韻顧南
北異其風土古今殊其
轉變喉舌唇齒清濁輕

『音韻闡微』雍正 4(1726)年序

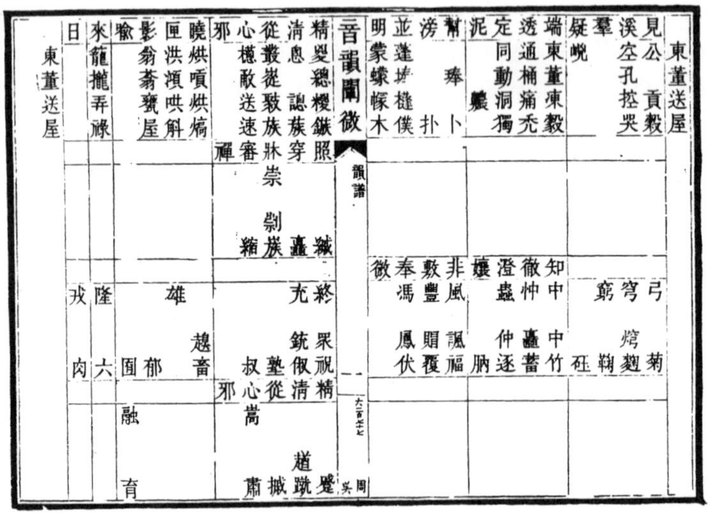

『音韻闡微』韻譜第一

『音学五書』

顧炎武(1613-1682)撰述。明の崇禎16(清の崇徳8；1643)年に成書しているが，のち5回改稿し最終版は1680年に完成した。35巻。顧氏は初めの名前を絳，字を忠清といったが1645年の明王朝滅亡後は炎武，字を寧人と改名している。学問は博く国家典制に始まり，天文地理，軍事，経済，経史百家，文字・音韻などに通じていた。清朝より二度にわたり奉職するよう招かれたが固辞した。明室に殉じての仕官拒否と言われている。のち生涯在野にあって学術活動に専念した。この間山東・河北・河南・山西・陝西など風俗の異なる地域を旅行し，多岐に渉る自己の学問形成に多くの蓄積を得た。顧炎武の音韻学の最大の特色は「考古」であり「方言」であると言われているが，異民族支配に対する抵抗の意志表明と，異なる地域の語音に接したことが1640年代に始めた古音研究の原動力になったと推測される。

この経緯を背景に顧炎武の古音研究は『音学五書』として集大成された。『音論』3巻，『詩本音』10巻，『易音』3巻，『唐韻正』20巻，『古音表』2巻がその内容である。『音論』は上・中・下三巻，十五篇に分かれる。古音及び古音学の重要な問題を議論し，主として音学の源流を述べるがその内容は『音学五書』の綱領である。『音論』上巻では音韻の定義，歴史と沿革を述べ，中巻では「古音協韻説」を否定し，古韻の部類，古音声調の性質と入声の分配系統などを議論している。下巻では転注，反切，声調と意味の関係を論述している。

中でも重要な論述は「古音協韻説」の否定である。「古音協韻説」とは「古人韻緩説」と並び，上古漢語の主要材料である先秦時代の『詩経』押韻が後の時代の音を基準とすると合致しない現象についての疑問を解釈する説の一つであり，すでに前漢(前206-後8)の毛氏(生卒年不詳)，後漢(26-220)の鄭玄(127-200)の経典に対する「箋」「傳」に内包されていた。この疑問は六朝時代には明確に意識され，『経典釈文』の著者の陸徳明(約530-630)が主として「古人韻緩説」の立場をとり深追いしない一方，同時代の沈重(500-583)は「協韻説」として認識・解釈するに至った。この説は「協韻」注記という形式により，同時代もしくは後の時代の徐邈(？-397)『五経音』(佚書)，顔師古(581-645)『漢書注』『急就篇注』，李賢(651-684)『後漢書注』，李善(？-689)『文選注』，司馬貞・張守節(開元年間に活動)『史記索引・正義』，何超『晋書音義』(747年序)などに引き継がれた。

「協韻説」は宋の呉棫(？-1155頃)『韻補』五巻に至り大成されたが，その特色は「古今の音に違いは無い」という視点に立脚し，押韻が合わない場合に各字音の個別的・臨時的読み替えにより問題を処理する「六朝の協韻説」とは異なり，体系的に整理を加えて統一原理を見出そうとしたところにある。

呉棫の学問は明の陳第(1541-1617)『毛詩古音考』『屈宋古音義』に引き継がれたが，

呉棫と異なる陳第の最大の立脚点は「古今の音に違いがある」というところにある。すでに元の戴侗(？-1330)により公にされていたこの考えは，陳第の「時代に古今の変化，地域に南北の差異，字に変革，音に転移があるのは当然の成り行きである」という論点に明確に述べられている。

顧炎武は陳第のこの学説を一層詳細に展開した。非常な努力を重ねて最良のテキストを獲得しつつ，『詩経』押韻で合わない場合に臨時の読み替えがされたという意味での協韻を明確に否定したが，一方で『詩経』中の方言による押韻は認める，という意味での協韻は可としていた。顧炎武の丹念な文献資料操作と綿密な立論は清朝考証学の基本的な方針でもあった。

テキストとしては符山堂康熙6(1667)年序山陽張弨刊本，四明観稼楼光緒11(1885)年刊本など六種類の刊本がある。民国22(1933)年には厳式誨が編集した『音韻学叢書』に収められ，近年中華書局より影印されている。　　　　(矢放昭文)

【参考文献】頼惟勤「清朝以前の協韻説について」『お茶の水女子大學人文科學紀要』第8巻，1956(のち『頼惟勤著作集Ⅰ・中国音韻論集』汲古書院1989年に収録)/「清代經學の研究」班「顧炎武『音論』譯注」『東方學報』第51冊，1979。

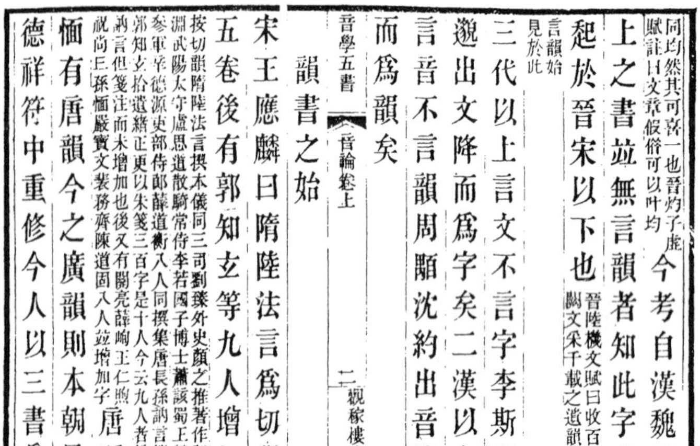

『音学五書』音論巻上「韻書之始」

『音学十書』

江有誥（？-1851）撰。十一巻，附書二巻。清の嘉慶（1796-1820）・道光（1821-1850）年間に成書。江有誥の字は晋三，号は古愚，安徽歙県の人。少年時代より努力を重ねて勉学に励み文字・音韻学の研究に没頭した。はじめ顧炎武，江永，段玉裁の古音研究に基づき研究を進め，古韻分部を十八部に分けていたが，のちに孔広森の書を知り，その東冬分立説を採用して最終的に二十一部を定めた。

『音学十書』は『詩経韻読』4 巻，『群経韻読』1 巻，『楚辞韻読』1 巻，『先秦韻読』2 巻，『廿一部韻譜』（未刻），『漢魏韻読』（未刻），『諧声表』1 巻，『入声表』1 巻（附『等韻叢説』1 巻），『四声韻譜』（未刻），『唐韻四声正』1 巻より成る。『音学十書』巻首には段玉裁『江氏音学叙』及び王念孫・段氏・江氏の間で交わされた韻を論じる書簡以外に『古韻廿一部総目』『古韻凡例』『古韻総論』などが収録されている。『音学十書』目録および葛其仁『江晋三傳』の記載によると，江有誥には他に『音学辨訛』『唐韻更定部分』『唐韻再正』などの音学の著作があったが今日に伝わらない。

『詩経韻読』など四部の『韻読』は先秦韻文を網羅し，個々に韻脚およびその所属する韻部を注記して読者の便を図り，上古韻例を明快に見られるよう工夫した。これは先人のなし得なかった大作であると同時に，江氏二十一部分類が確かな証拠に基づくことを明示している。

『諧声表』では上古音を主とし，漢代韻と『説文』諧声符を補助として 1139 字音を 21 部に帰納分配している。これは段玉裁『諧声表』の 17 部により作成したものであるが，江氏の表はその精密さにおいて段氏を凌駕している。一部の諧声符について段氏の帰納配列は妥当性を欠いていたが，江氏『諧声表』は段氏の表に一定の調整と補充を加え，後の研究者が上古音韻部の字音帰納をする際の重要な資料となっている。

『入声表』では偏旁諧符声の合致状況に照らして入声分配の調整を進めつつ，先人の入声分配問題についての誤りを正している。また偏旁諧声符以外にも，一字両読と先秦文献中の平・入合韻という二面から入声の帰属を考察し，入声韻を独立させるか，あるいは陰声韻と相配させる場合を提示している。これは先秦語音体系の韻図作成を意図したものであり，人々に上古音系の全貌を図示することで語音変遷の脈絡を推測せしめることが可能になった。この点で江氏の『入声表』は精密な条理をもつ上古音系図ということができる。附録『等韻叢説』は等韻学の原理に基づいて中古音の訛誤を篩いにかけており，その目的はやはり古音学研究に役立てることにあった。

『唐韻四声正』は上古音声調についての江有誥の見解を反映している。江有誥ははじめ上古音には四声が無いと主張していたが，のちに研究を重ね，上古に四声があったことを認識するにいたった。ただ上古の四声は中古の四声に完全に等しいわけではない。その不同部分の詳細については，『切韻』編者の気づかなかった古訓の意味を詳細に検討することにより解明を図っている点が『唐韻四声正』の特色である。

『音学十書』の古音学史上における特色として，一つは，清代古音学者の中で最も深く，最も全面的に研究をやり遂げ，先人の研究成果を総括しただけでなく，利用できる限りの大量の資料を使い説明したこと。もう一つは，審音能力を発揮し等韻の原理を以て古韻を分析・研究したこと，があげられる。晩年には文字学を重点的に研究し『説文六書録』『説文分韻譜』などを著わしており，六書・経典文字の正誤について独創的見解を述べている。

なおテキストとして民国17(1928)年の上海中国書店による影印嘉慶道光本がある。これは1957年四川人民出版社より厳式誨『音韻学叢書』原版に基づき重印され利用できる。 (矢放昭文)

【参考文献】王力『中国語言学史』山西人民出版社，1981/陳復華・何九盈『古韻通暁』中国社会科学出版社，1987。

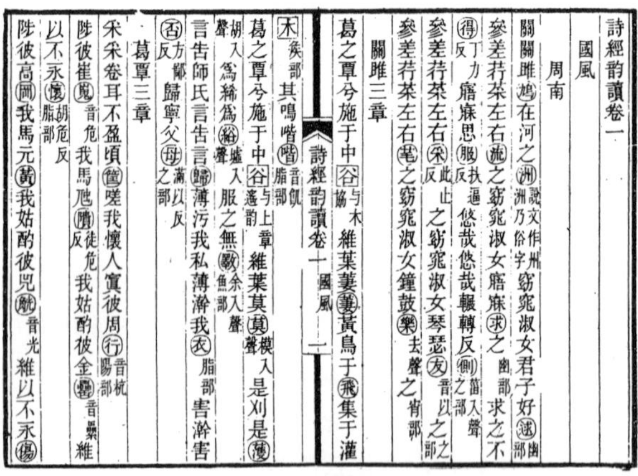

詩經韻讀卷一
國風
周南
關關雎鳩在河之洲（說文作州洲乃俗字）窈窕淑女君子好逑（幽部）
參差荇菜左右流之窈窕淑女寤寐求之（幽部）求之不
得（丁力反）寤寐思服（扶逼反）悠哉悠哉輾轉反側（之部入聲）
參差荇菜左右采（此止反）之窈窕淑女琴瑟友（音以）之（之部）
參差荇菜左右芼之窈窕淑女鐘鼓樂（去聲）之（宵部）
關雎三章
葛之覃兮施于中谷（与木協）維葉萋萋黃鳥于飛集于灌
詩經韻讀卷一　國風　一
木（侯部）其鳴喈喈（音飢 脂部）
葛之覃兮施于中谷（与上章遙韻）維葉莫莫（模入聲）是刈是濩
（胡入聲）爲絺爲綌（盧入聲）服之無斁（余入聲 魚部）
言告師氏言告言歸薄污我私薄澣我衣（脂部）害澣害
否（方鄙反）歸寧父母（滿以反 之部）
葛覃三章
采采卷耳不盈頃筐嗟我懷人寘彼周行（音杭 陽部）
陟彼崔嵬（音危）我馬虺隤（徒危反）我姑酌彼金罍（音纍）維
以不永懷（胡危反 脂部）
陟彼高岡我馬元黃我姑酌彼兕觥（音光）維以不永傷

『音学十書・詩経韻読』第一葉

古韻總論
詩中有互韻一格如北門已焉哉三句以哉之韻而中
閒又以爲何韻巧言末章以何多韻中閒又以伊幾韻
蓼莪三章以久恥恃韻中閒又以父怙韻
古人有一句二韻者如萋兮斐兮婉兮孌兮是也有半
句互協者如冽彼下泉四句上莞下簟二句是也有一
句一轉韻而韻在句中者如老子名與身孰親七句我
無爲而名自化四句韓非子名正物定二句是也有一
句藏三韻者如史記甌窶滿篝二句是也有一句藏四
韻者如楚辭將奕梯句及將促訾句是也有一句首尾
古韻總論　一
爲韻者如老子禍兮福所倚二句是也有兩句字字協
者如有瀰濟盈二句是也
後人雙聲疊韻之說亦肇于詩卷耳首章之傾筐三章
之高岡元黃雙聲也二章之崔嵬虺隤疊韻也東山二
章之果臝疊韻也町畽熠燿雙聲也伊威蠨蛸雙聲兼
疊韻也日月之下土古處四牡之倭遲懷歸邱中有麻
之有李之子佩玖瞻卬之成城傾城皆疊韻也
詩中有全用一韻者有兩三句一轉韻者有一三句二
四句交互換韻者交互換韻最宜明若不審細便不知
古韻分部之密如瞻卬五章一三句支部韻也二四句

『音学十書・古韻総論』第一葉

音義説

音の一つ一つや五十音図の行に意味づけをして，語源や万物の生成を説明しようとする考え方で，江戸時代後半から幕末期にまとまった学統として現れた。この学統は本居宣長の後継者である後期国学派が担い，排外的民族主義を思想的特徴とする。言語音声の切片そのものは意味とは無関係であるが，音声への素朴な意味づけや語源説はいつの時代にも認められる。近世では従来，密教教学である悉曇学で行われていた『韻鏡』注釈が世俗的流行をみて，言語音声に対する関心が高まった。音義説は最初，釈良鍐『伊呂波天理抄』(延宝 5(1677))，多田義俊『以呂波声母伝』(延享 3(1746))のようにいろは歌の字ごとに陰陽五行説を付会した説明がなされた。この段階の素朴な音義説が五十音図と結びつくことによって体系化した。西村外記ほか『改正五十音図』(文政 5(1822))によれば，ア行(広大)カ行(堅固)サ行(狭小)タ行(剛強)ナ行(柔和)ハ行(発散)マ行(渾円)ヤ行(進入)ラ行(無形)ワ行(枉曲)の意味を表すという。中世以来，平仮名歌文の書記規範であった定家仮名遣いから距離を置き，五十音図に基づいて仮名遣いを論じた契沖『和字正濫鈔』(元禄 8(1695))の考え方が浸透し，仮名遣いの背後に古代日本語音声の独自の仕組みが存在するという合理的推測が浮上した。その結果，日本古代音の復元を目指す日本音韻学が立ち上がり，古典語学の中で五十音図の知識が普及した。五十音図の知識を古代日本語の実証的解明に最大限利用したのが本居宣長とその一派であった。宣長は『字音仮字用格』(安永 5(1776))において五十音図の概念によって古代語音声の具体的な復元に成功した。宣長の子春庭は，『詞八衢』(文化 5(1808))において古代語用言の活用体系(四段活用論)を整備した。彼らは，五十音図のもつ合理的な側面を文献実証のなかで生かした点において高い評価を受けている。五十音図を実証的方面に利用する学統は，太田全斎『漢呉音図』(文化 12(1815))，東条義門『於乎軽重義』(文政 10(1827))，奥村栄実『古言衣延弁』(文政 12(1829))らの日本音韻学の堅実な成果として継承される。一方，音義派にとっても五十音図は，彼らの理論構築に大きく貢献した。民族主義的音声言語観は，本居宣長(『漢字三音考』天明 5(1785))にすでに顕著に認められるものであるが，彼の死後の弟子平田篤胤に至って過激化した。音義説の最初のまとまった主張者である平田の音韻学書『古史本辞経』(天保 10(1839))は，宣長の『字音仮字用格』「喉音三行弁」を修正するなどの進歩的側面もあり，学説史上無視しえない論理構成力をもっている。平田は，五十音図が天地自然の音を反映し，応神天皇の時代に成ったものと主張した。これは，言霊に通じる天然の理によって五十音図が生じたとする音義派の五十音図神秘化の最初である。橘守部『五十音小説』(天保 13(1842))も五十音図の発生に関して天然起源説を採る。橘によればア行は「君王」，カ行以下は「侍臣」，ヤワの二行は「棟梁の輔佐」などの意味があるという。林国雄『皇国の言霊』(文政 8(1825))は，ア音こそ五十音の元であり，天地万物の始めであるという。これは悉曇学の阿字観からの移入である。ア音がすべての音声の根源(平田はウ音)であるという主張は，音義派の創始ではなく悉曇学をはじめ，音韻学者礪波今道『喉音用字考』(安永6(1777))にも見えるほか契沖『和字正濫鈔』にも阿字観の影響が色濃い。また林は，アカサタの韻を「天の象」，アイウエオの行を「地の象」，オコソトの韻を「黄泉の象」とする。鹿持雅澄『万葉集古義』(天保11(1840))「言霊徳用」は，日本語音を清，仮濁，濁，半舌に分類し，それぞれ「清(天子)」「仮濁(保佐)」「濁(臣下)」「半舌(臣下)」に配置した。五十音図神秘化の究極の論が大国隆正『活語活法活理抄』であって，大国によれば五十音図こそが万物創生の源であり，ここから言葉が生まれ，さらに天地が開闢した。悉曇学への先祖がえりを髣髴とさせる信念の発露である。高橋残夢『霊の宿』(天保7(1836))では，音声はすべて天地の声であって言葉はそこから「合わせ薬」のように分生したのであるが，元はすべて神秘な言霊の一筋に連なるという。一音はそれぞれ意味をもつ。例えば，アは「顕現」，ヤは「在中」，サは「躁発」などである。もと梵音の配当図であった五音(悉曇章)を古代日本語の縦横に整合的な配置図(五十音図)として位置づけたのが契沖であり，それを生かして宣長や春庭らは古代語の実証的研究に貢献した。しかし合理性が尊重されたはずの五十音図が宣長後継の音義派に至って神秘的尊崇の対象と化したのである。このような学説史のパラドクスともいうべき退廃化がなぜ生起したのかについては，今日でもよく解明されていない。古代日本語を背後で支配する秩序を「言霊」によって神秘化するのは富士谷成章や本居宣長にもある考え方である。しかし，日本語を基層で支えていると成章や宣長が信仰する神秘的言霊観を彼らは学理の本体に据えるようなことはしなかった。これに対して音義派は，前期国学派の学理的達成を神秘的言霊思想の「論証」の具として逆用したのである。すでに述べたように五十音図の合理性を実証的解明にのみ利用した宣長の後継者(太田全斎，東条義門，奥村栄実)は存在するが，大方の後期国学派の凡人たちは，平田が用意してくれた抽象的思弁に没入することで自己の学問生活を維持した。その結果，幕末期の国学は，尊皇倒幕のイデオロギーの活力源をなす一方で，学術としての地位は著しく低下した。『韻鏡』注釈の枠組みを離脱して，契沖以来独自の道を歩んできた日本音韻学は，こうして衰微し廃却された。定家仮名遣いを乗り越えた近世仮名遣い論によって立ち上がった実証的音声学の蓄積は，音義派の思弁によってかき消された。古代日本語音価推定の方法が学理の現場において復活するのは，明治以後ドイツ比較言語学の方法を導入してからのことである(上田万年「p音考」，1895(明治28))。平田篤胤を直接の創始とする音義派を今日の一般言語学的視点から断罪することは容易であろうが，彼らが国学の本流に躍り出ることを許した学説史の真の要因はいまだ明らかになっていない。　(釘貫　亨)

【参考文献】保科孝一『国語学小史』大日本図書，1899/保科孝一『新体国語学史』賢文館，1934。

会(かい)意(い)

漢字を作る方法の一つ。「六書(りくしょ)」を構成する一つで，許慎(きょしん)『説文解字(せつもんかいじ)』序に見える「六書」の定義は，会意について

會意者，比類合誼，以見指撝，武信是也，

会意なる者は，類を比して誼を合わせ，以りて指撝を見わす，武・信是れたり，

すなわち意味範囲を示す要素(類，義類ともいい，例えば木ヘンとか草カンムリで概括される意味的まとまり)を並べてそれぞれの意味を組み合わせ，そこから全体の指し示す内容(指撝)がわかるようにしたもので，武と信がその代表であると許慎はいう。

武と信はそれぞれ『説文解字』に，

武　楚の荘王曰く，夫れ武なるものは，功を定むれば兵を戢(おさ)む，故に止と戈を武と為す，と，(十二下)

信　誠なり，人・言に从う，(三上)

とある。

「武」字の説明は『春秋左氏伝』宣公12年の条にある話を引用したもので，楚の荘王がいうには，「そもそも武(勇気)とは，軍功をたてれば戦争をやめる，それが本当の勇気である。だから「武」という字を見よ，それは「止」(とめる)と「戈」(武器，いくさ)とからできているではないか」。つまり「武」を分解して「戈」と「止」に分け，その2字の意味を組み合わせて，全体の「武」の本義を「武器の使用の停止」と考えている。

もう一例の「信」は，人と言とから成り，人の言は誠であるから，「信」の本義は「誠」であるとする。

会意とはそのように，単独で意味をもつ文字をいくつか組み合わせる方法で，それぞれの要素の意味を総合的に組み合わせて新しい文字を作り出す方法である。このときに構成要素となる漢字を「義符」または「意符」という。

会意の例を『説文解字』からあげれば，

莫　日且に冥れんとするなり，日の茻中に在るに从う，茻は亦た声，(一下)

戾　曲がるなり，犬　戸の下より出づるに从う，犬　戸下より出づるを戾と為す者は，身曲戾すればなり，(十上)

「莫」は「暮」の古字で，《日》と四つの《屮》(草)とから成り，太陽が草むらの中に没することから，日暮れを意味する字だが，のち「莫」が他義に多く使われるようになったから，さらに日を加えて「暮」という字ができた。

「戾」という字は，「曲がる」が本義である。その字は《戸》と《犬》とから成り，戸の下を犬がくぐりぬけるとき，犬の身体が屈曲することによってその意味を表す(常用漢字の「戻」は省略形による)。　(阿辻哲次)

【参考文献】阿辻哲次『漢字学—説文解字の世界』東海大学出版会，1985。

外国地名の漢字表記

外国地名を漢字で表記すること。現代日本語においては，通常片仮名で表記されるものを漢字で表記する場合，例えばAmericaを「米国」「米」「亜米利加」と表記するような場合と，基本的に漢字表記することになっている場合，例えばPacific Oceanを「太平洋」と表記するような場合とがある。

現在では通常片仮名で表記することになっている外国地名も，大正時代頃までは漢字で表記することのほうが多く，またその漢字での表記方法も多様であった。現在新聞などに見られる「米国」「仏国」などの漢字表記は，かつて用いられた「亜米利加」「仏蘭西」などの漢字表記の略表記が，現在も存続して使用されているものである。

日本における外国地名の漢字表記は，大きく音訳による表記と意訳による表記とに分けられる。冒頭にあげた例でいえば，「亜米利加」は音訳による表記，「太平洋」は意訳による表記にあたる。どちらも，中国からの受容を基本として発達してきた表記方法である。

音訳による地名表記は，受容時期から大きく三つに分類することができる。(1) 古くから日本と交流のあった地域の地名表記。インドや中国，朝鮮，東南アジア諸国などの地名の表記。(2) 主にマテオリッチ(Matteo Ricci・利瑪竇)『坤輿万国全図』(1602)などによって中国に紹介され，のちに日本に輸入された地名表記。欧米やアフリカの地名の表記。原音にできるだけ忠実に中国漢字音によって表記されたものが日本へ輸入された。このとき日本漢字音で発音しても原語に合う場合はそのまま輸入され(「伊太利亜」など)，合わない場合は日本漢字音に合った漢字表記に変えられる場合がある(「亜非利加」から「亜弗利加」など)。(3)『坤輿万国全図』以後に発見された地域の地名表記。オーストラリア(濠太剌利亜)が該当する。中国から輸入された表記というよりもむしろ，中国における表記を受け容れつつも日本独自の表記を発達させたという点で，(2) と異なる。

意訳による地名表記は「太平洋」「地中海」「紅海」など海洋名に多く見られる。その地名表記が行われるようになってから現在まで大きな変化を見せずにほぼ同様の表記が行われるのが，音訳による表記に対しての特徴である。輸入も含めて中国からの影響が大きい点では音訳による表記と同様である。

外国地名の漢字表記に関する研究はさほど多くない。個々の外国地名の漢字表記がどのような経緯で行われるようになったかという語誌的なアプローチ，日本漢字音や中国漢字音との関連づけによる音韻論からのアプローチ，片仮名など漢字以外の表記との比較による表記史からのアプローチなど，今後の研究の発展が期待される。

(深澤　愛)

【参考文献】『宛字外来語辞典』柏書房，1979/王敏東「外国地名の漢字表記について─「アフリカ」を中心に─」『語文(大阪大学)』58，1992。

楷書

書体名。正書・真書ともいう。一般的には，現在広く用いられる正書体を指す。楷とは，のり・てほんの意。楷書の様式上の特色としては，一筆における起筆・送筆・収筆の三節構造，右肩上がりの横画，力の均衡による一字の構成などがあげられる。

楷書とは，もともと規範となる書の意で，時代によってその内容が異なる。例えば，南朝宋の羊欣『古来能書人名』に三国・魏の韋誕を評して「楷書を善くす」といい，また唐の張懐瓘『書断』巻上・八分に「本之を楷書と謂う」とある楷書は，具体的には隷書を指し，今日のいわゆる楷書を指すわけではない。他方，『晋書』巻80，王羲之伝に「尤も隷書を善くす」とあるように，隷書と称して今日の楷書を指すと見なされる例もある。さらに，六朝から唐にかけての書論などには，今日の楷書にあたる名称として正書・真書が見られる。このような同名異実，異名同実といった名称と実体との混乱は，ある書体が別の新書体へと漸次変化し，それに付随して名称が分立していく過程で生じる現象であり，楷書という名称が，今日のような意味で用いられ定着するのは，唐代以後のことと見なされる。

楷書の成立に関して注目されるのは，『古来能書人名』の以下の記述である。

> 鍾繇の書に三体がある。一つは「銘石書」，最も巧妙なものである。二つは「章程書」，秘書官に伝授し小学で教えるものである。三つめは「行狎書」，書簡に用いるものである。これらの三つの書法は皆な世間の人々が高く評価している。

鍾繇は魏の功臣であるが，書の名家として知られ，楷書の創始者と伝えられる。ここに見える三体のうち，第一の「銘石書」は石碑に用いる隷書，第三の「行狎書」は手紙に用いる行書にあたり，第二の「章程書」が公文書や教育に用いる楷書に相当すると見なされる。「章程」とは，のり・てほんの意であり，字義の点からも共通性を認めることができる。

楷書の成立時期や成立過程については，いまだ十分には解明されていない。書体はごく大まかにいって，篆書→隷書→楷書という変遷をたどって現在に至っている。旧書体から新書体への変化は長時間にわたり，きわめて漸次的に進行していく。しかもその変化は，まず最初に筆記資料に現れてくるため，書体変遷の過程を明らかにするためには，新書体の生成期にあたる時代の筆記資料が，できるだけたくさん必要となる。

楷書について見ると，楷書の様式が頂点を極めた唐代の前の六朝時代，特に三国時代から晋代がその生成期にあたる。従来，この時期の楷書の資料として，三国時代・魏の鍾繇の「宣示表」「薦関内侯季直表」や東晋の王羲之の「楽毅論」「黄庭経」などが知られていた。しかし，これらの伝世資料はすべて，模写や模刻を繰り返した法帖によって伝えられたものであり，真跡との間にかなりの懸隔を生じていることが予想され，書体史研究の直接的な資料とすることには問題が残る。したがって，楷書の成立時期や成立過程を明らかにするためには，魏晋時代の筆記資料の検討が不可欠となるが，その時代の資料はほとんど伝存せず，資料上の制約から手詰まり状態が続いていた。

こうした状況に対して，新たな研究の進展をもたらしたのが，20世紀初頭の西域探検によって発見された魏晋時代の木簡（もっかん）や残紙である。西川寧は，魏晋の出土文字資料について詳細に分析を加え，イギリスのアウレル-スタインが1901年に新疆省尼雅の晋代遺址から発見した50点の簡牘（かんとく）のうち，「詣鄯善王」と書かれた木簡（封検）の文字に楷書の様式が明瞭に認められることを指摘し，同出の木簡の中に泰始5(269)年の紀年が見えることから，3世紀の後半頃にはすでに楷書が発生していたことを実証した。その後，1948年に安徽省馬鞍山呉朱然墓から出土した木簡（刺・謁）17枚の文字にも楷書の様式がおおむね備わっていることが指摘され，楷書の発生はさらに三国時代，3世紀の中頃まで遡（さかのぼ）る可能性が指摘されている。

このように三国時代から晋代にかけての筆記文字の発見によって，楷書の成立時期の問題は少しずつ解明されてきたわけであるが，注目される新資料に，1996年に湖南省長沙（ちょうさ）市走馬楼から発見された三国時代・呉（ご）の孫権時代の簡牘がある。この走馬楼三国呉簡は10万枚という厖大な数量をもち，時代は鍾繇の晩年にあたる。現在，その一部が公表されたにとどまるが，それらの簡牘文字には，隷書から楷書に至る多様な要素が見いだされ，今後の研究によって楷書の成立時期や成立過程の問題解明が進展することが期待される。

4世紀から6世紀にかけての楷書は，筆記資料では楼蘭（ろうらん）出土文書・吐魯番（トルファン）出土文書・敦煌文書（とんこうもんじょ）の写経類などがあり，石刻資料では北朝，特に北魏を中心とする造像記・墓誌銘などがある。それらの検討によって，5世紀には楷書が様式的に完成の域に達していたことが知られる。さらに7世紀に入ると楷書の様式は頂点に達し，唐代の虞世南（ぐせいなん）「孔子廟堂碑」・歐陽詢（おうようじゅん）「九成宮醴泉銘」・褚遂良「孟法師碑」などの諸碑に楷書の極相を認めることができる。

唐代においては，異体字を整理・弁別し，依拠すべき字形を提示した字様と呼ばれる楷書字書が相次いで編述された。現存する字様には，顔元孫『干禄字書（かんろくじしょ）』，張参『五経文字（ごけいもじ）』，唐玄度『九経字様（きゅうけいじよう）』があり，敦煌文書からも唐代字様の残巻が発見されている。こうした唐代の楷書正体化の動きの一つの到達点を示すのが，唐の文宗の開成2(837)年に成立した開成石経（かいせいせっけい）である。開成石経は，12の経書（けいしょ）を114石に刻したものであり，現在，西安の陝西省博物館に全石がほぼ当時のまま保存され，唐代楷書の正体を示す資料として重要な意義をもつ。

楷書はその後，千数百年の長きにわたって正書体の位置を保持したまま，現在に至っている。このような状況は，楷書がそれ以前における篆書・隷書の簡略化をへて，最も安定性の高い書体として完成したことを示している。　（福田哲之）

【参考文献】藤枝　晃「楷書の生態」『日本語の世界3』中央公論社，1981/西川　寧「楷書の書法」『西川寧著作集第7巻』二玄社，1992。

開成石経

唐の文宗の開成 2 (837) 年に成立した石経。成立時の年号をとって開成石経と呼ばれる。石経とは，経典を石に刻し，依拠すべき本文と字体を公示する意図によるものであり，唐代以前の儒教の石経としては，後漢の熹平石経，三国魏の三体石経 (正始石経) などが知られる。開成石経の建立は，国子祭酒・鄭覃の主唱によるものであり，経文の校定も彼が中心となって行った。上奏の裁可が太和 4 (830) 年，太和 7 (833) 年から起工し，開成 2 (837) 年に完成した。

これよりさき，代宗の大暦 10 (775) 年に張参が五経の定本を作り，翌年『説文解字』『字林』などによって経書の文字を校定した『五経文字』を著した。続いて，文宗の開成 2 (837) 年に唐玄度が『九経字様』を著し，『五経文字』を補訂した。開成石経はこうした唐代における一連の経書校訂の成果を受けて成立したものであり，それは『五経文字』『九経字様』が開成石経に付刻されていることからも裏付けられる。

開成石経の内容は，『易経』『書経』『詩経』『周礼』『儀礼』『礼記』『春秋左氏伝』『春秋公羊伝』『春秋穀梁伝』の九経に『孝経』『論語』『爾雅』を加えた十二経からなる。『旧唐書』文宗紀には，開成石経を「石壁九経」と記しており，これは『孝経』『論語』『爾雅』の三経を除いた九経を指した呼称と見なされる。

石の数は全部で 114 石。各石は高さ約 2.5 m，幅約 1 m。それを 7 段または 8 段に区切って，両面に楷書で経文を刻している。総字数は 65 万 2052 字にのぼる。

石経の末尾の題名のなかに「書石学生」として名が見える艾居晦・陳基などが分担して書写したものと推定される。各経書の標題は隷書，経文はすべて謹直な楷書で書かれている。その書風は，唐代の楷書の名家であった虞世南や欧陽詢の書法に基づくものと見なされ，特に虞世南の孔子廟堂碑との間に共通性が認められる。

石経ははじめ都・長安の太学に立てられたが，長安城の移転によって移置され，現在は陝西省博物館 (西安碑林) に全石が保存されている。ただし，地震による倒壊などで破損したため，数次にわたる後代の補刻や改刻がある。

石経は，経書の本文研究上，重要な意義をもつが，開成石経は，全石が完存する最古の石経であり，その内容も十二経に及ぶ点から，とりわけその意義が大きい。こうした経学上の意義は，例えば阮元の「十三経校勘記」が開成石経に依拠することにも象徴される。同時に，開成石経は，漢字研究のうえからも，唐代における楷書正体化の一つの到達点を示すものとして注目され，唐代における正体字の実態や唐代字様との関係などを具体的に明らかにするうえで貴重な資料である。 (福田哲之)

【参考文献】張国淦『歴代石経考』燕京大学国学研究所，1930/藤枝　晃『文字の文化史』岩波書店，1971。

外来語の漢字表記

外来語を表記する一方法であり，例えば「硝子（ガラス）」「麦酒（ビール）」「檸檬（レモン）」「浪漫（ロマン）」などのように，漢字を用いて表記をすること。

現在では外来語は片仮名で表記されるが，キリシタンによって外来語が移入され始めた室町時代末期から江戸時代前期頃にかけては文章の表記スタイルに合わせていた。漢字平仮名交じり文であれば平仮名表記，漢字片仮名交じり文では片仮名表記，漢文体であれば漢字のように，取り立てて異なる表記は用いられなかった。外来語が，日本語にとけ込むに従って，漢字表記が一般的になる語も出てきた。近世の文献には「合羽（かっぱ）」「襦袢（じゅばん）」「石鹸（しゃぼん）」「天鵞絨（びろうど）」などが見られる。その一方で，外来語として弁別する意識によって，片仮名で表記することが新井白石（あらいはくせき）あたりから見られるようになる。

幕末・明治初期における外国の文物の流入に伴い，多くの外国語が漢語という訳語の形で取り入れられたが，そのまま外来語として受け入れ，音の合致する漢字表記を当てたり，訳語的な語を漢字表記として用いることがあった。その場合，外来語は振り仮名として記される。外来語という意識に基づいて片仮名表記が一般的であったが，古くから定着していたものには平仮名表記が用いられていることも多かった。

外来語の漢字表記を大きく分類すると，次の二つに分けられる。

(1)漢字の音を利用して，外来語の音にあてたもの。

瓦斯（ガス）　護謨（ゴム）　珈琲（コーヒー）　歇私的里（ヒステリー）　印気（インキ）　檸檬（レモン）　浪漫（ロマン）　巴里（パリ）　維廉（ウイリアム）

(2)外来語の語義に基づいているもの。

煙草（タバコ）　硝子（ガラス）　麦酒（ビール）　手巾（ハンケチ）　毛布（ケット）　石鹸（シャボン）　洋袴（ズボン）　洋卓（デスク）　論理（ロジック）　感傷的（センチメンタル）　外表的（デモンストラーチブ）

また(1)と(2)とにまたがるものとして，倶楽部（クラブ），型録（カタログ），混凝土（コンクリート）などがある。

漢字表記には，固定化しているものから，多くの表記が併用されているものや，一回切りの臨時的なものまでさまざまな段階がある。特に慣用的になると，(2)の語義に基づいた表記の場合でも振り仮名を必要としなくなる。例えば，振り仮名を施さない作品においても外来語の漢字表記の使用が見られる。

新しい外来語が急激に増加し始めた大正時代になると，外来語そのままで使用することに意味があると考えられ片仮名表記が多くなる。特に第二次世界大戦後は，「当用漢字表」(1946年11月)のまえがきに「外来語は，かな書きにする」と明記されたことから，片仮名で表記されることが一般的となった。

外来語の漢字表記には，中国での表記と共通している語が多く存在する。また，使用されている漢字も日本語の漢字音から見ると特殊なものが多い。それらが，中国語から日本語に入ったのか，日本語から中国語に入ったのか，不明なものも多く，一つ一つの表記について明確にしておく必要があろう。　（田島　優）

【参考文献】石綿敏雄『外来語の総合的研究』東京堂出版，2001/『言葉に関する問答集―外来語編(2)―』文化庁，1998/松村　明『近代日本語論考』東京堂出版，1999。

返り点（かえりてん）

漢文の訓読（くんどく）において，用いられた符号。特に，本邦の場合を例にとると，漢文を訓読する際，中国語文と日本語文との言語的な相違から，語序の異なりが存するが，原漢文をそのままにし，原漢文と同一紙面上に，所謂，日本語に翻訳した日本語文を訓点を用いて表記する場合，その訓点の内の語序の異同に関して特に注記した符合を指す。

返り点は，原漢文を訓読した結果の日本語文を文字，符号などを用いて記した訓点資料の現存する平安時代極初期から使用されている。現在の漢文訓読に使用される返り点は，「レ」点，「一二」点，「上中下」点，「甲乙」点，「天地人」点などであり，これらの返り点は，漢字左傍に記載され，各返り点は，それぞれ段階的，組織的に使用されている。古くは，これら以外に，諸種の返り点が使用されていた。

星点の返り点は，「・」印を返読基点の漢字の主として左下にやや漢字から離れて付すもので，資料によっては右下の場合もあり，また，返読先の漢字の左傍中央に漢字からやや離れて付される「・」(待点)を付して返読先を示した資料もある。この種の返り点は，平安初期から用いられている。

漢字を使った返り点は，平安初期から，漢数字「一二三」などや，「上下」などを使ったものも存するが，加点位置は，漢字左傍に限らず，漢字の右傍にも存していた。「天地人」や「甲乙丙」は，時代的には下って出現する。返り点の現存最古の例とされる大東急記念文庫蔵の華厳刊定記延暦 7 (788) 年点では，「非二自然勝性等起相縁一故不三起三即顯還滅・」や「二者因三彼二樂一乘二便一爲説一切諸法本來寂靜不生不滅・」などのごとくに加点されている。平安初期には，これらのほかにも諸種の符号が使用されている。「□□□□□̂」「□□□□□̣」などのごとく，返読基点の字に加点された「，」をはじめとして，「□̂□□□□̂」のごとき「，ˎ」や，「□□□□□」の「＋」形のもの，「□□□□□」の「○」，「□□□□□□」の「―」，「□□□□□□」の「＝」や「□̂□」「□̬□」のごとき「＞」「く」など諸種の符号が使用されていたが，時代が下るとともに，淘汰され，主として漢字による返り点に集約されたものと考えられている。

「レ」点(雁点)は，院政期に出現したもので，鎌倉時代以降盛んに使用される返り点で，連続する二字の漢字の返読を示したものであるが，院政期の資料には，「□レ□」のごとく，二字の中央に付されている。時代とともに「□レ□」から「□レ□」，「□レ□」のごとく，次第に左寄りに変化したものである。 (松本光隆)

【参考文献】小林芳規「返點の沿革」『訓點語と訓点資料』第 54 輯，1974。

鏡文字（かがみもじ）

文字を鏡に写して見た時のように，裏返しに書いた文字。鏡映文字，逆文字ともいう。物の形を写す絵文字は本来，左右のどちらを向いているか問題にならないはずであるが，言語を表す記号としての文字は，左横書き，右横書きなど文字の配列に規則が生まれてくる。古代エジプトのヒエログリフや古代中国の甲骨文字では，鏡文字を同一の文字とすることがあった。また，レオナルド・ダ・ヴィンチはわざわざ全体の文章を鏡文字で著している。

しかし，一般に鏡文字が問題となるのは，小学校入学前後の児童の場合である。鏡文字を書く児童でもすべての仮名を鏡文字で書くわけではない。樺島忠夫と佐竹秀雄が小学校に入学したばかりの357名に調査したところでは，「え」「お」「か」「こ」「そ」「ね」「ひ」「む」「や」「れ」「わ」は鏡文字で書かれる例がなかった。一方，「せ」を鏡文字で書いたものは7%，「け」を鏡文字で書いたものは5%，「と」「り」「く」を鏡文字で書いたものは4%となり，仮名によって鏡文字になりやすいかなりにくいかに違いがある。鏡文字をもっとも多く書いたものは，平仮名46字のうち14字書いているが，鏡文字をまったく用いなかった児童は7割近い。鏡文字を用いるかどうかには個人差が大きいのである。ただ，どういう児童が鏡文字を用いやすいかについては，左ききの子の方がよく鏡文字を用いることがあるというぐらいで，詳しいことは分かっていない。なお，「よ」を「ょ」とするなど，一部の要素が左右逆になっているだけのものもある。なお鏡文字は片仮名でも漢字でも生ずるものである。次に鏡文字の例を示しておく。

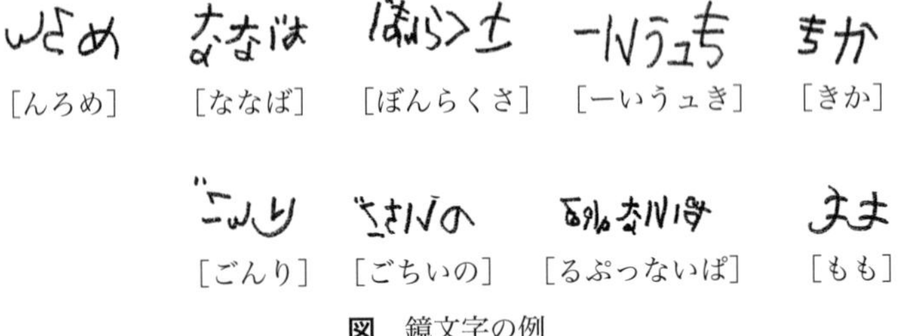

図　鏡文字の例

この例は，4歳7ヵ月の左利きの男の子の例である。果物の名を右横書きに書いている。「ユ」以外は片仮名は使われていない。「ぼ」「ぱ」など濁点，半濁点が，右側の部分で言えば鏡文字の位置に書かれている。

鏡文字（鏡映文字）は，文字の認知と関わって，心理学でも注目されている。

（前田富祺）

【参考文献】村田孝次『幼児の書きことば』培風館，1974/天野　清『子どものかな文字の習得過程』秋山書店，1986/樺島忠夫・佐竹秀雄「鏡文字」，『計量国語学』70，1974。

書き下し文

漢文を，返り点や送り仮名などの訓点に従って日本語の文に書き直したもの。漢文訓読文・訓み下し文ともいう。現在は，漢字片仮名交じり文や漢字平仮名交じり文を一般に用いるが，古くは全文平仮名もしくは片仮名で記されたものもあった。学校の国語科の「漢文」で書き下し文を作るには，歴史的仮名遣い，文語文法に従い，付属語(助詞・助動詞の類)は仮名書きにし，不読の字は書かないなどの原則がある。

漢文を訓読し，これを書き下した例としては，『続日本紀』宣命に，『文選』『論語鄭玄注』の漢籍や『金光明最勝王経』『梵網経』といった仏典の，書き下しに似たような性格の文が引用されていてこれが最古の例とも見られるが，確実な例としては，『土佐日記』『枕草子』『源氏物語』『栄花物語』などの平安仮名文学に引用されたものであって，例えば，『源氏物語』玉鬘に「胡の地のせいじをばむなしくすてすてつ」と豊後介が誦じたのは，『白氏文集』新楽府巻3「胡地妻児虚棄捐」を，菅原家の訓法で書き下したものである。これには紫式部の父為時が菅原文時の高弟であったこととかかわりがあると説かれる。このほか，平安仮名文学には『史記』や『文選』などの文言も書き下され，引用される。

漢文の書き下し文として，独立して一書と成ったものとしては，院政期に，全文をほとんど平仮名で書き下した『往生要集』(高野山西南院蔵，断簡)が伝わっており，以降，鎌倉時代には，この『往生要集』をはじめ，妙一記念館本・足利(鑁阿寺)本の『仮名書き法華経』，伝後伏見院宸翰『仮名書き観無量寿経・阿弥陀経』など，民衆教化のために平易に書き下されたと思しい，法華経・浄土経の経典類がまとまって遺存する。このほか，全文片仮名で記された天理図書館本『釈迦如来念誦次第』や漢籍では『仮名貞観政要』なども知られている。室町時代には，『かながきろんご』『日本書紀神代巻』の書き下し文も作成されるようになり，近世に入ると庶民に漢文の享受層が拡大し，その書き下し文が版本として流布した。この流れが明治時代の普通文の基礎ともなり，和文その他の要素を含みつつ，公私の文書，新聞，雑誌の類に広く普及した。

なお，日本語史の研究資料として，訓点資料の「訳文」が今日数多く学界に提供されている。これらは古訓点に従って書き下したものであり，資料的価値は高く有意義であるが，一方，訳文の作成者は当該文献の資料性(加点者の属性，加点年代など)を吟味しながら，加点のない部分について多く「補読」を行っているのが実際であり，利用するうえでは訳文作成者の「解釈」がそこに含まれている点に注意しておかねばならない。

(山本真吾)

【参考文献】築島　裕『平安時代の漢文訓読語につきての研究』東京大学出版会，1963/中田祝夫『妙一記念館本仮名書き法華経』霊友会，1988-1993。

画数

漢字を書くときに，ペンや筆などを紙につけてから放すまでにできる線や点を「筆画」といい，ある漢字がいくつの「筆画」からできているか，その総数を「画数」という。例えば「山」は3画，「字」は6画，「語」は14画となるが，戦後の国字改革の結果字形がかわり，それまでと異なった画数で書かれる文字ができた。例えば「臣」は，かつては「臣」と書き，6画と数えられたが，現在では7画とされる。このような文字については，字書によって画数の記述が異なるという事態が生じている。

画数の最も少ない漢字は，1画の「一」と「乙」であるが，では一番多いのは何画のものか。それを調べるための最も手っ取り早い方法（そしてまた唯一の方法でもある）は，漢字の字典についている総画索引を調べることにほかならない。

諸橋轍次編『大漢和辞典』（大修館書店）の総画索引によれば，同書に収められる漢字の中で画数が最も多いのは，𪚥という漢字である。これは見てのとおり《龍》を上下左右に四つ並べた形で，単独の《龍》は16画だから，全体でなんと64画にもなる。

『大漢和』の記述によれば，音読みがテツまたはテチ（反切は「知孑反」）で，「言葉が多い。多言」と意味の解釈が記されているが，この字を使った熟語はのせられていない。

『大漢和辞典』ではこの字の出典を『字彙補』としている。『字彙補』は明・梅膺祚が著した『字彙』（3万3179字）の誤りや不備を正し，未収録の漢字を補うことを目的として，清の呉任臣が編纂したもので（1666年刊），その「龍部」に問題の𪚥の字が見え，「知孑反，音折，多言也」とある。

なお現在では『大漢和辞典』よりもさらに大きな漢字字典として，中国から『漢語大字典』や『中華字海』が刊行されているが，それらの総画索引で調べても，やはり最大画数の漢字は𪚥のようだ。なお『漢語大字典』での記述は『大漢和辞典』より少し詳しく，また出典も『改併四声篇海』に引かれる『類篇』（宋・司馬光編）と時代を遡らせているが，こちらのほうにも実際の用例は掲げられていない。

書くために多大の手間とスペースを必要とする𪚥のような漢字が，実際の文章の中によく使われたとはとうてい考えられない。おそらくどこかのペダンティックな人間が，知的遊戯の一環として作った漢字であろう。（阿辻哲次）

【参考文献】原田種成編『漢字小百科辞典』三省堂，1990。

学年別配当漢字（がくねんべつはいとうかんじ）

小学校学習指導要領の「学年別漢字配当表」にあげられている漢字のこと。1998（平成10）年改訂2002（平成14）年度実施の現行の小学校学習指導要領では，合計1006字の漢字が，次のように学年別に配当されている。第1学年80字，第2学年160字，第3学年200字，第4学年200字，第5学年185字，第6学年181字。

漢字の学年配当は，1958（昭和33）年改訂1961（昭和36）年度実施の小学校学習指導要領で初めて実施された。それは，1947（昭和22）年3月公布の学校教育法の規定によって，1903（明治36）年4月の小学校令の改正により1904（明治37）年度以来行われていた小学校の教科書の国定制が廃止され，ただちに次のことが問題となったことによる。

- 転校した場合，他の児童の学んできた漢字と転校した児童の学んできた漢字が等しくないので困る。
- 新学年になって従来用いてきたものと違う教科書を採用すると，漢字指導の体系の調節がうまくできないので教師も児童も迷惑する。
- 他教科での使用漢字と国語の教科書の提出漢字との間に連絡がないので，総合的な漢字の指導がうまくできない。
- 児童の課外読み物に出てくる漢字と学習漢字との間に連絡がないので，読書意欲の向上をさまたげる。

そのため，文部省内に漢字学習指導研究会が設けられて，漢字の学年配当について検討が行われ，その結果，1958（昭和33）年改訂1961（昭和36）年度実施の小学校学習指導要領から「学年別漢字配当表」が掲載されるようになった。それは，当用漢字別表881字を，第1学年46字，第2学年105字，第3学年187字，第4学年205字，第5学年194字，第6学年144字というように学年別に配当したものである。続く1948（昭和43）年改訂1971（昭和46）年度実施の小学校学習指導要領では，「学年別漢字配当表」に115字が追加され996字となり，第1学年76字，第2学年145字，第3学年195字，第4学年195字，第5学年195字，第6学年190字というように学年別に配当された。115字追加された理由は，中学校での漢字の学習負担を軽減するためである。1977（昭和52）年改訂1980（昭和55）年度実施の小学校学習指導要領では変更はない。そして，1989（平成元）年改訂1992（平成4）年度実施の小学校学習指導要領で漢字の学年配当の根本的な見直しが行われ，1006字が学年別に配当されるようになった。現行の1998（平成10）年改訂2002（平成14）年度実施の小学校学習指導要領と同じなので，学年別の漢字数はあげない。（島村直己）

【参考文献】国立国語研究所『常用漢字の習得と指導』東京書籍，1996。

角筆

筆記用具の一つで，古くから，墨や毛筆を使用しないで，紙面や木面，壁面などに，文字や絵画などを書く目的で作成され，使用されてきた筆の一種。角筆による文字や絵画は，紙面などを凹ませることによって書記されたもので，墨筆の書記用具による書記の様態とは異なり，紙面上には，墨などの物質が残され，その物質によって文字などを表記しようとするものではない。江戸時代の随筆などにおいては，「字指」「字突」「代指（字沙式）」「ヨミヂク」「木筆」などと称せられ，「翻紙の具」（読書の際に書物を汚さないために，角筆を以て頁を捲る），「指点の具」（漢籍の句読を人に授ける際，書中の文字を指し示すのに用いる）などと詮索されたが，主たる用途は，文筆であったと考えられている。これらの随筆には，角筆の図の掲載があって，長さ 6 寸から 8 寸程度，象牙，竹，鹿角などで作成したとある。現存の角筆の実物として知られるものには，東京国立博物館蔵の竹製で，長さ 19 cm，径 5.5 mm のものがあるが，この角筆を収めた木箱の蓋表には「角筆」との墨書があるものや，広島県御調八幡宮の木製のものなどが知られている。おおむね，動物の骨性の牙や角，竹や堅い木材を用いて，筆記具として使用できる程度の大きさ，太さに整形し，先端を削り尖らせた筆記用の文具であると認められる。蒙古居延から出土の「居延筆」も筆毛のすげられた筆管の反対側には，先端の尖った木が冒せてあり，角筆としての用途があったのではないかと考えられている。

本邦においては，平安時代の記事として，篁物語に「かくひち」の記載があり，蜻蛉日記には「白い紙に，もののさきにして，かきたり」との記載があって，角筆のことであると考えられている。江家次第第 17 の寛治 2（1088）年の「御読書始」の条や第 20「摂政関白家子書始」にも「角筆」が見え，点図とともに調進された用具で，古記録類にも，長秋記（天永 2 年 12 月 14 日条，御書始事），中山大臣記（仁安 2 年 12 月 9 日条），兵範記（仁安 2 年 12 月 9 日条），台記別記（久安 3 年 12 月 11 日条）などに，「角筆」の記事が存する。訓点資料の奥書などにも「角」や「角点」（角筆を以って付された訓点）など「角筆」の記載があって，平安時代の角筆文献の遺存とともに，「角筆」が，筆記用具として一般に使用されていたことが知られる。本邦においては，角筆を以て記入されたと認められる文献などは，古くは藤原宮木簡に角筆による記入かと見られる凹みが存し，江戸時代に至るまでの角筆による文字や絵図の遺存物があることからすれば，時代を通じて，一般に使用されていた筆記用具であると考えられる。また，角筆による書記の資料は，本邦に限らず，韓国，中国，チベットの貝多羅やコーラン，羊皮紙文書などにも残されており，角筆自体は発見されていなくとも，凹みの文字を書いた筆記用具が存したであろうことが推測されるところである。（松本光隆）

【参考文献】小林芳規『角筆文献の国語学的研究』汲古書院，1987。

仮借(かしゃ)

漢字を作る方法の一つ。「六書(りくしょ)」を構成する一つで，許慎(きょしん)『説文解字(せつもんかいじ)』序に見える「六書」の定義は，仮借について

仮借者，本無其字，依声託事，令長是也。

仮借なる者は，本　其の字無く，声に依って事を託す，令・長是れなり。

とある。すなわち元来は表現すべき文字のない(「本無其字」)事物を，同じ発音の文字を利用して表す(「依声託事」)方法であり，令と長がその代表例であるという。借とは，ところが代表例とされる「令」と「長」について，『説文』は，

令　号を発するなり，亼・卩に从う，(九上)

長　久遠なり，兀に从い，匕に从う，亡の声，兀なる者は高遠の意なり，久しければ則ち変化す，𠅃なる者は亡を到すなり，(九下)

と各字の本義を記すだけであって，具体的な仮借の方法については全く記されていない。

「令」は《亼》(＝集)と《卩》(＝節)とから成る会意の文字で，「号を発する」つまり命令することが本義，「長」は意符の《兀》(高遠)と《匕》(＝化)と，音符の亡から成る形声字で，「久遠」，つまり長い時間が本義だというのみである。

その「令」と「長」から仮借の方法を類推すると，次のように考えられる。

漢代では県の長官を県令とか県長と呼んだ(1万戸以上の県の長官が「県令」，それ以下が「県長」)。もともと県の長官を表す固有の文字がなかったので，「命令を出す」という意味の「令」，あるいは「いつまでも」という意味の「長」の字を借りてきて，長官を表す文字とした。つまり「仮借」とは，読んで字のごとく，ほかから文字を借りてくる方法であって，平たくいえば「宛て字」である。

「命令」の「令」が「県令」の「令」に使われるのは意味のうえでの関連性もあって，わかりやすいものである。しかし字義変遷の意味的関連性は，仮借にとっては必要条件ではない。『説文』の定義から考えれば，仮借とはあくまでも，同じ音の文字を借りてきて代用するという方法なのである。「仮借」の例として「令」と「長」があげられているのは，その2字が本義以外の意味に借りられて他の同音の言葉を示す字として使われることが多く，さらに字義の変遷過程が容易に理解できるから，代表字とされたのであろう。　(阿辻哲次)

【参考文献】阿辻哲次『漢字学―説文解字の世界』東海大学出版会，1985。

片仮名（かたかな）

日本語を表記するために日本で作られた仮名の一種。平安時代初期，漢文を訓読する際，漢字の読みや送りがななどを狭い行間に注記するために漢字の字画の一部をとって作られた文字で，省画仮名ともいわれる。平仮名と同じく「ン」を含む 48 文字あるが，現在「ヰ」「ヱ」の 2 文字は普通使用されず，「ヲ」は助詞としてだけ使用される。明治政府になって，公的な文書が漢文から漢字片仮名交じり文になったが，1946（昭和 21）年以降，公用文が漢字平仮名交じり文に移行したため，片仮名は急速に社会から姿を消すことになった。片仮名は成立の事情からして表音的性格が強く，現在片仮名表記が一般的であるものは，外国の固有名詞，外来語，擬声語・擬態語，感動詞，動植物名，発音を示す場合，あるいは特に強調したい語などである。

漢文の訓読は奈良時代から行われていたが，訓読した結果を記入するようになるのは平安時代に入ってからのことである。原漢文にはない活用語尾や，助詞，助動詞，あるいは漢字の読みなどを，漢文の行間の狭い場所に素早く，小さく書くという必要性から，漢字の字画の一部を省略する省画仮名がヲコト点とともに生まれた。「かたかな」あるいは「かたかんな」という名称は平安時代中期の「宇津保物語」などにみえ，成立当初からの名称である。「片」は「不完全」の意味で，漢字の一部を取った不完全な仮名，あるいは漢字に従属し完全に独立していない仮名という意であろう。

片仮名は当初仏家と儒家，あるいは宗派や寺院によってヲコト点も含め字体が異なるなど，狭い範囲で半ば私的に通用したもので，平安初期の訓点資料にみられる仮名は，片仮名ばかりでなく，万葉仮名（略体字も含む），平仮名なども混用されていた。しかし通用範囲は次第に広がり社会性をもつに至り，10 世紀になるとまず万葉仮名（まんようがな）が消え，次いで平仮名が使用されなくなり，11 世紀には省画仮名が大半を占め，字体も一音節一字体に収束する傾向がみられ，院政期（12 世紀）には異体字が減少，現在とほぼ同じ体系が成立している。片仮名は漢文訓読の際の補助符号として成立したものであるが，この時期，漢文訓読以外の仏教説話集などで，自立語を漢字大字で，活用語尾，付属語などを小字片仮名で右寄せ，あるいは 2 行に書くものが見られ，また，漢字と片仮名と同じ大きさで，しかも片仮名漢字交じりといってよいような文献も出現する。その他，字書などでも語の読みを片仮名で記した例や，変体漢文（記録体）においても片仮名書き語が混入するなど，漢文の中でも補助記号でない片仮名の使用例が見られるようになるなど，片仮名が文字として独立したことがうかがえる。

片仮名の字体は，すでに奈良時代末期の万等仮名の段階で，実用の点で字画の少ない，一字一音節の音仮名というように整理される方向を示しており，平仮名に比べ異体字はかなり少ない。現在使用されている片仮名の字体は，1900（明治 33）年の「小学校令施行規則」によって統一されたものである。以下，その字源をあげる。

阿 伊 宇 江 於　加 幾 久 介 己　散 之 須 世 曽
多 千 州 天 止　奈 二 奴 祢 乃　八 比 不 部 保
末 三 牟 女 毛　也 由 与　良 利 流 礼 呂
和 井 恵 乎　レ

サ，ツの字源は定説がない。音仮名が多いが，エ，チ，ミ，メ，ヰは訓仮名からである。また，大部分は初画あるいは終画を取っているが，シ，チ，ニ，ハ，ミなどは全画をとったものである。ア(阿の初画)，シ(之)やス(須の最終画)の字形など，行書体あるいは草書体が基になったと考えるとうまく説明できるものも多い。いずれにしても漢字と識別しやすいように，終画を長くのばしたり(ウ)，傾斜させたり(ミ)など，何らかの変形を施し，文字としての安定化をはかっている。ンの仮名は，漢字音の撥音を示す符号として用いられているもので，院政期頃より使用されるようになった。なお，訓点資料では，以上の48音の片仮名のほかに，シテ「メ」，事「ㇷ」，物「牛」，時「寸」，音「亠」など，あるいは，懺悔「忄忄」，菩薩「丼」，娑婆「娑」などの「抄物書(しょうもつがき)」といわれる補助符号が用いられる。片仮名がこれらの符号とともに用いられるところに，片仮名の補助符号としての性格がうかがえる。

片仮名の世界では，漢文，特に経典の読み方などを注記する必要から，必然的に発音への関心が高くなる。片仮名も平仮名同様清音仮名しかもたないが，濁点や，ヤ行の仮名を添える拗音表記，ツを添える促音表記など，いずれも片仮名の世界で必要に応じて考案されたものである。なお，濁音に必ず濁点を付すこと，拗音のヤ行の仮名，促音の「ツ」を右下に小字で書くという表記法は，1946(昭和21)年の「現代仮名遣い」で指針として示されて以来定着したものである。

片仮名は漢文訓読以外の場と全く無縁であったわけではない。子供の手習いの手本として和歌を片仮名でも書いた(『宇津保物語』)，まだ平仮名を習っていないので片仮名で返歌を書いた(『堤中納言物語』)という記述，あるいは，醍醐寺の五重塔の天井裏から発見された創建当時(951)の落書に，片仮名書きの和歌もあったことなどから，片仮名が，漢文訓読以外の場でもかなり早くから使用されていたことがうかがえる。また中世の荘園文書などに農民の書いた片仮名漢字交じり文もみられる。曲線的な平仮名より直線的な片仮名のほうが文字として当然覚えやすく，幼児や庶民が片仮名に馴染んだことは容易に理解できよう。幼児や庶民の片仮名がどのようなものであったのかは，残存資料も少なくあまり明らかではないが，漢字の少ない片仮名主体の文章であったと想像される。なお，明治以降学校教育で初めに教える文字は片仮名であったが，公文書の表記が漢字平仮名交じりに移行した1946(昭和21)年以来，学校教育では平仮名から先に学ぶことになっている。☞仮名，平仮名

(信太知子)

【参考文献】築島　裕『日本語の世界5 仮名』中央公論社，1981/小松英雄『日本語書記史原論』笠間書院，1998。

活字（かつじ）

活版印刷において，繰り返し用いるために個々の文字を分離独立させて準備しておき，必要に応じて組み合わせて使えるようにしたもの。

古くは木版の活字も存在したが，一般的には鉛，アンチモン，錫の合金（いわゆる活字合金）が用いられる。活字合金は，安価であり融点が低く，比較的摩耗や変形も少ない。何よりも，温度差による膨張縮小が非常に小さい。

グーテンベルクの活版印刷の発明は，この活字合金の組成を見いだしたことによる部分が非常に大きい。☞印刷

活字は，すぐれて物理的な存在である。通常，活字は，字母もしくは母型と呼ばれる雌型に鋳込んで作られる。同じ雌型から同じ形の活字が何本も作られるわけである。したがって，字母はまさに活版印刷における最重要の資産である。

通常，一組の活字には，何種類かの異なる大きさの字母が用意されている。大きさの単位により日本独自の号活字と国際的な単位であるポイントを用いたポイント活字がある。

活字では，それぞれの大きさに合わせて，字母を用意しなければならないため，大きさの種類が限られざるをえないと同時に，大きさによって文字のデザインも変化せざるをえない。大きな文字は肉太のデザインとなり，小さな文字は細身のデザインとなる。しかし，この物理的制限は，使われる活字の大きさが制限されており，大きさによって字の太さが変化することにより，版面の統一感に大いに寄与することとなる。☞写真植字

当初，字母は一字一字，活字彫刻師（刀の鍔（つば）を彫る職人が転職したことも多かったという）が手で彫っていた。この状況を劇的に変化させたのが，ベントン活字母型彫刻機（通常「ベントン」と略称）であった。

ベントンは，原字を紙の上に書いておき，それを機械的になぞることによって，自動的に字母の彫刻を行う。このため，大量の字母を短期間で作成することが容易になり，活字書体設計の自由度と品質が飛躍的に増大した。

ベントンは，1912（明治45）年にはすでに日本に輸入されていたが，本格的な普及を見るのは，1946年に国産化されてからのこととなる。この時期には，すでに国産の写真植字機が実用化されていたことも見落としてはならない。☞写真植字

（小林龍生）

合体字

二つの文字を合わせて一つの文字としたもので，元の二字の音・訓のまま読んでいるもの。漢字二字を合体させたものと，仮名二字を合体させたものとがある。合字，二合の字ともいう。「麻呂」を「麿」，「久米」を「粂」，「木工」を「杢」とする類のもの。地名や人名の固有名詞によく現れる。漢字の合体字は日本で作られた国字の一種であるが，多くの国字が，六書のうち会意により造字され，もともと中国にない物の名や概念を表しているのに対して，合体字の場合，元の二字の意味がそのまま生かされる。また，読みも，元の二字の音・訓そのままで読まれる。

合体字が作られたのには，一つには字数を減らすという目的が考えられる。平安初期書写の興福寺本『日本霊異記』上巻18縁や，平安末期書写の高山寺本『倭名類聚抄』巻6の和泉国大島郡の項では，日下部を「𣇃部」と記している。この字は，『延喜式』中の「民部式」に「凡そ諸国部内の郡里等の名，並二字を用ひ，必ず嘉名を取れ」とあるのに従い，地名を二字で表記しようという意識があって，三字のうちの二字を合体させて生まれたものであると考えられる。また，「麻呂」を合体させた「麿」，「朝臣」を合体させた「𦣪」などは，文書を記す際に官職名や人名を規定に則して1行の中に収めるために作られたものであるとみられる。例えば，「権守藤原朝臣」を「梼藤𦣪」と記した例が文治2(1186)年5月後白河院院庁下文に見られ，「行左中弁」を「𧗱中弁」と記した例や，「博士」を「博」と記した例が同年5月10日の太政官符にある。

また，複雑な字画の仏教語などが繰り返し用いられる場合に，もとの漢字をそのまま合体させるのではなく，字画を略した文字(省文)を合体させて用いることがある。この場合も，もとの二字の意味・読みをそのまま生かす。例えば，東大寺諷誦文稿や，前掲の興福寺本『日本霊異記』上巻では，「菩薩」の草冠のみを合体させた「𦮙」(この字を指してササ菩薩ということがある)がもっぱら使用されており，院政期書写の図書寮本『類聚名義抄』には，「般若」の舟偏と若の字を合体させた「舟若」の例などがある。

このほか，『今昔物語集』には一般語にも合体字が見られる。「あなにく(感動詞+「憎し」の語幹)」に「穴憎」と宛て，さらにその二字を合体させた「穴憎」が鈴鹿本に見られるほか，東大紅梅文庫本には「穴太部」を「突部」とする例もある。仮名の合体字としては「トキ」を「ᅡ」，「ドモ」を「ᅵ」で表したものなどがあり，またシテの「〆」・コトの「ヿ」を合体字とする説もあるが，いずれも近世以降の成立とみられる。　(山口真輝)

【参考文献】中田祝夫『古点本の国語学的研究 総論篇』講談社，1954/佐藤喜代治編 漢字講座3『漢字と日本語』明治書院，1987/岡井慎吾『日本漢字学史』明治書院，1934/山田孝雄『国語史文字篇』刀江書院，1937/山田孝雄『国語の中に於ける漢語の研究』宝文館，1940/佐藤喜代治編 漢字講座1『漢字とは』明治書院，1988/山口秋穂編『日本語の変遷』財団法人放送大学教育振興会，1997/林 巨樹・池上秋彦編『国語史辞典』東京堂出版，1979/『国語学大事典』東京堂出版，1980/『漢字百科大事典』明治書院，1996。

瓦当文

屋根を葺く際，平瓦を並べた接点を覆う伏瓦が軒先に出た円形(または半円形)の陶版部分を瓦当といい，瓦当に型押しされた文字の総称を瓦当文という。瓦当の「当」の意味については，瓦当の位置にある榱の先端を意味する「璫」の意とする説，「瓦」と同義の「瓽」の仮借とする説など諸説がある。瓦当文の出土地は，秦漢の都城があった陝西省の関中地区が最も多く，それ以外の地域からの出土は少数である。

瓦当に鳥獣や樹木などの図案を施した例は，すでに戦国時代から見られるが，文字を施した瓦当の始まりは秦漢以後とされてきた。ただし，秦代の文字瓦当とされるものはすべて伝世品であり，いまだ考古学的な発掘例はない。陳直「秦漢瓦当概述」(『文物』1963，11)によれば，従来，秦瓦と称されてきた「羽陽千歳瓦」「橐泉宮当」「蘭池宮当」なども，書体や製造法などから漢代の作と見なされ，秦代の宮殿を漢代に入って葺きなおした「秦宮漢葺」であるという。したがって，秦代を文字瓦当の開始時期とする説については，今後さらに出土資料による検証が必要であり，現在までの出土例を見る限り，文字瓦当は前漢に始まった可能性が高い。

瓦当文は，その内容から以下の 5 種に分類される。

①宮殿類(宮殿に用いられたもの)「益延寿宮」「漢宮」「天禄閣」など
②官署類(官庁に用いられたもの)「都司空瓦」「上林農官」「馬甲天下」など
③祠墓類(宗廟や墓などに用いられたもの)「泰霊嘉神」「殷氏冢当」「神零冢当」など
④吉語類(めでたい言葉を記すもの)「長生未央」「大吉富貴」「千秋万歳」など
⑤その他(上記以外のもの)「単于天降」「伝祚無窮」「薪氏所作」など

字数は，1 字から 12 字にわたるが，4 字が大半を占め，11 字の例は確認されていない。

瓦当文の形式は，中央の「乳」と呼ばれる円形の突起から十字に 2 本の界線をのばして 4 つの扇形の区画を作り，その中に配字した「四分式」を標準とするが，上下あるいは左右に半円形の二つの区画を作る例や多数の区画を作る例，また区画を作らない例など字数に応じて多様な形式が見られる。

文字は，型押しされた陽文の篆書が大部分を占め，複雑な曲線を多用したり，鳥や虫のような形をかたどった装飾的な字体もある。

漢字研究のうえでは，漢代における字体の多様性や，春秋戦国期の兵器の銘文などに見える鳥篆や璽印に用いられた繆篆など，装飾的な字体の系譜を探るうえで重要な意義をもつ。また，不規則な区画に配置する必要から，巧妙自在な造形表現をとっており，書道芸術の資料としても注目されている。　　(福田哲之)

【参考文献】劉慶柱「漢代文字瓦当概論」『中国書法全集第 9 巻』栄宝斎，1992/伊藤　滋『秦漢瓦当文』日本習字普及協会，1995。

科斗文字（かともじ）

古文字の筆写体の総称。おもに壁中書（へきちゅうしょ）や汲冢書（きゅうちょうしょ）など戦国期以前の古文を指す。科斗書ともいう。科斗とはオタマジャクシのこと。王穏『晋書』束皙（そくせき）伝（孔穎達（くようだつ）『春秋左伝正義』引）にみえる「科斗文とは，周の時代の古文である。その文字は，頭が大きく，尾が細く，科斗に似ていた。そこで俗にこのように名づけたのである」との説明が要を得ている。ただし，オタマジャクシに似ているというのは，縦画や横画などの文字を構成する点画の形体を指したものであり，字形についていったものではない。

衛恒（えいこう）「四体書勢」（『晋書』巻35，衛恒伝）には，壁中書の文字である古文が科斗書と称されたと述べており，他方，衛恒自身も整理にたずさわった汲冢書の文字は，壁中書と類似したものであったと述べている。また，汲冢書を実見した杜預（どよ）も『春秋経伝集解』後序において，その文字を「科斗文字」と称している。壁中書は，前漢の初期に魯の孔子旧宅の壁の中から発見された簡牘（かんとく）に書かれた経書（けいしょ）のことで，秦の始皇帝の焚書（ふんしょ）のおりに隠匿されたものと伝えられる。また，汲冢書は，西晋の武帝のときに不準という者が汲（きゅう）郡にあった戦国時代・魏の襄王（一説に安釐王（あんきおう））の墓を盗掘した際に出土した簡牘に書かれた書籍を指す。これらによって，科斗書とは，戦国時代以前の簡牘に書写された筆記文字の呼称であったことが知られる。

王国維（おうこくい）「科斗文字説」（『観堂集林』巻7）は，文献に見える科斗文字の用例を詳細に分析し，科斗文字の名は漢末に起こり，魏晋以後，盛んに用いられるようになったことを指摘している。さらに王氏は，衛恒が「四体書勢」のなかで，「三体石経（さんたいせっけい）の建立によって，邯鄲淳（かんたんじゅん）が伝えた古文の書法が失われ，科斗の名がひとり歩きして，ついにはその形をまねるというありさまであった」と述べていることをうけて，壁中書や汲冢書の文字は，必ずしも科斗の形をしておらず，三国・魏の時代に立てられた三体石経に見られるような，魏晋の時代の科斗文といわれているものは，その名前に拘泥して本質を失ったものである，と結論づけた。

しかし，その後に出土した春秋末期の晋国の侯馬盟書や戦国期の楚国の簡牘資料の文字には，起筆部分が太く，送筆部が少しふくらんで，収筆部が細くとがった特徴が認められ，こうした様式の文字を，科斗文字と称した可能性が高いことが明らかになった。さらに，これらの文字と三体石経の古文との間には一定の関連が認められることから，衛恒の発言は，本来，筆記文字であった古文が石経として石に刻入されたために，その書法が型にはまって定式化したことに対する批判であったと考えられる。

ただし，科斗文字の語は，広く秦漢以降の筆写体についても用いられる場合があり，文献によって，その実体はかなり多様であることも十分考慮しておく必要がある。

（福田哲之）

【参考文献】啓功『古代字体論稿』文物出版社，1999。

仮名（かな）

文字を持たなかった日本人が，表語文字である漢字をもとに考案した日本独自の表音文字。平安時代中期の音節（清音のみ）それぞれに一文字を配した47文字に「ん」を加えた48文字で，このうち「ゐ」「ゑ」は現在使われておらず，「を」は助詞としてのみ使用される。漢字を「真名（まな）」（真字とも）あるいは「本字」と呼ぶのに対して，仮の文字の意の「仮名（かりな）」（仮字とも）が音変化して「かんな」「かな」となったもの。「片仮名」「平仮名」の2種が作られたが，平仮名を単に「かな」ともいう。1文字が1音節を表すので音節文字といわれるが，拗音のように1音節を2文字で表記するものもある。濁音，半濁音は清音仮名の右肩に「〻」「。」を付して表示する。

「仮名」の成立は平安時代初期といわれるが，その原型は「万葉仮名（まんようがな）」（『万葉集』に多く使われることによる命名）にある。文字を持たなかった日本人は，漢字と接触した当初中国語そのままに漢文で文章を記していたが，中国語にはない固有名詞などの表記に際し，漢字の意味とは無関係にその読みを借りて日本語の音節表記に用いたのが万葉仮名で，「音仮名」と「訓仮名」がある。このような漢字の使用法は「六書（りくしょ）」の「仮借（かしゃ）」に相当するもので，すでに中国において仏教の経典を漢訳する際の梵語の表記（「釈迦」「卒塔婆」）や，『魏志倭人伝（ぎしわじんでん）』の中の日本の人名・地名の表記（「卑弥呼（ひみこ）」「伊都（いと）」），あるいは朝鮮語の「吏読（りとう）」などに先例があり，それに倣ったものである。

奈良時代に入ると万葉仮名で表記する範囲は広がり，「記紀歌謡」や『万葉集』の和歌などの韻文，あるいは「宣命書（せんみょうがき）」で小字で書かれる助詞，助動詞，活用語尾，敬語など漢文では表現しえない日本語の細部を表記するのに用いられるようになった。万葉仮名は，文字をもたなかった日本人がかなり自由に文章を記せるようになったという点で画期的なものであった。その後，戸籍帳や木簡（もっかん）の古文書など実用の世界では，時代とともに画数の少ない，一字一音節の音仮名，あるいは少数の字母を使うなど，単純化する傾向が認められるようになるが，日本語の表記としては十分でなかった。それは，万葉仮名は仮名ではあっても漢字借用の域を出ず，漢字と交ぜて書かれることを前提に考えれば，仮名は視覚的に漢字から独立する必要があったからである。漢字全体をくずして草書化したり（草体），漢字の一部を省略したり（省画体）して，元の漢字の形を留めないまでに変形が進んではじめて漢字とは別の日本の文字「仮名」の成立となるのであり，前者が「平仮名」，後者が「片仮名」である。

以上のように仮名成立の基盤は奈良時代に整備されていたが，成立は平安時代に入ってからの9世紀初頭と考えられている。この時期は文学史上いわゆる国風暗黒時代といわれ，年代の明らかな平仮名資料は少なく，わずかに残る消息などから成立当初の実態が知られるのみである。しかし，10世紀初頭の延喜5（905）年に成立した勅撰集の『古今和歌集』に「真名序」とともに紀貫之の「仮名序」が付されたことは，平仮名が正式な「仮名」として公的な地位を確立したという点で画期的なことであった。平仮名が江戸時代初頭まで長いことただ「仮名」とだけ呼ばれていた理由がここにあるのである。これに対して，漢文を訓読する際に，狭い行間に記入するためにヲコト点とともに，漢字の補助符号として寺院や大学など狭い範囲で通用した「片仮名」は，平安初期の訓点資料では省画仮名のほかに，万葉仮名や草仮名（そうがな），平仮名も混用されるなどいまだ十分に文字として整備されていたとはいえない状況にあり，しばらくは漢文訓読とともに進化していく。「片仮名」の「片」は不完全の意といわれるが，省画という字形の問題だけではなく，片仮名の従属的な性格，すなわち完全に独立した仮名とは認められていないということも含みとしてもっていると思われる。

漢字との交ぜ書きを基本として成立した仮名ではあるが，漢字との交用の有り様は平仮名と片仮名とではかなり大きな違いがみられる。片仮名は上記のように漢文訓読の場で漢字の補助符号として常に表語文字の漢字とともにあったので語意の理解はそれほど問題にならない。これに対し，平仮名は，残存する仮名文字の写本類からすると，漢字を交じえることを拒否はしないが，多くは平仮名のみで用いられる。表音文字の仮名を羅列することは，韻律を伴う和歌などを除けば，『古事記』の序文で太安（おおのやす）万侶（まろ）が指摘するように文意の理解はかなり困難なものになる。しかも，万葉仮名から仮名へという過程で，清濁の書き分けは解消される。これらの欠点を補ったのが分かち書き，あるいは墨継ぎによる区切り，草書風の曲線ならではの続け書き（連綿）などで，これらの方法を取り入れることにより文意がとりやすくなり，語の同定にそれほど不自由はなかったものと思われる。しかし，連綿などが不可能な片仮名の世界では，語の発音を重視するという傾向も手伝って，後に濁点が考案されている。ちなみに，仮名成立時には表記が確立していなかったが，拗音をヤ行音を添えた2文字，促音をツで表記することも，表音重視の片仮名の世界で考案されたものである。

和歌や消息など日常の私的な場でも使用される平仮名は，女性も使用できる文字の意で「女手（おんなで）」とも呼ばれた（女性専用の文字の意ではない。「男手」は漢字を指す）。仮名が成立するまでは，和歌以外の表現は漢字漢文によらなければなかった。その点で，漢字漢文に接することが半ばタブー視されていた女性は文字による表現の手段をもてなかったし，男性とても自由ではなかった。このような状況を打破し，日本人（特に女性）が日本語の散文（和文）を自由に操れるという状況を生み出したという点で平仮名の成立は画期的なことであり，平安仮名文学の隆盛は当然の結果だったのである。また，平仮名はその曲線的な造形ゆえ書道の対象となり，一つの音節に対して数種類の字母，さまざまなくずし方，あるいは複数の文字を続け書きする「連綿」を取り入れるなど，芸術としても進化を遂げた。現在使用される仮名の字体は，平仮名，片仮名ともに1900（明治33）年の小学校令施行規則によって統一されたものである。☞平仮名，片仮名

（信太知子）

【参考文献】築島　裕『日本語の世界5 仮名』中央公論社，1981/小松英雄『日本語書記史原論』笠間書院，1998。

仮名漢字変換（かなかんじへんかん）

パーソナルコンピュータをはじめとするデジタル装置に漢字仮名交じり文を入力する方法の一つ。「きしゃのきしゃがきしゃできしゃした」のような平仮名の文字列を「貴社の記者が汽車で帰社した」といった漢字仮名交じり文に変換する。この際の技術的課題としては大きく，どのように文節を区切るか，という点と，どのように同音異義語を区別するか，という点がある。

通常，文節区切り処理としては，二文節最長一致法（もしくはその発展型としてのN文節最長一致法）が用いられる。これは，辞書やプログラムによる処理（主に助詞や用言の語尾変化の捕捉）などにより，候補となる文節をN個まで検討し，一致するものの中で，文字数が最長になるものを候補とする。

同音異義語の処理は，初期においては，単語単位の辞書を用いて可能性のある候補を複数出力し，ユーザーが選択を行い，その選択結果を辞書が出力する優先度に反映させるといういわゆる辞書学習方式がとられていたが，近来は，「むしがなく」と「あかんぼうがなく」を「虫が鳴く」「赤ん坊が泣く」といったように，文脈を見て同音異義語のうちから適切な単語を表示する機能をもつようになっている。

上記のプロセスからもうかがえるように，仮名漢字変換システムでは，言語事象の記述的な列挙（ルールベース）と辞書の構築が大きな課題となる。その際，例えば，事務的文書に適したシステムと口語的日常会話的文書（若年層による携帯電話を用いた電子メールの変換など）に適したシステムでは，適切なルールベースおよび辞書は異ならざるをえない。すなわち，仮名漢字変換システムは，理想的には，全体として，ある文字言語利用者集団の特性を適切に反映したものとなり，すぐれて言語・文化依存的な存在となる。当然のことながら個々の仮名漢字変換システムユーザーは，通常複数の文字言語利用者集団に属しており，そのユーザーにとって適切なシステムは状況によって変化する。最初期の段階においては，主として開発エンジニアおよび開発企業自身を仮想的利用者集団としてシステム構築がなされていた。その後ユーザー層の広がりとともに，ある理想的な利用者集団（規範的な日本語の利用者集団）を想定したシステム開発の時期を経て，現在では方言利用者から古典文学研究者に至るまで，さまざまな言語利用者集団に対応するシステムの多様化が模索検討されている。

仮名漢字変換システムは，文書処理システム全体から見ると，システムと利用者との間の入力インターフェース，入力支援システムとみなすことが可能である。さまざまな入力方法が乱立し，なおかつ，システムの内部処理やネットワークでの情報交換のためには符号化方式の統一が急務である情報分野における開発途上国にとっては，仮名漢字変換に類したシステムを採用するメリットは非常に大きい。　（小林龍生）

【参考文献】小林龍生：漢字・日本語処理技術の発展：仮名漢字変換技術（情報処理 Vol.43 No.10）。

賀茂真淵（かものまぶち）

国学者・歌人。元禄10(1697)年–明和6(1769)年。上賀茂神社神官の賀茂氏の末流で，遠江国浜松庄伊場村の生まれ。漢学を太宰春台門下の渡辺蒙庵に学び，和学を荷田春満門下の杉浦国頭，森暉昌に学ぶ。37歳で上京し，荷田春満に師事，春満没後は江戸に出て国学者として一家をなし，50歳で田安宗武の和学御用を務めるに至る。主な著作に『冠辞考』『国意考』『万葉考』『祝詞考（のりとこう）』などがある。

『語意考』(宝暦9(1759)年初稿成，寛政元(1789)年刊)は，日本語が他国語に比してすぐれているという真淵の基本的な態度に基づき著された古語研究の書である。冒頭では，中国やインドは事柄を「絵」すなわち文字で記す国であるが，日本は人の心が素直なので声を口伝えにするだけで用が足りるという旨が述べられ，文字言語よりも音声言語を第一義とする言語観がうかがわれる。注目されるのは，動詞の活用を五十音図を用いて整理している点である。真淵はまず「五十聯音」という五十音図の五つの段に対し，ア段を「初めの音」，イ段を「体音」，ウ段を「用音」，エ段を「令音」，オ段を「助音」とそれぞれ名づけ，具体的な動詞の活用例を五十音図すべての行にわたって掲出し，図表の形にまとめている。なかには実際には存在しない語形も含まれるなど問題点もあるが，活用を五十音図との関連から考察した試みは高く評価されている。なお，五十音図を用いた活用の整理の例として，谷川士清『日本書紀通証』(延享5(1748)年成，宝暦12(1762)年刊)中の「倭語通音」と題する図表もほぼ同時期に成立しており，その先後関係が問題とされている。『語意考』ではこのほか，発音の変化の面から語義を説く「約言・延言・転回通・略言」という四つの方法についても論じられており，この説は延約説と呼ばれて後の国学者たちにも大きな影響を与えた。

真淵に関しては，このほかさまざまな著作中に漢字に対する考え方をうかがわせる言説が散見される。それらから看取される真淵の漢字観の基本にあるのは，漢字はあらゆるものを絵のようにして表す文字であり，事柄の一つ一つにすべて異なる文字をあてて区別しようとするため，数が多くて煩わしく不便であるとの認識である。また真淵は儒学者の側からの，本来日本に文字は存在せず，すべて中国の漢字を借りて用いてきているではないかとの主張に対しても，ただ漢字の音を借りて「目印」にしただけのことで，あくまでも「語を主として，字を奴とし」たものだと反論を行っており(『国意考』)『語意考』同様，音声言語を優先する言語観が見いだせる。　(内田宗一)

【参考文献】『賀茂真淵全集』続群書類従完成会，1972–(刊行中)/井上　豊『賀茂真淵の業績と門流』風間書房，1966/村井　紀『文字の抑圧 国学イデオロギーの成立』青弓社，1989/鈴木　淳『江戸和学論考』ひつじ書房，1997/古田東朔・築島　裕『国語学史』東京大学出版会，1972/馬渕和夫『五十音図の話』大修館書店，1993/馬渕和夫・出雲朝子『国語学史 日本人の言語研究の歴史』笠間書院，1999/真淵生誕三百年記念論文集刊行会編『賀茂真淵とその門流』続群書類従完成会，1999。

狩谷棭斎(かりやえきさい)

安永4(1755)年–天保6(1835)年。国学者。江戸で書肆青裳堂を営む高橋与惣治高敏の子。のちに米屋で津軽藩の用達を務める狩谷家(津軽屋)の養子となる。初めの名は真末(まさやす)，字(あざな)は自直，通称与惣次。25歳で津軽屋三右衛門を嗣(つ)いでからは，名は望之，字は卿雲。号は棭斎をはじめ，蟫翁，求古楼など。家業のかたわら20歳頃から上代の制度に関心をもって六国史・律・令・格式などを校読し，研究の基礎を固めている。その師には，考証や校勘などでは田村春海，有職故実(ゆうそくこじつ)では乾綱正，文献書誌や書の方面で屋代弘賢がいた。弘賢には不忍文庫(しのばずぶんこ)と称する膨大な量の蔵書があり，棭斎は師の感化をこうむって蒐書に努めたかと思われる。養家の津軽屋は御用商人として富裕であり，その財力をもとにすぐれた典籍や古物遺物を大量に収集し，自らの学問の資としたのである。

棭斎が生涯にわたって目指したのは，日本古代文化の探求であった。その研究の基礎となるのは文献であると考え，善本を求めて校勘を行い，本文のあるべき姿を見いだそうとした。そして的確な読解に努めたのである。現在残っているだけでも，自筆の校注考証などを書き入れた典籍は，膨大な量に上る。研究の対象としたのは文献資料にとどまらず，平安時代初頭までの金石文(きんせきぶん)にも関心を寄せている。その成果が『古京遺文』であり，釈文と考証を記している。当時の国学者が史書を中心とした文献を重視して金石文を顧みなかった趨勢(すうせい)にあって，一石を投じる業績である。

棭斎の業績の中で注目すべきものの一つは，『箋注倭名類聚抄(わみょうるいじゅしょう)』であろう。これは，平安時代中期に成立した源順(みなもとのしたごう)撰の漢和辞書『倭名類聚抄』の諸本十余を集めて校訂本文を作成し，引用された典籍を原文と照合考証した研究書である。棭斎は，『和名抄』が転写される過程で生じた誤謬を正し，源順当時の本文復元を目指したのである。文字どおり博引旁証によって厳密な検討考証を行っている。そのなかでたとえ撰者の過誤が明らかでもそれを原形と認めて尊重する立場を貫き，校勘のあるべき姿を示したものである。こうした見識は『日本霊異記攷証(にほんりょういきこうしょう)』『上宮聖徳法皇帝説証注』などの代表作にも遺憾なく発揮されており，近代以降に発達した文献学の魁(さきがけ)ともいうべき研究姿勢である。ただ，『箋注倭名類聚抄』における漢字漢語の注釈に，清代の字書・韻書からの孫引きの多いことが明らかとなってきた。その研究内容の検証を必要とするところである。

当時の古代文化を研究する国学者の多くは，記紀万葉を通じて日本人の心性や独自の古道を究明することを目的としていた。これに対して棭斎は古代の文献・遺物そのものに関心を寄せており，他の国学者とは一線を画す。種々の資料を直視考究することによって，事実を解明提示しようとした学者といえるであろう。　　（北山円正）

【参考文献】川瀬一馬『増訂版 日本書誌学之研究』講談社，1971/梅谷文夫『狩谷棭斎』吉川弘文館，1994/藏中 進「『箋注倭名類聚抄』と清朝学術 その一」，「東洋研究」153号。

カールグレン

正式名は Bernhard Johannes Karlgren (1889–1978)。スウェーデンの漢学者。中国名は高本漢。1915–1919 年間に完成した“Etudes sur la phonologie Chinoise”(漢訳書名『中国音韻学研究』長沙商務印書館，1940 年)の業績は大きく，その後の中国語学研究のみならず中国の学術界に大きな影響を与えた。

カールグレンはウプサラ大学卒業後中国に渡り，山西に滞在して方言調査を行った。その際の調査データを含む現代方言 22 箇所(広州・客家・汕頭・福州・温州・上海・北京・開封・懐徳・歸化・大同・太原・興縣・太谷・文水・鳳台・蘭州・平涼・西安・三水・四川・南京)と 4 種の域外訳音(高麗漢字音・日本漢音・日本呉音・安南漢字音)を基礎として『中国音韻学研究』を完成させた。

『中国音韻学研究』第 1 巻「中古漢語」では『広韻』の反切と『韻図』から推定した隋唐時代を中心とする中古漢語の音韻体系を理論構築し，3000 余りの漢字を声母表・韻母表の中に配列掲示している。また第 2 巻は「現代方言の記述音声学」であり，一般音声学の概念を詳述したあと現代方言・域外訳音の音声特質について詳細な調査分析と分類を行っている。さらに第 3 巻「歴史上の研究」では第 1 巻，第 2 巻の成果を土台に据えつつ比較言語学の方法論を駆使して中古漢語の声母・韻母の音価推定を行うと同時に，現代方言音への変化の方向と変遷の過程を詳細に述べている。

第 4 巻の「方言字彙」では 16 韻摂の順に 4 種の域外訳音および 22 種の方言音と，推定された中古漢語の音価を加えて配列し検索対照を便利にしている。方言音については自ら調査した大同・太原など山西方言音以外に，19 世紀後半に陸続と刊行された宣教師を中心とする西洋人の手による方言音資料を利用している。例えば Ch. Rey あるいは MacIver の『客家語字典』，Eitel の『広東語辞典』，R. S. Maclay & C. C. Baldwin の福州方音を記録する『英漢発音字典』，C. Douglas の厦門方言を記録する『漢英字典』，Goodrich の北京語音に関する資料など多数に及ぶ。また Gale の“Korean-English Dictionary”，J. Bonet の安南語『字典』，『漢和大辞林』『漢和大字典』に基づく日本漢音・呉音も使用している。

カールグレンに至るまでの中国では，中古音研究は陳澧(ちんれい)『切韻考』(1844)に代表される反切系聯法(はんせつけいれんほう)により整理されていた。ただしその結果はどこまでも音系枠組を帰納する段階で止まっており，音価推定の方法論をもたなかった。カールグレンの最大の業績は印欧比較言語学の方法を駆使して中古音の音価推定法を提示したことであり，中国語音韻学に音分類だけでなく音価推定の具体的・説得的方法をもたらしたことにある。

カールグレン以降の中古漢語研究は同氏の学説に対する批判修正を基軸として展開した。特に同氏が使用した『広韻』反切と等韻図はいずれも『康熙字典』引用のものであったがために『康熙字典』の段階で誤ったものが音系構築に使われており訂正を必要とした。いわば資料の扱いに由来する問題についての修正である。もう一方の方言音についても趙元任，羅常培，李方桂を代表とする中国人研究者による詳細な調査報告が1920年代以降次々に公にされ，中古音系研究は精密度を一層高めると同時に，方言自体の研究という方向でも展開した。

またカールグレンの時代には敦煌写本切韻諸残巻，故宮発見王三（宋濂跋『王仁昫刊謬補缺切韻』）などが知られず，『集韻』『韻鏡』『七韻略』などの良質な写本・刊本を実際に使うこともできないなど，時代の制約が大きかったが故に，その後の研究の範囲が広く活発になったとも言える。

さらに有坂秀世「カールグレン氏の拗音説を評す」（1937年発表，のち『国語音韻史の研究』に収録）はカールグレンの見落としたいわゆる三等韻重紐（ちょうちゅう）問題を，69例の反切分析を中心として詳細に検討し，中古音系の核心部分に関する重要な訂正となったと言う点で特筆すべき論文である。

カールグレンの他の著作で重要なものに“ANALYTIC DICTIONARY OF CHINESE AND SINO-JAPANESE”（1923年；『分析字典』），“Grammata Serica”（1940年；漢訳本『中日漢字形声論』），“Compendium of Phonetics in Ancient and Archaic Chinese”（1954年；漢訳本『中国聲韻學大綱』1972年）がある。特に『分析字典』『中日漢字形成論』は中古漢語から出発して上古漢語，域外訳音研究の成果を網羅的に提示しており，カールグレン以降の学界に寄与する価値は大きい。また『中国聲韻學大綱』では『中日漢字形成論』の序文を部分的に修正し，カールグレンの展開した中古音・上古音再構成の根拠と結果を増補しまとめている。

音韻学関連以外に公表されたカールグレンの著作には古代漢語の語法，文字構造，仮借字，字源などについての研究がある。その中には“On the Authenticity and Nature of the Tso Chuan”（『左伝真偽考』），“Sound and Symbol in Chinese, Philology and Ancient China”（1918『支那言語学概論』所収「漢語之音形」「言文学と古代支那」，岩村忍・魚返善雄譯1937年，東京文求堂），“The Chinese Language. An Essay on its Nature and History”（原著出版年：1945。The Ronald Press Company, New York. 英訳1949。日本語訳『中国の言語』大原信一他三名訳，江南書院1958年。），“The Book of Documents”『書経』(Stockholm，1950），“Glosses on the Book of Documents”（1948）などがある。カールグレンは西洋人学者の中でも古代漢語を閲読できる少数の学者の一人であった。ただし音韻学に比べると他方面の業績には遜色が多いとも言われている。　（矢放昭文）

【参考文献】“Etudes sur la phonologie Chinoise”（『中国音韻学研究』台湾商務印書館，1948）/“GRAMMATA SERICA”（『中日漢字形聲論』台北成文出版社，1966）/有坂秀世『国語音韻史の研究』増補新版，三省堂，1957。

漢音

日本漢字音は中国漢字音の移植時期の新古に対応していくつかの層を構成している。その中の一層で，「呉音」に次ぐ層を構成する。日本語の中の勢力としては最も優勢なものである。「正音」とも，また唐時代の音という意味で「唐音」とも呼称され，700年頃以後，唐の都長安の標準音が直接移植され伝承されたものである。漢音自体が，『日本書紀』(720年成立)の万葉仮名の背景となったような古いものと空海将来の『孔雀経』読誦音のような新しいものとの複層性をもっているが，さらに新しい層として，漢音とはやや趣を異にする「新漢音」がある。新漢音は平安初期から中期にかけて，入唐僧(天台宗の円仁など)の将来した密教に伴う声明の読誦音として移植された。呉音と漢音が日本漢字音として深く一般社会で使用される漢語にまで浸透したのに対し，この新漢音は密教社会のみに伝承されたために，今日の日本語にはその痕跡はほとんど残っていない。然し濁点の成立など，日本語への影響は非常に大きかった。

漢音　日本における漢音使用の確例は日本書紀の一部の万葉仮名に見られる(例えば婆・陀・祁・貳など。これらは古い呉音に基づいた万葉仮名では，それぞれ婆・陀・祁・貳となる)。奈良時代末期に朝廷は大唐の標準音である長安音(すなわち漢音，詔勅類では「正音」と呼称している)を奨励する詔勅をたびたび発し，以後，日本漢字音の主層として旧来の呉音との対立を保ちながら伝承された。朝廷の管轄下にあった大学寮で使用された漢籍(尚書・論語・孝経・史記・漢書など)の学習はすべて漢音でなされたために，仏典は呉音で読み，漢籍は漢音で読むという基本的な使い分けが成立した。漢音の典型的な特徴は，美・無・二・女のように鼻子音が消失していること，後・自・地・婆のように濁子音が清音化していること，経・省・聴・平のように，喉内撥音韻尾/-ŋ/の一部が「ーイ」で出現すること(呉音では「キヤウ・シヤウ・チヤウ・ヒヤウ」など「ーウ」となる)などである。これらの特徴は，中国語音韻史上における唐代長安の標準語音の特徴をよく反映している。韓国漢字音やベトナム漢字音の場合も，やはり唐代長安音がその形成の中心になっていることが明らかにされている。中国語の北方標準語の音韻体系は隋の仁寿元(601)年に陸法言らによって撰述された韻書『切韻』に反映している。この体系を「中古音」と呼称する。これに対して800年前後の北方標準音を「秦音」と呼ぶ。秦音は唐僧慧琳(736–820)が撰述した『一切経音義』の音注によって再構される。両者を比較すると北方標準音が種々の音韻変化を遂げたことが知られる。漢音をこの秦音の体系と比較するとよく一致することがわかる。即ち，漢音は『切韻』『玉篇』玄応『一切経音義』などの韻書，『韻鏡』などの韻図の反映する中古音と基本的な体系は一致し，その上に唐代の新しい音韻変化が被さった秦音を母胎に成立したものである。

漢音が秦音を母胎音としていることは，次のような点から知ることができる。

1. 中古音の細かな韻の区別が音韻変化して秦音では単純化している。

例えば，中古音では覃韻(–əm)と談韻(–am)とが区別されているが秦音では統合して一韻に帰した。漢音ではそれを反映して，覃韻の字も「貪タム」「紺カム」「含ガム」などの如く「アム」，談韻も「談ダム」「甘カム」「三サム」などのごとく「アム」で，両韻の区別がない。(呉音は時代的に中古音以前の音を母胎としたために，その中古音における区別が保たれ，覃韻字は「貪ドム」「紺コム」「含ゴム」，談韻字は「甘カム」「三サム」「覧ラム」のごとく区別されている。

2. 中古音の特定韻の一部が，秦音で別韻に合流している。

例えば，中古音の侯韻(–əu)の中で，「m–(明母)」の子音をもつ「母」「某」「貿」「茂」「畝」「牡」などは，秦音では模韻(–o)に合流し，声母も「b–」に変化して「bo」となった。漢音の古代文献でのこれらの実例は「ボ」となっている。

3. 中古音の有声声母「b–・d–・g–・z–」などが無声音化して，秦音では「p–・t–・k–・s–」となった。漢音はその無声音化した形を反映する。

b–＞p–　僕ホク・被ヒ・毘ヒ・歩ホ　など
d–＞t–　銅トウ・独トク・地チ・台タイ　など
g–＞k–　岐キ・窮キウ・共キヨウ・其キ　など
z–＞s–　続ショク・詞シ・自シ・誦ショウ　など

(この点でも呉音は中古音以前の姿を留め，多くは「僕ボク」「歩ブ」「銅ドウ」「地ヂ」「自ジ」のように濁音になっている)。

4. 中古音の鼻音声母「m–・n–・nz–」などが非鼻音化して，秦音では「b–・d–・z–」となった。漢音はその非鼻音化した形を反映する。

m–＞b–　木ボク・美ビ・眉ビ・妙ベウ　など
n–＞d–　怒ド・諾ダク・溺デキ・難ダン　など
nz–＞z–　児ジ・爾ジ・二ジ・日ジツ　など

(呉音は中古音以前の姿を留め，「木モク」「妙メウ」「難ナン」「日ニチ」のように鼻音声母を止めたマ行・ナ行になっている)。

5. 声調の面では，中古音の上声のなかで有声声母「b–・d–・g–・z–」などをもつ字は秦音では漸次去声化したが，漢音の古代文献でも去声化の過程を反映している。

新漢音　古来「漢音」と把握されて来た漢字音のなかで，仮名音形上に明確な特徴を有するために，別の層として今日取り立てられるに至ったものである。この系統の漢字音を記載した資料は，すべて密教に伴って将来された儀軌のなかの声明としての直読資料のみである。この声明の新漢音の特徴的な部分として，1. 鼻子音の消失がより進行する(「明ベイ」「命ベイ」「愍ビン」「寧デイ」)，2. 喉内撥音韻尾の口蓋化がより進行し，脱落した形がある(「證シ」「乗シ」「勝シ」)，3. 入声韻尾の消滅過程を反映した形がある(「積シイ」「十シ」「白ハイ」)，などである。☞呉音　(沼本克明)

【参考文献】高松政雄『日本漢字音の研究』風間書房，1982/沼本克明『日本漢字音の歴史』東京堂出版，1986/築島裕編『日本漢字音史論輯』汲古書院，1995。

『汗　簡』

北宋の郭忠恕（？-977）の撰による「古文」の字書。3巻。『古文尚書』・「石経」・『説文解字』「碑刻」から「玄徳観碑」に至る71の資料を引く。構成は『説文解字』に従い，部首を並べている。諸属の字は隷書で，注は楷書で書かれている。すべての字にその出所を明らかにしている。

「汗簡」と題されたのは，それらが竹簡の字に由来するものであったからであろう。竹簡は使う前に火で炙られた。新しい竹では墨がにじみ，また虫食いの危険もあったからである。この工程を「汗書」「汗簡」「殺書」と呼び，また墨書きされた竹簡も「汗簡」と呼ばれた。「汗簡」を著した郭忠恕はもと洛陽の人で，北宋の太祖・太宗の両帝に仕えた。文字学に精しく篆籀にたくみで史書にもよく通じていた。太宗のとき，国子監主簿に任ぜられ，歴代の字書を刊定したことが知られている。

『説文解字』叙に「壁中の書なる者は魯の恭王，孔子宅を壊して，禮記・尚書・春秋・孝経を得たり」との記述がある。漢の景帝（前166-前141）の時代に，魯の恭王が孔子の旧宅を壊した際，その壁の中から書物が発見された。秦の始皇帝の施策による焚書坑儒の難を避けるため，隠された書物である。その頃通用していた隷書を「今文」と呼ぶのに対してそれらの書体を「古文」と呼んだ。「古文」は戦国時代に西方の魯や斉などの儒学の盛んな地域に用いられた書体であり，同時代に東方の地域では「大篆（籀文）」が使われていた。秦の時代になって李斯が「大篆」を改良して「小篆」を作った。

「汗簡」の時代にはまだ甲骨文が発見されていなかった。したがって「大篆」と「汗簡」における「古文」が当時の古文字学の最も古い文字資料であった。さらに『汗簡』の現代的意義についてみれば，採用された71の資料のうち多くがすでになく「古文」を知るには欠かせない文献である。現在では甲骨文・金文もかなりの数が読み解かれているが，「古文」はそれらと秦代の小篆の間における時代的な間隙を埋める文字としても貴重な資料である。（張　莉）

【参考文献】『景印文淵閣四庫全書』經部　台湾商務印書館，1983-1986/謝昆撰『小学考』漢語大詞典出版社，1997/水上静夫『漢字誕生―古体漢字の基礎知識』雄山閣，1998/阿辻哲次『漢字学―「説文解字」の世界』東海大学出版会，1985/張潜超主編『中国書法論著辞典』上海書画出版社，1990/黄錫全『汗簡注釋』武漢大学，1990。

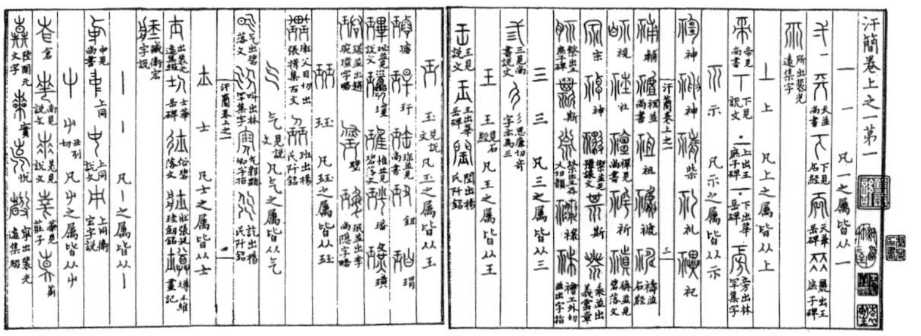

漢語

狭義には，日本語の語彙を，その出自から分類したとき，「やま，うつくしい，おもう」など日本語に起源を求められる語(＝和語)や，「カード，ペン，フレッシュ」などヨーロッパの言語にその起源のある語(＝外来語/洋語)と違って，「僧，過去，哀傷，髣髴」などおもに古代中国語に源をもつ語を指して「漢語」という。「麻雀，炒飯」など，現代中国語から日本語に入った語は外来語として，漢語には含めない。

狭義の漢語は，外来語と同様，本来日本語にはなかった語(＝非固有語)であるので，「外来語」なのであるが，後に数字で示すように，日本語の語彙におけるその量的な大きさや，日本語の音韻などに与えた影響の大きさから，さらに，後述するような和製漢語の存在などもあって，一項目を立てて漢語として外来語と区別している。また，中国語に源をもつのではないかと考えられている「馬，梅，鬼」，朝鮮語に源をもつと思われている「寺，畑」などの語は，源まで遡る資料もなく，奈良時代においてすでに日本語のなかに溶け込んでいるので，和語のなかに入れて考えられている。さらに「塔，刹那，旦那」などは，源はサンスクリット語に求められるが，サンスクリット語を中国語に訳した漢訳仏典から日本語のなかに入ったものであるので，漢語のなかに入れて考えられている。

漢語は中国語起源の語であるとしたが，日本語の歴史のなかで，ことばを漢字で表記しようとする傾向が強く，「かへりごと」「をこ」「やけほろぶ」をそれぞれ「返事」「尾籠」「焼亡」と漢字表記し，それを音で読むことにより，「ヘンジ」「ヲコ」「ジョウボウ」という漢語に似て非なるものが生まれてくることになる。このような「日本製の漢語」(『国語の中に於ける漢語の研究』)を，「ゴロ」「ナイター」「ガソリンスタンド」などを和製英語というのにならって，一般に「和製漢語」といっている。この「和製漢語」は，上に述べたような和語の漢字表記から成立するものばかりではなく，江戸時代に医学，天文学，化学，地理学などの分野のオランダ語で書かれた書物を翻訳するなかで生まれてきた「神経，引力，分子，地球」などの語も日本製の漢語＝和製漢語である。広義の「漢語」はこれら「和製漢語」を含めていう。また，「漢字語」という概念を立てて，日本語における和と漢との問題を捉えていこうとする方法もある。

漢語は奈良時代，平安時代に古代中国語から借用し，日本語の語彙の一部として使われていくなかで，「綺麗，遠慮，迷惑」などのように古代中国語とは違った意味で使われるようにもなるが，本来の意味，用法を変えて日本語として使っていることは，漢語の日本語のなかにおける位置の大きさを示しているものということができる。さらに，漢語を受け入れる日本語の歴史のなかで，漢語にある長音，促音，撥音などが日本語の音韻のなかに座を占めるようになった。ちょうど，“tea”“party”などの[ti]が日本語の音節のなかに定着しているのと同じ事情である。『現代雑誌九十種の用語

用字 第3分冊』(国立国語研究所報告25，1964)によると，異り語数では，和語36.7%，漢語47.5%，外来語9.8%，混種語6.0%となっていて，漢語は，和語に比べて1割程度多くを占めている。なお，混種語とは，「駅まえ，だまし絵，クラス担任，高層ビル」のように，和語，漢語，外来語が一つの単語のなかに交じっている複合語をいう。

漢語は，幕末から明治初期にかけてヨーロッパの新しい文化を取り入れるときに好んで使われたが，それは，漢語が「新駅設置対策協議会総会会場案内図」のように語構成力が強く，既存の漢語を組み合わせて新たに単語(複合語)を作り出すことが容易であり，さらに作られた単語が，漢字のもつ字義に助けられて語義が明瞭であることによるのである。こうした漢語(漢字)のもつ造語力に頼ることで新しい語を作り出すことも，漢語の占める割合が和語を上回る要因になっているのである。しかし，異なり語数からのみ語彙のありようを見るのは十分ではなく，各単語の使用度数を考慮に入れて，延べ語数からも考察する必要がある。上掲の国立国語研究所の報告25によると，延べ語数の面からは，和語53.9%，漢語41.3%，外来語2.9%，混種語1.9%となり，異なり語数の場合とは逆に，漢語の割合は和語よりも1割以上低くなる。これは，繰り返し何度も使われる語には「ある，行く，言う，思う」などのような和語が多く，そのために延べ語数では和語が漢語以上に多くを占めることになっているのである。

現代語における漢語を考えるときには，すでにあげた「駅，絵」や「綺麗，喧嘩，肉，菊」などのように，日常語のなかに溶け込んでいて，仮名で表記される場合もあって，常に漢字表記される「分類，入門，知識」などと違って，漢字で表記される語であるという意識の希薄な語がある。浜田敦氏は，出自の面からのみ漢語を捉えるのではなくて，言語主体の意識に着目して，現代人が漢語と意識するようなものはどのような語かを考える必要を説かれた。漢語研究にはこうした視点以外に，位相という視点は不可欠である。漢語は，話し手が誰であるか，文体がどのようなものであるかによって，その使用に大きく影響を受ける語である。女性より男性のほうが漢語を多く使う傾向にあり，児童読み物の調査結果では，上述した現代雑誌の結果とは違って，異り語数，延べ語数ともに和語の割合が漢語を上回っている。

また，「国境，牧場，草原，風車」などのように，音読みと訓読みの両方をもった漢字表記があるが，それは，漢語と和語の興味深い面を示してくれている。『スーホの白い馬』の冒頭「中国の北の方，モンゴルには，広い草原が広がっています」では，「ソウゲン」であるし，「家の近くの草原で野球をして遊んだ」では「くさはら」であるように，漢語は大規模なものを表現している。また，「フウシャ」はドンキホーテが向かっていったものであり，「かざぐるま」はおもちゃ屋で売られているものである。国語教育や日本語教育においては，このように音で読むか訓で読むか迷う場面があるが，漢語のもつ位相，表現面に注意して理解させることが肝要である。　(浅野敏彦)

【参考文献】山田孝雄『国語の中に於ける漢語の研究』寶文館，1940/山田俊雄「漢語研究上の一問題—鮟鱇をめぐって—」国語と国文学　30巻11号/池上禎造『漢語研究の構想』岩波書店，1984/陳力衛『和製漢語の形成とその展開』汲古書院，2001。

漢語拼音方案

中国政府が制定した中国語ローマ字表記法。1955〜1957年，中国文字改革委員会によって検討され，1958年2月11日，第1期全国人民代表大会第5回会議において批准された。1982年には国際標準化機構(ISO)により中国語音を表記する際の国際標準と認められ，現在中国国内のみならず世界的に広く用いられている。

「拼」は「綴り合わせる，組み合わせる」という意味であり，「拼音」とは表音文字を組み合わせて発音を表すことである。「拼音」を日本漢字音で読めば「ほうおん」あるいは「ほういん」となるが，日本では一般的に中国音の「pinyin」に基づいて「ピンイン」と読む。

中国建国直後，民間団体である中国文字改革協会が結成され，ラテン化新文字をモデルとしたローマ字による中国語表音化を研究した。1952年2月には政務院（後の国務院）文化教育委員会に中国文字改革研究委員会が成立した。成立大会において委員会主任の馬叙倫は，毛沢東の「文字は必ず改革しなければならず，世界の文字と共通の表音化の方向に進まなければならない。形式は民族的であるべきで，字母と方案は既存の漢字に基づいて制定しなければならない」という指示を伝えたが，これは将来的には民族形式の表音文字を漢字に代えて用いるという展望を示したものであった。同委員会の拼音方案組は毛沢東の指示に沿って，主として漢字の筆画を基にした民族形式の拼音方案を作成し検討した。同委員会は，1954年12月，国務院直属の中国文字改革委員会に改組され，翌年2月そのなかに拼音方案委員会が設置された。文字改革委員会には中国各地の民間人士からも数多くの拼音方案が寄せられ，その数は文字改革協会時代の1950年から1955年8月までで655種類にのぼった。1955年10月，全国文字改革会議において同委員会は，漢字筆画式4種，ローマ字式1種，スラブ文字式1種，計6種の方案を公表し意見を求めたが，いずれを採るべきか結論は出なかった。1956年1月，知識分子問題会議の席上，毛沢東が，字母数が少なく世界の多くの国で用いられているローマ字を採用すべきだとの意見を述べて，字母形式の問題にようやく決着がついた。翌月，同委員会はローマ字形式の漢語拼音方案第1次草案を発表した。これは既存のローマ字のほかに6個の新しい字母を使用したものであった。第1次草案には全国からさまざまな意見が寄せられ，特に新たに作られた字母に対しては批判が集中し，また中国語表音化に反対する意見も噴出した。1957年10月，文字改革委員会は既存のローマ字だけを用いた修正草案を国務院に提出し，翌月，国務院全体会議第60回会議を通過した。1958年1月，国務院総理の周恩来は政治協商会議全国委員会において，漢字を表音文字に取り代えることは当面の文字改革の任務に属さないと述べ，方案が漢字に代わる文字であることを否定した。そして翌月，第1期全国人民代表大会第5回会議において，漢語拼音方案は正式に批准された。

漢語拼音方案は26個のローマ字と，4種類の声調記号を使用する。この方案は，マテオリッチのローマ字式表記法(1605)以降に現れた数多くの中国語表音法を参考に制定されたが，特にウェード式ローマ字(1859)・注音字母(1913)・国語ローマ字(1926)・ラテン化新文字(1931)の影響が大きい。声母(頭子音)と声調に関して若干の例をあげれば，漢語拼音方案では声母の無気音をb，d，gなどの通常濁音を表す字母で表し，有気音をp，t，kなどの通常清音を表す字母で表すが，これは劉孟揚が『中国音標字書』(1908)で初めて用いた表記方法である。有気音を表す「'」などの補助記号を使用することなく明確に有気音と無気音を区別できることから，国語ローマ字とラテン化新文字にも採用され，漢語拼音方案にも継承された。j，q，xは方案制定に際して論争の焦点であった。従来の各種ローマ字表記法では，複数の声母に同一の字母を用いて，一定の条件のもとで読み分けをしていたが，漢語拼音方案では1字1音の原則に基づいて異なる字母を採用し，明確にほかの声母と区別した。現在jで表される声母は第1次草案ではスラブ文字を用いたが，最終的に国語ローマ字と同じjを採用した(ただし国語ローマ字のjは漢語拼音方案のjとzhに相当する)。xはラテン化新文字と共通である(ただしラテン化新文字のxは漢語拼音方案のxとhに相当する)。qは国語ローマ字ともラテン化新文字とも異なる字母を採用した。現在zh, ch，shで表される声母には，第1次草案においてそれぞれローマ字を変形した新たな字母が与えられたが，多くの批判を浴びて，ラテン化新文字と同じ綴りに変更された。z，c，sもラテン化新文字と同じである。声調記号は，注音字母を継承している。漢語拼音方案は，先行する表記法のすぐれた点を摂取し，また改良を加えており，合理的な中国語表記システムであるということができる。

漢語拼音方案は音節の表記法を確定したものであるが，単語の表記法については長い間よるべき規範がなかった。1988年7月に国家教育委員会と国家語言文字工作委員会によって「漢語拼音正詞法基本規則」が公布され，1996年1月には国家技術監督局により正式な国家標準とされた。2001年1月に施行された「中華人民共和国国家通用語言文字法」はその第18条において，漢語拼音方案は普通話(標準語)の発音を表記し漢字の読み方を表す道具であるとしており，漢語拼音方案が漢字に対して補助的役割を果たすことを法律的に規定した。

コンピュータで漢語拼音方案を扱う場合，ASCIIコードにない声調記号の代わりに1, 2, 3, 4の数字を，üの代わりにv(またはyuやeu)を用いることがある。漢語拼音正詞法基本規則に附されている注において，漢語拼音方案の声調記号のほかに技術処理のうえで必要に応じて数字あるいは字母を用いて声調を表すことが認められており，上記のような代替表記は積極的に活用してよいものと思われる。　(小出　敦)

【参考文献】大原信一『近代中国のことばと文字』東方書店，1994/藤井(宮西)久美子『近現代中国における言語政策』三元社，2003/周有光『漢字改革概論(修訂第三版)』文字改革出版社，1979。

漢字（かんじ）

中国，および日本や韓国など，かつて中国を中心とする文化圏にあった国々で使われた，また現在も使われている，最も主要な文字。

古く文明が展開された中国中央部には漢字以外の文字がなく，単に「文」あるいは「字」，または「文字」といえば，それはとりもなおさず漢字のことであった。この中国での主要な文字を「漢字」と呼んだのは，「漢」という字を「中国」(＝漢民族国家)に対する呼びかけとして使った遼や金など周辺の非漢民族が建てた国家が最初である。すなわち「漢字」とは他の民族や地域で使われる文字との比較をふまえた「中国の文字」の意であり，最初は他の民族から漢民族の文字を呼んだ名称だった。もちろん「漢王朝の時代にできた文字」の意ではない。

漢字は，各文字が音声だけでなく意味をも表す「表意文字」である。これに対して，漢字はそれぞれの文字が意味を表しているだけではなく，さらには一字が言語中の一単語を表しているのだから，「表語文字」と呼ぶ考え方がある。たしかに「我讀書」(私は本を読む)という文章では，一字が一単語を表しており，特に古代の文語ではそのような傾向が強い。しかし現代語では「学校」や「家庭」のように二字で一語を作るのがむしろ普通であるし，古代の文語においても「彷徨」や「参差」などの連綿語，あるいは「駱駝」や「葡萄」のような外来語の音訳字では二音節で一つの単語となっているので，一文字がそのままま一単語になるわけではない。

漢字はエジプトのヒエログリフ，メソポタミアの楔形文字などと並ぶ，屈指の歴史を有する古代文字の一つであり，さらに3000年以上にわたって断絶することなく使われ続けている点では，現代にまでつながる唯一の古代文字である。

しかし漢字の正確な起源は，今も確実なことがわかっていない。戦国時代に成立した伝説によれば，漢字は「蒼頡（そうけつ）」(また「倉頡」)という人物が発明したとされるが，むろん歴史的事実ではない。現在知られている最古の漢字には，19世紀末に殷墟（いんきょ）(河南省安陽市)から出土した「甲骨文字（こうこつもじ）」や，殷周時代の青銅器に記録された銘文の文字(いわゆる「金文」)などがあるが，しかしそれらはすでに高度な使用法を備えており，決して原始的な文字ではない。したがって，それらの文字に先行する文字があったことはおそらく確実だが，ごく断片的なものを除いて，甲骨文字よりも古い文字資料はまだ発見されていない。今後の考古学的発掘が期待される。

前後500年に及ぶ春秋戦国時代を統一した秦の始皇帝は，全国で使う統一書体として小篆（しょうてん）を作らせた。しかし小篆は構造が複雑で曲線を多用するから速く書けず，実用には不向きだった。それで秦代でも役所などでは小篆を実用的に改良した隷書（れいしょ）が次第によく使われるようになった。前漢から後漢にかけてはいたるところで隷書が使われたが，漢末になると隷書をくずして簡略化した行書が生まれた。それがさらにくずれて草書になったが，くずれすぎた反動で再び隷書への回帰が生まれ，新しい書体が登場した。それが楷書である。楷書に至って漢字の書体が固定化され，今日に及んでいる。

漢字は中国固有の文字であるが，中国に隣接する朝鮮半島の国々や日本，あるいはベトナムなどにも輸入され，やがてこれら諸国で言語を表記する際の主要な文字となった。日本では漢字で漢語を表すとともに日本語を表記する文字としても使われ，またその略体から仮名が誕生した。

漢字はそれぞれの文字に字義が備わっている表意文字だから，背景にある音声言語と切り離しても，文字の字形だけで本来の意味を伝えることがある程度は可能である。例えばここに「山」という漢字があるとして，この漢字がどのような意味であるかを知るには，別にその字を中国語でどう発音するかを知っている必要はない。これが表意文字の最大の特性であって，漢字一字ごとがもつ意味と，それぞれの言語での単語の対応関係が，つまり上の例でいえば「山」という漢字が，日本語での「やま」という単語を意味するものであることが，たやすく理解できる仕組みになっている。こうして「山」という漢字の日本語での読み方が「やま」と定められた。これが訓読みである。

そしてそれとは別に，中国語でのその字の発音をそのまま自国の言語内に導入して（むろんこのときには若干の変化が起こるが），それぞれの漢字の読みを定めることもできた。これが音読みで，これによってさらに漢字を表音文字的に使うことも自国の言語を表記することも自由にできた。「万葉仮名（まんようがな）」という使い方がまさにその例である。

日本や朝鮮半島の諸国家，それにベトナムなどの非漢語圏の国家は，この二つの方法を組み合わせることによって，漢字を自国の言語に適用できるようにしてきたのであり，表意文字としてのこのような特性が，漢字が中国以外の広い地域にも伝播していった最も大きな要因であった。

漢字は原則的に1文字が1単語を表すので，これまで中国や日本で実に多くの文字が作られてきた。現在では8万字を収録する漢字字書があるが，しかし実際に使われる文字はそれほど多くはなく，『論語』で使われている漢字はたかだか1512種類，『古事記』が約1600字，『万葉集』が約2600字を用いているにすぎなかった。

第二次世界大戦後にはアジア各国でさまざまな改革が行われ，日本でも国語国字改革が行われた結果「当用漢字」が制定されて，政府の公文書や新聞教科書に使われる漢字に一定の制限が設けられた。漢字制限運動のなかでは日本語の表記に漢字を使うのは有害であるとする議論まで唱えられたが，現在では漢字制限論・廃止論は影をひそめ，ほとんど唱えられなくなった。現在では1981年10月に制定された「常用漢字」（合計1945字）が内閣によって告示され，日常生活での漢字使用の目安とされている。

（阿辻哲次）

【参考文献】阿辻哲次『図説・漢字の歴史』大修館書店，1989/橋本萬太郎・鈴木孝夫・山田尚勇『漢字民族の決断―漢字の未来に向けて―』大修館書店，1987。

漢字御廃止之議

前島密が1866年(慶応2)年幕府開成所の頭取松本寿太夫を通じて将軍徳川慶喜に提出した国字国文改良の上申書。ちょうど徳川慶喜の大政奉還の直前であり，全く影響を与えることができなかったが，明治30年以降になって国字国文改良問題が教育界を中心に大きな話題となるとともに，先駆的な発言として注目されるようになった。

「漢字御廃止之議」では，

国家の大本は国民の教育にして，其教育は士民を論ぜず国民に普からしめ之を普からしめんには成る可く簡易なる文字文章を用ひざる可らず。……御国に於ても西洋諸国の如く音符字(仮名字)を用ひて教育を布かれ，漢字は用ひられず，終には日常公私の文に漢字の用を御廃止相成る様にと存じ奉り候ふ。

と主張しており，武士・庶民を問わない国民教育が必要であるとし，漢字を廃止して仮名文字を専用とする文章を用いることが西洋諸国に並ぶ道であると論じているのである。

前島密は，郷里の五歳になる兄の子に江戸みやげとして本を買ってやったが，仮名の桃太郎の絵本などは面白がったが，漢字ばかりの『三字経』は覚えられなかったのを見て，平易な仮名文で普通教育をすることを実感したという。また，文久ごろアメリカ聖公教会の宣教師ウィリアムズ(C. M. Williams，1829〜1910)に会って，中国は難しい漢字を用いるために，国威を高めることが出来ず西洋に圧倒されているが，日本は国字を改良して文明化すべきであるという意見を聞いて感ずるところが多かったのである。

前島密は，漢字は廃止するが，国語化した漢語は片仮名書きにすること，文典を作り辞書を編集し，句法・語格・接文の法則を定めて仮名書きにすることによる混乱を避けること，擬古文的な仮名文ではなく，話し言葉と書き言葉との一致を目指すことなどを主張し，後の言文一致文の主張に連なるものであった。ただ，文末表現には「ツカマツル」「ゴザル」を用いることを考えており，当時の武士階級の話し言葉を基本としていた。

前島密は明治政府に仕えるようになって，郵便制度を確立するなどの活躍をしながらも国字改良に関心を持ち続けていた。1869(明治2)年に衆議院に「国文教育之儀ニ付建議」を提出し，1875(明治6)年には「まいにち　ひらかな　しんぶんし」の記者とともに「興国文廃漢字議」の建議を企てたが，むしろ漢字漢語隆盛の時代に入り，1897(明治30)年ごろまで長い沈黙の時代に入ったのである。　(前田富祺)

【参考文献】山本正秀「前島密の漢字廃止建白と言文一致活動」，『言語生活』198，1968。

漢字音（かんじおん）

漢字を媒介として記録伝達される語音を漢字音という。明の万暦32(1605)年，マテオリッチ(利瑪竇（りまとう）：1552–1610)は北京において『西字奇蹟（せいじきせき）』一巻を刊行した。これはローマ字を使って漢字音を表記した最初の著作であるが，「採用五種記号来區別(漢語)所用声韻」(五種類の記号を採用して漢語の音韻を区別した)ものとしてマテオリッチの周囲に居た中国の知識人から評価されたと伝えられている。今日，漢字音の音節構造は声母(頭子音)Initial・韻母(韻頭＝介母音Medial・韻腹＝主母音Vowel・韻尾Final)・声調Tone(高低または上昇下降調)に分析され，頭文字を集めてIMVF/T(音節構造式)と一般に表示するが，5要素からなる構造式の淵源はマテオリッチの時代まで遡ることが可能である。

この構造式に例えば「学」字をあてはめると，現代標準語音は[ɕüɛ ˧˥](ピンイン/xué/)であるが，『切韻』『韻鏡』と現代諸方言音を駆使して構築される中古漢語では[*ɣok]，上古漢語は[*grawk]と推定されており，現代音にいたるまでに，声母については[gr>ɣ>ɕ]という変遷を経たことがわかる。また主母音については[-a->-o->-üɛ-]と変遷し，中古から現代に至る過程で開口度が狭くなると同時に[-ü-]介音が発生したことがわかる。韻尾の変遷過程は[-k>-k>-ø]で示され，現代標準語音では[-ɛ]母音韻尾となる。音節構造式は通時的・共時的に一貫した音素分析の機能をもつと同時に，漢字音の歴史的変遷を具体的に表示することを可能にしている。

5要素の最初に位置する音節要素としての声母(頭子音)は，製紙技術発明を契機として学術全般が大きく変貌を遂げた後漢末には「反切上字」として認識されていた。反切の誕生は，漢字音が声母・韻母・声調などの文節素レベルにおいて把握されたことを物語っており，漢語史上特筆すべき事柄であった。反切の重要性は時代が下ると一層深く認められた。ことに謝荘（しゃそう）(421–466)や永明年間(483–493)に活躍した文人達が修辞上の必要から多用した双声・畳韻は直接に反切上字・下字と連動していた。梁(502–556)の沈約（しんやく）(441–513)が四声説を唱えてからは，反切上字の用法は一層詳細に工夫された。沈約に先行する魏(220–264)の李登（りとう）『声類』，晋(265–419)の呂静『韻集』，夏侯詠『四声韻略』などの韻書は今日に伝わらないが，その逸文資料により本来の反切用例の一部を知ることが可能である。

魏晋の韻書の反切を整理統合した陸法言『切韻』(601)及びこれを継承した孫愐『唐韻』(751)，陳彭年『広韻』(1008)などの韻書と，唐五代の間に成立したとされる『韻鏡』『七韻略』に代表される等韻学の原理に基づいて構築される中古音の音系においては，声母(頭子音)は発音部位により唇音・舌音・牙音・歯音・喉音に分類され，発音方法により全清音・次清音・全濁音・次濁音に分けられる。

全濁音は呉方言以外の現代方言では清音化(全清音または次清音化)している場合が

多い。清音と全濁音の音韻上の弁別性は，中古音の声調変化に付随して並行的に負荷される場合が多く，中古清音に由来する声調を「陰」，全濁音に由来する声調を「陽」と呼んでいる。次濁音も「陰」と「陽」のどちらかに属している。したがって反切上字は声調の「陰」または「陽」に帰することになる。ちなみに鎌倉時代の悉曇家である釋了尊の『悉曇輪略図抄』によれば，「陰」は「軽」，「陽」は「重」に読み替えられている。これらの知識はいずれも等韻学の成果に基づくものである。

韻母のうち介母音は，発音時の口の構えに基づき四種類に分けられる。普通に構える開口呼，平たくする斉歯呼，丸くする合口呼，斉歯と合口を合わせた撮口呼の四種類であるが，この四種は『中原音韻』(1324)が成立した元代以降には認識されていた。一方，中古音すなわち等韻図で言う「開」「合」では，開口と斉歯の二音が前者，合口と撮口の二音が後者に含まれていたと解釈されている。

また，韻図上では三四等に分配し差異が顕在するにも関わらず，韻書の反切表記では同声母・同韻母として同音扱いされる，いわゆる三等韻重紐の問題を漢語史の上で解決する際に-i-，-ï-二種類の介音を設定し，その音韻的差異の来源を南北方音の違いに求める見方は，中古音系そのものが時間的・空間的に広い幅を持つだけに，十分検討に値すると考えられている。

清の江永(1681-1762)はその『音学辨微』において「一等洪大，二等次大，三四等皆細，而四尤細」(一等は洪大，二等は次に大きく，三四等はいずれも狭く，四等は特に狭い)と述べ，一等から四等に至るまでに，口腔の開口度が最も大きく舌位の最も低い状態から徐々に開口度が狭く舌位が高くなる，と解釈した。介音と韻腹(主母音)の組み合わせ，あるいは韻腹が調音される際の音色または聴覚印象の違いを示す記述でもある。ただし，一二四等と三等の間に介音の有無の違いがあるかどうか，についてはこの解釈は踏み込んでいない。

韻尾は母音で終わるもの以外に，鼻子音もしくは入破音の場合がある。伝統音韻学ではそれぞれを陰声・陽声・入声と呼んでいる。入声は現代北京語を中心として官話方言では消失している例が多いが，粤語(広東語)，閩語(福建語)，客家語，贛語(江西方言)，湘語(湖南方言)などでは現在も生きている。

声調は平・上・去・入の四声に分類される。平声に対し，上・去・入を一類とし仄声と呼ぶことが伝統的な漢詩の世界では通行している。また平・上・去を一類として舒声と呼び，入声に対立させる分類法もある。入声が[-p，-t，-k]という子音で終結するのに対し，舒声韻は音の高低昇降を特徴とするという違いに由来している。

『切韻』系韻書が示す反切と分韻の規定は，隋唐以降科挙に臨む士大夫・文人が詩文を作成する際の規範として長い生命力をもった。当初より古今の韻書を統合しつつ，南方と北方の読書音を折衷した漢字音の集成であったが，儒教教典を読む際の読書音・文言音形成にも大きく作用した。また漢字音使用範囲の拡大と使用人口の増大にともない，政治的・経済的に優勢な都の雅言の典拠として地方の支配層・知識人層にも伝播し継承された。ただし，伝播先の各地域にはおそらく『切韻』もしくは『広韻』が成立する以前より浸透していたと推測される，地方独自の口語音・白話音が普及していたため，雅言すなわち文言音と白話音が平行して存在する語音域，あるいは韻書での「又音」形成の要因ともなった。

漢代以降，周辺異域との商業活動や文物往来が盛んになると，漢字に付随して漢字音も伝わり，伝播先の言語音に基づいて表記される一方で，伝播先の言語が漢字音表記される事例も出現した。非漢語集団が漢土の読書音を借用して語音体系をなしたものを域外訳音（借用音）と呼ぶ一方，非漢語文字音により漢語音を分節表記あるいは音訳したものを音訳漢字あるいは対音と読んでいる。域外訳音の代表例としては日本漢字音，朝鮮漢字音，越南漢字音などがあげられる。今日に伝わるこれらの漢字音の諸相には，伝わった時期や発信源の文化的・地理的差異による違いが反映している。

また対音には梵漢対音，蔵漢対音など重要なもの以外に西夏語，モンゴル語，満州語，朝鮮語などとの対音がある。さらには新疆ウイグルのウイグル語，コータン語，トカラ語，ペルシャ語と漢語の対音や，中国南部・雲南の少数民族の一部に，古来の言語音と中原伝来漢字音の混成に基づく方言音が伝わり，あるいは独自に成立し，それぞれ語音特色をもつことが近年解明されつつある。

漢字音は字形に従属することも漢字音の性格を知る上で重要な点である。今日のベトナム・韓国・北朝鮮においては，漢字が廃止されて相当の時間が経つにも関わらず，人名，地名，古来の制度などの呼称の背後に必ず漢字が考えられる。これは漢字音が如何に字形に従属しているか，という点をよく示す例である。

また日本漢字音では，鼻音韻尾以外の音節は母音終結という開音節型であるが故に，例えば「学」字の場合には［gaku］の如く［-u］母音が付加する。さらに日本語の音節構造は中国語ほど細かくないため，中国原音の音節要素の一つ一つがそのまま忠実に反映されていたわけではないことに注目すべきである。さらにまた中国原音の声母の清・次清・濁・次濁四項対立は，日本語では清・濁・半濁音三項対立に分離吸収されているが，吸収される際の音韻条件には一律の場合とそうでない場合がある。しかも常に母音を伴って表記されるため，日本漢字音の源流を中国原音に遡って考証するには，やはり日中相互の音節構造の違いに基づく制約状況の中から日本漢字音の多様性をくみ取るべきである。

日本漢字音は来源の時間的・地理的違いにより，佛教伝来とともに移入された呉音，遣唐使が長安で学習してきた漢音，禅宗読経音や長崎唐通事がもたらした唐音などに大きく分けられるが，百済漢字音や推古朝遺文の漢字音など呉音・漢音に合わないものもある。また唐音についても鎌倉・室町時期の宋音と織豊・江戸時期に伝来した唐音の間には異なる特色が確認されており，その文化史上の意味を併せて追求すれば興味が尽きることはない。

漢音研究の著しい成果として森博達『古代の音韻と日本書紀の成立』がある。『日本書紀』(720)の万葉仮名を，中国原音に通じた撰者の手になるα群と，そうではない撰者の手になるβ群に分類し，殊にα群の漢音の卓越した価値を帰納したこの成果は，上代日本語(7～8世紀大和地方の言語)以降の音韻史をたどる出発点であると同時に，文献以前の日本語を探るための土台となっている。

鎌倉・室町時代(12・13世紀)に臨済・曹洞などの禅宗が伝えた唐音(宋音)は，すでに呉音・漢音が普及していたため，全面的に日本語に入ることはなかった。ただし，今日も伝わるものとして，例えば足利時代の狂言「唐人子寶」(狂言六儀第十一冊),「唐人相撲」(狂言拾遺巻二),「唐藥」(狂言記補遺)などに，シテ・ワキが唐音によって問答するものがあり，日明間の交通により唐音が伝来流行した一例証としてあげられている。また豊臣秀吉が所持した扇面の唐音語や曽呂利の狂歌の中の唐音語，近松門左衛門・竹田出雲の戯曲と唐音，頼山陽，皆川淇園と唐音に関する一連の著作なども重要な価値をもっている。さらには江戸初期の隠元禅師に続いて渡来した心越和尚が開祖となる水戸の寿昌山祇園寺派の唐音による「心越和尚清規」誦経と，唐音による琴譜の吟詠を記録する人見竹洞の『竹洞文集』なども今日となっては貴重な資料である。

また，江戸の朱子学は時代が下るにつれ，漸次古学が盛んになり，古学の代表荻生徂徠は岡島冠山を通じて長崎唐通事の唐音を学んでいるが，長崎唐通事の唐話は南方系官話(南京官話)であった。また文雄も，徂徠の弟子である太宰春台により唐音研究熱を鼓吹されたことがよく知られている。 (矢放昭文)

【参考文献】中山久四郎『唐音十八考』東京文理科大学，1931/森博達『古代の音韻と日本書紀の成立』大修館書店，1991/平田昌司「『切韻』与唐代功令」『東南語言与文化』2004，上海。

漢字仮名交じり文

漢字を主に用いながら，万葉仮名・平仮名・片仮名などを交えた文章をいう。歴史的に見ると，用いられる仮名の種類，仮名の交じる度合い，仮名の大きさ，仮名の書かれる位置などにおいてさまざまなバリエーションがあるが，いずれの場合であれ，漢字と仮名を交用して用いるものであればこれに含めることができる。例えば，平安時代以降に用いられた物語・日記の類の「平仮名文」や，また，院政頃から仏教的な資料を中心に用いられた「片仮名文」では少量の漢字が含まれる。また，公家の日記などに用いられる「和化漢文」の文章に，漢字を主体としながらも一部に仮名を交えるものがある。「漢字仮名交じり文」は，漢字と仮名の使用量に極端な偏りがない点や，自立語の多くを表意文字としての漢字で示し，仮名によって送りがなや助詞助動詞などを補助的に加える点において，これらと相対的に区別される。ただ，実際の文章の例では，これらの文体は連続的で区別しにくい場合もある。また，通常は日本語の語序で記される場合が多いが，古くは漢文の語序による場合も見られた。この場合でも，日本語が漢字と仮名によって一続きに書かれたものである限りにおいて，漢字仮名交じり文として扱うことができる。

「漢字仮名交じり文」は，表音文字が万葉仮名しかなかった奈良時代においても『続日本記』の宣命や『延喜式』の祝詞，『万葉集』などにおいて例が見られる。奈良時代は漢字のみ用いられた時代であるから，表意文字としての漢字の部分と表音文字である万葉仮名の部分は，視覚的に区別することができない。しかし，特に誤りなく読み上げる必要がある宣命などでは表意文字と表音文字の部分を区別する必要が生じた。そこで，自立語の部分を表意文字としての漢字で表記し，助詞や送りがなの部分は表音文字としての万葉仮名を用いて小書きにする「宣命書き」が用いられた。万葉仮名部分は，宣命では小さく書く様式を用いているが，『万葉集』ではほとんど大きく書く様式を採っている。

平安時代になり片仮名が作られると，漢文様式の文の中に助詞や送りがなを片仮名で小書きにした「片仮名宣命書き」が散見するようになる。その例は，仏典を訓読した資料の中で，本文の注釈として書かれた文などに多く見られるが，まとまった文章の例としては『東大寺諷誦文稿』(平安時代初期) などが知られている。平安後期になると，『今昔物語集』『打聞集』などのような日本語の語順の「片仮名宣命書き」が用いられるようになる。『今昔物語集』のような様式は，中世以降の「漢字片仮名交じり文」の源流に位置するものとして，その成立の背景を考えることは重要な課題である。これには，上記のような仏典の訓読の際に用いられた漢文様式の「片仮名宣命書き」の系統，日本語の語順で書かれた古代以来の「宣命書き」の系統，さらには，仮名を含んだ「和化漢文」の系統など，さまざまな文章の流れを考慮せねばならない。平安後期になると，仏教関係の口誦資料などで古代以来の「宣命書き」の万葉仮名部分がくずれて平仮名に置き換わった例や片仮名を交じえる例が見られ，『今昔物語集』のような「片仮名宣命書き」は実態としてはそれらに近い。それらを基盤としつつ，さまざまな文章の表記方法が複合的に利用されて成り立った様式であろうと思われるが，今後さらなる資料の探索によって実態を明らかにする必要がある。

「片仮名宣命書き」で用いられた片仮名は，やがて漢字と同じ大きさに書かれるようになり，中世になると「漢字片仮名交じり文」が広く定着していく。「漢字片仮名交じり文」は，中世以降も，漢文に関連の深い文学・学術・宗教などに関する分野で用いられ，明治以降も漢文訓読調の強い文章で用いられた。一方，中世以降「漢字片仮名交じり文」の仮名は，世俗的な文献では平仮名に置き換わり，また「平仮名文」自体に漢語・漢字が増加したことも相まって「漢字平仮名交じり文」が成立していった。これは，和文体・俗文体・雅俗折衷体，そして近代の言文一致体の文章などで広く用いられた。このように，「漢字平仮名交じり文」と「漢字片仮名交じり文」とでは用いられる分野が異なり，明治以降でも並行して用いられた。近年では「漢字片仮名交じり文」はおおむね姿を消したが，1995 年まで用いられていた刑法の条文などが，その最後の例といえるであろう。

漢字と仮名を交え用いることには，文節のまとまりを「漢字＋仮名」の結びつきによって視覚的に確認することができるという利点があり，効率的に文章を読解するのに有利な表記法といえる。「漢字仮名交じり文」は，ハングルなどのような表音文字のみによる表記方法や，中国の漢字のような表意文字のみの表記に比べると複合的な表記方法であるといえるが，これによって大まかな意味を漢字で押さえながら，筆者の感情や判断にかかわる面を仮名の部分を読むことによって理解することができるという利点がある。「漢字仮名交じり文」が奈良時代以来，歴史的に長く用いられているのは，このような本文の意味を読みとる際の効率の高さによるといっていいであろう。

現代においては，常用漢字 1945 字の漢字と仮名を交えて文章を表記することになっている。現代の文章の表記においても，自立語を漢字で書き，送りがなや助詞・助動詞などを平仮名で書くのが大まかな原則といっていいが，特に，接続詞・感動詞・形式名詞・補助動詞など自立語であっても漢字表記しないものもある。このような具体的な運用方法に関して，「公用文における漢字使用等について」(1981(昭和 56)年 10 月 1 日　事務次官等会議申合せ) において仮名書きが一般的な言葉が示されており，公用文などにおいて漢字使用の制限がなされている。また，「現代仮名遣い」「常用漢字」「送りがなの付け方」などの表記の規範によって，「漢字仮名交じり文」の表記法の目安が定められている。近年広まったワープロなどの使用に際しては，仮名書きが一般的な言葉などをふまえて，漢字と仮名の使い分けを的確に行うように指導していく必要がある。

(藤井俊博)

【参考文献】築島　裕『日本語の世界 5 仮名』中央公論社，1981/吉田金彦・築島　裕・石塚晴通・月本雅幸編『訓点語辞典』東京堂出版，2001。

漢字簡化方案(かんじかんかほうあん)

中国政府が制定した簡体字のリスト。中国文字改革委員会によって作成され，1956年1月正式に公布された。1964年5月には漢字簡化方案によって作られた簡体字(かんたいじ)を収録した「簡化字総表」が発表され，1986年に若干の修正が加えられた「簡化字総表」(2235字)が改めて発表された。漢字簡化方案と簡化字総表で示された簡体字は，現在，正式な文字として，中国社会のあらゆる方面で広く使用されている。

1952年2月，政務院(後の国務院)文化教育委員会に中国文字改革研究委員会が成立した。同委員会漢字整理組は，毛沢東の，漢字は表音化の方向に進まねばならないが，それに先立ち漢字の簡略化を行わねばならないという指示に従って漢字簡略化に着手した。同委員会は1954年12月，国務院直属の中国文字改革委員会に改組され，それまでの検討結果をまとめて「漢字簡化方案(草案)」を作成し，1955年1月に発表した。草案は，① 798字の漢字簡化表草案，②廃止を予定した400字の異体字表草案，③漢字偏旁手写簡化表草案の三つの部分からなっており，そのなかの261字は同年5月から段階的に全国50種類以上の新聞・雑誌において実験的に使用されはじめた。同年9月，同委員会は寄せられた意見に基づいて修正草案を作成したが，これは元の草案の②と③を削除し，①の簡化字を512字に減らし，簡化偏旁(へんぼう)56個を収録するものであった。1955年10月，北京で開催された全国文字改革会議に同委員会は「漢字簡化方案修正草案」と「第一批異体字整理表草案」を提出した。討論を経て，漢字簡化方案修正草案は簡化字が512字から515字に増やされ，簡化偏旁が56個から54個に減らされた。「第一批異体字整理表」は同年12月，同委員会と文化部により正式に発表され，翌年2月から実施された。これは1055字の異体字を使用停止にすることを定めたものであるが，のちに調整が加えられ，使用停止にする異体字は1022字となった。改訂後の漢字簡化方案修正草案は，1956年1月，国務院全体会議第23回会議を通過し，同月31日，『人民日報』に掲載されて正式に公布された。

漢字簡化方案は三つの表からなっている。第一表は大部分がすでに新聞・雑誌で使用されており，ただちに使用可能な簡化字230字であり，第二表はそれ以外の簡化字285字であり，第三表は類推可能な簡化偏旁54字である。第一表の簡化漢字は1956年2月1日から正式な使用が開始された。第二表と第三表は，まず2カ月間試験的に使用したのち，6字に対して若干の修正が加えられた。第二表については同年6月，1958年5月，1959年7月の3回に分けて，段階的に正式な使用が開始された。

中国文字改革委員会の分類に従えば，漢字簡化方案の簡化方法には次のものがある。①同音字で代替する(例，斗〔鬪〕，后〔後〕)。②形声字を作る(例，惊〔驚〕，钟〔種〕)。③もとの字の特徴的な部分だけを用いる(例，际〔際〕，垦〔墾〕)。④もとの字の輪郭だけを残す(例，齐〔齊〕，当〔當〕)。⑤草書を楷書化する(例，书〔書〕，乐

〔樂〕)。⑥会意字を作る(例，笔〔筆〕，阴〔陰〕)。⑦もとの複雑な偏旁を簡単な記号に置き換える(例，汉〔漢〕，对〔對〕)。(〔 〕内は繁体字。以下同じ。)

漢字簡化方案に収録された文字(例，万〔萬〕，为〔爲〕など)が偏旁となるとき，また偏旁(例，车〔車〕，门〔門〕など)が独立して文字として使われるとき，簡略化するべきかどうか，漢字簡化方案に明確な規定がなかった。そこで国務院は1964年2月，そのような場合も一律に簡略化しなければならない(ただし，讠〔言〕，饣〔食〕，纟〔糸〕，钅〔金〕の4個の偏旁は除く)という指示を出した。同年5月には，中国文字改革委員会がこの指示に基づき，漢字簡化方案によって作られた簡体字を収録した簡化字総表を出版した。簡化字総表は三つの表からなる。第一表は偏旁とならない352字の簡化字の表であり，第二表は偏旁としても用いることができる132字の簡化字と14個の簡化偏旁の表であり，第三表は，第二表に収録されている簡化字と簡化偏旁から類推できる1754字の簡化字の表である。簡化偏旁を除き，合計2238字(「签」「须」の2字が重複しているので実際は2236字)の簡体字を収録する。文化大革命後の1977年12月，中国文字改革委員会により「第二次漢字簡化方案(草案)」が発表されたが，過度に簡略化された字体が多かったため社会に受け入れられず，1年ほど実験的に用いられたのち使用停止となり，1986年5月正式に廃止された。これを受けて，同年10月に「簡化字総表」が改めて発表された。新版の総表は，「迭」「复」「象」をそれぞれ「叠」「覆」「像」の簡体字とせず別字とするなどの若干の修正が施され，収録字数が2235字となった。

2001年1月に施行された「中華人民共和国国家通用語言文字法」は，国家通用文字は規範漢字であると規定している。これにより漢字が中国語表音化までの過渡的な文字でなく，正式な文字であることが法律的に明らかとなった。同法は，中国国内の公文書，学校教育，出版物，映画，テレビ，広告，標識，組織名などあらゆる方面で，簡体字を含む規範漢字を使用するべきことを定めている。ただし，古典籍の出版や書道作品などにおいては，繁体字や異体字の使用を認めている。

現在，日本では少数の人名漢字を除いて，常用漢字表に収録されていない漢字を簡略化することはない。例えば，「區」「歐」「毆」について常用漢字表はそれぞれ「区」「欧」「殴」という字体を採用しているが，表外字である「謳」「嘔」に含まれる「區」を「区」に置き換えることはない。一方，中国では，簡化字総表第二表にある簡化字と簡化偏旁が，簡化字総表未収録の文字の偏旁になるときも，同様に簡略化される。したがって中国では簡化字総表にある「区」「欧」「殴」「讴」「呕」はもちろん，未収録字である「熰」「噉」も簡略化される。この点において日本と中国の漢字簡略化方法は大きく異なる。

(小出 敦)

【参考文献】大原信一『新・漢字のうつりかわり』東方書店，1989/大原信一『近代中国のことばと文字』東方書店，1994/藤井(宮西)久美子『近現代中国における言語政策』三元社，2003。

漢字教育

漢字の読み書きの教育のこと。画数や部首や筆順などの漢字に関連する知識の教育も含める場合がある。ただし，送り仮名については表記の教育に入れるのが一般的である(仮名文字，漢字と併せて文字・表記の教育ということが多い)。

漢字は教育の普及が話題になるとき，決まって問題にされた。明治に近い慶応2(1866)年12月に時の将軍徳川慶喜に送られた前島来輔(後の前島密)の建白書「漢字御廃止之議」はその典型的なものである。同建白書は次の文章で始まる。「国家の大本は国民の教育にして其教育は士民を論せす国民に普からしめ之を普からしめんには成る可く簡易なる文字文章を用ひさる可らす」

その後，世論は漢字制限ないし廃止の方向に向かう。例えば，福沢諭吉が「文字之教」(1873(明治6))によって漢字制限を唱え，南部義籌が「文字ヲ改換スル議」(1872(明治5))によって，また西周が「洋字ヲ以テ国語ヲ書スルノ論」(1874(明治7))によって，それぞれ漢字廃止ローマ字採用を主張する。1883(明治16)年には「かなのくわい」が設立され，1885(明治18)年には「羅馬字会」が設立された。そして，国語調査の基本的方針を定める予備的調査のため，1900(明治33)年に文部省内に国語調査委員が置かれ，1902(明治35)年には国語調査委員会が設けられ，文字は音標文字を採用することが決議された。1900(明治33)年に小学校令が改正され，小学校に単独の教科としての国語が誕生するが，同時に小学校令施行規則が公布され，尋常小学校で学習する1200字内外の漢字表が掲載された。これは1887(明治20)年発行の文部省『尋常小学読本』が第1学年後半からの3年半で約2000字提出していたことと比べると，大変な漢字の制限のされ方である。この延長線上に第1期の国定教科書が編集された。1904(明治37)年度使用開始の第1期国定国語教科書は尋常小学校の4年間で500字しか提出しない。高等小学校第1・2学年を加えても857字である。

このように明治30年代までは漢字制限ないし廃止が政策の中心であった。それが明治40年代になるとがらりと変わる。まず1908(明治41)年改正の小学校令施行規則で，上記の1200字内外の漢字表が廃止となった。そして，1910(明治43)年度使用開始の第2期国定国語教科書で，漢字は6年間に1300字以上が提出された。以後，尋常小学校の国語教科書の漢字は第二次世界大戦による敗戦まで1300字を下ることはない。1942(昭和17)年国語審議会答申「標準漢字表」は漢字制限を行ったものであるが，世論の猛反対を受け，同年に文部省編『標準漢字表』が発行された。これは義務教育用の漢字を一覧したものであるが，2669字を掲載し，むしろ漢字教育の強化が政策の中心課題と移っていたことを示している。

明治40年代からの漢字教育の方針転換には，軍隊の要求があったことが推察される。1894(明治27)・1895(明治28)年の日清戦争および1904(明治37)・1905(明治

38）年の日露戦争を通じて，日本の軍隊では兵士の漢字の読み書き能力の低さが大きな問題となったといわれる。特に下士官の能力の低さが問題になったという。それはそれまで比較的教育のあった旧士族層が解体したことと根こそぎ動員のためである。そのような軍事上の理由から，明治40年代以降の政策の転換があったのだと思われる。なお，日本の兵士の漢字の読み書き能力の低さはその後もさして変わらず，陸軍省はついに1940（昭和15）年に「兵器名称用制限漢字表」を出して，軍隊内で尋常小学校4年生程度に漢字を制限した。しかし，それでもなお1942（昭和17）年に上記文部省編『標準漢字表』が出されたことを思うと，軍隊の漢字の読み書き能力に対する要求は止まるところがなかったといえよう。

第二次世界大戦後の1947（昭和22）年度に六三制がスタートする。教科書も検定制となったが民間の教科書が間に合わず，急ぎ文部省で編集して発行したのが文部省著作国語教科書である。この教科書を第6期国定教科書と呼ぶ人もいるが，すでに教科書の国定制は廃止されていたので，教育史の通称としては文部省著作国語教科書というのが一般である。この教科書は6年間で760字しか提出していない。しかも，1948（昭和23）年告示の当用漢字別表とは異なる漢字を提出している。文部省著作国語教科書の編修と当用漢字別表の漢字の選定が別個に行われていたことがわかる。

この文部省著作国語教科書は漢字を制限していたため，昭和20年代後半からの学力低下論を引き起こす一因となる。そのため，その後，漢字力の強化は小学校学習指導要領の改訂のたびごとに重点項目とされてきた。1968（昭和43）年改訂版小学校学習指導要領で，小学校の学習漢字はそれまでの881字から115字増えて996字となった。しかし，そのために子どもが消化不足となって，むしろ漢字の読み書きの定着は悪くなったと指摘する調査が現れた。当時の国民教育研究所と日本教職員組合とが1975（昭和50）年に行った調査である。しかし，国立国語研究所が行った検証調査によると，そのような傾向は現れていない。また，見られる限りの調査を集めて漢字の読み書きの定着度を分析しても，国民教育研究所と日本教職員組合が指摘したような事実は見いだされない。十分な定着といえるかどうかはわからないが，学年の進行に伴って漢字の読み書きは定着していくといえるだろう。

先に小学校学習指導要領の改訂のたびごとに漢字力の強化が重点項目となったといったが，今回の1998（平成10）年の改訂で変化が現れた。「学年別漢字配当表」は1989（平成元）年改訂版と変わらないものの，書きの指導において前学年の漢字を指導すればよいこととなった。これは今回の改訂で，全教科教育内容の3割削減という声に押されて行った措置であろうが，信頼するに足る調査および議論に基づいて行われたものであるのか疑わしい。（島村直己）

【参考文献】国立国語研究所『常用漢字の習得と指導』東京書籍，1996／島村直己「漢字の学習負担―国定期から新指導要領まで―」『言語生活研究』1号，2001／島村直己「壮丁教育調査の実施経緯について」『言語生活研究』2号，2002／島村直己「第9章　国語教育と漢字」『朝倉漢字講座4』朝倉書店，2005。

漢字検定（かんじけんてい）

京都府京都市に本部を置く(財)日本漢字能力検定協会が有料で実施する，漢字の読み方や書き方を中心とした知識を試す試験。1992(平成4)年6月文部省(当時)認定の資格となり，それを契機として，年を追うごとに受検者が増加し，2002(平成14)年度には年間の受検者が200万人を超えた。試験は年間に3回，国内の主要都市で実施され，海外においてもいくつかの都市で実施されている。

試験はいくつかのランクに分かれ，最もむずかしいクラスでは，常用漢字(1945字)を含め，約6000字の漢字(JIS第2水準に含まれているものまでを目安とする)の音と訓を理解し，その大体が書け，さらに文章の中で適切に使え，熟字訓・当て字・対義語・類義語・同訓異字，さらに典拠をもつ四字熟語を理解していることを問う1級や，常用漢字とJIS第1水準に含まれているものを目安とする約3000字の漢字について，同様の趣旨で知識を問う準1級があるのに対して，簡単なほうでは，小学校4年生までに学習する漢字について，その音読みと訓読みを正しく理解し，大部分が正しく書け，さらに漢字の部首とされる偏旁冠脚（へんぼうかんきゃく）についても基礎的な知識を得ているかなどを問う7級，あるいは同じく小学校3年生に配当される学習漢字について同様の知識を問う8級があって，各等級に分かれて，難易度に応じて受検者の年齢層も，4歳から94歳までという幅の広さをもつ。配点は，1〜7級は200点満点，8級は150点満点とされ，合否の基準は，1級/準1級/2級は80%程度の正答率で，準2級/3〜7級は70%程度，8級は80%程度で合格とされる。

受検者は必ずしも小中学校に在学する学生だけには限らず，生涯学習が叫ばれる近年の特徴として，中高年のなかにも難度の高いクラスの合格を目指す人が多い。また近年のコンピュータなどの電子機器普及によって，それらを効率よく，正確に，かつスピードをあげて打つには最低限度の漢字の知識が必要になることから，それを動機に漢字能力検定の合格を目標として学習する人も増加している。企業の中には，漢字検定試験に合格するための講座を設けるところまで出てきている。

大学や短大では一定のランクを取得している者に対してしかるべき優遇措置が講じられることもあって，それも特に若年層の受検者の増加につながっているようだ。特に最近の大学入試ではアドミッションオフィス(AO)入試を導入している学校が増えていることも，その傾向に拍車をかけている。　　　　　　　　　　　　(阿辻哲次)

漢字語

漢字表記された語を一括して，そこに含まれてくる語，文字列を同等に捉える概念として用いられる。日本語を語種別に分類するとき，「かわ（川），きよい（清），ながれる（流）」など本来の日本語にあった語を和語，「クリーク，クリーン，ジェット」など，ヨーロッパの言語に源を求めることができる語を外来語（＝洋語）といい，「清流，佳麗，運送」などおもに古代中国語に源をもつ語，日本において作られた「返事，気配，神経」などの「和製漢語」を含めて，従来「漢語」といってきているが，実際は，中国語起源の語か否かを判断するのは困難を伴うことが多い。「漢字語」は「清流」や「返事」を同じ類のものとして捉える概念である。

しかし，「漢語」と「漢字語」とは同義というのではない。「退屈，神経」は「漢語」でもあり「漢字語」でもあるが，「縁側，性根，本箱」などの重箱読みの語，「湯気，見本，手配」などの湯桶読みの語は，漢語と和語（和語と漢語）とからなる「混種語」であって「漢語」ではないが，「漢字語」の範疇には入る。つまり，「漢字語」は「漢語」以外の語種を含みこむ概念となっている。

「漢語」というとき，それは，中国語と連絡のつく語であるのか否かを意識して考察していることになる。既刊の索引に加えて，ウェブサイトにおいて，古代中国の文献に見える語を容易に検索することができるようになり，漢語の研究において多くの便宜が与えられるようになったとはいえ，中国語起源の語であるか否かを見定めるのは容易なことではない。これらの索引を利用して該当する語が中国の文献に見えないからといって，すぐに和製漢語と決めてかかることができないのは，中国の文献をすべては検索できていないからである。しかし，逆に，該当する語が中国の文献に見つかったとしても，和製ではないと言い切ることはむずかしい。中国の文献の影響を受けずに，漢字のもつ造語力を利用して日本において作られたものが，中国の文献にも見えているということであるかもしれないからである。さらに，漢字の並びは同じであっても，中国語では，一語一語であることも考えないといけないからである。「条件」などは，中国の古代文献に見えながら，日本語から逆輸入された外来語と考えられている。

山田俊雄氏は，中国起源のものであれ，和製漢語であれ，すべてを一括して扱うために「漢字語」という枠を設定された（『日本語と辞書』）。氏によると，「木綿」は，「キワタ」「モメン」「ユウ」などの語と対応する漢字語ということになる。なお，氏の「漢字語」は，起源を求めることが困難な「漢語」と「和製漢語」を一括するという便宜的な呼称というのではなく，日本語における漢字，漢語の問題へと迫る方法であった。文字列としての「草原」を「くさはら」と読むか，「ソウゲン」と読むかは，文字列のおかれた文脈の理解によるわけである。そこには読み手の語種意識がからんでくることになる。また文字列「姉妹」を「シマイ」と読む人，「キョウダイ」と読む人がいる。「きょうだいがいます」とは，性別，長幼で分類された日本語の「あに，おとうと，あね，いもうと」の組み合わせである「兄弟，兄妹，姉妹，姉弟」を想定しての答えである。書いて答えるとその組み合わせが明瞭になるという便利さを，我々は知っているのである。すなわち，日本語の音声言語では区別しないその性別，長幼の別を文字言語は「漢字語」として表現できるのである。近年，漢字を使って書かれる語であれば，『論語』に見える語であろうと流行語であろうと漢字語と扱って収録した『角川現代漢字語辞典』(2000)の出版もあった。

「漢字語」という概念を立てて，日本語の語彙(ごい)をみるとき，従来外来語としてきたクラブ，カルタ，ガラスなども「倶楽部」「歌留多」「骨牌」「硝子」と表記されると「漢字語」として捉えることになる。漢語は漢字表記されるのが前提であり，それゆえ漢字表記されたものは，漢語であるとの意識が高く，その結果，ポルトガル語起源の「ジュバン」などは，「襦袢」と漢字表記され，加えて拗音，濁音をも含んでいて，漢語と意識される可能性が大きくなる。反対に，「しらくも」は和語らしい語であるが，漢語「白雲」を訓読したところから生まれた単語(翻読語)であるという。つまり「漢字語」の「白雲」に「しらくも」「ハクウン」という二つの語が対応していることになる。

「漢語」と「漢字語」との大きな違いは，「漢語」は，話し言葉でも書き言葉においても有効な概念であるが，文字のひとつである漢字を用いた「漢字語」は，書き言葉において用いられる概念である。「国境の長いトンネルを抜けるとそこは雪国であった」と書かれたものにおいて，「国境，雪国」は「漢字語」であるといえるが，[kunizakai][jukiguni]と読まれれば，それは「和語」であり，[kokkyo:]と読まれればそれは「漢語」となる。池上禎造氏は，中世の文献に見える「源語」「伊物」などという漢字表記は，「ゲンゴ/イブツ」などと読まれることを前提として書かれたものとは思えず，見て理解していたものであろうとされたのであるが，こうした点に「漢字語」という概念を用いるのは有効である。また，江戸時代にオランダ語で書かれたヨーロッパの科学書を翻訳していくなかで，「神経，軟骨，水素，引力，細胞，花粉」などのいわゆる「義訳」という方法によって生み出された多くの和製漢語があるが，これらを中国に典拠を求めることができる「勲労，容止，診察」などの語と区別せずに，「漢字語」と捉えて，そうした「漢字語」のどの程度が現代語に連続しているかを考察することは，現代語の源を探る点において意味のあることと考えられる。

「漢字語」についての概念規定は，漢語のようにほぼ共通理解されているものではなく，同じ「漢字語」を用いていても，論者によって異なっていることがあるのは，留意すべき点である。(浅野敏彦)

【参考文献】山田俊雄『日本語と辞書』中公新書，1978/田島　優『近代漢字表記語の研究』和泉書院，1998/阿辻哲次・釜谷武志・林原純生編『角川現代漢字語辞典』角川書店，2000/陳　力衛『和製漢語の形成とその展開』汲古書院，2001。

顔師古

中国・唐代の学者。隋・開皇元(581)年–貞観19(645)年。字は籀。琅邪郡臨沂の人。顔思魯の子で，『顔氏家訓』の著者である顔之推の孫にあたる。若い頃から博学多識と文才に富むことで知られ，とりわけ文字の訓詁と音韻に精通していた。唐の高祖のときに中書舎人となり，太宗のときに中書侍郎・秘書少監に任じられた。

太宗の貞観年間に，王朝をあげて行われた書物の収集と整理，およびその校定事業に参加し，『隋書』を撰述し，また孔穎達によって行われた『五経正義』の定本づくりを目的とした『五経』本文の確定を完成させた。

その主著である『漢書注』は，後漢の服虔や応劭以来の諸学者の注釈を集成するとともに，テキストの異同を校訂し，後世に定本を提供した。この著述は祖父の顔之推また叔父にあたる顔遊秦によって築かれた家学としての『漢書』学の成果を継承したもので，顔之推が「大顔」と呼ばれるのに対して，「小顔」と呼ばれることがある。『漢書』に対する彼の注は，成立とともにそれまでの他の種々の注釈を圧倒し，最も信頼できる注釈として今日に至っている。

漢字の研究に関する著述としては前漢の識字教科書である『急就篇』の注と，『匡謬正俗』がある。

『匡謬正俗』は，古典文献に関して文字学・音韻学にまつわる問題を整理したノートともいうべき内容で，未完の作を子の顔揚庭が8巻に編集した。前4巻は『論語』『尚書』『礼記』『春秋』に見える訓詁と音釈を論じ，後4巻は『史記』『漢書』などに見える漢字の字義と字音，および，俗語などについて論じる。

書中にとりあげる項目は合計182条，前人の解釈の誤りを正したり，書物の伝承にかかる誤記などを正し，その論じるところは正鵠を得ているものが多い。このような文献中の記述に関する礼記は，唐代中期から宋代にかけてたくさん作られるようになるが，『匡謬正俗』はその種の筆記雑考のたぐいの先鞭をつけるものとなった。宋代には太祖趙匡胤の諱をさけて『刊謬正俗』と呼ばれたこともあるが，もちろん同一の書物である。（阿辻哲次）

漢字使用率

一つの資料に使われている，総文字数に対して漢字の占めている割合をいう。「漢字含有率」を用いることも多い。岩波文庫版を底本にしたウェブサイト青空文庫(以下〈青空文庫〉とする)の電子化された新美南吉「赤い蠟燭」を用いて計算すると，ルビを除いた本文の総文字数は 977 文字，漢字の総数は 207 文字で，漢字使用率は 21.2%となる。現代日本語は，漢字かな交じり表記を用いているので，「決して/けっして」「時/とき」のように，ある語を漢字，仮名のいずれの文字で表記するかによって，漢字使用率に違いが生じることになる。文献によって異なり，個人によっても異なる。また同一の書き手によっても，読まれる対象によって漢字使用率は異なってくる。この意味で，漢字使用率は文字表記のありようを示すのに便利な指標であるとされている。

以下いくつかのデータを示すと，「帝国憲法」「日本国憲法」〈青空文庫〉では，「帝国憲法」が 62.2%，「日本国憲法」は 51.9%である。「日本国憲法」では半数が漢字ということになる。芥川龍之介の「羅生門」〈青空文庫〉は 33.4%，「蜘蛛の糸」〈青空文庫〉は 26.8%となっている。学術論文(池上禎造「万葉集はなぜ訓めるか」)では 34.2%である。絵本の「スーホの白い馬」では，12.5%と非常に少なくなっている。1966 年の朝日・毎日・読売新聞の漢字使用率は，38.7%(『図説日本語』)である。ただし，全体の文字数との相関も十分考えられるので，単純に比較することは慎まなければならない。

新聞の漢字使用率が高くなるのは，「平成一四年十月三〇日午後五時一五分」のように日付や時間の表示が多いのがその原因の一つである。また「日本国憲法」の漢字使用率が高いのは，「日本国民は，恒久の平和を念願し，人間相互の関係を支配する崇高な理想を深く自覚するのであつて」のように，多くが漢字表記の体言と仮名表記の格助詞，漢字表記の用言の語幹と仮名表記の活用語尾とからなる文であるからであろう。「蜘蛛の糸」が 26.8%であるのは，「羅生門」が「或日の暮方の事である」に対して「ある日の事でございます」のような文体であるので，漢字使用率が低くなっているものと思われる。「ある日の事でございます」の 11 字のうち漢字が 2 字であるので，漢字使用率は 18.2%であるが，「ある日の事である」という表現にすれば，漢字使用率は 25%となる。また，「美しい人だ」を「美人だ」と書くのとでも漢字使用率は違ってくる。このように，漢字使用率は，単に漢字がどれだけ含まれているかということではなく，どのような文体になっているか，漢語(漢字語)を多く含んでいる(漢字表記語率)かどうかなどの表現の問題とも大きく関係してくるものである。しかし，近年のカタカナ表記語の増加により，漢字使用率だけでは，表記のありようを捉えることができなくなってきていて，漢字・平仮名・片仮名の比率を見る必要があるとされる。

(浅野敏彦)

【参考文献】林　大監修『図説日本語』角川小辞典，1982/前川　守『1000 万人のコンピュータ科学 3　文章を科学する』岩波書店，1995/佐藤喜代治監修『漢字講座全 12 巻』明治書院，1987–1989。

漢字制限（かんじせいげん）

学校教育や一般メディアなどにおいて使用する漢字の数や音訓を政策的に制限すること。漢字政策の一環として行われる。漢字使用の制限ないしは廃止の議論は，明治初年からなされた。前島密（ひそか）の「漢字御廃止之議（ごはいしのぎ）」(慶応2(1866))をはやいものとすれば，1869(明治2)年には南部義籌（よしかず）「修国語論」(ローマ字採用論，当初大学頭山内容堂に建白，1871・72(明治4・5)年文部省に建白)や前島「国文教育の儀に付建議」「国文教育施行の方法」「廃漢字私見」(仮名採用論，集議院に提出)などがあり，1873(明治6)年には森有礼（ありのり）の簡易英語採用論や福沢諭吉『文字之教（もじのおしえ）』の漢字制限論があり，『明六雑誌』でも諸議論が展開された。ただしこれらは言論レベルのものであり，政策としての拘束力や実効性はなかった。

漢字制限は必然的に仮名づかいを含んだ日本語表記のあり方へも影響を与える。

政策的な漢字制限はまず教育の場から始まる。1900(明治33)年小学校令改正で，教育漢字数を1200字に制限。同時に初等教育段階での，かな字体の統一と字音（じおん）仮名遣の表音表記(棒引仮名遣と呼ばれた)化がうたわれる。これは漢字にだけ別の表記原理を適用したものだが，実際には生徒が棒引表記を国語仮名遣(和語や訓)にまで及ぼすなど，混乱をもたらす。そこで，棒引き表記を国語仮名遣，さらには中等教育課程にまで及ぼす意図のもと，文部省は1905(明治38)年に『国語仮名遣改定案』を国語調査委員会・高等教育会議に諮問。漢字字数の制限と「国語」(とりわけ表記)の簡易化とが政策実施上連関していることがわかる。ただ，論争を引き起こした棒引仮名遣は，1908(明治41)年に廃止。

日本語表記全体に関して，政策主体に近いところで出された漢字制限は，1902(明治35)年の国語調査委員会調査方針の一つである「文字ハ音韻文字(フオノグラム)ヲ採用スル事トシ仮名羅馬字ノ得失ヲ調査スルコト」に現れる，漢字廃止論である。現実には廃止はできなかったものの，調査報告書には「漢字省減案」があるなど，漢字制限の流れを決定づけた。国語調査委員会は1913(大正2)年に廃止されるが，1921(大正10)年には臨時国語調査会が発足。そこで扱われた諸種の問題のなかにも，漢字制限があった。1923(大正12)年に常用漢字表(1962字)を発表した。これをもとに，漢字制限の必要を実感していた新聞での実施が予定されたが，関東大震災によって2年延期(2108字)される。この常用漢字表は，満洲帝国民生部が，教育のなかで日本語を用いる際の表記基準を定めた『日語表記法』(1940)で1938字を選定する際に参照された。その後も臨時国語調査会は常用漢字表の修正や漢語整理案を発表する。臨時国語調査会は1934(昭和9)年に廃止され，同年国語審議会が設置された。翌年の文部大臣の諮問は「一，国語ノ統制ニ関スル件　二，漢字ノ調査ニ関スル件　三，仮名遣ノ改定ニ関スル件　四，文体ノ改善ニ関スル件」であった。この国語審議会の構成メンバーは「国語」を簡易化という点で1938年に大同団結をした国語協会でも重要な地位にあるものが多く，例えば審議会会長の南弘は国語協会副会長(会長は近衛文麿)でもあった。諮問にある「統制」という語は時代のキーワードでもあったが，日本語普及という目的も含めた「統制」であった。諮問に応じて国語審議会は1942(昭和17)年6月に標準漢字表を文部大臣に答申した。標準漢字表とは，常用漢字1134字，準常用漢字1320字，特別漢字74字の計2528字で構成されていた。常用漢字は「国民ノ日常生活ニ関係深ク，一般ノ使用ノ程度ノ高イモノ」，準常用漢字は「常用漢字ヨリモ国民ノ日常生活ニ関係ガ薄ク，マタ一般ニ使用ノ程度モ低イモノ」，特別漢字は「皇室典範，帝国憲法，歴代天皇ノ御追号，国定教科書ニ奉掲ノ詔勅，陸海軍軍人ニ賜ハリタル勅諭，米国及英国ニ対スル宣戦ノ詔書ノ文字デ，常用漢字，準常用漢字以外ノモノ」であった。準常用漢字・特別漢字という範疇(はんちゅう)を設けたために議論が紛糾する。結局は文部省が修正を加え，同年12月4日に閣議決定されたが，区分をなくしすべて「標準漢字」(2669字)として，実質的な漢字制限の緩和となった。

敗戦後，国語審議会が答申した現代かなづかいと当用漢字表(1850字)などが1946(昭和21)年に内閣訓令・告示として公布実施された。「現代かなづかい」も含めて広範で効力のある改革であった。字体に新字体(「現在慣用されているものの中から採用」した「簡易字体」)を採用したため，視覚的な変化を印象づけた。また制限数からすれば少ないわけではないにもかかわらず，「法令・公用文書・新聞・雑誌および一般社会で，使用する漢字の範囲を示し」「漢字の制限があまり無理なく行われることをめやす」としているように，広く社会での規範性および制限性が強く，「現代仮名遣い」という「国語」表記システムの抜本的な改革の衝撃とともに広範な議論を巻き起こした。新字体の採用は，漢字の歴史性を否定する印象を与え「現代仮名遣い」の採用は，国語仮名遣も字音仮名遣も区別しない表音表記化を意味するので，この改革は「国語」が歴史的に「同化」してきた漢語や漢字の伝統を無視することであり，ひいては「国語」の伝統を無視するという反発をかった。また漢語の一部が漢字表にないときに仮名で書く「交ぜ書き」の登場や，当用漢字音訓表(1947(昭和22))での音訓の制限などが種々の論争の元となり，1981(昭和56)年にはそうした批判に応える形で，「一般の社会生活における漢字使用の目安」となる常用漢字表(1945字，字体・音訓など含む)が作成された。「目安」とはいえメディアでの遵守などによって規範性は持続していると考えられる。国語審議会の後継である文化審議会国語分科会(2001-)では，常用漢字の増加をめざした議論をつづけている。　(安田敏朗)

【参考文献】倉島長正『国語100年』小学館，2002/小林弘忠『ニュース記事にみる日本語の近代』日本エディタースクール出版部，2002/平井昌夫『国語国字問題の歴史』昭森社，1948(復刻 三元社，1998)。

漢字政策

近代日本にあって，日本語の「漢字かなまじり文において，表語文字である漢字を表記法上，どう位置づけるべきか。漢字の字種，字数，字体，音訓等にいかなる整理を加えるべきか」という問題を「国家的機関で調査審議して，漢字使用の標準を示し，その成果を行政的に措置する」諸政策のこと（井之口有一の定義による）。

漢字だけで日本語を表記することは普通はなされない。一方で漢字なしで日本語を表記することも現在では一般化していない。つまり，無制限の使用も，完全不使用も，現実にはなされていない。何らかの条件のもとで漢字の字数や音訓などが制限されたものが，現今の日本語表記である。したがってこの「何らかの条件」を設定して実行していく近代日本の漢字政策は，漢字制限が基本になる。どのようにその条件を設定していくかという問題は，近代日本語の表記問題ひいては日本語への言語政策（国語国字問題と称される）にとって，標準語の制定などとともに，きわめて重要な事案に属する。明治期に国民皆学の理念のもとで実施された教育にとって，あるいは国民大多数に流通させようとするメディアにとって，あるいは法律制度やその他国民化のための諸制度の効果的な運用にとって，一定数で漢字を制限し，それを確実に実行することは，必要不可欠であった。近代日本の政府系言語政策機関（国語調査委員会（1902–1913），臨時国語調査会（1921–1934），国語審議会（1934–2000））が「国語」の「整理改良」を主張するときには必ず漢字の問題がとりあげられていることからもわかるように，漢字政策は国語国字問題の一部であった。国語国字問題という言葉が頻繁に現れるのは，1900 年を前後する時期である。それは，日清戦争による脱中華の動きの加速化および，それと併行して国民国家日本の確立のために自律した「国語」という言語体系が必要とされてきたためである。いいかえれば，日本語表記の一環として漢字政策が問題になるには，政策を立案し遂行する政策主体の確立はもちろんだが，その政策の対象となる，近代国民国家日本が抽象度の高い議論もでき，諸制度の運用を担う「国語」が成立していなければならない。国語国字問題という問題系のなかで，漢字をどこまで，どのように制限し教育するかという議論は，日本の伝統・文化・歴史などをいかに捉えるか，また漢字文化圏を視野に入れれば，中国や朝鮮をいかに認識するかという問題とも結びつく。教育の問題を考えれば，漢字の多用は「国語」の習得と，植民地などでの普及の効率を妨げるが，廃止も含めたむやみな制限は「国語」の歴史性をないがしろにするという議論がなされていた。「国語の独立」という議論はナショナルなものの確立をうながすが，それは決して孤立主義的ではなく，「国語」による外部膨張の議論も招来した。それは近代日本の帝国的展開による必然でもあるが，西洋「文明」を東アジアでいちはやく摂取した「国語」が，その「文明」を東アジアに伝えるべきだとする議論でもあった。そうなると，中国語や朝鮮語といった表記上漢字を共有する諸言語と向きあうことになるが，この共有をいかに扱うかという問題が生じる。「一国一国語」を望ましい形態とすれば，漢字を共有することは「国語の独立」上望ましくなく，できるだけ漢字を排除・制限すべきだという主張があった。これは共時的な「国語」のあり方を重視する立場である。一方，漢字を共有してきたという歴史性・通時性を利用して「国語」の勢力圏を拡大しようという論調もあった。日本の漢字でもって「文明」を伝播しようというものである。漢字政策それ自体が政治的・思想的問題をはらむのである。漢字政策の概要は別項「漢字制限」で扱われるが，明治政府がはじめて大規模な漢字政策を行ったのは，1900（明治33）年の小学校令改正における1200字の漢字制限であった。1923（大正12）年には臨時国語調査会が常用漢字表（1962字）を発表する。また国語審議会は1942（昭和17）年に標準漢字表（2528字）を文部大臣に答申する。この標準漢字表の下位区分（常用漢字，準常用漢字，特別漢字）における特別漢字に皇室関係の漢字を入れ，常用漢字と区別したことが議論を呼び，閣議決定の際には区分がなくなり総数2669字の標準漢字表となった。戦前までの国語国字問題や漢字政策は，日本語の「外部」への普及という問題と切り離せなかったが，敗戦後，そうした観点は失われる。国語審議会が答申した現代かなづかいと当用漢字表（1850字）などが，1946（昭和21）年に内閣訓令・告示として公布実施された。「国語民主化」という理念のもとでの改革であり，かつ「現代かなづかい」も含めて広範で効力のある改革であった。「一般社会で，使用する漢字の範囲」を示した当用漢字の字体も，いわゆる新字体（答申では，「現在慣用されているものの中から採用」した「簡易字体」）を採用したため，漢字としてのシステムやその歴史を揺るがす改革となった。そして，漢語の一部が当用漢字表にないときに仮名で書く「まぜがき」の登場や，当用漢字音訓表（1947（昭和22））での音訓の制限などが種々の論争のもととなり，1981（昭和56）年にはそうした批判に応える形で，「一般の社会生活における漢字使用の目安」となる常用漢字表（1945字，字体・音訓など含む）が作成された。「目安」とはいえメディアでの遵守などで，規範性やシステムとしての矛盾が強調されるのだが，裏返せばこれほど大規模で効力をもった改革がそれまでなかったことを意味する。「漢字文化圏」では，中華人民共和国の簡体字（かんたいじ）の採用，朝鮮民主主義人民共和国の漢字廃止，ベトナム語ローマ字表記（クオック・グー）の定着，大韓民国のハングル専用とその緩和，台湾や香港での「母語」表記のための独自の漢字の活用などの事態がすでに生じ，現在進行しつつある。それぞれの思惑のなかで「国語の独立」と漢字政策がなされてきた結果である。「独立」した表記が模索される一方，近年の文字コード議論などを通じて，東アジアでの漢字の視覚的共有・統一も唱えられるであろう。こうした状況下，国語審議会の最後の答申の一つが「表外漢字字体表」であったことは象徴的である。

（安田敏朗）

【参考文献】井之口有一『明治以後の漢字政策』日本学術振興会，1982／平井昌夫『国語国字問題の歴史』昭森社，1948（復刻 三元社，1998）。

漢字調査

各種の基本漢字の選定や国語政策の立案あるいは漢字教育・辞書編集・印刷業務の効率化など，種々の目的で使用漢字の調査が行われている。また，近年はコンピュータの漢字処理システム開発のための大規模な調査や，国際的な情報交換用の漢字コード設定の必要から漢字圏全域の使用漢字の調査もある。

1918（大正 7）年に文部省普通学務局が実施した「尋常小学校各種教科書漢字調べ」が早いもので，この調査結果に基づいて「漢字整理案（1919（大正 8））」が発表されている。1925（大正 14）年には，斯文会が「漢字調査報告書」を刊行し，詔勅・憲法・新聞・雑誌の使用漢字について，当時の「（旧）常用漢字表」にない 2788 字を示した。1929 年・35 年・41 年（昭和 4・10・16）の 3 回にわたり，内閣印刷局は帝国議会速記録の使用漢字を調べ，「本邦常用漢字の研究」を発表している。これは，のちの「標準漢字表」選定の資料となった。1941 年にはカナモジカイ「新聞/漢字使用度数シラベ（3524 字・延べ 44 万 7575 字）」と大西雅雄「日本基本漢字（3000 字・延べ 800 万字）」が刊行されている。国立国語研究所の漢字調査には，「婦人雑誌の用語」（1953（昭和 28）年の漢字表（3120 字），「総合雑誌の用字（延べ 11 万 7149 字・異り 2781 字）」（1960（昭和 35）），「現代雑誌九十種の用語用字・第 2 分冊・漢字表（延べ 28 万 94 字・異り 3328 字）」（1963（昭和 38）），「現代新聞の漢字（延べ 99 万 1375 字・異り 3213 字）」（1976（昭和 51）），「現代雑誌の漢字調査（延べ 568716 字・異り 3586 字）」（2002（平成 14））がある。進藤咲子は，同研究所の明治初期の新聞用語の調査データについて「明治初期の新聞の用字（出現漢字 3680 字・うち一般漢字 3504 字）」をまとめている。印刷・新聞関係には，凸版印刷株式会社の「漢字出現頻度調査（延べ 530 万 2308 字・異り 4520 字）」（1951（昭和 26））や，毎日新聞社の「本社使用漢字頻度数調査表（延べ 4848 万 7144 字・異り 2506 字）東京本社」（1948（昭和 23）），「使用度数調査（延べ 32 万 2735 字・異り 2643 字）大阪本社」（1953（昭和 28）），朝日新聞社の「活字使用度数調査・熟語使用度数調査（延べ 1711 万 6117 字・異り 2309 字）」（1950（昭和 25））などがある。

漢字教育の方面には，鈴木武一「小学国語読本漢字調査」（1940（昭和 15）），文化庁国語課「外国人留学生の日本語能力の標準と測定（試案）に関する調査研究について」などの調査がある。1969（昭和 44）年に発足した，情報処理学会漢字コード委員会（主査・林大）は，各種字典類・漢字表・人名地名資料などの漢字を調査し，「標準コード用漢字表」を作成した。これは最初の JIS 漢字「情報交換用漢字符号系・JIS-C6226」（1978（昭和 53））のベースになった。Unicode Consortium は，漢字文化圏の文献・使用漢字の調査に基づいて約 5 万 4000 の字種を採録し，これを 2 万 902 字に統合（CJK 統合漢字領域）して，1996（平成 8）年に Unicode Version 2.0 を発表した。

使用漢字の継年的な動向を調べたものに，安本美典・森岡健二の調査がある。前者は1900（明治33）年から1955（昭和30）年の間の100編の小説から1000字ずつを抽出して漢字含有率を調べたもので，調査結果を年代順に並べると，ほぼ直線的な減少傾向を示すことから，2119年には漢字数が0になるとする衝撃的な予測をたてた。後者は，1879（明治12）年から1968（昭和43）年までの新聞の社会面から抽出した1万7935語の表記を調べ，漢字表記語の比率の継年的な低下傾向を捉えた。また，明治・大正・昭和の三代にわたって発行が続けられた「中央公論」と「太陽」についての調査もある。前者は，国立国語研究所による抽出調査（延べ11万1858字・異り3143字）であり，後者は10年間隔に1000語ずつを抽出して漢字表記語率・漢字含有率を調べたものであるが，いずれの調査でも，大正・昭和のデータの漢字比率の急激な減少を指摘している。識字率（しきじりつ）の低かった明治期に，高い漢字比率を保ちえたのは総ルビ印刷に起因するとして，田中章夫はルビ付漢字を別扱いにした修正漢字含有率を提唱した。ルビの影響を排除して集計すると，純粋に漢字に依存する度合い「漢字依存度」は，ルビ付印刷の衰えた昭和期のほうが，はるかに高いことを指摘した。

以上のほか，外来語の漢字表記の調査には菊地悟らの調査があり，当て字については「日本語学（明治書院）」の「特集・あて字」（1994（平成6））の論考がある。国字についてはエツコ・オバタ・ライマンが，現代の実態を紹介している。

漢字調査の統計的尺度としては，一般に使用度数（頻度）・使用率（出現率）・累積使用（出現）率・漢字含有率・漢字表記語率が用いられるが，田中章夫は，各漢字が表記しうる語の数に基づいて，語彙表記に対する各漢字の影響力の大小を測る尺度として，漢字カバー率を提案した。林四郎は，漢字の用法の広さ・狭さや造語の面での機能に注目して漢字機能度を提唱し，海保博之は漢字機能度指数を設定した。野村雅昭は，表記のユレの数量化を試みたほか，数量化理論による漢字のパターン分類を行い，各漢字の基本度や特性を分析した。樺島忠夫は漢字カバー率の概念に基づき，漢字の造語力と音訓との関係を算定し，林大・宮島達夫は漢字字形の複雑さと使用率との関連性を分析している。語の表記のユレについては，新聞を対象とした国立国語研究所の「現代表記のゆれ」（1983（昭和58））や高田智和の雑誌についての調査などがある。2002年には，1994年中に発行された雑誌70誌を対象に調査して，延べ1306937語・異り59362語を得た「現代雑誌の語彙調査」が刊行されている。　（田中章夫）

【参考文献】進藤咲子「明治初期の新聞の用字」「ことばの研究・3」，1967/森岡健二「近代語の成立・第13章」明治書院，1969/国立国語研究所報告89「雑誌用語の変遷」，1987/土屋信一「雑誌『太陽』の用字の変遷」「言語生活・193号」，1967/田中章夫「近代日本語の語彙と語法・第4章」東京堂出版，2002/菊地悟「外来語の表記の変遷」（「漢字百科大事典・資料編Ⅲ」明治書院，1996）/エツコ・オバタ・ライマン「日本人の作った漢字—国字の諸問題」（南雲堂，1990）/林　四郎「漢字・語彙・文章の研究へ」明治書院，1987/海保博之「漢字機能度指数開発の試み」「計量国語学・15-1」，1985/野村雅昭「表記のユレの数量化「計量国語学・11-1」，1977/「漢字のパターン分類」「電子計算機による国語研究・X」，1980/樺島忠夫「漢字の造語力」「言語・6-8」，1977/林　大「漢字の問題」「岩波講座日本語・3」，1977/宮島達夫「新字体の画数」「計量国語学・11-7」，1978/高田智和「現代雑誌における語表記のゆれ」『比較語彙研究』10，2006。

漢字の起源

漢字はいつどこで誕生したのか。この問題に関する正確なことは，現在もまだ謎に包まれたままである。

中国における文字の起源に関してしばしば話題になるものに，いくつかの新石器時代の遺跡から発見される「刻画符号」がある。これは土器に刻まれた符号で，西安にある半坡遺跡から発見されたものがその代表である。

西安市の東郊にある半坡遺跡は，紀元前4500年前後に位置する新石器時代の遺跡で，そこで1954年から57年にかけて，中国科学院考古研究所が綿密な発掘を行った。総計5万 m^2 に及ぶ広大な遺跡から住居跡や墓地，それに多数の生活用具が発見されたが，なかでも紅陶鉢の上縁外側周囲に施された黒色の彩色帯に刻みこまれた符号が，文字の起源を研究するうえでの重要な発見として注目された。

この符号は土器に施された黒色の彩色帯に，明らかに人の注目を引くように，くっきりと刻みこまれていることから，それが何らかの意味を他者に伝達しようとする役割をもつものであることは確実である。しかしこれらの符号は，土器一点に一つずつしか刻まれておらず，一点に複数個を刻んだものが一例も発見されていない。したがってそこには「文字列」と呼べるものが存在せず，それゆえに文章の一部をなしているとは考えられない。文字を文章を記録するシステムと定義すれば，それらの「刻画符号」はまだ文字の段階には至っておらず，おそらく特定の身分，または特定の氏族名の人を指し示す紋章のごとき役割をもつものであったと推測される。

半坡の符号が直線を組み合わせたものであったのに対して，山東省の新石器時代の遺跡大汶口文化の遺跡からは，絵画に近い具体的な符号が発見されている。なかでもよく知られているものに，「山の上に雲がかかり，そこから太陽が昇ろうとしている形」と解釈される図柄を刻んだ大きな「尊」(酒つぼ)がある。ただしこちらのほうにも文字列と呼べるものは存在せず，したがってこれも文章を刻んだものではないと考えられる。

半坡や大汶口など，各地に点在する新石器時代の遺跡からは同様の符号が数多く発見されていて，曾憲通によれば，1930年代以降今日までに，30カ所以上の場所から，860個の「文字様のもの」が発見されているという。それらはいずれも土器の表面に意識的に刻みつけられたものではあるが，すべて単独で孤立した状況のもとに使われている符号である。それに対して，1993年の春に発表された，山東省鄒平県丁公村の龍山文化遺跡発見の陶片には合計11と数えられる「文字状のもの」が刻まれており，それは甲骨文字以前の文字を記録したものではないかと大きな話題になった。

この陶片は幅が7cmほどの小さなものだが，その表面に，全部で11に分割しうる文字が刻まれていた。発掘にあたった山東大学考古系によれば，問題の陶片は発掘現場ではそこに刻文があるということがわからず，ひとまとめにして持ち帰り，数カ月後に土器を洗う作業の中で見つかった。そのようないきさつもあって，これについてかつて偽作説が出されたこともある。しかし中国や日本の多くの学者は，非常に重要で画期的な発見としてこれに注目し，種々の見解を表明してきた。また雑誌『考古』では著名な研究者20名ほどによる誌上シンポジウムを開くなど，これまでにこの資料をめぐって活発な議論がかわされてきた。

この資料に正面から取り組んだ論文に，中国社会科学院考古研究所の馮時氏による「山東丁公龍山時代文字解読」がある。この論文は，これは漢民族の言語を記した文字(それがつまり「漢字」)ではなくて，少数民族である彝族の古文字であると考え，彝族の古文字に比定することによって完全に解読できると主張した。

彝族は現在雲南省と四川省南部を中心に，貴州省や廣西西部などに居住している少数民族である。その歴史は古く，漢代から雲南を中心に居住していたといい，また唐代に南詔国を建てたのもこの民族だという。

馮時論文によれば，問題の陶片は古彝文で完全に解読できるという。しかし論文の中には，彝族の古代文字なるものがいったいどれくらいの時期まで遡りうるのか，あるいは今は雲南に暮らす民族の文字が，なぜ数千 km も離れた遠い山東省で発見されたのかなど，問題の解決に不可欠な諸点について，より一層の説得的な証明が望まれる部分もある。だがこの陶片に刻まれた「中国最古の文字」の解読に挑んだ論文は現在の段階ではこれしかなく，その点で非常に重要な論文であるし，これからの研究はまずこの論文をふまえて展開されなければならないことは確実である。

山東省発見の陶片が「最古の漢字」であるかどうかは，未詳というほかない。それがもし彝族の文字であるならば，「漢字」の先祖ではないことになる。それに対して紀元前1300年前後から使われている「甲骨文字」は，現在使われている漢字の直接の先祖であることが確実である。

漢字は甲骨文字から数えても，現在までに3000年以上の一貫した歴史をもっている。このように一つの文字が，基本的な体系を変えることなく，ずっと使われ続けているという事実は，世界の文字の中でも漢字以外に全く例を見ない。

太古の昔，中国大陸のどこかで発明された漢字は，東洋の長い歴史のなかでたえず文化創造の最前線にあった。そしてそれはこれからも同じように機能することであろう。

(阿辻哲次)

【参考文献】松丸道雄「漢字起源問題の新展開」『論集　中国古代の文字と文化』所収，汲古書院，1999。

漢字の伝来

和迩吉師(王仁)が『論語』と『千字文』をもたらしたのが漢字伝来の始めであるというのは，象徴的意味合いが強く，さまざまな出土品から見て，実際には，弥生時代(紀元前300～300年)，遅くとも1世紀までには漢字は伝来していたと考えられる。

天明4(1784)年，福岡県の志賀島で「漢委奴國王」の5文字が刻まれた金印が発見されたのは有名であるが，これは，『後漢書倭伝』の「建武中元2(57)年，倭奴国奉貢朝賀，使人自称大夫。倭国之極南界也。光武賜以印綬。」という記事に見える，奴国の朝貢に対して光武帝が授けた「印綬」にあたると考えられている。また，前漢を滅ぼした新(8–23)の王莽が天鳳元(14)年に鋳造したとされる「貨泉」という貨幣が福岡県の松原遺跡や長崎県の原ノ辻遺跡など西日本各地の弥生時代中期の地層から出土している。奈良県櫟本遺跡出土太刀銘には後漢の中平年間の年号が刻まれており，佐賀県久里双水古墳からは「子」の銘をもった後漢時代の銅鏡が出土している。これらを含めた貨幣・鏡・太刀などの出土品から見て，1，2世紀までにはすでに漢字を伴った物品が渡来しており，日本人が漢字に接触する機会を得ていたことがわかる。ただし，当初，日本人が漢字を漢字と理解していたかどうかは定かではない。3世紀になると「赤烏元(238)年」の年号が記されている山梨県鳥居原古墳出土の神獣鏡が見え，同時期の年号をもつ神獣鏡は関東や近畿からも発見されるようになる。4世紀のものとしては，石上神宮に伝わる七支刀があげられ，これには漢文で書かれた61字の銘文が刻まれている。いずれも舶載品であるが，国内のものとしても，はっきりした年代は不明だが弥生後期のものと見られる，鹿児島県種子島の広田遺跡から出土した貝札に「仙」の偏を省略したと見られる「山」が隷書で刻まれているものが出土しており，また，三重県大城遺跡から出土した2世紀前半のものと見られる高坏には「奉(もしくは年)」と見られる線刻があり，福岡県三雲遺跡出土の3世紀半ばのものと見られる甕には「竟」とあるなど，近年，文字らしきものが刻まれた遺物が相次いで出土している。これらを考え合わせると，この時期には，漢字を用いて自由に表現するまでには至らないものの，支配層など限られた者には，文字としての漢字に対する理解が，徐々に浸透してきているとみることができる。

文献資料に，日本人の漢字とのかかわりが現れるのもこの頃からである。『魏志倭人伝』，正始元(240)年の記事に「倭王因使上表答謝恩詔」とあり，魏帝から詔書と印綬が伝えられたのに感謝し，卑弥呼が上表文を奉ったことが記されている。「上表」文が伝わらないため，それがいかなる形式のものか，文書そのものが存在したのか疑問が残り，存在したとしても日本で作成されたと断定することはできない。だが，外交関係があった以上，漢文を読解し作成されていた可能性があり，されていなくともその必要性は高まっていたと考えられる。そして，続く4世紀の出来事として，冒頭の記事が見いだせるのである。『古事記』の応神天皇の条には，和迩吉師が『論語』と『千字文』を貢進したことが記されている。また，『日本書紀』には応神15年に太子菟道稚郎子（うじのわきいらつこ）が経典をよく読む阿直岐（あちき）に師事し，阿直岐の推挙で翌年来朝した王仁に諸典籍を習ったと記されている。応神天皇15年が西暦何年にあたるか厳密な年代は明らかでないが，およそ4世紀後半から5世紀初頭であろうといわれている。これらの記事が史実に忠実であるかは定かではない。阿直岐や王仁が諸史の先祖であるとされているため，始祖伝説としての象徴的意味合いが強いということも考えられる。ただ，この頃には，諸国に記録官が置かれ，国内情勢を記録報告させたことが『日本書紀』履中天皇4年の「始之於諸国置国史。記言事達四方志。」という記事からわかる。つまり，漢字が官庁において実用されていたということである。しかもこの記事は地方のことであるから中央においてはさらに早く行われていたとみられる。履中天皇の在位を5世紀初頭とすれば，中央においては4世紀末ないし5世紀初頭には漢字が官庁で実用されるようになったと考えてよいであろう。

日本で作られたとみられる，日本の固有名詞を含む銘文が見えはじめるのも，ちょうどその頃の出土品からである。和歌山県隅田八幡宮に伝わる銅鏡銘は諸説あるなかで「矣未年」という銘の「矣」を「癸」の誤りとみて6世紀初めに製作されたとみる説が強いが，「矣」という文字をそのままに見る説も有力で，鏡そのものの考古学的研究からは，4世紀～5世紀前半のものと考えられるという。また，埼玉県稲荷山古墳出土の鉄剣銘に記された「辛亥年」は471年とみる説が有力で「獲加多支鹵大王」は雄略天皇に比定されている。熊本県江田船山古墳出土の太刀銘も銘文中に見える大王名が「獲加多支鹵」と見られるため，ほぼ同時期の銘文とされている。ただ，江田船山古墳出土の太刀銘の末尾に「作刀者名伊太加書者張安」とあり，推古4（596）年の元興寺路盤銘においても，「書人百加博士，陽古博士」とあるように，銘文の書き手は依然，渡来人であった。また，中国の史書にも『宋書倭国伝』順帝の昇明2（478）年に倭王武（雄略天皇）の上表文が収められている。正格の漢文で書かれているため『宋書』編者の潤色とみる説もあるが，朝廷における史の手になる日本製のものと考えることも可能であろう。このように，遺物や中国の史書からも，5世紀頃には日本において漢字が用いられていたことがわかるが，いまだ，書き手として日本人は登場しない。『日本書記』によれば継体天皇7（513）年には百済から五経博士の段楊爾が来朝し，以降も往来の記述が見られるのをはじめ大陸や半島との交流が盛んに行われている。これらの交流を通して，徐々に日本人も漢字使用能力を獲得していったと思われる。文献上，日本人の手になる漢字利用を確認できるのはようやく7世紀になってからである。

以上のように，出土品，文献資料によって，漢字そのものが渡来したのは1世紀頃まで遡（さかのぼ）れるものの，実際に日本で漢字が実用をなすようになるのは，4世紀後半から5世紀以降とみるのがよいであろう。　（山口真輝）

【参考文献】岩波講座日本語8『仮名』岩波書店，1977/佐藤喜代治編 漢字講座1『漢字とは』，漢字講座5『古代の漢字とことば』明治書院，1988。

漢字廃止論(かんじはいしろん)

日本語を表記するにあたり，漢字の使用を廃止すべきであるという国語国字問題上の主張。漢字全廃論ともいう。仮名やローマ字専用表記を提案する場合が多いが，なかには新字を考案したものもある。また，漢字の制限や整理を主張する立場には，最終的には漢字廃止を目するものがあることから，制限論までを広く漢字廃止論に含めることもある。漢字廃止論が唱えられる背景には，教育上，あるいは社会生活上の負担が第一にあげられる。ただこうした実用的側面にからんで，国学者の漢学排斥や洋学者の欧化主義といった思想史的背景にも注目すべきであろう。

漢字廃止論には，大きく分けて仮名文字論，ローマ字論，新字論の三つの潮流があげられるが，これらの論のなかで最初のものは，慶応3(1867)年に前島密(ひそか)が徳川慶喜(よしのぶ)に建白した「漢字御廃止之議(ごはいしのぎ)」である。前島はこのなかで漢字を廃止し，仮名文字専用表記の採用を主張した。仮名文字論は前島を含む多くの人によって主張され，1883(明治16)年には「かなのくわい」が結成され運動として高まっていった。ただ仮名づかいが大きな問題として残っていたため，最終的には解散し勢力が衰えていった。大正時代になると山下芳太郎が1920(大正9)年に設立した仮名文字協会(1922年にカナモジカイに改称)のように，片仮名採用の主張も現れた。この会では独特の片仮名書体による機関紙『カナノヒカリ』を発行し，仮名文字専用表記の普及に努めた。ただ仮名文字専用表記は，事務文書や電報などの分野で用いられるにとどまった。

ローマ字論については，ローマ字専用や，仮名や漢字との併用，あるいはローマ字つづり方論などが含まれる。ローマ字採用論の最初は，1869(明治2)年に南部義籌(よしかず)が山内豊信に建白した「脩(しゅう)国語論」である。その後，西周(あまね)や矢田部良吉らのローマ字専用論，外山正一の仮名漢字併用論などが出て，1884(明治17)年にはローマ字論者の団体である羅馬字会が結成されるに至った。また，田中館愛橘(たなかだてあいきつ)や田丸卓郎らによって1909(明治42)年に日本のローマ字社が設立され，ローマ字普及にあたった。なおローマ字専用は第二次世界大戦後，アメリカ教育使節団報告書を受けて検討がなされたが，漢字廃止にまでは至らなかった。

新字論については，国学者の神代文字論の影響もあり，早い段階から存在したようである。文献のうえでは1885(明治18)年に平岩愃保(よしやす)(静岡教会牧師)が「日本文字の論」を主張したのが最初のものとされる。その後も小島一騰の「日本新字」(1886)，伊沢修二の「視話文字」(1901)，中村壮太郎の「ひので字」(1930)，石原忍の「東眼式新仮名文字」(1939)など，明治以降多くの文字が考案されてきたが，習得や実用上の困難から，結局今日まで存続していないのが現状である。　　　　　　　　　　(山東　功)

【参考文献】井之口有一『明治以降の漢字政策』日本学術振興会，1982/文化庁編『国語施策百年史』ぎょうせい，2006。

漢字文化圏

漢字を読み書きでき，一定の書式と文法的規範をふまえて漢字で表記された文章によってコミュニケーションをはかることができた人々の集団。国家や王朝，あるいは口頭で話される各種の言語による差異を超越するものであった。

そもそも「漢字」は漢民族の言語である「漢語」を表記するために発明された文字であった。すなわち，「漢字」の「漢」は王朝名ではなく，民族の名前である。そしてその文字は発明されて以来数千年間にわたって，中国では漢民族の言語を表記するために使われ続けてきたし，今も数億の人々によって毎日使われている。

しかしそれでは，漢語とは言語的に全く異なる日本語を使う日本人が，なぜそれを自由に使いこなすことができたのか。これは日本だけでなく，朝鮮やベトナムなどかつて漢字で言語を表記していた国に関しても問題となり，それゆえこれは漢字文化圏が成立するための最大の問題となるのだが，それは究極的には漢字が表意文字であったからにほかならない。

表意文字は字形だけで意味を伝えることがある程度は可能である。例えば「川」という漢字がどのような意味であるかを知るには，別にその字を中国語でどう発音するかを知っている必要はない。表意文字では一字ごとがもつ意味と，それぞれの言語での単語の対応関係が，つまり上の例でいえば「川」という漢字が日本語の「かわ」という単語を意味することがたやすく理解できる。こうして「川」という漢字の日本語での読み方が「かわ」と定められた。これが訓読みである。

そしてそれとは別に，中国語の発音をそのまま自国語に導入して（むろん若干の変化が起こるが），それぞれの漢字の読みを定めることもできた。これが音読みで，これによってさらに漢字を表音文字的に使って自国語を表記することもできた。「万葉仮名」という使い方がその例である。

日本や朝鮮半島の諸国家，それにベトナムなどの非漢語圏の国家は，この二つの方法を組み合わせることで，漢字を自国語の表記に適用できるようにしてきたのであり，表意文字としてのこの特性が，漢字が中国以外の広い地域にも伝播していった最も大きな要因であった。

かくしてこの文字体系は，単に漢語が話される中国国内だけでなく，儒学文化の伝播とともに東アジア地域一帯に広く普及し，古代における国際共通文字としての役割をも兼ね備えていくこととなった。こうしてこの地域には漢字と古代中国の規範的文体を通じて交流できる集団が形作られた。これが「漢字文化圏」である。

この文化共同体は中国を中心に，東は朝鮮半島に建てられたいくつかの王朝と海を隔てた日本，西では「シルクロード」と呼ばれた東西交通の大動脈上に位置した国，それに南にあったベトナムなどの国が含まれていた。なおここに中国の北に位置していた国々や，中国の西にあって高度な文化を展開したことで知られるチベットなどが含まれていないのは，それらの国々でも中国文化を受容して漢字を使用したことがあり，漢字を自由自在に使いこなす人々もたくさんいたものの，しかし最終的には漢字を放棄して自分たち独自の民族文字を制定し，それによって言語表記や書物の出版などの文化的営為を行ってきたからである。

「漢字文化圏」という文化的共同体は，中世以後のヨーロッパでの中心的存在であった，ローマ法王を中心とする宗教社会がラテン語によって結びついているのと，外面的にはよく似たものと見えるところがある。しかしその歴史的な時間の長さと地域的な広がりについてみれば，漢字文化圏はキリスト教世界でのラテン語文化圏よりもはるかに長く存在し，その規模もはるかに大きな広がりをもつものであった。また現代のヨーロッパではラテン語を日常的に使う人はすでにおらず，ごく限られた特定の宗教社会や，あるいは研究者による言語と古典を研究する場においてしか生きた存在として使われないのに対して，東アジア地域においては，漢字を日常的に使用し，それで文章を書く人が今も大量に存在するのも，両者の違いのひとつである。

中国が周辺国家に対して関心をいだき，諸国と外交関係の樹立を始めるようになったのはだいたい前漢（前 206–後 8 年）の時代であり，漢字文化圏もその頃に萌芽ともいえるものが形成されたようである。またその文化共同体が勢力を失いはじめるのは，産業革命を経験したヨーロッパの近代的思考と科学技術を伴った文明が東洋に流入しはじめた時代，具体的にいえば，中国がアヘン戦争の敗北（1842）を契機として半植民地化され，また日本が明治維新（1868）を経験して，欧米社会をモデルに国作りを始めるようになった時代と考えていいだろう。

現在の極東には「漢字文化圏」が実質的にすでに存在しない。漢字はもはやこの地域においても全面的に使われる主要な文字ではなくなっており，東アジア諸国で今も漢字を主要な文字として日常の言語表記の中で使用しているのは，中国と日本だけである。

現代では「漢字文化圏」が過去のように強力な文化的結束力をもたなくなっている。しかしそれでも，この文化共同体は現在の国際関係の中で有機的に機能しており，21 世紀の文化においても無視できない存在であることは間違いない。例えば今後のコンピュータ社会では，文字を機械で書く行為がますます普及するために，そのための環境整備として漢字のコード体系を国際的に統一する必要があるが，この問題を解決するには漢字文化圏の諸国の協調が絶対に不可欠なのである。この地域での漢字を媒介とした地域的な団結と，親密な交流は今もなお十分に可能であることを忘れてはならない。

（阿辻哲次）

【参考文献】橋本萬太郎編『漢字民族の決断』大修館書店，1991。

漢数字

中国古代に生まれた数を表す「一」から「十」，また「百」「千」「万」「億（万万）」「兆（万万億）」「京（万万兆）」などの文字。20，30，40 を「廿」「卅」「卌」とも書き，正確な数量表現の求められる帳簿や証明書などの公文書には「壱」「弐」「参」「肆」「伍」「陸」「漆」「捌」「玖」「拾」「佰」「阡」などの大字が用いられた。10 の倍数が基本になっているが，2 進法・10 進法・60 進法などの進法にかかわりなく用いられる。関連して，古代インドの仏典の翻訳から生まれた「無量大数」(10^{88})「不可思議」(10^{80})「恒河沙」(10^{56}) などの大数，「浄」(10^{-23})「刹那」(10^{-18})「須臾」(10^{-15}) などの小数と称される数表現もある。また，数字には，「三請」（妙法蓮華経，巻 1，方便品），「再三再四」のような実数を示さない用法もある。漢数字の読み方には多く呉音系字音が用いられるが，これはその伝来時の発音を伝えるものであろう。漢数字の伝来により，日本人は数を限りなく表現することができるようになったが，反面，和語数詞の成長は停滞したといわれる。

日本に伝えられた漢字・漢数字の意義が認められだしたのは 5 世紀頃らしい。推古朝（592–628）を経て 7 世紀中葉になると，律令国家樹立という目標のもとで文書行政の重要性が認識され，漢数字を駆使した算術・数学も必要となった。大化改新（大化元（645）年の詔（翌 2 年）には，私有地・私有民の廃止，地方行政組織の確立とともに戸籍の作製・班田収授の実施，租庸調などの賦課制度の実施があげられている。国家運営の礎はひとえに正確な籍帳・文書を完備することにある。墨書土器や刻書土器の出土状況からしても 7 世紀後半には律令制度による文書の作成が全国的に施行されていたようで，「養老（大宝）律令」には，度量衡の制度，それを密接に補う助数詞，数字の大字，文字の真字（楷書）などについての規定があり，算道の教科として『九章』（中国最古の数学書），『六章』などの数学書が指定されている。2002 年 6 月，中国湖南省竜山県の秦始皇帝時代の城跡から「四五二十」「四八三十二」などと掛け算の九九を書いた竹簡が出土したが，『万葉集』には九九を応用した歌が見られ，藤原宮跡や平城宮跡，長野県更埴市屋代遺跡群（8 世紀前半），新潟県中条町草野遺跡（奈良時代末–平安時代初）などからは下級官吏たちが九九を学んだ木簡が見つかっている。秦・漢代以来の文書主義，また唐代の漢数字（大字）用法などは，遠く隔たった日本の津々浦々においても励行されていたようである。

国語教育上，また，日本語教育上，漢数字は，その用法を含め，最も基礎的・根幹的な学習課題のひとつである。新聞・雑誌，現実的な人名・地名などの読み書き，また，現実的な経済活動において，漢数字はきわめて日常的な存在であり，漢字文化圏との国際交流や古典作品理解のためにも，漢数字の学習はないがしろにできない。

（三保忠夫）

【参考文献】山田忠雄「漢数字の書法」『日本大学文学部研究年報』第 6 輯，1955/国立国語研究所報告『現代雑誌九十種の用語用字 I・II』，1962・1963。

簡体字

複雑な漢字を簡略化した字体を，中国語で「簡体字」と呼ぶ。それに対して，もとの複雑な字体を「繁体字」と呼ぶ。例えば，「国」「学」「斉」は簡体字であり，「國」「學」「齊」はそれらに対する繁体字である。狭義の簡体字は中国政府が公布した「簡化字総表」で示された文字を指す。それは現在，中国において正式な文字として使用されている。狭義の簡体字は公式には「簡化字」または「簡化漢字」と呼ばれることが多い。

簡体字は正式な文字ではない俗字として，古くから使用されてきた。例えば，中国の魏晋南北朝の碑文には，「乱〔亂〕，属〔屬〕，継〔繼〕，断〔斷〕」(〔　〕内は対応する繁体字。以下同じ）などの字体が見られる。『宋元以来俗字譜』(1930）は宋元明清の俗字6240字を収集した書物であるが，これを見るとこの時代すでに簡体字が盛んに使われていたことがわかる。そのなかには「个〔個〕，刚〔剛〕，刘〔劉〕，独〔獨〕，妇〔婦〕」など，現在中国で使われている簡体字と同一の字体が330字あまり含まれている。

近代の簡体字運動は1922年に銭玄同が「減筆漢字筆画案」を中華民国教育部の国語統一籌備会に提出したことから本格的に始まる。彼はそのなかで，それまで民間でのみ通用していた簡体字に合法的地位を与えるべきだと主張し，同時に簡体字の構成法を分析し，次の8種類にまとめた。①全体の筆画を削減し，輪郭を残したもの（例，亀〔龜〕)。②草書を採用したもの（例，东〔東〕)。③もとの字の一部だけを取ったもの（例，声〔聲〕)。④複雑な部分を数画に替えたもの（例，边〔邊〕)。⑤古字を採用したもの（例，礼〔禮〕)。⑥音符を筆画の少ない字に改めたもの（例，灯〔燈〕)。⑦別に簡体を作ったもの（例，响〔響〕)。⑧ほかの字を仮借したもの（例，几〔幾〕)。この8分類は少し変化するものの，その後の中華人民共和国における漢字簡略化にも継承された。1935年，彼は2400字あまりを収録する『簡体字譜』を編集した。同年，教育部はこれをもとに324字を選び出し「第一批簡体字表」を作成して公布し，初等教育の現場で使用することとした。これに収録された簡体字は，すでに民間で通用していたものであったが，反対意見が出たために，翌年には簡体字の推進が事実上撤回されてしまった。短期間で頓挫したが，第一批簡体字表は中国史上初めて国家が簡体字を公認したものとなった。

中華人民共和国政府は簡体字の制定に積極的に取り組み，文字改革を行う機関として，中国文字改革委員会を設置した。1956年，同委員会は「漢字簡化方案」を発表し，これにより簡体字が正式な漢字となった。1964年には漢字簡化方案によって作られた簡体字を収録した「簡化字総表」が発表され，1986年には若干の修正が加えられた「簡化字総表」(2235字)が改めて発表された。以後これが中国の簡体字の規準となる。

中国文字改革委員会は漢字簡略化と同時に，異体字の整理にも取り組み，1955年「第一批異体字整理表」を発表した。のちに調整が加えられた結果，異体字1024字が使用停止されることになった。この整理表に収録された文字のうち，使用停止になった異体字よりも筆画が少ないものは，一般的に簡体字と見なされている。例えば，「床〔牀〕，唇〔脣〕，挂〔掛〕，杰〔傑〕，弃〔棄〕，岩〔巖〕，岳〔嶽〕，周〔週〕」など。簡化字総表はこのような整理表所収の文字 39 字を付録として掲載している。

同委員会は簡体字を含めた通用字の字形を確定するため，1965 年「印刷通用漢字字形表」(6196 字) を発表した。1988 年には，これを基礎として制定した「現代漢語通用字表」(7000 字) が発表された。現在，中国で使われている漢字の中には，例えば，「吕〔呂〕，争〔爭〕，羽〔羽〕，换〔換〕，骨〔骨〕，真〔眞〕」のように，伝統的な正字と微妙に異なる字形をもつものがある。これらの字は簡化字総表と第一批異体字整理表に収録されておらず，これらの字と伝統的な正字との関係は，簡体字と繁体字(はんたいじ)の関係および異体字の関係ではなく，字形の差異と見なされている。このような文字の字形については，現代漢語通用字表によらなければならない。

2001 年に実施された「中華人民共和国国家通用語言文字法」は，国家通用文字は規範漢字であると規定している。この法律の解説によれば，規範漢字は整理・簡化された字と整理・簡化されていない字の二つの部分からなる。整理・簡化されていない字とは，「人，山，川，日，水，火」などの整理・簡化を必要としない字であり，規範漢字の多数を占める。整理・簡化された字については，「簡化字総表」「第一批異体字整理表」「現代漢語通用字表」ほかを規準とするとしている。これにより，簡体字を含む規範漢字が正式な文字であることに法律的根拠が与えられた。

中国における漢字簡略化の成果としては，漢字を学びやすく書きやすいものにしたことがあげられる。漢字簡化方案の第一表と第二表に収録されている簡体字 515 字の 1 字当たりの平均画数は，簡略化前の約 16 画から約 8 画に減少した。これにより漢字を学習し使用するときの困難が大幅に緩和された。漢字簡略化の弊害をあげれば，第一に，形が似て区別しにくい文字や，美しさに欠ける文字，さらには書きにくい文字を生み出した。例えば，「没〔沒〕」と「设〔設〕」，「儿〔兒〕」と「几〔幾〕」，「风〔風〕」と「凤〔鳳〕」などの文字は，特に手書きではかなり判別しにくく，「厂〔廠〕，广〔廣〕，产〔產〕，飞〔飛〕」などはバランスがよいとはいえず，「长〔長〕」は画数が減ったが逆に書きにくくなっている。第二に，発音が同じこと (あるいは近いこと) に基づき，意味が異なる複数の字を同一字体としたため，混乱を招くおそれがある。例えば，「谷〔穀，谷〕，复〔複，復〕，发〔發，髮〕，钟〔鐘，鍾〕，叶〔葉，叶〕，征〔徵，征〕，干〔乾，幹，干〕」など。第三に，古典などの書物を読むためには，簡体字のほかに繁体字も学ばねばならず，学習者の負担が増えた。功罪両面があるものの，簡便な文字を求めることは社会の趨勢(すうせい)であり，中国における漢字簡略化は不可避の選択であったと考えられる。ただ，その方法には改良の余地が残されているであろう。（小出　敦）

【参考文献】蘇培成他編，阿辻哲次他編訳『中国の漢字問題』大修館書店，1999/大原信一『新・漢字のうつりかわり』東方書店，1989/藤井 (宮西) 久美子『近現代中国における言語政策』三元社，2003。

漢文訓読

外国語としての漢文を理解・読解するための翻訳手段の一つ。通常の翻訳とは異なり，原漢文に依拠しつつ，自国語として訓む特殊な方式であり，日本語のみならず，古代の朝鮮語やウイグル語などの，漢字文化圏に広く採用されている。

漢文訓読は，その原文に，自国語に置き換えるための注記や符合を加えることがあるが，これを訓点といい，その記入行為を加点という。加点された文献を日本語史などの研究分野では，特に訓点資料と称している。日本語は，元来外国語である中国語によって書かれた漢文とは文法構造をはじめ言語のさまざまな点で異なっている。そのため日本語の訓点には，語順を日本語式に改めるための返り点，漢字の読み方を示す振り仮名，また孤立語である中国語とは異なり膠着語的性格をもつ日本語としては，これを訓み下すうえで必要な附属語(助詞・助動詞の類)や送り仮名などをヲコト点または仮名で示し，さらに熟字であることを示す合符やアクセント符号の声点，文の句読を示す点などがあり，実に豊富である。

返り点は，本邦における加点当初期から見える。現存最古の文献は大東急記念文庫蔵『華厳刊定記』巻5の延暦2(783)年，同7(788)年加点本で，朱点および白点で日本語の語順を漢数字や点発の数で示している。以降，種々の符合が発達し，その位置や符合も時代によって異なっているが，現在採用されている形式は，おおむね近世以降に定まったもので，漢字の左下の位置に，一字返って読む場合はレ点をつけ，二字以上の返読は一・二点を用い，さらに重ねて返るときには上中下点またさらに甲乙丙丁もしくは天地人の点などを使用する場合がある。

万葉仮名は，漢字の表意性を捨象して日本語音を表す方式として5世紀から見えはじめ，8世紀奈良時代に盛んに使用された。漢文訓読の世界では，漢文の行間に短時間で小さく注記するために，この万葉仮名として用いる漢字の偏旁を省略して片仮名が作られた。しかし，9世紀の訓点資料には，万葉仮名と片仮名，そして漢字の草書化によって作られた平仮名が未分化の状態で現れる。以降，まず万葉仮名が，次いで平仮名が姿を消して，12世紀には，片仮名にほぼ定着する。また，10世紀以降の訓点資料には，仮名の字体について，加点にかかわる学僧の所属する宗派・門流によって特有の面があったことも指摘されている。

ヲコト点は，漢文本文の漢字の四隅・周辺・内外部の位置に，・，一，｜，┐，リ，などの形の符合を加えて，その形と位置とによって，漢字の訓み方を示したものである。例えば，漢字の左下の・は「て」，左上は「に」，右上は「を」，右下は「は」を表すといったものである。年紀を記載した現存最古のヲコト点資料は，『成実論』天長5(828)年の点本であるが，このヲコト点はすでに相当に発達したものとみられ，さらに遡って9世紀極初期には出現していたと考えられている。日本では9世紀に奈良の華厳宗・法相宗・三論宗などの僧侶間で始められたらしい。9 世紀当初のヲコト点は，文献ごとに異なっており，臨時的，一回的に使用されたものであった。10 世紀になると，宗派，学派ごとに固定して，一定の形式のヲコト点が，その学派のなかで共用されるようになる。例えば，天台宗寺門派では「西墓点」を，法相宗では「喜多院点」を用いるといった関係が認められるのである。また，これらはその使用されはじめる時期などから，7 乃至 8 群に分類され，例えば「東大寺点」や「中院僧正点」は第 3 群点に属するといったように分けられる。

訓点のうち，句読点や声点は中国（敦煌文献）でも行われ，ヲコト点や省画・草体仮名を自国語の訓読に用いる手法も，角筆で加点された 11 世紀朝鮮語訓点資料中に近年見いだされている。

訓点資料は当初仏家のものしか伝わっていないが，10 世紀頃から大学寮の博士家（俗）のものも見えるようになり，僧俗のそれぞれに訓読の内容が後に伝承されるようになった。もとの祖点を後の弟子などが移す行為を「移点」という。以降，平安時代の訓読の基盤は脈々として現代まで及び，中世末の禅僧や近世の学者へと，時に修正を加えられながら継承される。漢籍では，これまで「博士読」として伝承された訓法が改訂される動きが出てくるようになる。五山僧岐陽にその萌芽が見え，『桂庵和尚家法倭点』のような書も出た。江戸時代には，文之和尚の文之点が出現し，藤原惺窩やその弟子林羅山の道春点が広く流布した。漢学が隆盛するに及んで，山崎闇斎の嘉点，片山兼山の山子点，佐藤一斎の一斎点，後藤芝山の後藤点などが流布し，漢文訓読の主流はこれら新点に傾くことになった。明治以降の国語の漢文教育でも，この江戸時代の儒学者の系統に従って直読式を旨とする。

漢文訓読の語法・語彙は，訳語としての性格から特有のものが多く認められる。例えば，「豈」「或」「寧」「曰」「可」の漢字を訓読するため，それぞれアニ，アルイハ，ムシロ，イハク，ベケムヤなどの本来古代語であったものが訓読の世界に遺存することになり，訓読にしか用いられない語としては，助動詞のタリ（断定），シム（使役），ザル・ザレ（否定）などがあるが，最も顕著な現象としては，平安仮名文学作品のそれとは大きく異なり対立的であって，文体上の相違が認められることである。例えば，和文で比況をいうのに「やうなり」を用いるが，これに対して漢文訓読ではゴトシといった用語を選択するのであって，こういった二形対立が，附属語以外の，名詞，動詞，形容詞，副詞のそれぞれに広く見いだされる。

両者の文体的要素が混淆した，いわゆる和漢混淆文は，平安時代を通じて仏僧の表白文など一部の実用儀礼文などに用いられたが，鎌倉時代以降，説話や軍記物などにも採用されるようになり，日本語文の主流となった。現代日本語の成立にも，漢文訓読の構文や語彙が大きく関与しており，漢文訓読文は，和文と並んでわが国の古典として，重要な知的・文化的財産である。　（山本真吾）

【参考文献】築島　裕『平安時代の漢文訓読語につきての研究』東京大学出版会，1963/村上雅孝『近世初期漢字文化の世界』明治書院，1998。

慣用音

慣用音とは，中国の漢字原音との対応関係が明瞭でないもの，呉音・漢音・唐音の体系から外れるものを指す。漢音・呉音・唐音は中国の漢字音に来源を求めることが可能であるが，慣用音は中国原音との対応関係という特質を外れて定着してきた。

そもそも漢音・呉音・唐音という分類を中心として字音仮名遣いが定められたのは本居宣長（1730–1801）の『字音仮名用格』（1760 年）以来のことである。宣長は当時『韻鏡』を研究していた文雄（1700–1763）の成果を踏まえつつ，体系的に字音仮名遣いを決定したのであるが，その結果は現代まで歴史的字音仮名遣いに影響を保持してきた。

ただし，大正時代に入り，新しく字音資料が続々と発見されると同時に，音韻学研究が飛躍的に進む過程で宣長の字音仮名遣いは修正されている。その修正に付随して現実に通行していた字音の中には修正体系から外れるものが出てきた。体系分析の精密性が増したが故に例外が析出されたということである。またこれらの例外を字書等の刊行普及の際に分類する必要が生まれた。慣用音という分類が大正時代以降に生まれたのは，このような事情による。

今日一般に定着している慣用音は概略以下のように分類することが可能である。

①反切もしくは韻図の位置を確認せず，形声文字の音符のみで読まれてそのまま定着したもの。例えば「評論家」の「評」は漢音では「ヘイ」と読み「ヒョウ」は慣用音である。おそらく「平」の呉音「ヒョウ」（漢音は「ヘイ」）に引きずられた例であろう。

②二つ以上の意味と個々に相応する字音を持つ一つの漢字について，意味の違いを無視し，一種類の字音で読む場合は一方が慣用音になる。また音訳字として使用される場合もこれに準じる。例えば，「般若」の「ハン」は梵語［prajñā>paññā］の音訳字であり，慣用字として扱われる。

③漢音・呉音を混合したもの。例えば炬燵「コタツ」の「コ」は呉音，燵「タツ」は国字である。燵「タツ」に合わせて「コ」を慣用音に分類する立場がある一方で，呉音として処理する方が合理的であるとする立場もある。

④入声「フ」の改用に伴う促音化。例えば，攝（摂）の中古音は［niɛp］つまり–p 入声字であるが，漢音呉音では「ショウ＜セフ」となるべきところ，「セフ」は日本語の音節になじまないため，これを避けて促音化したものと考えられている。「執」「雑」も同様の例で，前者の中古音は［tɕjep］，やはり–p 入声字「シフ」を避け「シツ」に促音化した例と考えられる。後者の中古音は［dzh^{s}p］で–p 入声字「ザフ」を避けて促音化し「ザツ」となった例である。

⑤音節の添加。例えば「夫」の漢音は「フ」，「夫婦」の場合の「フウ」は「フ」に「ウ」音節が添加したものである。また。臣下が君主を殺すことを特に「弑」で表わす。伝統的な漢文ではこれを「シイする」と読むことが多いが，この場合の「シイ」も漢音「シ」に「イ」

音節が添加されたものである。

⑥由来不明の字音。例えば「拍子」の「拍」は漢音では「ハク」であり「ヒョウ」についての由来は不明である。同様に「堪能」の「堪」は「タン」と読むことが定着しているがこれも慣用音である。漢音・呉音ともに「カム>カン」であり「カ>タ」の改変の理由については予想可能ではあるが確定的な証拠は存在せず不詳として扱われている。

従来の慣用音については，特に呉音が漢音ほど明確に体系をもつものでないにもかかわらず，学者たちが自ら立てた体系に合わないものをすべて慣用音に分類してきた経緯がある。ただし，最近ではこれを見直す動きもある。殊に仏典に注記されている漢字音の研究が近年進んでおり，その成果に基づいて呉音に戻される例が目立っている。また特にカ行音に目立つ，清音から濁音に移動した音が慣用音に分類されている場合も，二字連読の際の二番目の字に生じる傾向が強い例など，音的に説明のつく場合については慣用音を外す傾向が強い。　(矢放昭文)

【参考文献】戸川芳郎監修，佐藤進・濱口富士雄編『全訳漢辞海』附録，2000/阿辻哲次・一海知義・森博達『なんでもわかる漢字の知識百科』三省堂，2002。

『漢隷字源（かんれいじげん）』

宋時代，婁機（ろうき）(1133–1211) により編集された隷書（れいしょ）の字書。漢碑や魏晋碑より集字し写し取った文字を編集したもので，隷書研究の貴重な資料である。

婁機は字（あざな）を彦發といい，南宋の嘉興(今の浙江（せっこう）省)の人である。『宋史』巻 410 に伝記が載っている。乾道 2 年に進士，寧宗のとき禮部尚書（しょうしょ）となり，給事中権知枢密院事・太子賓客を兼ね参知政事となったとあるから，寧宗の側近であったに違いない。

『漢隷字源』は後漢時代の 309 の碑，魏晋碑は 31 の碑から隷書を集字している。6 巻より成る。巻 1 の「碑目」には碑名と建立年・場所，ものによっては書写した人の名や引用書名およびその注釈を加えている。巻 1 の初めに「考碑」「分韻」「辨字」の項を設けて使用上の要点を説明している。「考碑」の項では，歐陽脩（おうようしゅう）の集古録，歐陽棐の集古録目，趙明誠の金石（きんせき）録，洪适の隷釋などを参考にして碑の建立の時期について記している。漢碑 309 のうち 15〜16 は建立年月日が不明である。また水經，集古録，集古録目，金石録，隷釋，隷續，王氏復齋碑目題識を参考にして碑の場所について記している。「分韻」は禮部韻略の韻を基にして字の掲載順序を構成している。206 字の韻を配列し，韻の不明な 14 字は巻末に載せている。「辨字」の項では，各字についての掲載の様式が述べられている。本文(下図参照)は字ごとの見出しを楷書で示しその下に隷書の字例を載せ，碑名は「碑目」の番号をもって示す。文字の部分的な異同には附注を加えている。

現在残存する資料として南宋嘉定 5 (1212) 年重修本，《四庫全書》本，光緒 3 年 (1877) 年川東官舎刻本，思進齋（ししんさい）石印本がある。

各字ごとに各碑より鉤摹（こうも）した文字が掲載されており，隷書の字形や書法の変遷を知るうえで貴重な資料といえる。また字形に隷書から楷書への推移の過程が多く見受けられ，その点でも興味を引く。 (張　莉)

【参考文献】『景印文淵閣四庫全書』經部 台湾商務印書館，1983–1986/謝昆撰『小学考』漢語大詞典出版社，1997/張潜超主編『中国書法論著辞典』上海書画出版社，1990。

『干禄字書』

楷書の字形や字音の弁別と使用基準とを示した字書。唐の顔元孫（？-714）の撰。710 年頃に成立。唐代に盛行した字様のひとつに位置づけられる。顔元孫の甥にあたる顔真卿が大暦 9(774) 年に浄書して石に刻し，広く流布した。

見出し字の配列法は，四声分類で，陸法言の『切韻』とほぼ一致する。約 1600 字の異体字を収録し，それを正・通・俗の三種に区分する。例えば，「隠隠隠 上俗，中通，下正」では，「隠」が俗，「隠」が通，「隠」が正であることを示す。ただし，「切功 上俗，下正」のように，掲出する異体字の数は文字によって異なり，また，すべてに俗・通・正の三種があるわけではない。

序文によれば，俗・通・正の違いと使用基準は，以下のとおりである。

俗……卑近な文字。戸籍や帳簿，判決書などの文案・私的な契約書・証文・薬の処方書など正式でなくてもよいものに用いる。

通……長い年月にわたって使用され，すでに広く定着している文字。上奏文・公式の書簡・個人的な信書・正式の判決文などの公文書には用いてもよい。

正……確かなよりどころのある由緒正しい文字。著述文章・天子の問いに答える論文・石碑などに刻する文章。文官任用の国家試験の答案にも，当然この正体を用いる。

『干禄字書』という書名は，『論語』為政篇の「子張，禄を干むるを学ぶ」を典拠とする。「干禄」(禄を干む)とは，俸禄を求める，つまり任官を意味する。本書は，官吏が実務面で文字を運用する際の基準を提示する意図から著作されたものであり，その後に成立した，経書の本文校定を第一義とする『五経文字』とは性格が大きく異なる。こうした性格の相違は，『五経文字』が『説文解字』に全面的に依拠するのに対し，『干禄字書』では，「すべて『説文解字』に依拠すれば実用場面ではさまたげが多い」(序文) として，必ずしも『説文解字』に依拠しない立場をとる点に最も象徴的に示されている。『干禄字書』に見える現実の文字運用における合理化を尊重する思考は，すでに顔元孫の祖先である顔之推が著した『顔氏家訓』書証篇にも認めることができる。

また，顔元孫は『干禄字書』の序文において，先行の字書との関連について，伯祖の顔師古が唐の太宗の命を受けて経書の校定をしたおりに，その副産物として数紙に字体を記した『顔氏字様』を作り，のち杜延業が増補を加えて『群書新定字様』を作成したが，杜延業の書には一貫した体例がなく，依拠するにたりないと批判している。ここにあげられた 2 書は亡佚して詳細は不明であるが，これによって『干禄字書』が『顔氏字様』の継承を意図し，『群書新定字様』の欠点を補う形で撰述されたことが知られる。

（福田哲之）

【参考文献】杉本つとむ『漢字入門―「干禄字書」とその考察』早稲田大学出版部，1972。

漢和辞典

漢字を一定の基準に従って配列し，それぞれの漢字の字音・字訓・字義と，その漢字を構成要素とする漢語の読みや意味などを日本語で解説した辞典。漢字の解説にはさらに，呉音・漢音・唐音(宋音)・慣用音の別，歴史的仮名遣い，所属韻字・四声，字体・字源・六書などに関する項目が加わることもある。また漢語については，語義解説と，その理解を助けるための用例や出典などが示される。なお歴史的にみれば，採録の対象を単漢字のみに限ったものも少なくないので，その種のものに対しては「漢字字書」「漢字字典」などの呼び名も用いられる。また単字を掲げずに漢語のみを収録したものを「漢語辞典」と称することもある。

漢和辞典における漢字の配列は，一般に「部首法」と呼ばれる漢字の分類法に基づいて行われる。部首法というのは，後漢の許慎が 100 年頃に編んだ『説文解字』(略称『説文』)において初めて試みられた分類方法で，漢字を構成する要素のなかで最も重要なものを析出し，それらを類別することによって漢字を分類する基準としたものである。『説文』では，漢字 9353 字を 540 の部に分類しているが，各部の最初に掲げられた漢字が本来「部首」と呼ばれるものであり，それらがそれぞれの所属する部を代表的に表す役割を果たしている。

部首法は，『説文』以後もさらに種々の改善が加えられ，整理がなされて現在に至っている。とりわけ中国清代の康熙帝の命を受けて 1716 年に完成した，『康熙字典』の 214 部首による分類と配列順が，現在もなお最も一般的な分類法として各種の漢和辞典に受け継がれている。ただし，漢和辞典によっては独自の部首を立てたり，伝統的な部首とは異なる部首に分類したりすることもあり，必ずしも一定しないところも見られる。これはひとつには，新字体の漢字を旧来の部首に所属させようとすることから生ずる不具合を解消させる試みに発するものであり，第二次世界大戦後に新しく生まれた漢字配列に関する改善策というべきものである。

『康熙字典』における部首は，それぞれの筆画数ごとに類別され，同一画数内部の配列順には，形の似た部首や混同しやすいもの同士を隣接させるなどの方針が多少はうかがわれるものの，全体的には特に一貫した規則性は認められない。この配列順の先蹤は，明代の 1615 年に梅膺祚が編んだ『字彙』にある。『康熙字典』が五画の部首の最初の配列順を「玉玄」から「玄玉」に改めたこと(康熙帝の名前に「玄」字が含まれるところからこれを優先させたという)以外は，すべて「字彙」の順序を踏襲したものである。したがって，現在の漢和辞典が採用する，漢字の部首を画数順に並べ，さらに同一部首内の漢字も画数順に配列する方式は，この『字彙』に始まるといってよい。

現代の漢和辞典が採用する漢字検索法には，中国に始まる上記の字形に基づく配列法を手がかりとする方式とは別に，利用者の便宜を図って「総画索引」と「音訓索引」を加えるのが一般的である。総画索引は，これも本来は中国の字典が採用したものであり，音訓あるいは所属部首の不明な漢字を検索するには有効な方式であるが，検索に手間を要するのが難点とされる。音訓索引は，国語辞典における単語の配列法を，単漢字について取り入れた日本独自の方式であり，利用者が求める漢字の音訓いずれかの読みをすでに知っている場合には，簡便な検索方法として用いられる。

そもそも日本における漢和辞典編集の歴史には，各時代にわたって中国から伝えられた字書の影響が必ず反映しているといっても過言ではない。ただし，基本的に中国語の一語が漢字一字によって表されるところから，その辞書もまた単字を単位とする形式をとるのに対して，日本語として使用される漢語は二字以上の漢字の組み合わせによって構成されるものが圧倒的に多いために，中国における単字字書の形式をそのまま受け入れるだけでは，実用に限界を生じざるをえない。日本の漢和辞典が，中国の字書を手本としながらも，言語生活の実情に合わせてこれに手を加えることを余儀なくされた理由はこの点に存する。

そのような試みの跡を今日に伝える漢和辞典としては，まず寛平4(892)年から昌泰年中(898–901)にかけて成立し完成をみた，僧昌住の撰による『新撰字鏡(しんせんじきょう)』があげられる。『玉篇(ぎょくへん)』『一切経音義(いっさいきょうおんぎ)』など10種を超える和漢の資料に基づき，漢文注に真仮名(まがな)による和訓を加え，部首法と意義分類法を併合して編集された12巻から成る大辞書である。永保元(1081)年以降，鎌倉初期にかけて成立した撰者不明の『類聚名義抄(るいじゅみょうぎしょう)』は，本文の形態を異にする2系統に分かれる。完本として伝わる「観智院本(かんちいんぼん)」についていえば，3万2000字を超える単字を中心に，多少の熟字を加えて120の部首に配し，片仮名による音注と和訓を施して異体字をも並記する大冊の漢和辞書である。これらの字書が単字中心であるのに対して，熟字を主体とするものに，承平4(934)年頃に源順(みなもとのしたごう)が編集した『倭名類聚抄(わみょうるいじゅしょう)』がある。物の名前を表す漢語を中心に意義によって分類し，漢文注記に添えて真仮名で和訓を示したもので，10巻本・20巻本の2系統がある。12世紀頃橘忠兼の撰んだ『色葉字類抄(いろはじるいしょう)』は，これをさらに日本化したものである。漢熟語を主体にイロハ順に分類し，さらに意義による分類を加えて，当時の記録体の文章作成に便宜を与えようとした意図がうかがわれる。13世紀前半には当時の儒学者菅原為長の撰になるとされる『字鏡鈔(じきょうしょう)(字鏡抄)・字鏡集(じきょうしゅう)』があり，単字を中心に先行字書の注文を素材に豊富な和訓が集録されている。中世後期から近世にかけて大いに行われた『倭玉篇(わごくへん)』は，成立年代・編集ともに不明であるが，書名が示すように中国の『玉篇』にならって編集された中世を代表する漢和辞典である。江戸期の啓蒙的儒学者毛利貞斎が元禄4(1691)年に撰んだ『増続大公益会玉篇大全(ぞうぞくだいこうえきかいぎょくへんたいぜん)』は，筆画順に単字を集めた10巻からなる単字辞書である。現代を代表する漢和辞書としては，諸橋轍次の畢生の大著『大漢和辞典』15巻があり，現在の修訂版に至っている。

（林　義雄）

【参考文献】山田忠雄「漢和辞典の成立」『国語学』39，1959/佐藤喜代治編『漢字講座2/漢字研究の歩み』明治書院，1989。

擬声語の漢字表記

擬音語や擬態語を漢字で表記すること（本項目では，「擬声語」を擬音語と擬態語の総称として扱う）。漢字の音・訓を借用した表記，例えば「我他彼此」などの表記と，擬声語の表しているものに相当する意味の漢語を当てた表記，例えば「轟々」などの表記とがある。現代では擬声語は基本的に片仮名あるいは平仮名書きすることとなっているが，古くは漢字を用いた表記も行われていた。

擬声語の漢字表記は，基本的にあて字による表記である。よって，中国語における漢字の字義・用法との一致の度合いから次の三つに分類することができる（(1) (2) は正字表記，(3) は借字表記にあたる）。(1) 中国語本来の字義・用法に即した漢字の字音（日本漢字音）を利用した表記。例えば「咄」（『温故知新書』「咄笑」）のような例である。この場合，「叱る声・叫ぶ声・笑う声など」という中国語での字義と，その字音とがともに擬声語に対応している。(2) 中国語本来の字義・用法に即した漢字の和訓を利用した表記。例えば「怖々」（二葉亭四迷「あひゞき」）のような例である。「怖」の「おそれる」という中国語での字義と，和訓「おづ」とが擬声語に対応している。(3) 中国語本来の字義・用法には即さない漢字の字音を利用した表記。例えば「我他彼此」（二葉亭四迷「其面影」）のような例である。「我」「他」「彼」「此」の字義あるいは「我他彼此」の意味には関係なく，漢字の字音のみを利用する。

ただし，この分類は絶対的なものではない。例えば「兵」は「兵射」（『温故知新書』）のように，弓を射る音に使われる。中国語本来の字義・用法に照応した漢字表記ではないため，(3) に分類される例である。とはいえ，「弓を射る音」を表すのに「武器を持って戦う者」という字義と関連づけて「兵」の字を用いたとも考えられ，そうすると (1) の用法を拡大した表記と捉えることも可能になる。このように，(1) (2) (3) を完全に分離して捉えることは必ずしも有意義ではない。

万葉仮名による表記をも漢字表記に含めるのであれば，擬声語の漢字表記は上代文献から見ることができる。そのなかには「清尓」（『万葉集』）など中国語本来の字義・用法に即した表記も「保杼呂ゝゝゝ尓」（『万葉集』）など中国語本来の字義・用法に即さない表記も確認できる。しかし，擬声語の漢字表記がどのように日本で発達したか，その歴史的推移は明らかになっているとは言い難い。また，擬声語の漢字表記には，ルビと切り離せない側面もある。例えば「咀嚼」（尾崎紅葉「多情多恨」）という表記を擬声語の漢字表記と認めるか否かは，ルビと本行とのかかわりを考察した上で決定されなければならないだろう。このように，擬声語そのものの研究の蓄積に比べて，漢字表記に関してはあまり研究が進んでいない。どの文献にどの表記が現れているのか，など基礎的な調査がまたれる。（深澤　愛）

【参考文献】井藤幹雄「表意と表音との間」『大阪明浄女子短期大学紀要』14，2000/天沼　寧「擬音語・擬態語の漢字表記」『大妻女子大学文学部紀要』18，1986。

熹平石経

後漢の熹平年間に，標準テキストとして石に刻まれた儒学経典。

根本経典を正しく伝えるためにその文字を石に刻むことは，中国ではしばしば行われたが，儒学経典を王朝の手で刻した例としては，後漢，三国魏，唐，五代蜀，北宋，南宋，清が知られており，後漢の熹平石経はその最初のものである。

儒学一尊の風のきわめて強かった後漢時代，経書本文の文字をめぐる論争が絶えなかったため，霊帝の熹平 4 (175) 年より光和 6 (183) 年まで，正確な標準テキストを定める作業が行われ，定本を刻んだ石が洛陽の太学(最高学府)門外に建てられた。石経に収められた経典は，『易経』『尚書』『魯詩(詩経)』『大戴礼(儀礼)』『春秋』『公羊伝』『論語』の 7 経で，64 枚の石の表裏両面に文字を刻し，本文は石ごとに 35 行，1 行は 70～78 字程度で，石碑の大きさは高さ 178 cm，幅 88 cm ほどであったと推定される。本文は，学者としても能筆家としても名高い蔡邕が書いたと伝えられ，書体は隷書である。魏の正始石経と同様に古文・篆・隷の 3 体を用いたという説は，現存する遺物から見ると従いがたく，それゆえ熹平石経は「一字石経」とも呼ばれる。

熹平石経『尚書』残石
『考古学報』1981-1982

同　左

熹平石経は，建碑後まもなく起こった董卓の乱や西晋末の永嘉の乱などの戦乱で破壊され，宋以後には全く失われたが，その頃から遺文収集が行われ，19 世紀末から今日に至るまでは残石や石碑の基座が，河南省偃師県東郊の太学村から発見されている。そこは，その名の示すとおり後漢・三国魏の太学の所在地である。(藤田高夫)

【参考文献】馬衡『漢石経集存』科学出版社，1957。

基本漢字（きほんかんじ）

コミュニケーションや漢字習得の能率向上のために，あるいは印刷編集業務の効率化を目指して，一定数の漢字を基本的なものとして設定することがある。また近年はコンピュータによる情報交換用のコード設定のために，漢字の基本度の段階づけが行われている。現在施行されている「常用漢字表–1945字」(1981(昭和56))や，それ以前の「当用漢字表–1850字」(1946(昭和21))，「標準漢字表–2669字」(1942(昭和17))，「(旧)常用漢字表–1962字」(1923(大正12))などに収められている漢字は，いずれも，それぞれの時代の社会生活のうえで，あるいは漢字学習の面で基本的な漢字と認められたものである。特に義務教育においては，1947(昭和22)年に「当用漢字別表」として881字が示され，1989(平成元)年の「小学校学習指導要領」の「学年別漢字配当表」には1006字が掲げられている。一般に「教育漢字」と呼ばれる。日本語の基本漢字として有名なものに，日下部重太郎による「常用漢字等級表」と，大西雅雄による「日本基本漢字」(三省堂，1941(昭和16))がある。前者は「現代国語思潮・続編」(中文館，1933(昭和8))の付録として掲載されたもので，5675字を「一等字・815，二等字1351，三等字1765，四等字1744字」と4段階に分けている。後者は，教科書・雑誌・新聞・書籍・書簡などの調査に基づいて3000字を掲げている。このほか3444字を掲げた「教養のための基本漢字表」(国語問題協議会，1980(昭和55))などがある。漢字学習の方面では，1982(昭和57)年に文化庁国語課が「外国人留学生の日本語能力の標準と測定(試案)に関する調査研究について」で，漢字基本度の段階づけを発表している。また，1969(昭和44)年に発足した，情報処理学会漢字コード委員会は，各種字典類・漢字表・人名地名資料などの用字を調査し，4000字種からなる「標準コード用漢字表」を作成した。これは，のちに最初のJIS漢字「情報交換用漢字符号系・JIS–C6226(1978(昭和53))–第1水準2965字・第2水準8385字」のベースになった。2000(平成12)年のJIS–X0213では，第1水準2965字・第2水準3390字となっている。また，現在，国際的なコードとして，ユニコードの設定が進められており，Unicode Version 2.0(1996(平成8))では，東アジア漢字圏の漢字字種20902がコード化されている。基本漢字の選定は，データの漢字の使用度数(頻度)・使用率(出現率)・累積使用(出現)率などの統計的尺度に基づいて進められるが，林四郎は，漢字の用法の広さ・狭さや造語の面での機能に注目して，漢字機能度による基本度の段階づけを提案した。田中章夫は，各漢字の語彙表記における影響力を測る尺度として漢字カバー率を設定し，基本漢字のグループ分けを試みた。野村雅昭は数量化理論による漢字のパターン分類に基づき，漢字基本度の性格を分析している。（田中章夫）

【参考文献】林　四郎「漢字・語彙・文法の研究へ」明治書院，1987/田中章夫「近代日本語の語彙と語法・第4章」東京堂出版，2002/野村雅昭「漢字のパターン分類」「電子計算機による国語研究・X」，1980。

義門(ぎもん)

江戸時代末期の僧・国語学者。義門は通称。白雪楼と号した。法名，霊伝。天明6(1786)年-天保10(1843)年。

17歳の時，高倉学寮に入学して聖教を修め，20余歳の頃から藤井高尚について歌文を学んだ。23歳で若狭国小浜の妙玄寺（浄土真宗大谷派）住職となり，生涯同寺に住んだ。聖教研究を契機として国語の解明に傾注，優れた功績を残したが，この方面では師事した人物が知られていない。

義門の国語に関する著書は，音韻に関するものと活用に関するものに大別される。音韻に関するもののうち『男信(なましな)』(3巻，天保13年(1842)刊)は，古来日本でも漢字の音にm韻尾とn韻尾が区別されていたことを論じた書。この区別については本居宣長『地名字音転用例』(寛政12年(1800)刊)において未だ明確でなく，太田全斎『漢呉音図』(文化12年(1815)刊)，関政方『傭字例』(天保13年(1842)刊)などによって明らかになったが，義門も豊富な例を挙げて詳細に論じるとともに，韻図との関係を説き，韻尾に「ン」を用いるn韻尾の漢字,「ム」を用いるm韻尾の漢字の実際を示している。なお，書名の「男信」は「なま」にm韻尾の「男」，「しな」にn韻尾の「信」を当てた上野国の郷名。『於乎軽重義』(2巻，文政10年(1827)成)は，宣長『字音仮字用格』(安永5年(1776)刊)における「おを所属弁」の論を補訂した書。即ち，宣長は旧来の五十音図を正して，「お」をア行，「を」をワ行としたが，義門はさらに多くの根拠を加えて宣長の説を補強した。特に，宣長が解明できなかった「お」の仮名と韻図(『韻鏡』)との関係を明らかにした点が高く評価されている。

活用に関しては『友鏡』(1枚，文政6年(1823)刊)，『和語説略図』(1枚，天保4年(1833)刊)，『活語指南』(2巻，天保15年(1844)刊)，『山口栞』(3巻，天保7年(1836)刊)が主要な書。『友鏡』は，宣長『ひも鏡』(明和8年(1771)刊)によって捉えられていた特定の助詞とそれを受ける用言の形態との呼応関係を受け，用言の形態に重点を置いた体系的解釈を試みたもの。6種の形態に「将然言」「連用言」「截断言」「連体言」「已然言」「使令」の名称が用いられており，現在の活用形名称の起源が認められる。『和語説略図』は，本居春庭『詞の八衢』による7種の活用と『友鏡』の6活用形(「使令」は「希求言」に改められた)を組み合わせた図表，およびそれに関する簡略な説明で，今日の活用表の原型を示している。『活語指南』は『和語説略図』の解説書，『山口栞』は，総論・動詞の論・形状言の論などからなる活用についての研究書。後者は，『詞の八衢』に即して実例を挙げ，春庭を補足訂正しており，『詞の八衢』では触れることが少なかった形容詞の活用について詳述されているのが注目される。（林　史典）

【参考文献】三木幸信『義門の研究』風間書房，1963/同編『義門研究資料集成』風間書房，1966-1968/同『東条義門』桜楓社，1976。

『九経字様』

儒教の経典である経書を校定するために字形を弁別した字書。唐代に隆盛した字様のひとつに位置づけられる。唐玄度の撰。唐の太和7(833)年に成立。『新加九経字様』『九経文字』ともいう。九経とは，『周易』『尚書』『毛詩』『周礼』『儀礼』『礼記』『春秋左氏伝』『春秋公羊伝』『春秋穀梁伝』を指す。

『九経字様』は，唐の大暦11(776)年に張参が著した『五経文字』の補訂を意図して撰述された。見出し字の配列を部首分類とし，字形の弁別については『説文解字』を第一の基準とする点など，『五経文字』の体裁をほぼ踏襲している。ただし，音の注記については，序文に明言されているように，玄宗のときに成立した『開元文字音義』を踏襲し，反切を用いず直音を用い，『五経文字』が反切と直音とを併用するのと異なっている。なお，『説文解字』の部首は540部からなり，それ自体が一つの体系をもつものであったが，『五経文字』『九経字様』では統合化がなされ，部首の数が減少している。

内容は，「蕐華　榮也。上說文，下隸省」(蕐華　栄なり。上は説文，下は隷省)のように，同義・同音の二字を掲げ，その文字の意味や構成などを示し，上が『説文解字』に基づく字形，下がその省略体であることを注記するという形式が中心的な位置を占める。そのほか，一字を掲げるものには「經　作経者訛」(經　経に作る者は訛り)のように訛字を注記する例，「術　音述。邑中道也」(術　音は述。邑中の道なり)のように音と意味とを注記する例，「硠　音郎。石聲也。見周禮」(硠　音は郎。石声なり。『周礼』に見ゆ)のように，音と意味にあわせて出典を示す例などがある。

『五経文字』とそれを補訂した『九経字様』が，開成2(837)年に完成した開成石経と密接な関係をもつことは，両書が開成石経に附刻されていることに端的に示されている。『九経字様』の撰述が，開成石経の建立のための用意としてなされたことは，序文からも明らかであるが，当時，開成石経が「石壁九経」と称されていた(『旧唐書』文宗紀)ことをふまえるならば，『九経字様』という書名自体がすでに両者の直接的な関係を示すものであったと見なされる。

張参の序文によれば，『五経文字』は，『説文解字』を第一の基準とし，経書の文字を正すという目的，すなわち「為経(経のため)」の字様であることを明確に打ち出したものであり，それは，先行の『干禄字書』に見られるような，官吏の実務における合理性を配慮し，必ずしも『説文解字』に依拠しない「為字(字のため)」の字様の撰述方向に対する一つの反動であった。こうした状況において，唐玄度の『九経字様』が『五経文字』を補訂する形で撰述されたことは，経書の文字の弁別と基準の提示という唐代字様の一つ流れを方向づけることにつながったと考えられる。　(福田哲之)

【参考文献】小川環樹「中国の字書」『日本語の世界3』中央公論社，1981/大友信一・西原一幸『「唐代字様」二種の研究と索引』桜楓社，1984。

きゅうじたい
旧字体

常用漢字表で字体が変更された漢字について，従来書かれていた字体を旧字体と呼ぶ。もともとは1949（昭和24）年に制定された「当用漢字字体表」で，一部の漢字についてそれまで略字とか俗字と呼ばれていた字体を採用したことに起因する。

具体的には，当用漢字字体表ではそれまで正規の字体とされていた「學」を「学」に，「樂」を「楽」に，「國」を「国」にするなど，約200種の漢字について字体を改めた。これらについて，それぞれのペアにおける前者を「旧字体」（または「旧漢字」）と呼ぶ。

常用漢字表で字体が変更され，旧字体となった主なものは以下のとおりである。

亜亞	悪惡	圧壓	囲圍	医醫	為爲	壱壹	陰蔭	隠隱	栄榮	営營	衛衞
駅驛	円圓	煙烟	塩鹽	応應	欧歐	殴毆	桜櫻	奥奧	穏穩	価價	画畫
会會	絵繪	壊壞	懐懷	拡擴	殻殼	覚覺	学學	岳嶽	楽樂	缶罐	胆膽
巻卷	陥陷	勧勸	関關	歓歡	観觀	顔顏	気氣	帰歸	偽僞	戯戲	犠犧
却卻	旧舊	拠據	挙擧	峡峽	挟挾	狭狹	暁曉	区區	駆驅	勲勳	径徑
茎莖	恵惠	渓溪	経經	蛍螢	軽輕	携攜	継繼	憩憇	鶏鷄	芸藝	欠缺
券劵	県縣	倹儉	剣劍	険險	圏圈	検檢	献獻	権權	顕顯	験驗	厳嚴
広廣	効效	恒恆	鉱鑛	号號	国國	砕碎	済濟	斎齋	剤劑	冊册	雑雜
参參	桟棧	惨慘	賛贊	残殘	糸絲	歯齒	児兒	辞辭	湿濕	実實	写寫
舎舍	釈釋	寿壽	収收	従從	渋澁	獣獸	縦縱	粛肅	処處	叙敍	将將
称稱	焼燒	証證	奨獎	条條	乗乘	浄淨	剰剩	畳疊	縄繩	壌壤	嬢孃
譲讓	醸釀	触觸	嘱囑	真眞	寝寢	慎愼	刃刄	尽盡	図圖	粋粹	酔醉
穂穗	随隨	髄髓	枢樞	数數	声聲	斉齊	静靜	窃竊	摂攝	専專	浅淺
戦戰	践踐	銭錢	潜潛	線綫	繊纖	禅禪	双雙	壮壯	争爭	捜搜	挿插
装裝	総總	騒騷	蔵藏	臓臟	属屬	続續	堕墮	対對	体體	帯帶	滞滯
台臺	滝瀧	択擇	沢澤	担擔	単單	団團	断斷	弾彈	遅遲	痴癡	稚穉
虫蟲	昼晝	鋳鑄	庁廳	聴聽	徴直	勅敕	鎮鎭	逓遞	鉄鐵	点點	転轉
伝傳	灯燈	当當	党黨	盗盜	稲稻	闘鬪	独獨	読讀	届屆	弐貳	妊姙
悩惱	脳腦	覇霸	拝拜	廃廢	売賣	麦麥	発發	髪髮	抜拔	罰罸	蛮蠻
秘祕	浜濱	付附	払拂	仏佛	並竝	辺邊	変變	弁辨	宝寶	豊豐	褒襃
没沒	翻飜	万萬	満滿	黙默	訳譯	薬藥	与與	余餘	誉譽	揺搖	様樣
謡謠	来來	乱亂	覧覽	竜龍	両兩	猟獵	塁壘	礼禮	励勵	霊靈	隷隸
恋戀	連聯	炉爐	労勞	楼樓	湾灣						

（阿辻哲次）

【参考文献】倉島長正『国語一〇〇年』小学館，2002/文化庁編『国語施策百年史』ぎょうせい，2006。

『急就篇』

前漢の元帝(在位，前 49–前 33)のときに黄門令の史游が作った識字用の字書。書名は冒頭第 1 句「急就奇觚與衆異(急就の奇觚は衆と異なる)」の初めの 2 字による。また，『急就章』とも称されるが，その名称は北魏以後と推定されている。

毎章 63 字で，全体の章数は最多で 34 章，最少で 31 章と諸本によって異なり，後代の増続に起因するとされる。『四庫提要』小学類に重複字が一つもないというのは誤りであり，むしろ重複字は少なくない。

第 2・3 句に「羅列諸物名姓字，分別部居不雜廁」(羅列するは諸物名姓の字，部居を分別して雜廁せず)とあるように，全体は，句式と接続句から，例言と効用〈7 字句〉・姓名〈3 字句〉・諸物〈7 字句〉・官職や行政〈7 字句〉・漢に対する頌辞〈4 字句〉で構成される。さらに諸物の部分は，

絳緹䌳紬絲絮緜(第 8 章，第 1 句)

鐵鈇錐鑽釜鍑鍪(第 11 章，第 7 句)

のように，同類の事物にかかわる文字を集中して配列した，一種の事物分類的な性格をもち，同一の部首字が連続する部首法の萌芽的な形態が認められる。

『漢書』芸文志によれば，『急就篇』の収録字は，すべて秦代に成立した『蒼頡篇』から取られた。『蒼頡篇』を母胎とした同様の字書には，『急就篇』に先行して武帝のときに司馬相如らが作った『凡将篇』があり，『急就篇』以後の成帝のときには，李長により『元尚篇』が作られた。しかし，『急就篇』以外の諸書はすべて亡佚し，伝世する唯一の前漢以前の字書として重要な意義を有している。

さらに 20 世紀に入って発掘された敦煌・居延出土の簡牘資料から漢代の『急就篇』残簡が検出され，「觚」と呼ばれる三角柱の木簡に一章分の文字(一面に 21 字，三面で計 63 字)を記した例など，漢代におけるテキストの実態が明らかとなった。また，1960 年に吐魯番の阿斯塔那 337 号墓から『急就篇』の古注本の残片が出土し，亡佚した北魏の崔浩注の可能性も指摘されている。

現在，20 余種の伝本が知られており，注釈書としては，唐の顔師古の注と宋の王応麟の補注が広く行われている。諸本は，三国時代・呉の皇象に由来するとされる皇象本系統，同じく魏の鍾繇に由来するとされる鍾繇本系統，両系統の校訂本である顔師古本系統の三系統に分類される。漢代『急就篇』残簡は，各系統と独自の共通性をもつが，全体的な傾向としては，皇象本系統との間に近接性を認めることができる。皇象本系統諸本は，すべて章草と呼ばれる草書の古体字で書写されており，三国時代以降，章草の学習書として独自の位置を占めたことが知られる。 (福田哲之)

【参考文献】小川環樹「中国の字書」『日本語の世界 3』中央公論社，1981/福田哲之『説文以前小学書の研究』創文社，2004。

教育漢字（きょういくかんじ）

小学校で学習する漢字のこと。もともとは，1948（昭和23）年2月16日告示の当用漢字別表が義務教育用の漢字として881字を選定していたため，当用漢字別表881字の呼称として使われた。それが，1981（昭和56）年の常用漢字表の告示に伴う当用漢字別表の廃止とたび重なる小学校学習指導要領の改訂により，現在では，小学校で学習する漢字の呼称として用いられている。☞学年別配当漢字

このように考えると，教育漢字は戦後だけでなく，戦前からの流れのなかでみるほうが現在の特徴を把握するうえで都合がよいと思われる。戦前の国定教科書期以前に出された学習漢字の基準としては，1900（明治33）年公布の小学校令施行規則に1200字内外の漢字表が尋常小学校で学習すべき漢字として掲載されている。1904（明治37）年度使用開始の国定第1期の小学校国語教科書は尋常小学校4年間で500字を提出し，高等小学校第1・2学年を加えても857字である（当時尋常小学校は第4学年まで。国定第2期から6学年分の教科書が作られるようになる。以下，尋常小学校のみを考察の対象とする）。1910（明治43）年度使用開始の国定第2期の小学校国語教科書は1358字と増える。1300字台の提出漢字数はその後も変わらず，1932（大正7）年度使用開始の国定第3期の小学校国語教科書が1366字，1933（昭和8）年度使用開始の国定第4期の小学校国語教科書が1361字，そして，1941（昭和16）年度使用開始の国定第5期の国民学校初等科国語教科書が1301字である。戦後になって墨塗り教科書，暫定教科書の時代が続くがそれらを除くと，昭和22年度使用開始の文部省著作国語教科書が6年間で760字である。以上の数字は，国立国語研究所の『国定読本用語総覧』の調査結果を基にした参考文献の集計による。

1951（昭和26）年改訂の小学校学習指導要領で当用漢字別表881が小学校6年間で学習することとなった。1958（昭和33）年改訂の小学校学習指導要領では漢字の学年配当が初めて実施されたものの，学習漢字数に変更はない。続く1968（昭和43）年の小学校学習指導要領の改訂で115字追加され996字となった。1977（昭和52）年改訂の小学校学習指導要領は変更がない。1989（平成元）年の小学校学習指導要領の改訂により，学習漢字数は1006字に変更された。現行の1998（平成10）年改訂の小学校学習指導要領は変更がない。

このように戦前の国定期から通してみると，戦前の第2期から第5期までは学習漢字数の多かったことがわかる。国語の授業時数は戦後よりも多かったものの，その国語の授業の大半は漢字の学習に費やしたといわれる。しかし，それでも漢字の読み書き調査の結果をみると，戦前は戦後と比べると成績がよくない。（島村直己）

【参考文献】島村直己「漢字の学習負担―国定期から新学習指導要領まで―」『言語生活研究』1号，2001／島村直己「第9章　漢字と国語教育」『朝倉漢字講座4 漢字と社会』朝倉書店，2005。

行書

書体名。一般的には，楷書と草書の間の速写体を指す。

行書という書体名称は，西晋の衛恆『四体書勢』隷書に，

魏の初めに鍾繇と胡昭の二人の名家がいて行書の法を作った。

と見えるのが早い例である。また，南朝宋の羊欣『古来能書人名』には，

鍾繇の書に三体がある。一つは銘石の書，最も巧妙なものである。二つは章程書，秘書官に伝授し小学で教えたものである。三つめは行狎書，書簡に用いるものである。これらの三つの書法は皆な世間の人々が高く評価している。

とある。3番目の行狎書と先の『四体書勢』の行書とは同義と見なされることから，行書は，行狎書とも称され，互いにやりとりする手紙に用いられた実用体を指し，その名称は魏晋の頃に生じた可能性が高い。この点は，法帖などによって伝えられた王羲之をはじめとする魏晋時代の行書の大部分が手紙であることからも裏付けられる。

当時の行書の実体については，資料上の制約から十分に把握し難い点もあるが，鍾繇と同時期の資料として注目されるものに，1996年に湖南省長沙市走馬楼から出土した走馬楼三国呉簡がある。これは10万枚に上る大量の簡牘資料で，3世紀前半，呉の孫権時代の官文書が中心とされる。現時点では一部しか公表されていないが，そのなかには右回転を基調とする隷書の速写体が散見される。こうした例は，西域出土の魏・晋の木簡にも数多く見いだすことができ，当時の行書は，このような隷書の速写体を指したものであったと考えられる。

4世紀の東晋に入ると，李柏文書などの紙に書かれた残紙に，隷書の速写体から技巧的に一層進歩した様式が認められるようになる。李柏文書は，西域長史であった李柏の書簡草稿2通を中心とする資料であり，わが国の大谷探検隊が1909（明治42）年に楼蘭の遺跡で発見した。内容から，4世紀前半の書写と推定され，王羲之と同時代の資料としても貴重である。王羲之は書聖として名高く，蘭亭序をはじめとして行書の作品も多く伝わっているが，現存する王羲之の書跡はすべて唐代の模本や刻本であり，真跡は一点も存在しない。わが国に伝わる喪乱帖・孔侍中帖は唐代以前の模本と推定され，原本をかなり忠実に伝えるが，それ以外の王羲之書跡の大部分は，模写や模刻が繰り返されたため，真相から遠ざかっている。例えば，蘭亭序の模本と李柏文書や喪乱帖などとを比較すると，蘭亭序には明らかに唐代以降の様式の混入を認めることができ，その原本は李柏文書や喪乱帖により近い様式であったと推定される。

5世紀以降になると，3世紀から4世紀にかけての楷書の成立に伴い，楷書の速写体としての行書が確立する。唐代以降の行書は，おおむね楷書の様式を根底にもち，最も用途の広い実用体として広く行われた。　（福田哲之）

【参考文献】西川　寧「行書の心得」『西川寧著作集第7巻』二玄社，1992。

『匡謬正俗』

唐時代，顔師古が古典の文字使いについて考察した小論文を集めたもの。師古自身は完成をみずに亡くなったため，息子の揚庭が遺稿を8巻にまとめて永徽2年(651)に呈上した。

師古の祖父 顔之推の著『顔氏家訓』に音辞，書証などの篇があることからすれば，言語に対する関心は，家の伝えでもあったのだろうが，加えて顔師古は，学術の広い範囲で唐初を代表する学者であった。経学の分野では，五経正義の刪定に先立って経書「定本」の作成を行ったし，史書に関しては，『漢書』の注を著して，現在に至るまで最も基準となる解釈となっている。この書は，上記のような経学・史学についての広範で詳細な本文検討の過程で蓄えられた関心と見識に基づくものであると思われる。これら書物の校訂・注釈の作業は，唐初における学術復興の気運のなかで行われたものであり，この時期にあってこそかれの業績は生み出されたといってよい。そしてこの書に見えるような，書物を読み進めていく中での小考証をまとめて学術業績として発表する「劄記」形式は，これ以後，宋の王応麟から清朝考証学へとつながり発展していく。『匡謬正俗』は，その先蹤となって，学術の形式を方向づけることになったといってもよい。ある意味では，こちらの方が，内容以上に重要であるといってよいかもしれない。前半の4巻は，『論語』『尚書』『礼記』『春秋』の順に対象ごとに1巻ずつ割り振られているが，後の4巻は，巻5に『史記』『漢書』をはじめとする史部書が集められているものの，総じて対象のまとまりに乏しく，巻7・8あたりは，方言や俗語を中心とする言葉使いの慣例についての議論が中心となる。叙述の形式のうえでも，前半は対象文献の考察を論文らしい平叙文でつづるのに対し，後半は問答形式となる。

書物全体の内容も，「文字にかかわる」ものという程度の緩いまとまりで，テーマごとにさまざまなアプローチがとられている。例えば前半冒頭の『論語』公冶長篇にかかわる議論では，孔子はもともと抽象的な発言をしなかったのに，「近代学者」は『論語』の文章をあまりにも分析的に，抽象的に解釈しすぎるなどと，広く経書解釈の傾向についてコメントしているかと思えば，「嗚呼，歎辞也。」などは熟語の解釈を示したものといってよかろうし，「惟，辞也。蓋語之発端。」などは，助字の解説である。また『尚書』の項では，隷古定字にかかわって『尚書』の伝来を論じたりもしている。さらに後半になると，民間語源説についての考証などもある。例えば「無恙」では，一般に「恙」を「古代，野宿していたおりに，人々が困らされた人の心を食らう虫」であるとされるのに対し，虫であると限定する必要はなく，「無恙」とは「困りごとはないか」ことを謂うにすぎないなどと考証している。

旧来の叢書集成本に加えて，『匡謬正俗平議』(劉暁東著，2000，山東大学出版社)が出て，大変利用しやすくなった。

(木島史雄)

居延漢簡

中国甘粛省および内モンゴル自治区の額済納川流域から発見された漢代木簡の総称。漢代にはこの川の下流に居延県が置かれていたことにより，この名がある。

紀元前2世紀末，前漢武帝時代の対匈奴戦争と西域進出に伴い，いわゆる河西回廊には「河西四郡」が設置された。漢はこの地に屯田を開き，入植者を送りこむとともに，オアシスを防衛するために万里の長城を西へと延伸し，それに沿って国境警戒のための軍事施設を建設した。長城に沿って監視哨である燧が稠密に配置され，それを候官という司令部に統括させ，さらに複数の候官を都尉府という方面司令部に管理させた。居延漢簡は，居延都尉府および肩水都尉府管下の軍事施設の活動が生み出したさまざまな文書・記録類で，総数は現在約3万件に及ぶ。

居延漢簡は20世紀に前後2度にわたって発見された。最初は1930〜1931年，ヘディン(Hedin)を団長とする西北科学考査団の一員ベリイマン(Bergman)が額済納川流域を調査して採集した約1万件である。これを居延旧簡と呼び，現在台北市の中央研究院が所蔵する。次いで1973〜1974年に甘粛居延工作隊が3地点の遺跡を重点発掘し，約2万件の漢簡を得た。これを居延新簡と呼び，現在蘭州市の甘粛省文物考古研究所が所蔵する。

居延漢簡の年代は前1世紀初頭から後1世紀末までほぼ200年間に及ぶが，大部分の木簡は前漢末から王莽の新を経て後漢建武8(29)年までの期間に含まれる。その内容は，辺境の屯戍活動に関連するものが圧倒的であり，そこから当時の下級官庁の機構や運営，軍事組織についての詳細な知見がもたらされた。とりわけ，漢代の文書行政の実態については，第一次史料に即しての議論が可能となり，居延漢簡が漢代史研究の進展に果たした役割は計り知れないものがある。また下級官吏の日常的筆跡の実例が大量に得られたことは，書道史上にも意義深いものである。なお，居延新簡のうち約1万3000件の肩水金関出土簡は現在も未公開であり，それが公開された暁には，近年発見された敦煌懸泉置出土簡と併せて，辺境行政システムのさらなる解明が期待される。 (藤田高夫)

【参考文献】大庭　脩『木簡学入門』講談社学術文庫，1984/永田英正『居延漢簡の研究』同朋舎，1989/籾山　明『漢帝国と辺境社会』中公新書，1999。

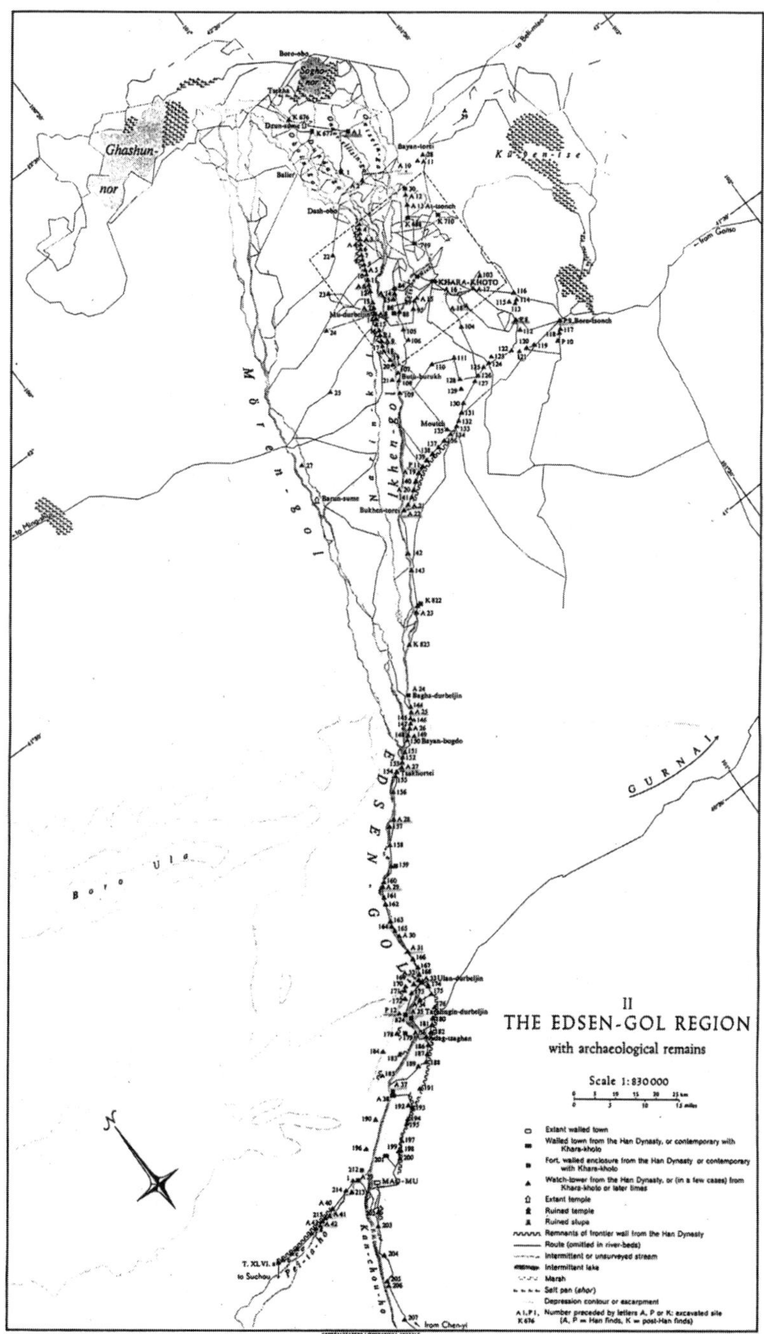

額済納川流域の漢代遺跡
(Bo Sommarström, *Archaeological Researches in the Edsen–Gol Region Inner Mongolia*, Stockholm, 1956)

『玉篇』

中国の古字書。梁・顧野王(519–581)撰。30巻。南朝梁の大同9(543)年成書。1万6900余字を542からなる部首に分け，『説文解字』や『爾雅』などにみえる注解や，先行する古典文献における用例とその注釈などを詳細に引用して，文字の意味やその用法を示す。撰者の顧野王は，字は希馮，呉郡(江蘇省)の人。『陳書』巻30と『南史』巻69に見える伝記によれば，12歳のときに父について建安(今の南京)に行ったときに『建安地記』という書物を作ったというから，幼少時から学業に秀でた人物だった。成人してからは経書や史書をあまねく読み，天文地理や占い，あるいは古代の文字について博識を誇り，さらに絵画もよくしたという。梁の大同4(538)年に太学(国立大学)の博士(教授)に任命された。557年に梁が滅ぶと次に立った陳に仕え，陳でも国学博士に任じられた(570)。著述には『玉篇』のほかに『輿地志』30巻や『符瑞図』10巻があったというが，現在伝わっているのは『玉篇』だけである。

『玉篇』は，漢字の使用状況が次第に混乱してきたので，訓詁の学を総合的に整理するための詳細な字書を作ることを目的として撰述された。自序に記される撰述の動機を敷衍すれば，古来よりの文字の伝承過程のなかで，違う文字であるのに意味は同じであったり，またその逆に同じ文字でありながら訓が違ったりというような現象が発生するようになってきた。そのことに対して多くの学者や書物がすでにいろいろ説いているが，しかしそのいうところは必ずしも同じではなく，また字書の類には誤りが非常に多い。そこで自分は皇帝からの命令を受けて，多くの書物を総合し，文字の形体と意味の異同を識別して訓詁を網羅し，独自の書物を作った，こうして訓詁がここに整備された，という。『玉篇』は『説文解字』の形式を踏襲した字書ではあるが，いくつかの点で『説文解字』とは異なった形式を採用している。その一つはまず小篆の字形を載せていないことで，「親字」に当たる見出し文字もすでに楷書で書かれている。この書物が作られた時代では普通に使われていたのは楷書であり，隷書でさえほとんど使われることがなかった。まして小篆は完全な古代文字であって，そのような古い書体についての需要が全くなかったからである。

次に『説文解字』では各文字ごとにその本義だけを示すのが定例であるが，『玉篇』では各文字の最もよく使われる字義を記し，そしてその用例を詳しく掲げている。また掲げられる字義は1種類だけではないことが多く，いくつかの字義が掲げられるのが普通である。これは現在の辞書のやり方と同じであり，社会の需要としては文字の本義よりはむしろ実際の文章での使い方を知りたいという関心が強かったのであろう。

実用的な字書を目指す姿勢は，部首の編成の面にも顕著に現れている。『玉篇』も『説文解字』式の部首法を採用しており，全体は合計542部からなる。『説文解字』は540部だったから，部首の数は増えたことになるが，しかし各文字の検索の便利さが部首の建て方に考慮されており，『説文解字』の部首の並び方の難解な部分を整理して，意味による連結をより重要視したようである。しかし顧野王が作った『玉篇』は，そのままの形で現在にまで伝わっているのではない。『玉篇』は成書後何度か改訂されて，最終的には原本とはかなり違った形になってしまった。

オリジナルの『玉篇』は記述が詳しすぎて，一般の利用者には煩雑にすぎる面が多かったようだ。『梁書』蕭子顕伝によれば，顧野王が『玉篇』を作ったすぐあとに，梁の太宗はそれが詳しすぎるのでもっと簡単にまとめるようにと命じたというから，『玉篇』はできた直後から改訂版が作られていたようである。

隋代から始まった科挙は，唐になるとますます重要視され，また恒常的に行われるようになったので，試験準備のためにより便利な字書が必要になり，『玉篇』にも大幅な改訂を加えたものが作られた。唐の上元年間に作られた孫強増字本『玉篇』がそれで，実物は残っていないものの，「増字」というのだから収録字数を増やしたものであろう。宋になると『玉篇』には決定的といえる大きな改変が加えられた。すなわち陳彭年が皇帝の勅命によって『玉篇』を改訂して作った『大廣益会玉篇』がそれで，現在通行する『玉篇』は，この『大廣益会玉篇』にほかならない。そして長い間，これが顧野王の作った『玉篇』であると信じられていた。しかし 20 世紀になる直前に，『大廣益会玉篇』は顧野王が作ったそのままの形ではなく，かなり大きな改訂が加えられたものであることが明らかになった。その契機は原本『玉篇』の発見である。

『玉篇』は非常に早い時期に日本にも輸入され，よく利用された。日本で『玉篇』という固有名詞が普通に「辞書」を指す代名詞として使われるようになっていることも，その事実を示すものである。早い時期に日本に伝わった『玉篇』は，本国での改訂とは関係なしにそのまま伝承され，結果として顧野王が作ったオリジナルのままの『玉篇』が，日本でそのまま伝承された。日本に伝わっていた原本『玉篇』を発見したのは清から日本に書物の調査にやって来た黎庶昌や楊守敬であり，古典文献に関してはきわめて造詣の深い彼らは，その写本をそのまま写真にとって，『原本玉篇』として公刊した。原本の『玉篇』はいずれも断片的にしか残っておらず，また現在までに存在を知られているのは全体の 5 分の 1 くらいの量であるが，しかしそれが非常に重要な価値をもつものであることは，改めていうまでもない。

原本『玉篇』で日本に残っていたのは，次の 7 巻であった。

一，巻第八	心部	五，巻第二二	山部―厽部
二，巻第九	言部―幸部	六，巻第二四	魚部
三，巻第十八(後半)	放部―方部	七，巻第二七	糸部―索部
四，巻第十九	水部		

(阿辻哲次)

【参考文献】岡井慎吾『玉篇の研究』東洋文庫，1969。

許慎

後漢の経学者，また文字学者（30？-124？）。字は叔重。汝南召陵（河南省郾城）の人。孝廉に挙げられ，太尉南閣祭酒，洨長などに任ぜられた。若い頃に賈逵について古文学派の経学を修め，〈五経無双の許叔重〉と学識をたたえられた。代表的な著述に，中国最古の文字学書として知られる『説文解字』15篇（『説文』と略称される）があり，ほかにも経学の著述として『五経異義』10巻があったが，すでに散佚している。ただ同じ後漢の儒者である鄭玄に，許慎の経書解釈を反駁した『駁五経異義』があり，こちらの逸文によって，許慎と鄭玄の解釈の違いをかいまみることができる。伝記は『後漢書』79下儒林伝にある。

許慎が『説文解字』において漢字に関する全面的な解説を撰述した背景には，当時の学術界を二分した古文と今文の対立があった。秦の始皇帝による「焚書」によって，民間の儒家の書は『易』を除いてすべて焼却されたが，漢になると儒家の学問が少しずつ復興しはじめた。その後，武帝のときに国立大学である太学に経書を講じる学官が設置され，儒学が最も正統的な学問とされた。

その頃秦の「焚書」をのがれるために隠されていた経書が発見されるという事件があった。新たに発見された経書の中には，それまで存在を知られていなかったものもあって，大いに世間の注目をひいた。孔子の旧宅から出現した経書は，古い時代の書体で書かれていたので「古文」経書と呼ばれ，一方当時大学で講じられていた経書は，漢代に通行していた隷書で書かれていたので「今文」（現代の文字）経書と呼ばれた。

官学としての今文学と，新興の学問として発展しはじめた古文学との対立は，後漢になると純粋に学問的な次元に高められ，真摯かつ激しい論争がくりひろげられた。

許慎の時代の学術界は上のような状況であった。許慎は古文学派の賈逵に師事した古文学派の学者であり，その立場から今古文の異同を整理したのが『五経異義』である。

今文学と古文学の対立は，依拠するテキストの相違に起因する。今文学派は隷書で書かれた経書により，古文学派は古い時代の書体で書かれた経書による。だから今文派の学者たちは自らの正統性を主張するため，隷書こそは「蒼頡造字」時の書体であり，古代の聖王より直接に伝承されたものであると述べ，文字の解釈においても隷書の字形に基づいて説をなした。しかし比較的新しい書体である隷書は，もちろん造字の原始の姿を伝えるものではない。古文派に属した許慎は，今文学者のそのような俗説を激しく非難し，正しい解釈を示すために『説文解字』を作ったと述べている。それが『説文解字』撰述の動機と目的である。（阿辻哲次）

【参考文献】阿辻哲次『漢字学―「説文解字」の世界』東海大学出版会，1985。

記録体の漢字

記録とは事実を文字に記して後に残すものすべてをさすが，ここでは主として中古・中世にまとめられた古記録の類をさす。それらの古記録の文章は原則として漢字専用であるが，日本独自の漢字の用いられ方が多いので記録体と呼ばれる。

日本に漢文が伝来して以来，日本的な変容を見せた漢文を和化漢文(または変体漢文)と呼ぶ。これは中国の漢文を基準としての見方であり，内容的にも時代的にも広い呼び方である。一方，記録体の文章というのは，自分で経験した事実や見聞きした事柄を自分自身(あるいは子孫など)が参考にできるようにと記す漢文日記という内容からの呼び方である。陰陽寮で作られた『具注暦』と呼ばれる暦の行間にメモのように書き入れることから発達したもので，私的で実用的な文章と考えられるのである。

記録の研究には『大日本古記録』など叢書の形でまとめられた刊本を利用することが多いが，漢字研究には自筆本のあるものが第一に注目される。公卿の日記では，藤原道長の『御堂関白記』(長徳 4(998)～治安 1(1021))，藤原定家の『明月記』(建久 3(1192)～天福 1(1032))の自筆本の他，写本類も多い)など，自筆本の残るものも多い。記録体の漢字を考えるためには，まずこれらの自筆本の漢字の字形，字体を調べることから始めなければならない。『御堂関白記』の『具注暦』は楷書で書かれているが，道長自筆の日記の部分は草書で書かれることが多い。しかも異体・略体など中国の規範から言えば俗体に当たるものが多い。図に示したように「圓」とともに現在の「円」に連なる字形が使われている。本来，「圓」の中の「員」が次第に草書化して縦の棒のように書かれるようになったと思われるが，両者は異体として独立していたものと考えられる。「円」の形が一般化するのは明治になってからである。また図示した「臣」の草体も「朝臣」などに多く使われている。これらは記録に使われてきた字体と言えよう。『御堂関白記』では，「御」「参」「有」「内」「給」など基本的な漢字の使用頻度が高く，敬意を表す漢字が多い。一方，「之」「於」「以」「而」など漢文的な助字の使用は比較的少ない。このような傾向は他の古記録にも見られるところである。

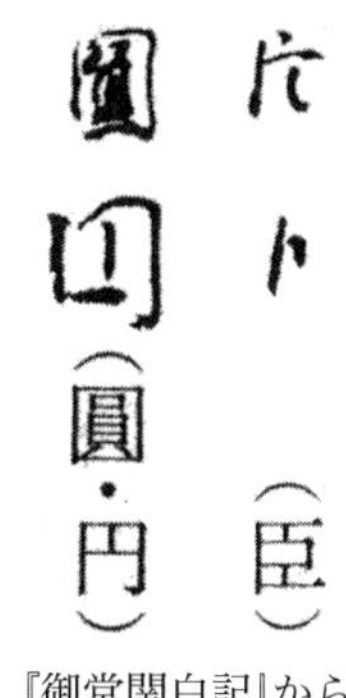

『御堂関白記』から

古記録の文章は日本語の文型を頭に置いてまとめたものである。どの漢字をどう読むか，二つ以上の漢字を一語の訓で読むか(熟字訓と言う)，漢語として音で読む(どういう音で読むか)などさまざまな場合がある。

変体漢文としては，上代の『古事記』，鎌倉時代の『東鑑』(その文章を東鑑体と呼ぶ)も加えられるが，古記録の漢字使用とは違ったところがある。　(前田富祺)

【参考文献】前田富祺「記録の漢字」(『漢字講座 5．古代の漢字とことば』明治書院，1988/峰岸　明『平安時代古記録の国語学的研究』東京大学出版会，1986/峰岸　明『国語学叢書 11　変体漢文』東京堂出版，1986/遠藤好英『平安時代の記録語の文体史的研究』おうふう，2006。

金石文

金属や石材に記された文字。金属や石材に文字を記すことによって，長くこれを後世に伝えようとした。金属に鋳込まれたり刻されたりした文字を金文，石材に刻された文字を石刻文という。

［中国］

中国の金文には兵器・度量器・銭幣・璽印など多様な種類があるが，中心的な位置を占めるのは，彝器と呼ばれる青銅器の銘文である。彝器は，宗廟の祭礼などで用いる礼器であり，用途によって食器（鼎・鬲・毀など）・酒器（爵・尊・罍など）・水器（盤・匜・鑑など）・楽器（鐘・鐸・鼓など）に分類され，その銘文は，鐘鼎文・鐘鼎款識ともいわれる。

殷代の金文は，甲骨文と同様，後期（安陽期：紀元前 14・13 世紀の交以後）になって現れ，それ以前の青銅器には銘文は見られない。氏族の標識と見られる図象文字や祭祀の対象となる十干で表された父祖の名などが大半を占めるが，末期になると 30～40 字の字数をもつ成文銘が出てくる。

西周の初期の金文には，勲功により王から賞賜を受けた臣や諸侯が，それを記念して作器したことを記すものが見られるが，中・後期では，朝廷での官職の叙任や車服の恩賜にかかわる冊（策）命の儀礼と命書の内容とを記す冊命式金文が大多数を占める。それに伴って銘文の字数も長文化し，西周後期の毛公鼎では，497 字を数える。

東周（春秋戦国時代）では，列国の強大化に伴う地方分化が進行し，青銅器や銘文も地方色が顕著になっていく。東周金文の分類としては，郭沫若『両周金文辞大系攷釈』序文（1932）に，南方系（江淮流域諸国）・北方系（黄河流域諸国）の 2 分類が見られ，さらにそれを細分化したものとして，陳夢家「中国銅器概述」（『海外中国銅器図録』1946）の東土系・西土系・南土系・北土系・中土系の 5 分類が知られる。ただし，これは文化的影響関係を中心とするものであって，必ずしも各系相互に顕著な文字の差異が認められるというわけではない。東周金文の特色としては，東土系の秦国の文字に西周文字との濃厚な継承関係が見られるのに対し，南土系の楚国の文字には顕著な特異性が認められる。また，全体的な傾向として，鳥篆・鳥書といわれる装飾的な文字が多見されるようになり，戦国末期には，鋳造ではなく鏨彫りの銘文も現れてくる。

石刻には，碑・碣・墓誌・摩崖・造像など多様な形式がある。碑は，本来，廟門内に立てて祭りのときに犠牲をつないだり，葬儀のときに柩を縄でつりおろすためなどに使われたとされる。はじめは文字は刻されなかったが，後漢に入って，碑面に故人の事績や功績などの文章を刻するようになり，長方形で板状の碑身と台座にあたる趺石からなる石碑の形式が定着した。後漢以降盛んに建立され，立碑が禁止された魏・西晋時代を除く各時代に見られる。

碣は，文字が刻された碑以外の形式の立石を指す。現存最古の刻石として知られる石鼓(せっこ)や，天下統一後に各地を巡行して立石した秦始皇刻石などはいずれも碣に属する。石鼓の年代については諸説があるが，戦国期以前の秦の刻石と見なす点ではほぼ一致している。また，1975年には河北省平山県の戦国時代の中山国の墓葬地から守丘刻石（河光刻石）が発見され，碣が戦国期以前に遡(さかのぼ)ることは確実である。

墓誌は，故人の姓名や経歴・事跡などを石に刻して墓穴に入れたものを指す。通常，方形の石に誌文を陰文で刻し，その上に蓋をのせて墓名を陽文の篆書(てんしょ)で刻している。墓誌はすでに後漢の例が見られるが，特に魏から西晋にかけて立碑の禁止に伴って広く流行した。

摩崖は，自然の岩壁を利用して，そこに文字を刻したものを指す。漢代に起こり，特に六朝(りくちょう)期に盛んに行われた。有名なものに北魏・鄭道昭の摩崖がある。

造像は祖先や親族の冥福を祈るために造った仏像で，そこに刻された由来や発願者の名前などを造像記という。北魏に始まり，それ以後，長く行われたが，特に北魏において隆盛した。石窟寺院を中心とし，有名なものに雲崗石窟・龍門石窟・義県石窟などがある。

これらの金石文は，いずれも同時代資料であり，中国学の諸分野において重要な意義をもつ。金石文を研究する金石学は，北宋のときに興起したが，元・明代ではあまり振るわず，清朝に至って考証学との関連から隆盛を極め，多くのすぐれた成果をおさめた。漢字研究においても，同時代資料であるという点が，金石文の最も大きな意義であるが，金石文は，いわば特別な用途の文字であり，簡牘(かんとく)や紙などの筆記文字とは性格が異なる点を十分に認識しておく必要がある。したがって，両者を同列に扱ったり，単純に直結させることは危険であり，内容や用途などをふまえた慎重な検討が求められる。

[日本]

日本の金石文は，碑銘・墓誌銘・造像銘・刀剣銘など多岐にわたるが，中国に比べて数が少なく，時代も古代が中心である。

例えば，碑銘には，栃木県の那須国造碑（690），群馬県の上野三碑として知られる7世紀末から8世紀初めの多胡碑・山ノ上碑・金井沢碑，宮城県の多賀城碑（764），墓誌銘には，小野毛人墓誌銘（667）・船王後墓誌銘（668），造像銘には，法隆寺の釈迦像後背銘（623），野中寺弥勒菩薩半跏像銘（666），剣銘には，5世紀から7世紀と推定される江田船山古墳・稲荷山(いなりやま)古墳・岡田山1号墳出土の刀剣銘などがある。

日本の金石文は，漢字の伝来や受容の実態を示す同時代資料として重要な意義をもつ。また，仏教の浸透，漢籍の移入や学問の実態，地方の文化の状況など，多方面にわたって，文献資料では知りえない貴重な情報をもたらしている。　（福田哲之）

【参考文献】阿辻哲次『図説漢字の歴史』大修館書店，1989/小林芳規『図説日本の漢字』大修館書店，1998/東野治之『日本古代金石文の研究』岩波書店，2004。

『金文編』

殷周の青銅器の銘文の文字(金文)を分類した字典。容庚(1894-1983)編著。正編(殷周金文，14巻)，附録(上・下)，采用彝器目録引用書目・采用彝器目録・検字からなる。正編の文字配列は『説文解字』に従い，附録は上篇に図象文字，下篇に未釈字を収録している。

序文によって，初版から新版までの刊行の経緯をたどると以下のとおりである。

容庚は，1913年に呉大澂の『説文古籀補』や桂馥の『繆篆分韻』などの古文字字典を読んで，その補続を志し，1917年に「1，甲骨文編」「2，金文編」「3，石文編」「4，璽印封泥文編」「5，泉文編」「6，専文編」「7，瓦文編」「8，陶文編」からなる，『殷周秦簡文字』の編集を企画した。すなわち『金文編』は，この壮大な計画の一部をなすものであった。

1922年に天津において『金文編』の稿本を羅振玉に見せて示教を願ったところ，刊行を勧められ，羅振玉・王国維・沈兼士・馬衡らの訂正を受けて，自ら手書写定し，1925年に初版を刊行した。

1938年には，羅振玉の『三代吉金文存』をはじめとする新たな資料による補訂版を刊行した。補訂版には，正編(殷周金文)1万4540字，附録2131字，計1万6671字が収録されており，初版に比べて6365字の増加となっている。1959年には，校補版が刊行され，さらに，晩年においても弟子の馬国権・張振林らが協力して増訂作業が進められた。

1983年の容庚の死後，張振林によって新版が完成され，1985年に中華書局から刊行された。新版では，正編(殷周金文)2万1777字，附録2483字，計2万4260字が収録されており，補訂版に比べてさらに7589字の増加，採用した青銅器(彝器)は3902器にのぼる。

本書の続編として，同じく容庚編著になる『金文続編』がある。本書は，1935年に刊行され，殷周の金文を収録した『金文編』に対して，秦漢の金文が収録されている。構成は，『金文編』と同様，続編(秦漢金文，14巻)，附録，金文続編采用秦器銘文・金文続編采用漢器銘文，検字からなり，収録字は，秦漢金文7035字，附録47字，合計7082字にのぼる。

『金文編』の初版に寄せられた王国維の序文は，釈読の困難な文字については闕疑のまま附録(下篇)として収録している点を取り上げ，容庚の釈字における慎重な態度を高く評価している。現代においても金文研究の基礎資料として広く普及し，陳漢平『金文編訂補』(中国社会科学出版社，1993)など，補訂作業も継続して行われている。

(福田哲之)

【参考文献】『容庚選集』天津人民出版社，1994。

<ruby>区点<rt>くてん</rt></ruby>コード（<ruby>符号化方式<rt>ふごうかほうしき</rt></ruby>）

JIS X 0208，JIS X 0212，JIS X 0213 などの 7 ビットおよび 8 ビット系の符号化文字集合では，7 ビットで表現可能な 128 とおりのビットの組み合わせのうち，94 とおりのビットの組み合わせを 2 個用いて，94 × 94 ＝ 8836 とおりのビットの組み合わせが表現できる仕組みを取っている。前半の 94 とおりと後半の 94 とおりにそれぞれ 10 進法で番号を付け，個々の符号位置を一意に表すコードが区点コードである。

同じ文字を 16 進数で表現することも可能であり，プログラミングなどの技術分野では符号位置の指定に 16 進数を用いることも多くある。

通常，符号化文字集合において，規格票などに記載されている符号位置（区点コードやその 16 進数表現）と，コンピュータの内部処理やネットワークを経由しての情報交換に用いられる符号化表現（0 と 1 との組み合わせ）とは異なっており，符号化表現（encoding scheme）と呼ぶ。

JIS 漢字コードの符号化表現としては，EUC-JP，ISO-2022-JP，Shift-JIS（ローマ字と片仮名だけを扱う JIS X 0201 と JIS X 0208 を共存させるための符号化方式）などがある。いわゆる文字化けの多くは，情報の送り手と受け手の間で符号化方式が異なることに起因する場合が多い。

Unicode は，当初 16 ビットで表現可能な 6 万 5000 とおりの組み合わせのほぼすべてに文字を割り振ることにより，世界中の文字が表現可能であるとの見通しで開発をスタートしたが，特に漢字を考慮に入れると 16 ビット表現では不足することは自明であり，UCS は当初から 32 ビット表現（約 43 億とおりの組み合わせが可能）を規定していた。

				b8	0	0	0	0	0	0	0	0	1	1	1	1	1	1	1	1
				b7	0	0	0	0	1	1	1	1	0	0	0	0	1	1	1	1
				b6	0	0	1	1	0	0	1	1	0	0	1	1	0	0	1	1
				b5	0	1	0	1	0	1	0	1	0	1	0	1	0	1	0	1
b4	b3	b2	b1	行＼列	0	1	2	3	4	5	6	7	8	9	A	B	C	D	E	F
0	0	0	0	0	JIS X 0211のC0集合		SP	0	@	P	`	p	保留域	2バイト符号の第1バイト	保留域	ｰ	ﾀ	ﾐ	2バイト符号の第1バイト	保留域
0	0	0	1	1			!	1	A	Q	a	q			｡	ｱ	ﾁ	ﾑ		
0	0	1	0	2			“	2	B	R	b	r			｢	ｲ	ﾂ	ﾒ		
0	0	1	1	3			#	3	C	S	c	s			｣	ｳ	ﾃ	ﾓ		
0	1	0	0	4			$	4	D	T	d	t			､	ｴ	ﾄ	ﾔ		
0	1	0	1	5			%	5	E	U	e	u			･	ｵ	ﾅ	ﾕ		
0	1	1	0	6			&	6	F	V	f	v			ｦ	ｶ	ﾆ	ﾖ		
0	1	1	1	7			‘	7	G	W	g	w			ｧ	ｷ	ﾇ	ﾗ		
1	0	0	0	8			(	8	H	X	h	x			ｨ	ｸ	ﾈ	ﾘ		
1	0	0	1	9			)	9	I	Y	i	y			ｩ	ｹ	ﾉ	ﾙ		
1	0	1	0	A			*	:	J	Z	j	z			ｪ	ｺ	ﾊ	ﾚ		
1	0	1	1	B			+	;	K	[	k	{			ｫ	ｻ	ﾋ	ﾛ		
1	1	0	0	C			,	<	L	¥	l	¦			ｬ	ｼ	ﾌ	ﾜ		
1	1	0	1	D			-	=	M	]	m	}			ｭ	ｽ	ﾍ	ﾝ		
1	1	1	0	E			.	>	N	^	n	‾			ｮ	ｾ	ﾎ	ﾞ		
1	1	1	1	F			/	?	O	_	o	DEL			ｯ	ｿ	ﾏ	ﾟ		

図 1　シフト符号化文字集合の構造

現時点（2009 年 4 月）において，Unicode の符号化表現としては，UTF-8（すべてのコードを複数の 8 ビットの組み合わせで表現。主として，ネットワークを経由した通信で用いる），UTF-16（UCS-4 のうち，BMP を除く最初の 16 面を，16 ビット 2 個の組み合わせで表現。Unicode では，surrogate という），UTF-32（UCS-4 と同じ 32 ビット表現だが，用いる符号位置は，UTF-16 の対象となる符号位置のみ）などがある。

（小林龍生）

【参考文献】小林龍生他編『インターネット時代の文字コード』共立出版，2000。

句読点(くとうてん)

文・文章の表記にあたり，文字列に付されて，意味の切れ目や読む際の息の切れ目，語句の相互関係を明示するための補助符号。狭義には，文末の切れ目を示す「。」(句点) と文中の切れ目を示す「、」(読点) を指すが，広義には，感嘆符や疑問符，―(ダッシュ)……(リーダー)とか，「　」『　』(　)などの括弧の類のようなくぎり符号一般を指していうこともある。

句読点の使い方のきまりを，句読法という。今日の日本語の句読法は，「くぎり符号の使ひ方〔句読法〕(案)」(文部省国語調査室，1946 (昭和 21))，「くぎり符号の用ひ方」(同，改訂版 1949 (昭和 24))，「くぎり符号の使い方」(「文部省刊行物表記の基準」1950 (昭和 25)，後に「国語の書き表わし方」と改題) といった文書に示されたところをよりどころとしている。

歴史的にみると，漢文を読み解いていく際に，意味を捉えるため，訓点の一種として句読点を書き加えるということは，奈良時代にも例があるが，平安時代以降多く見られるようになる。こうした漢文訓読における句読点は，後代にも継承され，江戸時代の貝原益軒『点例』や太宰春台『倭読要領(わとくようりょう)』には，これについての解説が見られる。ただ，こうした句読点は，あくまで訓読(くんどく)の助けとして所与の漢文に読み手が施していくものであって，書き手自身が文章を書くにあたって自ら付ける今日のような句読点とは，性格が異なるものであった。他方，仮名文においては，古来句読点を用いることがなかったが，室町末のキリシタン資料には句読点を施したものが見られ，江戸時代に入ると，木版本に句読点が施されたものも見られるようになる。ただ，こうした例では，句点と読点が形のうえで区別されず未分化であり，また，句読点を用いること自体も必ずしも一般的ではなかった。やがて，明治に入ると，日本文における句読法の必要性が意識されるようになり，知識人や文学者によってさまざまな句読点の使用が試みられるようになる。また，句読法についても，権田直助『国文句読考』(明治 20，井上頼圀補訂明治 28) などの研究も出された。

今日のような句読点が一般化し，書き手が文章の表記の際に句読点を施すようになっていくのは，1906 (明治 39) 年に国定教科書の句読法の基準として文部省図書課の「句読法案」が出されて以降である。ちなみに，読点を「、」とし，句点を「。」とする符号の使い分けは，中国において出版された漢訳洋書に見られた符号の区別を，その種の書物に接していた明治初期の知識人たちが，日本語の表記に応用したことに始まるとされる。句読点の使用は，しかし，ただちに日本語のすみずみにまで行き渡ったわけではない。公文書においては，かなり長い間句読点が用いられなかったし，新聞においても投稿記事など一部を除いて句読点は付けられなかった。主要新聞における全紙面句読点実施は，朝日新聞の 1950 (昭和 25) 年 7 月からが最初である。また，かつては手紙文に句読点を付けるのは失礼にあたるので付けないほうがよいとされたこともあった。今日では，句読点は文章表記の基本として周知されているものの，実際の使用に際しては，考えるべき問題がいろいろある。

句点については，その使用に問題はないように思えるが，「　」の中において「おはよう」とするか「おはよう。」とするかのように，付けるべきかどうか迷う場合もある（どちらのやり方も行われている）。

読点は，文中の意味の切れ目を明示するために打たれる。一般に，①「〜は」のような主題を示す語句の後，②並列になる語句の間，③文頭の接続詞や感動詞の後，④「〜スルと/〜スレば/〜シタラ/〜スルなら」「〜スルから/ので」のように，条件や理由を規定する従属節や，「〜スルが/けれど」「〜スルとき/シタところ」など状況や時を規定する従属節の後，⑤挿入句の前後，などには読点を打つのが自然である。ただし，例えば並列の語句であっても「菜穂子は、歌って踊った」のようにそれぞれが短い場合は，読点を打つとかえって煩瑣に感じられるので，打たないことが多い。このように，読点の使用には，視覚的な見やすさということもかかわってくる。読点は，また，息の切れ目やリズムによっても打たれることがある。「首相は、14日ワシントンに到着した」とせず，「首相は14日、ワシントンに到着した」のようにするのは，息の切れ目に従ったものといえる。こうした打ち方も，実際よく目にするが，息の切れ目が必ずしも意味の切れ目に対応するとは限らないので，意味が不明確にならないよう注意する必要がある。

日本語では，今日，読点の使用について必ずしも強い規範があるわけではなく，その使用は個人に委ねられる面が少なくない。したがって，読点をよく使う表記をする人もあれば，あまり読点を使わない書き方をする人もある。こうしたことは，個人の表記のスタイルの問題ではあるが，あまり読点の少ない表記は読みにくい。一般に十数字ぐらいの一まとまりを読点で区切っていくのが自然だとの計測結果もあり，ある程度読点を打って読みやすい表記を心掛けるのが望ましいといえよう。また，意味内容を正確に伝えるため，読点を打つことが必須になることもある。例えば，「500円で売りに出ていた壺を買った」のような場合，“500円で買った”という意味であることをはっきりさせるためには，「500円で、売りに出ていた壺を買った」のように，読点を打つことが必須になってくる。

なお，「文部省刊行物表記の基準」の「横書きの場合の書き方」では，「、」を用いず「，」（コンマ）を用いるとされているが，実際には横書きでもどちらも用いられる。

従来，句読点については，その発生や使われ方の歴史的研究は，ある程度進められてきたが，現代日本語の表記における，特に読点の使用の実態やそこにみられる使用意識などについては，まだまだ調査・記述が進められる必要があるだろう。

（藤田保幸）

【参考文献】斎賀秀夫「句読法」『続日本語講座 2』明治書院，1954/『日本語学』8巻6号「特集・句読法」明治書院，1989/佐竹秀雄「符号の問題」『現代日本語講座 6』明治書院，2002。

訓詁学（くんこがく）

「訓」は字句の意味を解釈すること，「詁」は古いことばの意味。従って「訓詁」とは，広義に，古いことばの意味を解釈する学問，狭義には，古典の字句の解釈を主とする古代中国に発達した学問を指す。伝えられた事実・思想・心情を解明するという点からすれば字句の解釈に限定され，厳密ではあるがややもすれば末梢的な議論に陥る傾向が生じるところから，字句の意味に拘泥した瑣末主義を批判することばとしても用いられるが，本来は古典解釈に必須の基礎学問である。

ことばは時とともに変化して意味が通じにくくなるから，年月が経過すると古義を究明し，注釈する必要が生じる。これはいつの時代，どの言語においても同じであって，例えば『源氏物語』でも成立後 1 世紀を過ぎると注釈が現れるようになった。難語の注解は，辞書の形態を作りやすい。ギリシャの詩人フィレータス（紀元前 250 年頃）のグロッサリーなど，原初の辞書にその例が認められる。古代中国でも，言語変化の累積と古訓の集積の中から最古の辞書とされる『爾雅』が生まれた。成立の時期は明らかでないが秦漢の学者が先人の説を基に著した書で，特に冒頭の三篇（釈詁・釈言・釈訓）は『書経』『詩経』など五経の難字・難語を当時の通用字に置き換え，訓釈したものと見なされている。後漢・劉熙『釈名』，魏・張揖『広雅』も『爾雅』体であるが，前者は同音あるいは類音の字をもって語義を説く「声訓」の方法を採っている。漢字の形・音・義を体系的かつ総合的に解釈した後漢・許慎『説文解字』は，蓋し同時代における訓詁学の極致と言えるであろう。字形を分析して構成・転用の原則を発見するとともに，部首を立てて篆文を掲げ，字義を解説し，字形を解き，字音を示している。

古文献のテキストに加えられた秦漢以来の膨大な注釈はさまざまな形で伝えられたが，南北朝末～隋唐にはそれが陳・陸徳明『経典釈文』，唐・孔穎達（くようだつ）ら『五経正義』などに集成された。『経典釈文』は，五経および『老子』『荘子』など 14 教典のテキストや注に六朝期の学者および陸氏自身の音義を加えている。『五経正義』は，五経のそれぞれに漢魏晋代の古注を選び，それに南北朝以後の説に基づく注釈を加えたもので，唐代における五経の標準的解釈を示すものとして重んじられた。こうした訓詁の歴史的集大成というべきは清・阮元らによる『経籍籑詁』で，経書・史書・諸子・詩文集の注釈を初めとする唐以前の書 64 種の古訓を韻によって分類しており，以後の字書類に字訓の根拠を提供している。

哲学的議論を優先する結果，訓詁が軽んじられた宋明の理学に対するアンチテーゼとして清代に起こった考証学の実証的・文献学的方法は，漢唐の訓詁学を大きく進展させ，独立した語学的研究へ発展する方向を生み出した。『爾雅』には邵晋涵『爾雅正義』，郝懿行『爾雅義疏』，『釈名』には畢沅『釈名疏証』，『広雅』には王念孫『広雅疏証』などの優れた再注釈が著されたが，分けても注目されるのは『説文解字』研究の成果で，段玉裁『六書音均表』『説文解字注』は押韻例の分析に基づいて上古韻部の説を深化させるとともに，字義に本義・引申義・仮借義を区別して意味記述に新生面を開いた。また，朱駿声『説文通訓定声』は字を古韻に基づいて配列し，字義の変化を体系立てて示そうとしている。清代考証学の語学的研究への進化は，陳澧『切韻考』にその代表例を見いだせる。陳澧は『広韻』の反切を系連法によって解釈し，伝統的音韻学を書き改めて中古音韻体系再構の基礎を作った。

中国語ではその孤立語的特徴とそれが生んだ表語文字ゆえに，ことばへの関心が文字の形・音・義に関する歴史的学問（小学）に向かいがちで，これが近代的な語彙研究・文法研究の発生を妨げたと言える。しかし，清代に至ると漸く虚字の研究などに語彙的・文法的研究への萌芽が認められるようになった。劉淇『助字辨略』は唐宋以前の文献に現れる助字およそ500字に詳細な分類を加え，正訓・通訓・借訓などに分けて解釈している。王引之『経伝釈詞』は五経などの古文献から160の助字を取り上げ，音相通と関連させながら意味用法を詳述している。ラテン文法を基底に置くものとは言え，馬建忠『馬氏文通』のような体系的文法記述が生まれるのは清末のことである。

中国の訓詁学，殊に唐代の書籍は，日本にも直接・間接の影響を与えた。日本の辞書史は言わば中国字書史の投影であるが，日本で成立した平安時代以前の辞書・音義には中国から伝えられた字書・音義群が用いられている。最古の音義とされる『新訳華厳経音義私記』は唐・慧苑『新訳華厳経音義』に，最古の辞書とされる空海『篆隷万象名義』は『原本玉篇』に基づくもの，昌住『新撰字鏡』は『一切経音義（玄応）』『説文』『原本玉篇』『切韻』によっている。その他，源順『和名類聚抄』，撰者不詳『類聚名義抄』，信行『大般若経音義』など，この期の主要な音義・辞書で中国請来の諸書を引証しないものはない。

漢文の訓読は中国から記録・文書・書籍が伝えられた極初期に遡るであろうが，訓法が直接本文に記入されるようになるのは概ね8世紀末からで，以後「訓点資料」と呼ばれる文献群が産出された。日本においては，語順を日本語に改めながら字義に即して和訓を施し，必要に応じた字音を注記してテキストを読み解くこと，すなわち訓読自体が一種の訓詁であったから，ここにおいても中国の古書が参照された。テキストに加えられた和訓は，『類聚名義抄』等の辞書や音義類にも集成・伝承されている。

日本の古典籍も，成立後間もなく講述や注釈が行われるようになる。『日本書紀』の講説は成立の翌年始まり，平安時代初期から中期を通じて6回行われた。その内容は『日本紀私記』に記録されている。鎌倉時代には卜部兼方『釈日本紀』によって本格的注釈が試みられた。『万葉集』も編纂後わずか100年程度の間に難解な歌が生じたらしく，天暦5年（951）には任ぜられた5名の歌人・学者が訓読に当たっている。以後，平安時代末までに何人もの歌人・学者が解読を行い，鎌倉時代になると仙覚『万葉集注釈（仙覚抄）』のように後世へ大きな影響を残す注釈書が生まれた。

江戸時代中期になり，『古事記』『万葉集』など日本の古典を研究することによって日本固有の精神と伝統を解明しようとする国学の思想が盛んになると，それに伴って研究も実証的・帰納的になり，本居宣長『古事記伝』『古今集遠鏡』『源氏物語玉小櫛』，谷川士清『日本書紀通証』，賀茂真淵『万葉集考』などの優れた注釈が生まれた。なお，『万葉集』には，これに先立って契沖に『万葉代匠記』のような画期的成果がある。

日本の固有語に対する反省的関心が高まり，谷川士清『倭訓栞』，海北若沖『万葉集類林』をはじめとする和語の辞書・語彙集が現れるのも概ね江戸時代中期以後である。その中には，『日本釈名』『東雅』などのように秦漢代の字書の書名・体裁を模したものがある。

（林　史典）

【参考文献】斉佩瑢『訓古学概論』1943/岡井慎吾『日本漢字学史』明治書院，1934/古田東朔・築島　裕『国語学史』東京大学出版会，1972。

訓　点

本邦においては，中国の漢文を受容するに際して，例えば，中国語文である原漢文をそのままに，原漢文と同一紙面上において，日本語文に翻訳をするという行為，その結果である日本語文を原漢文に対して表記する営為を通じて行うことがあった。その原漢文をそのままにして行う，一種の翻訳行為を訓読というが，訓点とはその訓読結果を，原漢文と同一紙面上に表記する際に用いられた仮名文字や符合の総称。これらの文字や符号は，時代とともに変化，変遷して今日に至っている。

もともと，固有の文字をもたなかった日本においては，大陸からの漢文の移入を介して，漢字という文字を保有することになった。大陸文化の受容も，人的交流はあったものの，多く漢文を介したものであった。漢文理解のために，中国語文として中国語音による音読によって漢文を読解するほかに，訓読という方法を採り，大陸文化に接したが，漢文訓読という営為は，奈良時代以前から存したとされる。「成唯識論述記序釈」(善珠〔723-797〕撰)には，万葉仮名和訓が存するが，訓読という営為を背景に想定させる助詞・助動詞の記載が存する。かかる訓読という営為の結果を，漢文と同一紙面上に表記した資料，所謂，訓点資料は奈良時代に出現する。年号の明確な現存最古の訓点資料は，「大東急記念文庫蔵華厳刊定記巻第 5 延暦 2(783)年・7(788)年点」「延暦寺蔵華厳要義問答延暦 18(799)年・21(802)年点」や「華厳文義要決平安初期点(東大寺諷誦文稿紙背)」など，華厳関係の資料であって，これらには，特に中国語文と日本語文との間に存する語序の異同を示した符号が加点されている。原漢文を日本語に訓読し，訓読の結果を返り点を付して示したものであり，返り点とともに，句読点の加点が存する。

平安時代の資料に施された訓点には，句読点，返り点のほかに，ヲコト点，仮名，声点，合符，人名符などが存し，時代が下って，固有名などを表示する朱引きなどが現れる。

ヲコト点は，平安初期に現れた符号で，訓読対象の漢字の外周，漢字上または漢字から少し離れた位置に付される「・」(星点)，「—」(線点)，「└」(鈎点)などで，加点された位置によって特定の音節を担うものである。平安時代には，訓点の記入主体の位相によって多数の形式の異なるヲコト点が使用されたが，多くは，鎌倉時代に至って衰退に向かう。ヲコト点のうちの数種のものは江戸時代にも使用されたが，訓点としては，一般的に，その地位を仮名点に譲った。

平仮名も片仮名も，漢字(万葉仮名)をもとにして平安初期に生まれたとされるが，特に，片仮名は，訓点記入の場で成立したものであり，平安初期から今日に至るまで，訓点として使用されている。平安初期の訓点における仮名の使用は，万葉仮名，片仮名，平仮名などが認められるが，多くの場合，ヲコト点と併用されたものであって，歴史の推移に従った片仮名の簡易化に伴い，助詞・助動詞などをヲコト点に代わって，片仮名によって記す，新たな仮名点本の出現は，10 世紀を待たねばならない。万葉仮名の使用は，片仮名の発達によって次第に淘汰された。平仮名の使用も，平安初期には，万葉仮名，片仮名の使用資料中に，その体系に混じって使用されていたものであるが，平安中期以降，その使用は，限られた資料に現れる。漢籍を中心とした博士家の点本の一部と，仏書訓点資料の一部で，仏書訓点資料の中でも，「石山寺蔵沙弥十戒威儀経平安中期角筆点」「石山寺蔵求聞持法応和 2 (962) 年点」や「書陵部蔵大乗本生心地観経院政期点」などは，いずれも角筆との関連のある資料で，角筆点においては，江戸時代に至るまで，平仮名が訓点として用いられている。

漢字を訓点に用いた事例が存する。仮名の訓点に交えて，「如」「云」「事」などが，使用されたもので，「ゴトシ」「イフ」(およびその活用形)や「コト」の音節を担って使用され，これらは，全画または省画で表記される。以上のほかに，形式的な語に限らず，訓点に漢字が用いられた例は，漢文本文の注釈活動に基づいて，玉篇や切韻などの辞書類，訓読対象の原漢文の注釈書の記載内容のうち，義注に関する記述を漢字のまま訓点として記載し，それに従った訓読を示した場合も存する。

符号類のうち，声点は，訓点においては，漢文本文の漢字の声調，清濁を漢字の角または，外辺に加点することによって示すものであったが，声点も形態によって本濁と新濁(連濁)を区別するものや，漢字音の有気・無気を区別するものなどに分化したものが現れる。声点は，仮名にも加点されるようになり，和語の清濁，アクセントを示す符号として使われるようになった。

合符も，当初は，漢字二字またはそれ以上の文字列に対して，「—」線符を付して，漢字の熟合を示すために用いられたものであるが，後に，漢字間の「—」線を施す位置によって，音読と訓読とを表示するように分化し，また，資料によっては，位置によって，訓読と，音読も漢音読と呉音読とを区別するように分化したものも現れるようになった。　　　　　　　　　　　　　　　　　　　　　　　　　　　　(松本光隆)

【参考文献】中田祝夫『古点本の国語学的研究 総論篇』講談社，1954・勉誠社，1979 改訂/築島　裕『平安時代の漢文訓読語につきての研究』東京大学出版会，1963/小林芳規『平安鎌倉時代に於ける漢籍訓読の国語史的研究』東京大学出版会，1967/築島　裕『平安時代語新論』東京大学出版会，1969/小林芳規『角筆文献の国語学的研究』汲古書院，1987/築島　裕『平安時代訓点本論考 研究篇』汲古書院，1996。

訓読み

漢字のもつ意味に基づいて，日本語に訳したもの(⇔音読み)。中国大陸から外国語である漢字・漢文が日本に渡来した際に，これを解読するうえで，一つにその漢字の，中国における原音を日本語の音として定着させた読み(＝音読み)が行われ，もう一つ，中国語音とは異なった，漢字の表意性に基づき，日本語としての読み方を案出した。これが訓読みである。「川」をセン，「足」をソクと読むのが音読みであり，これに対して「川」をカワ，「足」をアシと読むのが訓読みである。

訓読みがいつ頃から始まったかは，はっきりしていないが，漢字・漢文が渡来した当初(おそらく5世紀初頭)は，原文の語順に従って，当時の中国語音によって音読されており，日本語として訓読されるようになったのは相当時代が下ってからであろうと考えられている。また，訓読みには，その漢字の文脈に支えられた一回的，臨時的なものもあれば，漢文訓読の営為が繰り返し続けられるうちに，その漢字に固定して定訓となったものもある。前者は，『万葉集』の義訓・戯訓(「夏樫(なつかし)」＝懐し，巻7・1195，「馬声(い)蜂音(ぶ)石花(せ)蜘蛛(くも)」＝鬱悒くも，巻12・2991，の類)や，降って江戸時代の歌舞伎の演題「青砥稿花紅彩画(あおとぞうしはなのにしきえ)」(弁天小僧)などにも見られるが，漢字と訓との結合度が希薄であり，概して難読である。一方，後者は，元来漢文の訓読という漢字の理解行為が，表現行為に転じて日本語を漢字によって表記しようとする試みも生じた。例えば，アナという日本語を「穴」という漢字で，オホを「大」で表記しようとすることである。6〜7世紀には，日本人の名前や地名を訓で表した例が見え，藤原宮木簡(もっかん)で「塩」「糸」「米」のように表記されている漢字なども，それぞれ訓との結びつきが固定化していたと考えられている。また，和銅5(712)年撰述の『古事記』の漢字の用法からも，当時多くの漢字に訓が固定的に結びついていたことが知られる。

漢字と訓との結びつきは，時代によっても変遷が見られる。例えば，「当」「将」などのいわゆる再読字は，平安中期以降に定着した訓みであり，それ以前は単にマサニと副詞で訓(よ)んだり，ベシ・ムなどの助動詞に訓んだりして一定してなかった。「者」字も，古く人物を表す場合にはヒトと訓まれ，事物などを表すモノと訓まれて区別されていたが，後には一律にモノと訓まれるようになる。

音義や漢和字書は，漢字の訓を収集したものであるが，現存最古の漢和字書は，平安時代の昌泰(898–901)年中に昌住の撰述した『新撰字鏡(しんせんじきょう)』であり，降って，11世紀末に法相宗僧の編述した『類聚名義抄(るいじゅみょうぎしょう)』は，最も豊富な和訓を収めるものとして古代漢和字書の代表的位置にある。

現代の国語を書き表すために漢字使用の目安として，1981(昭和56)年10月に「常用漢字表」が告示されたが，その音訓欄を参照し，公用文などの作成に際してもその範囲で用いることが望ましいとされる。 (山本真吾)

【参考文献】小林芳規『図説 日本の漢字』大修館書店，1998。

『経義述聞』

清代，高郵の王引之の記した書物。32巻。嘉慶2(1797)年完成，同光12(1832)年刊行。王引之は，清朝を代表するすぐれた古典学者であった父・王念孫について文字・音韻・訓詁の学を修めた。そしてその間に聞いた学説を記したのがこの書である。念孫の説は，「家大人曰く」というかたちで提示されている。書名も，自序にあるとおり，「經(書)の義(＝意味)について，(父親・王念孫から)聞いたことをそのまましるしたもの」という意味である。「述」とはすなわち「述而不作」(『論語』)の述で，改変を加えずそのままを記録したという意味である。とすれば，この書の主著者は王念孫であり，王引之は，筆記者にして補遺作成者であるということも可能かもしれない。そして王念孫にも同類の著作『読書雑誌』があることを加味すれば，王念孫があえて自著から落とした考証を書き留めたものとさえいうことは可能であろう。

さてこの書の研究手法の特色の第一は，経書中の文字の意味を知ろうとするとき，その文字の音韻に着目して，仮借・音通の関係を用いて仮に置き換えられていた文字を，本来使用しようとしていた文字にもどして字義を確定しようとするものである。この手法は，経書本文の意味確定に用いられるだけでなく，鄭玄をはじめとするいわゆる古注の解釈方法を再認識することにもつながる。例えば「AはBなり」という訓詁が与えられていた場合，これまでの訓詁学的手法では，「Aという文字にBという意味がある」と無批判に考えてしまいがちであった。もしこのような置き換えが妥当であれば，ほかに「AはCなり」「AはDなり」という訓詁があり，さらにB，C，Dの意味がかさならないとき，Aという文字にはB，C，Dという全く異なる三つの意味が含まれることになる。これではある漢字の意味が，脈絡なく際限なく増大していくことになる。そこでこの書のように仮借・音通の関係に着目して，与えられた訓詁を本来の意味，本来の意味から広がった意味，本来の意味とは関係なく発音が同一であったり近似しているために一時的に借りてこられくっつけられた意味に分ければ，それぞれの漢字の字義を明晰・判明にしていくことが可能となる。たちもどって古注の文字解釈も，場当たり的に訓詁を与えているのではなく，音通の原則によってなされているものが多いことが指摘される。第二の特色は，第一の特色と同じく，字義を系統的をもったまとまりのあるものにするべく，精密な博引旁証をもって，思いつき的場当たり的解釈を排除した点にある。

『周易』『尚書』『毛詩』『周禮』『儀禮』『大戴禮記』『禮記』『左傳』『國語』『公羊傳』『穀梁傳』『爾雅』といういわゆる経書を対象につけられた考証と3編の小論文からなる。

「皇清経解」「四部備要」に収められるほか，近年，景印版に条目索引を付けたものも刊行され利用しやすくなった。(木島史雄)

経書（けいしょ）

経書とは，漢字文化圏において近代以前，一人前の文化人であるために，その習得が必要とされた特定の書物の集合である。はじまりは孔子学団のカリキュラムと教科書であった「詩」「書」「礼」「楽」である。「詩」は歌曲集で，外交上必要な知識であるとともに，文学作品アンソロジーとして，文学的教養の基準でもあった。「書」は，聖人と呼ばれる理想的政治家たちの，主に演説と遺言からなるの発言集で，これも士人の理念として必要な情報であった。すなわち「詩」と「書」は，士人＝文化人＝政治家としての教養書であり，文化的な交流を行う際にコミュニケーションを支える共有の財産＝場であった。発言者と受信者双方がこれらのテクストを知っていることにより，メッセージという機能が初めて可能になる，そのような書物なのである。そしてこれらが，特定の教条にのっとった宗教経典ではなく，時人の共有物であったことは，儒家とはげしく対立した墨家の文献においても，まま詩や書が援用されていることからうかがい知ることができる。また礼と楽にテクストがあったかどうかは疑わしい。この両者は，実技の習得が目的であって，必ずしも文字テクストを必要としないからである。その後『易』『礼』『春秋』の三つの書物が教科書に追加された。『易』は，占いの書物であり，神籤のお告げに当たる部分と，それの理論的な解説である「伝」からなる。「礼」は，ここでようやく『儀礼』という儀礼作法のテクストとして現れ，そこには成人式，結婚式，地元での宴会，葬式などの儀式規定が記されている。『春秋』は本来は魯の国の歴史記録であるが，孔子が編纂したとして重要視されることとなった。これらの三書の追加によって「五経」が成立した。以後，この五経をベースに経書は拡充していき，最終的に，『周易』『尚書』『毛詩』『周礼』『儀礼』『礼記』『春秋左氏伝』『春秋穀梁伝』『春秋公羊伝』『論語』『孝経』『爾雅（じが）』『孟子』の十三経となった。ここで注意しなければならないのは，これら経書を内容に従って定義することの困難である。冒頭に述べたように，経書を教養書の集合と定義することは一応可能である。しかしそれだけで十分ではない。というのは，この条件を満たしながら，「経書」ではない書物，例えば『老子』『荘子』などの思想書，『楚辞』『文選（もんぜん）』などの文学書が，たくさん存在するからである。さらにここで用いた「一人前の文化人」という言葉も，経書と無関係にその内容が確定している言葉ではない。すなわち，現代的な意味で，文体，内容，込められている思想，来歴に関して，「経書」には，共通の要素が存在しないのである。文体ということでいえば，『周易』は箴言，『尚書』は演説，『毛詩』は韻文文学，『春秋』は物語，『論語』は言行録，『爾雅』は辞書というふうにさまざまである。また内容からいっても，『周易』は占いのお告げ，『尚書』は訓戒，『毛詩』は歌曲，『周礼』は官職制度規定，『儀礼』は儀礼作法，『春秋』は歴史書であって，大きく異なっており，かつそこに統一的なまとまりがあるわけでもない。思想の面でも，これらの書物の間に思想的な統一性があるわけではない。例えば『春秋穀梁伝』と『春秋公羊伝』は，政治施策の可不可を判断するに当たって，責任主義と動機主義という真っ向から対立する立場をとるし，「詩」「書」は，墨家など，儒とは異なる思想集団においても教科書として利用されていた。すなわち経書と呼ばれる書物群を，閾となる条件をもって定義することは不可能である。そのためにトートロジーに陥ることをも厭わず，「それを熟知していることによって一人前の文化人であると認められるような書物」という曖昧な定義しかできなかったのである。しかし「五経」として確定されると，時の経過とともに，「これら経書は，形こそ違え一つの本質を語っている」と考えられるようになった。経書の背後に孔子という個人の思想を措定し，各経書の記述を整合的に解釈しようとする考えである。漢時代になると，さまざまな経を相互に参照しあうことで，一つの経書的真実，いわゆる「経書的世界観」を解明しようという立場から研究が進められた。この相互に補完しあうモノとしての経書群という考えは，以後の経学研究の主潮となった。続く六朝時代には，経書を道家的もしくは仏教的に解釈する研究も進められ，『経典釈文』という書物では，『老子』『荘子』が「経典」として扱われるに至った。文化人であるための教養書という発生に立ち返れば，これはある意味で自然な成り行きであった。

その後，唐になって五経正義が著された。この注釈コレクションは，本文テクストを固定することとともに，採用した先行注＝古注に対する二次注釈の形をとって，解釈にも統一性をもたらそうとした。一応その試みは成功し，現在でも五経正義は経書解釈の基準となっている。五経正義の発生には，科挙という全国統一試験の導入も大きく関係しているであろう。すなわち，試験に用いられるテクストとしての資格をもつために，五経正義編成の目的は，「正しい」「新解釈」を提示することではなく，人々の解釈を統一することにあったのである。したがって，古注をあくまでも尊重し，異説を提示しながらも，解釈の統一に意を用いている。先に述べたように，経書がメッセージの基盤であるためには，コードブックとして揺れのない共通の理解が前提として必要であり，この意味からして，解釈の統一は，なくてはならない作業であった。のちには五経以外の経にも二次注釈である「注疏」が作成され「十三経注疏」というコレクションとなった。宋代になると，経書の性格に変化が生じた。文化のコードブックとしてよりも，儒の教えの教条書としての性格を強く認識されるようになった。それに対応して五経とは別に，「四書」というコレクションが設定された。「大学」「中庸」『論語』『孟子』である。前二者は『礼記』から教条性の強い篇を抜粋したものであり，『孟子』も個人思想家として声高に自己を主張するスタイルの著作であって，かつての文化を支える教養としての経書からはほど遠いモノである。

以上みてきたように，「経書」はキリスト教の聖書などとはことなり，神の言葉でも教祖の言葉でもない。これらの書が常に図書分類の先頭に置かれたのは，教条書・原理書であるからではなく，文化人たるための必須基礎文献であったからである。四部分類の子部の諸書とのちがいを十分理解する必要があるだろう。（木島史雄）

形声

漢字を作る方法の一。「六書」を構成する一つで，許慎『説文解字』序に見える「六書」の定義は，形声について，

形声者，用事爲名，取譬相成，江河是也，

形声なる者は，事を以って名と為し，譬えを取りて相い成る，江・河是れなり，

とある。すなわち形声とはことがらの属する領域によって区別し(「以事為名」)，同音または音の似ているものを加えて完成される(「取譬相成」)もので，江と河がその例であると『説文解字』はいう。この発音を示す要素を「音符」または「声符」といい，意符と音符とから成る文字を形声文字という。

『説文解字』が形声の例とする「江」と「河」は，

江，江水なり，蜀の湔氐(郡)の外の嶓山より出で，海に入る，水に从う，工の声，(十一上)

河　河水なり，敦煌の塞外，昆侖山より出で，源を発して海に注ぐ，水に从う，可の声，(十一上)

とある。江も河も固有名詞で，江は長江(揚子江)，河は黄河のこと。「江」は《水》を意符，《工》を音符とし，水に関連して工(コウ)という音のもの，といえば長江が，可(カ)といえば黄河が思い起こされるというしくみになっている。

形声の一部分である音符は，既存の文字を音を示すためだけに使うものであって，この方法は文字の発達において画期的な意味をもった。なぜなら，象形・指事・会意の方法では表現しにくい事物や概念も，それと同音の言葉を表す文字を音符として使うことにより，たちどころに表現することができるからだ。わが国では小学校以来の漢字の成り立ちについての説明で，漢字のもつ象形性があまりにも強調されるため，漢字の多くは象形文字であると思っている人が多いが，実は現在の漢字の大多数はそうして作られた形声文字であり，許慎の時代でもすでに大部分は形声文字であった。

漢字には形声文字が圧倒的に多いという事実は，私たちの日常的な経験によっても証明できる。一昔前の文章を読んでいると，おいそれとは読めないむずかしい漢字に出くわすことがしばしばあるが，そんなときにも，おそらくこういう読みではないかと，何となく音読みを類推できることがあるだろう。

例えば「歔欷」。これは「すすりなく」ことをいう言葉で，今ではあまり使われず，むずかしい漢字とされるだろう。しかしこの言葉はたぶん「キョキ」と読むのだろうと想像することは容易である。そしてその推測は実際に当たっていて，「歔欷」は「キョキ」と読む。それは「歔欷」がどちらも形声文字であり，なかの《虚》と《希》という音符から全体の読み方を類推できるからにほかならないのである。　(阿辻哲次)

『経籍纂詁』

清代中期の学者阮元(1764–1849)が纂集した漢字語義字書。嘉慶3(1798)年完成。清代には『佩文韻府』と『經籍纂詁』という二つの大きな辞書が作成された。両書は独自の構成をもって補完関係にあり，後世の漢字・古典研究に大きく裨益した。前者は康熙年間にできた熟語辞書であり，比較的新しい時代のものまでを用例として，末字韻によって配列・提示する。一方『經籍纂詁』は単漢字の字書で，過去の文献において直接的に記された漢字の字義を収録する。その範囲は，『説文解字』などの先行字書はもちろん，古典の文章ならびにそれらにつけられた唐時代までの注釈に及ぶ。すなわち古典語の字義字書であるといってよい。配列は『佩文韻府』にならった韻順であるが，個々の項目の中に発音に関するデータは提示されない。語義は，引用元のデータをそのままもってくる形をとり，たとえその内容がほぼ同一であっても表記が異なっていれば項目を統合しない。例えば「典」の冒頭に「主也」「掌也」という二つの語義が提示されているが，ともに「つかさどる」という語義を示す。現代の辞書であればこの両項を統合して一つの語義とするところだが，そのような処理がなされていない。『佩文韻府』が用例辞典であるのにたいして『經籍纂詁』は一見その性格が現代の字書に近いと見えるが，じつは以上見てきたように，漢字の字義を考察・検討したものではなく，あくまでも先行する字義解釈の用例辞典である。また同項目内の引用の配列は4部分類の順で，語義発生のありさまを知るのには適していない。データ量といい，検索のしやすさといい，冒頭に述べたように後世の漢字漢語研究に裨益すること大であるが，辞書独特の極度に集約された表記をとっているために，通例の訓詁書以上に，コンテクストを無視した望文生義のよりどころ探しに陥る危険があり，十分な注意を要する。両書に共通する，新たな定義を施さず，あくまでも引用の形をとる点には，「述べて作らず」という中国的思考を顕著にみてとることができよう。

最後に編纂者である阮元と編集の次第について述べておこう。『經籍纂詁』は阮元の個人編纂物ではない。彼は進士及第後，中央における以外に地方の教育行政官としても活躍した。浙江では詁経精舎，広東では學海堂といった学校を建て，同時に編纂物として浙江時代に『經籍纂詁』を，江西時代に「十三経注疏」を，広東時代に「皇清経解」を編集校勘刊行している。『經籍纂詁』の場合，阮元の許に臧鏞堂／臧禮堂のふたりを總纂にすえ，以下担当文献ごとに『毛詩』趙注は周中孚，『釋名』は洪頤楦などという具合に浙江地方の学者に分担させてまとめたものである。同じく浙江出身の王引之の序によれば，これだけの字書をわずか2年で完成している。

現在では，部首索引，総画索引の付いたものが刊行されている。　　(木島史雄)

『経伝釈詞』(けいでんしゃくし)

清代，王引之(1766–1834)の著した文字研究書。嘉慶3(1798)年完成。10巻。書名のとおり経と伝に用いられている文字，それも虚詞と呼ばれる文字160あまりを解釈・解説し，字母(声母)の順に配列する。自序によれば，漢以来の長年にわたる經書研究のなかで，「実詞」すなわち直接的に意味を担う文字についてはおおくの研究がなされてきたが，「虚詞」すなわち文章を組み立てたり，断定や懐疑などの雰囲気を表現したり，話しはじめのきっかけとなったりするような文字については研究が十分でない。そこでこの書を著したのだという。王引之が言うように極端でなかったにせよ，彼以前に「虚詞」の研究が自覚的に意図的に行われていなかったことは確かである。「実詞」と「虚詞」はあまり区別されることなく，登場した場面ごとに，その場その場での意味が付与解説されていた。王引之の発明の一つは，「虚詞」だけを取り出すことによって，百科事典的語義研究と，統辞法を担う語義研究に分け，後者の意義を強調したことであろう。

しかしこの書の特色は，それだけではない。むしろ研究の手法にこそ，經傳釋詞の，あるいは王引之の，ひいては彼の父親である王念孫(おうねんそん)とあわせて高郵・王氏の特色が存在しているといってよい。それは主に二つの事柄になる。

一つは，文字の発音を明らかにすることを通じて語義を明らかにしようという考えである。これは王氏父子の最も特色ある研究手法である。彼は，経伝をはじめとする古典文献のなかで用いられている「虚詞」を常語，語助，発声，通用，別義の六つに分類しているが，「通用」とされる範疇の文字において，同音もしくは近似音の文字同士の通用現象が説明されるのなどは，その典型である。

今ひとつは，豊富なデータを元に考察を進めるというやり方である。この書は以下のような解説形式をとる。まず問題の文字の用いられ方を，上述の六つの範疇にまとめて述べる。いわば結論である。その次に証拠を並べる。先行する同解釈を提示するだけの場合もあるが，問題のフレーズが昔の書物に引用される際に文字が置き換えられている例を提示したり，類似の句作りの用例を並べたりする。すなわち，問題の場面だけから望文生義的に意味を類推するのではなく，多くの用例のなかから帰納的にその文字自体の意味を確定していくのである。さらに，その文字の本来の意味を推定し，その変化のありさまをも記述する。すなわち場当たり的な原文解釈をできるだけ排除しようとしている。このように徹底的に客観的であろうとしたのには，宋・元以来の，とりわけ明時代のあまりに恣意的な經書解釈への反発があったに違いない。

嘉慶24(1819)年刊本が現存するほかに「皇清経解」「守山閣叢書」などにも収められ，近時は「經傳釋詞補」「經傳衍詞」「經詞衍釋」などと合冊にした排印本も出版されている。

(木島史雄)

結語（けつご）

書簡文の結びとして末文のあとに用いる語。書止ともいう。

平安時代後期の『明衡往来』所収の書簡には「謹言」「敬白」などが結語として用いられている。このうち「謹言」は『明衡往来』に「謹言　一日逢或古老予問先賢之風（中略）今思此事涙珠不絶者也　謹言」とあるように，頭語と結語の両方に用いられることもあった。このような例は，ほかにも『高山寺本古往来』所収の書簡に「頓首」を頭語と結語の両方に用いたものがある。これは書簡の冒頭と末尾に同じ語を繰り返し用いるという中国の書簡にならったものと考えられる。『文選（もんぜん）』『文章軌範』所収の書簡には，「再拝」「頓首」などを冒頭と末尾に用いたものが見られる。しかし鎌倉期以降は「謹言」「頓首」が頭語として用いられている例を見いだすことはできないことから，この頃にはもっぱら結語として用いられるようになったものと思われる。

「謹言」は単独で用いられることもあるが，多くの場合ほかの語と複合したかたちで用いられた。例えば『明衡往来』には「恐惶謹言」「恐々謹言」をはじめ「不具謹言」「不宣謹言」「頓首謹言」などさまざまな語と複合した例がある。『書札礼』（仁治3（1242））には「等同之人恐々謹言，劣人只書謹言ト可書」とあり，『麒麟抄増補』（南北朝時代）に「恐々謹言。等輩。恐惶頓首謹言。敬言也。某頓首恐惶謹言。主君之許へ」とあることから，それぞれに敬意の差があり，相手との上下関係によって使い分けられていた。近世期の書簡作法書『書札調法記』（元禄8（1695））にも「恐惶謹言」が最も敬意が高く「恐々謹言」「謹言」の順に敬意が下がることが記されている。また同じ「恐惶謹言」でもそのくずし方によって敬意に差がある。なお書簡文によく用いられる単語や単文を集めた『消息往来』（寛政5（1793））には「恐惶謹言　頓首不備。不宣　敬白　不具　以上。」とあり，近世期には「謹言」「敬白」のほか「不具」「以上」なども結語として用いられていた。

現代最も一般的に用いられる「敬具」は，良寛（宝暦8（1758）-天保2（1831））の書簡に「暖気催候はば参上度仕候　敬具」とあるものが初出とされるが，近世期にはほかにあまり例を見いだすことはできない。明治時代になると『日本大辞書』（1892（明治25））にも「けいぐ（略）ツツシンデ申シ上ゲル（書状ノ末ニ記ス）」とあることから，「敬具」が結語として次第に広まりつつあったと思われる。しかし大町桂月『書簡作法』（1906（明治39））には「小生が考にては，普通，用を弁ずる手紙は，前に，拝啓か，粛啓かを用ゐて，後に，頓首ぐらゐでも用ゐれば，それで十分と存候。」とあり，この時期には結語としては「敬具」よりも依然として「頓首」のほうがよく用いられていたものと思われる。

（小椋秀樹）

【参考文献】真下三郎『書簡用語の研究』渓水社，1985/橘　豊「書簡・往来物の語彙」『講座日本語の語彙5 近世の語彙』明治書院，1982。

現代仮名遣い（げんだいかなづかい）

平安時代の日本語の発音や中国の韻書をもとにした表語的な仮名遣いである「歴史的仮名遣い」に対して，基本的に現代語音に基づいて設定された，表音的に仮名を用いる場合の表記の諸規則をいう。日本語の音声面においては平安時代から現代までの間に，語中のハ行音のワ行音化(ハ行点呼音)，ア段を除くワ行音とア行音の合流，アウとオウの合流(開合の別の消滅)，長音の発生，合拗音(クァ・グァ)の直音(カ・ガ)化，四つ仮名(ジ・ヂ，ズ・ヅ)の混同といった大きな変化が生じた。これらの変化の多くは，音の数が減少するというタイプのものである。その結果，それまで使用していたいくつかの仮名(「ゐ・ゑ・を」など)が表音的には不要になり，また伝統的な表記法と実際の発音との間にずれが生じることとなった。現代仮名遣いは，これらの音変化の結果をできるだけ表記に反映させようとする立場にある。

国語の仮名遣いをめぐっては，明治以降終戦時まで，現代語音をもとに設定すべきであるとする表音派と，歴史的仮名遣いによるべきであると主張する表語派が対立し，議論が行われてきた。終戦時までは時代的な風潮もあって表語派の勢いが盛んであり，また実際にも歴史的仮名遣いが社会一般の基準であったが，終戦によって伝統意識が大きくゆらぐなかで表語派の勢いも衰え，現代仮名遣いを含む，政府主導による国語の合理化を目指した改革が一気に実現された。

これまで「げんだいかなづかい」という名称で公布されたものには，「現代かなづかい」(1946(昭和21))と「(改定)現代仮名遣い」(1986(昭和61))の二つがある。最初の「現代かなづかい」は，冒頭で現代語音に基づき口語体の文章に適用すると概括したあと，長音・拗音・撥音・促音に関する通則10項をかかげ(例：第5　オ列長音は，オ列のかなにうをつけて書くことを本則とする)，次いで歴史的仮名遣いと現代かな遣いで異なる表記を，語例とともに33項目にわたってまとめたものである(例：第12　オの長音は，おうと書く。例　1　あうをおうと書くもの。ちゅうおう(中央(チユウアウ)))。この内容については，一方では古典とのつながりが遮断される，あるいは助詞に「は」「へ」「を」を用いるのは不完全な表音主義であるといった批判が出されたが，表記が簡略化されたと肯定的に捉える向きも多く，一般的な表記法として定着した。次の「(改定)現代仮名遣い」は，ほぼ同じ時期に答申された「常用漢字表」などとは異なって，「現代かなづかい」は社会のなかですでに安定しており，大筋では改める必要はないとして，表面的な手直しにとどまっている。ただしこの改定では，この時期の他の一連の答申と同様に，あくまでも国語表記の目安・よりどころと位置づけられ，個人の表記や歴史的仮名遣いも尊重されるとして，「現代かなづかい」のもっていた制限的な性格は払拭された。　(渋谷勝己)

【参考文献】西尾　實・久松潜一監修『国語国字教育史料総覧』国語教育研究会，1969。

圏　発

漢字の声調を示す声点の一種。

呉音・漢音などの別ではなく，字音そのものに複数ある場合がある。複数ある音のうち，一般的でないほうの音を意味を把握するうえで注意を促すことがある。この注意すべき文字のことを「発字」と称するが，注意の促し方はいろいろあり，双行注で意味を示したり反切を示したりする(逆に一般的な音であることをあえて示すために「如字」と注されることもある)。声調を示すことで喚起することもあり，これは複数の音が，「楽」におけるラク・ガクのように同じ声調である場合もあるが，多くは声調を異にするからである。声調のみを異にし，声調以外は声母・韻母ともに同じである場合も多い(入声と舒声の場合には韻母がやや異なる)。例えば，「中」字は，平声で「なか」・去声で「あたる」の意味になる。これは，「破読・破音」などと称される，意味分化に伴う声調変化(去声化したものが多い)が起こったことによるものと考えられる。

さて，声調を示すには，漢字の下に小さく「上」「去」などと書く場合もあるが，声点を付すこともある。これを「点発」といい，そのうち圏点の点発を特に「圏発」と呼ぶ。圏点は漢字の四隅の筆画に接するように書かれる。

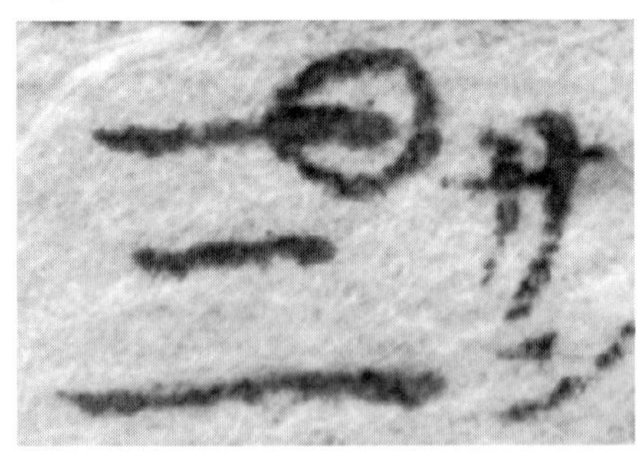

発字便蒙解

印刷によらない写本の場合には，さまざまな声点があるが，日本の江戸期の版本での場合には，すべての字に声点を付すような特殊なものを除くと，多くは圏点で付される。また，銭大昕『十駕斎養新録』巻5「四声圏点」によれば，中国でも，宋以来の版本で圏点になったという。

声調を示すといっても，多くは韻書における平上去入の所属(いわゆる調類)を示すのが目的であり，時代による声調変化などにはかかわらないのが普通である。

なお，漢字字典などで，漢字の周囲を四角で囲い，その内側に四半円を付けて声調を示すことがあるが，これを圏発と呼ぶこともあるようである。

圏発の付されることのある字については，唐・張守節『史記正義』に例示があるが，日本でも太宰春台『倭読要領』(享保13(1728))・山本蕉逸『童子通』(天保10(1839))などで述べられ，『発字便蒙解』(安永5(1776))や，その増補版である広部精『新訂発字便蒙解』(明治12)など発字を集めたものが作られた。　　　　(岡島昭浩)

『古韻標準』

4巻。江永(1681-1762)撰。乾隆36(1771)年成書。粤雅堂叢書本，守山閣叢書本，貸園叢書本がある。江永の字は慎修，安徽婺源の人，清代の経学者であり音韻学者である。『古韻標準』は弟子の戴震(1723-1777)が校訂した。

『古韻標準』巻首に「例言」一篇を記述し，古音研究の理論認識及び顧炎武(1613-1682)など先人の古音研究の得失と評価を述べている。さらに『詩韻挙例』一篇を著わし『詩経』用韻例を帰納している。例えば「連句韻」「間句韻」「一章易韻」「隔韻」「三句隔韻」「四声通韻」「三句見韻」「四句見韻」「五句見韻」「隔句遙韻」などである。

『古韻標準』では古韻を平・上・去各声十三部(平声韻で代表させると東・脂・魚・真・元・宵・幽・歌・陽・耕・蒸・侵・談)に分けている。顧炎武の十部と異なる点は，蕭部を宵・幽二分に分けさらに侯韻と虞韻の半分を魚部から析出し幽部に帰入していること，真部を真・元二部に分けること，侵部を侵・談二部に分けることである。また入声韻については，顧炎武はまだ独立させていなかったが，実質上は四部の入声韻に気づいていた。江永はさらに四部を加え緝・盖・月・質・屋・鐸・錫・職を建てている。

江永の古音学の最大の特色は二点に集約される。一つは「侈・弇」すなわち「開・合」の対立を考え出した点である。この点に立脚すると，上古より現代にいたるまで漢語の語音ではつねに〔a〕系韻と〔ə〕系韻が対立するが，宵部と幽部を区別するのは前者が〔a〕系韻で後者が〔ə〕系韻，元部と真部の区別も前者が〔a〕系韻で後者が〔ə〕系韻，談部と侵部の区別も前者が〔a〕系韻で後者が〔ə〕系韻であるからで，調音の際の母音の開口度の大小を認めた非常に重要な発見といえる。なおこの処置は江永の今音(中古音)についての研究，殊に等韻学の力作である『音学辨微』の「辨開口合口」「辨等列」での論述に基づく分類であり，音韻理論に裏打ちされていたことがわかる。

もう一点は入声を陰声韻・陽声韻に相配した点である。江永は八部の入声韻緝盖〔-p〕・月質〔-t〕・屋鐸錫職〔-k〕を，それぞれ陰声韻〔-ø-i-u〕，陽声韻〔-m-n-ŋ〕に対応して組み合わせている。江永はこれを「数韻共一入」と呼んでいるが，すでに各韻尾についての調音部位の平行性とその分類法の合理性に気づいていたものと判断される。

江永の『四声切韻表』は「開・合」と「等・呼」を組み合わせて作表されているがきわめて詳細であり，のちの江有誥も『入声表』を作成しているが江永の水準を越えていない。江永は昔韻を支・耕二部に配合し，質韻を脂・真二部に配合し，職韻を之・蒸二部に配合させるなどして，実質上入声韻を枢軸とし陰声韻，陽声韻を組み合わせて『四声切韻表』を構成した。のちに戴震もこの方法を採用し九類二十五部の配合表を考え出している。そののち孔広森(1752-1786)，朱駿声(1788-1858)もこの方法を援用したが，孔広森の「陰陽対転」理論はこの『四声切韻表』より着想されたことが看取できる。

言語史観についても江永は顧炎武に代表される「復古思想」とは一線を画している。顧炎武は「天がこの学問（音学）を滅ぼそうとしているのでないならば，必ずやまた聖人が起こって，今日の音をすっかりけがれ無き昔のそれに戻すであろう」と語った（『音学五書・叙』）が，江永はこの種の思想を批判し「もしも今の時代の日々に用いるものを廃し，古人の器に変えることを強制するならば，天下の誰が従うだろうか？」と『古韻標準・例言』で述べている。当時すでにこのような進歩した言語史観を江永がもっていたと判断される。（矢放昭文）

【参考文献】王力『中国語言学史』中華書局，1956／周斌武『漢語音韻学史略』安徽教育出版社，1987。

古韻標準例言
人靈萬物情動聲宣聲成文謂之音錯綜縱横四七經緯由是侈弇異呼洪殺異等清濁異位開發收閉異類喉牙齒舌脣腭轉多變悉具衆音音之諧謂之韻前聖作書江从工河从可霜从相雪从彗卽韻之萌芽古人命物日者實月者缺水者準準古音之水切火者毀火古音虎洧切亦韻之寄寓屬而爲辭詩歌箴銘宮商相調里諺童謠矢口成韻古豈有韻書哉韻卽其時之方音是以婦孺猶能知之協之也時有古今地有南北音不能無流變音旣變矣文人學士賸才任意又從而汩之古音于是益淆訛如棼絲之不可理三百篇者古音之叢亦百世用韻之準稽其入韻之字凡千九百有奇同今音者十七異今音者十三試用治絲之法分析其緒比合其類綜以部居緯以今韻古音犂然其閒不無方語差池臨文假借偺案之部分閒有出入之篇章然亦可指數矣以詩爲主經傳騷子爲證詩未用而古今韻異者采它書附益之標準旣定由是可考古人韻語別其同異又可考屈宋辭賦漢魏六朝唐宋諸家有韻之文審其流變斷其是非視夫泛濫羣言茫無折衷槩以後世淆訛之韻爲古韻者不有閒乎余旣爲四聲切韻表細區今韻歸之字母音等復與同志戴震東原商定古韻標準

『古韻標準・例言』

古韻標準
婺源江永愼修編　休寧戴震東原參定
詩韻舉例韻本無例詩用韻變動不居衆體不同則例生焉不明體例將有誤讀韻者故先舉此以發其凡自是而古韻可求其非韻者亦不致强叶誤讀矣
連句韻
連兩句如關關雎鳩在河之洲　連三句如言告言歸薄污我私薄澣我衣　連四句如維葉莫莫至服之無斁　連五句如揆之以日至爰伐琴瑟　連六句如北流活活至庶士有朅　連七句如老使我怨至不思其反　連八句如昬之蚩蚩至子無良媒　連九句如匪居匪康至爰方啓行　連十句如濟濟蹌蹌至孝孫有慶　連十一句如黃耇無疆至湯孫之將　連十二句如秋而載嘗至魯邦是常小戎首章連三句游環脅驅韻在上不在下七月五章連八句嗟我婦子非韻烈祖黃耇無疆與下連韻上文賚我思成至時靡有爭別是一韻此類今皆正之
閒句韻
閒一句如窈窕淑女君子好逑閒二句如嗟我婦子曰爲改歲入此室處閒多句而遙韻者別見後有閒句誤以爲韻如赫如渥赭徂賚孝孫工祝致告無不克鞏克咸厥功建爾元子不敢追遑之類今皆正之
一章一韻
如關雎首章有後章仍用前章韻者如車攻七八章正月四五章靈臺三四章

『古韻標準・詩韻挙例』

『広　韻』

『広韻』は正式には『大宋重修広韻』という。五巻。陳彭年(961–1017)，邱雍(生卒年不詳)などが皇帝の命令を受け，歴代の韻書を基にして編纂した。景徳4(1007)年に第一次編集が行われ，大中祥符元(1008)年第二次編集により完成した。朴現圭・朴貞玉『広韻版本考』(1984年)によれば，中国だけでなく日本・韓国・米国・カナダなどの国公私立図書館及び個人の所蔵を含めると現存の『広韻』版本は80種に及ぶ。その中で張氏澤存堂本，古逸叢書覆刻宋本，涵芬楼覆印宋刊巾箱本，曹刻楝亭五種本，覆元泰定本，内府本などが主なものとして挙げられる。前の四種は繁注本で宋代に成立したもの，後の二種は簡注本で元代に成立している。

隋の仁寿元(601)年陸法言『切韻』成立以後，唐から五代にかけて『切韻』を受け継ぎつつも部分的に修正・増韻を加えながら『刊謬補缺切韻』『唐韻』『広切韻』『広唐韻』などの韻書が編纂されてきた。宋の真宗皇帝(1001–1023)時代になり，旧本には偏旁の誤り，転写遺漏，注解の不備などがあることから，改めて編纂するように命令が下された。それを受けて完成されたのが『大宋重修広韻』であり『広韻』は『切韻』『唐韻』を継承する『切韻』系韻書の集大成本であると言える。従って『切韻』・『韻鏡』・域外訳音などを駆使して構築される中古音系研究には『切韻』の代理として『広韻』が使用されることが多い。

『広韻』は全五巻，平声韻は字数が多いため上・下二巻に分けられた。収録字数は26194，陸法言『切韻』より14036字増加している。注釈も陸法言『切韻』よりはるかに詳しい。206韻のうち193韻は『切韻』に由来し，2韻(儼韻・釅韻)は『王仁昫衘謬補欠切韻』に由来する。さらに11韻(諄・準・稕・術・桓・緩・換・末・戈・果・過)は開元本孫愐『唐韻』を天寶10(751)年に訂正した天寶『唐韻』に由来する。206韻の内訳は平声57韻，上声55韻，去声60韻，入声34韻である。全書を通じて平・上・去・入の韻数が揃わないのは去声韻の泰・祭・夬・廢4韻が平・上・入声と相配しないからである。冬韻・臻韻の上声は字数が少ないためそれぞれ腫韻・隱韻に置かれ，また痕韻の入声字も字数が少ないため没韻に置かれ，韻目は単独で標出されていない。これらの韻目の配列順序と四声一貫状況の特色は先行韻書であり，代宗(762–779)徳宗(780–804)の間に成立したと推定される李舟『切韻』に見られるが故に，李舟『切韻』に依ったとものと考える研究者が多い。

『広韻』平・上・去・入各韻の間には相承相類の関係がある。例えば東・董・送・屋四韻の場合東・董・送三韻がもつ韻母は同じで，声調のみが異なる。しかもこの三韻と屋韻は介母音・主母音は同じであり，韻尾は同類である。したがって『広韻』は206韻には分かれるが声調を捨象すると61韻に帰納される。

『広韻』は中国の歴史上最初の官修(朝廷編纂)の韻書であるが，韻書としてだけではなく，収録字・訓釈部分の増加も多いが故に韻引きの字典としても活用された。『説文』『字林』『玉篇』が載せるすべての字を網羅し，当時の学者が音声・文字を一覧できる点は便利であった。ただし当時の一般人の立場からすると工具書としてはあまりに繁雑であった。例えば東韻「公」以下に古代の姓氏・人名が700字以上記載されているがあまりに誤記が多い。さらにはめったに使用されることのない冷僻な字も多く，一般には無用であった。このような事情もあり，内容を大きく削った『景徳韻略』が次代の官修韻書として編まれることなる。　　　　　　　　　　　　　　　（矢放昭文）

【参考文献】趙誠『中国古代韻書』中華書局，1979/劉葉秋『中国字典史略』中華書局，1983/朴現圭・朴貞玉『広韻版本考』學海出版社，台北，1984。

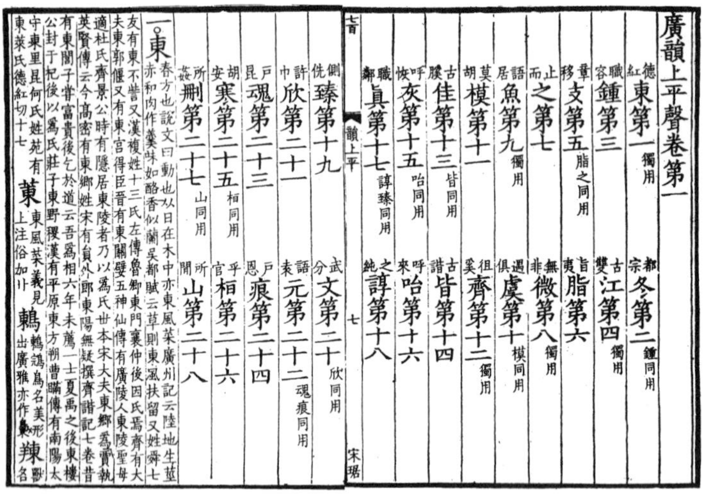

『大宋重修広韻』巻第一東第一葉

『広　雅』

三国・魏の時代の訓詁学書。張揖（生卒年未詳）の撰。10 巻。古代の百科事典ともいえる『爾雅』の形式を踏襲し，『爾雅』に収められていない語彙を収録して，『爾雅』を増益したもの。

張揖は字は稚譲，明帝の太和年間に博士となった。その「上広雅表」によれば，張揖はかねがね『爾雅』に収められる訓詁がそれほど完全ではないことを気にかけており，それを補完し，増益するために，『爾雅』が成立してからあとの書物に見える類義語や各地の方言などを集め，それらを『爾雅』の形式をそのまま踏襲して分類・整理したという。

篇目は『爾雅』と同じく釋詁・釋言・釋訓をはじめにおき，以下に釋親・釋宮・釋器・釋樂・釋天・釋地・釋丘・釋山・釋水・釋草・釋木・釋蟲・釋魚・釋鳥・釋獸・釋畜の，合計 19 編が置かれ，1 万 8150 字が収められる。

『広雅』は，『爾雅』に収められていない語彙を収めることを主眼に編纂されたので，漢代以後に成立した文献の中から採録されたものが多い。具体的には経書に対する古注のほか，『楚辞』や漢代の賦とその注釈，および『方言』や『説文解字』など漢代の文字学書が語彙採集の対象とされた。採録の範囲が広いことから，漢魏以前の語彙と訓詁の研究における重要な資料と認識されている。

隋の秘書学士であった曹憲がこの書物に対する音注を作ったときに，煬帝（楊広）の諱を避けて『広雅』を『博雅』と改称し，その音釈を『博雅音』と称した。

『広雅』は清朝考証学の興隆とともに古代の語彙を多く保存する書物として注目され，王念孫が詳細な考証を加えて『広雅疏証』10 巻を著した（最後の第 10 巻は子の王引之の撰）。王念孫の考証は「古音をもって古義を求める」ことを最大の特徴としており，字形が大きく異なっている語彙の間でも古代の音韻が類似していれば意味も近いとの考えから語彙を統括していった。その精密さは，原著である『広雅』を超えるものとたたえられ，張揖が実は理解できずに書いている訓詁の多くが，王念孫によって解明されたとまでたたえられる。また彼の古音の分析によって文字の訓詁を究明していく方法はその後の学者にも大きな影響を与え，郝懿行の『爾雅義疏』や銭繹の『方言箋疏』などにも大きな影響を与えている。

また王念孫とほぼ同時代の銭大昭が『広雅疏義』20 巻を著した。銭大昭の書を見た桂馥がその精密さに驚いたと伝えられるが，しかし銭の書物はついに刊行されず，写本のまま後世に伝承された。写本は今東京の静嘉堂文庫に所蔵されている。

（阿辻哲次）

黄　侃

黄侃(1886–1935)は，字が季剛，晩年に量守居士と号し，湖北省の蘄春県の人。著名な言語学者。1905年に日本へ留学し，1907年に東京で章炳麟の弟子となり，小学や経学を授けられた。黄興らとともに革命を宣伝し，挙兵には失敗したが武昌蜂起に影響を与えた。「民声日報」を主宰していたが，1913年に北京大学教授となり，のち武昌高等師範・東北大学・中央大学などの教授を歴任し，国学の発揚に力を尽くした。

黄氏は文字・音韻・訓詁の学を専攻し，なかでも古音学の分野で重要な業績をあげている。音韻学においては，鄭庠・顧炎武・江永・戴震・銭大昕・段玉裁・王念孫・陳澧・章炳麟の説をふまえ，等韻の理論を用いて『広韻』を分析し，声と韻が互いに関連し合って変化するという観点から韻図中の一等韻と四等韻を古本韻として，それらに現れる声紐を古本紐とし，古韻28部と古声19類を考案した。その古韻28部は陰声八部の①歌・戈②灰③斉④模⑤侯⑥蕭⑦豪⑧咍，陽声10部の①寒・桓②痕・魂③先④青⑤唐⑥東⑦冬⑧登⑨覃⑩添，入声10部の①曷・末②没③屑④錫⑤鐸⑥屋⑦沃⑧徳⑨合⑩帖で，古声19類は影(喩・為)・暁・匣・見・渓(群)・疑・端(知・照)・透(徹・穿・審)・定(澄・神・禅)・泥(娘・日)・来・精(荘)・清(初)・従(牀)・心(邪・疏)・邦(非)・滂(敷)・並(奉)・明(微)である。古声調については，上古に去声がないという段玉裁の説を受けたうえで，上声もなく平声と入声の二つだけであったと説く。さらに平声を陰声と陽声に区分して入声を完全に独立させ，陰声・陽声・入声の3分法を整え，陰陽対転の説によって「広韻声勢及対転表」を作り，『広韻』各部の韻母を分析して9類，26摂，72対転，339小類に分けている。文字学においては，『説文解字』を中心にその体裁を深く探究し，字形と字音を重視して，筆意と筆勢の相違を解明するほか，音符を仮借によって説明して形声字の意味を説くことが可能であると述べ，新たな字源研究の道を示している。また周代以来の訓詁学成果をまとめ，互訓・義界・推因という概念を提示し，声訓の重要性を強調して本義と派生義の分析整理を重視し，訓詁学を体系化させるとともに多くの難解語句を正確に解釈した。民族精神が凝集した経学においては劉師培を師とし，晩年は『尚書』・三礼などの研究に力を注いだ。明文(経書の本文)と師説(歴代の解説)とを照合して整理するという経学研究の方法を強調し，その句読・名称・体裁・大要を順次究明すべきだと述べている。また玄学や文学研究ですぐれた見解が多数あり，詩文創作や英詩翻訳にも長けている。

先学の業績を継承しつつ独自の古音学体系を樹立して完成の域に達し，小学・経学にわたる多くの成果が定説となっていることから，黄氏は乾嘉以来小学研究の集大成者で，新しい時代への橋渡しであると高く評価されている。著書に『黄侃論学雑著』(上海古籍出版社，1964)，『黄季剛先生遺書』(石門図書公司，1980)などがある。　(陳　捷)

【参考文献】潘重規「黄侃伝」『国史館館刊』復刊第四期所収，1988/陸宗達「我所見到的黄季剛先生」『訓詁研究』第一輯所収，1981。

『康熙字典』

清・康熙帝の勅命によって編集された漢字字典。約4万7000字を収め，かつては最も権威のある漢字字典とされ，それ以後の中国や日本で作られた漢字字典にきわめて大きな影響をあたえた。

清朝第4代皇帝聖祖康熙帝(在位1661-1722)，諱は玄燁は在位期間が60年に及び，中国の歴代皇帝のうちでも最も長く帝位にあった皇帝である。その治世はのちに「康熙・乾隆の盛世」と称され，彼の時代には清朝の最盛期が現出された。

名君のほまれ高く，学問好きとしても知られた康熙帝の時代には，多くの分野で大規模な書物が続々と編集刊行された。その一環として，文字学の分野で国家事業として空前の規模をもつ字書として作られたのが『康熙字典』である。

この字書は，最初は単に『字典』と名付けられたのが，のちに編纂された時代の年号を付して，『康熙字典』と呼ばれるようになった。康熙帝の時代では，明代に作られた字書『字彙』(梅膺祚撰)と『正字通』(張自烈撰)が一般によく使われていた。この二つはともに明代を代表する字書であって，社会にもよく普及していたものだが，しかしそのどちらも，使う者を完全に満足させるという質のものではなかった。『康熙字典』が編纂された理由はまさにその点にある。

そのことを，『康熙字典』作成を命じる「上諭」は，

　『字彙』は簡略に失し，『正字通』は汎濫に渉る。

と述べる。つまり『字彙』は文字の説明が簡略すぎ，また『正字通』は逆にあまりにも繁雑にすぎるという欠点があった，というのである。

こうして国家事業として漢字の字典が編纂されることとなった。勅命が下ったのは康熙49(1710)年のことで，編纂には約30名ほどの官吏があたった。完成は康熙55(1716)年であるから，足かけ7年の編纂だった。巻頭に置かれる編纂官の名簿によれば，編纂の実務には「総閲官」として「文華殿大学士兼吏部尚書加三級臣張玉書」と「経筵講官文淵閣大学士兼吏部尚書加二級臣陳廷敬」の二人があたり，さらに「纂修官」として「内閣大学士兼礼部侍郎巨凌紹雯」以下，合計28名があたったという。

『康熙字典』は部首別の配列によって漢字を収め，本文は子集より亥集に至る12集を上・中・下に分けた36部で構成され，本文のあとには「補遺(本文中に収録されなかった文字を集めた部分)がある。部首の建て方は『字彙』が使う214部の方法をそのまま踏襲する。

『康熙字典』が編纂されたとき，その主眼の一つは，それまでの字書に採録されていない漢字をも収録することにあった。各部で画数順に掲げられる漢字のうち，「増」という標識で区切られたところから後に配置されているものは，『康熙字典』において初めて収録された漢字である。この新収の漢字の多くは『字彙補』や『篇海類編』といった

字書から採録されているが，この部分は実際にはきわめて特殊な「僻字」ばかりである。こうして現実には使われたことのない漢字まで収録した本文および補遺に収められたのは4万7035字，それに本文の下に記される「古文」が1995字あるから，書物全体の収録字数は4万9030字となった。この字数ははるか後の日本で『大漢和辞典』(大修館書店)が作られるまでの約200年間，最大でありつづけた。

規模の大きさもさることながら，『康熙字典』は皇帝じきじきの命によって編纂されたものだから，清代を通じてずっと，最も権威のある字書と認識された。勅命による編纂だから内容に関する批判はもちろん一切許されず，成書した直後から「完璧な字書」として高く評価された。

『康熙字典』は康熙帝の命令によって多数の学者を動員し，国家事業として制作されたものだから，成書直後から絶大な権威をもつものとなった。しかし現実には何人もの学者を動員して編纂したものであり，その実務にあたった者は決して文字専門の研究者ではなかったから，実際には中身に不統一や誤りが少なくない。杜撰な部分もいたるところに見られ，特に引用文の書名や篇名，あるいは引用文の断句などには間違いが頻出する。文字の重複や部首分類の不徹底などは，現在の辞書なら「欠陥商品」の烙印をおされるに違いないほどに粗雑なところがある。

それで道光7(1827)年に，清朝考証学を代表する学者の一人で，学識者のほまれ高い王引之(1766-1834)が道光帝の勅命によって考証を加え，引用の誤りなど2588条を正した『字典考証』を作った。現在入手できる『康熙字典』はこの考証の成果を組みこんだ形になっているが，それにしても，訂正箇所が2588条に及ぶというのは尋常な数字ではない。

オリジナルの『康熙字典』の編纂が杜撰であった理由は単純であって，それがもともと多くの人物を使って，そして比較的短期間で作られたためにほかならない。編纂に携わった人物のリストを見ると，ほとんどが「翰林院」の所属である。翰林院は皇帝の詔書作成を担当する部署として成立したが，清代では文化的栄誉機関としての性格が強くなっていた。そこに勤務しているのはもちろん科挙に合格した高級官僚である。しかし翰林院に所属しているからといって専門的な研究に従事している学者であるというわけではなく，事実はむしろ，幼少の頃から「八股文」と呼ばれる特殊な文章の作成に習熟することを目標として生きてきた，いわば「受験勉強の勝者」たちばかりであった。

清代に刊行されたテキストは2種あり，一つは康熙55年内府刊行の原刻本，もう一つは道光7(1827)年の内府刊刻本である。後者には巻末に王引之による『字典考証』が付刻されている。

(阿辻哲次)

【参考文献】阿辻哲次「康熙字典」(月刊しにか　93-4『漢和辞典の歩み』大修館書店，1993　所収)。

『甲骨文編』(こうこつぶんぺん)

甲骨文字の字形を文字ごとに集めた字書。旧版と新版がある。

旧版は孫海波(1910–1972)編，1934年に燕京大学哈佛燕京学社から刊行。新版は中国科学院考古研究所の委託によって孫海波が新資料に基づき，旧版を改訂する形で，1965年に考古学専刊乙種第14種として刊行。

旧版新版ともに形式は同じで，それぞれの漢字の甲骨文字における字形を，文字ごとに収録。甲骨文字の字形ですでに釈読が定まっているものは，数多くの異体字とともに，『説文解字(せつもんかいじ)』に配列される漢字の順に従って原字を模写して収め，各欄に『説文解字』所収の小篆(しょうてん)を附載する。また『説文解字』に見えない漢字については所属部首の後に収録し，甲骨の字形を隷釈する。

なおそれぞれの文字の下には，その文字を採録した甲骨著録書とそのページ数などが小さい文字で注記される。

以上の「正編」のあとには甲骨文字に見える「合文」が掲載され，さらにそのあとに附録として，まだ釈読されていない文字が収められる。巻末には索引が設けられる。

新版に収録される単字は1723字(うち『説文解字』収録字は941字)あり，未釈読として附録に収められる単字が2949字あるから，全体で4672字が収められていることになる。しかしなかには，本来は別の字であるものを同一字の異体字と誤認して，同じ単字の項に収録しているものなどもあるので，全体の単字数は必ずしもその数字のとおりであるとは限らない。

本書は採録する資料も他種類に及び，多くの文字が網羅されているので，甲骨文字研究の入門書として適しているが，しかし本書刊行以後も甲骨文字の釈読は大きく進んでおり，附録の中で未釈読とされている単字が，現在ではすでに釈読が固定していることも珍しくなく，その点では研究の最先端に立つことは不可能である。

この書がはじめて刊行されてからあと，その研究を補うものとして，金祥恒が編纂した『続甲骨文編』が，1959年に台北・藝文印書館から刊行されている。(阿辻哲次)

甲骨文字

亀甲(主に腹甲)や獣骨(主に牛の大腿骨)に刻された文字。現在確認されている文字体系を備えた最古の漢字資料。

殷(商)では,「帝」と呼ばれる絶対神や祖先神などのお告げを受けて政治が行われた。神々のお告げは,整形した甲骨の裏側にくぼみをあけ,焼けた木片などをあてて表面にひびをはしらせ,そのひびの形(卜兆)から王が読みとった。卜兆の出た表面に占卜の内容や王の占断・結果などの言葉(卜辞)を刻したものが甲骨文字である。

甲骨による占卜は殷代以前から行われていたが,文字の刻された甲骨(有字甲骨)は,河南省安陽市小屯の殷墟と呼ばれる殷代遺址から出土した殷代後期(安陽期:前14・13世紀の交～前11世紀の中頃)の二百数十年間に限られ,それ以外では,少数の有字甲骨が殷末周初の周原の遺跡から発見されている。

甲骨文の記録は文献に見えず,19世紀末に発見されるまでその存在は全く知られていなかった。甲骨文発見の経緯については,王懿栄がマラリアの漢方薬として服用していた龍骨の中から劉鶚(鉄雲)とともに見いだしたという話が有名であるが,これは後代の作り話であり,山東の骨董商が農民などから買い付けて,王懿栄らのもとに持ち込んだというのが真相とされる。

王懿栄の死後,その甲骨は劉鶚に引き継がれ,劉氏は自分の集めた甲骨とあわせて拓本にとり『鉄雲蔵亀』(1903)を刊行した。これが甲骨文研究書の第1号である。この書をもとに孫詒譲『契文挙例』(1904)が解読の先鞭をつけ,さらに羅振玉の『殷商貞卜文字考』(1910),『殷虚書契前編』(1911),『殷虚書契考釈』(1914)などによって集成と解読が進められ,その史料的な位置づけについても,王国維が先駆的な研究を発表した。

当初は出土地が明らかにされず,偽物が出まわったりしたため,甲骨文の信憑性に疑念をもつ研究者も少なくなかったが,羅振玉によって河南省安陽市小屯の殷墟出土であることが突き止められ,董作賓を中心とする国立中央研究院歴史語言研究所による1928年の第1次から1934年の第9次に及ぶ発掘調査と,それに伴う甲骨文研究の飛躍的な進展によって,殷代の一級資料としての重要性が認識されていった。

甲骨文研究の初期においては,甲骨文を始原的漢字と見なし,その字体は未定形な段階を示しているとの解釈がなされていた。これに対して,甲骨文の字体には時期的な相違があり,しかもそれは個々の甲骨文の断代の標準となりうるほどに顕著なものであることを明らかにしたのが,董作賓の『甲骨文断代研究例』(1932)である。

董氏は断代の「十個の標準」として,「一・世系,二・称謂,三・貞人,四・坑位,五・方国,六・人物,七・事類,八・文法,九・字形,十・書体」をあげる。このうち「一・世系」と「二・称謂」による断代は,すでに董氏以前に王国維が「殷卜辞中所見先公先王考」(『観堂集林』巻9)において試みたものであったが,それは称謂が見られるごく一部の甲骨にしか適用することができなかった。こうした手詰まり状態を打開する標準として董氏が見いだしたのが,「貞人」である。董氏は,甲骨文に占卜を担当した貞人の名が記されていることをはじめて明らかにした。同一の甲骨文の中に複数の貞人名が見られる「同版」関係を利用した同時期の貞人のグルーピングによって,断代は連鎖的に拡大され,一定量の甲骨文の断代が可能となった。その結果,特定の貞人グループは特定の王(一人とは限らない)の時代の甲骨文にのみ登場し,同一の貞人は複数の時代にまたがらないことが明らかとなり,王と貞人グループとの対応によって甲骨文は五つの時期に区分されるという,5期区分説が提出された。

ただし,貞人名はすべての甲骨文に見いだされるわけではなく,次の段階として,貞人名の見られない甲骨文の時期を確定する標準が必要となってくる。そのために,5期区分に基づき相互の関連から二次的に導き出されたものが,「四・坑位」以下の七つの標準であった。これらの標準によって,貞人名の見られない甲骨文の断代も可能となり,特に「九・字形」「十・書体」は,断片的な甲骨にも適用可能であることから,董氏の断代は,すべての甲骨文に敷衍しうることになった。董氏は甲骨文に多見される十干十二支を中心とする字形の分析から,各期ごとに字形の変遷が見られることを指摘し,さらに,書体も各期に以下のような特色があることを明らかにした。

第一期　武丁時代……雄威/第二期　祖庚・祖甲時代……謹飭/第三期　廩辛・康丁時代……頽靡/第四期　武乙・文武丁時代……勁峭/第五期　帝乙・帝辛時代……厳整

甲骨文を刻した書契者について,董氏は各期の貞人に対応して甲骨文の字形や書体も異なることから,甲骨文は貞人が刻したものと見なし,これが通説となっていた。これに対して,松丸道雄氏は,同一の貞人名の見られる甲骨文でありながら字体が異なる例や,異なる貞人名の見られる甲骨文でありながら字体が合致する例が存在することから,貞人グループとは別個に,契刻のみを担当する書契者グループが存在したとの見解を示している。松丸氏はさらに,総数100名を優に超える貞人数に対して,書体の数は王朝卜辞の範囲でいえば10〜15種類程度であり,この数が二百数十年間における王朝卜辞の書契者の数であろうと推測し,さらに書契者は原則的には1期に1人だったのではないかと述べている。

なお従来,甲骨文は殷代のものに限られていたが,近年,周原を中心とする周の遺跡から,殷代末期から西周初期にかけての甲骨が発見された。その中には約300片にのぼる有字甲骨が含まれており,殷周革命以前の殷と周との関係を示すと同時に,周人が殷人から漢字を継承したことを示す最古の実例として,重要な意義を有している。

(福田哲之)

【参考文献】陳夢家『殷虚卜辞綜述』科学出版社,1956/貝塚茂樹編『古代殷帝国』みすず書房,1967/松丸道雄・高嶋謙一『甲骨文字字釈綜覧』東京大学出版会,1994/白川　静『白川静著作集4 甲骨文と殷史』平凡社,2000。

合字

本来は独立した二つ以上の文字が，あたかも1文字であるかのように書かれた文字。主として甲骨文字や金文など古代文字に見える。また「合文」ともいう。

漢字は1文字が1音節を表す「音節文字」であって，音声言語の音節に対応して，それぞれの文字が他と分離して書かれるのが通常の形態であるが，甲骨文字や金文の中には，二ないしは三つの音節に対応する文字をあたかも1文字で書くことがしばしばある。

以下に孫海波編『甲骨文編』からいくつかの例をあげる。

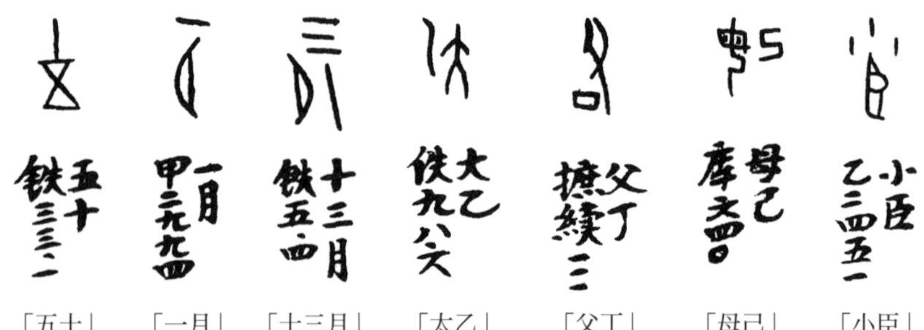

「五十」　「一月」　「十三月」　「太乙」　「父丁」　「母己」　「小臣」

秦代に作成された小篆以後ではこのようなものがないが，ただ現在の中国語でまれに使われることのある「合字」に「圕」がある。これは見てのとおり《囗》と《書》を組み合わせた形で，《囗》はここでは建物を表す要素として使われているので，これで「図書館」と読むとされる。

この字は現代中国で最も規範的な辞典とされる『現代漢語詞典』（商務印書館，1978）に

圕　túshūguǎn　図書館，俗に圕に作る。(1151頁)

と掲載されていて，図書館を意味する漢字で，これ1字で「túshūguǎn」(「図書館」の現代中国語読み) と読むと記述される。そうするとこの文字は1字で3音節を表していることになるのだが，これを漢字とするのはさすがに中国でも問題になったのだろう，1996年に刊行された同辞書の修訂版ではこの字が削除されている。(阿辻哲次)

『洪武正韻』

明の洪武8(1375)年に編集成立した官製の韻書。勅命を奉じて編纂を担当したのは樂韶鳳・宋濂・王僎など11名であった。編纂が完成した後も「方言に拘る」ことを恐れ汪広洋・陳寧・劉基などの意見を求めつつ計6回の改訂を経てでき上がっている。

宋濂の記す序文によれば，陸法言『切韻』から宋代の『礼部韻略』までの一連の韻書は当時の実際語音に合わなくなっており，編纂の原則は「ひとえに『中原雅音』に拠って定める」ということであるが，当時の伝統的な規範韻書である『平水韻』(劉淵増修『壬子新刊礼部韻略』107韻・王文郁『新刊平水礼部韻略』106韻) と比べると比較的大きな変動を認めることができる。

2種の『平水韻』が『広韻』全体の206韻を相互に合併し，例えば支韻全体を脂韻・之韻と併せているのに対し，『洪武正韻』は個々の字音について改めて審音を行ったうえで韻の帰属を定めている。例えば『洪武正韻』支韻は『広韻』支・脂・之・微4韻の一部分の字を限定して収録する一方，『広韻』支韻「離，彌」，脂韻「尼，肌」，之韻「基，欺」，微韻「機，幾」などの字は齊部に収録し，『広韻』支韻「規，危」，脂韻「追，推」，微韻「歸，揮」はいずれも灰部に収録する。このような極端に自由な併合は当然ながら当時の実際語音に基づいた証左と判断される。

このような編纂基準に基づいた結果『洪武正韻』の分韻は合計76部，その内訳は平声，上声，去声各22部，入声10部である。このなかで平・上・去の三声はそれぞれ四声相承している。従って声調を捨象すると実質上22韻(東・支・齊・魚・模・皆・灰・真・寒・刪・先・蕭・爻・歌・麻・遮・陽・庚・尤・侵・覃・鹽)となる。入声10韻(屋・質・曷・轄・屑・藥・陌・緝・合・葉)については『広韻』と同様に陽声韻と相配している。当時の陽声韻尾には〔-m〕〔-n〕〔-ŋ〕(調音部位：前・中・後)の区別が確認されており，入声10韻にも陽声韻尾の調音部位に対応する〔-p〕〔-t〕〔-k〕の違いがあったと推定される。

『洪武正韻』の『五音集韻』(1208年成立)・『古今韻会挙要』(1297年成立)と異なる点は，個々の韻ごとに声類をはっきり標出していないことである。この問題について劉文錦は反切系聯法を採用し『洪武正韻』の声類を31類(見溪群疑・端透定泥・知徹澄審禪日・精清従心邪・幫滂並明・非奉微・影喩暁匣來)に帰納している。中古音36字母と比較すると5声母少ないが，その内訳をみると敷母が非母に，照母が知母に，穿母が徹母に，牀母が澄母に，娘母が泥母にそれぞれ合併していることがわかる。『洪武正韻』のこのような声母の現象について約30年後に成立した『中原音韻』と比較すると，全濁音声母が平声韻では次清音と混淆し，仄声(上・去・入)韻では全清音と混淆している『中原音韻』の状況とは全く反対の分布をしていることがわかる。

『洪武正韻』がこのように入声韻と全濁声母を保存している現象についてはいくつか

の見解があるが，『洪武正韻』の編者達は通行の伝統韻書の規範を完全に翻すことはせず，平上去入四声相配の伝統分類をあえて更改することはしなかったということと，編者達の大多数は浙江，江西，廣東などの南方人でしかも呉語地域出身者が多数を占めたが故に，音韻学に精通することなく中原音に習熟していたのであれば，自分たちの方言音の影響を免れることは困難ではなかったか，という見方が比較的説得力のあるものとして捉えられている。

このように『洪武正韻』は古今の韻書を混淆して採用し，新旧の特色を調和させた著作であると捉えられる一方で，韻部・聲類の状況は1297年成立の『古今韻会挙要』と極めて似ていることも指摘されている。『古今韻会挙要』は当時の北方読書音を基準としており，約100年後成立の『洪武正韻』の拠り所も当時の官話読書音であったと考えられるが故に，両書がもたらす音韻特色は当時の官話読書音の実情を理解する上で貴重な価値をもつものである。（矢放昭文）

【参考文献】劉文錦「洪武正韻聲類考」『歴史語言研究所集刊』3-2，1931/辻本春彦「洪武正韻反切用字考ー切上字についてー」『東方學』13，1957/「洪武正韻反切用字考ー反切下字についてー」『森三樹三郎博士頌寿記念論文集』1979。

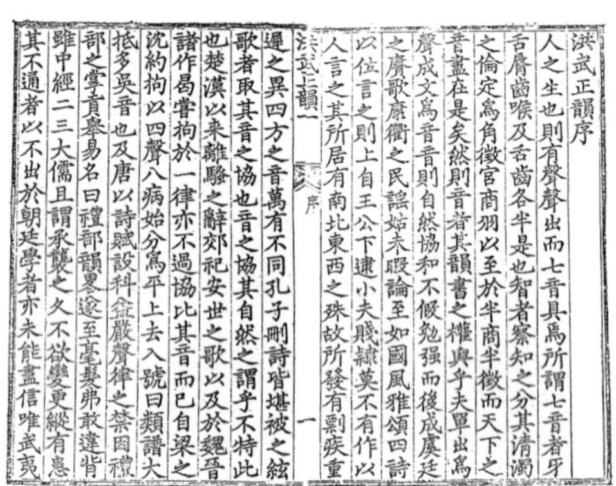
洪武正韻序
人之生也則有聲聲出而七音具焉所謂七音者牙
舌脣齒喉及舌齒各半是也智者察知之分其清濁
之倫定爲角徵宮商羽以至於半商半徵而天下之
音盡在是矣然則音者其韻書之權輿乎夫單出爲
聲成文爲音音則自然協和不假勉強而後成虞廷
之賡歌康衢之民謠姑未暇論至如國風雅頌四詩
以位言之則上自王公下逮小夫賤隸莫不有作以
人言之其所居有南北東西之殊故所發有剽疾重
洪武正韻一　序　一
遲之異四方之音萬有不同孔子刪詩皆堪被之絃
歌者取其音之協也音之協其自然之謂乎不特此
也楚漢以來離騷之辭郊祀安世之歌以及於魏晉
諸作曷嘗拘於一律亦不過協比其音而已自梁之
沈約拘以四聲八病始分爲平上去入號曰類譜大
抵多吳音也及唐以詩賦設科益嚴聲律之禁因禮
部之掌貢舉易名曰禮部韻畧遂至毫髮弗敢違背
雖中經二三大儒且謂承襲之久不欲變更縱有患
其不通者以不出於朝廷學者亦未能盡信唯武夷

『洪武正韻』宋濂序

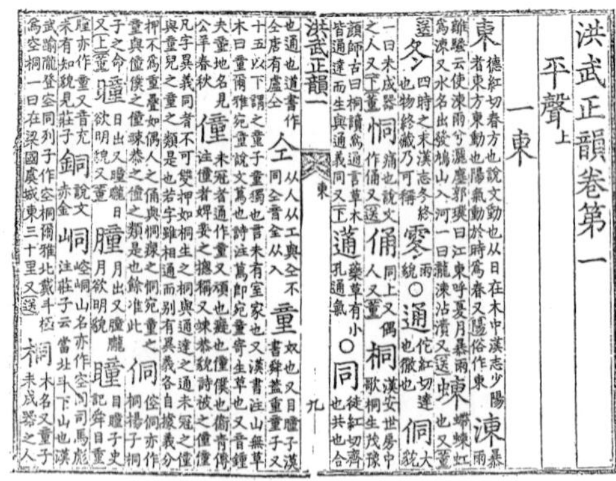
洪武正韻卷第一
平聲上
一東

『洪武正韻』平声（上）・一東第一葉

呉音(ごおん)

日本に伝わった漢字音の一層で，漢音とともに重要な位置を占め，古くは「和音(わおん)」「対馬音(つしまおん)」と呼ばれていた。呉音という名称は，中国南方の呉地方の字音が伝えられたとする伝承に基づくものであるが，その母胎音や伝来の時期・経路など，今日でもなおよくわかっていないのが実情である。日本・中国・朝鮮の古代交流史を手掛かりにすれば，朝鮮半島にいったん朝鮮漢字音として定着したものが，主に仏教伝来に伴って伝えられたものであった可能性は高いと考えられる。呉音は主に仏教経典（法華経(ほっけきょう)・大般若経(だいはんにゃきょう)・華厳経(けごんきょう)など）の読誦音(どくじゅおん)と古い漢語の一部に残っている。また，古事記・日本書紀・万葉集などの万葉仮名(まんようがな)も多くは呉音を基盤にして成立したものである。

呉音を『切韻(せついん)』（隋の仁寿元（601）年成立）の示す中古音(ちゅうこおん)の体系と比較すると体系的に一致しない点が多く音価のうえでは一致する点が多い。この体系的に一致しない部分は，呉音が北方の標準音とは異なるもの—呉音の名称を生んだ南方の方言—を母胎にした可能性を予想させる。この体系的に一致しない部分は，陸徳明(りくとくめい)撰の『経典釈文(けいてんしゃくもん)』（陳至徳元（583）～陳末（589）年に成立）引用の魏晋南北朝(ぎしんなんぼくちょう)時代音と一致する点があり，呉音の母胎音が『切韻』を最末期とする400～600年頃の音韻体系であった（したがって音価が中古音とよく一致する）ことを推定させる。さらに，呉音は，その名称と体系化の歴史をたどってみると，次層として平安朝初期に移植された漢音と対比することによって成立したものであって，それ以前に移植されていたいろいろな漢字音を呉音として一括りにしたものであり，『切韻』との体系的な不一致にこの要因が関与している可能性も考えられる。したがって呉音自体も複層性をもっているという論も成り立つ。また，呉音は時間的にみると，奈良時代以前の上代特殊仮名遣いの存在した音韻体系で定着したものが平安時代の五母音体系に引き継がれたものである。その結果，呉音は母胎音の方言性・時代性，移植の複層性，および上代特殊仮名遣いにかかわる現象とが輻輳しているために中古音と対応しない部分の大きなものとなり，一方の漢音の単純性と比較して大いに異なった様相を呈するものとなっている。

呉音の特徴としては，女(ニョ)・日(ニチ)・美(ミ)・無(ム)などのように鼻子音を保存していること（漢音では非鼻音化して，ヂョ・ジツ・ビ・ブとなる），濁子音を保存して期(ゴ)・従(ジウ)・地(ヂ)・豊(ブ)などのように濁音となる（漢音では期(キ)・従(ショウ)・地(チ)・豊(ホウ)のように清音となる），喉内撥音韻尾/-ŋ/をよく保存して経(キャウ)・青(シャウ)・定(ヂャウ)・兵(ヒャウ)などのように-ウで一定している（漢音ではこれらの字の場合経(ケイ)・青(セイ)・定(テイ)・兵(ヘイ)と-イで表記されている）などがあげられるが，これらの特徴は呉音の母胎音が中国六朝(りくちょう)末期以前のものであったことを物語っている。声調の点でも，中古音の平声は呉音で多く去声となり，中古音の上・去声は呉音で多く平声となるという大きな特徴がある。☞漢音

（沼本克明）

【参考文献】高松政雄『日本漢字音の研究』風間書房，1982/沼本克明『日本漢字音の歴史』東京堂出版，1986/築島裕編『日本漢字音史論輯』汲古書院，1995。

五　音

五音が指す字音についての概念は二種類に大別される。一つは，中国の古代音楽用語に由来する宮商角徴羽としての五音である。この用語についての記述は早く，『隋書・潘徽伝』が引用する魏(221–265)の李登(生卒不詳)『聲類』に見える。諸家の研究では，李登が字音の声韻と中国古代の音楽が密接な関係にあると考え借用したものと考えられている。しかしながら古代音楽より借用した五音が具体的にどのような内容を指すのか，李登は一言も注記しておらず，歴代を通じて多くの論争が行われるもととなった。

斉(479–501)の永明(484–493)期になると声韻の説が盛んになった。『南斉書』『南史』「陸厥伝」によれば周顒(？–485)，王融(467？–493)，謝朓(464–499)，沈約(441–513)が現れ善く声韻に通じていたこと，特に永明体と呼ばれる五字詩が平頭・上尾・蜂腰・鶴膝など韻律を整える上で避けるべき「八病説」の規則に従い盛んに行われたこと，周顒と沈約は従来の宮商角徴羽など音楽規則を応用した五音(五声)に基づく分類法を改め，字音の調子に基づく四種の音類を平声・上声・去声・入声と名づけ，これによって韻をまとめたことなどが知られている。さらに唐の徐景安『楽書』も宮商角徴羽五音を声調によって説明し「宮は上平声，商は下平声，徴は上声，羽は去声，角は入声」と記述している。

一方，清末の王國維は周・秦・漢代初期の用韻と形声符の関係に基づき，五音とは「陽声平，陰声平，上，去，入」を指すものであって徐景安の説は決して成立しないと考証している。また唐蘭(1901–1979)は「宮は東冬，商は陽唐，角は蕭宵，徴は咍灰，羽は魚虞の韻」を指し「最初に五音を創ったものは肌理が粗いため五部を列挙しただけだ」と考えた。さらに姜亮夫(1902–1995)は李登『聲類』が韻書であることを根本的に認めず，李登の時代は「四声」が認識された時代よりはるかに先であり，韻書が出現することはあり得ない。五音は決して王国維の説くようなものではなく，せいぜい「音楽的な方式」によって漢字を分類したものに過ぎない，と考えている。

しかしながらこれらの説はいずれも異なる角度からの推測に過ぎず，李登『聲類』から等韻図成立以前までの宮商角徴羽五音が具体的にどういう内容を指すものであるのか，具体的に解明されているわけではない。ただし，少なくとも沈約『四声譜』以降，宮商角徴羽五音が四声に改められ，『切韻』に代表される中古音での平上去入四声分類に継承されたという点で重要な意味をもっている。

もう一つの五音は等韻学用語であり，発音部位ごとに三十六字母を分類して得られた音類を指す。三十六字母についての発音器官による分類とも言えるが，『韻鏡』では喉音，牙音，舌音，歯音，唇音を指す。五音を基づいてさらに半舌音，半歯音を加えると七音になる。

五音分類の成立時期については等韻図がいつ頃成立したかという問題と一体のものと考えてよい。宋大中祥符6(1013)年成立の『大廣益會玉篇』附録『四聲五音九弄反紐図』は「沙門神珙撰」と伝えられるが，『反紐図』は五音の内容を知る上で重要な記述をしている。それによると，

【東方喉声】何(匣)，我(疑)，剛(見)，鄂(疑)，歌(見)，可(溪)，康(溪)，各(見)。

【西方舌声】丁(端)，的(端)，定(定)，泥(泥)，寧(泥)，聴(透)，歴(來)。

【南方歯声】詩(審)，失(審)，之(照)，食(床)，止(照)，示(床)，勝(審)，識(審)。

【北方唇声】幇(幇)，尨(明)，剥(幇)，雹(並)，墨(明)，朋(並)，邈(明)。

【中央牙声】更(見)，硬(疑)，牙(疑)，格(見)，行(匣)，幸(匣)，享(暁)，客(溪)。

と記述され，五音を具体的に分類している。「喉声」「舌声」など「喉音」「舌音」を「〜声」で著わす例としては，東晋(386–419)，義熙13(417)年法顕(337–422)訳『仏説大般涅槃経第五・文字品第十四』に見える梵字母分類が最も早く，「舌根声」「舌歯声」は「舌根音」「舌歯音」を指している。『反紐図』では「東方喉声」の如く，各声に方位を加えてはいるものの，その分類内容に基づけば五声が発音部位を示していることは明らかである。

神珙は唐元和(806–820)年間以降の人物と推定されているが，この時期，喉音と牙音の間で例字分類に混乱も見られる。見母字が双方に配されること，喉音字がすべて『韻鏡』で一等に配される字であるのに対し，牙音字はすべて二等字であることなどである。二等韻母の影響を受けると牙音字は喉音字よりも発音部位が前よりに移動するが，そのような区別は等韻図をはじめて利用するものには把握できない。この点で『反紐図』は『韻鏡』『七韻略』の完成度には及ばない。

『韻鏡』が五音を唇舌牙歯喉で示すのに対し，『七韻略』は三十六字母を羽徵角商宮(半徵半商)に五音(七音)分類している。李登『聲類』以来の宮商角徵羽ではなく，等韻図が示す発音部位としての羽徵角商宮の採用であるが，『韻鏡』と対照することにより，それぞれが唇，舌，牙，歯，喉，半舌・半歯に相当し，(羽)幇滂並明・(徵)端透定泥知徹澄孃・(角)見溪群疑・(商)精清従心邪照穿床審禪・(宮)影暁匣喩・(半徵・半商)來日であることがわかる。しかしながら羽徵角商宮の分類名称自体は発音部位を示さず，語音を描写する具体性に欠けている。

『七韻略』以降の等韻図でも羽徵角商宮の分類名称の採用は絶えることがなかったため，対応する語音の異同を引き起こす要因となった。例えば『切韻指掌図』では宮(牙音)・角(喉音)となり，沈括『梦溪筆談』では宮(唇音)・商(舌音)・徵(歯音)・羽(喉音)，黄公紹『古今韻会』では宮(唇音)・徵(舌音)羽(喉音)，李元『音切譜』では羽(唇音)・商(舌音)・宮(牙音)・徵(歯音)・角(喉音)と変位し，各等韻図間で不統一となっていることがその具体例としてあげられる。　(矢放昭文)

【参考文献】鈴木虎雄『支那詩論史』弘文堂書房，1927/趙誠『中国古代韻書』中華書局，1979/兪敏「等韻溯源」『音韻学研究』第一輯，1984/楊剣橋『漢語音韻学講義』復旦大学出版社，2005。

『五音集韻』

全15巻。編者は金(1115-1234)の韓道昭，真定松永(現在の河北省霊寿県)の人。金の泰和8(1208)年に成立，崇慶元年すなわち南宋寧宗の嘉定5(1212)年に新刻本，元の至元26(1289)年にも新刻本，明の成化6(1470)年に重刊本があるが清代の覆刻はない。現存刻本として明の正徳10(1515)年重刊本があり釈真空の『韻書四種』叢書に収められている。また明の崇禎10(1637)年金陵圓覚庵刊本があり『四庫全書・経部・小學類』に収録されている。中華書局1992年出版の甯忌浮校訂『五音集韻』本はこの刊本に拠っている。

『五音集韻』は『広韻』206韻を160韻に合併しており，『広韻』以降最初に韻の合併を行った韻書である。各韻収録字は36字母(見溪群疑・端透定泥・知徹澄娘・幫滂並明・非敷奉微・精清従心邪・照穿牀審禪・曉匣影喩・來日)順に配列されている。声母の代表字ごとに開合があればこれを分けて配列し，字母の下に一～四の数字を付して等位を示している。また，合口字には等位のみを付している。収録字は『広韻』に依拠しているが『広韻』未収の字は『集韻』により補っている。注音・訓釈も『広韻』『集韻』を参照している。各小韻字にはまず反切を注記し，そのあとに字義注釈を付している。

合併された46韻の内訳を見ると『広韻』『集韻』の独用・同用の規定に完全には従わず，独自の合併を行っていることがわかる。『広韻』同用韻を『五音集韻』も同用韻として旧態の伝統として保持する場合，『広韻』同用韻を『五音集韻』一韻に併せる場合，『広韻』三韻同用例を『五音集韻』で一部同用韻とし，一部を一韻に併せ，一韻を同用として保つ場合，また支之二韻を脂に合併する場合などがある。また文・殷のように『広韻』同用を『五音集韻』で分けて独用とする場合がある。

韓道昭が『五音集韻』を編纂した時代には，『広韻』『集韻』刊行時に見られた韻書に伴う公権威の圧力はすでに消失していたが故に，韓道昭は自分の考え通りに韻の分合を決めることができたはずである。ではなぜすべての同用を合併しなかったのか？

この点について言えば，当時の語音と実質上一定の関係があったからだと推測される。『五音集韻』序文に収められた道昭の従兄韓道升の「私の従弟韓道昭は…韻には古来の方法が繁雑に混淆し，古法通りに従うと同声母同韻の字音が二カ所に配列される。(だが)一声母一音であるからこそ合併すべきだ。旧時，韻書の先・宣は(今日では)一類，移・斉は同音，薛・雪はきわめて近いことがその例である。山・刪，獮・銑，豏・檻，庚・耕，支・脂・之は本来一類である。怪・卦・夬に至ってはどうして分ける必要があろうか？」という記述はこの実情を述べている。韓道昭は真定(河北)人であり，その韻の合併は当時の河北方言によったものと考えても不思議ではない。またこの記録に基づき今日の普通話の来源を考えることが可能かも知れない。

一方で韓道昭は等韻学の知識に基づいて韻書を編纂し，韻書の体例に新しい局面を開いたこともわかる。韓道昭の序文によると「金朝の皇統年間(1141–1149)に至り洨川の荊璞字彦宝がいて，声韻の微妙な違いによく通じていた。関連する多くの韻書の奥義を広く深く知り，特に三十六字母を分韻に取り入れた。字母により反切を得れば，(これを使って)学ぶ者は容易に求める音を知ることができる」といい，韓道昭以前にすでにこの方式を使っていた人物の存在が判明すると同時に，等韻学研究に貴重な資料を提供する一方で，後代の韻書に大きな影響を与えている。後世の『韻略易通』『五方元音』などはこの方式に従い，分韻だけでなく声類も分けている。音系分類に新しい方式を提供したという点でこの韻書は漢語史上ひときわ高い価値をもっている。

(矢放昭文)

【参考文献】趙誠『中国古代韻書』中華書局，1979/大岩本幸次『金代字書の研究』東北大学出版会，2007。

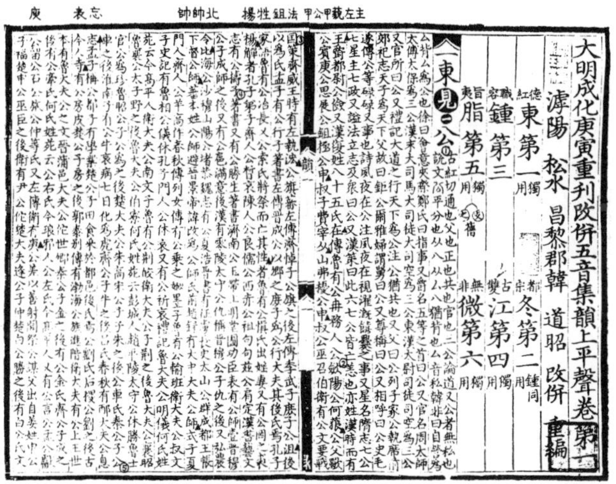

大明成化庚寅重刊改併五音集韻上平聲巻第一

滹陽 松水 昌黎郡韓 道昭 改併 重編

東第一 冬第二 鍾第三 江第四 脂第五 微第六

『五音集韻』上平声巻第一東第一葉

至元庚寅重刊改併五音集韻序

夫聲韻之術其來尚矣證群經之義訓別使字之因由辯五音之輕重論四聲之清濁至於天地之始日月運行星辰名號人間姓氏山川草木水陸魚蟲飛禽走獸四方呼吸全憑字樣豈可離於聲韻者哉嘗聞古者陸詞刱本劉臻等八人隋朝進韻抱賞歸家人皆稱歎流通於世豈不重歟又至大金皇統年間有洨川荊璞字彥寶善達聲韻幽微博覽群書奥旨特將三十六母添入韻中隨母取切致使學流取之易也詳而有的檢而無謬美即美矣未盡其善也後至泰和戊辰有吾弟韓道昭字伯暉迺先叔之次子也先叔者諱孝彦字允中況於篇韻之中最爲得意注疏指玄之論撰集澄鑑之圖述門法滿庭芳詞作切韻指迷之頌鏤板通行其名遠矣今即重編改併五音之篇暨諸門友精加衆字得其旨趣標名於世也又見韻中古法繁雜取之體計同聲同韻兩處安排一母一音方知敢併却想舊時先宣一類移齊同音薛雪相親舉斯爲例只如山刪獮銑豏檻庚耕支脂之

『五音集韻』韓道昇序(第一葉)

国語審議会（こくごしんぎかい）

国語およびローマ字に関する事項を調査審議するための国の機関。1934（昭和 9）年に国語問題に取り組む初の常設機関として設置された。当初は官制に基づく文部大臣の諮問機関。1949（昭和 24）年，文部省設置法により法律・政令に基づく建議機関として再設置され，1962（昭和 37）年，再度諮問機関となる。1968（昭和 43）年以降は文化庁に設置。以後，2001（平成 13）年，中央省庁の組織改革によって文化審議会国語分科会に引き継がれるまで，国語問題について数々の言語計画を立案した。取り上げた問題は，明治以来の懸案事項である漢字の制限やかなづかいといった表記にかかわるものが中心である。以下四つの時期に分けて，その足跡をたどる。

〔1〕1934（昭和 9）年～1949（昭和 24）年。1935（昭和 10）年，文部大臣松田源治によって，「国語ノ統制ニ関スル件・漢字ノ調査ニ関スル件・仮名遣ノ改定ニ関スル件・文体ノ改善ニ関スル件」の 4 件の諮問がなされた。この諮問に応じて当期の国語審議会は，1938（昭和 13）年に「漢字字体整理案」，1942（昭和 17）年に「標準漢字表」（常用漢字 1134 字，準常用漢字 1320 字，特別漢字 74 字，計 2528 字），「新字音仮名遣表」，「国語ノ横書ニ関スル件」を答申するが，採用されないままに終戦を迎えた。これらの答申は戦後になって，「現代かなづかい」，「当用漢字表」（1850 字，以上 1946（昭和 21）），「当用漢字音訓表」（1948（昭和 23）），「当用漢字別表（教育漢字）」（881 字，1948（昭和 23）），「当用漢字字体表」（1949（昭和 24））などにまとめられ，内閣訓令・告示として公布された。かなづかいをめぐっては明治以来さまざまな論争や試行錯誤が展開されてきたが，敗戦を契機として，表意的・保守的な方向ではなく，表音的・より合理的な方向での解決をみたものである。

〔2〕1949（昭和 24）年～1965（昭和 40）年。この期の活動には，「送り仮名の付け方」（内閣訓令・告示，1959（昭和 34））のような表記のあり方を決定した重要な建議もあるものの，その多くは基本的に国語問題を整理することにあったといえる。1950（昭和 25）年，まず「『国語問題要領』の決定について」を報告し，「国語審議会の性格と任務・国語の現状の分析・国語問題の歴史的展望・国語に関する諸機関・国語問題審議の基準」の 5 項目を整理した。「国語の現状の分析」には，語彙・発音・語法及び文体（敬語・標準語の問題を含む）・表記法などの問題が広く指摘されている。続いて，「これからの敬語」（建議，1952（昭和 27）），「外来語の表記について」（部会報告，1954（昭和 29）），「標準語のために」（同），「語形の『ゆれ』について」（部会報告，1961（昭和 36）），「発音の『ゆれ』について」（部会報告，1965（昭和 40））など，表記法に限らず国語のさまざまな領域を取り上げて，その問題のありかを指摘している。なお，この期には，国語のあり方について，委員の間の立場の相違が顕在化し，1961（昭和 36）年には，国語審議会のあり方などをめぐって改革を推進するいわゆる表音派（松坂忠則

ら）と旧字・旧仮名遣いを主張する表意派（宇野精一，舟橋聖一ら）が対立し，後者に属する5名が審議の場から退席するといった事件も起きた。

〔3〕1966（昭和41）年〜1991（平成3）年。この期間は，前期に顕在化した対立を受けつつ，戦後すぐに実施された一連の表記法の大幅な見直しを進めた時期である。1966（昭和41）年6月，文部大臣中村梅吉によって諮問「国語施策の改善の具体策について」がなされ，検討すべき問題点として「当用漢字について（表内漢字，音訓，字体）・送りがなのつけ方について・現代かなづかいについて・その他上記に関連する事項について」の4項目があげられた。この諮問を受けて，現行の表記法をほぼ確定した重要な答申がいくつかなされた。「改定送り仮名の付け方」（答申，1972（昭和47）），「常用漢字表」（答申，1981（昭和56）），「改定現代仮名遣い」（答申，1986（昭和61））などがそれで，最後の「外来語の表記」（答申，1991（平成3））によって，表記の問題についての施策はほぼ出そろった。これらの一連の施策は，現在では義務教育やパソコンの普及によってかなりの程度普及しているが，その位置づけはあくまでも国語を書く場合の「目安・よりどころ」とされ，各種専門分野や個々人の表記にまで制限を課すものではない。その内容も，基本的には表音的であるものの，歴史的仮名遣いも尊重されるべきであるとし，表意派にも配慮したものになっている。

〔4〕1991（平成3）年〜2000（平成12）年。1991（平成3）年に発足した第19期国語審議会は，「現代の国語をめぐる諸問題について」において，国語をめぐる将来的な検討課題を広く報告した。このことを受けて，1993（平成5）年に，文部大臣赤松良子によって諮問された「新しい時代に応じた国語施策の在り方について」は，「21世紀を展望しつつ，新しい時代に応じ得るよう，広い視野に立って国語の問題全般を取り上げていくことが期待されている」として，検討の対象に，「言葉遣いに関すること，情報化への対応に関すること，国際社会への対応に関すること，国語の教育・研究に関すること，表記に関すること」などをあげている。その審議の結果は，2000（平成12）年，第22期国語審議会によって，「現代社会における敬意表現」「表外漢字字体表」「国際社会に対応する日本語の在り方」の3つの答申として公にされたが，「表外漢字字体表」を除けば特に政策として実現されないままに，2001（平成13）年1月，国語審議会は廃止され，その仕事は文化審議会国語分科会に引き継がれた。（渋谷勝己）

【参考文献】文化庁ホームページ　http://www.bunka.go.jp/（特に「国語施策・日本語教育」のページ。2008.11.8 アクセス）。

国語調査委員会

1902(明治35)年に設置された文部大臣の諮問機関。国語を統一し，国民に普及することによって，国語を欧米諸国の言語と対等の地位に高めることを目標とした。

国語問題については，前島密「漢字御廃止之議」(慶応2(1866))，南部義籌「脩国語論」(1869(明治2))などをきっかけにして，明治維新前後から，漢字廃止論・制限論，仮名・ローマ字専用論など，国語・国字の改良に関する議論が盛んになった。このような背景のなかで1900(明治33)年1月，帝国教育会が貴衆両院に提出した「国字国語国文ノ改良ニ関スル請願書」が採択され，「国字国語国文ノ改良ニ関スル建議」として政府に送られて，同年4月，文部省に国語調査委員(委員長前島密)が設けられた。ここでの検討を受けて，1902(明治35)年，国語調査委員会官制が公布されている。文部大臣の監督下にあり，委員長1名と委員15名以内で構成し，定員外の臨時委員を設けることなどが定められている。設立当初の委員は，加藤弘之(委員長)，上田萬年(主事)，井上哲次郎，大槻文彦，嘉納治五郎，木村正辭，澤柳政太郎，重野安繹，高楠順次郎，徳富猪一郎，前島密，三上參次，渡部董之介。さらに補助委員として大矢透，岡田正美，林泰輔，保科孝一，新村出が任命されている。

国語調査委員会の取り組んだ問題は，主に表記・文体・標準語の三つである。その調査方針は，「一，文字ハ音韻文字(フオノグラム)ヲ採用スルコトヽシ，仮名羅馬字等ノ得失ヲ調査スルコト」「二，文章ハ言文一致体ヲ採用スルコトヽシ是ニ関スル調査ヲ為スコト」「三，国語ノ音韻組織ヲ調査スルコト」「四，方言ヲ調査シテ標準語ヲ選定スルコト」と定められた。同時に，「普通教育ニ於ケル目下ノ急ニ応センカタメニ」漢字節減，現行普通文体の整理，書簡文などの特殊文体や国語・字音仮名遣い，外国語の転写の問題などの検討を行動方針に盛り込んでいる。このうち調査方針の一は漢字廃止を目標としたものであり，漢字節減はこの目標に向かっての中間目標であった。

国語調査委員会の中心となったのは上田萬年である。上田はドイツにおいてヨーロッパの言語事情をつぶさに観察することによって，国家・民族・言語は三位一体をなすこと，国運の隆昌は国語国字の改善を基礎とすること，表意文字よりも表音文字のほうがすぐれていること，などのアイディアを体得する。そして帰国後の1898(明治31)年，国字改良会を組織し，これが帝国教育会国字改良部に発展して，上記請願書の提出，採択となった。

当委員会の成果には，『国語国字改良論説年表』『音韻分布図』『音韻調査報告書』『口語法分布図』『口語法調査報告書』『送仮名法』『漢字要覧』『仮名遣及仮名字体沿革資料』『仮名源流考』『疑問仮名遣』『周代古音考・同韻徵』『口語法』『口語法別記』などがある。

1913(大正2)年，行政整理のため廃止。　(渋谷勝己)

【参考文献】文化庁『国語施策百年史』ぎょうせい，2006。

国際識字率

(こくさいしきじりつ)

文字の読み書きができる人々の割合(識字率)は，それぞれの国や地域の間で大きな違いがある。識字率の高低は，文字の種類よりも，教育の普及度やその背景にある経済的な発展の度合いとの相関のほうが大きい。

各地域の15歳以上の年齢層の非識字率は，1998年のユネスコの評価では以下のようである。比較のために1970年のデータも示す。いずれの地域でもこの30年間で識字率は大きく上昇しているが，それでも先進国と開発途上国ではまだ大きな違いがあり，開発途上国のなかには人口増加に伴って非識字層の絶対数が増えている地域もある。また，どの地域でも女性の識字率が男性のそれにくらべて低いことなどが見て取れる。　(渋谷勝己)

【参考文献】ユネスコ編・永井道雄監訳『ユネスコ文化統計年鑑1999』原書房，2000/ユネスコの統計は，http://www.uis.unesco.org/statsen/statistics/yearbook/YBIndexNew.htm でも閲覧可。最新の情報は，UNESCO Institute for Statistics のホームページを CORE THEMES Literacy → archives とたどって閲覧できる。2008.11.8 アクセス。

表　15歳以上の推定非識字率および非識字人口(1998年評価)

大陸・主要地域および国集団	年	非識字率(%)			非識字人口(単位100万人)		
		男女	男性	女性	男女	男性	女性
World total	1970	37.0	28.5	45.2	854	326	528
	2000	20.6	14.7	26.4	876	313	563
Africa	1970	71.6	60.6	82.2	141	58	83
	2000	40.3	31.3	49.1	182	70	112
America	1970	14.7	12.7	16.7	49	20	28
	2000	7.3	6.7	7.9	44	20	24
Asia	1970	49.1	36.7	61.9	629	239	390
	2000	24.9	16.8	33.2	641	220	421
Europe	1970	6.9	3.5	9.9	34	8	26
	2000	1.3	0.9	1.5	8	3	5
Oceania	1970	10.7	8.2	13.2	1.4	0.5	0.9
	2000	4.6	3.4	5.8	1.1	0.4	0.7
Developing Countries	1970	51.9	39.8	64.2	812	315	497
	2000	26.3	18.6	34.2	865	309	556
Sub-Saharan Africa	1970	71.6	61.5	81.3	113	47	66
	2000	39.7	31.5	47.6	142	55	86
Arab States	1970	70.7	56.1	85.0	49	19	29
	2000	38.8	27.1	51.0	68	24	44
Latin America and Caribbean	1970	26.1	22.6	29.5	43	18	24
	2000	11.7	10.8	12.6	42	19	23
Eastern Asia and Oceania	1970	43.9	30.2	57.9	304	106	198
	2000	13.4	7.3	19.7	185	51	134
Southern Asia	1970	68.0	54.4	82.6	299	124	176
	2000	45.8	33.4	59.0	429	161	268
Least developed countries	1970	73.2	62.1	84.5	126	53	73
	2000	49.3	39.2	59.5	184	73	112
Developed Countries	1970	5.7	3.1	8.0	42	11	31
	2000	1.1	0.9	1.3	11	4	7

国字(こくじ)

国字という語は多義的に用いられる。わが国(日本)で用いられる文字という意味の場合もあるし，漢字に似せた日本製の文字という意味でも用いられる。また，かな文字だけを指して国字と称する場合もある。本項で国字というのは漢字に形を似せた文字のことで，和製漢字と呼んだり，本邦製作字・和俗字・和字などとも呼ぶこともあるが，形を漢字に似せて新たな文字を作って使用する例は日本以外にもみられるから，これを日本に限定せずに扱うためには擬製漢字の名で呼ぶことが望ましい。国字という呼称を用いるのは主として慣用によるからである。

国字を漢字から区別して日本製のものと認定するのは，本来の漢字に無いということによる。中国側に無いということを明確に立証することはきわめて困難なことで，差し当たりは『玉篇(ぎょくへん)』『字彙(じい)』『康熙字典(こうきじてん)』など著名な字書類にみられないことをもって無いことの根拠としている。膨大な文献の存在を考えれば，この認定の仕方が不十分なものであることは明らかである。時代や方処に十分目配りした中国側の文字情報の充実・整備がなければ，国字であると確定することも，国字の数がどれほどあるのかを知ることも，むずかしいと言わなければならない。

字形としては中国側にもあるのに，意味を異にする字もある。新井白石(あらいはくせき)は『同文通考』(巻 4) に国訓と名づけて国字とは別に論じているが，本来の漢字とは別個に日本側でも同形の字を創出した場合も十分ありえたであろうから，それらは国字としてよいはずである(「咄」「偲」「鮎」「萩」「鵤」など)。ただし，漢字の字訓に基づいてその意味が拡張され原義(本来の字義)から遠く隔たってしまった用法(「儲」—用意する意から利益を得る意に，「預」—参与する意から寄託する意に，「調」—楽を奏する意から点検する意に，など)をも，国字として認めるかといえば躊躇せざるをえない。

国字の構成上の特色は，会意(かいい)によるものが圧倒的に多く，次いで形声(けいせい)によるものによって占められているということである。さらには，いわゆる合字(ごうじ)も少なくないことである。例えば，「躾」「峠」「俤」「榊」などは会意，「塀」「纋」「掟」「鋲」「鰊」などは形声によっている。また，「槇」「畠」「畑」「凧」などは合字の類である。数のうえでは圧倒的に会意字が占めているので，訓のみをもち音を欠くものが目立ち，そのことを国字の特色として理解する向きもないではないが，形声字の例は音の形をもっているし，合字の「麿」「粂」「杢」は字音仮名の組み合わせで成り立っている。なかには，訓の形のみで成立したものが途中で音の形をも獲得した例もある。例えば「働」である。「動」の字は生き物がぴくぴくとうごめくことを表し，日本語ではそれを〈はたらく〉といった。後になって，人間の生活の営みをも〈はたらく〉というようになり，それを人偏を加えた「働」で書くことが定着し，「労働」という漢語表現まで生んだのである。最近では，国字を含んだ日本人の人名を中国でどう読むかという問題も生じてきている。「笹」(shi

4―下部を声旁とする)，「辻」(shi 2―十を声旁とする)，「峠」(ling 3―嶺の異体字扱い)，「栃」(li 4―右部を声旁とする)「榊」(shen 2 mu 4―二字に分ける)など。「草彅」を韓国風に「チョナン」と呼ぶのもこの類である。音読みの面での新現象といえる。

国字が何のために生み出されたかについては，本来中国にはないものの名前や概念を漢字(らしいもの)で表そうとしたものであるといわれる。たしかにそうした面のあることは否めないが，すでに漢字があるものに対しても新たに国字が作られたり，やさしい漢字があるにもかかわらず複雑な字形の国字が用意されることもある。造字の意図について別に考えなければならないところである。そのためには国字の果たす役割を考えなければならない。〈カシという堅い木〉を「樫」字で表すのは漢字で表しているという一種の満足感に支えられている。真名(まな)と仮名との価値意識の違いが，あえて会意の方法による新字を定着させたと考えられるのである。一方，当座に速く表記できるという性格によって支持された字形「図」〈図書館〉，「軠」〈トラック〉など，略字的性格をもって使用されるものもある。職能集団や宗教教団のなかには使用する字に，外に対しては符牒としての隠蔽性やある種の神秘性の示威，内に対しては同志としての結束・連帯を促す意図が感じられるものもある(例えば，刀剣目利き書や源氏物語研究の伝授書，民衆宗教富士講の文献など)。富士講の「䗬(ちち)」のように画数が多く字形の複雑なものは，それに加えて御大層な印象を与える増画字のもっている性格も帯びている。ほかに，遊びの要素を含んでいる字もある。「杤(とち)」は〈10(ト)×1000(チ)＝10000(トチ)〉の連想によっている。「栃」はそれを増画したもので，「櫔」や「蠣―蛎」「勵―励」などのセットの存在も類推に関与したかと考えられる。「丼(どんぶり)」も，今でこそ食器名に限定して用いられるが，もとは井戸に木石を放り込んだときの音を模した字であった。このほかに懐紙という限られたスペースにある種の美的センスを感じさせるために用いたかと見られる新在家文字(「鵆(ちどり)」「椛(もみぢ)」「俤(おもかげ)」)もある。

国字の製作者はふつう誰とは知られることがない。「杣」が山田福吉，「鑓」が楠家の所制と伝えられるが，誤解や付会によるものとみられ，確実に個人名の知られる国字は「澷」(林述斎)，「腺」「膵」(ともに宇田川榛斎)である。「澷」の場合は「隅田川(墨田川)」を漢詩制作の際に「墨水」と表現していたものをさらに1字に圧縮した合字で，文字数の節約に起因する。「腺」「膵」は西洋医学の流入に対応した造字・造語である。

現代日本語の表記が漢字制限という制約のもとで国字が自由に用いられている分野は，地名・人名という固有名の表記である。「萢(やち)」は青森県津軽地方の地名に，「掵(はば)」は秋田県南地方の地名にみられる。こうした例は全国各地に数多く存在する。今後も地域や職業などの位相にかかわって根強く生き残ることが考えられるのである。

国字は漢字文化の血肉化と大衆化の一面を物語るものといえよう。　(佐藤　稔)

【参考文献】笹原宏之「国字と位相―江戸時代以降の例に見る「個人文字」の，「位相文字」，「狭義の国字」への展開―」『国語学』163集，1990。

国字問題

国語を表記するのに用いる文字(符号類を含む)，あるいは，その文字の運用法に関する論点の総称。

国字問題の内容は，漢字の数・音訓・字体，当て字・熟字訓・交ぜ書き，固有名詞(特に人名)用漢字・教育漢字，仮名の種類・数・使用領域，初等教育におけるひらがな/カタカナ先習，仮名遣い(和語・字音・外来語)，送り仮名，振り仮名，ローマ字(綴り方・分かち書き)，漢数字・アラビア数字，句読点ほか符号類・句読法，縦書き・横書き，などきわめて多岐にわたるが，漢字の取り扱いを中心にみていくのが便利である。わが国の国字問題は，漢字の問題を中核として展開しており，また，漢字以外の諸問題も，その主要なものは，漢字をめぐる問題から付随的に派生してくるものが多いからである。漢字の取り扱いに関する諸説は，A 漢字廃止論(漢字全廃論)［(1)平仮名専用論，(2)片仮名専用論，(3)ローマ字専用論，(4)新国字論］，B 漢字制限論(漢字節減論)，C 漢字尊重論(漢字擁護論)，のように分類できる。

A(1)は，前島密が将軍・徳川慶喜に奉った「漢字御廃止之議」(1866(慶応 2))に始まる。これは，国字問題が公に提起された最初のものとされる。A(2)は，「仮名文字協会」(1920(大正 9)年設立。後に「カナモジカイ」と改称)の主張が知られる。A(3)は，南部義籌「脩国語論」(1869(明治 2))を嚆矢とする。以上の立場では，仮名遣いやローマ字の綴り方が問題となり，さまざまな議論が行われた。A(4)は，漢字の代わりに，新たに理想的な文字を創作して使用しようとするものである。平岩愃保「日本文字の論」(1885(明治 18))以降，種々の提案がなされたが，いずれも個人的主張にとどまった。ちなみに，A をさらに極端に推し進めた「国語変更論」とも呼ぶべき立場もあり，森有礼の英語採用論(1872(明治 5))や，志賀直哉の仏語採用論(1946(昭和 21))などが名高い。B は，漢字は 2000～3000 字で十分だとし，それを実証すべく 1000 字に満たぬ漢字をもって書かれた福沢諭吉『文字之教』(1873(明治 6))を，その具体的提案の初めとする。C は，三宅雪嶺「漢字利導説」(1895(明治 28))や井上円了『漢字不可廃論』(1900(明治 33))などが有名である。ただし，C も程度の差こそあれ，無制限な漢字使用を奨励するものは少なく，理念上はともかく，実質的には B に近い。B の立場は，A の前段階としての，実行可能性の高い現実的な方策として重視され，漢字の音訓・字体，仮名遣い，送り仮名などの諸問題とも連動した，第二次世界大戦後の一連の国語施策にまで及ぶ国語政策上の基本方針となっていく。しかし，それらが制限的性格の強いものだったことに対する反省の気運が次第に高まり，昭和 40 年代に A の立場が公的に否定されて以後，制限色の緩和が進められるに至った。(神戸和昭)

【参考文献】平井昌夫『国語国字問題の歴史』昭森社，1948(復刻版：三元社，1998)/井之口有一『明治以後の漢字政策』日本学術振興会，1982/土屋道雄『國語問題論争史』玉川大学出版部，2005/文化庁『国語施策百年史』ぎょうせい，2005。

『五経文字』

唐代の文字学書。異体字を分類した書物。張参の撰。3巻。大暦11(776)年成書。隋代に科挙の試験が始まると，答案を採点して受験者の優劣をつけるためには，種々の異体字が大量に使用されることは混乱を招くばかりだから，異体字を由緒正しい文字と通俗的な文字に区別する必要が，科挙の普及につれて痛感されてきた。唐代の中期になると，既存の楷書の異体字を整理し，由緒の正しい文字とそうでない文字とを区別しようとする傾向が一層顕著になってきた。このような学問を「正字(字を正す)の学」という。

その最初のものは，顔師古が『五経』の異体字を書き出して正俗を判定した『字様』だが，すでに散逸して伝わらない。のち顔師古の子孫にあたる顔元孫が『字様』を参考にして『干禄字書』を作り，それが現在に伝わっているので，それによって唐代に行われた異体字整理の実際を把握することができる。☞『干禄字書』

『干禄字書』は俗字にまで規定が及び，実用性を中心にした書物であったが，字形を整理して正しいものを定めることは本来は経学の立場からの要請であり，やがて純粋に経学の立場から字形を正した著述が作られた。張参の『五経文字』と，太和7(833)年に作られた唐玄度の『九経字様』がそれである。

『五経文字』は『説文解字』や熹平石経などを資料として，経書に見える主要な文字計3253字を160部の部首ごとに配列し，各字の音と出典を注記し，異体字があるものはその字形をあげて，それぞれの字の来歴を説くが，俗字とされるものは全く掲げられていない。例えば巻上「手」部の最初に「指扌旨，上説文，下石経」とあり，上の字形が『説文解字』に，下の字形が熹平石経に見えるものであることを示す。この書物には通俗的な文字は載せられていないから，したがってその2字はどちらも経学上で使用することが認められ，その来歴を注記したものである。ちなみに『九経字様』は『五経文字』を補足する目的で作られたもので，『五経文字』中の誤り，あるいはそれには収められていない文字など421字について，同様の考証を述べたものである。両者は唐代の経学の発展のうえで，基礎的な部分を確固としたものにした著述であった。

経書に使う字体が確定されたことを受けて，太和7(833)年から「開成石経」が作られはじめた。開成石経(また「唐石経」とも)には『周易』『尚書』『毛詩』『礼記』『儀礼』『周礼』『春秋左氏伝』『公羊伝』『穀梁伝』『孝経』『論語』『爾雅』の12の経書が刻され，その最後に『五経文字』と『九経字様』が刻まれた。もともとは長安にあった最高学府の国子監の講堂の廊下の壁面に墨で書かれたのだが，次第に汚損が激しくなったので石に刻まれたという。今も西安の碑林博物館に現存する。　(阿辻哲次)

『古今韻会挙要』

全30巻。元(1271–1368)の熊忠が，黄公紹(1265年進士)『古今韻会』(1292年以前に成立)の繁雑な部分を削る一方，必要な増補を行い大徳元(1297)年に完成させた。分韻は劉淵の『壬子新刊礼部韻略』107韻に従った。106韻に比べると「拯」韻が一つ多くなっている。また各韻の収録字は『五音集韻』と同じ方式を採用し36字母の順に従って排列されている。

序文の「韻例」に「礼部韻略七音三十六字母通攷」が附録されているが，この記録によると『古今韻会挙要』では，従来の36字母と異なりその順序に異同のあることがわかる。「魚・幺・合」3字母が新に加わると同時に，「照・穿・牀」3声母が無くなっている。中でも「魚」母は伝統韻書の「疑」母3等字と「喩」母3等字を合併させたものであり，「幺」母は伝統韻書の「影」母字から，また「合」母は伝統韻書の「匣」母から分かれ出たものである。無くなった3声母のうち「照」母は「知」母に，「穿」母は「徹」母に，「牀」母は「澄」母にそれぞれ合流している。このような従来の36字母と異なる声母の変動は熊忠時代の語音体系が中古音時代とは異なっていることを示すものである。

一方，分韻については熊忠序文に「『礼部韻略』は久しく継承されており，人々は幼年時代から日々親しんでいる。短期間に変えることは難しい。」と記述されているように，107韻に従うことに選択の余地はなかった。「挙要」とは「要を挙げる」ということであり，基準を『礼部韻略』に置くということであった。「伝統韻書の持つ拘束力」は依然として強力であった。

しかしながら，それでも『礼部韻略』という規範韻書の分韻が熊忠当時の実際語音と合わなくなっていることは，当時の文人の間でも認識されていたようである。このことは例えば『古今韻会挙要』の巻一東韻「攏」字の後の小注に引用する宋・洪邁(1123–1202)『容齋随筆』の「『礼部韻略』の分類は決して最近の実情に近くない。例えば東・冬・清・青は韻が異なり不通であると後世の音韻を学ぶ者は必ず強調するが，やはりそれは違っている。」という記述などから推測することが可能である。

このような時代と地域の違いによる音韻特色の具体的状況については，反切についての詳細な分析研究から解明することが可能である。実のところ『古今韻会挙要』反切については「『集韻』に依拠する」と熊忠が本文中に記しており，この記述の拘束力が働いて長年検討されていなかった。しかしながら近年の花登正宏『古今韻會擧要研究』によれば必ずしもそうではない。同研究の詳細な分析によれば，反切用字の更改については音韻背景の相違によるものとそうではないものがあり，前者については当時の口頭音を研究する際の資料としての価値をもっている。その独自の特徴は，声母に偏りがあり疑・影・匣・娘4声母に集中していること，反切上字を極力統一しようとしていることから知ることが出来る。これらの特徴は，『広韻』を代表とする『切韻』系韻書とこれを実質的に継承する『礼部韻略』には見ることのない重要な特色である。反切研究から出発した同研究は,『古今韻会挙要』の音韻体系では中古音系が大幅に合流していることを示すと同時に,『古今韻会挙要』より30年後の元泰定(たいてい)甲子(1324)年に成立し近世北方音を濃厚に反映するとされている『中原音韻』と近世音的な特色を共有していることを明らかにしている。

なお今日利用できるテキストとしては寧忌浮(ねいきふ)整理『古今韻會擧要』(明刊本附校記索引)がある。明の嘉靖(かせい)15(1536)年に秦鉞(しんえつ)・李舜臣が刻し,17(1538)年に劉儲秀が重刻した江西本が最も広く流布しているが,そのなかの吉林社会科学院図書館蔵本を利用して覆刻されたものである。(矢放昭文)

【参考文献】應裕康「古今韻會擧要反切之研究」『國立政治大學學報』8,1963/趙誠『中国古代韻書』中華書局,1979/花登正宏『古今韻會擧要研究』汲古書院,1997/寧忌浮整理『古今韻會擧要』明刊本附校記索引,中華書局,2000。

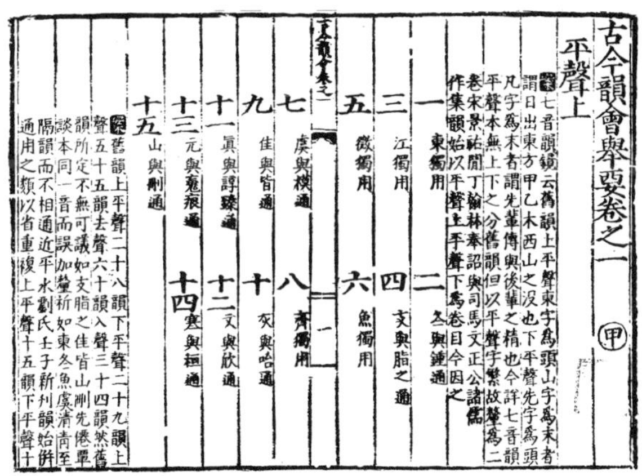
古今韻會舉要卷之一 (甲)
平聲上
[案]七音韻鏡云舊韻上平聲東字爲頭山字爲末者謂日出東方甲乙木西山之沒也下平聲先字爲頭凡字爲末者謂先輩傳與後輩之精也今詳七音韻平聲本無上下之分舊韻但以平聲字繁故釐爲二卷宋景祐間丁翰林奉詔與司馬文正公諸儒作集韻始以平聲上平聲下爲卷目今因之
一東獨用　二冬與鍾通
三江獨用　四支與脂之通
五微獨用　六魚獨用
七虞與模通　八齊獨用
九佳與皆通　十灰與咍通
十一眞與諄臻通　十二文與欣通
十三元與魂痕通　十四寒與桓通
十五山與刪通
[案]舊韻上平聲二十八韻下平聲二十九韻上聲五十五韻去聲六十韻入聲三十四韻然舊韻所定不無可議如支脂之佳皆山刪先僊覃談本同一音而誤加釐析如東冬魚虞清靑至隔韻而不相通近平水劉氏壬子新刊韻始併通用之類以省重複上平聲十五韻下平聲十

『古今韻会挙要』平声上,第一葉

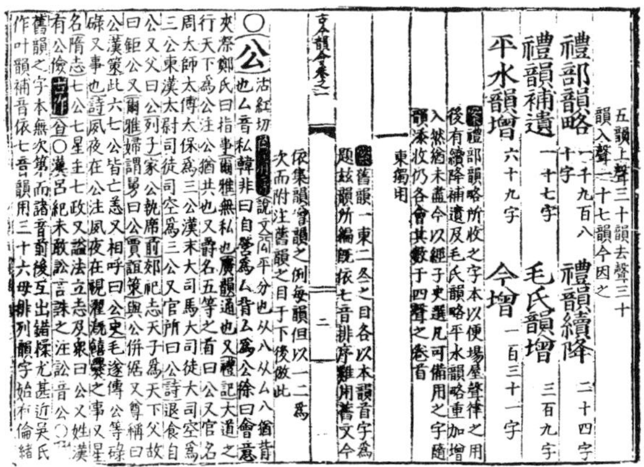
五韻上聲三十韻去聲三十韻入聲一十七韻今因之
禮部韻略 一千九百八十字　禮韻續降 二十四字
禮韻補遺 一十七字　毛氏韻增 三百九字
平水韻增 六十九字　今增 一百三十一字
[案]禮部韻略所收之字本以便場屋聲律之用後有續降補遺及毛氏韻略平水韻略重加增入然猶未盡今以經子史選凡可備用之字隨韻添收仍各會其數于四聲之卷首
一東獨用
[案]舊韻一東二冬之目各以本韻首字爲題茲韻所編既依七音排序難用舊文今依集韻之例每韻但以一二爲次而附注舊韻之目于下後倣此
○公 沽紅切 [illegible] 説文平分也从八从厶八猶背也厶音私韓非曰自營爲厶背厶爲公徐曰會意夾祭鄭氏曰指事爾雅無私也廣韻通也又禮記大道之行天下爲公注公猶共也又爵名五等之首曰公又官名周太師太傅太保爲三公漢末大司馬大司徒大司空爲三公東漢太尉司徒司空爲三公又官所曰公詩退食自公又父曰公列子家公執席前郊祀志天子爲天下父故曰鉅公又爾雅婦謂舅曰公賈誼策與公併倨又尊稱曰公漢策此六七公皆亡恙又相呼曰公史毛遂傳公等碌碌又事也詩夙夜在公注夙夜在視濯溉饎爨之事又星名隋志七公七星主七政又謚法立志及衆曰公又姓漢有公儉 古作 [illegible] ○漢呂紀未敢訟言誅之注訟音公○舊韻之字本無次第而諸音前後互出錯糅尤甚近吳氏作叶韻補音依七音韻用三十六母排列韻字始有倫緒

『古今韻会挙要』平声上,第二葉

古今字

ある漢字が本義(その字が作られて最初に表した意味)から他の意味に転化し，やがて本義以外の意味でその字を使うのが普通になったので，元来の意味を表すために別の要素を加えて新しい漢字を作ることがしばしばあり，このような関係にある漢字群を「古今字」と呼ぶ。

例えば「莫」は上と下に《艸》が，真ん中に《日》があることからわかるように，もともとは「草むらに太陽が没する」こと，すなわち夕暮れ時を表す会意字であった。ところがそれがやがて「仮借」(同音によるあて字)によって「〜なし」とか，「〜するなかれ」(禁止命令)という意味で使われるのが普通になり，「莫」が本来もっていた「日暮れ時」という意味が次第に忘れられてきたので，そこで「莫」にさらに《日》を加えた「暮」が新たに作られた。だから「暮」は《日》を二つもつ，という妙なことになっている。この「莫」と「暮」のような関係にある文字のグループを「古今字」といい，はじめに作られた漢字(この例では「莫」)を「古字」，後で作られた漢字(この例では「暮」)を「今字」という。

古今字の例はほかにもあり，「然」は《火》と《犬》と《肉》からなる会意字で，神を祭る場に犠牲として供えられた《犬》などの《肉》を焼くことを意味する文字であった。そこからこの字は「もえる・もやす」を本義とする。杜甫の詩句「山青くして花然えなんと欲す」(「絶句二首」のうちの二)は，まさにその本義を使った数少ない用例の一つである。しかし「然」がやがて仮借によって，「しかり」(英語でいう so)という意味で使われるのが普通になったので，そこで「然」の本義を表すために，「然」にさらに《火》を加えた「燃」が作られた。だから「燃」にも意符の《火》が左と下に重複して配置されている。

「正」は上の横線を除くと《止》となるが，《止》はもともと人間の足跡の象形文字であった。また「正」の上部で「一」と書かれている部分は，古くは《口》という形に書かれており，《口》は城壁で囲まれた集落を示していた。

古代中国では人が暮らす集落は，外敵や野獣の襲撃を防ぐために土を積んで上から固くつきかためた城壁で囲まれていた。「正」はそのような城壁で囲まれた集落に向かって人が進み，そこに攻撃をしかけている形を示す。

「正」はもともと他者に対して戦争をしかけることを意味する文字だった。ところがやがてこの字が「ただしい」という意味で使われるのが普通になり，「正」の本義が次第に忘れられてしまったので，改めて「道路・行進」を示すマークである《彳》をつけた字で，元来の「攻め寄せる」という意味を示すようになった。こうして作られたのが「征」である。

(阿辻哲次)

誤字（ごじ）

異体字の分類の一種で，漢字の構造や構成要素の組み合わせなどが学問的に間違っているもの。また嘘字とも，訛字（かじ），譌字（かじ）などともいう。

正字や俗字，あるいは誤字という概念，すなわち漢字の字形に関する規範が定められたのは，科挙制度がきっかけであった。科挙は国家の中枢に位置する人材を選抜する試験であり，その重要性はあらゆるものに優先された。科挙が実施されたのは隋代からであるが，それとほぼ同じ時代に楷書による文字の表記が普及しだし，同じ漢字がいくつかの異なった形で書かれるようになった。しかし科挙の試験を行い，それを採点して受験者の優劣をつける作業にとっては，世の中で異体字が大量に使用されることは，いたずらに混乱を招くばかりである。それで異体字を由緒正しい文字とそうでない通俗的な文字とに区別する必要が生じてきた。こうして唐代中期あたりから異体字を整理し，正字と俗字・誤字を区別しようとする傾向が顕著になってきた。こうして分類されたのが，今の漢和辞典などに使われている正字・別字・俗字・通字・誤字などのルーツである。

儒学の経典である「経書（けいしょ）」や，高級官僚採用試験である科挙の答案など，伝統的な学術体系のなかでは，正字以外は使うことが決して認められなかった。

例えば「査」という字がある。これは「査」の異体字だが，「査」と違って，字の下部が《旦》に作られている。『説文解字（せつもんかいじ）』によれば，「査」はもともと「いかだ」を本義とし，それがやがて仮借（かしゃ）によって「しらべる」意に使われるようになった。「楂」（木＋査）はその後起の字で，「査」と「楂」は古今字の関係にある。字の本義はそうであるとして，「査」は意符の《木》と音符《且》（シャ・ソ）とからなる形声文字である。だから《旦》（タン）を構成要素とする「査」では音があわず，したがって「査」は誤字であると判定される。おそらく「壇」や「檀」のように《旦》を音符とする系列の字と混同した結果できた誤字であろう。

「査」はわかりやすい誤字だし，実際にはあまり見かけない字形である。しかし今の日本語のなかでは，誤字のほうがよく使われるというケースもある。

「呑」はパソコン・ワープロで表示される漢字，通称「JIS コード」では《口》と《夭》からできている。しかし漢字の正統的な規範を示す『説文解字』ではこの字は二篇上「口」部に収められ，

　　吞　咽也，从口天聲，

と記されている。つまりこの字の構造について『説文解字』が《口》を意符とし，《天》を音符とする形声文字としていることから考えれば，JIS 漢字規格が例示体として掲げる「呑」は誤字ということになる。　（阿辻哲次）

【参考文献】原田種成編『漢字小百科辞典』三省堂，1990。

故実読み

名目読みともいう。読み癖(別項)と区別なく用いることがあるが，読み癖は主として，『古今集』『伊勢物語』『源氏物語』などにある和語の特異な読み方を対象にすることが多いのに対して，故実読みは有職故実に基づく漢語の読み方を対象にするというところが異なっている。また，仏典(『補忘記』『法華廿八品字読癖』など)や抄物(『論語抄』『史記抄』など)にも故実読みに関する記述が多い。

故実読みの本質は，漢語を通常とは異なった読み方をするところにあり，その点で読み癖と酷似している。「名目といふもの，習ひなくして読むときは，必ず事理を失ふこと多し。漢字の一力をもつて書を読む時は，故実を誤ること多かるべし…すべて名目は習はねばならぬことあり(『夏山雑談』)」のように，故実読みを知ることはその世界に属する人(皇室・公家・学者・僧侶)にとって必修の教養であった。したがって，故実を重んじた中世には，『禁秘抄』『拾芥抄』『名目抄』のような故実に関する専門書が多く編纂された。その代表的存在の洞院実熙の『名目抄』を中心に，故実読みの内容を分類する。

[改読の例]「定考(カウヂヤウ)逆ニ読之例也」。この記述に続いて，「子考定(コカウヂヤウ)是ハ逆ニアラズ」とあり，この改読が「定考」の場合だけの独自の読みであることを示している。改読の方法としては，読み癖の場合と同じく①清濁，②連声，③字音などがある。①としては，「還昇(クワムジヨ)本音ハ　シヨウ也。而　名目ハ　シヨ　又濁也」，②としては，「仁王会(ニワウヱ)ニンナウト可云也　是連声也」，③としては「女院(ニヨウイン)常音　ニヨ也　名目ノ時引之」などで，同音異義語の連想を避ける目的として改読の手法がとられることが多い。例えば，「日次」をヒツギと音読すると「棺」と連想されるために「九条大相国(伊通公)濫棺歟　有禁忌云々(『天理本拾遺抄』)との注記や，「天智天皇」を「てんぢてんのうと読むべし。てんちとすみてよめば天地に聞ゆる故，濁りてよむ也(『百人一首雑談』)という注記の背後には，「天地　易に天地の卦を否とせり(『俳諧類撰集』)」の俗信が存している。また，中国文化の影響で諱の回避に関する記述は多い。「改大伴宿祢為伴宿祢觸諱也(『類聚国史　弘仁 14・4』)」は，淳和天皇の諱が「大伴」と決まったため，従来からの大伴氏が「伴」と改姓させられたことの記録である。なお，時の権力者の姓を避ける思想は，すでに奈良時代の「勅　自今以後　改藤原部為久須波部　君子部為　吉美侯部(『続日本紀　孝謙天皇』)」に記録がある。

[不読の例]「女王禄(ワウロク)不読女ノ字例也」。『名目抄』には，不読についてほかに四例あげてある。不読は夙に『令義解』巻 7 の公式令に，「天子神璽」の語彙を「右如此之類並闕字」や「自諒暗出之　御読不可読之(『釈日本紀』)」とするなど，皇室関係の語彙や「欲生我国臨命終時　除四字也(『大原勝林院本声塵要抄』)」など禁忌語を対象とす

る場合が多い。「世人　後宇多院　後諱世仁ト同訓也　世人（ヒト）ノ二字引合セテヒトト読テ　ヨトヨマズ（『宣賢筆日本書紀抄』）」は，上記の諱の改読の手法に通じるものである。（遠藤邦基）

【参考文献】岩崎小彌太「名目雑抄」『金田一博士古希記念言語民俗論集』三省堂，1953/『日本語の歴史・別巻』平凡社，1966/遠藤邦基『読み癖注記の国語史研究』清文堂，2002。

呉大徴

清代の政治家・文字学者（1835–1902）。字は清卿，号は恒軒，江蘇省呉県の出身で，同治7（1868）年の進士。官吏としてまず翰林院編修に任ぜられ，さらに陝西学政などを歴任したあと，吉林に派遣されてロシアとの国境紛争を処理，また広東巡撫に任ぜられてマカオの帰属問題をポルトガルと争い，日清戦争では志願して出征したが大敗した。政治家としては李鴻章派に属したが，日清戦争敗戦に関連して光緒24（1898）年に官を罷免されてからは，金石学や古文字学の研究に没頭した。

呉は，同じく李鴻章の幕下として洋務運動の推進に尽くし，また『説文解字段注孜正』の著者として知られる馮桂芬や，青銅器の一大コレクターとして著名な潘祖蔭に師事し，さらには毛公鼎をはじめとする青銅器の大コレクターで，すぐれた金石学者でもあった陳介祺，甲骨の存在をはじめて明らかにした王懿栄らとも日頃から親交を重ねていたことから，新しく発見された青銅器にいち早く接する機会に恵まれていた。呉の主著には『説文古籀補』14巻附録1巻，自らの金文研究の成果をまとめた『字説』1巻，および著名な青銅器の銘文拓本を彙集した『窓斎集古録』などがある。

主著『説文古籀補』は光緒9（1883）年刊，収録字数は3500余字と『説文解字』の3分の1程度ではあるものの，そこには「多く許慎の未だ収めざるところ」（叙）の文字が収められた。その書は書名からも推測できるように『説文解字』の欠を補うべく作られたもので，欠を補うための資料としては古文や籀文，それに金文が使われた。

殷周時代の青銅器に記録された銘文に使われた「金文」の研究が始まったのは北宋時代で，その時代には欧陽脩の『集古録』や趙明誠の『金石録』，薛尚功『歴代鐘鼎彝款式法帖』などが刊行された。しかしそれらは基本的には骨董愛玩趣味の延長線上にあるといっても過言ではなかった。それが清代に入ると各地から青銅器の出土が相次ぎ，また学問好きで知られる清の乾隆帝（高宗）が宮中の青銅器をイラスト入りでリストアップさせた『西清古鑑』などが勅命によって編纂され，金文に対する研究環境が大きく整備された。このような青銅器研究の興隆に際して，それを古代文字学の研究と結びつけたのが呉大徴である。

呉氏の古代文字学研究の成果は『字説』1巻に凝縮されている。『字説』は片々たる小冊ではあるものの，金文資料を駆使してそれまでの『説文解字』を中心とした伝統的な説に再検討を加え，『説文解字』では「鳥が空に向かってのぼっていくさま」と解釈されていた「不」を「花の萼」の象形と捉え，また「王」に関する「一貫三」という伝統的な解釈が金文の字形にあわないとして否定し，それを地中からわきあがる火の象形であるとするなど，伝統にとらわれない斬新な解釈を数多く示した。現代の古代文字学で普遍的な方法と認識されている出土資料と古文献の融合という研究姿勢は，呉大徴によってはじめて確立されたといえる。（阿辻哲次）

【参考文献】白川　静『説文新義』第15巻。

国訓

一般的には，中国にもその字形はあり，字書にも記載されるが，漢字本来の意味とは異なる日本独自の意味をあてた訓をいう。「串」は，本来つらぬく意味であるが「くし」とした例がそれにあたる。

新井白石は，『同文通考』巻4において，「国訓トイフハ，漢字ノ中，本朝ニテ用ヒタル義訓，彼国ノ字書ニ見ヘシ所ニ異ナルアリ。今コレヲ定メテ，国字トハ云フ也」と規定する。これに対し，「国字トイフハ，本朝ニテ造レル，異朝ノ字書ニ見ヘヌヲイフ。故ニ其訓ノミアリテ，其音ナシ」とし，国字は，中国の字書にその字形が見えないもの，国訓は，その字形が見えるものと区別する。白石は，国訓として次のようなものをあげている。

偖(サテ)　俵(タハラ)　倩(ツラツラ)　伽(トギ)　匂(ニホヒ)　彐(トラ)　坪(ツボ)　嘸(サゾ)　咄(ハナシ)　囃(ハヤシ)　社(ヤシロ・コソ)　忍(ジン・シノブ)　猪(イノシシ)　淋(サビシ)　沖(ヲキ)　澳(ヲキ)　灘(ナダ)　扠(サテ)　抔(ナド)　拵(コシラヱ)　掟(ヲキテ)　揃(ソロヱル)　梶(カヂ)　杌(クヰ)　椹(サワラ)　槙(マキ)　柊(ヒラギ)　椚(ヒラギ)　槻(ツキ)　椿(ツバキ)　楓(モミヂ・カヘテ)　柏(カシハ・カヱ・カヤ)　檜(ヒノキ)　杜(モリ)　森(モリ)　榅(スギ)　礑(ハタト)　礒(イソ)　芝(シバ)　薄(ススキ)　藪(ヤブ)　葸(シノブ)　苽(ウリ)　膳(ゼン)　蚟(タマムシ)　蚋(タニ)　蛌(タコ)　蛸(タコ)　蛟(タイラギ)　蜷(ニナ)　蜱(カウロギ)　触(フルル)　轡(クツワ)　認(シタタムル)　詰(ツムル)　雫(シヅク)　霞(カスミ)　鉋(カンナ)　鋺(カナマリ)　錧(タタラ)　鏁(クサリ)　鎰(カギ)　鍔(ツバ)　鎬(シノギ)　餅(モチ)　鮑(ハヱ)　魬(コチ)　魳(カマス)　鯖(セイゴ)　鱸(セイゴ)　鯷(ヒシコ)　鰹(ウグイ)　鯡(ニシン)　鯛(タイ)　鯣(スルメ)　鰒(フクトウ・フグ)　鯵(アヂ)　鰺(アヂ)

国訓の範囲は必ずしも明確でない。さまざまに類別される。『漢字要覧』では，漢字の原義と異なり日本で転用されたものとして4類に分ける。①其ノ字の近似せる意義に転用(賄・串など)②日本語の意味の転ずるに従い漢字の意味も転じたもの(預・薄など)③字音の語で，その意味を転用したもの(存・番など)④字の意味が展転して，二様三様に用いられたもの(社・梶など)。このほか，広義の国字といえるもので，その漢字が中国にも見えるもので，中国とは意味の異なるもの(伽・椿など)，誤用や由来の明白でないもの(咄・拵など)などの種類がある。国訓は国字に含めて考えられる場合もあり，その境界や範囲など検討されなければならないし，一語一語の研究もこれからの段階にある。

(村上雅孝)

【参考文献】新井白石『同文通考』1760/『漢字要覧』国定教科書共同販売所，1908/坂詰力治「国字」『漢字講座3』明治書院，1987/乾　善彦「国訓成立のある場合」『国語学』159，1989/『漢字百科大事典』明治書院，1996。

後藤朝太郎

1881(明治14)年～1945(昭和20)年。中国語学者。中国関係の著書を100冊以上著述。

広島県人後藤栄太郎の次男として愛媛県に生まれる。熊本の五高を卒業後，1903(明治36)年東京帝国大学言語学科に入学。同窓に橋本進吉，1年後輩に金田一京助が入学している。1907(明治40)年同大学院に進学，1912(大正1)年卒業。1916(大正5)年6月，委嘱を受け文部省普通学務局の補助員として働く。1918(大正7)年から1926(大正15)年の間は東洋協会大学(拓殖大学の前身)の主事兼教授，日本大学教授を兼任(日本大学就職は1920(大正9)年)。軍部に対する批判のため，日中戦争勃発(1937(昭和12))後迫害を受ける。1945(昭和20)年8月9日逝去。

大学在学時代(1903(明治36)-1907(明治40))－1906(明治39)年，マックス・ミューラーの『言語学』(博文館)を翻訳・出版し，識者の間にその存在を知られるようになる。1907(明治40)年7月卒業論文(「支那古韻K，T，Pの沿革と由来」)を提出。文字学者・少壮言語学者時代(1907(明治40)-1917(大正6))－1907(明治40)年大学院に進学し「支那語の音韻組織」というテーマで『漢字音の系統』(六合館，1909(明治42))，『文字の研究』(成美堂，1910(明治43))など，在学中に7冊の著作を出している。この期には西欧言語学と清朝音韻学の頂点に立つ段玉裁以下の説文学とを結びつけ，漢字の変化・進化を音声学，心理学，歴史学により説きあかす新しい文字学の設計に尽力した。1916(大正5)年6月から1922(大正10)年6月までは，文部省普通学務局第三課から国語に関する調査委嘱をうけ補助員として活動し，1919(大正8年)12月に発表された『漢字整理案』を担当した一人として名前をつらねている。「新しい支那学」の提唱時代(1918(大正7)-1926(大正15))－二十数回中国に渡るなか文字学のうち土俗的趣味的側面に興味をもち，従来の経学，歴史，文学に「新しい支那」の国民生活，社会の実生活を加えた総合的な文明史の樹立を追求し，『支那文化の解剖』(大阪屋号書店，1921(大正10))，『支那文化の研究』(冨書房，1925(大正13))などを著述。「支那通」の時代(1927(昭和2)-1945(昭和20))－大正末期から昭和初期にかけて中国問題がクローズアップされるなか，昭和初年から7年の間に二十数回の旺盛な中国旅行を行い，中国の古代文化，土俗文化，庶民経済生活，民族性・国民性格に関する多数の著作を出版した。

漢字教育面では，『漢字音の系統』『教育上より見たる明治の漢字』(宝文館，1912(明治45))などで「諧声文字の整理法」を論述している。これは「貫」「慣」「樌」「實」の「毌」(クワン)を共通の音符(字音仮名遣いによる)として帰納的に抽き出し同類の諧声字を蒐集したもので今日の教授法への応用を含めて再検討されるすべき点が多いと考えられる。 (楊　昌洙)

【参考文献】三石善吉「近代日本と中国《27》後藤朝太郎と井上紅梅」『朝日ジャーナル』Vol.14，No.32，1972/刘家鑫(1998.1)「後藤朝太郎・長野　朗 子孫訪問記および著作目録」『環日本海論叢』第14号。

古文（こぶん）

漢字の書体の一つ。秦始皇帝が実施した書物統制令「焚書（ふんしょ）」の禍を避けるために，当時の儒者たちが壁の中に隠して後世に伝えた書物に使われていた書体をいう。

前漢の景帝のとき，山東にあった魯の恭王(また共王とも書く)が，自国の領内にあった孔子の旧宅を宮殿に改築しようとしたところ，孔子の旧宅の壁の中から古い書体で書かれた経書（けいしょ）が大量に出現したという。

壁中から出現した経書の種類については文献によって違いがあるが，その経書に使われていた文字が漢代に使われていた隷書（れいしょ）よりも古い時代のものだったことから，その書体を「古文」と呼び，経書を「古文経書」という。それに対してそれまで漢代で使われていた経書は，漢代に普遍的に使われていた隷書，つまり「現代の文字」で書かれた経書という意味で「今文（きんぶん）経書」と呼ばれる。古文と今文の経書の違いは，単に書体の違いだけにとどまらず，経書そのものの種類も違うのであるから，その発見は経書の学問にとっては重大な意義をもつものであった。

武帝によって太学の教科とされた儒学を講義する博士たちは，隷書で書かれたテキスト，つまり今文経書を使っていた。唯一の国家公認の学問としての地位を与えられた今文経書の学問はいつの間にか動脈硬化的現象を呈し，博士たちの講義はマンネリ化しはじめた。一方新しく世に出たばかりの古文経書は，従来知られていなかったフレッシュなものだったから脚光を浴び，古文経書を学ぼうとする者が増えてきて，彼らは今文の学派に対抗して，官学の座を得ようと争うようになった。こうして前漢末期から後漢にかけて，今文学と古文学は激しく対立するようになる。

経学上の大問題であった古文と今文の経書は，文章が現存の経書として伝わってはいるが，実際にどのような文字で書かれていたか，その書体についてはほとんどわからない。ただ後漢の初期に中国で初めての文字の研究書として作られた許慎（きょしん）の『説文解字（せつもんかいじ）』の中で許慎が「古文」として引用している書体と，三国時代の魏の正始年間に建てられた「三体石経（さんたいせっけい）」が「古文」として載せている書体が，孔子の旧宅から発見された経書に使われていた文字だといわれているので，それによってわずかに考察することができる。

ただ，石経は断片的にしか残っておらず，また『説文解字』の古文も長い時間にわたって筆写を重ねられてきたものだから，どこまで信用できるかはいささか心もとない。従来の定説として，全体的に見た大まかな傾向としていえば，「古文」といわれる書体は戦国時代に斉や魯など東方の国で使われていた縦長で線の細い文字に近いとされている。古文経書の発見された孔子の旧宅はもとの魯の地域にあったのだから，その推定はほぼ正しいと考えてよいであろう。（阿辻哲次）

【参考文献】阿辻哲次『漢字学―「説文解字」の世界』東海大学出版会，1985。

混種語

語種の異なる形態素が結合してできた語。和語と漢語，和語と外来語，漢語と外来語の組み合わせがある。自立語どうしによる複合や，一方が自立語で一方が接辞という派生の形をとる場合があり，単純語的なものから合成語までのさまざまな段階がある。

混種語は，日本に移入された漢語や外来語が次第に日本語化し，和語との結合が可能となった結果生じたものである。平安時代において，すでに殿上人，台盤所，中務卿，故宮，生受領，薄様といった漢語と和語との結合が多くみられる。特に官職・身分などに関する語が多い。中世には，漢字がより一般に浸透したことによって，漢字の音と訓とが別々の語であるという意識が生じ，音と訓との結合が生じた。特に造語力の強い，和語の形態素や漢語の形態素によって，新しい語が作られるようになった。これらを，漢字の読みの観点からの名称であるが，上が和語，下が漢語の組み合わせ(和語＋漢語)を「湯桶読み」といい，逆に上が漢語，下が和語の組み合わせ(漢語＋和語)を「重箱読み」という。特に二字の漢字で表記される語は結合が強く，複合語であることを意識させない場合がある(用例は中世に限定していない)。

「湯桶読み」　合図　大勢　手本　場所　株式　寝小便　古新聞　湯豆腐

「重箱読み」　本箱　両手　気軽　縁組　役場　運動靴　食器棚　誕生日

なお中世・近世においては両者を区別せずに「湯桶文章」「湯桶言葉」として，マイナス評価をしながらも言語生活上必要な語となっていた。中世前期までは和語＋漢語の組み合わせのほうが漢語＋和語のものに比べ非常に多かったが，中世後期頃より比率がほぼ均等になってきた。和語と漢語による混種語は現代に至るまで多くの語を生み出している。

中世末から外来語が日本に移入されるようになると，和語や漢語とも結合するようになる。江戸時代の作品には，キセル筒，咬えギセル，タバコ盆といった語が見える。明治以降になると，外来語の流入によって，和語や漢語との混種語が多く作られた。和語との組み合わせでは，マッチ箱，ペン先，消しゴム，えびフライなどがある。また漢語との組み合わせとしては，餡パン，ローカル線，アルカリ性などがある。

広義の混種語として，原語の異なる外来語どうしの結合(カフス・ボタン…英語＋ポルトガル語，テーマ・ソング…ドイツ語＋英語)や漢語における呉音と漢音との雑糅語(言語…漢音＋呉音，人気…呉音＋漢音)を含むことがある。

現代では電子メール，公園デビュー，高級マンションといった漢語と外来語との組み合わせが好まれている。外来語が多用される現状では，外来語だけでは造語力が弱いために，造語力の強い漢語との混種語が今後も増産されるであろう。(田島　優)

【参考文献】山田俊雄「いはゆる湯桶読・重箱読について」『成城文芸』1，1954/白井清子「混種語の語構成」『学習院女子短期大学紀要』29，1991。

再読文字(さいどくもじ)

訓読するときに同一の漢字を二度読むもので，最初副詞的に読んでおいて二度目には多くは助動詞(動詞)として読む。これはその漢字に日本語の副詞と助動詞(動詞)の意味を兼ね備えているからで意味を明らかにするためである。表記上もその漢字に二つの訓を加える。返読字ともいう。

現行の教科書類では，「猶」「且」「未」「将」「当」「応」「須」「宜」「盍」などをあげる。歴史的には，例えば，『作文大体』では，返読字として「須」「宜」「盍」「当」「令」「将」「教」「遣」「猶」「使」「未」「継」をあげている(群書類従本)。

『桂庵和尚家法倭点』では次のようにある。「将(マサニ)ス，宜(ヨロシク)ヘシ，当(マサニ)ヘシ，盍(ナンゾ)サル，令(シテ)シム，教(シテ)シム，使(シテ)シム，俾(シテ)シム，遣(シテ)シム，須(スヘカラク)ヘシ，未(イマダ)シ・ス，皆二度読ムナリ。点スルニハ，マサニ，ヨロシク，ナニゾ，ヲバ末仮名バカリモ好ムナリ。シテハ，皆下ノ字ニテ，点シ添ヘテ，シム　ヲバ字ノ右ニ点スルナリ」。

再読文字の読み方と意味は次のとおりである。「将・且」まさに―(せ)んとす…しようとする。「当・応」まさに―(す)べし…当然すべきである，きっと…だろう。「宜」よろしく―(す)べし…するのがよい。「須」すべからく―(す)べし，ぜひとも…すべきである。「猶」なほ―(の・が)ごとし…ちょうど…のようだ。「盍」なんぞ―ざる…どうして…しないのか。表記は，例えば，「過ギタルハ猶ホゴトシㇾ不ㇾルカ及バ」「当ニシ㆓与ㇾ君別ル㆒」「鳥之将ニすルトキ死ナント，其ノ鳴クコト也哀(かな)シ」「盍ゾル㆔亦反カヘラ㆓其ノ本ニ㆒矣」のようになる。最初の訓は右側につけ，二度目は左側につける。

歴史的に見ると再読は平安中期(10世紀)以降行われた。例えば，平安初期の西大寺本金光明最胜王経古点の「当」の訓法は助動詞に読むか副詞に読むかのいずれかであるが，中期以降は再読されることが多くなった。これは初期の個性的な訓法が崩壊したことを意味するものである。このような訓法は和文にも入りこみ，今日の文語的表現にも表れるようになった。　(村上雅孝)

【参考文献】小林芳規「漢文訓読史上の一問題―再読字の成立について―」『国語学』16，1954/小林芳規「平安鎌倉時代に於ける漢籍訓読の国語史的研究」東京大学出版会，1967/平井秀文「再読文字について」『月刊文法』3-3，1971/柳町達也「漢文読解辞典」角川書店，1978/「漢字百科大事典」明治書院，1996。

雑誌(ざっし)の漢字(かんじ)

定期的に刊行されて多くの人々に読まれる雑誌は，1号の中に雑多な内容を含むとともに，深く掘り下げた記事を載せる専門誌があるなど，1誌ごとに個性に富む。そのため，総体として幅広い使用語彙，使用文字を有する。雑誌の文字全体の中で漢字が占める割合は，1994年に刊行された月刊雑誌70誌を取り上げても，45%を占める『将棋世界』から15%に満たない『Swing JOURNAL』まで幅がある。参考までに70誌を合計すると，漢字26.9%，ひらがな35.7%，カタカナ16.0%，アラビア数字7.7%，ローマ字3.9%，記号類10.0%で，ギリシア文字・ロシア文字は0.01%となっている。

漢字の字種も雑誌によって開きがあるが，70誌から抽出された延べ約211万字では3500種余りであった。高頻度の10字をあげると「日人大一年本円中分時」の順である。よく使われる漢字は雑誌の分野によりバラエティーが豊富であり，記事内容や使用語彙を反映している。1位を見ても，「車」(『CARトップ』など)，「子」(『LEE』など)，「山」(『旅』など)，「価」(『ラジコン技術』など)，「店」(『MORE』など)，「業」(『日経アントロポス』)，「国」(『世界』)，「馬」(『優駿』)，「黒」(『囲碁クラブ』)，「釣」(『つり人』)，「空」(『Airline』)，「曲」(『音楽の友』)，「詩」(『現代詩手帖』)，「句」(『俳句』)，「生」(『Newton』)など，ことに趣味・娯楽色の強い雑誌でその傾向が強い。

雑誌は，新聞，放送などとともに「常用漢字表」(前書き)にその対象として掲げられたマスメディアであるが，協会や社による表記の統一基準をもたないため，その揺れも大きく，「女(ひと)」，「混(こ)む」のような表外音訓の含有率が概して高い。「猫(ヤツ)ら」「犯猫(はんにん)」(『猫の手帖』)といった文脈に依存した漢字用法も現れる。また，寄稿記事も多く，漢字に多様な特色を見いだせる。例えば，1901年の『太陽』には，「鰤」のような造字も見られる。1994年の雑誌でも，JIS漢字の第2水準までで表現できない漢字が「鄧」(中国系の姓，12回)，「瘀」(漢方医学の専門用語，5回)を筆頭に45種，延べ76回現れた。字体は，編集時間の制約にもより一回性の高いものが現れることがある。1956年の雑誌には小説部分に「保母(姆)」を「媬母」，1994年には「凌」を「凌」と誤植した例がある。また，明治期の『太陽』には，「衛」(衞)のように後に「当用漢字表」に採用される略字体が，すでに活字で誌面に使用されていた。逆に，戦後，「当用漢字表」(1946)，「当用漢字字体表」(1949)により制定された新字体は，定着に時間を要し，1950年代においても雑誌には旧字体や異体字が残っている。現代では，おおむね「常用漢字表」(1981)と「表外漢字字体表」(2000)の字体が用いられるが，固有名詞や引用文，文芸作品などの署名原稿を中心に例外が生じ，中小の印刷会社で印刷される雑誌には表外漢字にJIS漢字と同様の略字が使われるものがある。(笹原宏之)

【参考文献】国立国語研究所『現代雑誌九十種の用語用字 第2分冊 漢字表・第3分冊 分析』(国立国語研究所報告22・25) 1963・1964/国立国語研究所『現代雑誌の漢字調査』(国立国語研究所報告119 非売品)，2002。

戯書(ざれがき)

万葉仮名の用法の中で，訓仮名の一種とも言えるものであるが，視覚的な効果を考えた遊戯的なものを指す。ふざけることを「ざれる(じゃれる)」というので「戯書」と書いて「ざれがき」と読むが，そのまま音読してギショとも読む。

もともと中国には字謎(じめい)と呼ばれる文字による謎の類があった。これらは，「山上復有山」(『琅琊代酔編』)で「山」の上に「山」のあることから「出」という漢字を指し，「三五夜」(梁・元帝「登顔園故閣詩」)で「三かける五」で十五になることから「十五」を指すなど，漢詩の中でたびたび用いられた。このような文字遊びは上代の識字層にも影響を与え，和歌の表記にも用いられているのである。

数詞を用いたものには，「二二」で「し」，「二五」で「とを」，「十六」で「しし」，「八十一」で「くく」など掛算の九九によるものが多い。

「丸雪」を「あられ」，「向南山」を「きたやま」と読ませるものなどは義訓とも言えるものであるが，後者は戯書に近づいたものと言えよう。これがやや複雑化すると，王羲之が書道の名人であることから「義之」と書いて，「てし」と読む(「手師」で書の先生を指す)ようなものになる。「三伏一向」を「つく」，「一伏三向」を「ころ」，「切木四」を「かり」と読ませるのは，朝鮮から伝えられた賭博の目の名前によるというのが定説になっている。いわゆる難読歌の中にはこのような戯書の謎の解けてないものがあるかもしれない。

『万葉集』(十二巻)の歌に「馬声蜂音石花蜘蟵荒鹿」という表記のものがあって難読であるが，「馬声」は当時の馬の鳴き声を「い」と聞きなしたことにより「い」と読み，「蜂音」は蜂の羽音を「ぶ」と聞きなしたことにより「ぶ」と読み，海の石に付く甲殻類の「石花」を「せ」と読み，「蜘蟵」は「蜘蛛」と同じで「くも」と読み，「荒鹿」を「あるか」に当てて，全体で「いぶせくもあるか」と読むのである。ここで，「馬声」は現在「いななく」という言葉に残っているように，当時は馬は「い(ん)」と鳴くとし，「蜂音」は「ぶ(ん)」と鳴くとしたことによる擬音語である。「喚鶏」を「つつ」，「喚犬」を「ま」と読むのは，当時それぞれ鶏，犬を呼ぶときに出した声で，「追馬」を「そ」と読むのは馬を追う時に出した掛け声であろう。このように擬音語を表す表記が，全体として訓仮名のように使われたわけである。　(前田富祺)

【参考文献】鶴　久「万葉仮名」，『岩波講座日本語 8 文字』，岩波書店，1977。

三十六字母

同じ声母（語頭子音）の字群（グループ）の代表字を字母という。字母は梵文（サンスクリット）の摩多（mata）に由来する。梵文では多く母音を指しているが，中国伝来後は声母（語頭子音）を字母とよんだ。『韻鏡』『七韻略』では計36の字母がある。漢字は表音文字ではなく，古代には発音記号もなかったため，人々は漢字を使い語音体系中の声母と韻母を表した。36字母は漢字により代表された声母（語頭子音）であり，206韻は漢字により表示された韻母を指している。

三十六字母の代表字は「見溪群疑・端透定泥・知徹澄娘・幇滂並明・非敷奉微・精清従心邪・照穿牀審禪・影暁匣喩・來・日」であり，中古音から宋代始めの漢語の36声母を表している。発音部位と発音方法及び実際の音価をまとめると以下のようになる：

発音部位	方法／旧称		全清	次清	全濁	次濁
両唇	唇音	重唇	幇〔p〕	滂〔p^h〕	並〔b〕	明〔m〕
唇歯		軽唇	非〔f〕	敷〔f^h〕	奉〔v〕	微〔ɱ〕
舌尖中	舌音	舌頭	端〔t〕	透〔t^h〕	定〔d〕	泥〔n〕
舌面前		舌上	知〔ȶ〕	徹〔ȶ^h〕	澄〔ȡ〕	娘〔ȵ〕
舌尖前	歯音	歯頭	精〔ts〕 心〔s〕	清〔ts^h〕	従〔dz〕 邪〔z〕	
舌面前		正歯	照〔tʃ〕 審〔ʃ〕	穿〔tʃ^h〕	牀〔dʒ〕 禪〔ʒ〕	
舌根	牙音		見〔k〕	溪〔k^h〕	群〔g〕	疑〔ŋ〕
	喉音		影〔ʔ〕			
舌根			暁〔h〕		匣〔ɦ〕	
舌面中						喩〔y〕
舌尖中	半舌音					來〔l〕
舌面前	半歯音					日〔r〕

パリ国立図書館が所蔵する敦煌残巻P（ペリオ）2012に「南梁漢比丘守温述」の「帰三十字母例」と記される字母表が記載されている。これによると；

唇音　不芳並明

舌音　端透定泥是舌頭音

　　　知徹澄日是舌上音

牙音　見君溪群來疑等字是也

歯音　精清従是歯頭音

　　　　　審穿禪照是正歯音
　　喉音　心邪暁是喉中音清
　　　　　匣喩影亦是喉中音濁

と30字母になっており『韻鏡』『七韻略』の36字母には及ばない。また日母が舌上音，來母が牙音，心・邪の2声母が喉音に排列されており『韻鏡』などの分類とも異なっている。今日通行する『韻鏡』などの36字母に比べると幇滂奉微牀娘計6声母が少ない。

ただし，この残巻にはまた「四等重軽例」も掲載されており，各等の分類は『韻鏡』と完全に合致している。これらの記載に基づけば，梵語学に起源をもつ等韻学は，遅くとも唐末・五代(907-960)には成立していたことが判明する。守温残巻にはさらに「両字同一韻凭切定端的例」「辨声韻相似帰処不同例」二例が記録されており，これに基づくと正歯音2・3等が混同せず，牀母と禪母に違いがあること，軽重唇音にもどうやら区別があったことが判明する。しかしながら梵文字母の体系を参照にして漢語の字母を定めた気配があるため，梵語音にあって漢語音にないもの，あるいは漢語音にあって梵語音にないものはすべて捨象するなどの操作をしている。したがって30字母に限定されているのであろう。

守温については後漢(946-950)梁県(今日の河南省臨汝県の西)の居民であったとも推測されているが，漢族であったどうかについては疑念が示されている。また梵文のrakṣāpradīpaはrakṣāが「守護する，護る」を意味し，pra-dīpaが「光，明，燈明」の意味であるので「燈明を守る」というのが原来の意味であったが，中国に入り漢訳されて「明」が「温」に変わり「守温」になった点は印中二文化間の術語の違いの一端を示すという意味で貴重である。

なお鄭樵(ていしょう)(1104-1160)の『通志・藝文略』及び王應麟(おうおうりん)(1223-1296)の『玉海(ぎょくかい)』には『守温三十六字母圖』一巻が記録されているが今日伝わらないため，敦煌残巻P2102の守温「帰三十字母例」との関連を具体的に考察することは難しい。　　　　(矢放昭文)

【参考文献】尾崎雄二郎「漢語史における梵語学」『東方学』第40輯，1970/楊剣橋『漢語音韻学講義』復旦大学出版社，2005。

三体石経

三国時代・魏の正始年間(240–249)に成立した石経。古文・篆書・隷書の三体を並記するところから「三体石経」あるいは「三字石経」と称され，成立時の年号をとって，「正始石経」とも呼ばれる。

石経とは，経典を石に刻し，依拠すべき本文と文字の正体とを世間に公示して，長く後世に伝えようとしたもの。儒教の石経は，後漢の熹平石経(183年成立)に始まる。三体石経はこれに次ぐものであり，洛陽の太学の東側に立つ熹平石経に対して，西側に立てられた。その後，損壊して失われたが，清の光緒21(1895)年に残石が発見され，現在では140あまりが知られている。

漢代には，当時通行の隷書で書写された今文経書を正統とする今文学派と，漢初に孔子旧宅の壁中から出土した壁中書などの先秦古文で書写された古文経書を正統とする古文学派とがするどく対立した。熹平石経は後漢の官学であった今文学派が正統とする今文経書の7経(『易経』『書経』『詩経』『礼記』『春秋』『春秋公羊伝』『論語』)からなるのに対し，三体石経は古文学派が正統とする古文経書の3経(『書経』『春秋』『春秋左氏伝』)からなる。このように熹平石経に対峙する形で新たに三体石経が立てられたのは，当時の古文学の隆盛を示すものであり，熹平石経が隷書のみの一字石経であるのに対し，三体石経が古文を含めた三体で書かれた必然性もこの点にある。

石経の書写者については，古文の書法を伝え，魏初に書博士となった邯鄲淳やその書法を継承した衛覬など諸説があるが，邯鄲淳は当時すでに没しており，衛覬については孫の衛恒が『四体書勢』のなかで，三字石経が立てられたことによって，邯鄲淳の書法が失われ，科斗の名にちなんで，ついにはその形をまねるというありさまであった，と批判していることから，その可能性は否定される。結局のところ，三体石経の書写者については，不明とせざるをえない。

王国維「科斗文字説」は，この衛恒の批判をふまえて，三体石経の古文の信憑性を否定しているが，20世紀後半に出土した春秋時代の侯馬盟書や戦国時代の楚簡などの先秦の筆記資料には，三体石経の古文との間に字形・様式の両面にわたって一定の共通性が認められる。したがって，衛恒の批判は石経への刻入によって古文の書法が一律に定式化されたことに対するものと理解すべきであり，その基づくところはやはり邯鄲淳が伝えた壁中書の古文であったと考えられる。したがって，三体石経の古文は，壁中書に由来する伝鈔古文の実態を示す貴重な資料と見なされ，戦国文字研究においても重要な意義が認められる。 (福田哲之)

【参考文献】王国維「魏石経考」『観堂集林』巻20　中華書局，1959/張国淦『歴代石経考』燕京大学国学研究所，1930。

『字彙』

明代の字書。12巻。梅膺祚撰。3万3179字を収める。

『字彙』の最大の特徴は文字の検索が便利になるように工夫されていることで，その要点はまず『説文解字』や『玉篇』に始まる部首の数をずっと少なく簡単にして，214部としたことにある。

さらには部首自体と各部中に収める文字をすべて筆画数の少ないものから多いものへと配列しており，第三の工夫として，巻頭の部首目次のあとに「検字」を置き，所属する部が見つけにくい字を画数の順にならべて，たやすく検索できるようにした。

これらはいずれも，かつての字書で必要な漢字を検索できずに困っていた人々に大きな便宜をあたえるものであった。ちなみにこの方式が後の『正字通』や『康熙字典』に踏襲され，ひいては日本の漢和辞典での一般的な形式ともなった。

巻頭には目次のほかに「運筆」「従古」「遵時」「古今通用」などの附録的部分がつけられており，さらに文字の筆順を説明し，筆画を数える規準を示し，あるいは古い字体と後世の変化した字体(俗字)との差異を説明し，『字彙』本文ではそのうちのどちらを用いたかを明らかにするなど，漢字の諸点について非常に親切な記述が設けられている。どれもわずか数十字の例をあげただけにはすぎないものの，しかしこの字書を利用する者に対して，かつての字書からは考えられない便利性を提供することに留意している。まことに親切な字書というべきであろう。

それぞれの漢字に対する注解は『説文解字』や『爾雅』の記述を基準とし，字音の記載を先に，字義の解説を後にすることは，『玉篇』など伝統的な字書の方式と同じである。ただ字音の表記には反切と直音をあわせ用いることを原則とし，例えば《一》部の「世」に反切で「始制の切」，直音で「音勢」とあるのは，どちらも日本漢字音(漢音)で「セイ」と読むことを表す。このような反切と直音を併用する方式が以後の中国の字書で踏襲され，20世紀に作られた『辞源』や『辞海』にも及んでいる。

『字彙』は画期的に便利な字書として広く行われ，日本にも早くに輸入されて翻刻された。日本でも江戸中期までの学者には必備の書となって，さらには一般的に辞典を指す代名詞としても使われた。しかしこの字書にも誤りや不備な点はまぬがれえず，やがてこれを補正した書物が刊行された。清の呉任臣撰『続字彙補』12巻(1666年刊本)と明の張自烈の『正字通』12巻がそれであるが，どちらも字の分類配列は全く『字彙』と同じである。　(阿辻哲次)

【参考文献】大島正二『〈辞書〉の発明』三省堂，1997/福田襄之介『中国辞書史の研究』明治書院，1979。

塩谷温（しおのやおん）

1878(明治11)年-1962(昭和37)年。漢学者。中国文学研究者。号は節山。

東京市下谷区仲徒士町で塩谷時敏(青山)の長男として生まれる。1887(明治20)年3月から10年間学習院で勉学，1896(明治29)年9月11日第一高等学校に入学。1902(明治35)年7月11日東京帝国大学文科大学漢学科卒業，同年9月11日大学院に進学し支那文学史を研究。1903(明治36)年3月10日第一臨時教員養成所国語漢文科講師。1905(明治38)年6月22日学習院教授，1906(明治39)年9月15日東京帝国大学文科大学助教授となり，同年10月2日支那文学研究のため4年間ドイツ，清国へ留学。1912(大正元)年8月16日帰国。1917(大正6)年12月から東京帝国大学中国哲学中国文学，中国語中国文学などの講座を担当。1920(大正9)年3月19日論文を提出し文学博士を取得。同年8月27日に東京帝国大学教授になる。1932(昭和7)年4月15日から欧米各国へ出張し1933(昭和8)年1月3日帰国。同年10月11日東京帝国大学を退官。1941(昭和16)年4月1日東方文化学院理事を嘱託される。1962(昭和37)年6月3日逝去。

1906(明治39)年からのドイツ・清国への留学で，俗文学に対する欧米の高い評価を受け入れ戯曲小説を重視すべきことを教えられ，清国では葉徳輝について戯曲研究の指導を受けた。1912(大正元)年帰国後，当時文学史の一部分としてのみ行われていた戯曲・小説の研究に先駆的な役割を果たし，中国庶民文学の評価と普及に力を尽くした。『支那文学概論講話』(大日本雄弁会，1919(大正8))は戯曲小説の発展を叙述し当時の中国文学界では画期的な著書であった。戯曲研究では，「元曲研究」で学位を受け(1920)，『元曲選』百種の全訳を手がけ，『国訳元曲選』(目黒書店，1940(昭和15))を刊行している。1947(昭和22)年には『西廂記(訳本)』(昌平公司)，1958(昭和33)年には『歌訳西廂記(擬定本)』(養徳社)を刊行している。小説研究では，1920(大正9)年から刊行された『国訳漢文大成』(国民文庫刊行会)に『晋唐小説』『宣和遺事』『剪燈新話』などの国訳註釈を出し，今日の中国古典小説の口語訳の基礎固めをした。また内閣文庫の蔵書から，「演義三国志」の先声とされる「全相平話三国志」を含む「全相平話」と，通俗短篇小説集「三言二拍」を発見し，『支那文学概論』(弘道館，1946(昭和21)→『中国文学概論』(講談社学術文庫，1983))にその研究成果を収めている。漢文教育では，漢和辞書『新字鑑』(弘道館，1939(昭和14))を著しており，中学，高校で論語の素読，漢詩漢文の朗吟朗読を指導し青少年の指導にも熱心であった。　(楊昌洙)

【参考文献】『斯文』第36號(節山塩谷温先生追悼號)，1963/「塩谷節山先生を偲ぶ」『東京支那学報』第9号，1963/「先学を語る—塩谷温博士—」『東方学』第72輯，1986。

字音仮名

万葉仮名のうち，漢字の音読みによるものを字音仮名と，同じく訓読みによるものを字訓仮名という。それぞれ音仮名・訓仮名ともいう。

漢字の用法を，漢字の意味に従って用いる正用と，漢字の意味を無視して読みのみを借りて用いる借用とに分けると，万葉仮名は借用に当たり，さらに，借用を音読みと訓読みとに分けると借音・借訓となるが，それぞれ字音仮名・字訓仮名に当たる。

例えば，『万葉集』に用いられるもので，キ甲類の「支・吉・棄」など，キ乙類の「貴・紀・奇」などは字音仮名であり，キ甲類の「寸」やキ乙類の「木」などは字訓仮名である。ト乙類の「止」は，字訓仮名とされることもあるが，「止利佛師」(法隆寺釈迦仏像銘)のように用いられ，動詞の活用語尾を省略して字訓仮名に用いるものが基本的にないことなどからみて，推古朝頃の字音仮名と見られる。ヘ甲類の「邊」も，字音仮名か字訓仮名か両説がある。上代に用いられる万葉仮名の多くは字音仮名であり，また，字音仮名と字訓仮名との混用は少ない。

字音仮名には，1音節を表すものと2音節を表すものとがあり，-p，-t，-kの入声韻尾，-m，-n，-ngの鼻音韻尾をもつ漢字を字音仮名として用いる場合には，韻尾を除いて1音節仮名として用いる場合と，韻尾の後に母音を加えて2音節仮名として用いる場合とがある。韻尾を除いた1音節仮名には，マ「末」，テ「天」などがある。2音節仮名の場合に，加える母音は，ヲチカタビト「越方人」，ミケム「見兼」のように基本的にイ(甲類)かウの母音であるが，固有名詞の表記に用いる場合などではシナノ「信濃」，オトクニ「乙訓」のようにアやオ(乙類)の母音であることもある。

基本的に，『古事記』『万葉集』では呉音，『日本書紀』では漢音に基づいているとされ，推古朝の金石文などではさらに古くに伝えられた音に基づいているとされる。個々には種々の問題があり，例えば，『日本書紀』の字音仮名は，従来「倭音」が混在しているといわれていたが，近年の研究では，日本書紀区分論によって巻を分けて見ると，α群(ないしⅢ群)と呼ばれる巻には「倭音」が混じっていないとされる。

上代の万葉仮名には，その表す音に，いろは47字以上の区別があり，ア行エとヤ行エとの区別を別にして，甲類・乙類と呼ばれる区別を上代特殊仮名遣いという。上代では清濁も基本的に区別されているが，その基本は字音仮名にある。平安時代に作られる平仮名・片仮名は万葉仮名を基にしているが，その多くは字音仮名によっている。

また，近年の研究により，『日本書紀』のα群の字音仮名の中国語原音の声調によって，上代語のアクセントは基本的に平安末期のものと大きく変わらないことが知られるようになった。 (蜂矢真郷)

【参考文献】大野　晋『上代仮名遣の研究』岩波書店，1953/森　博達『古代の音韻と日本書紀の成立』大修館書店，1991/高山倫明「原音声調から観た日本書紀音仮名表記試論」『語文研究』51，1981。

字音仮名遣い

漢字の音を仮名で表記する場合にどのように仮名を使い分けて表すかという規範。日本語化した漢語は日本人の発音しやすい形に変化していたので，古典の仮名遣いにならって考えられていった。本居宣長の研究が出るまではア行，ハ行，ワ行の使い分けが問題となる程度である。一方，未知の中国の漢字音を反切などによって書き表すことは，漢和字書の字音表記，訓点資料の音注などで行われていたが，仮名遣いの意識があったかどうかは疑問である。

中国音の体系を示す『韻鏡』の研究が進み，日本の字音の仮名表記が問題となるとともに，字音仮名遣いの規範が問題とされるようになった。

契沖は主として和語の歴史的仮名遣いを取上げたが，字音語の仮名遣いに触れたところもある。万葉仮名の研究のためにも漢字音の研究が参照されたのである。『韻鏡』を中心とする中国の漢字音の研究は近世に入って一層盛んになったが，それまでの漢音・呉音・唐宋音だけでなく，中国の新しい音(華音)を参照し，中国の字音を体系として考えようとしたのが文雄であった。

本居宣長は契沖の仮名遣い研究を発展させるとともに文雄の字音研究を参照し，字音仮名遣いの規範を定める『字音仮字用格』を著した。この本は旧説を批判するとともに，日本字音の構造と中国原音との関連を述べ，本居宣長独自の字音仮名遣い観をまとめたもので画期的なものであった。“い”“ゐ”の仮名の書き分け(「伊」と「為」など)，“え”“ゑ”の仮名の書き分け(「衣」と「恵」など)，“お”“を”の仮名の書き分け(「於」と「汙」など)など，十四項目にわたって問題となる漢字の字音仮名遣いを示しているのである。「高」「公」「光」「甲」「劫」などの字音仮名遣いの書き分けも注目される。この後，白井寛蔭の『音韻仮字用例』など本居宣長説を補訂する本も出たが，『字音仮字用格』によって字音仮名遣いの基本的考え方は定まったと言える。

しかし，字音仮名遣いが実際の文章の表記にただちに適用されたとは言えない。歴史的仮名遣いが和歌や擬古文の表記法に影響したのに対し，一般の漢字仮名交じり文では字音仮名遣いの問題のある漢語は漢字で書かれることが多かったのである。

明治になって，国語教科書を中心に歴史的仮名遣いが採用された。小学校などの教科書では，漢語を仮名で表すことが多く，字音仮名遣いが採用された。一方，訓点資料の仮名の字音表記の実態が調べられ，本居宣長の研究の不備が修正された。

そして昭和21年(1946年)現代仮名遣いが公布されるとともに規範としての字音仮名遣いは廃止されたのである。　(前田富祺)

【参考文献】築島　裕『歴史的仮名遣い　その成立と特徴』中央公論社，1986/沼本克明『日本漢字音の歴史』東京堂出版，1986/佐藤喜代治編『漢字講座2 漢字研究の歩み』明治書院，1989。

字音形態素

日本語の形態素を本来どの言語に属していたかという観点から分類したときの一種。ほかに，和語形態素と洋語形態素(外来語形態素)とがある。大部分は，古代中国語において漢字一字で表される言語単位が日本語の音韻体系に同化したものである。一般に字音(漢字音)といわれるものと同じである。ただし，字音が漢字の読みを指して使われることが多いのに対し，字音形態素は形態論の立場からの用語である。

字音形態素には，次のような特徴がある。(1) 1音節あるいは2音節からなり，その音素連続には一定の制約がある。そのため，同音の字音形態素が多数存在する。(2) 音節数の少なさから，それだけで単語となるものは少なく，他の字音形態素と結合して安定した形態となることが多い。(3) 字音形態素は，概して多義である。字音の中には，別の形態素と認めるべきものもある。また，同一の漢字に複数の字音形態素が対応する場合もある。

(1) に関しては，中国語ではすべて1音節であるものが日本語では変形し2音節となったもののあることが指摘できる。常用漢字の単字に対応する字音形態素を構成する音素または音素連続の種類は，約300種である。このうちそれに対応する漢字数の多いものには，ショウ，コウ，シ，カン，トウ，キ，ソウ，セイ，カ，ケンなどがある。これらの組み合わせによる二字漢語には，同音語や類音語が多数存在する。

(2) の形態素としての安定度については，①実質的な意味を表し単独で単語となることができる語基(例：ボウ(棒))，②実質的な意味を表すが他の語基と結合することを専らとする語基(例：ウ(雨))，③他の語基と結合し文法的な意味・機能を付加することを専らとする接辞(例：テキ(的))の3種の分類ができる。②には，「福祉」の「シ(祉)」のように，特定の語基との結合形にしか出現しないものもある。

(3) で別の形態素として認めるべきものには，「運命・幸運」の「ウン」と「運動・通運」の「ウン」などがある。同一の漢字に複数の形態素が対応するものには，中国語ですでに分離していた「ガク(楽)」と「ラク(楽)」などのほか，日本語で意味・機能に分離の生じた「ニン(人)」と「ジン(人)」のような場合がある。

このような観点に立てば，「的確・目的」の「テキ(的)」と「近代的・積極的」の「テキ(的)」とは，(2) の語構成機能及び (3) の意味・用法の両面から，別の字音形態素と見ることになる。これに対して，「的」という漢字に注目し，「まと(的)」という和語形態素を含め，漢字がこれらの形態素を「漢字形態素」として代表するとする考え方がある。しかし，それは文字を中心にした視覚言語を仮定しないと成立しない説であり，言語学的な形態論・語構成論からは認めがたい。　(野村雅昭)

【参考文献】野村雅昭「字音形態素考」『国語と国文学』76–5，1999/森岡健二『日本語と漢字』明治書院，2004。

字音語（じおんご）

漢語と同義として使用される場合が多いが，取り立てて日本で作られた漢語（和製漢語）を含めるという意味合いで使用されることもある。つまり，中国由来かは問わずに，漢字の字音からなる語。また，音読語ともいう。

漢語といった場合に，中国語から移入されたものだけを指すのか，日本で作られたもの（和製漢語）をも含むかがよく問題になっていた。中国語と形態が同じであっても，日本に移入され長い年月の間には意味が変化している語も多いし，語構造において中国語と異なっている語も見られる。また中国由来のものか和製かの判断もなかなか困難な場合が多い。したがって，現在では漢語の定義として和製のものも含む立場が日本語学においては常識になっている。しかし一般的には，漢語には中国由来というイメージがあくまでも強く，また中国では中国語自体のことを漢語ということから，それらと区別するために字音語のほうが好まれているようである。

字音語という用語は新しいようである。山田美妙の編になる『日本大辞書』(1893)では，一つの漢語の見出しにおいて，もともとの意味（本義）に対しては「漢語」，日本で変化した意味（転義）に対しては「字音」という注記が施されている。また「字音」注記は和製漢語にもなされており，山田美妙においては字音語を「漢語」とは相対する日本的要素の強い語という認識で捉えていたようである。現代の辞書には，「字音語」を小見出しにあげるものが出てきた。そこには「熟語のうち，上下（すべて）の成分が字音で構成されるもの」（『新明解国語辞典』第6版による）とあり，語自体というよりは語の構成要素からの説明となっている。またこの辞書では，語の出自を問題とする語種を扱う場合にも，和語，字音語，外来語といった分類を行っている。

字音語という名称に対して，文字に引かれた感じになるという批判がある。字音語の対義語として字訓語があるが，両者は漢字表記の音・訓を問題としており，語彙論というよりは文字論からの名称といえよう。この場合の字音語は，語を漢字表記の読みによって弁別しようとする観念によるものである。万葉集における漢字に対する正訓や義訓という名称や，混種語における湯桶（ゆとう）読（よ）みや重箱（じゅうばこ）読（よ）みといった名称も，いずれも漢字表記の読みを問題にしている。字音語を語種としての漢語の意味で利用するなら，字訓語との対義関係をくずさなければならない。和語には漢字表記を想定できない語も多い。字訓語は和語に含まれるが，和語イコール字訓語ではない。

現在，「漢語（字音語）」というような併記した形で，漢語と字音語とが使用されることが多いが，両者を同義として扱っていくなら，併用していくことも煩わしいので，一方に統一する必要があろう。また分野によって使い分けようとするなら，両者の違いを明確にしておく必要がある。（田島　優）

【参考文献】池上禎造『漢語研究の構想』岩波書店，1984/陳力衛『和製漢語の形成とその展開』汲古書院，2001。

『爾　雅』

中国最古の字書。著者については，過去の伝説では周公（前1104頃）の著で，孔子の門人の一人である子夏が増補したものとされるが，もちろん信じるにたりない。近年の研究によれば，孔子の直弟子とさらにその弟子たちの時代，ほぼ紀元前5世紀頃に作られ始め，戦国時代から漢初（前2世紀）にかけて次々に増補されたものと考えられる。前漢の武帝（在位前140–前87）の時代には現在の形が成立していたことが確実である。

書名を「爾雅」と名乗るのは，「雅（タダ）シキニ爾（チカ）ヅク」，つまりこの書によって古典を正しく読解できる，との意味であると伝統的に説明されている。

内容はジャンル別の語彙集，あるいは類義語字典とでもいうべきもので，『詩経』や『尚書』など儒学の経典とその注釈に使われている基本的な文字と語彙を集め，それぞれの分野ごとに同義語や類義語を分類し，整理する。

冒頭におかれる「釋詁」「釋言」「釋訓」の3篇は，特定の分野に限定されない一般的な動詞や形容詞などを集めるが，以下に続く「釋親」「釋宮」「釋器」「釋樂」「釋天」「釋地」「釋丘」「釋山」「釋水」「釋草」「釋木」「釋蟲」「釋魚」「釋鳥」「釋獸」「釋畜」の16篇は，親族関係や建物，器物，音楽などに関する語彙を，それぞれの篇名のもとに集め，解釈を加えている。解釈の方法は同義語で置き換える形を原則とし，単語を構成する各漢字について個別に注釈を加えることはない。また漢字の字音や成り立ちについては，全く言及されない。つまり『爾雅』は「辞典」であって，「字典」ではない。

科挙の普及に伴う経書学習の興隆に伴って，やがて儒学の経典に準ずる扱いを受け，宋代以後は十三経の一つとされた。

2世紀の『説文解字』を祖とする字形分類の字書，3世紀の『声類』を祖とする字音分類の字書（韻書）と並び，本書を祖とする字義分類の字書が文字学史上で重要な一派を形成し，この形式がのちの辞典類の典型となって，後世に影響を与え続けた。日本の「和名類聚抄」「類聚名義抄」なども，内容分類ともにこの書物から強い影響を受けている。

晋の郭璞（276–324）の注釈が広く行われており，その郭璞注を含んだ清の郝懿行『爾雅義疏』が便利である。『爾雅義疏』は中國書店・藝文印書館からの影印本があるが，いまだ標点本は刊行されていない。近人徐朝華の『爾雅今注』（南開大學出版社）は索引付きの横組標点本であるが，『義疏』の意見はあまり取り入れられていない。テキストとしては，宋監本を底本として影印し周祖謨が校勘を付けた『爾雅校箋』（江蘇教育出版社）が最もすぐれている。　（阿辻哲次）

【参考文献】大島正二『中国言語学史』汲古書院，1997。

『辞　海』

中国で最大規模の，一般語彙と百科事典項目を収録する総合的辞書。主な版に1936年版，1979年版，1989年版，1999年版がある。

『辞海』は1915年に編纂が始まり，中華書局から1936年に上冊が，1938年に下冊が出版された。主編は舒新城ら。『辞海』は，1915年に商務印書館から出版された『辞源』に対抗して編纂された。収録語について，『辞源』は一般語彙を主とするのに対し，『辞海』は百科事典項目を主とする。一般語彙について，『辞源』は古典語を収録するのに対し，『辞海』は古典語だけでなく，近現代語をも収録するという特徴があった。

1957年，舒新城の提案を受け入れて毛沢東が『辞海』を修訂することを決定し，1958年中華書局辞海編輯所が設立された。翌年，辞海編輯委員会が設立され，舒新城次いで陳望道が主編を務めた。1962年に「語詞」「哲学」「経済」などの「試行本」16分冊が出版され，1965年に「未定稿」2巻が出版されたが，翌年から文化大革命が始まったため，その後の編纂作業は停滞を余儀なくされた。「未定稿」は1979年に香港中華書局からも1965年新編本として出版されている。文化大革命後の1978年に中華書局辞海編輯委員会は独立して上海辞書出版社と改名し，夏征農が編輯委員会の主編を務めた。中華人民共和国建国30周年に間に合わせるため9カ月で修訂作業が行われ，翌年に『辞海』1979年版が出版された。その後，建国40周年に1989年版が，建国50周年に1999年版がそれぞれ出版された。1979年版と1989年版はいずれも3巻本であり，それぞれに縮印本，分冊，増補本がある。1万6000以上のカラー図版を収録する1999年版彩図本は4巻に分かれ，別に付録・索引本1巻がある。これを基礎として，普及本3巻，縮印本，分冊が出版され，別に彩図精編本とCD-ROM版がある。1999年版は，単字（繁体字と異体字を含む）1万9485字を収め，そのうち1万7674字を見出し字としている。見出し字とその下の熟語の合計は12万2835項目である。1999年版の題字は当時国家主席であった江沢民の手による。また，1992年には台湾の東華書局と共同で，台湾において繁体字による『辞海』1989年版を出版している。

『辞海』の収録範囲は，単字，一般語彙，成語，典故，人物，著作，歴史事件，古今地名，団体組織，および各学科の専門用語などである。解説文は簡明であることを重視し，データの正確さに注意を払っている。

現在，上海辞書出版社は『辞海』の基礎のうえに，『大辞海』の編纂作業を進めている。2003年から『哲学巻』『医薬科学巻』などの出版が開始され，2010年までに全38巻が刊行される予定である。（小出　敦）

【参考文献】劉葉秋『中国字典史略』中華書局，1983/胡裕樹主編『中国学術名著提要・語言文字巻』復旦大学出版社，1992。

四角号碼(しかくごうま)

漢字の四隅の筆形に基づいてそれを四桁の番号に変換する検索方法を四角号碼検字法といい，このような四桁の番号を四角号碼という。中華民国の王雲五(1888-1979)が1925年に考案し，1928年に改訂したものである。

まず漢字の手写体楷書の筆形を10種類に分け，それぞれ次のように0から9までの番号によって表示する。0，頭(ふた)形は「亠」(独立の点と独立の横線とが結合した筆形)。1，横(よこ)形は「一，扉，乚，※」(水平筆形，左下からのハネおよび右ハネの鉤を含む)。2，垂(たれ)形は「丨，丿，亅」(縦線の筆形，右上からのハネおよび左ハネの鉤を含む)。3，点(てん)形は「丶，乀」(点の筆形，捺〈ヒッパリ〉を含む)。4，叉(さし)形は「十，乂」(2画の交叉する筆形)。5，挿(ぬき)形は「扌」(1画が2画以上を貫く筆形)。6，方(はこ)形は「囗」(四辺形筆形)。7，角(かど)形は「嶂，※，※，嘉，※，※，」(横形筆形と垂形筆形とが接して作る角形の筆形)。8，八(はち)形は「八，盆，人，※」(「八」の字の筆形とその変形)。9，小(こ)形は「小，※，沺，※，忄」(「小」の字の筆形とその変形)。以上の筆形と番号との対応関係について，胡適は「一横二垂三点捺，点下帯横変零頭；叉四挿五方塊六，七角八八小是九」という暗唱しやすい韻文を作った。この10種類のうち1，2，3を単独筆形，その他を複合筆形と称する。単独筆形と複合筆形の双方を採り得る場合には，複合筆形を優先する。

次に四隅の筆形を左上，右上，左下，右下の順序に従って番号化し，四桁の数字すなわち四角号碼を得る。例えば「端」は0212となる。ただし字の上部または下部がただ一つの筆形(または複合筆形)からなる場合には左側に筆形番号を付し，右側は0とする(例えば字→3040)。一度番号化した筆形をほかの隅で再び番号化する場合には，再出の番号を0とする(例えば大→4003)。左右対称のカマエまたはカコミ(口，門，鬥，行)からなる字は，上下左右にほかの筆画がない限りその下部では内部の筆形を採る(例えば因→6043)。また四桁同数の字を区別する場合には，右下の筆画の上方に最も近接し，かつ突き出ている一筆画を番号化して附加し，前後を決定する(例えば元→1021_1，仁→2121_0)。

漢字を数字で表すという発想を，王氏は電報コードから得た。四角号碼検字法の特徴は，漢字をその一部の筆形で代表させ，それを数字に変換するところにある。従来の検字法と異なり，部首や発音に基づかないため，それらを知らなくても検索ができ，また漢字の画数を数えたりする必要もない。字形から自ずと定まる四角号碼は直接的に漢字の配列順を示しており，同じ番号を有する文字が少ないので，検索には大変効率的である。そのため，多くの辞書はこの検字法によって親字を並べ，あるいは検字表や索引を作っている。その規則を習得し慣れなければ使いこなせない点はあるが，非常に便利な検索方法として，今日でも広く活用されている。　(陳　捷)

【参考文献】王雲五『四角號碼檢字法』商務印書館，1928，また台湾商務印書館，1993/諸橋轍次『大漢和辭典　索引』所収「四角號碼索引」大修館書店，1990。

字　義

それぞれの漢字がもつ意味。すべての漢字は，字形と字音と字義を備えており，それを漢字の3要素と呼ぶ。

漢字は表意文字である限りは，それぞれの漢字には固有の意味がある。そのことを逆にいうならば，それぞれの漢字ははじめ，ある特定の物や概念を表すために作られたということにほかならない。その，それぞれの漢字が作られたときに最初に表した意味を「本義」という。

それぞれの漢字は，作られた段階ではただ本義だけを表し，「一字一義」であったはずだが，しかし漢和辞典では各見出し字(親字)のところに数種類の意味が羅列されていることが珍しくないように，実際には一字が複数の意味をもつ「一字多義」という現象がある。それは，本義以外の意味をも増幅させていったからで，その意味の拡大のプロセスには，引伸と仮借がある。

「引伸」とは本義から「引き伸ばされ」て，それと関連のある概念や事物を表すこと，「仮借」とは，その文字と意味の面では関連性がないが，同じ発音であるがゆえに「借りられ」て表す意味をいう。

文字を研究する学問の総称を文字学というが，それは言語学に属するテーマであるにもかかわらず，それについての研究は言語学のなかでマイナーな分野と位置づけられてきた。それは欧米で使う表音文字には固有の意味がないことに主要な理由がある。

文字そのものを研究対象とするには，まずその文字が表意文字でなければならないという前提がある。表音文字では，例えばBならBという文字をいくら研究しても，それほど大きな成果が望めない。それでヨーロッパやアメリカで発達してきた言語学では，文字学は比較的マイナーな分野としてありつづけた。

一方漢字は表意文字であって，個別の文字それぞれに対して，字形の成り立ち，字音の変遷，あるいは字義の発展などさまざまな研究が可能であって，事実これまでのさまざまな漢字に関して膨大な量の研究が蓄積されている。

このように漢字を研究する学問が成立し，発展してきたのは，漢字が字形と字音以外に，字義という要素を備えていたからにほかならない。　（阿辻哲次）

【参考文献】河野六郎『文字論』三省堂，1994。

識字教科書

文字の読み書きを教え，または学ぶために教科書として使われる書物。

中国での最古の識字教科書は『史籀篇』とされる。『漢書』「藝文志」によれば，周宣王の時代に籀という人物が文字を教えるための教科書を作った。それが『史籀篇』で，周代にはこの書物を使って，文字の教育が行われていたという。

その後，秦の始皇帝が中央集権国家を建てるとともに全国各地に役所が設けられ，中央と地方の間に文書がやりとりされるようになった。そうなると文字を書ける人材が大量に必要になり，そのため文字の学習と教育が盛んに行われるようになった。秦の時代には『蒼頡篇』など数種類の識字教科書が作られた。

漢代には漢字の書き取り試験によって官吏を採用する制度が始まったので，文字の教育と学習がさらに広い範囲で行われるようになった。そのときに史游撰の『急就篇』が教科書としてよく使われた。『急就篇』は書記として勤務する者が必ず書けなければならない語彙や，あるいは実生活上で必要な語彙の文字を重複を避けて，意味のある文章に綴ったもので，総字数は2144字に及ぶ。

この書物の機能と役割は，わが国の「いろは歌」によく似ている。「いろは歌」はかなを重複することなく使って詠んだ和歌で，過去の日本で最も普遍的に利用された文字教育教材であった。『急就篇』も「いろは歌」も初学者の教育に利用されるので，『急就篇』が偶数句末尾で韻をふみ，「いろは歌」が七五調になっているのは，ともに暗唱に便利なように仕立てられた結果である。

『急就篇』に代わって，やがて梁の周興嗣(521没)が作った『千字文』が識字教科書の主流となった。これは合計1000字からなる文章で，『急就篇』に比べれば平易な文字が多く，内容も随分と親しみやすい。『千字文』は『急就篇』よりも内容がはるかに平易で，また知識人としての最低限の教養として知っておくべき故事や成語などを多く載せた，実用的なものだった。全体の字数が1000字というのは『急就篇』の約半分にすぎず，現実の文字使用の場ではやや少ないとも思えるが，しかし収録されている文字は日常生活に最低限必要な常用字ばかりだったから，初学の者にはむしろ手頃な字数であった。だから子供に文字を教えるのに使う教科書として，『千字文』は『急就篇』に代わって急速に普及することとなった。

のちに「科挙」が始まると，知識人の家では子供が幼少の頃から漢字を教えるようになり，その教材として『千字文』は急速に普及した。これがつい近年に至るまで中国で最もよく使われた識字教科書である。今世紀の初めに敦煌の洞窟から発見された敦煌文書の中に計45種も『千字文』の写本が含まれていたのは，それがいかによく学ばれたかを物語る事実である。　(阿辻哲次)

【参考文献】福田哲之『説文以前小学書の研究』汲古書院，2004。

字訓（じくん）

ある漢字の意味，またその意味に対応する日本語(多くの場合は和語)。

漢字の3要素として「形音義」があげられ，字形のほかに字音と意味があるわけだが，その意味のことを「訓」「訓義」などと呼ぶ。日本においては，漢字の意味に当たるものを日本の言葉でいったものが「字訓」であり，また「和訓」と呼ぶこともある。和語があてられることが多いが，別の字の音があてられることもあり，これは「字訓」に含めない立場もある。また，漢字の意味を日本語でいった場合でも，説明的で長いものや，その場に限ってのものは，訓読の範囲には入れられても，「字訓」とは呼ばれにくい。

なお，漢字1字に対してではなく，2字以上の熟字に対してのもので，1字ずつに分解することのできない訓を「熟字訓」と呼ぶ。かつては広く用いられたが，当用漢字音訓表でその範囲が定められてからは，それ以外のものは，口頭語の意味を漢字で説明するような目的以外ではあまり使われなくなった。

また漢字を読む際だけでなく，漢字を使って日本語を書く際にも，字訓の存在は意識される。当初，漢字の意味を示すものであった訓が，漢字と直接に結びつくようになり，ある和語には必ずのようにある漢字が思い起こされるようになったことによるものである。また和語が漢字に従属するものとして捉えられることにもなり，同じ語でも漢字が違えば(「同訓異字」)別語であるという意識もできる。

しかし同訓のものは同音のものに比して少ないということもあって，字訓はある漢字を指し示すのにも用いられる。例えば「公」の字を「おおやけのコウ」などと呼ぶ場合である。この場合のような，その字を代表する訓を「定訓」と呼ぶこともある。

戦後の国語政策で「当用漢字音訓表」(のちに「常用漢字表」)において，使える訓を定めたことにより，それ以外の訓は使いにくくなったこと，また送り仮名を定めて学校教育で厳しく指導しているため，送り仮名を除いた部分が訓であるという意識(例えば「除」の訓はノゾクではなくノゾという意識)が広がったことなど，字訓の意識は大きく変わってきている。つまり，字訓においても，表音性が強まっていると考えられるのである。

(岡島昭浩)

字　源

文字，特に漢字の構成原理を字源と呼ぶ。「明」が《日》と《月》とからなり，両者の意味を総合化して「あかるい」意を表すと解釈するたぐい。

それぞれの漢字の成り立ちを理解し，字源とそこから導かれる本義を究明するのは，現代の日本人にも興味深く感じられるようで，何かを主張するときに漢字の字源から説き起こされることがしばしばある。しかし悠久の歴史をもつ漢字のそれぞれの字源を明確にするためには漢字の古代字形に関する知識が必要で，楷書の字形だけによって分析していては，正確な解釈など望むべくもない。

中国ではじめて漢字の字源を分析し，それぞれの字の本義を説いたのは，後漢・許慎撰『説文解字』(後漢永元 12 (100) 年完成) で，許慎は 9300 あまりの漢字について字源を説明し，あわせて本義を究明した。

『説文解字』は漢字研究に関する権威的な書物として，後世の中国や日本に大きな影響をあたえてきた。とりわけ精密な言語学が発達した清代には，多くの学者が真摯な努力を傾けて『説文解字』に取り組み，精密な漢字研究体系を構築した。その全成果は民国の丁福保が網羅的に集めた『説文解字詁林』によって俯瞰できるが，中でも段玉裁 (1735–1815) の『説文解字注』はその分野での最高峰といわれ，今も漢字研究において必ず言及される書物となっている。

『説文解字』は漢字研究の古典として今も不滅の価値を保っているが，しかしそこには古典のもつ宿命としての時代的制約が含まれている。それは字形を解釈する際に許慎が小篆を基準としたことで，許慎の時代では小篆はすでに古代文字だったが，甲骨文字や金文などの古代文字資料が使える現代から考えれば，小篆は相当に新しい時代の書体と考えられる。古代文字の研究が飛躍的に進展するにつれて『説文解字』の誤った解釈が次々と訂正されるようになった。近代文字学の発展は，ある意味では『説文解字』を乗り越える努力の歴史であったともいえる。

漢字の研究では，過去の中国で『説文解字』を中心として築かれてきた膨大な体系がすでに存在する。そこには高度な研究が凝縮されており，それを無視することは今も不可能であるが，しかし『説文解字』には時代的制約による誤りが含まれていることもまた事実である。だから現在漢字を研究するには，『説文解字』中心に展開してきた過去の蓄積のうえに，甲骨や金文などの資料から得られる知見を融合することが必要である。すなわち漢字の字源を解釈する方法としては，まず『説文解字』所載の説を検討し，それを最新の資料で検証するという方法を取らねばならないのである。

(阿辻哲次)

【参考文献】阿辻哲次『漢字の字源』講談社，1993/白川　静『字統』平凡社，1984。

『辞源』

中国を代表する古典語辞典。単字だけでなく，熟語や，人名・地名・書名などの固有名詞をも収録する。20世紀初頭に出版され，その後修訂を加えられながら，一貫して高い評価を受けている。

『辞源』は1908年に編纂が始められ，1915年に商務印書館から出版された。編者は陸爾奎・方毅ほか。単字だけでなく熟語をも収録する大型辞書としては中国で初めてのもので，近代的辞書の嚆矢とされる。単字1万3000，熟語5万余を収録する。『康熙字典』と同じ214の部首を立てて単字を配列し，その字で始まる熟語をそれぞれの単字の後に並べる。熟語は字数が少ないものから多いものへと並べ，同じ字数の熟語は，第2字の画数が少ないものから多いものへと並べる。この熟語の配列法は『辞源』に始まり，『辞海』などその後の多くの辞書が踏襲した。収録語彙は古典語にとどまらず，近代の学術用語にも及んでおり，百科事典的性質も兼ね備えていた。その後1931年には熟語3万余を収録する『辞源続編』が出版され，1939年には正編と続編の合訂本が出版された。また1949年には『辞源簡編』が出版された。

中華人民共和国成立後，1958年から修訂作業が始められ，百科事典的辞書としての『辞海』，現代語辞典としての『現代漢語詞典』と分業するため，『辞源』には古典籍を読むための辞書という役割が与えられた。1964年に修訂稿第1冊が出版され，1976年からは，広東・広西・河南・湖南の辞源修訂組と商務印書館編輯部が協力して修訂作業に当たることとなった。1979年に商務印書館から修訂本第1冊が出版され，1983年に最終巻である第4冊が出版された。修訂本もすべて繁体字が用いられている。この修訂により，旧『辞源』の近代自然科学・社会科学および応用技術に関する語彙が削除され，収録語彙の範囲はアヘン戦争(1840)までとされ，一部の常用語が増補され，多くの単語になっていない語あるいはあまり使われない語が削除された。単字の発音はピンインと注音字母で示され，さらに宋代の韻書である『広韻』の反切と，声調・韻目・声母が記されている。意味の解説において，語彙の起源と使用過程における変遷を重視しているが，これは旧『辞源』からの編集方針であり，この辞書の名の由来でもある。用例はすべて原文と照合し，作者とその時代を示し，出典の書名・篇名・巻数を明記する。また一部の語彙では，読者の参考に供するために参考文献をもあげている。単字1万2890字，熟語8万4134語，合計9万7024項目を収録している。内容は古典籍に見える語彙や故事，古代の文物や制度に関する事典項目などで，中国の古典文献を読む際には必備の工具書であるといわれている。1993年に37万語以上を収録する『漢語大詞典』全12巻が出版されたが，実用性において『辞源』はその価値を減じていない。

（小出　敦）

【参考文献】劉葉秋『中国字典史略』中華書局，1983/胡裕樹主編『中国学術名著提要・語言文字巻』復旦大学出版社，1992。

指事（しじ）

漢字を作る方法の一つ。「六書（りくしょ）」を構成する一つで，許慎（きょしん）『説文解字（せつもんかいじ）』序に見える「六書」の定義は，指事について，

指事者，視而可識，察而見意，上下是也，

指事なる者は，視て識る可く，察して意を見る，上・下是れなり，

と記す。すなわち，その文字を一目見たら意味がわかり，頭を働かせば字形の造意が理解できるものが指事であり，上と下がその例という。上・下は『説文解字』では，

二　高也，此古文上，指事也，丄，篆文上，

上　高きなり，此れ古文の上，指事なり，上，篆文の上，（一上）

二　底也，从反二爲下，丅，篆文下，

下　底なり，二を反して二と為すに从（したが）う，下，篆文の下，（一上）

とある。「上」は古文では「二」と書き，下は同じく「二」と書く。この字形は，基準となる高さの上か下に何かがあることを示し，そこから「うえ」「した」の意味を表す。

もし山を意味する文字を作ろうと思えば，実際の山の形を描けばよい。しかし「うえ」や「した」のような抽象的な観念には象形の方法が使えない。そこに指事が成立する場がある。同じような例を『説文解字』からあげると，次のようなものがある。

本　木の下を本と曰う，木に従い，丅に従う，（丅は小篆の「下」）（六上）

末　木の上を末と曰う，木に従い，丄に従う，（丄は小篆の「上」）（六上）

刃　刀の鑑なり，刀に刃有るの形に象どる，（四下）

亦　人の臂の亦なり，大に从い，両亦の形に象どる，（十下）

はじめの二つは《木》に短い線を加えて表現したい部位を示す。木の下か上を《一》でマークして，木の根もと（本），あるいは梢（末）を指し示す。「木」自体は象形文字だが，それに記号的な要素を加えて「本」「末」とし，抽象的な概念を表している。

あとの二つは，本文に「象……之形」とあるが，これも指事と考えられる。刀につけられている刃は，象形では描きにくい。そこで既成の象形文字である「刀」の上に，「ここの部分」と語りかけるマーク（丶）を加えて，絵にしにくいものを表現する。次の「亦」も，人の腋を示す字で，既成の象形文字である「大」（人が前を向いて立っている形）の両わきに，「丶」で「この部分」とマークを加え，表現したい部分を指し示す。亦は元来は人のわきをいう字であったが，後世に他義に使われるようになったので，新たに意符の肉（人体を示す）を加えて「腋」という漢字が作られた。

「刃」と「亦」の字の説明には「象……之形」という形式が使われている。しかしその文字は前述の具体的・絵画的な象形の方法そのままではなく，既存の象形文字の上に記号的要素が加えられているので，指事と分類される。　（阿辻哲次）

【参考文献】阿辻哲次『漢字学—「説文解字」の世界』東海大学出版会，1985。

字順（じじゅん）

漢語の構成要素となる単位を字音（じおん）形態素と呼ぶと「地球」「受賞」のような漢語は二つの字音形態素から成るので，これを二字漢語ということにする。二字漢語の成分である字音形態素の順序をAB，BAのように示すとAB，BAの位置関係が二字漢語の字順ということになる。漢語の字順は複数の字音形態素の順序についていうので一字漢語はもちろん対象外である。

二字漢語の構造については文法上の性質や意味的結合による類別，字音形態素の結合の型の記述などから種々の試みがなされているが，字順はそれぞれの類別の枠内にあって，多くはゆれがなく固定している。しかし，意味的結合が並列や対立・対照の関係にある二字漢語には現在ABのような字順のものが，それ以前にはBAでもあったものが少くないし，時にはABとBAとが共存する場合も認められる。例えば「胃腸・腸胃　運搬・搬運　計算・算計　健康・康健　抵抗・抗抵　舞踏・踏舞　平生・生平　野蛮・蛮野」などは今日では淘汰と語形の整理が行われ，それぞれ前項の字順語形（胃腸…野蛮）で落ち着いている。現代語でAB，BAが共存する場合は何らかのかたちで類義的な関係に立つ。意味範囲がほぼ等しい「運命・命運　関連・連関　近接・接近　別離・離別」など，「消費・費消　平和・和平　権利・利権」など，後項（費消…利権）の意味範囲が狭く限定されるもの，「移転・転移　誕生・生誕　習慣・慣習　先祖・祖先」など，意味の分担のみられるもの，また「治療・療治　旅行・行旅」など，文体・位相に応じた使い分けなどさまざまである。

次に，意味的結合が補足関係にある二字漢語にも字順のゆれはみられるが，「交情・情交　食肉獣・肉食鳥　造酒・酒造　銘肝・肝銘」などそう多くはない。ところで，造語においては補足関係にあるものは，和語の場合は〈名詞＋動詞〉の結合形式（幕開け　血止め　山登り）なのに対して二字漢語では〈動詞＋名詞〉の形式（開幕　止血　登山）をとり，順序が逆になるのが今日でも一般的である。しかし，並列・対立の場合の語形（字順）のゆれとは性質を異にするが，語形の順序において和語の結合形式と同じ方法による二字漢語の造出がみられるのが注意を引く。いまヲ格の関係で結合するものについてみると「体育・知育・徳育　詩吟　米食・菜食・草食　人選　妻帯　金打（きんちょう）　心痛　心配　婚約　水浴／券売機　砂防林　書見台　足温器　盲導犬　油送船　霊安室」などがある。他の格関係（ガ・ト・ニ・へ）の結合についてもみる必要があるが，〈名詞＋動詞〉の型が日本語の中に根をおろすのか，一時的なのかは今の段階での見通しは立てにくい。例えば「そだてる」意での造語は「育種　育雛（すう）　育苗（びょう）　育毛剤　育林」など依然として〈動詞＋名詞〉形式が有力なのである。（鈴木丹士郎）

【参考文献】鈴木丹士郎「二字漢語の字順についての問題」（『国語論究』1）明治書院，1986/野村雅昭「漢字の造語力」（『漢字講座 1』）明治書院，1988。

字書

漢字の字形・字音・字義について解説した書物の総称。字形の解釈に主眼をおき，そこから発音と意味の解釈に言及する。解釈されるのは文字だけであって，熟語の意味や出典などが収録されない点で「辞書」と異なる。

『四庫全書総目提要』小学部は漢字に関する書物全体を3類に分け，『爾雅』以下を訓詁，『説文解字』以下を字書，『広韻』以下を韻書と分類する。

それぞれの漢字は，作られたときにはただ一種類の単語を表しただけであったが，その後の長い歴史のなかで，仮借や引伸などの方法によって一つの漢字が複数の意味をもつようになったり(「一字多義」)，あるいはいくつかの漢字が同じ意味を表す(「一義多字」)という現象が生じるようになった。また同じ漢字でも，筆記道具と書写材料の違いによって，さまざまな書体で書かれるようになった。

このような漢字のもつ複雑なシステムに対応するために，後世の漢字の研究では異なった着眼点を備えた「字書」が作られた。その分類と代表的な書物は以下の通りである。

① 字形の構造に着目して漢字を偏や旁にわけ，その分析から字義を解釈しようとするもの。

『説文解字』	後漢・許慎
『字林』	晋・呂忱
『玉篇』	陳・顧野王
『類編』	宋・司馬光
『龍龕手鑑』	遼・釋行均
『四声篇海』	金・韓道昭
『字彙』	明・梅膺祚
『正字通』	明・張自列
『康熙字典』	清・張玉書等勅撰
『中華大字典』	民国・徐元誥・欧陽傳存
『新華字典』	現代
『漢語大字典』	現代
『中華字海』	現代

② 字形の正俗を弁別し，楷書の字形での規範的な書き方を示すもの。

『五経文字』	唐・張参
『九経字様』	唐・唐玄度
『干禄字書』	唐・顔元孫
『字通』	宋・李従周

③　甲骨文字や金文などの古代文字から，篆書・隷書・行書・草書・楷書など各種の書体における字形を集めたもの。

『汗簡』	後周・郭忠恕
『古文四声韻』	宋・夏竦
『漢隷字源』	宋・婁機
『金文編』	民国・容庚
『甲骨文編』	民国・孫海波
『古文字類篇』	現代・高明
『漢語古文字字形表』	現代

（阿辻哲次）

JIS X 0208

1978 年に制定された JIS X 0208（制定当時の呼称は C 6226）は，世界で最初の複数バイト系符号化文字集合である。非漢字 524 字，第 1 水準 2965 字，第 2 水準 3390 字の合計 6879 字を採録している。制定以降，1983 年，1990 年，1997 年の 3 度改訂されている。特に，1983 年の改訂は，第 1 水準と第 2 水準の入れ替えや，規格票に例示してある字形の変更などにより，その後のコンピュータやネットワークにおける漢字の使用に大きな混乱をもたらした。

(1)第 1 次規格：

1978 年 1 月 1 日 JIS C 6226 情報交換用漢字符号系として制定。特殊文字，数字，ローマ字，平仮名，片仮名，ギリシア文字，ロシア文字，漢字から構成される。内閣告示等に根拠を有するものや人名，地名など（第 1 水準漢字）2965 字，その他の漢字（第 2 水準漢字）3384 字の計 6349 字の漢字および非漢字 453 字の計 6802 字からなる。

(2)第 2 次規格：

1983 年 9 月 1 日改正。（1987 年 3 月 JIS X 0208 に改称。）1981 年 10 月 1 日に公布された“常用漢字表”（内閣訓令・告示）および改正“人名用漢字別表”（法務省令）の施行に伴う字体の変更等に伴い，漢字 4 文字（尭槇遥瑶），特殊文字 39 文字，けい線素片 32 文字の計 75 文字の追加，22 組の漢字についての第 1 水準と第 2 水準との間での入れ替え，4 文字の第 1 水準への追加に伴う第 2 水準への移動，および常用漢字表，人名用漢字別表の字体に準じて表中に用いる漢字の字形を若干変更した。第 1 水準漢字 2965 字，第 2 水準漢字 3388 字の計 6353 字の漢字および非漢字 524 字の計 6877 文字からなる。

(3)第 3 次規格：

1990 年 9 月 1 日改正。1990 年 3 月 1 日に法務省令によって公布された人名用の追加漢字（118 字）のうち第 2 次規格に含まれていなかった凜，熙の 2 字を第 2 水準の末尾（84 区 05 ～ 06 点）に追加した。第 1 水準漢字 2965 字，第 2 水準漢字 3390 字の計 6355 字の漢字および非漢字 524 字の計 6879 文字からなる。

この規格において文字概念を表示する印刷文字は，財団法人日本規格協会文字フォント開発・普及センターの協力によって，同センターがリョービイマジクス株式会社に製作委託を行って製作した書体（平成明朝体（みんちょうたい））を用いた。

(4)第 4 次規格：

1997 年 1 月 20 日改正。新たな符号位置の追加，変更などは一切行わず，包摂規準という概念を導入し，ある符号位置で表される字体や字形の幅を明示することにより今までの混乱をある明確な基準で追認するとともに，今後の新たな混乱を避けることを企図した。第 4 次規格の原案作成委員会は，第 1 次規格にまで遡（さかのぼ）って規格制定の経緯を精査した。以下，第 4 次規格によって 78 規格と 83 規格の相違を詳説する。

1983 年の規格改定では，下記に示す，計 26 組の区点位置の入れ替えと，29 の区点位置の変更が行われた。

[83 入替え] で示すもの。1983 年度制定の第 2 次規格が，区点位置（第 2 次規格での追加分を含む。）を入れ替えて，非互換な変更を行ったものである。次の区点位置である。16-19（鯵）・82-45（鰺），18-09（鴬）・82-84（鶯），19-34（蛎）・73-58（蠣），19-41（撹）・57-88（攪），19-86（竃）・67-62（竈），20-35（潅）・62-85（灌），20-50（諌）・75-61（諫），23-59（頚）・80-84（頸），25-60（砿）・66-72（礦），28-41（蕊）・73-02（蘂），31-57（靭）・80-55（靱），33-08（賎）・76-45（賤），36-59（壷）・52-68（壺），37-55（砺）・66-74（礪），37-78（梼）・59-77（檮），37-83（涛）・62-25（濤），38-86（迩）・77-78（邇），39-72（蝿）・74-04（蠅），41-16（桧）・59-56（檜），43-89（侭）・48-54（儘），44-89（薮）・73-14（藪），47-22（篭）・68-38（籠）の 22 組および第 2 次規格での追加区点位置との入れ替えである 22-38（尭）・84-01（堯），43-74（槙）・84-02（槇），45-58（遥）・84-03（遙），64-86（瑶）・84-04（瑤）の 4 組の合計 26 組。

[83 変更] で示すもの。1983 年度制定の第 2 次規格が，字体を変更したものである。次の 29 の区点位置である。16-02（唖），17-75（焔），18-10（鴎），19-90（噛），22-02（侠），22-77（躯），24-20（鹸），25-77（麹），28-40（屡），29-11（繍），30-53（蒋），30-63（醤），32-70（蝉），33-63（掻），34-45（騨），35-29（箪），36-47（掴），37-22（填），37-31（顛），37-88（祷），38-34（涜），39-25（嚢），40-14（溌），40-16（醗），43-43（頬），44-45（麺），45-73（莱），47-25（蝋），58-25（攅）。

これらの変更が行われた理由の詮索は措くとしても，結果的に，パーソナルコンピュータやプリンターをはじめとする情報機器が普及し始めた時期に，このような大幅な変更が行われたことの，その後の産業界，教育界，一般消費者への影響は非常に大きなものがあった。現象面としての一例をあげると，1990 年当時，あるメーカーのパーソナルコンピュータに搭載されていた漢字 ROM（Read Only Memory）は，JIS X 0208 の 1978 年版にほぼ準拠しており，同じメーカーのドットインパクトプリンターが 2 系統あって，1 系統は 1978 年版準拠の漢字 ROM を，別の 1 系統は 1983 年版準拠の漢字 ROM をそれぞれ搭載していた。この結果，例えば，ワードプロセッサーソフトなどで，画面上では「鯵」という字が表示されたのに，印刷してみると「鰺」となっていた，といった問題が頻発した。

国語審議会でも，1995（平成 7）年 11 月 24 日付けの第 20 期答申において，「ワープロ等における漢字の字体の問題」として，この混乱の問題を取り上げた。第 1 次規格から第 2 次規格への変更が，看過できない状況に至っていたことを，言語・文化行政上の問題として，正面から取り上げたものといえよう。国語審議会は，第 21 期以降，この問題に真正面から取り組み，2000 年 12 月 8 日付けの第 22 期答申（国語審議会としては最後の答申）において「表外漢字字体表」を示すことにより，言語・文化行政の側からの方向性を明確に示した。このことに対する，JIS としての対応については JIS X 0213 の項で詳述する。　（小林龍生）

【参考文献】7 ビット及び 8 ビットの 2 バイト情報交換用符号化漢字集合　JIS X 0208:1997　1997（平成 9）年 1 月 20 日改正　日本工業標準調査会審議（日本規格協会発行）「表外漢字字体表」2000（平成 12）年 12 月 8 日　国語審議会答申。

JIS X 0213

JIS X 0208 が当初から意図していた「現代日本語を符号化するために十分な文字集合」を 2000 年ごろの要求水準に合わせて提供することを目的として開発された。非漢字合計 1144 字，漢字第 1 水準 2965 字，第 2 水準 3390 字，第 3 水準 1249 字，第 4 水準 2436 字合計 1 万 40 字，非漢字と漢字の合計 1 万 1184 字を採録している。（互換用文字を除く）

JIS X 0213 は，JIS X 0208 で規定する 6879 文字を完全に含んでおり，それを“拡張”したものとなっている。

しかし，選定されたレパートリーとしての評価は非常に高いものの，実装方法として制定時点では過去のものとなりつつあった Shift-JIS を前提としていた点，制定過程において ISO/IEC 10646 との整合性についての戦略的な検討がなされず，事後的に UCS との整合性を取らざるをえなくなり，国際整合性への対応が遅れてしまった点などで，世上には否定的な評価も多くある。

現時点（2009 年 4 月）では，JIS X 0213 と UCS との対応関係は一応一意に定まっており，各種の OS でも，Unicode の符号化方式を用いて，JIS X 0213 のレパートリーの実装が進みつつある。

JIS X 213 の開発が開始されたのは，1996（平成 8）年 7 月のことであり，「JIS X0208：1997 の改正作業を通して明らかとなった，本来 JIS X 0208 に収録すべきであったが収録されていない文字の符号化を行うため」であった。原案作成委員会は，当時のコンピュータの実装状況を勘案し，Shift-JIS をはじめとする JIS X 0208 の既存の実装方式と親和性が高く，容易に拡張以降が行えることを前提として，具体的な符号位置の決定を行った。（符号位置が JIS X 0208 の上位互換となっており，規格票に Shift-JIS，ISO-2022-JPP-3，EUC での具体的な実装方法が参考として掲げられているのは，そのためであると思われる）

しかし，その後の時代の流れは急速に変化し，HTML（Hyper Text Markup Language），XML（eXtensible Markup Language），Java などが，相次いで Unicode を標準的な文字集合と規定し，国際的に用いられる各種の OS も順次 Unicode を採用することとなり，規格が発行される時点では，日本の国内製品においても，Unicode を用いた実装が今後の主流となることは，明らかとなった。実際，JIS X 0213 への対応についての OS 提供メーカーの反応は，一様に「Unicode の JIS X 0213 への対応を待って，製品への対応を検討する」といったものであった。

このような状況があり，JIS X 0213 のレパートリーを，一般消費者が実際に利用するためには，UCS もしくは Unicode との明確な対応付けが不可欠のものとなった。

このため，UCS への日本としての対応を担当する社団法人情報処理学会情報規格調査会が窓口となり，JIS X 0213 のうち，UCS との一意な対応付けが困難な数百文字につき，UCS への追加提案を行い，さまざまな曲折はありながら，ほぼ以下のような形での対応付けが行われた。新たに追加された CJK Unified Ideographs にほぼ 300 字を採録，CJK Compatibility Ideographs にほぼ 60 字を追加，非漢字関係は，さまざまな箇所に分散した。

この経緯でも明らかなように，もっぱら日本国内での使用を前提とした標準規格であっても，国際標準化への対応が取られないと，実利用者がその成果を享受することが困難な状況となっている。

一方，日本国内においても，文字・文化行政との関連で，JIS X 0213 は，大きな転機となった。

1995 (平成 7) 年の第 20 期国語審議会答申を受けて，第 21 期，第 22 期国語審議会では，常用漢字表に記載されていない漢字の字体をどのように扱うべきかについて，鋭意審議を行った。その結果は，2000 (平成 12) 年 12 月 8 日の国語審議会答申「表外漢字字体表」に結実する。この答申の要諦を一言で述べれば「康熙字典(こうきじてん)を典拠として作られてきた明治以来の活字字体 (「いわゆる康熙字典体」)」を印刷用の標準字体とする，ということである。この答申は，JIS X 0208 の 1983 年版における 1978 年版からの改変の多くをはっきりと否定する内容となっている。

この答申を受けて，2001 年度 (平成 13 年度)，表外漢字字体表策定に尽力した国語審議会委員と従来の JIS 原案作成委員会委員，国際規格にかかわってきたメンバーなどで，新たな JIS 原案検討委員会が構成され，現在の JIS X 0213 を基軸とし，「表外漢字字体表」および「国際符号化文字集合」との整合性を取るための基本方針が決定され，この方針に従った改正版が 2004 年に発行された。

この JIS の改正作業を経て，1983 年以来続いてきた JIS の混乱は，規格化活動および言語・文化行政という点では，一応の収束をみることとなり，その後は，国際市場も含め，企業や非営利団体による実装努力と利用者の選択にゆだねられることとなった。

また，JIS X 0213 をはじめとする文字コード規格は，住民基本台帳や戸籍，外国人登録などの行政分野の電子化，ネットワーク化とのかかわりの中で役割の再検討が必要となっている。 (小林龍生)

【参考文献】国語審議会答申　表外漢字字体表　2000 (平成 12) 年 12 月 8 日/小林龍生他編『インターネット時代の文字コード』共立出版，2000/芝野耕司編『JIS 漢字字典』日本規格協会，2002。

JIS 漢字(かんじ)コード

現在，日本工業規格として制定されている漢字を含む符号化文字集合規格には，下記の 4 種類がある。(制定年は最新版)

・7 ビットおよび 8 ビットの 2 バイト情報交換用符号化漢字集合 JIS X 0208：1997
　情報交換用漢字符号—補助漢字 JIS X 0212：1990

・7 ビットおよび 8 ビットの 2 バイト情報交換用符号化拡張漢字集合 JIS X 0213：2004

・国際符号化文字集合(UCS)—第 1 部：体系および基本多言語面 JIS X 0221：2007

日本の JIS 漢字コードの歴史は，世界で初めての複数バイト文字コードである 1978 (昭和 53) 年 1 月 1 日制定の情報交換用漢字符号系 JIS C 6226-1978 に遡(さかのぼ)る。この規格は，「通常の国語の文章の表記に用いる図形文字の集合とその符号について規定する」ものである。この規格は，1983 (昭和 58) 年 9 月に C 6226-1983 (1987 年に JIS X 0208 に移行) として改正され，以後，1990 年，1997 年にさらに改正され，現在に至っている。☞ JIS X 0208

情報交換用漢字符号——補助漢字 JIS X 0212-1990 は，1990 (平成 2) 年 10 月 1 日に制定されている。「この規格は，JIS X 0208 で規定している“通常の国語の文章の表記に用いる図形文字の集合”に含まれていない図形文字を必要とする情報交換のために，JIS X 0208 の補助として用いる図形文字の符号について」規定したものである。漢字 5801 字，非漢字 266 字の計 6067 文字からなる。

7 ビットおよび 8 ビットの 2 バイト情報交換用符号化拡張漢字集合 JIS X 0213：2004 の第 1 次規格は，2000(平成 12)年 1 月 20 日に制定されている。この規格は，「JIS X 0208 で規定する 6879 文字の符号化漢字集合を拡張し，JIS X 0208 と同時に運用する 4344 文字を含め 1 万 1223 文字の図形文字」を規定したものである。☞ JIS X 0213

国際符号化文字集合(UCS)——JIS X 0221：2007(ISO/IEC 01646)の第 1 次規格は，1995 (平成 7) 年 1 月 1 日に制定されている。この規格は，「世界の言語 (用字) を書き表した形(表記形)および記号の表現・伝達・交換・処理・蓄積・入力・表示に適用できる」ものである。☞ Unicode

JIS 漢字コードの利用局面が，コンピュータやネットワークの発達に伴って拡大するとともに，さまざまな問題も顕在化しつつある。国内的には，文字というすぐれて国民の文化にかかわるものを工業規格として規定することに対する根強い批判，行政の電子化との関連で，官公庁間での人名，地名漢字の扱いをどう調整して相互運用性を確保していくかという問題などがある。国際的には，国内のさまざまな動きとも関連し，国際規格との整合性を確保することと日本語および日本の漢字独自の問題を主体的に決定することとの間の軋轢も生じている。　(小林龍生)

【参考文献】小林龍生他編『インターネット時代の文字コード』共立出版，2000。

JIS 規格(きかく)

日本工業規格のこと。JIS は，JAPANESE INDUSTRIAL STANDARD。ゆえに，JIS 規格という記述は，「馬から落ちて落馬して」や「女の婦人」といった表現と同様の同語反復性をもつ。主に経済産業省が管轄する財団法人日本規格協会による委託や業界団体の自主的な活動によって作成提出された原案を，経済産業大臣が日本工業標準調査会に付議し，その答申を受けて主務大臣が制定，官報に公示するという手順を踏む。

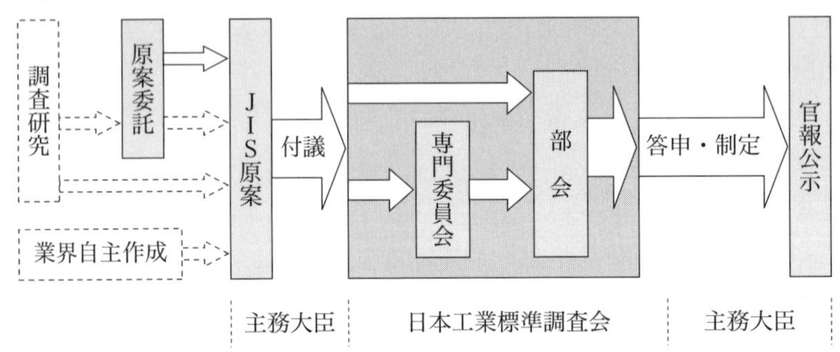

一般に，産業分野の標準規格は，公的標準（de jure standard）と事実上の標準（de facto standard）に大別されるが，JIS は，典型的な de jure standard ということができよう。しかし，時代は，国内規格に対して，国際規格（典型的なものとして ISO が制定する IS がある）との整合性，規格そのものの市場におけるニーズ，競争力を考慮することを求めるようになってきている。

私企業が製品と密着した形で提唱している規格を JIS として制定する動きや，国際的なコンソーシアムが提案した de facto standard の翻訳を JIS として制定する動きなどは，こうした傾向の表れと捉えることができよう。

また，特に情報分野においては，符号化文字集合規格など，言語や文化と深くかかわる標準規格もあり，このような文化的ライフラインとも呼ぶべきものを，工業規格として制定することに対する批判や不満が抜き差し難く存在する。

現在，JIS は，下記の 19 分野にわたって制定されている。Z（その他）系列のなかには，JIS を書くための基準を示した JIS Z 8301：2008 というのもある。

A：土木および建築，B：一般機械，C：電子機器および電気機械，D：自動車，E：鉄道，F：船舶，G：鉄鋼，H：非鉄金属，K：化学，L：繊維，M：鉱山，P：パルプおよび紙，Q：管理システム，R：窯業，S：日用品，T：医療安全用具，W：航空，X：情報処理，Z；その他

このなかで，漢字にかかわる JIS は，X 情報処理分野に，下記のものがある。

JIS X 0208，JIS X 0212，JIS X 0213，JIS X 0221

☞ JIS 漢字コード，JIS X 0208，JIS X 0213，Unicode　（小林龍生）

四　声

中古漢語における字音の平上去入四つの声調を指す。南朝斉(479–501)の永明(484–493)時期，周顒(？–485)，王融(467？–493)，謝朓(464–499)，沈約(441–513)など声韻に通じた文人が次々に現れ，自分達の言葉が持つ四声韻律に気づき「四声」という名称をつけた。最初に「四声説」を唱えたのは沈約だとされているが，周顒が『四声切韻』を著わし，沈約がこれを継承して『四声譜』一巻を著したという『梁書』の記述もあり，沈約『四声譜』成立には周顒の著書が大きくかかわっていると考えられる。

当時発見された四声の調子は中国語音節の本質とも深くかかわる抑揚長短の違いによるものと考えられる。音節の調子は高・中・低であり，調形は上昇調，平調，降調であった。四声の音内容を描写する文献としてよく知られる文献に鎌倉時代の日本に成書した了尊『悉曇輪略図抄』(弘安 6；1283 年)があるが，そこでは「四声は本来定まった調子がない。音が低より上昇すると異なったものになる」と記述されている。また入声字については現代方言では音節末尾には破裂音があり，主母音も相応して少し短い。四声論が起こった当初も恐らく同様であったと思われる。

中古音当時の具体的な調値(実際の音調)についてであるが，まず去声は梵漢対音より推測すると低平調であった蓋然性が高い。もともと古代インドに伝わる梵文「声明論」には語音の三声，すなわち高平・低平・高降で示される三つの調子があった。従って梵漢対音の中では通例として低平調によって低調音節を対訳していた。わざわざ二つの去声「懴」「覙」を造字し，梵語の kṣamá dákṣiṇa 2 語の低平調音節を対訳する例もあるくらいである。六朝時期には「夜」「軝」など去声字を使って名詞語尾の低平調音節を対訳していた。これらに基づけば，後漢から六朝まで去声は一貫して低平調であったと推定することができる。

次に上声は高平調であった。天台密教の大成者釈安然(841–？)『悉曇藏』は義浄『南海寄帰内法伝』を引用し，「…古来より脚など 25 字に以下の 8 字を併せ 33 字になり，初章と名づけられるが，すべからく上声に読むべきであり，その字を着けて平，上，去に読み分けるべきではない」と記述している。ここでいう「字」とは字母を指しており，字母を音読するには上声を用いるべきであることを言っているのである。梵文字母は音節字母であり，各子音の後に常に a が伴う。従って一字母を読むことは実際には一音節を読むことになる。安然の「すべからく上声に読むべきである」という指摘がそのとおりであれば，上声は高平調であったと推定されるのである。今日も知られる如く，梵文 ka kha ga gha などの字母を読む際には高平調(udātta)で読まれており，証左として最適の事実であろう。訳者不詳の『阿弥陀佛説呪』では námo būd dāhya を「那上謨菩上陀夜」と対訳しているが，「上」を右下に標注している場合は一律に高平調音節に対訳している。これらの例から推しても上声は高平調であったことを知ることができる。上声の「上」が「升」の意味になることはない。

平声は中平調であった。石山寺淳祐著『悉曇集記』(天慶五；942年)の附録『林記』(禪林寺宗睿著)は「上声平声は高度が異なるけれども，平調という点で二音は同類である。『韻詮』が指摘するのもまさにこのことである」と記す。この記述によれば平声は上声よりも低い。了尊が引用する『元和新声韻譜』(820–860に成立)は「平声は哀で且つ安，上声は励で且つ挙る，去声は清で且つ遠く，入声は直して促す」と言うが，記述時代が古く内容は確かなものとしても，表現はあまりに文学的で音調が描写されているとは言い難い。この資料により調値を推定することは困難である。

現代漢語方言では清音(無声音)声母を発音する際，調値は少し高くなる傾向がある一方で，濁(有声音)声母を発音する際には調値は一般に低くなる。従って中古の平・上・去・入四声は，現代方言では声母の清濁(無声・有声)を条件として陰・陽二類に分かれ，陰平・陽平，陰上・陽上，陰去・陽去，陰入・陽入の四声八音に分布する。現代に至るまでの語音変化はさらに複雑な変遷を経過し，例えば現代の普通話(北京語)では，平声は分裂して「陰」と「陽」の二類に分かれる一方，上声・去声は保存されるものの入声は消失しており，陰平・陽平・上声・去声が形成されている。

なお普通話と中古音声母の清濁について対応関係を精査すると，普通話の陰平・陽平は中古の平声，普通話上声は中古の上声に由来するが，普通話去声のうち，清(無声無気)音声母と次濁音(明母・來母)声母は中古の去声字であることがわかっている。ただし全濁(有声)声母については少し注意を要する。というのは中古の上声字であった可能性もある一方で，中古の去声字であった可能性も否定できないからである。

入声については多くの方言で今日も確認できる。粤方言(広東語)，閩南方言(アモイ語)，客家方言(梅県)ではいずれも中古音入声字韻尾〔-p，-t，-k〕を保存し，贛方言(江西方言)では入声韻尾〔-t，-k〕を，呉方言(上海語など)，閩北方言(福州語)，一部の湘方言(湖南方言)，北方方言(太原方言，揚州方言)では入声韻尾〔-ʔ〕を保存しており，これらの方言地区の人々は比較的容易に中古の四声を区別できる。日本漢字音は音節が開音節であるため常に母音を伴うが「フ(-p ＞-f ＞-u)，ツ(-t)，ク(-k)，チ(-t)，キ(-k)」で終わる字音を手がかりに入声字か否かを素早く知ることができる。

また一方で中古音のすべての入声字が現代方言に必ず保存されているわけではない。例えば「億」は『広韻』では入声字であるが，上海語に保存される読音は入声音ではないため，上海人はこの字音が入声であることを知識として暗記に頼らざるを得ない。入声韻を全く保存しない北方方言地区の人々にとってこの困難は一層大きいものになる。　(矢放昭文)

【参考文献】金田一春彦「日本四声古義」『国語アクセント論叢』所収，1950/兪敏「北京話全濁平声送気解」『方言』1987年第1期/楊剣橋『漢語音韻学講義』復旦大学出版社，2005。

字体

日本では「字体」と「字形」という用語の区別がいささか曖昧で，現実には混乱した使用状況にある。

当用漢字および常用漢字では，「漢字の骨格」を「字体」と規定しており，その定義がJIS漢字や人名用漢字などに関しても援用されている。それぞれの漢字にはそれを構成する筆画があり，それらの筆画を組み合わせることによって，その漢字をほかの文字から区別しうることになる。そのときに概念として存在する骨組みを「字体」と呼んでいる。その組み合わせが具体的な形(字形・書体)をとって現れたのが，現実に目に見える個々の文字となる。

一例をあげれば，〈うむ〉と訓じられる漢字には「生」や「産」や「膿」や「倦」などがあり，以上はいずれも字種の違いである。ところが「産」と「產」はどちらも同じ字音と訓をもち，表す意味も同じであるが，見た形は同じではない。その違いは上部が《立》の形になるか《文》の形になるかの違いであって，この筆画の違いによって，字体の違いが生まれると考えるわけである。

ただし伝統的な中国の文字研究の世界では，その考え方とは異なって，字体を漢字のタイプを呼ぶ語として使ってきた。「正字体」「俗字体」「簡略化字体」という語に使われているのがその意味で，現在の中国では「藝」が旧字体(中国では「繁体字」と呼ぶ)，「簡略化字体」である「艺」は，もともと俗字体であったのが，文字改革の結果「通用字体」とされたものである。

なお，上で述べた日本の「字体」の差，すなわち「産」と「產」のちがいは，中国では「字形のちがい」と認識される。 (阿辻哲次)

【参考文献】江守賢治『解説字体辞典』三省堂，1998。

『字体・字形差一覧』

国語審議会が「表外漢字字体表」を作成するための参考資料の一つとして，文化庁国語課が，印刷書体として現実に生じている字体差，および字形差を調査し，一覧表の形にまとめたものである。1997(平成 9)年 9 月発行。

JIS 規格 (JISX0208) の第 1 水準，第 2 水準内の範囲の漢字の書体を確認できるようになっている。「表外漢字字体表」の作成に当たって，①印刷局の明朝体が他で用いられている明朝体と比較して，デザイン上どのような特徴を持つのかを確認し，例示字形としての妥当性を検討する，②いわゆる康熙字典体を印刷標準とする場合の許容字体とする略字体を確定するために，JIS 規格の例示字形や新聞で使われている略字体の範囲を確認する，の二つを目的としている。

図に示したごとく，JIS の区点番号にしたがって，明朝体の活字の書体を確認できるようになっている。①印刷局書体：大蔵省印刷局の所有する細明朝書体，②平成書体：大日本印刷の所有する平成明朝体，③石井書体：大蔵省印刷局の所有する細明朝石井書体，④モトヤ書体：大蔵省印刷局の所有する細明朝モトヤ書体，⑤大日本書体：大日本印刷の所有する秀英細明朝書体，⑥凸版書体：凸版印刷の所有する築地系細明朝書体，⑦読売書体：読売新聞社で用いる明朝書体，⑧朝日書体：朝日新聞社で用いる明朝書体，の八種に，モトヤ書体のゴシック体が加えられている。

「表外漢字字体表」では，明朝体の中から印刷標準字体を示すとともに，俗字体・略字体で簡易慣用字体と認定すべきものを示している。このような判断のためには，これまでの明朝体活字の変遷を伺うことのできる『明朝体活字字形一覧』とともに，現在使われている活字字体の字体差とともに，どのようなデザイン差があるかを確認する『字体・字形差一覧』が必要となったのである。　(前田富祺)

【参考文献】竹村真一『明朝体の歴史』，思文閣出版，1986/小宮山博史「明朝体，日本への伝播と改刻」(印刷史研究会編『本と活字の歴史事典』柏書房，2000 所収)/『SCIENCE of HUMANITY BENSEI 人文学と情報処理』特集—どのように「表外漢字字体表」は答申されたか 3-1，勉誠出版，2001。

区点	印刷局書体	平成書体	石井書体	モトヤ書体	大日本書体	凸版書体	読売書体	朝日書体	参考
18-02	旺	旺	旺	旺	旺	旺	旺	旺	旺
18-03	横	横	横	横	横	横	横	横	横
18-04	欧	欧	欧	欧	欧	欧	欧	欧	欧
18-05	殴	殴	殴	殴	殴	殴	殴	殴	殴
18-06	王	王	王	王	王	王	王	王	王
18-07	翁	翁	翁	翁	翁	翁	翁	翁	翁
18-08	襖	襖	襖	襖	襖	襖	襖	襖	襖
18-09	鶯	鶯	鶯	鶯	鶯	鶯	鶯	鶯	鶯
18-10	鷗	鴎	鷗	鷗	鷗	鴎	鷗	鴎	鷗

図　字体・字形差一覧

『七韻略』

鄭樵(1103–1162)撰。もともと鄭樵の『通志』36巻に収められていた。そのため『通志・七韻略』と呼ばれることが多い。鄭樵の原序文には「私は始めて『七音韻鑑』を得たが，ひとたび音読して三嘆した。西域の僧侶はこのように妙なる原理をもっているのに儒者はこれを知らない」と言い，『通志・六書略・論華梵』には「切韻の学問は漢代以前には知る者がいなかったが，実際は西域より漢土に流入した。だから韻図の類については佛弟子達がよく知識をもっている。」また「今日見る『七音韻鑑』の出自は西域である。」とも言っている。このような記述をもとに，等韻図はもともと中央アジアあるいはインドの僧侶が創作したものと言われることが多い。成立は南宋(1127–1279)の紹興32(1162)年頃と考えられている。内容は「七音序」「諧声図」「内外転図」三部構成となっている。

「七音序」では伝統的な「五音」(宮・商・角・徴・羽)に「半徴」「半商」の「二音」を加え「七音」に改めることを力説している。また「諧声図」では漢字の諧声機能を使いつつ「古人が字を製作する際には七音の微妙な働きに通じていた」ことを説明している。

「内外転図」はすなわち等韻図であり43転(図)に分けている。その体例には『韻鏡』と一致する点が多いが，相違するところもある。声母については『韻鏡』が「唇音」「舌音」「牙音」「歯音」「喉音」「舌歯音」に大きく分け，さらに「清・次清・濁・清濁」に分けて36字母を示すのに対し，『七音略』は23列に分け，最初の行に「幇滂並明・端透定泥・見溪群疑・精清従心邪・影暁匣喩・來・日」23字母を掲載すると同時に，次の行では端母以下舌音に「知徹澄娘」4声母を標記し，精母以下歯音に「照穿牀審禪」5声母を標記している。また内転第2，外転第20，外転第22，外転第33，内転第34の5転図では，唇音「幇滂並明」声母の次の行に「非敷奉微」4軽唇音声母が標記されており，この5転図に収録される韻には軽唇音声母が存在したことがわかる。

三行目には「羽・徴・角・商・宮・半徴・半商」七音の名称が記されており，それぞれ『韻鏡』の「唇，舌，牙，歯，喉，半舌，半歯」七組の声母に該当する。次の行からは平上去入四声に分かれ，各声調内はさらに一，二，三，四の四等の計16行に分かれて個々の枠内に該当する音節字が記入されている。

43転図にはそれぞれ「内転」あるいは「外転」の注記があるがその帰属についても『韻鏡』とは若干の出入りがある。また転図の順序にも『韻鏡』と少し違いがある。これは『韻鏡』が李舟『切韻』(767–804の間に成立)の韻目順に拠ったのに対し，『七韻略』は陸法言『切韻』の韻目順に拠ったためと考えられている。さらに各転図の末尾には「軽，重」を使った注記があるが，「重中重」「重中軽」の表示は開口，「軽中重」「軽中軽」の表示は合口を示している。

『七韻略』は入声韻「鐸」「藥」を陽声韻「唐」「陽」と陰声韻「豪」「霄」に重ねて相配させる

と同時に，第３転の平声では「江」韻を二等に排列する以外，上・去・入声「講」「絳」「覚」韻の字をすべて三等に配列させているが，これらはすべて『韻鏡』とは違っていると同時に，『七韻略』の通例とも合わない。さらに，これら合わない例の一部には語音変化の予兆を表わすものもある。『七韻略』より若干遅い『四声等子』『切韻指掌図』ではすべての入声韻を陰声韻・陽声韻に二重に配入しているが，いずれも中古音入声音節韻尾の弱化，もしくは消滅の予兆と解釈されている。元代に成立した『中原音韻』では「江」韻字と「唐」「陽」韻字の区別は消滅しているが，『七韻略』第３転図の二等・三等間に躊躇した配列法がみえるのは，あるいはこの種の変化のさきがけであるのかもしれない。

今日見ることのできる版本としては，元の至治２(1322)年刊本(いわゆる至治本)，清の乾隆年間飜刻武英殿本と浙江局本がある。商務印書館は1935年に『通志』を影印出版し，1984年中華書局から重ねて影印本が出版された。『通志略』については世界書局1936年排印本，上海古籍出版社1990年影印本がある。　　　　　　(矢放昭文)

【参考文献】羅常培「『通志・七韻略』研究」『集刊』5-4，1935/趙蔭棠『等韻源流』商務印書館，1957/胡安順『音韻学通論』中華書局，2001/楊剣橋『漢語音韻学講義』復旦大学出版社，2005/楊軍『七音略校注』上海辞書出版社，2003。

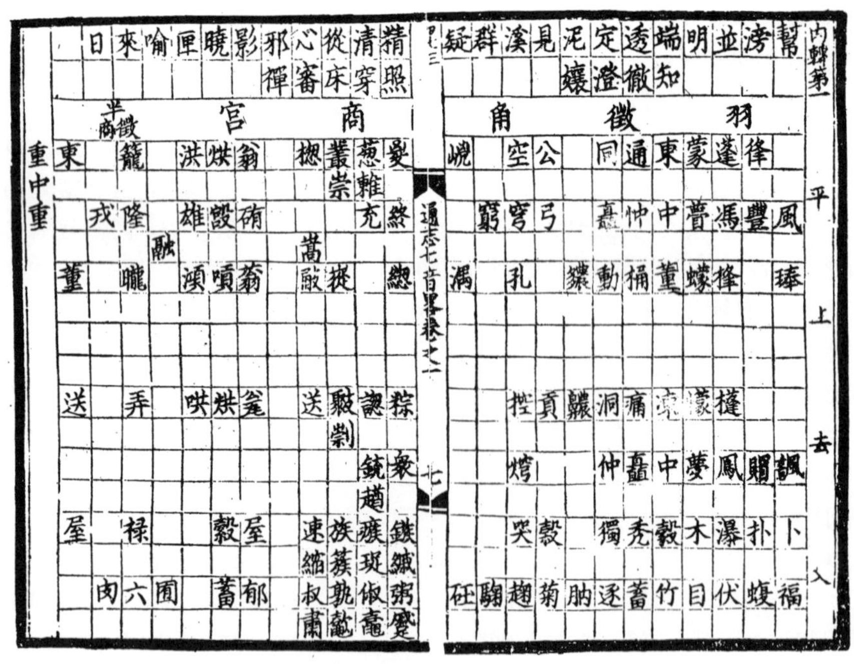

『七音略』内転第一

『史籀篇』

中国最古の識字教科書とされる書物。西周の宣王(在位前 827–前 781)の時代に籀が作ったとされる。籀は太史という官職にあり(そのためまた「史籀」と呼ばれることもある)，太史とは文書の記録を担当する役職であった。その籀が次の世代の者に文字を教えるために作った教科書が『史籀篇』であり，周の時代にはこの書物を使って，文字の教育が行われていたとされる。

『漢書』「藝文志」に「史籀 15 篇　周宣王太史作大篆 15 篇，建武時亡 6 篇矣。(周宣王の太史『大篆 15 篇』を作る，建武のとき 6 篇を亡なう)」とある記述によれば，『史籀篇』はもともと 15 篇で構成されていたらしいが，後漢の時代にはすでに 6 篇が欠けていた。それが後漢にまで一部伝わっていたことはおそらく確実だが，『隋書』「経籍志」には『史籀篇』の名が見えないから，後漢以後隋までの間に伝承されなくなったと思われる。

『史籀篇』の体裁や内容は今では全くといっていいほどわからない。ただこの書物に使われていた古い書体が『説文解字』の中に合計 223 字引用されており，その書体を書物の名前から「籀文」といい，また「大篆」ともいう。籀文はまた，中国最古の石刻で，丸い太鼓状の石に詩を刻みこんだ「石鼓」に使われている文字であるとされ，始皇帝が統一する前の秦が使用していたのはこの籀文であったと思われる。

『史籀篇』に次いで，識字教科書として秦の時代に李斯が『蒼頡篇』を作った。これも現在には伝わっていないが，その逸文が，20 世紀のはじめに中国西北部の乾燥地帯から木簡の形で発見され，それによって古代の識字教科書の形態がわかるようになった。それはだいたい四字句をつらね，一句おきに脚韻をふんだ韻文を成していた。

『蒼頡篇』は「蒼頡作書(蒼頡書を作る)」という句から始まっていた。そのことから考えれば，識字教科書の名前は冒頭の句に由来するもので，「蒼頡作書」という句から始まる書物だから『蒼頡篇』と命名されたにほかならない。識字教科書は最初の一句から本の名前を付けるのが原則で，後の『急就篇』はそうなっており，日本で「色は匂へど」で始まる歌を「いろは歌」というのも全く同じである。

上の事実をふまえて，王国維(『史籀篇疏証』序)は『史籀篇』も本来は「太史籀書」という四字句から始まっていたと考えた。そしてこの「籀」は，『説文解字』に「籀は書を読むなり」と訓じられているように，もともとは「文字を読む」という意味の動詞であった。したがってこの冒頭の「太史籀書」の文は本来「太史　書を籀す」と読むべきであったのが，「籀」という漢字が次第に使われなくなり，意味が忘れられた結果，「太史籀の書」と，人名として誤読されるようになった。こうして「籀」という人物が歴史に登場することとなった次第である。　(阿辻哲次)

【参考文献】福田哲之『説文以前小学書の研究』汲古書院，2004。

実字

漢文や現代の中国語で使われる漢字のうち，事物や動作・変化・形状・数量など実質的な内容のある意味を表す文字。それに対して実質的な概念などを表さず，文法上の働きをする文字を「虚字」という。江戸時代後期の儒学者皆川淇園（1807 没）が『助字詳解』『実字解』『虚字解』などの著述で詳しい考察を展開している。

漢文や中国語の文章には，意味のある単語と，それ自体では意味をもたない単語があって，前者が実字，後者が虚字である。この区別は中国語で最もはっきりした下位区分であり，中国語の文は実字を虚字によって連結することで完結されるといえる。

具体的な品詞について見れば，名詞・動詞・形容詞・数詞・代名詞・副詞などが実字として使われ，連体詞や助詞・感嘆詞などが虚字に分類される。

また「問いに対する答えとして，単独で文として用いることができるもの」を実字，「問いの答えとして，単独に文としては用いられないもの」を虚字と分類する考え方もある。

具体的な例を，『論語』の冒頭にある文章で考えれば，

學而時習之，不亦説乎，有朋自遠方来，不亦樂乎，人不知而不慍，不亦君子乎

とあるうち，學・時・習・説・有・朋・遠方・来・樂・人・知・慍・君子が実字であり，それ以外は虚字であると考えられる。（阿辻哲次）

字典（じてん）

漢字の字形・音・意味などを示した辞典。また漢字による熟語などをも収め，さらにその意味などを示すものもある。

文字の配列も，部首や画数などの字形によるもの（ただし部首は字形のみではなく意味にもかかわる），音によるもの（韻によるものでこれを韻書という），意味分類によるものなどがあるが，現在通用しているものの多くは，部首をその画数順に並べ，部首の内部も画数順に配列した，明代の『字彙（じい）』や『正字通（せいじつう）』以来の配列に従っている。『字彙』以前のものでは，『説文解字（せつもんかいじ）』『玉篇（ぎょくへん）』などは，部首別ではあるものの，部首の配列や部首内部の配列はわかりにくいものであった。『爾雅（じが）』『釈名（しゃくみょう）』など，意味分類によるものもある。

日本では，『篆隷万象名義（てんれいばんしょうめいぎ）』『新撰字鏡』『類聚名義抄（るいじゅ(う)みょうぎしょう）』『字鏡集』など，さまざまの字典が作られた。『玉篇』の体裁にならったものが多いが，独自の配列によるものもある。また室町時代以降，『玉篇』に名を借りた『倭玉篇（わごくへん）（和玉篇）』が流布するが，これは『玉篇』をそのまま和化したものではなく，『玉篇』を離れて字典として発展していった。すなわち，『字彙』のような配列を取り入れるなどの改良がなされても『玉篇』という名が使われ続けたのである。朝鮮でもそうであったように，『玉篇』が漢字字典の一般名称となっていたものと思われる。江戸時代，元禄の毛利貞斎『増続大広益会玉篇大全』は広く流布して，明治時代にまで刊行され続けた。また清代の『康熙字典（こうきじてん）』が渡来し，都賀庭鐘（つがていしょう）による和刻本が安永年間に出され，明治になっても石川鴻斎や渡辺温らにより出されて流布していった。

「字典」という名称は，熟字ではない単字の辞典を呼ぶのにも使われるが，現行の漢和辞典のように漢語を漢字によって配列するものもそう呼ばれる。熟字は韻書の発展したものに集められることが多かった。漢詩作成の際の押韻のために，同じ韻字を下にもつ熟字を集めたのである。元の『韻府群玉』，明の『五車韻瑞』，清の『佩文韻府』がよく知られたものだが，日本でも小型のものが多く作られた。ただし，江戸時代のものは字典というよりも用語集といったものである。

最初の漢和辞典と言われる『漢和大辞典』（明治36（1903），三省堂）は，『康熙字典』式の配列によるものだが，熟字を下の字によって並べている。これは漢詩作成用の韻書の影響下にあるためであり，漢詩作成の盛んであった明治時代を反映したものでもあろう。

なお単に「字典」で『康熙字典』を指す場合もある。（岡島昭浩）

【参考文献】山田忠雄『近代国語辞書の歩み』三省堂，1981。

「字典(じてん)」と「辞典(じてん)」の区別(くべつ)

漢字は表意文字だから，一字ずつに意味がある。だから漢字の意味を解説した書物を作るには，まず各字を見出しとして掲げ（これを「親字」という），そこに字の意味を解説しなければならない。それが漢和辞典と，国語・英和辞典との見かけの最大の相違点である。国語辞典や英和辞典でも，「き」（木）や「I」（一人称代名詞）のように一音節で単語となる場合にはもちろんその意味が解説されるが，しかし大部分は，表音文字をいくつかつなぎあわせた形が見出し単語になっている。

漢字や漢字語彙(ごい)の意味を解説した書物を，中国では伝統的に「字書」と呼んできた。それは中国語を構成する単語がもともと一音節で表され，それが一つ一つの漢字に結晶しているためであり，各字の意味や音を説くことが，ほかでもなく中国語の意味や音について語ることになるからであった。

しかし実際には，すべての単語が単音節でできているわけではない。事実はむしろ逆で，単音節を二つ以上組み合わせて新しい単語を形成するという現象が非常に早い時代からみられた。こうしてできた単語を「熟語」と呼ぶ。

中国語では，時代を追うごとに，二字以上の漢字を連ねた複音節語が，全体での比重をふやしつづけてきた。現在ではむしろ単音節語のほうが少数になっている。しかし各字の意味を解説するだけの伝統的な「字書」方式では，複音節語の意味が処理できない。

例えば「世」（三十年間）と「界」（しきり・くぎり）はそれぞれ独立した単語であるが，それを組み合わせた「世界」は，「世」と「界」を寄せ集めただけの意味ではなくなっている。しかし英語では world と表現されるその意味は，「世」や「界」がもっている意味のなかには包括されていない。

伝統的な「字典」ではこのような熟語の意味を解説できる場所がない。それで近年になってから，「もじ典」と「ことば典」双方の機能を兼ね備えた書物が作られるようになった。それを「辞書」という。

中国最初の漢字辞書は 1915 年に出版された商務印書館の『辞源(じげん)』であり，それ以後の中国では，親字の解説以外に熟語をあげて解説を加えるのが通例となった。

日本でも最初は「もじ典」形式のものが作られていたが，明治以降は中国同様に「ことば典」形式のものが主流になった。　（阿辻哲次）

【参考文献】貝塚茂樹編『中国の漢字』（講座 日本語の世界 第 3 巻）中央公論社，1981。

字謎（じめい）

字謎はある漢字の構成要素を分解して表現し，それを読んで元の漢字を当てさせるという，文字遊びの一種である。中国の文字遊び(語戲(ごぎ))のなかでも，主要なもののひとつである。

字謎の例としてよく引用されるものに，六朝(りくちょう)時代の文学者鮑照(ほうしょう)の「字謎詩三首」がある。その第一首は「二形一体，四支八頭。四八一八，飛泉仰流」と詠う。この答えは「井」の字。二の字が縦横に一組，四つの枝と八つの端。32 ＋ 8 ＝ 40 は十の字が四つ，滝が上に流れる(水を汲み上げる)と，井という字を分解したうえで，それをさまざまな方向から表現している。さらに「頭」「流」で押韻して詩としての形式も整えており，字謎の中でも高度な部類に入る。字謎は詩と呼べるほど洗練された表現をもつものは多くはないが，日本のなぞなぞと同じく，口調のよさは意識されている。例えば「目字加二点，不得作貝字猜。貝字欠二点，不得作目字猜」は，日本のなぞなぞ風にいうと「目の字に二つ点，でも貝じゃないよ。貝の字に二つ点がないよ，でも目じゃないよ」とでもなるだろうが，対句で口調のよさを出している。ちなみに答えは「賀」と「資」である。

このように字謎は，漢字という文字の特性を利用した独特の遊びである。しかし最初から遊びであったわけではない。もともとは諷刺や予言，また恋愛感情など，はっきりと公言できないような内容のものを言い換えた隠語の一種であった。

隠語自体の起源は古く，春秋戦国の頃にすでに記録がみえるが，字謎のバリエーションである「離合(りごう)(詩)」が作られるようになったのは，後漢末期からである。例えば後漢崩壊のきっかけとなった董卓(とうたく)の出現は「千里草，何青青。十日卜，不得生」という洛陽の童謡によって暗示されていたという。これは千里＝重それに草で董，十日卜は組み合わせると卓になるからである。このように漢字を分解(離)して組み合わせる(合)から離合というのである。現代でも多くの読者をもつ『三国志演義』(もちろん，『三国志』にも)には，曹操の逸話などを中心に，このような離合がいくつもあげられており，この時代に流行していたことがわかる。続く南北朝時代は，占いや予言の言葉である讖詞(しんし)(語)が広く信じられた時代であるが，その玄妙な言葉は，漢字の字形に注目してそれを分解した，すなわち字謎と同じ原理から作られたものか，漢字の音声に注意した反語によって表現されることがほとんどであった。字謎は遊びとなる以前に，このような長い前史をもっているのである。

字謎は，漢字が偏や旁などからできているという特色に基づいており，文人の知的遊戯として広く行われ，すぐれた作品は長く世間に喧伝された。現代でも「謎語(めいご)」と称されるなぞなぞの重要な要素として，さまざまな字謎が考案されている。

(道坂昭廣)

【参考文献】鈴木虎雄「支那文学に於ける語戲」『支那文学研究』弘文堂書房，1928 所収。

『釈名』

中国の字書。後漢の劉熙編。

劉熙は正史に伝を設けられていないが，宋の馬端臨『文献通考』に「『釈名』8巻，漢徴士北海劉熙成国撰」とある記事によれば字は成国といい，北海（山東省）の出身で，同地出身の著名な経学者鄭玄の弟子であったらしい。

『釈名』は語彙収録の分類を基本的に『爾雅』に準拠するが，編目の名称は『爾雅』とはかなり異なっていて，「釋天」「釋地」「釋山」「釋水」「釋丘」「釋道」「釋州國」「釋形體」「釋姿容」「釋長幼」「釋親族」「釋言語」「釋飲食」「釋采帛」「釋首飾」「釋衣服」「釋宮室」「釋床帳」「釋書契」「釋典藝」「釋用器」「釋樂器」「釋兵」「釋車」「釋船」「釋疾病」「釋喪制」の27編を立て，それを全8巻に分類する。いわばジャンルごとの専門辞典の濫觴となったが，もっぱら同音字や発音の近い漢字で単語の意味を解釈するという方法をとる。このような方法を声訓または音義説という。

例えば「髪は抜なり，抜擢して出るなり」とある。「髪」（ハツ）を「抜」（ハツ）で訓じるのは，「髪とは，引っ張りだすように伸びるものである」ことをいう。同じく「紙は砥なり，その平滑なること砥石のごときなるを謂うなり」とあるのは，「紙」を「砥」に置き換えて説明するのであり，「砥」は砥石のことで，古くは「紙」と「砥」が同音であったことから，「紙（シ）」がそれと同音の「砥（シ）」という文字に置き換えられる。

声訓による訓詁は恣意的な解釈となりやすくて危険であることから，現在の訓詁学では好ましくない方法とされる。「土は吐なり，万物を吐き生ずればなり」とか「山は産なり，物を産み生ずればなり」などは，でたらめな解釈といってよい。いわば日本語で考えられる「ネコとはよく寝る仔だ」のごとき，駄洒落まがいの語源俗解説と本質的にかわるところがない。

しかしそのことを正しく認識したうえで声訓による訓詁をみれば，そこに古代人の世界観や自然観などが提示されていることがあり，その意味では有益な訓詁となることがある。劉熙が紙を砥石になぞらえて，本質的な属性を「平滑性」と規定していることは，彼の時代にはすでに表面の滑らかな紙が十分に出回っていたことを物語る。それは文字の訓詁としては不適当であるものの，そこに時代の文化が反映されていることには一定の意義を見いだすべきである。（阿辻哲次）

【参考文献】大島正二『〈辞書〉の発明』三省堂，1997。

写真植字(写植文字)

しゃしんしょくじ　しゃしょくもじ

写真技術を用いて文字を並べて印画紙に焼き付ける技術。略して，写植ともいう。

日本の写植機第1号は，1925(大正14)年，石井茂吉によって完成された試作機である。写真植字では，文字の陰画を並べたガラス板(文字盤)に光を当て，さまざまなレンズで拡大，縮小，変形を行って，印画紙に文字を焼き付ける。

鋳造過程が省略できるために，写植では，活字に比べて，文字の大きさや変形の自由度が飛躍的に増大した。また，多様な書体の開発も可能となった。☞明朝体，ゴシック体，教科書体

活字が，その大きさの単位として，インチを基準とするポイントを用いるのに対して，写植では，0.25ミリを単位とする級を用いる。

日本の漢字文化への写植技術の貢献という点で，諸橋轍次による漢和大辞典への石井茂吉の協力は特筆に値する。諸橋轍次と大修館書店の創業者鈴木一平は，1917(大正6)年以来営々として大漢和辞典の編纂を進めてきたが，1943年に第1巻を刊行したのみで，1945年には組み置いておいた1万5000ページ分にも及ぶ活字をすべて空襲によって失ってしまう。時に諸橋62歳。大修館書店は，新たに活字で組み直すことは技術的にもコスト的にも不可能との判断から，すでに60歳を超えていた石井茂吉に新字開発の依頼を行った。石井は熟慮の末この難事業を引き受け，8年の歳月をかけて大漢和辞典が必要とした5万字に及ぶ字母をすべて自ら書き起こした。大漢和辞典の完成にあたり，諸橋は石井に「春秋元命苞に曰く。倉頡，字を製するや，天為に粟を雨(ふ)らし，鬼為に夜哭し，竜乃ち潜蔵す」という書幅を贈り謝意を表したという。この石井が書き起こした文字は石井細明朝として，以後の写植文字の標準となった。

活字，活版による印刷と，写植文字，オフセットによる印刷の印象の相違は，「黒っぽい」「白っぽい」という言葉で表すことができよう。活字，活版による紙面に慣れ親しんだ人からすると，写植文字，オフセットによる紙面は，「平面的で水っぽい」という表現となる。活字は，本文に用いられる8ポイントから10ポイント程度の文字では，その物理的な制約から過度に細身の字形設計は困難であり，特に字画の多い漢字は凸版で印刷するとどうしてもつぶれ気味となる。一方，写植文字においては，細身の字形設計も容易であり，オフセット印刷は，字画細部の再現も可能となる。

時代の嗜好の趨勢(すうせい)は，活字，活版の技術的制約に起因する「黒っぽい」紙面から，写植文字，オフセット印刷の技術によって可能となった「白っぽい」紙面に移ってきたといえよう。一方，写植，オフセットにおいても，活字，活版の紙面を彷彿とさせるような「黒っぽい」紙面を再現させるような字体設計，紙面設計が試みられることもある。（小林龍生）

【参考文献】紀田順一郎『日本語大博物館』ジャストシステム，1994。

『集韻』

宋の丁度らが勅命により景祐4(1037)年に編纂開始，宝元2(1039)年に完成した韻書。字数53525を収録し『広韻』より27331字多い。全十巻(平声4巻，上，去，入各2巻)。『集韻』は『広韻』を下敷にして訂正編集された故に『広韻』の増訂本とも言える。

大中祥符元(1008)年成立の『広韻』は工具書としてはあまりに繁雑であると同時に訓釈が適切でないと評価される一方，景徳年間(1004–1007)に成立していた『景徳韻略』は多く訓釈をつけず，声韻に混同があって挙人(宋代科挙制度では解試という地方試験の合格者を挙人と言った)が誤用する，という事情があり，当時の皇帝はこの二韻書『広韻』『景徳韻略』編纂のやり直しを命じた。『景徳韻略』の改訂編集は迅速に行われ景祐4(1037)年に『礼部韻略』として完成した。『集韻』は詳細に資料収集する必要があり完成は2年延びた。この二韻書は収録字種，訓釈についての原則と目的が異なっている。また密接な関係をもつと同時に前後して完成しているにもかかわらず，直接の継承関係をもつとは言えない。

『集韻』の『広韻』と異なる点は,『広韻』五巻に対して『集韻』は十巻であること。字を収録する原則は「努めて広くすること」であり，正体・古体・或体・俗体など，一字についてどれだけ異体があったとしても,根拠(出典)さえあればすべて収録したこと。従って八種,九種の字体例も少なくなく,合計53525字を収録したことなどがあげられる。

また『広韻』の注釈が比較的繁雑であるのに対し，『集韻』は適当に削除している。これは姓氏・地理沿革面で引用を一律に削減している点に顕著に表われている。また『広韻』注釈の簡略すぎる例について『集韻』は関連資料に基づき増補している。

『集韻』の韻数は『広韻』と同じであるが，韻目用字，一部の韻目順序，韻目以下に注記する同用・獨用例には差異がある。また特定の音節(字音)を『広韻』とは異なる韻に配分している例がある。例えば因・菫・寅・銀・巾・囷・斌などを『広韻』が真韻に収録するのに対し『集韻』は諄韻に収録する例，娑・蹉・多・駝・佗・羅，那などを『広韻』歌韻に対して『集韻』戈韻に収録する例，天・田・顛・年などを『広韻』先韻のみに収録するのに対して『集韻』は先韻・諄韻双方に収録する例などである。さらに『広韻』では一字に二種類以上の読音がある場合，個々に「又音」注記をするが『集韻』は注記しない。これは『集韻』に「又音」が無いと言うことではなくかえって増加している。3種〜5種の又音例が『集韻』にはある。古音・方言音・当時の実際音を極力収録したことに由来すると判断される。その他『集韻』が新に定めた反切，『広韻』の反切を改めた例も相当数ある。その他「麟」「麐」を『広韻』が一字異体とするのに対し『集韻』は「麟：大牝鹿」「麐：牝麒」として別字とするなど字体の違い・解釈が異なる例も見出される。出典の違い・誤りに由来するものであろう。

『集韻』には北宋慶歴年間(1041–1048)原刻本系統と，南宋淳熙年間(1174–1189)覆刻本系統がある。現在は北宋揚州詩院曹楝亭五種刊本，嘉慶 19 (1814) 年重刊本の複印本が流布している。南宋本としては北京図書館蔵本，日本宮内庁圖書寮本がある。中華書局 1989 年出版の宋刻『集韻』は北京図書館本の影印である。『集韻』には誤記が多いため方成珪『集韻考正』・陳准『集韻考正校記』を見ることが望ましい。

『集韻』は完成後広く伝わらなかった。元・明代には全く重視されず，清代に注目されたが十分ではなかった。今日の視点から言えば，宋代音・語彙を研究する際に一定の価値がある。また工具書としても用途は多い。（矢放昭文）

【参考文献】白滌洲「集韻声類考」『史語所集刊』第 3 本第 2 分，1931/王力『中国語言学史』山西人民出版社，1981/辻本春彦「集韻」『中国語学新辞典』光生館，1969/趙振鐸『集韻研究』語文出版社，2006。

『集韻』平声一，第一葉

『集韻』韻例第一葉

習 字

習字は旧来使われてきた手習いという言葉に由来する。平安時代の『才葉抄』に「手習いせんには，本に向てよく習て，物ぐさからぬ程，よき筆墨料紙にて書べき也。必其習つる文字ならねども，筆なるゝ也。」とあり，手本による手習い，日々の継続的な学習およびよい書道具の使用の重要性が述べられている。

奈良時代に再建された法隆寺の五重塔初層の天井組木に落書されたものが今も残っている。「奈尓波津尓佐久夜己」の 9 文字が万葉仮名(漢字を音として用いたかな)で書かれており，「なにはづにさくやこのはな冬ごもりいまははるべとさくやこの花」という字習いの一部であることが知られている。わが国における字習いの残存資料としては最古のものである。「なにはづ」のほかに，「あさかやま」という字習いがあり，『万葉集』巻 16 にも収録されている。こうした字習いは韻を踏んだ歌の形を取ることにより，覚えやすいという効果を併せもっている。平安時代になると，「あめつち」の歌や「いろは」歌が教本として使用されるようになった。「あめつち」の歌はあめ，つち，ほしなど 48 の仮名が重複しないように配置されている。また「いろは」歌はその後，明治時代に至るまで仮名の教本として用いられた。

室町時代中期には，寺院が下級の武士や庶民の子供に対する教育を受けもつようになり，それらは江戸時代に引き継がれ寺，寺屋，寺子屋と呼ばれた。下級武士はこの寺子屋での教育を経て藩校や郷学に入り，一般庶民にとっては農村の産業品や商工業の発展に相まって取り引きなどの基礎的な教養が必要となったのである。寺子屋では読み・書き・算術が中心で，なかでも字習いは最も重要視された。

明治 5 年の学制頒布により，学校制度が採用され，字習いは小学校教育にそのまま移行された。明治 23 年には教育勅語が発布され，小学校則大綱が制定された。この頃になると，鉛筆やペンの普及に伴い毛筆習字が実用面から離れていくという風潮となり，習字は書き方と称されるようになって国語科に組み入れられた。戦後，鉛筆やペンなどの硬筆による習字が中心とされ，毛筆習字は小学校の必修からはずされ，小学 5，6 年の自由研究という形でのみ残存した。昭和 33 年の小学校学習指導要領では，毛筆習字は書写と称され，4 学年以上の学年で年間 35 時間以内で課されるようになり，さらに昭和 46 年には小学 3 年より必修科目となった。

以上習字という言葉を歴史により概括したが，それらよりみると習字は初心者向けの毛筆学習，生活上の実用面を主眼とした毛筆学習を意味しているということができるであろう。したがって篆書・隷書・楷書・行書・草書の五体および仮名を対象とし芸術性の追求を主たる目的とする書道とは，その点で意味を異にしている。(張 莉)

【参考文献】小松茂美『日本書流全史』(上)講談社，1970/平山観月『新日本書教育史』有朋堂，1980。

周祖謨（しゅうそぼ）

中国の言語学者（1914-1995）。字（あざな）は燕孫。北京の人。1914年11月19日北京で生まれ，1995年1月15日逝去。

1932年，北京大学中国語言文学系に入学。1936年に中央研究院歴史語言研究所の選考を経て，語言組の助理員に就いた。1938年より，輔仁大学の講師・助教授。語音学・等韻学・比較訓詁（くんこ）学・甲骨（こうこつ）文字研究などを講義した。1945年より，北京大学中文系助教授，北京大学『国学季刊』の編集委員を務めた。

中華人民共和国の成立後，北京大学中国語言文学系教授。『中国語文』・『語言研究』の編集委員であり，中国語言学会常務理事・中国音韻学研究会名誉会長・中国訓詁学研究会顧問・全国高等学校文字改革学会顧問・北京市語言学会副会長・普通話（標準中国語）審音委員会委員・北京大学学術委員会委員などを歴任した。

周祖謨は青年時代より，中国語言・文字の研究に精励し，伝統語言学は沈兼士（しんけんし）に，西洋語言学は劉半農（りゅうはんのう）・羅常培に師事した。彼は音韻・文字・詁訓・古典目録学・校勘学に長じ，著作の『問学集』（上・下；中華書局，1966）に音韻学に関する40篇あまりの論文が収められている。『漢魏晋南北朝韻部演変研究』（第1分冊　羅常培・周祖謨著；科学出版社，1958）は，漢魏晋南北朝の韻部の変遷について論じているものである。その後，周祖謨が撰した『漢魏晋南北朝韻部演変研究』（第2・3分冊）の原稿は，彼の新たな研究課題と多忙な教務によって埋没したが，晩年を迎えた著者はこの旧稿を改訂し，新たに新稿を付け加え，『魏晋南北朝韻部之演変』と改題のうえ，1996年に台湾の東大図書股份有限公司により刊行されたのである。

1978年に出版した『唐五代韻書集存』（全2冊　中華書局）は唐五代の韻書をまとめたうえで，その源流を考証した大著である。これは作者が30年あまりの精力を傾注して，収集，整理，考訂した成果で，敦煌吐魯番（とんこうとるふぁん）の古籍文書の整理においても，非常に重要な著作である。そのほかに音韻学に関するものは『漢語音韻論文集』（商務印書館，1957）・『広韻（こういん）四声韻字今音表』（中華書局，1980）・『周祖謨語言文史論集』（浙江（せっこう）古籍出版社，1988）などがある。

古籍の校勘と版本目録学について，『広韻校勘記』（全5冊　線装，上海商務印書館，1938），『広韻校本』（5冊，上海商務印書館，1951），『方言校箋』（中法漢学研究所，1947），『爾雅（じが）校箋』（江蘇教育出版社，1984），『洛陽伽藍記校釋』（科学出版社，1958）などを著した。（周雲喬）

【参考文献】『中国大百科全書』語言文字巻，中国大百科全書出版社，1986。

重箱読み

漢字の熟語のうち，「重箱」のように上の字を音読み，下の字を訓読みというように音・訓混読する熟語の読み方，あるいは，そのような読み方をする熟語をいう。

漢字は古くは，音読するか訓読するかいずれかで，音訓混用はまれであったが，漢字が日本語に深く浸透していった結果，漢字の中国における発音に由来する「音」と，その漢字の意味に相当する日本語に由来する「訓」とを混用するようになった。言い換えると「重箱」のような「漢語―和語」という混種語が成立したといえる。

「重箱読み」という名称は，現在「湯桶読み」と対比して用いられるが，古く両者は区別されず，音訓混用語はすべて「湯桶文章」(湯桶文字・湯桶読み)としてひとくくりにされていた。慶長 8 (1603) 年のロドリゲス (Ioãn Rodriguez) の『日本大文典』においても，「新堀」(シンボリ)，「御教え」(ゴオシエ)，「貴様」(キサマ) など重箱読みの語が「湯桶文章」の例としてあげられている。「重箱読み」という名称は 19 世紀初頭に早い例がみられるが，その後も「湯桶読み」という言い方が優勢であった。1889 (明治 22) 年に出版された『言海』でも「湯桶読み」しか立項されず，しかもその解説の中で「重箱」「団子」などを例としてあげ，だから「重箱読み」ともいうと解説している。このように「重箱読み」という名称が用いられるようになっても，音訓混用語であることを意味するだけの時期がかなり続き(対立概念として捉える辞書もみられるものの)，現在のように「音―訓」の順序まで限定した用法が定着するのは『広辞林』(1934)，『大辞典』(1934–1936) など，昭和に入ってからである。

「重箱読み」の例は，早く『万葉集』に「力士舞」などがみられ，中古の仮名文でも「故宮」「陣屋」「例人」などが認められるが，院政期以降「重箱読み」の語は目立って増加し，「一時」「両目」「座敷」など日常語としてなじみ深い語も出現する。室町から江戸時代にかけてさらに増加し，「半襟」「中腰」「縁組」「紋付」「雑煮」「借家」「茶屋」など現在も日常語として使用されている語が多く含まれている。本来，音と訓は混用されるはずのないものであるという意識があるため，「重箱読み」や「湯桶読み」の音訓混用語は文章語としては「笑うべし」(『文明本節用集』1474) とあるように，マイナス評価を伴う語とされていたが，日常語として多用されるようになった江戸時代にはマイナス評価は次第に薄れていったようである。

「重箱読み」と一口に言ってもその内実はさまざまである。音と訓の組み合わせによる熟語のほか，読み誤りやあて字によって生じた語も多い。「仕立」「仕事」はサ変動詞「す」の連用形に「仕」を当てたために「重箱読み」になったもの，「船場」(大阪の地名) はもと「洗馬」であったもののあて字という。☞湯桶読み (信太知子)

【参考文献】新野直哉「重箱読み・湯桶読み」『漢字講座 3 漢字と日本語』所収，明治書院，1987。

『聚分韻略』

著者は虎関師錬。嘉元4(1306)年の自序がある。五巻本，三巻本が流布した。13世紀〜16世紀に至る300余年間の中世漢文学では，京都と鎌倉の五山禪林を活動拠点とする五山文学が主流となり，禅僧の間に漢詩が大いに好まれた。『聚分韻略』の著者とされる虎関師錬は一山一寧や雪村友梅と並び初期の五山文学を支えた禅僧の一人として知られている。

五山文学では七言詩と五言詩が重んじられたが，その中では絶句よりもむしろ律詩に深い関心が寄せられると同時に，韻文と散文との中間に位置づけられる四六駢儷体の文章も盛んに創作され，平仄一対を基本的単位として構成される韻律が尊ばれていた。『聚分韻略』はこのような唐代近体詩や四六駢儷文を代表とする漢土の詩文に習い，なによりも韻律を優先する漢詩創作を行う際の押韻基準を知る手引書として編まれたものである。

今日見ることのできる『聚分韻略』には夥しい数の版本，写本，転写本が確認されており主な版本だけで数十種類に及ぶが，体例の違いにより原形本，三重韻本，別種改編本の三種に大別される。原形本とは約8000の収録字を『平水韻』106韻系統の体例に倣い，上平声・下平声・上声・去声・入声の五巻に編成したテキストを指す。三重韻本とは，平声韻とそれに相配する上声韻・去声韻を一葉ごとに三段に分けて排列する体例に基づき，第一巻「上平声・上声・去声」計48韻，第二巻「下平声・上声・去声」計46韻に分けるとともに，第三巻として入声韻も106韻系統の配合に基づき19韻を建てたテキストを指す。合計113韻である。

京都大学に伝わる慶長壬子(1612)版『聚分韻略』(奥村三雄『聚分韻略の研究』収録)は三重韻本の代表とされる。このテキストでは『広韻』206韻目をその「同用例」に従って併合した『平水韻』106韻に従い配合した可能性が高いが，『広韻』が去声独用とする「泰」「廃」韻を同様に独立させるだけでなく，「隊・代」「焮」をも去声独用として独立させている。

「隊・代」韻は『広韻』では「灰・咍(平声)」・「賄・海(上声)」に相配する一方，『古今韻会挙要』が引く劉淵『平水韻』では「真諄臻(平声)」「軫準(上声)」に相配させている。王文郁『平水韻』106韻も同様である。従って慶長壬子版『聚分韻略』のこの処置は『広韻』及び二種類の『平水韻』と合わない。また「焮」の去声独用についても同様で『広韻』「欣(平)隠(上)」に相配し，二種『平水韻』の「元魂痕(平声)」「阮混很(上声)」に相配される体例に合わない。韻の排列については二種『平水韻』と合わない点が外にも存在するが問題の解決には他の要因を考える必要があるかもしれない。

また慶長壬子版『聚分韻略』去声「敬諍勁」韻(奥村氏上掲書 p.108)の「敬」韻は『広韻』去声第43「映」に相当するが，この韻目は宋翼祖の諱「敬」を避けた改字例として知られる。巾装本，古逸叢書本，澤存堂本など大宋本及び曹楝亭本の『広韻』が「映」に改める一方，鉅宋本および元刊本『広韻』，『平水韻』は「敬」に戻している。従って『慶長壬子版聚分韻略』が依拠した韻書についてはこの点をも併せて総合的に考察していく必要がある。

さらに『広韻』に代表される中国の韻書と異なり，113 韻目内では「小韻」を設定して同音字をまとめる例は見られない。また「小韻」代表字に反切を附して音注を施すことも必要とされなかった。韻目以下はもっぱら乾坤・時候・気形・支体・態芸・生植・食服・器財・光彩・数量・虚押・複用の十二門から成る意味分類を行い，個々の収録された漢字についてカタカナ音注を各字の右側に附した上で簡潔な注釈を加えている。十二門分類は意義に到達するためには合理的な処置と言える。官修韻書として『広韻』『平水韻』が流布した中国の事情とは異なり，『聚分韻略』のこの処置は，作詩の際に字音だけでなく字義にできるだけ早く到達できることを目的としたことを物語っている。韻書という中国風字書の体例を採用しつつも，漢字の音と訓を合理的に確かめる必要があるという，彼我の文化の決定的な差異がこの体例を必要としたのである。

（矢放昭文）

【参考文献】岡井慎吾『日本漢字学史』1934/川瀬一馬『五山版の研究』日本古書籍協会，1970/奥村三雄『聚分韻略の研究』風間書房，1973/朴現圭・朴貞玉『広韻版本考』學海出版社，台北，1984。

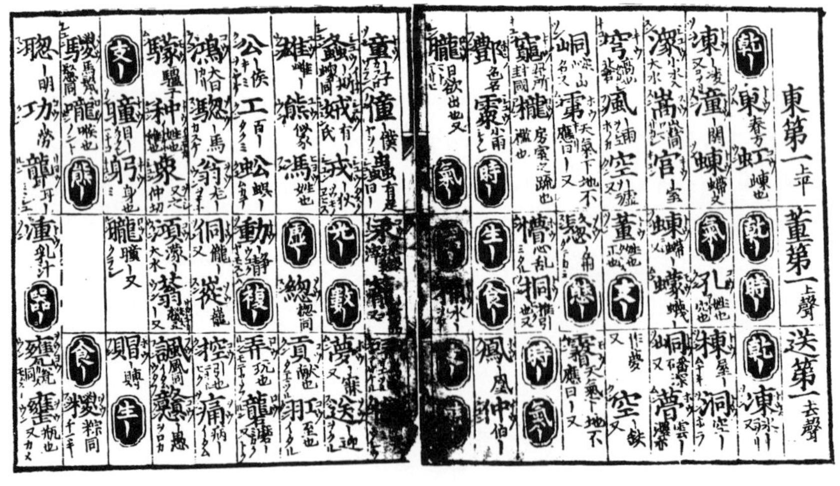

東第一上平
董第一上聲
送第一去聲

慶長壬子(1612)版『聚分韻略』第一葉

熟語（じゅくご）

二字以上の漢字が結びついて，ひとまとまりで用いられる語。漢字は同音字が多いので，単語を一字だけで作ると，同音異義語が大量に発生する。それで漢字を二字以上連ねて一つの意味を表すことが古くから行われている。

熟語の構造を分析すれば，おおむね以下のとおりに分類できる。

1　主語と述語の関係にあるもの。
　腹痛　雷鳴　日没　地震　天賦　鶏鳴　鯨飲
2　同じような意味の漢字を連ねたもの。
　身体　金銭　打撃　獲得　皮膚　河川　巨大　境界　解説　僅少
3　反対の意味の漢字を連ねたもの。
　父母　天地　善悪　古今　男女　大小　公私　内外　盛衰　晴雨
4　上の漢字が下の漢字を形容・限定するもの。
　晩春　小国　悪人　早朝　高価　古跡　大雨　深海　名医　真意
5　下の漢字が上の漢字を形容・限定するもの。
　町中　都内　駅頭　市外　国外　脳裡　年少　門前　路上　年末
6　上の動詞が下の名詞を目的語とするもの。
　読書　捕球　昇天　預金　製麺　弾琴　投宿　考古　執筆　売文
7　否定の助字を伴って，下の漢字の意味を打ち消すもの。
　未来　非礼　不吉　莫大　莫逆　勿論　無策　不可
8　二字が同じ子音または韻尾をもち，二字全体で一つの意味を表すもの。同じ子音のものを双声（そうせい）語，同じ韻尾のものを畳韻（じょういん）語という。
　恍惚　憔悴　彷彿　（双声）　矍鑠　混沌　逍遙　朦朧　（畳韻）
9　同一の漢字を重ねたもの。重字と呼ぶ。日本語では二文字目を「々」で書くことが多い。
　徐徐　代代　再再　多多　種種　悠悠　堂堂　洋洋　続続
10　過去の史実や寓話，伝説その他の出典をもつもの。
　杞憂　推敲　壟断　助長　蛇足　知命　不惑　矛盾
11　外来語として作られたもの。
　葡萄　琵琶　駱駝　玻璃　瑪瑙　　　　（阿辻哲次）

【参考文献】池上禎造『漢語研究の構想』岩波書店，1984。

熟字訓

二字以上の漢字からなる熟字に対して，一語の和語を対応された訓であり，ある程度慣用的に使用されているもの。

熟字訓は，中国語の意味を理解するためや，漢籍や仏典などを日本語に翻訳するにあたって必要に迫られ発生した。中国語と日本語との意味体系が異なることによって漢字一字一字に対して適切な訓を施すことができない場合や，一字一字に読みを施すよりも一語の和語をあてたほうが意味が理解しやすい場合に，漢字の熟字に対して和語を対応させた。934年頃成立の『倭名類聚抄』の見出しの中国語に対する和名は，熟字訓として定着しやすいものであった。また12世紀頃成立の『図書寮本類聚名義抄』には「所謂　イハユル　記」「所都　真云コトゴトク」のように出典が記されており，本来は文脈に即した読みであったが，辞書への登載によって，文脈から離れて固定化するようになった。このような熟字訓が『色葉字類抄』の「畳字門」に登載され，さらに後世の下学集や節用集などに継承されている。辞書を通時的に眺めると，熟字訓にも時代性が認められる。

熟字の読みがある程度の慣用性をもつと，漢字の熟字と和語との結びつきが強いために，両者においては一方では熟字の読み(＝熟字訓)であり，一方では和語を漢字で表記する場合の一表記(＝当て字)として利用される。両者は表裏の関係にあるために，熟字訓と当て字との違いが明確ではなくなってきている。小説などの臨時的な振り仮名付きの熟字に対しても熟字訓ということがあるように，現在では当て字の一種として扱われることがある。当て字を漢字一字一字に音や訓が対応するものとし，熟字訓と区別する立場もある。また，麦酒(ビール)，硝子(ガラス)，煙草(タバコ)といった外来語に漢字を当てたものに対しても熟字訓という言い方がなされている。つまり，和語や外来語が漢字の熟字で表記されていれば，熟字訓として扱われているようである。

現代において熟字訓と見なされるのは，1981年に内閣告示された「常用漢字表」の付表に掲出されているものである。そこには，

明日(あす)・小豆(あずき)・田舎(いなか)・大人(おとな)・神楽(かぐら)・河岸(かし)・玄人(くろうと)・時雨(しぐれ)・相撲(すもう)・山車(だし)・足袋(たび)

などがあげてある。ただし，「いわゆる当て字や熟字訓など，主として一字一字の音訓としてあげにくいものを語の形で掲げた」と説明しているように，熟字訓ばかりではない。中には，熟字訓か当て字かの識別の困難な場合がある。

熟字訓という名称は新しいようであり，まだその定義が明確になっていない。「訓」とあるように，本来ならば漢籍や仏典など中国の文献に見られる熟字の読み(読解的な立場)に限定すべきであろうが，日本の文献に対しては，少なくとも書記的な立場で使用するなら当て字との関係を明確にする必要がある。　　　　　　(田島　優)

【参考文献】竹浪　聰「熟字訓」(『漢字と日本語』漢字講座3)明治書院，1987/田島　優「振り仮名と漢字表記との関係の処理について」(『日本語の文字・表記』)凡人社，2002。

朱徳熙

中国の言語学者(1920-1992)。江蘇省蘇州の人。1920 年 10 月 24 日生まれ，1992 年アメリカで逝去。

1945 年に中国昆明の西南聯合大学の冲文系を卒業後，1946〜1952 年，清華大学に勤め，1952 年からブルガリア共和国のソフィア大学で教鞭を執り，1955 年に帰国した後，北京大学の中文系助教授を務める。以後，教授・中文系副主任，大学副学長，大学院院長を歴任し，中国社会科学院語言研究所の学術委員会委員に聘された。かつて中国語言学会第 2 期の副会長となった。全国人民代表大会の第 6 期の代表となった。

朱徳熙は早年，古文字を研究したが，1950 年代から中国語の文法の研究に従事した。現代中国語文法に関する主な著作は『語法修辞講話』(呂叔湘共著，中国青年出版社，1952)・『現代漢語語法研究』(商務印書館，1980)である。

『語法修辞講話』は，最初「人民日報」に連載され，後にまとめて単行本として刊行された。当時の出版物の多くが，文法が不正確であり，修辞的正確さが欠如していることに対して，この本は文法の実用性に視点を置き，「文法の基礎知識」・「語彙」・「助字」・「文法の構造」・「語句の表現」・「句読点」の 6 部分に分けている。中国語の文法規範化を確立しようとする作者の努力をうかがうこともできる。

『語法修辞講話』は実例に基づいて多くの文法現象を分析し，研究者にとって参考に値するものであり，またその明瞭な解説は初心者にとっても参考書として使用することができる。

『現代漢語語法研究』には 1956〜1979 年に発表された論文 8 篇が収められている。そのなかには，中国語における形容詞の性質と語句の構造および「的」の属性など，種々な複雑な言語現象についての議論がある。

そのほかの著作としては『語法講義』(商務印書館，1982。日本語訳版『文法講義』白帝社，1995)・『語法問答』(1985)がある。1999 年に『朱徳熙文集』(全 5 巻)が商務印書館より刊行された。

朱徳熙氏の文法研究は綿密で，文法理論と分析方法の探索をも重視し，一家の学説を成した。また，現代漢語を研究すると同時に，古代漢語と方言との比較にも気を配っている。

彼の古文字に関する著述は『壽縣出土楚器銘文研究』(1954)・『戦国記容銅器刻辭考釋四篇』(1958)，『戦国文字研究(6 種)』(裘錫圭共著，1972)，「信陽楚簡考釋(5 篇)」(1973)などがある。 (周雲喬)

【参考文献】『中国大百科全書』語言文字巻，中国大百科全書出版社，1986。

小　学

言語文字学に関する伝統的な呼称。漢字がもつ三つの属性—形・音・義に関する種々の書籍，およびその研究(中国古典語学)を指す旧称。「小学」とは「基礎的な学問」の意。

儒教を国教とした過去の中国では，儒学の経典すなわち経書が，すべての知識人にとっての必読書とされていた。経書は孔子をはじめとする聖人の崇高な教えを伝えるものだから，内容を深く味わいながら精読する必要がある。しかしもともと紀元前に書かれた古代の文献であるため，その読解はそう簡単なことではない。だから経書を理解するための前段階として，いくつかの補助的分野が必要であった。

経書に関する補助的学問の中で最も重視されたのが，言語と文字に関する学問であった。それを当時の学問体系では「小学」と呼ぶ。経書とはいっても，しょせんは漢字で書かれた文献である。だからその内容を正しく理解するためには，言語学の方面からアプローチするのが最も効率的である。こうして小学が経書研究のための重要な補助科学と位置づけられた。

『四庫全書総目』における「小学類」は，第１類〈訓詁〉，第２類〈字書〉，第３類〈韻書〉の３類に分かれているが，かつての中国で「字書」というときには，その第２類に含まれる識字教科書としての分類語彙集(《史籀篇》《蒼頡篇》《急就篇》など)のほか，字形によって文字を分類解説したもの(《説文解字》《字林》《玉篇》《竜龕手鏡》《類篇》《字彙》《正字通》《康熙字典》)など，それに字体についての正俗などを規定しようとする著述(《干禄字書》《五経文字》《九経字様》など)が包括されており，さらに１類から３類までの〈小学〉類に属するもの全体を〈字書〉ということもある。

経書の研究は清朝においてめざましく発展した。経書の正確な読解よりも理論的な思考を重視した宋明の学—朱子学に対して，清朝の学者たちは厳密な本文校訂から出発して，経書のより精密な理解を目指した。彼らの実証主義的な学風を考証学というが，その考証学者たちが経書研究の際に強力な武器としたのがほかでもなくこの小学であった。かくして小学の研究も，清朝において空前の隆盛をむかえることとなった。

(阿辻哲次)

『小学彙函』

清代の鍾謙鈞が集めて刊行した小学関係の叢書。鍾謙鈞(？-1874)は，字が雲卿，巴陵(現在の湖南省の巴陵県)の人。刊行した叢書には，本書のほか『十三経注疏』・『通志堂経解』などがあり，その版木がいずれも広東省粤秀山の菊坡精舎に所蔵されていた。

鍾氏は『十三経注疏』を除く唐以前の経部の書物37種を集め，『古経解彙函』を刊行したが，そのうち小学関係の書物が14種あり，『小学彙函』として附されている。その中で使用されるテキストは段玉裁『説文解字注』や王念孫『広雅疏証』とは異なり，大徐本と小徐本の『説文解字』や曹憲の音注のある『広雅』を用い，隋の陸法言の撰本と題されたため，北宋に改訂された『広韻』をも刊行している。善本を選び校訂を行って出版し，例えば大徐本『説文』には孫星衍のすぐれた校刊本を採用した。詳しくは下表のとおりである。

『小学彙函』所収小学関係書物の一覧表

	時代	撰者	書名	版本
1	前漢	揚雄	『方言』	余姚盧氏の抱経堂本
2	後漢	劉熙	『釈名』	長洲呉氏の璜川書屋本
3	三国魏	張揖	『広雅』	銭塘胡氏の格致叢書本。高郵王氏の疏証本によって補正
4	唐	顔師古	『匡謬正俗』	徳州盧氏の雅雨堂本
5	前漢	史游	『急就篇』	『玉海』附刻本(南宋の王応麟の校本)
6	後漢	許慎	『説文解字』	陽湖孫氏の平津館本
7	南唐	徐鍇	『説文繫伝』	寿陽祁氏本
8	南唐	徐鍇	『説文篆韻譜』	綿州李氏の函海本。呉県馮氏本によって校正
9	南朝梁	顧野王	『玉篇』	蘇州張氏の沢存堂本
10	唐	顔元孫	『干禄字書』	唐石刻本
11	唐	張参	『五経文字』	唐石刻本。祁門馬氏の小玲瓏山館本によって補う
12	唐	唐玄度	『九経字様』	唐石刻本。祁門馬氏の小玲瓏山館本によって補う
13	北宋	陳彭年	『広韻』	蘇州張氏の沢存堂本
14	北宋	陳彭年	『広韻』	明の内府本

唐までの小学名著をほぼ網羅し，非常に信用できるテキストを叢書としてまとめていることから，『小学彙函』はその信憑性や便利さによって小学研究に大きく寄与している。1874年粤東書局の初版本のほか，1889年湘南書局の重刊本などがある。

(陳　捷)

【参考文献】張舜徽『中国文献学』中州書画社，1982。

『小学鉤沈』

清代の任大椿が散逸した小学関係の書物を集めた書。任大椿(1738–1789)は，字が幼植，またの字が子田，興化(現在の江蘇省の興化県)の人。礼学に長けており，著書には本書のほか『弁服釈例』・『深衣釈例』・『釈繒』・『字林考逸』などがある。

任氏は小学関係の佚書，すなわち時代が下るとともに散逸した文字学・音韻学・訓詁学を含む伝統的言語学の書物を，それらを引用した書物から集め，基本的には時代順で配列し，『小学鉤沈』を撰した。38種もの佚書が集められており，詳しくは下表のとおりである。

『小学鉤沈』所収小学関係の佚書の一覧表

	時代	撰者	書名		時代	撰者	書名		時代	撰者	書名
1			倉頡篇	10	三国魏	張揖	雑字	25	後魏	楊承慶	字統
附	後漢	杜林	倉頡訓詁	11	三国魏	李登	声類	26	北斉	陽休之	韻略
附			倉頡解詁	12	三国呉	韋昭	辨釈名	27	北斉	顔之推	証俗音
2			三倉	13	東晋	呂静	韻集	28	隋	曹憲	文字指帰
附			三倉訓詁	14	魏	周成	雑字解詁	29	隋	陸法言	切韻
附			三倉解詁	15	魏	周成	周成難字	30			字書
3	前漢	司馬相如	凡将篇	16	晋	王義	小学篇	31			字体
4	後漢	衛宏	古文官書	17	晋	葛洪	字苑	32			異字苑
附			古文奇字	18	晋	李彤	字指	33			字類
附			郭訓古文奇字	19	南朝宋	李槩	音譜	34	三国魏	張揖	字諟
5	後漢	蔡邕	勧学篇	20	南朝宋	何承天	纂文	35			古今字音
6	後漢	蔡邕	聖皇篇	21	南朝梁	梁元帝	纂要	36			声譜
7	後漢	服虔	通俗文	22	南朝梁	阮孝緒	文字集略	37			証俗文
8	三国魏	張揖	埤倉	23	後魏	宋世良	字略	38			異字音
9	三国魏	張揖	古今字詁	24	南朝梁	樊恭	広蒼				

全19巻のうち，前の12巻と残りの7巻はそれぞれ王念孫と王引之によって校訂され，任氏の弟子である汪廷珍によって刊行された。『小学鉤沈』は多くの小学佚書，とりわけ六朝の文字学書を初めて復元し，当時の文字学書の様相とその発展を知るための重要かつ便利な資料となっている。19世紀末の崇文書局刊本が通用している。その続編として顧震福『小学鉤沈続編』(山陽顧氏刊本，1892年)などがある。(陳　捷)

【参考文献】胡朴安『中国文字学史』商務印書館，1937/曹書傑『中国古籍輯佚学論稿』東北師範大学出版社，1998。

象　形

漢字を作る方法の一つ。「六書」を構成する一つで，許慎『説文解字』序に見える「六書」の定義は，象形について，

象形者，畫成其物，随体詰詘，日月是也，

象形なる者は，画きて其の物を成し，体に随うて詰詘す，日・月是れなり，

と記す。すなわち，絵画を描くような方法で物の形をうつしとり（「畫成其物」），物のさまにあわせて筆画を曲げること（「随体詰詘」）で，「日」と「月」がその例である，と許慎はいう。

実際に『説文解字』で例を見ると，日・月の二字は，

日　實也，太陽之精不虧，从○一，象形，

日　実なり，太陽の精は虧けず，口・一に从う，象形，（七上）

月　闕也，大陰之精，象形，

月　闕なり，大陰の精なり，象形，（七上）

とある。日，つまり太陽は，月と対比して，その特質を「実」（満ち欠けしない）と捉えられる。だから太陽の形を○形に画き，一を加えて中が充実しているさまにかたどる。一方，月は満ち欠けするものであるから下部を欠いた形で文字が作られている。

事物の特徴を捉えて，それを絵画的に描く象形の方法は，そのほかにも多く例をあげることができる。

魚　水の虫なり，象形，魚尾は燕尾と相い似たり（十一下）

女　婦人たり，象形，王育の説（十二下）

象形の方法が適用される文字に共通する特徴として，それが日や月，あるいは魚，木・川などのように，いずれも目に見える実体のある物であることがあげられる。象形とは，単体の文字の具体性・絵画性に着目した考え方である。

漢字に限らず，世界中の古代文字は絵画から始まったといわれる。ウマがいれば，それを表す文字として古代人はウマを描き，山がそびえるさまを描いて山を表す文字とした。ウマやウシ，あるいは山や川は，世界中どこの地域の人が描いても，ほとんど同じような形になったに違いない。

具体的な物をかたどった図形が文字として使われるためには，そのフォルムが言語中の単語と一対一に結びつかねばならない。太陽をかたどった「⊟」（甲骨文字の「日」）を見て，中国人が音声言語で太陽を表す単語を頭の中に思い浮かべたとき，字形と単語が結びつき，そうしてこれが太陽という意味を表す文字となったといえる。この思考形態は，エジプトでもメソポタミアでも全く同じだったはずで，世界の古代文字はこうして絵文字の段階を脱して言語のなかの単語と結びついた。（阿辻哲次）

【参考文献】阿辻哲次『漢字学―「説文解字」の世界』東海大学出版会，1985。

上古音

春秋(前 770–前 431)戦国(前 403–前 221)両時代を中心に先秦時代から前漢末頃までに通行した上古漢語の音韻を指す。最初に上古漢語を唱えたのはスウェーデンのカールグレン(B. Karlgren 高本漢：1889–1978)である。

上古音再構成の資料は 4 種類ある。第 1 は『詩経』『楚辞』など先秦文献の押韻である。特に『詩経』押韻の分類により，上古音の韻母と声調の枠組みを推定できる。第 2 は『説文解字』の約 8 割をしめる形声文字の形声符である。形声符の分類帰納により声母と韻母の枠組みを推定できる。第 3 は漢字の仮借用法，経典その他の異文である。第 4 は『切韻』と『韻鏡』により推定された隋唐の中古音である。中古音の枠組みに基づいてはじめて上古音の音価推定が可能になる。

特に『詩経』押韻と『説文』形声符は上古音の主要資料である。上古時代の幅は広く，限定された時期の特定地域の言葉ではない。また『説文』形声符が表す字音の来源も相当に複雑である。しかしこの 2 種類の資料で再構成される音韻体系の一致度は高いと考えられている。

上古音の声母については，暫定的に 32 類が帰納されているが，まだ定論はない。その中で唇音[p]，[p^{h}]，[m]；舌音[t][t^{h}][n]，[l]；牙喉音[k]，[k^{h}]，[ŋ]，[x]；歯音[ts]，[ts^{h}]，[s]は上古音から現代諸方言まで備わっており，漢語史上の生命力は強い。さらに上古音の有声破裂音声母[b][d][g]と有声破擦音[dz]は現代方言の一部に今日も保存されているが，他の十数個の声母については複数の見解がある。

またカールグレン，林語堂(1895–1976)により，上古音における[kl][pl]などの二重声母存在説が唱えられた。『説文』形声符の例で示すと，各，客，貉など中古音[k]声母をもつ字群が，路，洛，略など中古音[l]声母をもつ字群と相通する。また同様に京，景など中古音[k]声母字群も涼，掠，諒など中古音[l]字群と相通する。稟など中古音[p]字群は凜，廩など中古音[l]声母字と相通する。また埋，霾など中古音[m]類声母字が悝など中古音[k]声母字群及び里，狸，理など中古音[l]字群と相通する。これらの字群の形声符本来の読音は同じであったと考えられ，[kl][k^{h}l][pl][ml]など二重声母が推定されている。

上古音韻母の研究は南宋(1127–1279)の呉棫(字は才老，生年不詳，1152–1155 間卒)により始まった。呉棫は朱熹(1130–1200)『詩集伝』が唱える「協音」説に基づき『韻補』を著わし，『広韻』206 韻の上古音での分合を求めた結果，上古音韻母を 9 部に分類したのである。明代(1368–1661)の陳第(1541–1617)は『毛詩古音考』『屈宋古音義』を著わし，宋人「協音」説に対して「時有古今，地有南北，字有更革，音有転移(時代に古今の違い，地に南北の差，字体に変遷，語音に転移があり，語音は発展変化するものである)」という観点を明確に述べ上古音が独立した語音の体系であり，決して中古音が単純に併合されたものではないことを主張した。

清代(1662–1911)になると，呉棫，陳第などの業績をもとに考証学研究が進み，上古音の声母と韻母(特に韻部)の枠組みが詳細に判明してきた。顧炎武(1613–1682)は『音学五書』を著わし，『詩経』全書の1900字余りの押韻状況を詳細に調べ10部に分類した。次いで江永(1681–1762)は『古韻標準』により13部に分類，段玉裁(1735–1815)は『六書音均表』において17部，孔広森(1752–1786)は『詩聲類』『詩聲分韻』において18部，王念孫(1744–1832)は『毛詩群経楚辞古韻譜』を著わし21部を主張したが，晩年には「東冬」を分け古韻22部とした。また，江有誥(生年不詳–1851)は『音学十書』を著わし，当初は顧炎武などの著作に基づき20部に分けていたが，後に孔広森の「東冬分立説」をとりいれ21部に分類した。上古音の韻分類の議論は清末までにほぼ尽きていたと言える。

また江永に始まり戴震(1723–1777)によって成熟した韻分類法に「陰陽対転」の説がある。上古音の韻尾(音節末の母音又は子音)の違いに基づき韻部は陰・陽・入の3類に分かれるが，鼻子音韻尾[-m][-n][-ŋ]をもつものを陽声韻，無声破裂音韻尾[-p][-t][-k]をもつものを入声韻，これ以外の母音韻尾で終結するものを陰声韻とすると，韻復(介母音＋主母音)が同じであれば，陰陽入3類は往々にして互いに押韻あるいは形声(相通)し合うという現象の総称である。この説は孔広森，章炳麟(1869–1936)，林語堂，董同龢(1911–1963)など後の研究者により一層精密に展開された。

上古音の声調については今日も議論が大きく分岐しているが，中古音同様，平・上・去・入の四声に分ける立場，上古音には去声がなかったとする立場，上古声調は平声と入声の二声のみ，とする立場などがある。また近年では，シナ・チベット語族の比較研究により，漢語の声調は上古音以前には存在せず，異なる韻尾子音の脱落または保存により徐々に発達してきたという説も生まれている。

このような未解決の問題を抱えつつも研究は近年多彩を極めつつ新しい段階に入っている。例えば，Laurent Sagart(1999)は再構成された上古音体系を利用し，人称代名詞，数詞の「三」，身体部位，農産物を含む農業用語，栽培植物，家畜，植物，交通運輸，文字など古代文化の生活を反映する語彙について上古漢語及びそれ以前の語源を詳細に推定し，従来にない試みを実現している。

また古屋昭弘(2003)では，長沙馬王堆出土の帛書，上海博物館や湖北荊門郭店出土の楚簡など，近年増加傾向の出土文物に見える漢字の假借用法例と，従来未見の形声符を持つ形声字例に基づき，上古音の見直しと精密化が図られており，今後の研究方向を知る上で見逃せない試みである。　(矢放昭文)

【参考文献】B. Karlgren “Grammata Serica”高本漢『中日漢字形声論』，1940/董同龢『上古音韻表稿』中央研究院歴史語言研究所，1944/E. G. Pwlleyblank “The Consonantal System of Old Chinese”『上古漢語的輔音系統』1962/李方桂『上古音研究』『清華学報』新9巻1・2合巻，1971/Laurent Sagart “The Roots of Old Chinese”『上古漢語詞根』1999/古屋昭弘「出土文献と上古中国語の音韻について」『中国文学研究』第二十九期，2003。

上代特殊仮名遣い

上代の『古事記』『万葉集』『日本書紀』などにおける万葉仮名の表す音が，いろは47字の区別以上に区別されるもので，ア行エとヤ行エとの区別を別にして，甲類・乙類と呼ばれる区別をいう。キヒミ・ケヘメ・コソトノモヨロおよびその濁音であるギビ・ゲベ・ゴゾドの音節に見られる。このうちモについては『古事記』と『万葉集』巻5の一部とにのみ見られる。『古事記』のシ・オホなどにその痕跡があるともいわれる。

例えば，『万葉集』において，ユキ(雪)のキは「伎・吉・企・岐・棄」が用いられ，ツキ(月)のキは「奇・紀」が用いられて，混用されない。前者の万葉仮名群を甲類と，後者のそれを乙類と呼ぶ。甲乙の区別のある音節において，四段動詞連用形はイ列甲類，同已然形はエ列乙類，同命令形はエ列甲類，下二段動詞未然形・連用形・命令形はエ列乙類，上二段動詞未然形・連用形・命令形はイ列乙類，上一段動詞6活用形はイ列甲類が用いられ，形容詞未然形・已然形はケ甲類が，同連体形はキ甲類が用いられ，また，名詞被覆形と対応する露出形の末尾は，サカ(酒)に対応するサケ(酒)のケのようにエ列乙類，ツク(月)に対するツキ(月)のキのようにイ列乙類が用いられる。

この区別については，江戸時代に，本居宣長『古事記伝』の「仮字の事」にすでに指摘があり，その弟子の石塚龍麿『仮字遣奥山路』が詳しくあげている。当時は，これを仮名遣いの問題と捉えていたようである。橋本進吉氏は，江戸時代の研究を再発見し，新たにこれを音韻の差であると捉えたとされる。現在では，基本的に音韻の問題であると捉えられているが，研究の歴史を考慮して「特殊仮名遣い」と呼ばれる。

有坂秀世・池上禎造両氏により，同一結合単位内においてオ列乙類が，オ列甲類と共存せず，ウ列と共存しにくく，ア列と共存することが少ないという，有坂・池上法則(「古代日本語における音節結合の法則」)が示され，これがモンゴル語・トルコ語などのアルタイ諸語に見られる母音調和の痕跡かといわれて，日本語がアルタイ諸語の系統に属するのではないかという議論が高まった。しかし，日本語は，原則として母音で終わるところの開音節語であるなど，アルタイ諸語と異なる面もあり，その系統は今も明らかではない。

甲乙の区別はイ・エ・オ列に見えて，橋本氏以来これは母音の差であるとされ(8母音説)ほぼ定説化していたが，イ・エ列の区別は子音の差であるとする説，その他，異論も多くあり(4母音説から9母音説まで)，表記的な事実を音韻的にどう捉えるか，具体的な音価も諸説あり，問題は今後に残されている。上代末から平安初期にかけて，『新撰字鏡』などに区別の見えるコを最後にこの区別は崩壊していくが，その際に，イ・エ列が甲類に統合されるのに対して，オ列がどちらに統合されるかも問題が残る。

(蜂矢真郷)

【参考文献】橋本進吉『国語音韻の研究』岩波書店，1950/有坂秀世『国語音韻史の研究』三省堂，1957/池上禎造「古事記に於ける仮名「毛・母」に就いて」『国語・国文』2-10，1932年10月号。

小　篆

書体名。大篆に対応する名称。秦篆，篆書ともいう。

篆とは，後漢の許慎『説文解字』5上・竹部に「篆は，引書なり」とあり，筆を引いて線条的に書かれる書体の意。また『周礼』冬官・鳧氏に「鐘帯は之を篆と謂う」とあるように，鐘の口縁の帯状の飾りを篆と称し，『呂氏春秋』審分覧・慎勢に「功名は槃盂に著し，銘篆は壺鑑に著す」とある用例などを考え合わせれば，銅器の文様に見られるような均一整斉で丸みを帯びた線条的な書体を指すと解される。

『説文解字』叙によれば，小篆は，秦の始皇帝の文字統一に際して作成された李斯の『蒼頡篇』・趙高の『爰歴篇』・胡毋敬の『博学篇』の文字の書体で，それらはみな周の宣王の太史籀の大篆（籀文）に基づき，一部の文字をやや省き改めたものであると説明されている。また，秦代に存在した8種の書体（秦書八体）の中では「一に曰く大篆。二に曰く小篆」と第二に位置づけられているが，始皇帝期においては，すでに大篆は小篆のもととなった古体字の位置にあり，小篆が秦の公式書体の中心的位置を占めるものであったと見なされる。

小篆を用いた秦代の文字資料としては，始皇帝が統一後の巡行の際に建てた刻石のうち，原石の一部が残存する泰山刻石・瑯邪台刻石が知られる。泰山刻石は，落雷などで破砕し現在は残石2個，計10字を存するにすぎないが，宋拓といわれる165字本や53字本によって，当時の小篆の均整な様式をうかがうことができる。琅邪台刻石は，東・南・西3面（北面無字）に刻されていたが，現存する残石は，従臣の姓名の一部と二世皇帝が追刻した詔文からなる西面部分で，最古とされる明拓には13行，86字が見られる。文字は剥落により模糊としているが，泰山刻石に比べてやや縦長で懐をしぼった長脚体の構造をもち，運筆にも動勢が認められる。他方，左右対称の均整を主体とする様式は両者に共通の特色であり，小篆の典型を示している。これらの刻石は，李斯の書と伝えられ，西晋の衛恒『四体書勢』にも「諸山及び銅人の銘は，皆（李）斯の書なり」とあるが，確拠を得難く，あくまでも伝承の域を出ない。

このほか，小篆の資料には，度量衡の統一に際して，おもりやますに施された権量銘などがあり，さらに，1980年代から90年代にかけて西安市郊外から1000点あまりにのぼる秦代の封泥が発見され，小篆の実態を解明するうえで新たな資料が加えられた。

また，伝世の資料として『説文解字』の見出し字の字体が小篆であることがよく知られているが，すでに転写を経て原本との関係を明らかにすることができないため，秦代の文字資料として扱う際には慎重を要する。　（福田哲之）

【参考文献】啓功『古代字体論稿』文物出版社，1999。

声明

日本の仏教儀礼で用いられる声楽曲の総称。インドにおける原始仏教教団の成立に伴ってその原型が作られ，仏教の東進に従い中国を経て日本にもたらされた。単旋律による無伴奏の声楽曲で，その理論や旋律様式，声楽的技法は後世のさまざまな声楽分野に多大な影響を与えたことから，日本音楽の源流ともいわれる。声明は本来，古代インドの5種類の学問領域「五明」の一つで，文法学や言語学，訓詁学に関する学問を意味するサンスクリット yabda-vidya の漢訳がその語源で，バラモン教徒が学習すべきものだった。中国においては悉曇やその音韻・字義に関する学問という意味も加わり，日本へも当初は以上のような学問として伝えられた。一方，仏教声楽を示す語として「梵唄」「梵讃」などが用いられたが，中世初頭頃から声明が広く仏教声楽を意味するようになった。

日本で声明が仏教声楽の意をもつようになった理由として，声明の施律と詞章の発音との密接な関連が考えられる。つまり声明の施律は，詞章の言語の高低アクセントを基盤として，その抑揚を一定の音高構造の枠組み内で整えることによって形成されたものと考えられる。声明は音韻に関する学問の上に成立したといえるのである。仏教声楽曲としての声明という語は，広狭二義に用いられる。狭義の声明には，サンスクリット語の音写音，または漢字音による経文中の韻文，つまり偈頌を歌詞とする大陸伝来系の声明曲(「梵語讃」や「漢語讃」の類，「如来唄」「散花」「梵音」「錫杖」など)，あるいはその様式に準拠した和製の声明が含まれる。さらに，韻文ではないが経文全体に旋律をもつ真言宗の『中曲理趣経』や，天台宗の『引声阿弥陀経』，あるいは漢字音により日本で独自に作られた「伽陀」類や日本語による「讃嘆」類，「訓伽陀」類，「教化」類も狭義の声明に含まれることがある。これらは「本声明」と総称される。一方広義の声明として，中世以降に成立した漢文訓読体の「祭文」類，「神分」類，「表白」類，「経釈」類，「講式」類，「論義」類などは上記の狭義の声明類とは音楽様式を異にし「本声明」に対して「雑声明」と総称される。このほか一般の信徒が唱える「御詠歌」や「和讃」は声明には含めないが，和讃の中でも僧侶が法会のなかで唱える真言宗の『舎利和讃』や浄土真宗の『正信偈和讃』などは雑声明に準じて扱われる。

声明はその発生が古い上に，代々師伝を重んじ口承されてきたものなので，日本語史，とりわけ音韻史・アクセント史の資料としてきわめて高い価値をもつ。特に漢文を訓読せずに音で読んできたものについては，古い漢字音の姿や漢語のアクセントが保存されていることに注意すべきである。（中澤信幸）

【参考文献】塚本篤子「声明」『CD-ROM 世界大百科事典』日本デジタル平凡社，1998/岩原諦信『声明の研究』増補校訂版　東方出版，1997。

常用漢字

1981(昭和 56)年 10 月，内閣告示・訓令として公布された常用漢字表に収める 1945 種の漢字。現代日本語表記において基準となる漢字である。広義には，それぞれの漢字に定められている字体と音訓を含める。

常用漢字表は当用漢字表(1946)に代わるものとして制定された。「法令，公用文書，新聞，雑誌，放送など，一般の社会生活において，現代の国語を書き表す場合の漢字使用の目安を示すもの」(告示)で，科学，技術，芸術その他の各種専門分野や個々人の表記に及ぶものではない。また人名・地名などの固有名詞に用いる漢字も対象としてはいない。ここにいう「目安」とは，表に沿った漢字使用が期待される努力目標といった意味がこめられているが，表内の漢字だけを用いて文章を書かなければならないという制限的な性格ではなく，運用に当たって，個々の事情に応じて適切な考慮を加える余地のあるものとされる。

常用漢字の字種と音訓の選定に当たっては，語や文を書き表すという観点から，使用度を中心に使用分野，機能度が重視されている。機能度とは，造語要素としての活性力，意味の広さ，同音や同訓字との判別の働きの度合いなどを含んでいる。

1945 字は，音訓の面からは，次のように分類される。

音だけ示されているもの	737 字
音訓ともに示されているもの	1168 字
訓だけ示されているもの	40 字

1945 字に付された音訓の合計数は，4087 で，内訳は音 2187，訓 1900 で，平均するとおおまかには 1 字種に 1 音 1 訓という割合になるが，実際は次のようである。

音 1 訓 0 の字	664(34.1%)	音 1 訓 1 の字	633(32.5%)
音 1 訓 2 の字	228(11.7%)	音 2 訓 1 の字	91(4.7%)
音 1 訓 3 の字	76(3.9%)	音 2 訓 0 の字	71(3.7%)
その他の字	182(9.3%)		

これらのなかには用法のごく狭いものや特殊な音訓(音訓欄で 1 字下げで示されているもの)が含まれる。その字音(じおん)は 139 あり，依(エ)(帰依)，期(ゴ)(最期)などの呉音(ごおん)，庫(ク)(庫裏)，団(トン)(布団)などの唐宋音が多くを占める。字訓は 29 で，ほとんどが雨(あま)(雨雲)，木(こ)(木陰)などの母音交替による音韻変化にかかわる。音訓に関連するものとして，1 字 1 字の音訓としてあげにくい，慣用が広く久しいもの(付表に収めるもの)が 110 語ある。明日(あす)，田舎(いなか)などの熟字訓と，時計(とけい)，波止場(はとば)のような当て字が中心をなす。

漢字は単独で用いられるとともに，他と結合して幅広く使用される。表の例欄には主要な語例を掲げ，漢字の音訓の使用状況を示してある。

字体に関しては，常用漢字表では文字の骨組みと規定し，印刷文字として最も広く用いられている明朝体活字の一種を例にして現代の通用字体を示している。なお，355 字にいわゆる康熙字典体（旧字体）を添えている。活字文化の継続性・伝統性を重視して，明治以来行われてきた字体とのつながりを示したものである。また，「字体についての解説」では，各種の明朝体活字のデザインの差異は問題にしないことと，活字と筆写の文字（楷書）との形の違いはそれぞれの習慣の差であって字体の違いではないことを具体例をもって明示している。特に後者には，木—木 木　女—女女といった例が分類して多数示されていて有用である。なお，常用漢字以外の漢字の字体については，国語審議会が答申した「表外漢字字体表」（2000）に印刷文字における字体選択の基準が示されている。

常用漢字表は漢字使用の目安という性格をもつものであるから，各分野では常用漢字を基本にしつつ，それぞれの実情に応じて独自の取り決めを行い運用している。学校教育においては，小学校段階では，学習指導要領の学年別漢字配当表によって，常用漢字の中の 1006 字が指定されており，中学校段階では常用漢字の大体が読めること，高等学校段階では常用漢字の読みに慣れ，主な常用漢字が書けるように指導することとされている。

人名用の漢字（子の名付けに用いる漢字）の扱いは，現在戸籍法施行規則で常用漢字に人名用漢字 285 字を加えた計 2230 字に定められている。そのなかの 205 字は旧字体の使用が認められている。読みに関しての基準はない。

新聞界においては，日本新聞協会の新聞用語懇談会の取り決めで，字種に関しては，常用漢字に亀，狙，闇，脇，鍵などの 45 字を加え，謁，虞，且，箇などの 11 字を削るなどの処置を施し，さらに各新聞社で独自の判断によって修正を加えている。

現実の文字生活における常用漢字の使用実態については，文化庁国語課が作成した資料『漢字出現頻度数調査』の中の読売新聞調査（1999）が参考になる。2 か月間の朝・夕刊の紙面（テレビ・ラジオ面と広告面を除く）を対象とした総漢字数 2531 万字に及ぶ大規模な調査である。出現字種数は 4546 字で，仮に出現頻度順位 1000 までの漢字にしぼると，常用漢字が 979 字を占める。残りの 21 字のほとんどは，藤，岡，伊，阪など，人名・地名などの固有名詞で用いられるものである。また頻度の高い上位 1707 字で 99％に達するが，うち常用漢字が 1596 字を占める。残りの 111 字はやはり固有名詞として用いられるものが多い。常用漢字表が公布されてから 18 年後の新聞における漢字使用の実態を示す。常用漢字が中核の漢字として高い頻度で用いられているが，個々には，頃，牙，誰，匂など日常比較的よく目にする表外字もあり，逆に，斤，虞，勺，銑，脹など使用頻度のきわめて低い常用漢字も見られる。

なお，上記の常用漢字とは異なり，1923（大正 12）年文部省の臨時国語調査会が漢字制限を目的として指定した 1962 字の漢字を指すこともある。何度かの改定が行われ，1946（昭和 21）年の当用漢字に引き継がれた。（木村秀次）

【参考文献】文化庁『公用文の書き表し方の基準（資料集）増補版』第一法規出版，2003/氏原基余司「現在の漢字使用の実態を考える」『日本語学』，（Vol.21），2002.12。

常用漢字表

1981（昭和 56）年 10 月，国語審議会の答申に基づき，内閣告示・訓令によって公布された漢字表。一般の社会生活における漢字使用の目安となるものとして，1945 字の字種と字体，音訓，語例などを総合的に掲げる。

それ以前に実施されていた当用漢字表，当用漢字音訓表，当用漢字字体表等の一連の施策に代わるものとして作成されたが，結果的には，字種は当用漢字に新たに 95 字を追加した形になっている。ただし，当用漢字表が日常使用する漢字の範囲を定め，漢字の制限を目的とする性格をもつのに対して，常用漢字表は，法令，公用文書，新聞，雑誌，放送など，一般の社会生活で文章を書き表す場合の漢字使用の目安を示すものである。目安とは，努力目標として尊重されるが，運用に当たって，各種の分野で事情に応じて適切な考慮を加える余地のあるものである。科学，技術，芸術その他の各種専門分野や個々人の表記に及ぶものではなく，固有名詞に用いる漢字を対象としてもいない。また，義務教育課程で学習する漢字および人名用の漢字についても具体的な規定は示されていない。

全体は横書きで，前書き，表の見方および使い方（「字体についての解説」を付す）に関して記した後，本表と付表に分かれる。本表の構成は，漢字，音訓，例，備考欄から成る。まず，漢字の欄に 1945 字の字種とともに字体が示される。字種は字音によって五十音順に（同音の場合は字画の少ないものから，また字音のないものは字訓によって）並ぶ。字体は文字の骨組みと規定されており，明朝体活字のうちの一種を例に用いて現代の通用字体で示されている。活字文化の継承性・伝統性を重視して，括弧内に明治以来行われてきたいわゆる康熙字典体の活字を添えている。

音訓欄には，字音は片仮名で，字訓は平仮名で示し，特別なものや用法のごく狭いものは一字下げになっている。例の欄に音訓使用の目安として語例の一部を示し，備考欄には音訓の使用に当たっての留意事項，異字同訓の例，付表にある語とのかかわりなどが併記されている。

（例）	読（讀）	ドク	読書，音読，購読	読経（どきょう）
		トク	読本	
		トウ	読点，句読点	
		よむ	読む，読み	↔詠む

付表には，あす明日，あずき小豆，いくじ意気地などのいわゆる当て字や熟字訓など，主として一字一字の音訓としてあげにくい 110 語が五十音順に掲げられている。

なお，上記の漢字表とは異なるものであるが，1923（大正 12）年臨時国語調査会が漢字節減を目的として同名の常用漢字表（1962 字）を発表している。　（木村秀次）

【参考文献】文化庁『公用文の書き表し方の基準（資料集）増補版』第一法規出版，2003/安永　実「常用漢字表が生まれるまで」『言語生活』355，角川書店，1981。

『助字辨略』

清代の劉淇が著した助字を解釈する字書。劉淇は，字が武仲，号が南泉，清代初期の確山（現在の河南省の確山県）の人で，済寧（現在の山東省の済寧県）に住んでいた。著書には本書のほか『周易通説』『禹貢説』『堂邑県志』『衛園集』などがある。

助字は，助辞・虚字・虚辞ともいうが，名詞・動詞・形容詞などの実字に対し，おおむね独立して用いることがなく実質的な意義のない字で，主として前置詞・副詞・接続詞・句末詞・否定詞・疑問詞など実字を助けて文章の意味関係を表す語をいう。助字の研究は経書に対する注釈の学の一分野として古くから行われており，その最古の専著が元代の盧以緯『語助』であるが，初めて助字を大量に集めて体系的に解釈を加えた専著が『助字辨略』である。劉淇はその自序で著述目的，助字の分類や解釈方法について述べており，助字が一句ひいては全篇に対する理解にかかわり，その検討は不可欠であると強調している。『助字辨略』は先秦から宋に至るまでの経書や史書をはじめ，諸子および唐宋の散文や韻文までを資料とし，それらに見られる助字 476 字，複音節語約 1140 個を収録して，平（上平・下平）・上・去・入という四声によって 5 巻に分け，韻部の順で配列している。さまざまな助字が重言・省文・助語・断辞・疑辞・詠歎辞・急辞・緩辞・発語辞・語已辞・設辞・別異之辞・継事之辞・或然之辞・原起之辞・終竟之辞・頓挫之辞・承上・転下・語辞・通用・専辞・僅辞・歎辞・幾辞・極辞・総括之辞・方言・倒文・実字虚用という 30 種類に分類され，このほか禁止辞・抑辞・空辞・特辞・仍辞などの用語が本文に見られる。特にその方言や俗語の助字が注目されている。正訓・反訓・通訓・借訓・互訓・転訓という訓詁方法を用いて解釈し，その借訓と転訓が劉氏のまとめたものと思われる。以上のように細かく分類して用例を網羅し，適切な方法によって助字の意味と用法を体系的に分析している。例えば「思」については，『詩経』の三つの用例と毛伝や朱熹伝を引用し，文頭にある「思」は発語辞で「伊」「維」と同じであり，文末の「思」は語已辞で「兮」「而」と同様であると説明している。また『左氏伝』宣公 12 年の「訓之于民生之不易」（之に訓ふるに民生の易からざるをもってす）については「于」を「以」と解釈するのが最も精確とされており，後の王引之の名作『経伝釈詞』よりもすぐれた知見が少なくない。ただ体裁がそれほど整っておらず，用例が必ずしも最古のものではなく，誤釈も若干ある。

しかし数多くの助字を全体的に捉えてその体系性を示し，長期間かつ広範囲にわたる資料を取り上げ，具体的な分析によって精細な解釈を行っていることから，『助字辨略』は助字研究の基礎となり，馬建忠『馬氏文通』をはじめとして後世に大きな影響を与えている。初版本は 1711 年盧承琰の刊本であるが，章錫琛の校注本（開明書店，1939；また中華書局，1954）が通用している。　　　　　　　　　　　　　　　（陳　捷）

【参考文献】宋開玉「劉淇」（吉常宏編『中国古代語言学家評伝』所収）山東教育出版社，1992/徐望駕「『助字辨略』和中古漢語虚詞研究」（『古漢語研究』2002 年第 2 期所収）。

書字方向

文字をどのような方向で，どちらに向けて書くかということ。

最近の日本で作成される文書は横書きのものが多くなっているが，縦書きで書かねばならないことも決して珍しくはない。日常生活で目にするものでいえば，新聞や週刊誌などはほとんど縦書きだし，手紙やはがきを縦書きで書く人もたくさんいる。はがきでも，パソコンで作成される年賀状は，縦書きと横書きの比率はだいたい半々くらいではないだろうか。

一般書にも縦書きのものが多く，文系の分野での書物や論文は，外国文学研究や言語学など外国語を頻用するジャンルに属するもの以外，縦書きで書かれるのが普通である。またテレビ番組や戯曲・漫才の台本，それにニュース原稿は必ず縦書きで書かれることになっている。放送で使うものは横書きにすると視線の動きがよくないから，というのがその理由である。

現在の世界で使われている，あるいはかつて使われていた多くの文字を分類する際に，「書字方向」，すなわち文字をどちらの方向に向けて書くかで分けるという方法がある。つまり古今東西のすべての文字を，まず縦書きか横書きかで大きく分け，横書きならば行が左から右に進むか（英語やフランス語，ロシア語など欧米の諸言語はいずれもすべてそうである），あるいは逆に右から左へ進む（アラビア語がその代表）かによって分類することが可能である。

とはいうものの，縦書きと横書きにはそれぞれ特殊なものがあって，非常に古い時代には一風変わった横書きの方法があった。それは進行方向が一行ごとに左右逆転するという形式であり，第一行目が右から左に進めば，二行目は逆に左から右に書き，三行目ではふたたび右から左に書く，というような具合である。ちょうど農作業で牛に鍬をつけて田畑を耕すときに，一方の端まで耕していくとそこでUターンして，その隣のうねを逆方向に帰ってくる，というのと同じ進み方で，そこからこのような表記形態を「ブストロフェドン」（牛耕式）と呼ぶ。この書字方向は古代の小アジアで広く行われ，ヒッタイト語はこの書法で書かれることが多かった。なおここで注意すべきことは，行が変わると各文字や記号も向きを変え，裏返しになることである。また人間や動物の顔を具体的に描いた象形文字の場合，書かれる方向に頭が必ず向いている。

縦書きは原則的に上から下に書くが，非常に珍しい例として，下から上に書かれる縦書きがある。それは北アフリカで半遊牧生活を送っているベルベル人の一部が使う「ティフナグ文字」で，この文字は岩壁に刻まれる碑文に使われるときには，書き手が下から手を上に伸ばして届くところまで書き，次にまた下方から書いていく。もちろん文字の書き手は一人ではないから，それぞれ身長が異なり，したがって文字が書かれる上端も異なってくる。

世界の文字はあらかじめ書字方向が決まっているのが普通であるが，漢字は例外であり，縦でも横でも自由に書ける。さらに漢字がもつその性格を受け継いだひらがな・カタカナも同様で，さらに漢字による文章表記の影響を色濃く受けたハングルも，縦書きでも横書きでも文章を自由に書けるようになっている。

漢字は伝統的にはほとんどの場合，縦書きで書かれてきた。現存する最古の漢字である「甲骨文字」はすべて縦書きで書かれているが，しかし「甲骨文字」では，行が左右どちらに進むかは一定していない。例えば北京の「中国歴史博物館」に展示される有名な甲骨大版の表面には合計 4 種類の文章が記録されているが，うちの三つの文章は行が現在の文章と同じように右から左に進むのに対して，もう一つの文章は行が逆に進んでいく。総じていえば，甲骨文字では記録媒体の外側からは内側に，内側からは外側に，行が進んでいく傾向があるようだが，しかしそこに一貫した法則性を見いだすことは困難である。

ところが甲骨文字とほぼ同じ時代の文字資料である青銅器の銘文(いわゆる「金文」)では，すべて右から左に行が進む縦書きに書かれている。そして漢字の文献はこれ以後基本的にその方式で書かれるようになる。これはおそらく竹簡や木簡などのように幅の狭い素材に文字を書き，それを何本も並べて紐で綴じた書籍の形態に由来する書き方なのだろう。

東アジアの国々は早い時代から中国の影響を受けて，文字を縦書きに書いてきた。しかしやはり縦書きであっても，ウイグル文字とそれから派生して作られたモンゴル文字と満州文字では，行は左から右に進むように書かれている。

きわめて特殊な例だが，漢字でも左から右に進む縦書きで書かれた例が現存する。それは書道の手本としてよく学ばれる「大唐三蔵聖教序記」という石碑で，この石碑は古都長安のシンボルとして知られる大雁塔の南側に，もう一つの石碑である「大唐三蔵聖教之序」(唐太宗)，世にいう「聖教序」とともに入口を挟んで左右に嵌め込まれた。「聖教序」とその「序記」の碑はもともと門を挟んで，その両側左右に並んで建てることを前提に作られているから，「聖教序」が右から左へ進んでいく通常の書き方であるのに対し，「序記」は左の行から右へ進んでいくように彫られている(ただし拓本による臨書用の教材では普通の行立てに作り直してあることが多い)。　(阿辻哲次)

【参考文献】阿辻哲次『文字——語の辞典』(三省堂)/矢島文雄「アフリカの文学—セム文明の投影」(大修館書店刊行，月刊『言語』別冊「アフリカの文化と言語」所収)。

書写体（しょしゃたい）

手書きされた文字の形。活字体，あるいはデザインされた各種の書体と対比して，特に手書き特有の特色のあることに注目して呼ぶ。筆記体とも。筆で書かれる漢字の楷書は，人により時代によりゆれがあり，字形のちがいには許容の幅が広かった。しかし，公的な場における基準が定められたこと，板木による出版によって同じ書体のものが広められることなどによって，一般の書体とは異なる特色をもつ書体が分かれてきた。特に活字による印刷が一般化するとともに，活字に特有のデザインが見られるようになった。一方，書写の場合も，万年筆，ペン，鉛筆，ボールペンなど新しい筆記用具(毛筆に対比して硬筆と呼ぶ)が用いられて新しい書写体が生まれるようになった。ペン習字というものもそのような筆記用具の一般化に伴うことである。

書写という言葉が一般化する以前にも，文字の書き方は教育の中の重要な課題であった。近世の寺子屋においては手習（てならい）いが重視されたが，明治の学制整備とともに習字が取り入れられ，実用的，日常的に使用される漢字を楷書・行書で書くことの指導が行われた。明治 33 年(1900 年)の小学校令改正によって，中学校では国語の中に習字が残されたが，小学校では国語の中で書き方が指導されることとなった。こうして実用的な書き方は硬筆で，情操教育は毛筆でという考え方が次第に一般化してきた。

昭和 22 年の学習指導要領で国語科では「読む」「話す」「聞く」と並んで「書く」ことが目標とされ，言語生活の中での漢字学習が重視されたのである。当然，以後の漢字の指導では，昭和 21 年～23 年の当用漢字の制定が大きな影響を与えた。発表に際して「印刷字体と筆写字体とをできるだけ一致させることをたてまえとした」とあり，学校教育では書写の字形も字体表に示された形に従う傾向が強まった。学年別漢字字体表に示されたものも当用漢字の字体表に添った形になっていて，その活字の字体は教科書体と呼ばれるようになったのである。その点では，当用漢字表の「備考」の「この表の字体は，これを筆写(楷書)の標準とする際には，点画の長短・方向・曲直……等について必ずしも拘束しないものがある。」という許容の考え方は十分理解されなかったのである。筆写体と活字体とは字形が違っていて良いというおおらかさは認められず，微細な違いが問題とされたのである。なお，昭和 33 年の学習指導要領から従来の「書き方」「習字」を合わせて書写と呼ぶようになった。したがって国語教育の分野では，手書きの形を書写体と呼ぶのである。

昭和 56 年の『常用漢字表』，平成 12 年の『表外漢字字体表』は印刷のためのものであり，印刷字体と筆写字体とをできるだけ一致させるという立場を採っていない。印刷文字字形(明朝体字形)と筆写の楷書字形とのかかわりについても説明を加えており，書写体というものを考え直す時期に来ている。（前田富祺）

【参考文献】佐藤喜代治編『漢字講座 12 漢字教育』明治書院，1988/全国大学書写書道教育学会編『新編書写指導』菅原書房，2003。

助数詞

助数詞は，数量を表す語に添えて，数えようとする事物の種類・性格，内容・形状などを類別し，また，その範疇を示すことができる接尾語の一種である。「人」「匹」「台」「基」「本」「枚」「機」「領」「把」「束」「粒」「重」「カップ」「セット」などのたぐいをいう。

日本語の文字資料が多く遺存し始めるのは8世紀(奈良時代)からで，助数詞は，藤原宮跡・平城宮跡出土木簡などによれば120種余，正倉院文書によれば170種余，また，平安時代の『延喜式』(927)では100種余を数える。読み方に未詳のものがあるが，漢数字が字音読されるところからすれば圧倒的に多いのは漢語系助数詞であり，固有の和語系助数詞は数えるほどしかない。『日本書紀』古訓の助数詞は特異である。

この漢語系助数詞は，中国古代の量詞(陪伴詞・類別詞・類別語・単位名・形体詞などとも称される)の流れを汲む。孤立語・屈折語・膠着語という言語の類型的3分類によれば，中国語は，チベット語・タイ語などとともに孤立語に，日本語は膠着語に分類される。孤立語のような言語では量詞が重要な働きをし，また，よく発達し，現代中国語にも多くの量詞が用いられている。広大な中国のことであるから地域差(方言)も大きいが，総じて北部より南部のほうが量詞は豊富である。ただし，古来，中国の一般的な散文・韻文では量詞を省いて文字に表さないのが普通であり，その史的研究のための資料は雑劇の脚本(元曲)や会話教課書(朴通事・老乞大)まで下るとされてきた。しかし，近時，戦国時代・秦代・漢代などの竹・木簡，敦煌文書・吐魯番文書などが出土し，秦・漢代以降の文書・帳簿類には，積極的に，あるいは原則的に量詞が用いられていることが判明した。文書・帳簿類には正確な数量表現が必要であり，その一環として量詞の使用は必須とされていたのである。度量衡の単位もまだ十分な力をもたなかった。5，6世紀になると朝鮮半島から日本に渡来する文化人・技術者も多くなり，7世紀半ばには日本人自身が文字を駆使することも可能となる。この頃日本人は文書・籍帳の作成技術とともに助数詞を用いることの意義を学んだのであろう。7世紀末から8世紀にかけては，すでに多彩な助数詞が安定的に用いられている。8世紀には，また，唐の都から新しい文書行政も導入され，新しい当代風の助数詞も入ってきた。助数詞は，中古・中世以降も文書語としての性格を有し伝統的な用法が維持されたが，一方では容器や動作などにちなむ口語的な助数詞「桶」「皿」「パック」「からげ」「揉」「盛」「縒」なども多数登場し，今日に及んでいる。

国語教育・日本語教育の場では，日本語を特徴づけている助数詞の存在意義と助数詞表現の豊かさを教える必要がある。類別詞(numeral classifier)，範疇詞としての研究や心理学・意味論・認識論，幼児語研究などの面からの分析がまたれる。

(三保忠夫)

【参考文献】劉世儒『魏晋南北朝量詞研究』中華書局，1965/三保忠夫『日本語助数詞の歴史的研究』風間書房，2000/三保忠夫『木簡と正倉院文書における助数詞の研究』風間書房，2004。

書体（しょたい）

文字において，用具や書写材料あるいは用筆などから生じる共通性を備えた書きぶり。

文字は素材の上に記録されることではじめて有効に機能する。文字が記録される素材として，これまでの歴史のなかで世界中で実にさまざまな書写材料が使われてきた。それらのなかには，紙のように表面が柔らかく滑らかなものもあれば，岩崖や石碑のように表面が硬くてゴツゴツしているものもあり，材質は非常にバラエティに富んでいる。

これらの異なった素材の上に文字を書けば，仮に同じ文字を同じ人が書いたとしても，素材の質によって，異なった形態と風格を伴って記録されることになる。それが社会的に認識されたものが書体にほかならない。

文字の形態や風格を決定するのが書写材料ではなく，筆記用具のほうであることも珍しくない。同じ人が紙の上に「謹賀新年」と書いた年賀状でも，ボールペンで書いた場合と毛筆で書いた場合では，同じ形態・風格の文字になるはずがない。

何かの上に書かれた文字にはそのように，文字記録環境と密接にかかわる物理的環境に起因する形態や風格面の差異がある。このようなさまざまな形で書かれる文字を，大まかなスタイルによって整理すれば，一定の特徴や風格を共通に備えるものを抽出することができる。このように系統化された文字の形態や風格を「書体」と呼ぶ。

「書体」という名称は，特に中国の伝統的な文字学においてはしばしば「字体」「字形」と混同されたり，あるいは同義語として使われることもあるが，ここでは文字を実際に記録する側面を重視し，特に書道芸術的見地から見て，時代や書写材料ごとに共通性を抽出し，それぞれの文字の書きぶりを総合的に表現して「書体」と呼ぶ。

現在見ることができる最古の漢字は，紀元前1300年前後から使われた甲骨文字（こうこつもじ）と，同時代に祭祀に使われた青銅器に文章を記録した金文である。両者にはほとんど同じ時代に書かれた文字が多く存在するが，文字の風格は一見して明らかなように，全く異なっている。だがそれは2種類の異なった文字ではなく，同じ形の文字を，亀甲や牛骨のような堅い素材にナイフのように先が鋭く尖った道具で書けば甲骨文字のような直線的な文字になり，一方青銅器に鋳込まれた金文は，銘文の型を作成する最初の段階では筆が使われた。それで曲線も自由に描け，線の厚みも自由に調節することができたのである。

中国全土にわたって漢字が使われるようになった戦国時代が，始皇帝による全土統一によって終わりをつげた段階では，各地でさまざまな書体が使われていた。したがって統一帝国を円滑に機能させていくための措置として，秦は全国でまちまちの状態にあった書体を統一しなければならなかった。こうして行われたのが，李斯（りし）による小篆の制作である。

始皇帝を中心とする強大な中央集権国家が確立されると，全国に設けられた郡や県に多くの役所が設置され，中央と役所の間には膨大な量の行政文書がやりとりされるようになった。だが標準書体とされた小篆は筆画が多く曲線が多く，構造が複雑であるため，文書を記録するためには時間がかかりすぎた。それで役所で文書を記録する現場の書記たちは，より迅速かつ簡便に文書を書けるように，構造がより簡単な隷書を使うようになった。こうして秦から漢にかけては次第に隷書が主流の書体となっていき，篆書は石碑の標題など限られた用途にしか使われなくなっていった。

ただしこの時代に篆書と隷書以外の書体が全く使われなかったというわけではない。許慎の『説文解字』叙文には，秦の時代には８種類の書体があったとして，大篆（籀文）・小篆・刻符・虫書・摹印・署書・殳書・隷書の８書体をあげ，それぞれ独自の用途をもっていたことを述べている。

しかしそれらのうちの何種類かはやがて淘汰されたようで，許慎は同じ文章で王莽の新の時代に使われた書体に言及し，そこでは古文・奇字・篆書（小篆）・左書（秦の隷書）・繆篆・鳥虫書の６書体をあげている。

また「漢興りて艸書有り」ともあるから，その頃には草書が使われはじめていたことがわかる。そしてだいたい南北朝時代から楷書が使われはじめた。

このように書体は時代，地域，用途などに応じて多くのものが発生し消滅していった。現在でもまとまった資料が残り，書道の作品などで今も使われるのは甲骨・金文・小篆・隷書・楷書・行書・草書くらいであろう。

商代に使われた甲骨文字以来，漢字にはさまざまな書体が生まれてきたが，唐代に至って国家の中枢部の官吏を採用するための試験「科挙」の制度が整備され，その一環として試験の出題と採点，あるいは受験者の混乱を防ぎ，基準を示すために楷書の字形が整理された。

またその頃からは次第に書物の印刷も行われるようになり，続く五代や宋の時代に印刷術はますます発展していったが，書籍の印刷に使われた書体はほとんど楷書であったから，これ以後の中国では漢字の書体は楷書が中心となり，書物や文書の記録にはほとんど楷書が使われ，楷書以外の書体は特殊な用途，例えば書道など芸術的な鑑賞の対象とされるもの以外にはほとんど使われなくなった。明や清の時代には儒教文明が大きく栄え，皇帝じきじきの命令によって大規模な書物が数多く編纂され，それらの文化的あるいは学問的な価値には非常に大きなものがあるが，ただ文字に即して見るならばそれらはいずれも楷書で書かれたものであり，漢字そのものの歴史では唐代に確立された楷書による文化の延長上に位置するといえる。（阿辻哲次）

【参考文献】阿辻哲次『図説漢字の歴史』大修館書店，1989。

書体(印刷の)

あるフォントセットに統一的に用いられているデザインポリシーを指していう言葉。広義には，明朝体，ゴシック体，楷書体，Roman，Garamond などという一般的，伝統的なデザインポリシーを指し，狭義には平成明朝体，Times Roman などという固有のデザインを指す。ここでは，主として広義の書体について述べる。

欧文書体は，大きく 3 種類に分類される。すなわち，セリフ(serif，活字の端のひげのような飾り)系，サンセリフ系(sans serif)，手書き文字系である。セリフ系の代表的なものとして，Century，Roman，Garamond などがあり，主として本文に用いられる。サンセリフ系には Gothic，Helvetica などがあり，主として，強調，見出しなどに用いられる。手書き文字系は多種のものがあり多くは書体名に Script の語を含む。主として，カード，広告などに用いられる。

和文書体も，欧文書体に準じて，セリフ系，サンセリフ系，手書き系に分類することができる。セリフ系の代表は明朝体であり，本文を中心に非常に多く用いられる。ほかに，宋朝体などがあるが，名刺など用途は限られる。サンセリフ系の代表はゴシック体(ゴチック体)であり，主として見出し，強調などに用いられる。写植文字の時代以降，サンセリフ系には多くの新書体が登場し，ファッション誌，情報誌などの雑誌を起点として，本文にも用いられるようになってきている。手書き系の代表は楷書体であり，主として名刺，挨拶状などに用いられる。初等教育の教科書，参考書に用いられる教科書体も手書き系である。明朝体は，最も伝統的かつ普遍的な書体である。現在に続く日本の明朝体の伝統は，本木昌造が 1869 年に上海の美華書館から輸入した活字を源流とする。以後，1950 年頃までは，一部の大規模な印刷会社，活字会社でベントン活字母型彫刻機が用いられていた以外は，大部分，手彫りによる母型が用いられており，康熙字典を一つの規範としながらも，字体や字形も多種多様なものが混在していた。明朝体の字体が収斂しはじめるのは，1950 年代の終わり頃になり，字体の骨格のみで示されていた当用漢字字体表(1946(昭和 21)年 11 月交付)に基づき，朝日新聞が自社の明朝体活字の設計を一新した以降のことである。この頃国産化されたベントンの普及も，明朝体活字の字体デザインの統一，品質の向上に大きく寄与した。

1978(昭和 53)年に制定された情報交換用漢字符号系 JIS C 6226(現在の JIS X 0208)の規格票印刷には，株式会社写研が提供した明朝体が用いられ，以後のコンピュータによる日本語処理に用いられる明朝体字形設計の方向を規定することとなった。

1990(平成 2)年に改正された JIS X 0208 では，当時の通産省の肝いりで設立された文字フォント開発普及センターが開発した平成明朝体が用いられた。以後，平成明朝体は，安価で権威あるデジタルフォントとして，さまざまな情報機器に搭載され，かなり普及した。

2000年12月国語審議会答申「表外漢字字体表」の印刷に用いられた明朝体も平成明朝体のデザインポリシーに基づくものである。

一方，パーソナルコンピュータの普及に伴い，主要なオペレーティングシステムやアプリケーションソフトウエアが標準で搭載する明朝体の普及も著しく，一般の事務文書などで用いられる明朝体としては，圧倒的な占有率をもつこととなった。

他方，商用利用の一部では，平成明朝体やOSメーカーが提供する明朝体の品質に飽き足らない需要もあり，書籍，雑誌などに用いる高品質で可読性の高いデジタル化された明朝体の開発も行われている。

サンセリフ系書体は，活字時代にはゴシック体以外の選択肢はほとんどありえなかったが，写真植字時代になって，さまざまな新書体が出現した。本文用のセリフ系書体がほとんど明朝体のみに限られているのと対照的である。こうしたなかで，1970年代中葉に発行された女性向けファッション雑誌が株式会社写研が開発発売したナールと呼ばれる丸ゴシック系の書体を本文用として用いたことは，時代を画する出来事といわなければならない。以後，一部の雑誌や書籍に限定されてはいるものの，本文は明朝体という先入主から自由な，斬新かつ先進的な紙面設計を試みるデザイナーが輩出することとなった。

楷書体は，主として，名刺や挨拶文などに用いられるが，伝統的に字形設計が明朝体とは異なっている（草冠，しんにょう，糸偏，食偏など）。しかし，昨今は，楷書体であるにもかかわらず，明朝体的な字形を求める消費者が増加し，楷書体であるにもかかわらず，明朝体的な字形をもった外字を用意せざるをえない状況も出来している。

教科書体は，初等教育において，手書き文字を習得する際の手書き文字と活字文字との相違に起因する混乱を防ぐことを主眼として開発されているものであり，基本的には学習漢字配当表に例示されている字体を踏襲している。しかし，教育現場での些末な相違への過度の拘泥（撥ねるか撥ねないか，付くか付かないかなど）の弊害もつとに指摘されている。この点については，小林一仁氏らが指摘している「渡り」の概念を援用し，微細な字形の相違に拘泥せず，抽象的な字体を把握する能力を養成していく必要があろう。 （小林龍生）

【参考文献】印刷紙研究会編『本と活字の歴史事典』柏書房，2000。

明朝体

美しい日本のフォント

ゴシック体

美しい日本のフォント

楷書体

美しい日本のフォント

教科書体

美しい日本のフォント

図 1　明朝体，ゴシック体，楷書体，教科書体の見本

草紀飴

草紀飴

図 2　明朝体と楷書体による字形の相違例

書道

書道という語は，日本においてのみ使われる語で，中国では書法という語が使われている。古くは，源氏物語の中に，「道々にものの師あり」とあり，また「筆とる道」という記述がある。ここで意味される道とは，鍛錬を重ねて歩む道を意味するのみならず，究極的な目的としての道理や真理の意味を含んでいるものと思われる。鎌倉時代の『入墨抄』(尊円親王，1298–1356)の中に書道を意味する入墨道という言葉が見られる。入墨とは，中国の書聖 王羲之が書いた版木の墨跡を工人が削ると三分も入っていたという故事に由来する。江戸時代の「隔蓂記」(鳳林承章の作)に書道という語が見えるが，書道という語がいつ頃から使われたかは定かでない。

中国における書法とは，漢字の一点一画をどのようにして美しく書き上げるかという筆法の技術論である。漢の蔡邕が始めたとされる永字八法が最古の書法論である。その後，「梁武帝観鍾繇書法十二意」(梁武帝，464–549)が書法の教本として著された。唐代には顔真卿撰と伝えられる「筆法十二意」が教本として使用された。また，臨書の教本としては「千字文」が用いられた。千字文は，梁の武帝が周興嗣に命じて撰したとされているが，それ以前にあったという説もあり，始まりが明白ではない。「天地玄黄」で始まり，1字の重複もなく漢字1000字を四言の句で250句連ねたものである。千字文を残した有名書家として，智永・欧陽詢・褚遂良・懐素・孫過庭などがあげられ，それらは現在においても教本として盛んに用いられている。

日本では，平安時代に遣唐使に加わった橘逸勢・最澄・空海が中国より書跡や書論を請来し，晋唐風の書を広めた。彼らは能書家でもあり，すぐれた書を残している。その後，仮名が創作され，和歌の流行とともにすぐれた仮名の書が生まれ隆盛を極めた。漢字についても和様の書が流行した。世尊寺流(朝廷の書役を務めた世尊寺家の書風)や法性寺流(藤原忠通の書風)などの和様の書が教本とされ，鎌倉時代には青蓮院流(尊円法親王により始められた書風)が教本とされた。しかしながら，これらの書は雅趣が乏しく型どおりの書であり，これらを学ぶ目的はあくまで実用的な書の学習であった。江戸時代になると和様の書が衰え，代わって唐様の書が流行し，文徴明，趙子昂の書が尊重された。明治時代以後には，六朝風の書(中国南北朝時代の北朝の書で主に北魏風の書をいう)が流行したが，やがて王羲之に代表される南朝の書や唐風の書，明清の書などが流入し，現代の書道の骨格がほぼ形成されるに至った。

書道は，漢字・仮名を対象とした書作活動である。漢字には，甲骨文・金文・篆書・隷書・楷書・行書・草書などがある。そして日本には平安時代に創作された仮名文字がある。主に毛筆を使用するが，石材などを印刀で刻した篆刻やノミなどで木板に刻した刻字もある。現在日本で行われている書道の展覧会を見ると，漢字・仮名・

漢字仮名交じり文(近代詩文・調和体とも呼ばれる)・篆刻・刻字・前衛書などに分類されている。

毛筆で文字を書くにあたって，書道についての必要な基礎知識がある。それは執筆法・用筆法・構成法・書道具についての知識である。

執筆法とは，書道を行う姿勢，指法(筆のもち方)，腕法(腕の構え方)である。姿勢には，椅子に座って書く姿勢，床に座って書く姿勢，立って書く姿勢などがある。筆のもち方には，筆に指を一本かけて書く単鉤法や筆に指を二本かけて書く双鉤法などがある。また，腕法には，提腕法(臂の関節から手までを机面に載せ，手首で支えて書く方法で細字や仮名を書くのに適する)・枕腕法(左手の甲を紙の上に置き，その手の上を枕にして右手を置いて書く方法で，細字を書くのに適する)・懸腕法(臂を宙に浮かせて書く方法で，中字を書くのに適する)がある。用筆法の基本とは始筆(始筆の角度，筆圧など)・送筆(直線，曲線，折れなど)・収筆(とめ，はね，はらいなど)である。さらには，直筆や側筆，蔵鋒(筆先を線の中において書く運筆で線に清楚さを求めたもの)や露鋒(字画の外側に筆先が出る運筆で線に筆先の鋭さを求めたもの)，逆筆や順筆などが知識として求められる。また，構成法とは点画の組み立てや筆順，線の太・細，均整，文字と余白のバランス，墨の濃淡などの知識である。

書道用具についての基礎知識もまた，書道を始めるにあたって必要な知識である。筆には，太筆・細筆・仮名筆・写経筆などがある。墨には，黒味の強い油煙墨や青味のある松煙墨があり，書道用の墨液も多く使われている。硯には，掌にのる小硯から30 cm ぐらいの大硯まで種々の寸法がある。紙には，漢字用や仮名用の半紙・画仙紙のほかに，色紙・短冊・扇面など多種類の紙類がある。これらの書道具の使用法・後片付け・保存法などその知識の範囲は幅が広い。

毛筆書道の基本は臨書である。臨書は書道の用筆法の習得を第一の目的とするが，それとともに古典作品の鑑賞力を高めることが重要である。臨書には，形臨と意臨がある。形臨は，古典を忠実に書写することで，これにより技術的な用筆を習得する。紙の下に手本を置いて字を写し取ることを臨摸というが，形臨は古典の文字の形を頭で捉え，その後に運筆で形を模倣する行為であって，臨摸とは意を異にする。意臨は，筆意から読みとられた書の精神性や律動感を表現することに重きをおいた臨書の方法である。また，臨書を十分に行った後，原典を見ずに書く臨書を背臨または暗書という。さらに，臨書の技法や表現の仕方を基に臨書対象以外の字や文を書くことを倣書という。臨書を行う者にとってまず大事なことは，対象の古典に対する観察である。文字の構成美の原理をよく観察し，古典の作者のたどった筆跡を運筆で再現する。そして，それらを積み重ねて自らの書美を追求していくことこそが，書道の醍醐味といえるであろう。

(張　莉)

【参考文献】中西慶爾編『中国書道辞典』木耳社，1981/春名好重『書の流れ：日本書道史』墨美社，1968/氷田作治・柘植昌汎『書写指導の基本』第一法規出版，1984/小松茂美『日本書流全史』(上) 講談社，1970。

『字林』

西晋の呂忱が著した字書。呂忱は字が伯雍，任城(現在の山東省の済寧県)の人で，義陽王典祠令，弦令などの職に就いた。文字に博識で，各種の典籍を調べ，新字や難字を含む多くの文字を集めて『字林』7巻(一説には6巻，また一説には7巻)を撰した。

『字林』は，中国最古の字書である後漢の許慎『説文解字』と南朝梁の顧野王『玉篇』との間に位置し，前者の伝統を受け継ぐなかで，その成果をふまえて遺漏を補い，後者の作成に影響を与えたものである。『説文』と同じ540部首を設け，字形を分析しているほか，文字に対する解釈も『説文』とほぼ同様のものが多いため，『字林』は『説文』を踏襲したことがわかる。しかし『字林』は1万2824文字と，『説文』所収の9353文字よりかなり多く収録していることから，『説文』にない文字は呂忱が増やしたものと思われる。それらのうちには，もともと『説文』にはなかったもの(例えば示部の「禰」，「祧」や辵部の「追」「遙」などは，のち『説文』の新附字となった)もあれば，『説文』所収文字の異体字を収録したもの(例えば『説文』の「蜡」「柝」が『字林』では「祢」「柞」に作る)もある。また『字林』には『説文』の参考となるところもある。例えば「璣」について，「珠不圜者」(丸くない真珠)という『説文』の解釈とは異なり，『字林』は「小珠也」(小粒の真珠)と解釈している。「璣」の音符である「幾」が「微小」という意味をも表すとするならば，『字林』の解釈は十分あり得ることとなる。また，『説文』の誤字を校正する資料としても『字林』は重視される。例えば，「飾」の意味について，段玉裁の『説文解字注』は，『説文』の各テキストにある「舉手下手」(手を上げて手を下げる)が『字林』に見える「舉首下手」(頭を上げて手を下げる)の誤りであると訂正した。発音については，直音と，当時新たにできた反切を併用してそれを示している。

『字林』は六朝を経て，唐に至って最盛期を迎え，『説文』に次ぐ重要な役割を果たしていた。『字林』は純正な小篆を掲げ，篆書や隷書の字形を正すための規範となり，その解釈や注音も参考価値が高い。東晋以来，郭璞，酈道元，顧野王，陸徳明，李善など，多くの学者が『字林』を引用している。また唐の国子監に置かれた書学博士の専門は石経，『説文』『字林』であり，『字林』はその学生の学習科目の一つと指定された。さらに『字林』は科挙の試験科目の一つともなった。官僚候補者の選抜試験として，唐の科挙試験に明書という一科があり，文字および書法を試験するもので，その試験内容が『説文』『字林』であった。

唐までは『説文』とともに社会に多大な影響を及ぼし，重視されてきたにもかかわらず南宋，元代の間に『字林』の伝承は途絶えてしまう。ただ清代の任大椿『字林考逸』8巻が，各書に引かれた『字林』から約1500文字を集め，陶方琦『字林考逸補本』1巻が約200文字を収録しているため，『字林』の様相を今日でもある程度うかがえる。(陳　捷)

【参考文献】任大椿『字林考逸』/陶方琦『字林考逸補本』二書とも『式訓堂叢書』所収，会稽章氏刊本，1881，また『百部叢書集成』所収，芸文印書館，1968。

四六駢儷体

中国古典世界における代表的な散文文体のひとつ。四六文，駢儷文，また駢文とも呼ばれる。例えば，有名な李白の「春夜宴従弟桃花園序」は，この文体を用いて書かれている。文体としての特色は4字句，6字句を基礎に，対句によって構成されることにある。2句の間の対句(単対)だけではなく，4句の間で1句目と3句目，2句目と4句目とが対になる隔句対の技法も多用される。また，1句の中で，および4句を一つのまとまりとしてその間の平仄の交代といった規則のほか，典拠の使用も必須の条件とされた。「睢園緑竹，気凌彭沢之樽；鄴水朱華，光照臨川之筆」(○は平声，●は仄声を示す)は，この文体を用いて書かれた名作の一つ，唐の文学者王勃の「秋日登洪府滕王閣餞別序」である。各句に典拠をもつ言葉をちりばめ，平仄が1句の中では交互に，対句をなす1・3句目と2・4句目で反対になるように配されていることが理解されよう。このように四六駢儷文(体)とは，きわめて技巧的で知的な美文であった。

四六駢儷文の技巧のうち，対句法は，『論語』をはじめとする儒家の教典や，諸子百家といった先秦の言説のなかにすでに見ることができる。しかし一字がそれぞれ一音一義(意味)をもつという漢字の特色が，中国人に自覚されるようになった南北朝時代の斉梁(5世紀後半–6世紀)の頃から急速に成長し，この時期に文体として確立した。次の唐朝に入っても散文はほぼすべて四六駢儷体で書かれていた。

内容と表現は文章の2大要素である。そして表現重視の方向に傾くのは美文の宿命であろう。成立当初から内容空疎と批判を受けていた四六駢儷体は，主要な支持階層であった貴族層が没落し，それに代わって知識人階層が社会的な力量を充実させてくるのに伴い，より厳しい批判にさらされるようになった。中唐の韓愈・柳宗元らによる古文運動はその一つの頂点であった。ただ，散文における主流の座を古文が四六駢儷文から奪うのは，北宋初期の欧陽修の登場を待たなければならなかったのであり，唐代までは四六駢儷体が主要な文体であったことは間違いない。

宋代以降，四六駢儷文は，散文の主役の座をおりた。しかし，中国語の特性を最大限にまで利用した美文であるがゆえに，宮中儀式の際の文章など，朗読される文章には用いられ続け，その存在意義を完全に失うことはなかった。そして，明・清時代には，古文とは別の価値をもつ文体として，再び文学の重要な一面を担った。

古文という新たな文体が出現するまで，四六駢儷体は他の文体と区別する必要がなかったため，特に名称はなかったようである。柳宗元が「駢四儷六」(『乞巧文』)と呼び，晩唐の李商隠がその文集を『樊南四六』と名付けたのが，この文体を称した早い例である。清代になって駢文，駢体という呼称も起こったようである。　(道坂昭廣)

【参考文献】鈴木虎雄『駢文史序説』研文出版，2007/古田敬一他訳『六朝麗旨』汲古書院，1990。

沈兼士

中国の言語文字学，文献学者(1886-1947)。浙江省呉興の人。1886年農暦の6月11日生まれ，1947年農暦の8月2日卒した。

文学者であり，書道家の兄の沈尹黙とともに当時の学界に推重された。沈士遠・沈尹黙・沈兼士の兄弟3人とも同じ時期に，北京大学の教授であったことから，当時の学界で「三沈」と称せられた。

早年に日本に留学し，「同盟会」に参加した。馬裕藻・銭玄同・許寿裳等とともに章炳麟に師事した。帰国後，北京大学・厦門大学・精華大学・中法大学・北京高等師範学校の教授を務め，文字学・『説文解字』などを講義した。彼が北京大学に研究所国学門を開設し，主任の職に就くと，指導者として王国維・陳寅恪らを含む有名な学者を聘して，史学・言語文字学・考古学の人材の養成に大きな力を注いだ。陳独秀・胡適・魯迅・銭玄同・劉半農などの文化人と共に新文化・新思想を宣伝する雑誌『新青年』を編集し，かつ自ら新詩の創作を試みた。北京大学に歌謡の調査と方言の調査を唱え，新たな学風を吹き込んだ。後学の育成にも尽力し，彼の指導と啓発を受けた人々のなかから，有名な学者が多数輩出している。

沈兼士は博大な学識を備え，詩文にも堪能で，かつて詩人である樊増祥と唱和した。北平故宮博物院文献舘舘長として，内閣大庫の明清文書の整理を主宰した。兆平輔仁大学代理学長，文学院院長，文科研究所主任を兼任し，文字学・訓詁学などを教授した。学問の面では，各流派のすぐれたところを取り入れることを主張し，文字の訓詁においての創見ははなはだ多く，中国近代では，最も才識を有する訓詁学者である。

言語学者としては中国語全般の語彙の語根を探求して，文字の形・音・義における変遷を推考した。形声文字の声符を用いて，漢字の字族の研究を行うことを主張し，それによって，中国語の語源学と字族学を成立させせようと考えていた。代表的な論文は「右文説訓詁学においての沿革及び推考」，著書は『広韻声系』(輔仁大学，1945)である。『沈兼士学術論文集』は1986年，中華書局によって刊行された。

沈兼士は知名の学者として学術のみではなく，国家文化財の保護，管理にも大きな貢献をした。かつて清室善後委員会委員，故宮博物院臨時理事会理事などの要職を歴任した経験を踏まえ，1945年，国民党教育部平津区特派員として，戦後の平津地区の文化教育機関及び故宮博物院を接収する責任者に任じられ，行政手腕を発揮していた。 (周雲喬)

【参考文献】『中国大百科全書』語言文字巻，中国大百科全書出版社，1986。

『新撰字鏡』

僧，昌住（伝未詳）の撰述した漢字字書。和訓（日本語による訓注）を含む字書としては現存最古。平安初期の寛平4（892）年に最初の草案ができ，以後，加筆増補されて昌泰年中（898〜901）に完成をみた。テキストは，完本（完全本）の天治本と，和訓のある項目を抜き出した抄録本（部分本）の享和本・群書類従本などがある。これらは複製本・索引が刊行されており，容易に見ることができる。

中国では六朝から隋・唐代にかけて多数の小学書（語学書）が撰述され，それらは日本にも伝来した。玄応（唐）が撰述した『一切経音義』もその一つで，仏教経典に出現する要注釈語に対して，その出現する順序に従って語釈をほどこした注釈書である。僧侶である昌住は，はじめこれを利用して3巻に改編し，後，これに『切韻』（韻書），原本『玉篇』（訓詁字書）を主体とし，そのほかの小学書および私記などの内容も加えて，最終的に部首（偏旁）分類形式の字書，『新撰字鏡』12巻を作りだした。大局的にみると，『新撰字鏡』は，主たる出典とした中国小学書が採用していた以下の諸点，すなわち，見出し字の出現順による配列（『一切経音義』），発音順による配列（『切韻』），詳しすぎる語釈（『玉篇』）などの諸点を改め，大部分の見出し字を部首分類配列に改編することによって，検索に便利な汎用性の獲得を目指して撰述された字書だったといえる。

本文（天治本）は，見出し漢字が「天部第一」から「臨時雑要字第160」までの160部に分けられ，その後に通番のつかない「舎宅章」から「海河菜章」までの10章が続いている。「天部第1」から「自部第155」までの155部は，途中の「親族部第13」「小学篇字及本草異名第71」「品字様第144」などの部を除いては，基本的に部首分類となっている。続く「数字部第156」以後の各部の分類基準はまちまちで，部首分類にはなっていない。収録された見出し漢字は約2万1000字前後で，漢文によって音注（発音）・義注（意味）・字形注などが付されている。一部の注文には，万葉仮名で記された約3000ほどの和訓がある。和訓に用いられた万葉仮名の「コ」の仮名には，上代特殊仮名遣い甲乙2類の使い分けが残存する。本書は基本的には漢漢字書であるが，和訓のある部分だけに限れば漢和字書だともいえる。

本書は，古代字書研究のためにはなくてはならない基本資料である。加えて，本書の漢文本文は，今は完全には伝わらない『一切経音義』『切韻』『玉篇』本草書などをはじめとする中国小学書を復元考察するための資料となる。和訓は，日本の古代文献の解読や上代語を研究するための重要資料である。本書7巻・8巻の小学篇字と題された部分は，わが国固有の漢字である国字を多く含んでいる。この部分に記された国字は，まとまって記載された国字の最古の例として有名である。　（西原一幸）

【参考文献】京都大学文学部国語国文学研究室編『天治本新撰字鏡 増補版 附享和本・群書類従本』臨川書店，1967/貞苅伊徳『新撰字鏡の研究』汲古書院，1998。

神代文字(じんだいもじ)

古代日本において，漢字の渡来以前に用いられていたとされる日本特有の文字。

神武天皇の即位以前，神々が日本を治めていたという神代(かみよ)の時代に用いられていた文字ということで神代文字と呼ばれる。また，神字(かんな)とも呼ばれる。日文(ひふみ)，阿比留(あひる)，天名地鎮(あないち)など，神代文字の例としてあげられたものは多いが，古代の例の確実なものがなく存在が疑問視されている。

神代文字と称せられるものの多くは，ハングルなどに倣(なら)ったものと考えられ，文章の形ではなく，文字の一覧表の形で残されている。イロハ順のもの，五十音順のもの，その他の配列のものがあるが，47 音あるいは 50 音を表すものがほとんどで，上代に存在したと考えられる五十音図に収まらない音を書き分けていない。日文は，ヒフミヨイムナヤコトモチロラネシキルユヰツワヌソヲタハクメカウオエニサリヘテノマスアセヱホレケの 47 字から成る。最初の 10 字は，一二三四五六七八九十の和数詞によるものと考えられるが，以下は日本語としての意味を当て難く，順序の基準を定められない。47 字というのはイロハ歌と同じで，平安時代初期に区別されていたア行のエとヤ行のエも区別されていないのである。日文は左に子音字，右に母音字を置いて一音を表す音節文字である。47 字をアイウエオに合わせて配列すると図のようになる。母音単独の場合も二つの要素の組み合わせで表すようになっている。ただ，イエはヤ行にウはワ行に属するような形になっている。日文の字形はハングルの影響を受けたものであることは確かであり，ハングルは李朝第四代の王世宗が 1443 年に考案したものであるから，日文が神代に作られたものでないことは明らかである。

아 ア	가 カ	사 サ	[ㅏ タ	나 ナ	하 ハ	마 マ	Iㅏ ヤ	]ㅏ ラ	아 ワ
	기 キ	시 シ	[ㅣ チ	니 ニ	히 ヒ	미 ミ	Iㅣ イ	]ㅣ リ	이 ヰ
	구 ク	수 ス	[ㅜ ツ	누 ヌ	후 フ	무 ム	Iㅜ ユ	]ㅜ ル	우 ウ
	거 ケ	서 セ	[ㅓ テ	너 ネ	허 ヘ	머 メ	Iㅓ エ	]ㅓ レ	어 ヱ
오 オ	고 コ	소 ソ	[ㅗ ト	노 ノ	호 ホ	모 モ	Iㅗ ヨ	]ㅗ ロ	오 ヲ

図　日文の字体(『仮字本末』による)

神代文字の存在は古代崇拝の思想により鎌倉時代に神道家によって主張されたものであるが，以後，長く存在説と非存在説との対立があり，国学の言語観に影響を与えた。存在説を主張した平田篤胤は古道を広めることに力を尽くしたし，音義説と神代文字との関連も深い。

(前田富祺)

【参考文献】山田孝雄『国語史文字篇』刀江書院，1937。

新聞の漢字

まず，新聞の漢字の特色を，雑誌と量的に較べることで見てみる。漢字が文字全体に占める割合を延べ数で見ると，新聞のほうが，雑誌より1割強程度多い。これは，新聞のほうが雑誌よりも狭い印刷範囲で多くの情報をもたせようとすることによる。一方，異なり数で見た場合，漢字の種類は，新聞のほうが少ない。国立国語研究所の調査では，新聞には3213字見られるのに対し，雑誌は3328字であった。新聞のほうが広い読者層をもつことから，使用する漢字を制限しているためである。これを調査当時の当用漢字表と照合すると，新聞では表外漢字が1369字見られるのに対し，雑誌では1493字が用いられていた。

新聞での漢字使用は，原則として常用漢字表に基づくが，完全に常用漢字表に従った場合，不自然な表記が生じてしまうことがある。よく知られる例は，「刺繡」を「刺しゅう」と表記するようないわゆる「交ぜ書き」である。また，人名など固有名詞を常用漢字表に押し込めようとすると無理が生ずる。そこで，このようなことを避けるため，常用漢字表とは異なる基準が新聞には設けられている。

新聞の漢字使用には，まず，各社に共通した基準があり，これは新聞各社が加盟している日本新聞協会の用語懇談会が常用漢字表をもとにして使用可能な漢字の範囲を定めたものである。各新聞社は，それをもとにそれぞれの基準を設けている。ゆえに最終的な基準は新聞社により異なる。

新聞で使用頻度の高い漢字は，漢数字である。また，「年」「人」のような助数詞も多く現れる。これらは，報道という性質にかかわるものだろう。使用頻度の高い漢字が紙面全体で占める割合を延べ数で見るなら，上位500字で79.4%，1000字では93.9%である。常用漢字表と照合すると，常用漢字で全体の98.5%がカバーされる。これは，新聞の漢字使用の基準を考慮するなら当然の結果であるが，基本的な漢字でほぼすべての紙面が読めるようになっていることを意味する。

新聞独特の文字表現としては，アメリカとロシアを「米露」とするような略記がある。また，漢字そのものからは外れるが繰り返し記号の「々」が行の頭に来ても用いられるといったことがあげられる。これらは紙面の節約や行長の短さといった形式的な制限に起因する。

近年，数字の表記にはアラビア数字が使われることが多くなってきている。そのため，漢数字の頻度は今後低下していくことが予想される。また，紙面作りのコンピュータ化に伴い読み仮名をルビで表現することが増えている。時代とともに新聞の漢字にも変化が起こっていると考えられる。　（大西拓一郎）

【参考文献】国立国語研究所『現代雑誌九十種の用語用字 第2分冊 漢字表』秀英出版，1963/国立国語研究所『現代新聞の漢字』秀英出版，1976/横山詔一・笹原宏之・野崎浩成・エリク＝ロング編著『新聞電子メディアの漢字』三省堂，1998。

人名訓

人名に使用される字訓(音読を含む)を指す。実名に使用する漢字は，古来から「名乗字」「名字」などと称され，選択に多様な意識が働いていた。対応する字訓も，定訓のようなものから字義とのつながりが明確でないものまで多様である。

人名に使用される字訓に対する関心は古く，院政期頃成立の『色葉字類抄』にはすでに「名字」部が特立されており，「那トモ」のように字義と字訓との結びつきが明確でない例や，少数ながら「得トク　徳同」のような字音の例も見えている。その後も，南北朝期成立とされる『拾芥抄』や，室町末から江戸時代に書写，刊行された多くの節用集類など，名乗の字を収める文献は多い。江戸後期には『名乗字引』のような専書も刊行されており，現今の命名字典類盛行の先駆けとなっている。古文献に収録される名乗の字訓は，2 音節のものが最も多く，1 音節，3 音節のものがそれに次ぐ。品詞としては，体言，用言の連用形・終止形およびその語幹が中心となっている。

現在でも，「定家」を「さだいえ」ではなく「ていか」と称するように，古代から中世にかけては，名乗の字訓を有する人名をも音読することが行われた。さらに，『中右記』の元永 2 (1119) 年の記事に，若宮への命名に際し，「顕仁」という名について，反切(「顕」の頭子音カ行に，「仁」から頭子音ザ行を除いた「イン」を合わせる)で導き出される「キン」という字音が，好字である「欣」につながり，ほかに勝っていると判断したとの記載があり，命名に漢字音への配慮があったことがうかがわれる。その後，名乗の字の『韻鏡』上の五音の分類と陰陽五行を結びつけて考えることも行われるようになり，元禄 8 (1695) 年の『韻鏡袖中秘伝抄』は 9 之巻 1 冊を「韻鏡名乗字大全」に当てる。

現在，人名に使用できるのは「常用漢字表」および，人名用に特に認められた漢字を定めた「人名用漢字別表」掲載の漢字である。後者は 1951 年の制定時には 92 文字であったが，現在は 983 文字まで増加している。これらの範囲内であれば音訓の制約はうけないものの，字種に制限があるなかで差違化を図ろうとするため，漢字の文字列の新鮮さやヨミの独自性が追求されている。その結果，旧来は存した，音訓を混用することを避ける意識は薄らぎ，元来特殊なものを含む名乗の字訓によっても読みえない名前が多く見られるようになっている。

名乗の字を類聚した文献は数多く存し，現代の名付けの意識も多くの調査によってうかがうことが可能である。しかし，名乗の字訓による命名意識を通史的に研究するうえでは，確実な字訓が付された人名録を各時代にわたって探索していく必要がある。また，淳和天皇の皇女崇子を『伊勢物語』で「たかい子」と称するような例は存するものの，古代においては，女性の名前を正確に知りうる資料が少ないことにも注意が必要である。　　(米谷隆史)

【参考文献】佐藤　稔「「名乗り字」からの逸脱」『国語論究 8』明治書院，2000/池上禎造「名乗字」『漢語研究の構想』岩波書店，1984/「特集 日本人の名前と漢字」月刊『しにか』vol. 14–7，大修館書店，2003。

人名用漢字

（じんめいようかんじ）

日本人の（姓ではなく）名前に使用することのできる漢字。漢字制限策の一環として，以下の戸籍法第五十条および戸籍法施行規則第六十条によって規定されている。

第五十条　子の名には，常用平易な文字を用いなければならない。

②　常用平易な文字の範囲は，法務省令でこれを定める。

第六十条　戸籍法第五十条第二項の常用平易な文字は，次に掲げるものとする。

一　常用漢字表（昭和五十六年内閣告示第一号）に掲げる漢字（括弧書きが添えられているものについては，括弧の外のものに限る。）

二　別表第二に掲げる漢字

三　片仮名又は平仮名(変体仮名を除く。)

第六十条第一号常用漢字表には1945字，第二号別表第二(漢字の表，以前の人名用漢字別表)には2008年4月現在で983字が掲げられている。

人名に使用する漢字を制限することは，時に伝統や慣習，命名者の思想などと対立し，問題化することがある。1951（昭和26）年，最初の人名用漢字別表を建議した国語審議会は，このことを予想して「人名漢字に関する声明書」をあわせて発表し，「子の名に用いる漢字が社会慣習によるものであり，またそれには特殊な事情の存することも事実であるが，仮に子の名に用いる漢字が無制限に認められるとしても，学校における漢字教育が現在においても将来においても，学習上そこまで及ぼしにくい事情にあるとすれば，当用漢字の基準に従うことが，その子の幸福であることを知らなければならない」と訴えたが，本別表の制定当初から，漢字の種類が少ない，例外を認めない人名用漢字は個人の表現の自由を制約するといった批判が絶えない。また最近では，1997（平成9）年に「琉」の1字が加えられたが，これは沖縄県に住む夫婦が「琉球」の「琉」の字を長男の名前として届け出たところ受付を拒否されたのに対し，不服申し立てが認められたものである。さらに2002(平成14)年から2003(平成15)年にかけては，マスコミが大きく取り上げたこともあって，人名用漢字制限の問題に対する人々の意識が高まった。これを受けて法務省は，人名用漢字を大幅に増やす方針を固めた。また2004（平成16）年1月には，「曽」の字の使用をめぐって争われた裁判で，最高裁が，常用平易なことが明らかな字を含めていない施行規則は戸籍法第五十条第一項に照らして違法との判断を示し，同時に，人名用漢字を拡大する必要性を指摘した。その結果法務省では，2004(平成16)年9月，488字を加える大きな改正を行った。

なお，人名表記については，人名用漢字であっても，「悪魔」などのイメージの悪い名前が妥当か否かといった，漢字の字種や字体とは別種の問題もある。(渋谷勝己)

人名用漢字別表

じんめいようかんじべつひょう

日本人の(姓ではなく)名前用の漢字として，常用漢字表掲載のもの以外に使用することが認められた漢字を掲げた表で，現在は，戸籍法施行規則に別表第二「漢字の表」として記載される。2008年4月現在で983字よりなる。音訓についての記載はない。常用漢字表前文に「子の名に用いる漢字については(中略)戸籍法等の民事行政との結び付きが強いものであるから，今後は，人名用漢字別表の処置などを含めてその扱いを法務省にゆだねることとする」とあるように，本別表は当初，文部省管轄の国語審議会によって作成されたが，現在は法務省の管理下にある。

人名に用いる漢字については，1946(昭和21)年，国語審議会が当用漢字を答申した際に，既存の「固有名詞については，法規上その他に関係するところが大きいので，別に考えることとした」として保留されたが，新しくつけられる固有名詞については，1951(昭和26)年5月に「人名漢字について」が建議された。そこでは，子の名にはできるだけ常用平易な文字を用いることが理想的で当用漢字によることが望ましい，しかし社会慣習や特殊事情もあるから当用漢字表以外の漢字を用いるのもやむをえないとして，使用度の高い当用漢字表以外の文字92字を別表として添えている。これが最初の人名用漢字別表である。その後独自に人名用漢字問題懇談会を開催していた法務省は，国民の強い要望などがあるとして，1976(昭和51)年，「人名用漢字の追加について(意見伺い)」によって国語審議会に28字を追加することの検討を要請し，了承されている。また，1981(昭和56)年3月，常用漢字表が公布されると同時に本別表も改定され，8字が削減，54字が追加されて166字となるが，1990(平成2)年3月には戸籍法施行規則の一部改正によって118字が加えられて284字となり，さらに1997(平成9)年に「琉」，2004(平成16)年に「曽」「獅」「毘」「瀧」「駕」が加えられて290字となった。

2003(平成15)年12月，最高裁は，「曽」の字を人名に使用することを認めた際に，同時に，常用平易なことが明らかな字を含めていない施行規則は違法・無効とする判決を行った。この判決によって政府は，本別表の抜本的な改定を迫られることとなり，これに対処すべく2004(平成16)年2月，法務大臣が法制審議会に人名用漢字の見直しを諮問，さらに同審議会に人名用漢字部会を組織して，人名用漢字の大幅な増加に向けての検討を開始した。その結果，同年9月，488字を追加する大改定が施され，現在に至っている。 (渋谷勝己)

【参考文献】円満字二郎『人名用漢字の戦後史』岩波書店，2005。

声　訓

ある漢字の意味を解釈するときに，それと字音が同じまたは近い文字で訓詁を与える方法。後漢の訓詁学でよく使われた方法で，後漢に作られた文字学書である『説文解字』は「東」を解釈して，

東　動也，從木，官溥説，従日在木中，

東は動也，木に従う，官溥の説に，日の木の中に在るに従う，

という。ここで「東」を「動」と訓じているのが声訓で与えられた訓詁で，「東」と「動」は発音が同じであることによる。

『説文解字』も「東」のほかに声訓を多くの文字に適用しているが，許慎より少し後の時代に位置する劉熙の『釈名』は，声訓の方法を駆使してほとんどすべての文字を解釈したユニークな書物として知られている。

例えば『釈名』に「髪は抜なり，抜擢して出るなり」とある。「髪」(ハツ)を「抜」(ハツ)で訓じるのは，「髪とは，引っ張りだすように伸びるものである」ことをいう。同じく『釈名』に「紙は砥なり，その平滑なること砥石のごときなるを謂うなり」とある。ここでは「紙」という字が「砥」に置き換えて説明される。「砥」は砥石のことで，古くは「紙」と「砥」が同音であったことから，「紙(シ)をそれと同音の「砥(シ)」という文字に置き換えて訓じている。

声訓による訓詁は恣意的な解釈となりやすくて危険であることから，現在の訓詁学では好ましくない方法とされる。『釈名』の「日は実なり，光明盛んにして実つればなり」とか「山は産なり，物を産み生ずればなり」などは，はっきりとでたらめな解釈といえ，駄洒落まがいの語源俗解説と本質的にかわるところがない。

しかしそのことを正しく認識したうえで声訓による訓詁を見れば，そこに古代人の世界観や自然観などが提示されていることがあり，その意味では有益な訓詁となることがある。たとえば「海は，晦(くらい)なり，主として穢濁を承け，其の色黒くして晦ければなり。」という『釈名』の記述からは，当時の中国人が海に対していかなるイメージを抱いていたかが感じ取れる。島国の日本と違い，内陸部人口が圧倒的に多い中国では一生海を見たことのない人が断然多く，その人々にとって海とはおどろおどろしく晦いものと認識されていたことがこの文からわかる。声訓にはそのようなメリットもある。

(阿辻哲次)

正　字（せいじ）

楷書における字体の一種。『説文解字（せつもんかいじ）』開示や経典（けいてん）を刻んだ石碑などに使われていて，確実な根拠がある由緒正しい字体を「正字」といい，それに対して字形がくずれたり，字画が省略されたりした字体を「俗字」という。俗字は主として民間での慣習的な書き方に基づき，文字の構造などが本来のあり方からはずれた字形で，略字と重なる部分が多い。例えば「恥」に対する「耻」，「本」に対する「夲」，「來」に対する「耒」など，いずれも前者が正字であるのに対して後者が俗字とされる。

隋代に始まり，唐代に制度として整備された「科挙」の試験を行い，答案を採点して受験者の優劣をつけるためには，答案に大量の異体字が使用される事態を避けなければならず，そのため異体字群のなかから由緒の正しい文字と，そうでない通俗的な文字とを区別する必要が次第に痛感されてきた。こうして唐代の中期には，既存の楷書の異体字に整理を加え，由緒正しい文字とそうでない文字とを区別しようとする傾向が顕著になってきた。

その最初の試みは，唐の顔元孫による『干禄字書（かんろくじしょ）』(774(大暦 9))で，そこでは 800 の文字について異体字をあげ，漢字の字体を正・俗・通の三つに分類している。

顔元孫が示した異体字の分類基準は，「正」とは確実な根拠があり由緒の正しい字形で，天子に差し出す上奏文などの正式の文章や学問的な著述，あるいは詩文や碑文などに用いるべき最も正統的な文字であり，科挙の答案にはもちろんこれを使用することが望ましい。「通」とは，すでに長年使われてきて習慣として定着した異体字で，特別に排斥する理由もないのだが，正規の文字とも定めがたく，役所内での文書や手紙などに使用しても構わないとされるもの，「俗」とは文字の由来から完全に外れた民間の俗字で，商売上の帳簿や薬の処方箋など，学問的な次元でなくいわば日常的な用途に供する文字には使用を認められるというものである。

俗字は伝統的には正字と対置されて相対的に低い価値しか与えられてこなかったが，日本の当用漢字から常用漢字への流れ，あるいは中国でも文字改革によって規範的な字体とされた簡体字の中に多数が採用されていて，今では漢字のより簡単な書き方として日常生活に根を下ろし，幅広く用いられている。　　　　　　　(阿辻哲次)

【参考文献】杉本つとむ『漢字入門―干禄字書とその考察』早稲田大学出版部，1972。

正字通

明の張自烈が撰した大型字書。張自烈（1598-1673）は，字が爾公，号が芑山，宜春（現在の江西省の宜春県）の人。崇禎末年の南京国子監の監生であったが，明が滅亡したのち廬山に隠居して出仕せず，著書には本書のほか『四書大全辨』『古今文辨』『芑山文集』などがある。清代の廖文英が『正字通』の撰者であるとの説もあったが，実は廖氏はその稿本を買って自著とし，自ら序を作ってその前に附したという。

『正字通』は明の梅膺祚『字彙』に倣い，さらに後者を補正したもので，その前身は張自烈『字彙辨』という字書であると思われる。全書12巻を十二支で示し，毎巻を上・中・下の3支巻に分け，3万3549文字を収録している。すべて『字彙』の編集形式により，214部首や各部内の親字を画数順で配列し，『字彙』の総目・運筆・从古・遵時・古今通用・検字・辨似・醒誤など各種の附録もまとめて巻首に載せている。

宋代以来の金石学や明代以来の古音学研究の成果を取り入れながら，『正字通』は『字彙』の親字・解釈・注音を補充・訂正したところが多い。まず二書とも同一文字の古文・籀文・譌字・俗字など異なる字体をそれぞれの部首と画数順によって各部に配置するが，『正字通』はさらにそれらを集めて本字の後ろにも並べているため，異体字を調べるのに便利である。次に『字彙』の誤りを訂正し，訓詁には俗語や方言における意味も加え，引用書目として『説文解字』以下138種もの書物をあげている。『字彙』に引かれた経子史集の文の前後を補足し，その注をも引用して説明し，必要であれば自らわかりやすい解釈を加える。また，鸚鵡・蟋蟀・蓓蕾のような複音節語や，口部の「吶」と言部の「訥」のように部首が異なっても同じ意味をもつ文字については，二つの親字の下にそれぞれ解説を掲げている『字彙』とは異なり，『正字通』は重複する解説は削除している。例えば『正字通』では，蟋蟀に関する解説を「蟀」の下に掲げ，「蟋」の下には注音と異体字の説明のみを加え，「吶」と「訥」との異同は「吶」の下において説明し，「訥」の下には「詳見口部吶註」（詳しくは口部「吶」の註に見る）と記して，同じ解説を省略している。また発音については，『字彙』にある不合理な叶音を大幅に減らし，同一文字の同じ発音を示す複数の反切を整理して一つだけをあげ，紛らわしさを避けようとした。ただ引用が繁雑で誤りも相当あり，また好んで『説文』を排斥し，牽強付会の説もあることが最も指摘される点である。また『字彙』と同じく引用の際に出典の書名や篇名を明記しない場合があるほか，同じ親字を異なる部，または同一の部に2回収録してしまうという不備も見られる。

とはいえ，『正字通』は『字彙』とともに広く行われており，編集形式などにおいて後世に多くの示唆を与え，清代字書の藍本となった。1670年帯巴楼刊本が現存する最古のものらしいが，普及していたのは1685年清畏堂刊本である。　（陳　捷）

【参考文献】古屋昭弘「張自烈と『字彙辯』」『東洋学報』第74巻第3・4号所収，1993/蕭惠蘭「張自烈著『正字通』新証」『湖北大学学報』哲社版第30巻第5期所収，2003。

『西儒耳目資』

中国音韻史上最初にローマ字を使い漢語・漢字に注音した語彙集。撰述者は金尼閣(Nicolas Trigault, 1577–1628)。金尼閣はフランス天主教イエズス会宣教師として中国に赴き，明の万暦38(1610)年にマカオに到着した。翌年には南京に至り中国語を学んでいる。その後中国各地で宣教師として活動し，晩年杭州で没した。『西儒耳目資』を完成させたのは1625年のことである。金尼閣は西洋人の漢字・漢語学習を援助するために，利瑪竇(Matteo Ricci, 1552–1610)らが考えていた『西字奇蹟』(1605)に代表されるローマ字注音方案に修正補訂を加え，完全なものとして編纂した。『西儒耳目資』とは「西方の学者が中国語の発音を学ぶ際の視聴覚に訴えるわかりやすい資料」という意味であろう。翌1626年杭州で出版したと伝えられるが，西安で出版したという説もある。

『西儒耳目資』は上編『訳引首譜』・中編『列音韻譜』・下編『列辺正譜』の三部編成である。上編『訳引首譜』は総論，その中で「萬國音韻活圖」と「中原音韻活圖」は図式により漢字の声・韻・調の配合形式を説明している。「音韻経緯総局」，「音韻経緯全局」は韻母に基づいて縦に分け，声母に基づいて横に分けたうえで韻表を組み立てている。末尾には「問答」を附し，音韻とローマ字の表音方法について議論形式で説明を展開している。中編『列音韻譜』はローマ字によって漢字を検索するための「韻譜」である。すべての漢字を50攝に分け，攝ごとに声母・声調に基づいて同音字のグループをまとめ，各攝の最初の位置に反切とローマ字による音注を附している。また下編の『列辺正譜』は漢字からローマ字表記を検索するための図表である。

『西儒耳目資』はローマ字を使って音を表記しており，当時の漢語の語音体系とその音価を知る有力な資料となる。漢語の声母を「同鳴字父」と呼び20個に分けると同時に，韻母を「字母」と呼び50攝に分類する。そのうちe，o，ie，uoを「甚」「次」2類に分け，uを「甚」「次」「中」3類に分けて実質的に57攝としている。また母音を「自鳴字母」と名づけて5個設定している。声調は陰平・陽平・上声・去声・入声5類に分けている。

『西儒耳目資』が反映する語音システムを今日の普通話と比較すると，その違いの主なものとして；声母では微母(v-)，疑母(g-)を保存していること。見系(k-)声母の細音(介母音に-i-，-y-が来る音節)と精系(ts-)声母の細音がまだ完全には口蓋化していないこと。韻母ではuanとuon，uŋとuəŋをそれぞれ分韻していること。中古音の歌戈韻所属字の字音は当時まだo，ioと発音していたこと。中古音の支脂之韻の照系・知系の字音韻母は依然としてiであり，舌尖後母音ではなかったこと。声調ではまだ入声が保存され，すべて喉音破裂音(-k，-ʔ)で終結していることなどがあげられる。

『西儒耳目資』は5個の「自鳴」母音と20個の「同鳴」子音を組み合わせ，字の上面に声調記号を加えるという方式によりすべての漢字音を表記しており，字音を律する簡潔な統一基準を視覚に訴えるという点で，きわめてわかりやすいものであった。これは従来繁雑で難解だと考えられてきた反切に対して「表音を決めようとしなくても決まる」簡単な方式を提供したものであり，同時に，中国の音韻学者にこの種の簡単明瞭な音節文字に対する熱いあこがれを引き起こさせ，漢字も音節化することができるという想像を抱かせることになった。

ただし『西儒耳目資』も表音の用字選定については伝統的反切法から抜け出ていない。同書でいう「四品切法」は反切に折り合いをつけたものであり，実質上反切を改良したものである。『西儒耳目資』が反映する語音体系には『洪武正韻』(1375)，『古今韻会小補』などの伝統韻書の分類を踏襲した部分が多い。例えば「全濁上声の去声への変化」は 13，14 世紀以来の北方語の普遍的現象であるが，『西儒耳目資』では依然として全濁上声字を上声に帰属させており，上面に⌒記号を加え「古音」と注記している。また注音方法は描写に重点が置かれており，音素の帰納は完全かつ精確なものではない。eao と iao，eaŋ と iaŋ を必要がないにもかかわらず分類するのはその例である。これらは発音部位の違いによる微細な変音であり，意義弁別に影響を及ぼすことはない。　　　　(矢放昭文)

【参考文献】羅常培「耶蘇會士在音韻学上的貢献」『集刊』3-2，1903。/陸志韋「金尼閣西儒耳目資所記的音」『燕京学報』33 期，1974。/陳望道『陳望道語文論集』上海教育出版社，1985。

多	tō	誨	hoéi	天	tiēn		
落	lŏ	十	xĕ	主	chù	信	sín
一	yĕ	二	lh	已	ỳ	而	lh
日	gĕ	聖	xím	降	kiám	步	pú
在	çái	徒	tû	生	sēm	海	hài
船	chuên	其	kî	託	tŏ	疑	nhî
恍	hoàm	元	iuên	人	gîn	而	lh
惚	hoĕ	徒	tû	形	hîm	即	ciĕ
見	kién	名	mîm	以	ì	沈	chîn
天	tiēn	曰	yuĕ	行	hîm		
主	chù	伯	pĕ	教	kiáo		
立	liĕ	多	tō	于	yû		
海	hài	落	lŏ	世	xí		
		伯	pĕ	先	siēn		

利瑪竇『西字奇蹟』第一葉(1605)

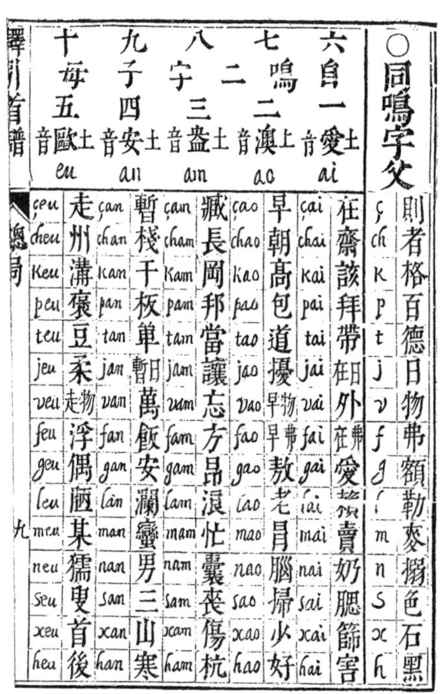

○同鳴字父

十 母五 歐上音 eu	九 子四 安上音 an	八 字三 盎上音 am	七 鳴二 澳上音 ao	六 自一 愛上音 ai	○同鳴字父
çeu 走	çan 暫	çam 臧	çao 早	çai 在	ç 則
cheu 州	chan 棧	cham 長	chao 朝	chai 齋	ch 者
keu 溝	kan 干	kam 岡	kao 高	kai 該	k 格
peu 裒	pan 板	pam 邦	pao 包	pai 拜	p 百
teu 豆	tan 單	tam 當	tao 道	tai 帶	t 德
jeu 柔	jan [illegible]	jam 讓	jao 擾	jai [illegible]	j 日
veu 走物	van 萬	vam 忘	vao 早物	vai 外	v 物
feu 浮	fan 飯	fam 方	fao 早弗	fai 在弗	f 弗
geu 偶	gan 安	gam 昂	gao 敖	gai 愛	g 額
leu [illegible]	lan 瀾	lam 浪	lao 老	lai [illegible]	l 勒
meu 某	man 蠻	mam 忙	mao 冃	mai 賣	m 麥
neu 獳	nan 男	nam 囊	nao 腦	nai 奶	n 搦
seu 叟	san 三	sam 喪	sao 掃	sai 腮	s 色
xeu 首	xan 山	xam 傷	xao 少	xai 篩	x 石
heu 後	han 寒	ham 杭	hao 好	hai 害	h 黑

『西儒耳目資・訳引首譜』第九葉(1626)

『切　韻』

隋の文帝仁寿元(601)年に陸法言が編纂した韻書。全五巻。原本は早く失われたが，20世紀に入り敦煌や故宮(北京)から唐・五代の写本残巻・刻本が30種以上発見された。大多数は残巻・残葉であるがS2683陸法言原書断片，S2055『長孫訥言箋注本』残巻，P2011『王仁昫刊謬補缺切韻』(王一)，『項子京跋本』(王二)など貴重價値を持つものがある。これらは劉復・魏建功・羅常培合編『十韻彙編』(1935年)，姜亮夫『瀛涯敦煌韻輯』(1955年)，周祖謨『唐五代韻書集成』(1983年)三書に収録されている。また1947年に唐写本完本『王仁昫刊謬補缺切韻』(王三)が故宮で発見され『切韻』音系を研究する上で大切な資料となった。宋濂の跋が付き『故宮宋跋本』とも呼ばれるが，その反切・分韻は李榮『切韻音系』(1956年)を利用することで知ることができる。

李榮によれば『故宮宋跋本』は195韻に分けるが，上声五十一广の下に「虞掩反，陸無韻目，失」，去声五十六嚴下に「魚淹反，陸韻無目，失」と注記しておりこの2韻が後の増加韻であることが判る。したがって陸法言『切韻』原本は平声54・上声51・去声56・入声32，計193韻であった。また清の卞永誉(1645–1712)が記録する孫愐『唐韻序』によれば『切韻』収録字数は後継韻書に比べて少なく総数11500字である。さらに平上去三声韻は一定順に配列され相承関係に乱れはない。入声韻は平上去声韻と一律には相承しない一方，陽声韻(-m，-n，-ŋ)と相配し，陰声韻(-∅，-i，-u)とは相配しない。各韻内はさらに同音字から成る小韻に分かれる。小韻の最初の一字を小韻字と呼び，反切による音注と該当小韻に含まれる字数が記される。字の訓釈は簡便であり常用字に対する訓釈はない。注釈の順序は初期写本の場合訓釈・反切・又音(又切)・字数である。又音は注された字にのみ属し同小韻内の他の字とは関係がない。さらに小韻の配列には固定された順序がない。

193韻という詳細な分類が成立する経緯については『切韻』序文に記述がある。隋の開皇(581–589)初年に劉臻・顔之推・盧思道・李若・蕭該・辛徳源・薛道衡・魏彦淵の八人が陸法言の家に集まり宴会を開いた。盛り上がったところで古今の言語・当時の方言の違いに話題が及んだ。当時流行の複数の韻書の分韻基準の違いも議論された。その結果，精密基準を生かし緩いものを削除すれば，必ず詩文の創作・読書時の音弁別に耐えるだろう，ということで新に韻書を編むことを目的に問題箇所について議論を交わし編成原則と体例を定めた。顔之推・蕭該の二人は審音能力が特に高いためこの議論では大きな働きをした。『切韻』が成立後世間にひろく受容され権威を保持したのはこの二人に拠るところが大きい。最終的に魏彦淵が陸法言に当夜の議論の結果を記録するように促した。陸法言の私的事情により成書は十年以上遅れたが，当日定めた大綱をもとに古今の字書と呂静『韻集』・夏侯詠『韻略』・陽休之『韻略』・李季節『音譜』・杜臺卿『韻略』を参考にして『切韻』五巻を書き終えた。陸法言ではなく顔之推・蕭該二人の審音能力を拠り所として八人の合議により分韻が定まったという点は『切韻』の音韻特色を知る上で特に重要である。

顔之推はその『顔氏家訓・音辞篇』十八において「陽休之の『切韻』は粗野である」「王侯外戚は語音が正しくない」などと記述し，語音・読音について一定の規範意識をもち，その審音基準に基づいて他の音韻を批評している。自らの規範意識・審音基準を大切にする姿勢こそが『切韻』編纂での主導的立場に結びついたのであろう。この審音基準についての議論は後世も続いた。呉音説，洛陽音説，長安音説，金陵音を主としつつ洛陽音を加えたという説などさまざまであるが，今日まで意見は一致していない。

その中で『切韻』音系の基礎は6世紀の南北士大夫に通用した雅言であり当時の読書音であるという周祖謨の見解は説得力が大きい。周祖謨によれば『切韻』分韻は顔之推・劉臻など八人の議論により決定した。また先代諸家の音韻，古今の字書を参考にして体例を決定し編集した正音としての意義をもつ韻書である。その詳細な審音基準・語音系統は顔之推・蕭該の活動した金陵・鄴下（河南省臨漳）の雅言であるが，当時通行していた読書音を斟酌したもので，南北音のどちらも主ではなく一方言音の記録でもない。また顔之推は古音よりも当時の読書音を重視した。

読書音は代々相承され，その規範力はとりわけ知識層に大きく影響する。殊に隋唐から清末まで実施された科挙（官吏登用試験）の受験者にとり，規範的読書音に習熟し経書に通じることは極めて重要なことであった。方言音の根強い地域ではその束縛を突破する手段であり，今日でも異なる方言音を操る人々の間で読書音が果たす役割は大きく，古代人の間でもこのような役割があったはずである。一方で顧野王『玉篇』・呂忱『字林』を代表とする魏晋南北朝に流行した字書，および呂静『韻集』を代表とする五韻書の得失を議論しつつ，南北・古今の音韻の是非を比較して体例を定め，韻の取捨選択を経て始めて『切韻』が成立したことも重要である。『切韻』は無人の荒野に独創的にでき上がったのではなく，魏晋南北朝に成立していた韻書の総決算である。その完成度，体系化した度合の水準が高度であったが故に当時の士大夫階層に支持され典範となったのである。

また『切韻』以前の上古音を研究する出発点となる。明清の古韻学者による『詩経』『楚辞』『説文』形声符に基づく古音研究，カールグレン，董同龢，李方桂など20世紀以降の上古音研究は『切韻』音系を通じてはじめて可能であった。また現代中国語方言は古代方言を継承し発展してきたものであるから，『切韻』が当時の語音状況を反映するものである以上，現代諸方言とも一定の対応関係をもつと考えられ，その音系は現代諸方言の調査・研究にも重要な参考資料となる。（矢放昭文）

【参考文献】李榮『切韻音系』語言學專刊第四種，科学出版社，1956/周祖謨「切韻的性質和它的音系基礎」『問學集』pp.434–473. 中華書局，北京，1966/趙誠『中国古代韻書』中華書局，1978/遠藤光暁「『切韻』反切の諸来源——反切下字による識別」『日本中国学界報』41，1989。

『切韻指掌図』

2巻。作者不詳。巻頭表題に司馬光(1019–1086)撰と記され，司馬光書の叙文もあることから司馬光作と思われていたが，『四庫全書総目提要』，『切韻指掌図』「自序」などに基づく近代の考証により，少なくとも作者は司馬光ではなく，誰かが司馬光に仮託したものと考えられている。1930年代に南宋時代の刻本が発見され，巻末に附された董南一(生卒不詳)の序文に従い，遅くとも南宋嘉泰3(1203)年には成立していたとの説が趙蔭棠(1893–1970)により考証されたが，董同龢(1911–1963)によれば趙氏の説も不十分であることが詳細に展開されている。

また版本は多く，宋本，元本，明本，四庫全書本など四系統の版本がある。今日入手できるテキストとしては厳式誨が『音韻学叢書』を成都(四川)において刊行した際(1923–1936)に編入し，中華書局が1962年に影印出版した『切韻指掌図』と，北京図書館所蔵宋紹定(1228–1233)刻本を影印した中華書局1986年覆刻『宋本切韻指掌図』がある。後者は前者に比べて序文などが少なく，原書に近い様相を再現していると考えられている。

「指掌図」とは「掌を指す(ように分かりやすい)図」という意味であるが，左手五指と掌を使い五音(七音)分類を作図しているところが特徴的である(図)。五音分類の内訳は親指(唇音：幇滂並明・非敷奉微)，人差し指(舌音：端透定泥・知徹澄娘)，中指(牙音：見溪群疑)，薬指(歯音：精清従心邪・照穿牀審禪)，小指(影暁匣喩)であり，これに掌(半舌半歯：來日)の二音を加え七音となっている。

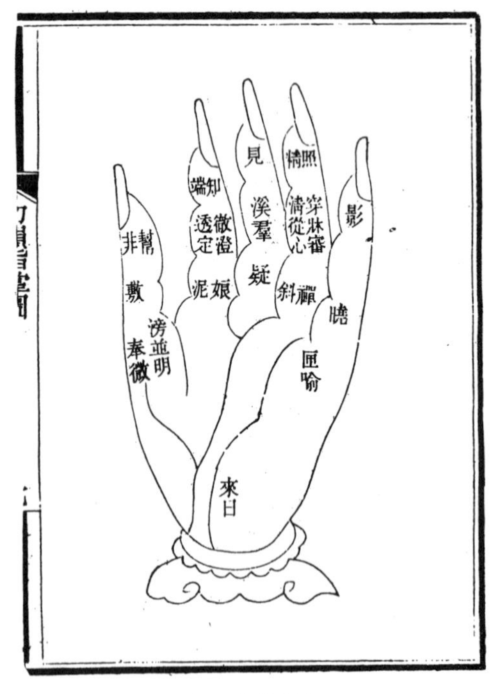

切韻指掌之圖

音図は『韻鏡』『七韻略』『四声等子』と異なり，合計20枚で構成されている。「転」「攝」「内外」「等」などの名称もなく，図ごとに「開」「合」「独(韻)」を注記するのみである。「二十図総目」の牙音平声字で代表する韻の排列は「高公孤鉤甘金干官根昆歌戈剛光觥搄該基傀乖」となっているが，第1図は〔au〕〔iau〕韻とこれに相配する入声韻，第2図は〔uŋ〕〔iuŋ〕韻と相配する入声韻が収録されるなど，韻の排列について

『韻鏡』『七韻略』が『広韻』の韻目に従っている体例とは完全に異なっている。

また『韻鏡』『七韻略』が入声[-p, -t, -k]韻を陽声[-m, -n, -ŋ]韻に相配するのに対し，『切韻指掌図』では入声韻を陽・陰両声韻に二重相配している。例えば「穀，哭」を第2図では「公，空」に配すると同時に，第3図でも「孤，枯」に相配させている。なおこの点については戴震（たいしん）『答段若膺論韻』（だんじゃくよう）に南宋淳熙（じゅんき）(1174-1189)年間に楊倓（ようたん）の『韻譜』が現れて同様に処置をしている趣旨の記述があり，『切韻指掌図』の独創ではないものの，中古音の韻分類について宋代には大幅に簡化が進んだことを示している。

さらに『韻鏡』などでは三等欄に配される支之韻の精母「茲・雌・思・詞」などを一等欄に置いている。これらの字音は当時すでに拗音性を失い，〔-i〕韻ではなく〔ɿ〕韻で読まれていたのではないか，ということをこの処置により推測することができる。

一方で『広韻』が代表する中古音の反切を『切韻指掌図』を使って精確に読むことも可能であった。「巨巾切」という反切を例に取ると，まず上字の「巨」字を第3図に探し出す。上声群母字である。次に下字「巾」を第9図牙音平声に探し出す。そのまま左を探し，群母欄をみると「勤」字があるので「巨巾切」は「勤」と同音であることがわかる。南宋の読書人は『切韻指掌図』あるいはこれと同方式の韻図を利用することにより唐代以前の読書音を的確に知ることができたであろう。 (矢放昭文)

【参考文献】趙蔭棠「切韻指掌図作者年代考」輔仁學誌 4-1，1933/「切韻指掌図撰述年代考」輔仁學誌 4-2，のち『等韻源流』に収録。商務印書館，1957/董同龢「切韻指掌図中幾個問題」『集刊』17，1948/尾崎雄二郎「disarticulation ということ」『入矢教授小川教授退休記念論文集』1974。

切韻指掌圖卷一

宋司馬光譔

一	見	溪	羣	疑	端	透	定	泥	知	徹	澄	娘	幫	滂	竝	明	非
平聲	高	尻	○	敖	刀	饕	淘	猱					褒	橐	袍	毛	
	交	敲	○	聱					嘲	颮	[illegible]	鐃	包	胞	庖	茅	
	嬌	趫	喬	○					朝	超	晁	○	鑣	○	○	苗	○
	驍	鄡	翹	堯	貂	祧	迢	○					飈	漂	瓢	[illegible]	
上聲	暠	考	○	[illegible]	倒	討	道	惱					寶	○	抱	蓩	
	絞	巧	○	咬					獠	○	○	獿	飽	○	鮑	卯	
	矯	○	驕	鱎					○	[illegible]	肇	○	表	麃	藨	○	○
	皎	[illegible]	○	磽	鳥	朓	窕	嬲					褾	縹	摽	眇	
去聲	告	鎬	○	傲	到	韜	導	腝					報	○	暴	帽	
	教	敲	○	樂					罩	趠	棹	橈	豹	砲	靤	貌	
	○	趬	嶠	[illegible]					○	朓	召	○	裱	剽	驃	廟	○
	叫	竅	轎	顤	弔	糶	蓧	尿					○	○	○	妙	
入聲	各	恪	○	咢	○	託	鐸	諾					博	[illegible]	泊	莫	
	覺	㱿	○	嶽					斲	逴	濁	搦	剝	璞	雹	邈	
	腳	卻	噱	虐					芍	[illegible]	著	[illegible]	○	○	○	○	○
	○	○	○	○	○	○	○	○					○	○	○	○	

切韻指掌圖卷一　一

『切韻指掌図』第一葉

石経

経典を石に刻して太学の構内などに立て，依拠すべき本文と文字の正体とを，世間に公示し，長く後世に伝えようとしたもの。仏教や道教の石経も存在するが，中心的な位置を占めるのは儒教の石経であり，後漢から清に至る歴代王朝の多くが建立した。主要なものに以下の7種がある。

1. 後漢・熹平石経(熹平4(175)–光和6(183))隷書。『易経』『書経』『詩経』『礼記』『春秋』『春秋公羊伝』『論語』
2. 魏・正始石経(正始年間(240–249))古文・篆書・隷書の三体を並記。『書経』『春秋』『春秋左氏伝』
3. 唐・開成石経(太和7(833)–開成2(837))楷書。『易経』『書経』『詩経』『周礼』『儀礼』『礼記』『春秋左氏伝』『春秋公羊伝』『春秋穀梁伝』『孝経』『論語』『爾雅』の114石が現存。
4. 後蜀・成都石経(広政1(938)–宋・宣和6(1124))楷書。『易経』『書経』『詩経』『周礼』『儀礼』『礼記』『春秋左氏伝』『孝経』『論語』『爾雅』『春秋公羊伝』『春秋穀梁伝』『孟子』(経文のほかに注も加える)
5. 北宋・開封石経(慶暦1(1041)–嘉祐6(1061))篆書・楷書の二体を列記。『易経』『書経』『詩経』『周礼』『礼記』『春秋』『孝経』『論語』『孟子』
6. 南宋・御書石経(紹興5(1135)–淳煕4(1177))楷書または行書。『易経』『書経』『詩経』『春秋』『春秋左氏伝』『論語』『孟子』『礼記』(中庸・大学・学記・儒行・経解)。このうち86石が残存。
7. 清・乾隆石経(乾隆56(1791)–乾隆59(1794))楷書。『易経』『書経』『詩経』『周礼』『儀礼』『礼記』『春秋左氏伝』『春秋公羊伝』『春秋穀梁伝』『孝経』『論語』『孟子』『爾雅』の189石が現存。

石経の建立が，大きな影響力をもったことは，例えば，熹平石経を立てたところ，見たり写したりする人々が殺到し，車は日に1000両あまりにのぼり，そのため街路は大渋滞をきたしたという『後漢書』蔡邕伝・50下の記録からも，その一端をうかがうことができる。石経は，経書の本文研究のみならず，古文字学や書体史など広く中国文化史のうえからも，重要な意義が認められる。

仏教石経は，経典の滅亡を防止する意図から，人目につかない山奥の石室におさめられた。代表的なものに，隋代から金代に至る数百年をかけて刻された河北省の房山の一切経がある。また，道教石経も唐の玄宗期を中心に「道徳経」が刻されたが，その数は少ない。

(福田哲之)

【参考文献】張国淦『歴代石経考』燕京大学国学研究所，1930/藤枝　晃『文字の文化史』岩波書店，1971。

石鼓文

戦国期以前の秦国のものとされる10個の刻石。7世紀初めの初唐期に，陳倉（陝西省宝鶏市）で発見されたと伝えられる。周囲に狩猟に関する4字句の韻文が刻されている。全文は，700字以上と推定されるが，判読可能な文字は約270字であり，『詩経』を模倣したものと見なされる。高さ約90 cm，直径約60 cmで，石の形状が太鼓に似ていることから，石鼓と称され，その文字を石鼓文という。数少ない戦国期以前の刻石としても貴重である。

唐代にはすでに拓本が流布し，杜甫・韋応物・韓愈が詩によみ，張懐瓘や李嗣真らが書論に取り上げるなど，当時の多くの文献に登場している。これらはいずれも，石鼓文が製作された時代を周の宣王のとき（前827頃–前782頃）と見なし，唐代における共通の認識を示している。この周の宣王説は，石鼓文の時代に関する数多くの諸説のうち最も早く出され，近代に至るまで最も有力であった。そして，その重要な根拠のひとつが，周の宣王の太史籀の大篆（籀文）との共通性である。

唐代以後，石鼓文の時代については多くの異説が出されたが，周の宣王の時代とする説は依然として有力であり，特に，清の乾隆55（1790）年に高宗が石鼓文を重刻させ，その御製の序に周の宣王のときと記してからは，ほとんど定説となった。ところが近代に入り，考証学の進展と文字資料の発見とによって，戦国期以前の秦国の文字とする説が相次いで出され，現在では，周の宣王説は否定されている。

石鼓文と秦の文字との共通性については，すでに宋の鄭樵「石鼓音序」に具体的な指摘が見られ，近代以降，語彙や字形との関連について，より精緻な分析が試みられた。その代表的な研究に唐蘭「石鼓年代考」がある。唐氏は，語彙の面から，甲骨文・金文や『尚書』『詩経』に見られる第一人称の代名詞，語尾の助詞に注目し，石鼓文が春秋以後の秦のものであることを証明した。また字形の面から，『説文解字』の大篆と石鼓文との共通点を指摘して，石鼓文が大篆の特徴とよく符合することを明らかにし，同時に相違点として，「四」「車」のように石鼓文が『説文解字』の大篆と異なり，逆に小篆と合致する例のあることを指摘している。唐氏はこれらの検討をふまえて，石鼓文は戦国期の秦の献公11（前374）年に製作されたものであり，その文字は大篆の後に位置して，大篆から小篆に至る過渡期に属すると結論づけた。

現在，石鼓文が戦国期以前の秦国のものであることはほぼ定説となっているが，年代については見解が分かれている。石鼓文は，大篆と小篆との継承関係や西周の文字との関連，さらに中国における石刻の歴史など，発見から千数百年を経た今日においても，なお多くの検討課題をもつ重要な資料である。　（福田哲之）

【参考文献】唐蘭（田中　有訳）「石鼓年代考」『中国書道全集第1巻』，平凡社，1988。

『説文解字』

中国の文字学書。後漢・許慎撰。15巻。また『説文』と略称される。永元12(100)年の自序があり，漢字を字形によって分類した最古の文字学書。撰者の許慎については，別の項目を参照。

許慎はすべての漢字を「六書」の原理で分析し，その文字が作られたときに最初に表した意味(本義)を究明し，さらに各文字を540からなる「部」に分けて収めた。

字形を解釈するための基礎的な書体として，秦の始皇帝の時代に全国の標準書体として制作された小篆を使い，異体字には小篆のほか，「古文」や「籀文」など，小篆より前の時代に存在した書体のものを掲げる。収録字数は，序文によれば親字として掲げられる小篆が9353字，重複する異体字が1163字，解説に使われた文字数は13万3441字と記されるが，長い間の転写によって，実際にはテキストによってその数が大きく異なっている。

約9000の文字に対してそれぞれの文字の成り立ちと本義を考察するにあたって，許慎はまず，漢字の生成と発展の歩みを2段階に分けて考えた。許慎は文字全体を大きく「文」と「字」の2類に分ける。

『説文解字』自序に「倉頡(漢字を発明したとされる人物の名)の初めて書を造るや，けだし類に依りて形を象る，ゆえに之を文と謂う。そののち形声相い益す，即ち之を字と謂う。字とは孳乳して浸く多きことを言うなり」とあるのがその区別で，「文」とはそれ以上分割できない単体の字，「字」とは既成の「文」を二つ以上を組み合わせて作られた複体の字である。単体の文字がはじめに作られ，あとから複体の字ができたわけで，そのときに「六書」のうちの象形・指事・会意・形声の方法が使われた(転注と仮借は文字の運用法に関する方法と考えられる)。

それぞれの文字の下には必ず本義の指摘と六書による構造分析があって，この部分を「説解」と呼ぶ。ここで二篇上にある「口」部を例として説解の体例を示すと，まず部首字である「口」に「人の言い食する所以なり。象形。凡そ口の属は皆な《口》に従う」とある。前半は「口は人がそれでもって言を発したり，(物を)食べたりするはたらきのもの」の意味で，後半の「象形」は，この字が象形の方法によって作られたことを説明する。次の「凡そ口の属は皆な《口》に従う」とは，以下に続く口部所属の文字をすべて《口》によって意味を与えられていることをいう。

なお宋代以後の『説文解字』のテキストでは「苦后の切」と反切の注があって，《口》は「コウ」と読むことを示すが，反切による音注は許慎の原本にはなく，後人が加えたものである。

《口》部に属する文字は合計180字収録されており，例えば「呼は外息なり。口に従う，乎の声」「吸は内息なり。口に従う，及の声」とある。許慎は「呼」は口から吐く息，「吸」は口から吸う息のこと，と本義を定義し，そのあとに各字が形声の方法で作られたことを説明する。どちらも《口》を意符とし，「呼」と同音の「乎」，「吸」と同音の「及」がそれぞれの音符となっているのである。形声文字はこのように「某に従う，某の声」と記されるのが原則である。

一方会意の字については通常「従某某」，または「従某従某」という形式で示される。例えば「吠は，犬の鳴くなり。口と犬に従う」とある。「犬がほえる」が「吠」の本義であって，後半の「口と犬に従う（従口犬）」の記述が，「吠」が会意の方法で作られたことを表している。《犬》はここでは音を表す機能をもたず，《犬》と《口》の要素がもつ意味を合わせて，「ほえる」意味を示すというわけである。

『説文解字』は9000字あまりもの漢字を書物中に配列するのに，「部首法」と呼ばれる方法を創始した。これは宇宙の根元である《一》の部に始まり，次は《二》（「上」の古い形），その次は《示》というように字形上の連鎖を配慮しながら独自の宇宙観を部首の順によって構築し，十干十二支の文字を最後において《亥》で終わる。『説文解字』の540部は後世に整理合併され，後世の漢字の規範とされた『康熙字典（こうきじてん）』では214部に整理統合された。部に分けて漢字を収める方法は，日本の漢和辞典においても漢字が部首別に収められているように，現代においても広い分野で使われている。

伝来のテキストは北宋の初め徐鉉が校訂したものが基準とされるが，それに先だって弟の徐鍇が校訂・注釈を加えた『説文解字繫伝』のテキストのほうがすぐれている。この兄弟それぞれの仕事が後世に伝わり，清代には先秦の文献の解明に必須の書として重んじられ，幾多の注釈が現れた。

『説文解字』は漢字の形・音・義全般にわたって考察を加えた最初の文字学書であり，清代に興隆した考証学の研究者たちはその価値を正しく認識した。『説文解字』の研究はやがて経書研究のための補助的なものにとどまらず，独立した学問として展開され，『説文』学の最高峰といわれる段玉裁（だんぎょくさい）『説文解字注』をはじめ，王筠『説文解字句読』，朱駿声『説文解字通訓定声』など，大部の，そしてすぐれた業績が次々と生まれてきた。清代注釈の主なものは，丁福保編『説文解字詁林』に収められている。

近年，とりわけ甲骨文字（こうこつもじ）が発見されて以来，『説文解字』による解釈に誤りが多く含まれていたことが明らかになり，文字学研究書としての不備がしばしば指摘されるが，しかし清末以来の金文研究や，あるいは20世紀半ばに興隆した甲骨学が，新発見の資料が大量に現れたにもかかわらず，多くの学者がその資料を的確に解釈し，また古代文字の解読に大きな成果をあげることができたのは，ほかでもなくそれまでの『説文解字』の大きな蓄積があったためにほかならない。　（阿辻哲次）

【参考文献】頼惟勤編『説文入門』大修館書店，1983/阿辻哲次『漢字学—「説文解字」の世界』東海大学出版会，1985/大島正二『〈辞書〉の発明』三省堂，1997。

『説文解字義證』

清代の文字学研究書。後漢の許慎撰『説文解字』に注釈を加えた著述。50巻。

桂馥(1736-1805)の撰。字は未谷，山東曲阜の人。乾隆55(1790)年の進士で，雲南永平の知県となり，善政に努めたとたたえられる。篆刻にたくみで，金石にも詳しかった。その書斎には許慎と二徐(徐鉉・徐鍇)，張有など12人の文字学者の肖像を掲げて「十二篆師精舎」と名づけ，またその系統を「説文系統圖」として著した。

『説文解字義證』は30年以上の時間を費やし，辛苦のうちに完成した労作で，当時の学風であった煩瑣な六書の穿鑿よりも，字義の通貫を目的として撰述された。

『説文解字』本文は『玉篇』や『広韻』に引かれる説解を以て二徐の本文を校訂し，さらに字形には殷周時代の青銅器に見える金文を参考にしたという。注釈はそれぞれの文字の用例を集めることに精力を傾注し，段玉裁の注が文字の初形初義をもっぱら論じるのに対して，桂馥は文字の本義から引伸義へ派生していく発展過程を重視する。

『義證』は当該字を使った文献を用例として引くことが非常に多く，『段注』のように自説を開陳する部分が少ないことから，用例集，あるいは類書のたぐいと見られることがある。しかしその引用は無秩序ではなく，ある文献だけでは不十分と思われる場合には次に補足しうる資料を引き，またある文献の用例が妥当でない場合には，それをただす用例をすぐあとに引くなど，脈絡が一貫している。ただ引かれる文献に関してのテクストクリティークが十分に行われていないことがある。

もともとこの書物は稿本のまま残され，稿本にはなお「査某書」のように，今後の調査を必要とするところが残されていたという。非常に大部な書物であるため，刊行も容易ではなく，桂馥没後もしばらくは写本の形で通行し，一部の人にしか伝えられなかった。それがはじめて刊行されたのは，著者没後30年以上も経過した道光19(1839)年のことであった。

のち武昌書局で経史数種を刊行するに際して，当時の大儒張之洞がこの書の復印を提唱し，それによってようやく世間に広く通行することとなった。張は翻刻に際して段玉裁と桂馥の学風を論じ，段玉裁は音韻と字義に詳しく，桂馥は文字の用例と字義の変遷に明るく，『説文解字』の奥をきわめるには両者を読む必要があると述べる。

『段注』が広く世間に普及しているのに対して，『義證』は流布が少なかったが，今は『説文解字詁林』に収められており，これによって簡単に利用することができる。

(阿辻哲次)

【参考文献】白川　静『説文新義』第15巻。

『説文解字繫伝』

中国の文字学書。五代・南唐の徐鍇の著。徐鍇(920-974)は字は楚金，浙江・会稽の人。兄の徐鉉(字は鼎臣，916-991)とともに『説文解字』に精通し，「二徐」と称せられる。南唐に仕え，秘書省正字から内史舎人に遷った。伝は『南唐書』巻5と『宋史』巻441に見える。

後漢に作られた『説文解字』は，文字研究の規範を示すものではあったが，唐代に李陽冰による恣意的な改訂があったりするなど，その伝承は必ずしも完全なものではなかった。そこで徐鍇はその本来の姿を示し，また『説文解字』に加えられた俗説を排斥するためにみずからの研究を『説文解字繫伝』40巻にまとめた。書名を「繫伝」と称するのは『易経』にある「繫辞伝」を意識したもので，説解を『易』の経文に見立て，それに注釈を加えるという形で書物が作られた。その主要な体例は，古典籍を引用して許慎の解釈を敷衍し，また字形と字義のよってきたるところを説き，時に引伸や仮借義への字義変遷の過程に言及するが，まれに『説文解字』の字形や解釈を改め，私見を加えることもある。ともあれ現在見ることができる『説文解字』に対する最古の注釈は，この『説文解字繫伝』である。

40巻で構成される書物全体は，「通釈」30巻，「部叙」2巻，「通論」3巻，それに「祛妄」「類聚」「錯綜」「疑義」「系述」がそれぞれ1巻ずつであるが，その後の伝承過程のなかで「通釈」の巻25が失われた。現在通行しているその書物では，その部分は兄の徐鉉が校訂した『説文解字』(大徐本)の同じ部分が充てられている。

徐鍇にはほかに，『説文解字』所載の小篆の字形を韻書の形式で配列した『説文解字篆韻譜』5巻(また10巻本もある)があり，これは検索がきわめて困難とされていた『説文解字』に対して，当時の知識人が通暁していた韻書形式の配列を使うことで検索を容易にするものであった。徐鍇はその学問も文章も，兄の徐鉉より優っていたとたたえられるが不幸にして早く世を去った。しかし彼が行った基礎的な仕事が徐鉉に引き継がれ，徐鉉はその後宋に仕え，太宗の雍熙3(986)年に命を受けて，句中正，葛湍，王惟恭らとともに『説文解字』を校定し，さらには，『説文解字』の本文中に使われていながら見出し字とされていない文字を補った(これを「新附字」という)。『説文解字』の伝承において，徐鍇と兄の徐鉉が行った仕事の意義はまことに大きい。(阿辻哲次)

【参考文献】白川　静『説文解字新義』第15巻／阿辻哲次『漢字学―「説文解字」の世界』東海大学出版会，1985。

『説文解字注』

中国の文字学書。後漢の許慎が著した文字学書『説文解字』に注釈を加えたもの。また『説文段注』，あるいは単に『段注』と略称される。著者は段玉裁(1735–1815)，字は若膺，号は懋堂または茂堂。その書斎を経韻楼と呼ぶ。江蘇省金壇県の人。乾隆25(1760)年の挙人で，四川省巫山県などいくつかの知県を歴任したがやがて辞し，郷里に帰って学問と著述に専心した。晩年にくらした蘇州に没し，なきがらは故郷金壇に葬られた。墓は今も金壇の地に現存する。伝記には『清史稿』儒林伝，また『清史列伝』『国朝先聖事略』などがあり，年譜としては劉盼遂による『段玉裁先生年譜』が最も完備しており，『段玉裁遺書』に収められている。

科挙の第2段階の試験(会試)を受けるためにはじめて都に出たとき，戴震に出会い，彼の学問に心酔して，弟子の礼を取った。はじめ古音学の研究にとりかかり，先秦の経書や群籍に見える押韻を整理して，『詩経韵譜』『群経韵譜』を作り，清初の顧炎武が古韻を10部に，さらに江永が13部に分けたのを受けて，段玉裁はさらに精密な分類をほどこし，特に支・脂・之をそれぞれ独立した部に分けて，古音17部説をたてた。最初はその説を承認しなかった戴震も，やがてその精密さを激賞し，これが『六書音均表』として結実した。この成果が，『説文解字注』における漢字の解釈に遺憾なく発揮された。

『説文解字』研究の最高峰と呼ばれる『説文解字注』全30巻は，段玉裁が生涯をかけたライフワークである。段玉裁が『説文解字』の本格的な研究にとりかかったのは段氏42歳のときで，完成したときには73歳になっていた(刊行の終了時には81歳)。段玉裁がその書の末尾に自身の執筆を回顧して，「はじめ『説文解字讀』五百四十巻を為り，既に乃ちこれを隠括して此の注を成す」と述べる記述から考えれば，はじめに『説文解字讀』という原稿本(長編)を作り，そのエッセンスのみを残して『段注』にまとめたことがわかり，その稿本と思われるものが今も北京図書館に現存する。

段玉裁の注釈は基本的に『説文解字』の所論にそって，許慎が記す本義を証するために膨大な数の文献を引用し，また精密な古韻研究に基づいて字義の変遷が跡づけられる。まさに『説文解字』の完璧な実証的研究として高く評価しうるもので，その説は時に武断にすぎると評されることもあるが，王念孫がこの書に与えた「蓋し千七百年来此の作無し」との賛辞は，今もなお至言と首肯される。 (阿辻哲次)

【参考文献】頼　惟勤監修『説文入門』大修館書店，1983/阿辻哲次『漢字学—「説文解字」の世界』東海大学出版会，1985。

『説文解字通訓定声』

清代の文字学研究書。後漢の許慎撰『説文解字』に注釈を加えた著述。18巻。著者は朱駿声（1788-1858），字は豊芑，允倩と号した。江蘇省呉県の人で嘉慶年間に進士に及第。若くして銭大昕に師事し，経史の考証と校定に従事した。咸豊元(1851)年にその著『説文通訓定声』を献上して咸豊帝に激賞され，国子監博士の称を授かった。著述にはほかに『六十四卦経解』や『左伝旁通』『伝経室文集』などがある。

『説文解字通訓定声』はその主著で，道光13（1833）年に完成，同28（1848）年に刊刻された。『説文解字通訓定声』という書名には，「説文」と「通訓」と「定声」という三つの内容が含まれている。同書の「前言」によってそれぞれを簡単に説明すれば，「説文」とは許慎が説く文字の本義を補足的に説明して例証を加えた部分であり，「前言」はそのことを「説文と曰ふは，宗とする所を表す」と述べる。「通訓」は本書の骨格をなす部分であって，そこでは自らの転注と仮借の考察をふまえて具体的な文字の用例と意味の変遷過程が示される。朱はそれまで定説がなかった転注について『説文解字』の定義をあらためて，転注を「引伸」すなわち字義の派生と捉え，それに対して仮借を意味の関連はなく，単に同音または近似音による意味の変化と考える。「通訓」については「前言」に「通訓と曰ふは，転注仮借の例を発明するなり」とある。朱駿声はそれぞれの字義とその変遷過程の考察にあたって必ず古文献に見える用例を掲げており，その例証については膨大な量の文献を渉猟して，さらにはそれが本義であるか，あるいは引伸義・仮借義であるかを明らかにする。

三番目の「定声」は，『広韻』に示される中古音が古代からの字音ではないことを証明し，それぞれの字音をその源流にまで導いていこうとする部分であって，「前言」には「定声と曰ふは，『広韻』今韻の古からざるを証し，其の源に導くなり」とある。この「定声」も本書が後世に与えた重要な価値をもつ部分であって，朱駿声は『説文』で8割以上を占める形声文字を分析することから得た1137個の諧声符を帰納し，それを古音18部に分類した。その古音研究は段玉裁の17部説などとともに近代の上古音研究の基礎をかたちづくったものであるが，この点を重視するために，本書では『説文解字』本来の順序とは違った方法で文字が配列され，そのために検索が困難になった（ちなみに現在刊行されている書物では検字表がついている）。しかし字形と部首の原則によらず，漢字を字音を中心に並び替えたことで諧声の系列が一目瞭然としたことがこの書の最大の特徴であって，朱駿声のこの方法は形声文字において同じ音符をもつ漢字群に共通義を想定する「右文説」や，さらにはのちの「単語家族」説の成立に大きな影響を与えるものとなった。（阿辻哲次）

【参考文献】大島正二『中国語言学史』汲古書院，1997。

『節用集』(せつようしゅう)

15 世紀中頃に成立し，昭和初期まで行われた国語辞典の一類である。江戸初期までの写本や刊本は特に「古本節用集」と称することがある。漢字表記される語に振り仮名を付した見出し語を，語頭の仮名のイロハ順に分類し，そのなかを 10 数種類前後に意義分類するものが主であるが，17 世紀後半以降は多様な分類形式がみられるようになった。語釈は概して少なく，体裁は用字辞典に近い。また，日用百科的な付録を合冊するものが増加した 18 世紀以降は，名実ともに「事典」類の代名詞となった。

古写本に『増刊下学集』という書名を有する本があるとおり，祖本は『下学集』の所収語を根幹とする，小規模な辞書であったらしい。編纂者も『下学集』と同様，建仁寺の僧といわれる。命名の由来は，『論語』「学而篇」の「節用而愛人」によるとも，折節に用いる書の意ともいわれる。「古本節用集」諸本においては，所収語や意義分類の形式とイ部冒頭の語の違いが比較的よく対応しているため，それらの語を名称に冠した「伊(い)勢(せ)本」「印度(いんど)本」「乾(いぬい)本」の類別が行われる。意義分類に漢詩作成用の辞書である『聚分韻略』の影響がみられることや，増補資料に源氏物語の注釈書や『仮名文字遣』がみられることなどから，「古本節用集」は，主に韻文作成などに携わる人々が参照する書物であったと推測されている。

慶長年間に「乾本」に属する『易林(えきりん)本節用集』が刊行されると，17 世紀には，その所収語を受け継ぐ節用集が相次いで刊行されるようになる。漢字表記を草書と楷書の 2 行で掲出するものが一般化し，通俗的な用字辞典としての性格が強まっていった。17 世紀後半以降は，世話字や漢文風の異名を増補し，意義分類の後にイロハ分類をする『合類節用集』『書言字考節用集』や，文書用語を増補し，頭書や辞書本文の前後に百科的な付録を配する節用集が刊行されるようになり，多様化が進んだ。また，宝暦 2 (1752) 年の『宝暦新撰早引節用集』はイロハ分類の後に見出し語の仮名数によって分類する形式の節用集であり，19 世紀以降はこの形式の節用集が主流となっていく。

明治維新以降も仮名数分類を採るものを中心に刊行は続く。近世以来の所収語を維持するものも存するが，1869 (明治 2) 年の『掌中早字引集』のように，当時の漢語辞書所収の漢語やその語釈を増補するものも多い。なお，1875 (明治 8) 年には五十音順の配列をする『開明節用集』も刊行されるが，一般化しなかった。明治中期以降は，『言海』など，語釈を伴う近代辞書の盛行の陰で次第に刊行数は減少していった。

影印に付されたものも多く，漢字表記の変遷や，和語の語形変化，漢語における漢字音の転換などを通史的に概観する際に役立つが，先書からの踏襲性が高いものが多く，同じ時代のものであっても編纂者や編纂目的によって掲出形が異なっている場合もあるため，各節用集の性格をふまえたうえで参照する必要がある。　（米谷隆史）

【参考文献】安田　章『中世辞書論考』清文堂，1983/松井利彦『近代漢語辞書の成立と展開』笠間書院，1990/佐藤喜代治編『漢字百科大事典』明治書院，1996。

銭玄同

中国の文字・音韻学者(1887–1939)。本名は師黄，字は徳潜。後に銭夏，また玄同と改名し，号は疑古・逸谷。ペンネームは渾然・王敬軒。浙江省呉興の人。1887年9月12日生まれ，1939年1月17日病没。

1906年，留学のために日本へ赴き，早稲田大学文学部で学んだ。1907年に同盟会に参加した。その間，黄侃・馬裕藻・沈兼士及び魯迅などと一緒に章太炎の文字学の講義を受け，それをきっかけとして，中国文字学の研究に専念することになった。1910年に帰国し，浙江省の海寧・嘉興などで，中学の国文教師になった。1913年，北京高等師範学校附属中学校の教員に就いた。1915年，北京高等師範国文部教授となった。また北京大学の兼任講師を務め，文字学を教授した。

1917年より，『新青年』に投稿し，「文学革命」を提唱し，白話文(話し言葉)で文章を作ろうと主張している。1918年，『新青年』の編集委員の一人として『新青年』に文章を相次いで発表し，「桐城派」と「文選派」という旧文学の旗幟を揚げ，新文化運動を反対する保守勢力を猛烈に批判した。彼は魯迅に創作活動を勧め，その結果，『狂人日記』を『新青年』(第4巻第5号，1918)に発表する事になった。

1919年，教育部「国語統一籌備會」の常駐幹事として国音・注音字母・国語ローマ字・簡体字の研究と思案及び推進に没頭していた。1923年，国語統一籌備會で銭玄同の提議によって，「国語羅馬字拼音研究委員会」を設立した。1926年に「数人会」のメンバーとして，趙元任・劉復・黎錦熙などと共に「国語羅馬字拼音法式」の制定を参与した。

1928年，北平師範大学中文系主任教授となり，説文研究，経済史略，周至唐及清代思想概要，先秦古書真偽略説などの講義を行った。銭玄同は『国音字典』の編纂を参与すると共に，その後に出来た中国語標準字音としての『国音常用字彙』(1932年に国民党政府教育部公表〉の制定にも力を注いだ。

銭玄同は伝統言語・文字の変革を求めて，国語の統一化・文字の簡略化・国語ローマ字表記の発案に大きく貢献し，中国の書語・文字の改革に絶大な影響を与えた。そして彼は自分の名字を「疑古玄同」に変えるなど，文学革命においても，急進的な，異色の存在であった。主な著作は『文字学音篇』(北京大学出版部，1918)・『説文部首今読』(北京大学出版部，1933)などがある。

1986年に『銭玄同年譜』(曹述敬，斉魯書社)が出版された。1999年からは『銭玄同文集』(全6巻)が中国人民大学出版社から相次いで刊行され，また同時に『銭玄同日記』も同出版社で刊行された。　(周雲喬)

【参考文献】『銭玄同年譜』斉魯書社，1986。

『千字文』

識字教科書。また習字の手本としても広く使われた。梁の周興嗣(470–521 頃)撰。1巻。漢字をほとんど重複することなく(「潔」という字が二度使われているのが唯一の例外)組み合わせて作った四言古詩で，全体がちょうど 1000 字でできていることからその名がある。

周興嗣が『千字文』を作ったときの話として，次のようなエピソードが伝えられている。

南朝の梁の武帝(在位 502–549)は王子たちに文字を学ばせるために，殷鐵石に命じて「書聖」王羲之の真蹟から合計 1000 種の漢字を集めさせた。しかしこうして集められた結果は，王羲之の書いた文字を重複しないように 1 字ずつ書き写した 1000 枚の紙であり，全く文章になっていなかった。そこで武帝はそれを意味のある文章に編集するように周興嗣に命じ，周興嗣は一晩でそれを見事な美文にまとめあげたのだが，そのために彼の髪はまっ白になったという。

周興嗣は代々南朝に仕えた貴族の出身で，文学者でもあるが，彼の著述はこの書のほかには伝わっていない。

『千字文』は合計 1000 の漢字を，四字一句の古詩として 250 句に綴り，覚えやすいように韻をふんで，リズミカルに作ったものである。最初の二句「天地玄黄，宇宙洪荒」と最後の二句「謂語助者，焉哉乎也」は毎句末に韻をふむが，ほかはすべて隔句韻となっている。

最初の部分を例にあげると，それは

> 天地玄黄，宇宙洪荒，日月盈昃，辰宿列張，寒来暑往，秋収冬蔵，閏餘成歳，律呂調陽，
>
> 天地は玄黄にして，宇宙は洪荒なり，日月は盈昃し，辰宿は列張す，寒来りて暑往き，秋には収め冬には蔵し，閏餘歳を成し，律呂は陽を調う，

というようなもので，天地の広大なありさまと宇宙の秩序から説き起こし，古代の帝王が文字を作り出したこと，さらには夏殷周三代の王の功績などを述べるが，その間に各方面にわたる格言を配置しているので，名言集ともいえる性格ももっている。

それまで識字教科書としてよく使われていたのは『急就篇』だったが，『千字文』は『急就篇』よりも内容がはるかに平易で，また知識人としての最低限の教養として知っておくべき故事や成語などを多く載せた，実用的なものだった。全体の字数が 1000 字というのは『急就篇』の約半分にすぎず，現実の文字使用の場ではやや少ないとも思えるが，しかし収録されている文字は日常生活に最低限必要な常用字ばかりだったから，初学の者にはむしろ手頃な字数であった。だから子供に文字を教えるのに使う教科書として，『千字文』は『急就篇』に代わって急速に普及することとなった。

隋代から高級官僚を採用するための「科挙」が始まると，知識人の家ではこぞって子供がごく幼少の頃から漢字を教えるようになり，その教材として『千字文』は急速に普及した。これがつい近年に至るまで中国で最もよく使われた識字教科書である。今世紀の初めに敦煌の洞窟から発見された有名な「敦煌文書」のなかに，計45種も『千字文』の写本が含まれていたのは，それがいかによく学ばれたかを物語る事実であり，また近年になって『千字文』は英語やドイツ語，フランス語はもとより，世界中の言語に翻訳されているのも，その広範な普及を物語るものであろう。

『千字文』がこれほどに広く普及した背景には，また書道芸術の流行が大きく作用していることも忘れてはならない。というのは，『千字文』は書道の世界でも代表的な手本として広く使われ，さまざまな書体でその文が書かれたからである。

王羲之の七世の子孫に当たる僧智永は，はじめ「書聖」王羲之ゆかりの蘭亭のある会稽の寺に住み，連日寺にこもっては『千字文』の筆写に励み，楷書(また真書ともいう)と草書で書いた「真草千字文」を作って各地の寺に寄進したという。この智永が書いた『千字文』がやがて石碑にされ，その拓本が王羲之の遺風を伝える文字として珍重されて，広く流通した。智永以後，現代に至るまで『千字文』は書道学習での模範的な教材として使われ，さまざまな書体による『千字文』の筆写が今も盛んに行われている。

「千字文」を識字教科書として見れば，常用字が完全には揃っていないという欠点がある。例えば数字は，二・四・五・八・九・百・千・万があるが，一・三・六・七が収められていない。しかし全体が典故をふまえた美文で綴られていることが何よりすぐれた点であって，美文を愛好する南朝の人々に歓迎されたのは当然であった。

梁の時代に作られてほどなく注釈が作られ，また北魏の李暹も注釈を著わした。古い注で今も残っているのはこの李暹の注だけである。

日本に伝来したのも非常に早く，伝説では応神天皇の世に百済の和邇が『論語』と『千字文』を献上したという。ただ『日本書紀』によればそれは285年となり，周興嗣の死よりも260年も前のことになるからもちろん事実ではないが，しかし奈良の平城京やさらに古い藤原京から出土した木簡の中にも『千字文』の句を書いたものが発見されているから，日本でも非常に早い時代から『千字文』を使って漢字の学習が行われていたことがわかる。

近い過去に至るまで，文字が少しでも読める中国人は『千字文』をかつて学習した経験があるから，その文章はいわば万人にとっての常識であった。だから「天地玄黄，宇宙洪荒」の句で始まる『千字文』の文章を，「天」を1，「地」を2，「玄」を3というように，分量の多いものに順序をつける序数詞として使うこともあった。過去の有名な例では仏典の集大成である『大蔵経』の巻数は宋代以来それで数えられているし，また科挙の試験会場で受験者が着席するべき位置は『千字文』の中の文字で示された。あるいは身近な例では劇場や映画館の座席もそれで示されることもあったという。

(阿辻哲次)

【参考文献】小川環樹・木田章義注解『千字文』岩波書店，1997。

宣命

天皇の命を宣する意で，本来は詔勅の宣布の方法についての語であるが，漢文体で記された詔勅に対し，和文体で記されたものを宣命という。

現存する宣命の最古の例は，『続日本紀』文武天皇元（697）年8月17日条の文武天皇即位宣命であり，『続日本紀』には62詔の宣命を収める。このほか，奈良時代の宣命としては，天平宝字2（758）年8月1日宣命案（正倉院蔵）などがある。宣命はその後も，平安時代の国史や公卿日記の中に見られるが，従来，国語資料として重視されているのは，類型化の進んでいない『続日本紀』の宣命のみである。

宣命の起源は漢文の詔書にあり，即位や改元など同内容の宣命と詔書とを比較すると，文章の構成や大赦・叙位の記述のあり方など，多くの共通点が見られる。また，同時代の祝詞より漢文の影響が強く，「可絶其家門」（第20詔）「撫安国家牟止之天」（続日本後紀・天長10年2月28日条）のように，用言が目的語の先にたつ例や，「三宝」「菩薩」「礼」「楽」などの漢語の例も多数存する。

宣命と詔書の使い分けについては，平安時代の儀式書である『北山抄』によると，宣命は神社山陵告文，立后太子，任大臣節会，任僧綱，天台座主，及喪家告文等類の場合に，詔書は改元，改銭，并赦令等類の場合に用いるとされている。『続日本紀』宣命には即位，譲位，改元などの国家的儀式のほか，橘奈良麻呂の変や恵美押勝の乱に関する宣命など，その時々に応じた多彩な内容の宣命が見られるのに対し，平安時代の国史に収められた宣命では，即位，立太子などの類型的な宣命や，神社や山陵への宣命の割合が増加し，宣命と詔書の使い分けがなされていく。

宣命は祝詞と同様，原則として日本語の語順に従い，体言，用言の語幹，副詞などの自立語を大書し，助詞・助動詞や用言の活用語尾を万葉仮名で小書きする，宣命小書体で記されている。「天皇命授賜比負賜布貴支高支広支厚支大命乎受賜利恐坐弖」（第1詔）のごとくである。自立語の多くは正訓の漢字で記されるが，「太能毛之久於太比之久在」（続日本後紀・天長10年2月28日条）「伊蘇志美思坐須」（第52詔）など，正訓の漢字で書き表すのが困難な語を大字の万葉仮名で記すこともあり，これらは『今昔物語集』など後の片仮名宣命体資料にも共通して見られる性格である。また原則として万葉仮名で小書きされるはずの助詞・助動詞の類にも，表記せず読み添えられる例や，「朕者」「誠之心」「始而」「可令撫育」など漢文の助字を用いた例も見られる。

なお，藤原宮跡から出土した木簡には「止詔大□□乎諸聞食止詔」と付属語を万葉仮名で大書した宣命大書体の例もあり，宣命体の成立・変遷については，木簡資料や平安時代以降の国史などに収められた宣命をも視野に入れて考えていく必要がある。

（池田幸恵）

【参考文献】小谷博泰『木簡と宣命の国語学的研究』和泉書店，1986/北川和秀編『続日本紀宣命 校本・総索引』吉川弘文館，1981。

蒼頡（そうけつ）

漢字を発明したとされる伝説上の人物の名前。漢字の起源は現在まだはっきりとしたことはわかっていないが，伝説によれば漢字は黄帝（こうてい）の史官（記録担当官）であった蒼頡（また倉頡とも書く）が，鳥や獣の足跡からヒントを得て発明したという。

蒼頡が野原を歩いていると，地面の上に鳥や動物の足跡がいっぱいついていた。足跡はいっぱいあるが，目の前に実際の動物や鳥はいない。しかしそれでも，地上の足跡を観察すれば何の動物または鳥が残したものかがわかるが，そのように足跡から動物を特定できるのは，足跡の中に各動物の特徴が表現されているからにほかならない。その事実に気づいた蒼頡は，足跡と同じように，さまざまな事物の特徴を表現することで，その事物を意味する文字を作ることに成功した，といわれている。

その話を実際の漢字で考えると，例えば「牛」と「羊」はどちらも象形文字だが，しかしウシやヒツジ全体を形どったものではない。「牛」「羊」ではそれぞれのツノの特徴が表現されていて，それで字形からウシやヒツジが連想できるわけである。

通常なら簡単に見過ごしてしまう動物の足跡に着目して文字を発明したのだから，普通の人間よりはるかに観察眼が鋭かったに違いないと想像され，そこで蒼頡には目が四つあったと考えられた。実際に絵に描かれた蒼頡は，例えば1956年に山東省で発掘された後漢の墓の内部にある画像石（石に刻まれたレリーフ）でも，またずっと後代に描かれた『三才圖會（さんさいずえ）』に収められた絵でも，目がはっきりと四つ描かれており，過去の中国人はその伝承を事実とうけとっていたことがわかる。

また彼が漢字を発明したときには天の神がその偉大な発明に感動して“粟（ぞく）”（＝穀物の総称）を空から降らせたという伝説があるが，それも中国の文化のなかで漢字が果たしてきた役割の大きさを反映する説話であろう。

もちろん文字は民族の知恵の結晶であり，長い歴史のなかで発展して次第に体系を備えてきたものであることは今では常識といってよい。一個人が漢字を発明したというのは歴史的事実であるわけがなく，中国に数多い聖人創造伝説の一つにすぎない。

未開社会において何かの文化的条件を開発または改良したとされ，そのために崇拝される人間ないし半神的存在を「文化英雄」というが，蒼頡はのちに彼の故郷とされる（伝説上の人物にもちゃんと出生地が想定される）土地に彼を祭る廟が建てられ（陝西省白水県にある），歴代の王朝から宗教的儀式を伴った崇拝の対象とされてきた。

中国の文化を維持してきた原動力である漢字の発明者として，蒼頡は中国人の文化英雄として長く崇敬を受けてきた。過去の人々は，漢字は蒼頡が作ったものと信じて疑わなかったのである。蒼頡造字の伝説は，民族の文字の起源を説く貴重な民俗学的文化遺産として，一定の評価が与えられなければならないであろう。　（阿辻哲次）

【参考文献】阿辻哲次『図説漢字の歴史』大修館書店，1989/武田雅哉『蒼頡たちの宴』筑摩書房，1994。

『蒼頡篇』

秦代の識字用の字書。始皇帝のとき，文字政策の一環として作成された。丞相の李斯が『蒼頡篇』を，車府令の趙高が『爰歴篇』を，太史令の胡毋敬が『博学篇』を作り，漢初に民間の文字の教師（閭里書師）がこれらを合わせ，1章60字，全体で55章（総字数3300字）とし，『蒼頡篇』と総称した。書名は，冒頭第1句「蒼頡作書」の初めの2字による。収録字は，周の宣王の太史籀の著した史官の学童用教科書である『大篆』（『史籀篇』）から取り，ある文字については簡略化した。これが小篆（秦篆）である。

漢代に入ると『蒼頡篇』を母体として司馬相如『凡将篇』，史游『急就篇』，李長『元尚篇』が相次いで編纂された。他方『蒼頡篇』の続編として，揚雄『訓纂篇』，賈魴『滂喜篇』が続成され，さらに『蒼頡篇』の注釈書と推定される『杜林蒼頡故』や『揚雄蒼頡訓纂』などが作成されるなど，『説文解字』以前の字書史において中心的な位置を占めた。

『蒼頡篇』は，唐代以後に亡逸し，清朝以後，諸書に引用された『蒼頡篇』の佚文の輯集が精力的に行われた。しかし，佚文の大部分は，単独の一字であり，しかも『蒼頡篇』原文と後代の増益との判別に問題が残り，諸家の輯本において種々の混乱や誤解をもたらす結果となった。さらに，どれだけ個々の佚文が輯集されようとも，全体的な内容・構造を知りえないという輯佚研究の限界を越えることはできなかった。

こうした手詰まり状態に対して，新たな研究の進展をもたらしたのが，20世紀における漢代『蒼頡篇』残簡の発見である。まず，漢代の前線基地から発掘された敦煌漢簡・居延漢簡から，当時の官吏が手習いに使った『蒼頡篇』の一部や習書が検出され，実態解明の糸口がもたらされた。さらに，1977年に安徽省阜陽県双古堆1号漢墓から，副葬された書籍として『蒼頡篇』が出土した。この阜陽漢簡『蒼頡篇』は墳墓の崩壊や盗掘により欠失が甚だしく，540余字が知られるにすぎないが，残簡の押韻の状況から「蒼頡」「爰歴」「博学」3篇を包摂していた可能性が指摘されている。また書写年代は，墓葬との関連から秦滅亡後43年を経た紀元前164年以前であり，避諱や語法などの分析から，秦代の『蒼頡篇』に依拠したものと推定されている。

これらの漢代残簡の検討によって，『蒼頡篇』には，4字句・押韻といった識字課本としての形式と同時に，多分野にわたる事物の分類体部分や，重層的な連文構造による訓詁的機能を反映した文字配列など，『説文解字』の部首法や後代の各種の字書に通底する，多様な萌芽的要素を内在したものであることが明らかとなった。

なお，『蒼頡篇』の「蒼」字は，伝世文献資料においては「倉」とも表記されるが，簡牘資料や石刻など現在までに確認された漢代の一次資料は，すべて「蒼」に作っており，秦代原本の表記も「蒼」であった可能性が高い。 （福田哲之）

【参考文献】小川環樹「中国の字書」『日本語の世界3』中央公論社，1981/福田哲之『説文以前小学書の研究』創文社，2004。

『宋元以来俗字譜』

中国の宋・元・明・清時代の刊本に見える俗字を収集した書物で，漢字簡略化の重要な資料となった。劉復・李家瑞編，1930年に中央研究院歴史語言研究所から出版され，1957年に文字改革出版社から重印された。

1922年，銭玄同が中華民国教育部の国語統一籌備会に「簡省現行漢字的筆画案」(現行漢字の筆画を減少させる案)を提出して簡体字運動が本格的に始まり，この運動のなかで『宋元以来俗字譜』が出版された。編者の劉復は序文で，「私がこの本を作った目的は，ただ俗字を研究するためだけであって，実用において何らかの貢献をしようとは考えていない」と述べているが，実際は後の漢字簡略化に大きな影響を与えた。

本書は宋元以降の民間の刊本12種類の中から，簡略化された俗字6240字を採集している。その内訳は，『古列女伝』(宋刊)349字，『大唐三蔵取経詩話』(宋刊)179字，『京本通俗小説』(宋刊)600字，『古今雑劇三十種』(元刊)963字，『全相三国志平話』(元刊)385字，『朝野新声太平楽府』(元刊)628字，『嬌紅記』(明刊)397字，『薛仁貴跨海征東白袍記』(明刊)304字，『岳飛破虜東窓記』(明刊)374字，『目蓮記弾詞』(清刊)852字，『金瓶梅奇書前後部』(清刊)470字，『嶺南逸史』(清刊)739字，となっている。合計6240字の俗字に対応する繁体字(本書では「正楷」と称する)は1604字である。

本書に収録されている俗字のうち，現在の中国の「簡化字総表」と同じ字体には「个(個)，刚(剛)，刘(劉)，独(獨)，妇(婦)，执(執)，实(實)，宝(寶)，对(對)，时(時)，会(會)，机(機)，数(數)，无(無)，灯(燈)，点(點)，当(當)，尽(盡)，礼(禮)，声(聲)，听(聽)，旧(舊)，号(號)，虫(蟲)，万(萬)，亲(親)，这(這)，过(過)，还(還)，阴(陰)，阳(陽)，双(雙)，离(離)，灵(靈)」(括弧内は繁体字)など330字あまりがある。本書を見れば，中国の現行の簡体字の多くが，長い使用の歴史をもっていることがわかる。そのなかには，日本の常用漢字と共通のものも多い。また，本書に収録されている俗字の中には，現在中国で使われている規範字の字体とは異なるが，日本の常用漢字と同じもの，あるいはほとんど同じものも少なくない。例えば，同じものに「壊，楽，暁，収，済，処，変，軽，関，竜，両，亜，斉，歯，亀」などがあり，ほとんど同じものに「浅，蔵，薬，銭，酔，児，残，発，戦，帰，獣，塩」などがある。

日本の常用漢字に採用されている新字体の起源を探るとき，本書は重要な参考資料となる。ただし，宋元以降の俗字は，実は六朝・唐五代の俗字を受け継いでいるのであり，本書所収の俗字の起源も宋以前に遡る可能性がある。本書を利用する際，この点に注意する必要がある。　(小出　敦)

【参考文献】張涌泉『漢語俗字研究』岳麓書社(長沙)，1995。

草書

書体名。草とは草率の意で，点画を簡略化した速写用の書体。隷書の簡略体として漢初に起こり，漢末以後，広く流行した。

草書の起源について，後漢・許慎の『説文解字』叙には「漢興りて草書有り」とあるが，新の王莽時代に行われたという6種の書体(六書)には「草書」の名は見えず，あくまでも非公式の書体であったことが知られる。草書の作者については，西晋・衛恒の『四体書勢』に「漢興りて草書有り，作者の姓名を知らず」と記すように，特定の人物の製作によるものではなく，唐代以降の書論に章帝や史游などを作者とするのは附会にすぎない。

漢代における草書の流行を示す重要な資料に，後漢・趙壹が著した『非草書』(『法書要録』巻1)がある。『非草書』は，当時の草書の流行を非難した内容であるが，逆にこれによって，当時すでに杜度・崔游・張芝といった草書の名家が存在し，その書が手本としてもてはやされ，草書が広く流行していたことが知られる。

漢代の草書の実例は，敦煌や居延から出土した漢代の簡牘資料に数多く見いだされ，まとまったものとしては，居延から出土した「永元器物簿」(後漢・永元5(93)年から永元7(95)年の物品帳簿)などがある。漢代の簡牘資料を通覧すると，草書で書写されるものは，①官府文書の草稿本，あるいは緊急文書の写し，②法律文書の草稿本，③各種の帳簿，④書簡，などにほぼ限定されている。これらの点から，草書は隷書の簡易体として秦漢の際に興り，漢末には広く流行したが，公式の篆書・隷書に対して，あくまでも非公式な簡略体として位置づけられていたことが裏付けられる。

漢代の簡牘に見える草書は，隷書の波勢を備え，個々の文字が独立しているという特徴を備えているが，楼蘭の遺跡などから発見された魏晋の簡牘や残紙などには，隷書の波勢が見られず，時に2字の連綿(続け書き)を示す新たな様式が見いだされる。六朝期以降の文献に現れてくる「章草」という名称は，こうした新体の草書に対して，波勢をもつ旧体の専名として生じたものと見られ，他方，旧体の「章草」に対して新体を「今草」と称する例もある。

「十七帖」などに代表される東晋・王羲之の尺牘(書簡)は，今草の初期の例として位置づけられ，王羲之の草書を継承したものに，隋・智永「真草千字文」や唐・孫過庭『書譜』などがある。一方，唐代以降になると，張旭「古詩四帖」や懐素「自叙帖」など，簡略化を一層進めて連綿を顕著にした「狂草」と呼ばれる新たな表現様式がおこってくる。簡略化された形体と連綿と呼ばれる続け書きという特徴をもった草書は，書法における多様な表現を可能とし，宋代以後の各時代においても，多くの名家によってすぐれた作品が生み出された。 (福田哲之)

【参考文献】啓功『古代字体論稿』文物出版社，1999。

双声畳韻

双声とは多音節語の個々の声母(語頭子音)が同じものを指し，畳韻とは多音節語の個々の字音が同じ韻で終るものを指す。いずれも二音節語が多数を占める。また双声畳韻は本来的には漢語における一種の語彙構成法である。この方式による語彙は連綿語とよばれ，訓詁学または語彙学上の述語として通行していた。

『詩経』『楚辞』など先秦文献や漢魏六朝時期の典籍より今日まで引き継がれ，しかも語音上の変化がなく現代漢語としても生きている語彙に，例えば「輾轉(テンテン：zhǎnzhuǎn)」「参差(シンシ：cēncī)」『詩経・周南』，「慷慨：(コウガイ：kāngkǎi)」『楚辞』，「玲瓏：(レイロウ：línglóng)」『文選・東都賦』，「磊落：(ライラク：lěiluò)」『後漢書・蔡邕伝』などがあげられる。

このような訓詁学上の連綿語として意識的に使用される例はその後も盛んに行われ，魏晋南北朝には大いに活用された。当時を代表する文人の劉勰(465？–532？)『文心雕龍・声律』の「双声隔字而每舛，畳韻雑句而必睽」(双声は字を隔てると常に誤り，畳韻は句を雑ぜると必ず相反する)という記事に従えば，修辞の上で双声畳韻の働きが重んじられていたことがわかる。ただし当時の双声畳韻語は漢語の歴史においてはまだ訓詁学上のものと考える方が安定する。またこの場合の双声畳韻は，声母と韻母についての条件が必ずしも厳密ではなく，近似の音を採用することがあった。例えば双声の連綿語として，流離(リュウリ：liúlí)，繽紛(ヒンブン：bīnfēn)，清新(セイシン：qīngxīn)，畳韻の連綿語として徘徊(ハイカイ：páihuái)，彷徨(ホウコウ：pánghuáng)，朦朧(モウロウ：ménglóng)があげられる。これらの中には日本漢字音では双声畳韻の原則が貫かれても，現代中国語音では当てはまらないものがある。これは声母もしく韻母について古今の間で音変化が起こったことを示している。

中古漢語の入声字は日本漢字音に反映することが多いが現代漢語音では一般的に反映しない。例えば「矍鑠(カクシャク：juéshuò)」は両字とも入声字であるため，日本漢字音では畳韻であるが，入声韻尾を保存しない現代漢語音では畳韻にならない。ただし「霹靂(ヘキレキ：pīlì)」の場合は，同様に両字とも入声字であるが，ともにゼロ韻尾となり現代漢語でも畳韻となる。

またこれ以外に，現代漢語音と南方方言の間で双声に不一致が起きる例を探し出すことも困難ではない。例えば閩南方言では「農林」[loŋlim]，「無面」[bobin]となりどちらも双声であるが，北京語など現代漢語方言音では双声にはならない。

訓詁学上の双声畳韻と異なり，反切に利用される双声畳韻は，きわめて厳密なものになった。もちろんこれには唐五代の間に成立したと推定される等韻図および等韻学的知識の運用が影響している。例えば宋本及び元刊本『玉篇』巻末付録の沙門神珙『四声五音九弄反紐図』「並序」の「夫文物之国…聿興文字，反切為初，一字有訛，余音皆失」(そもそも文物の国においては…ここに文字が興り，反切が初めてできたが，一字が訛ると，他の音はみな誤る）という記述によれば，反切の中で上字・下字がきわめて厳密であり，誤りや少しのズレをも許容しないことを物語っている。

さらに宋代以前の『切韻』系韻書の語音体系に近い内容を伝えるとされる『切韻指掌図』(せついんししょうず)巻頭の董南一(とうなんいつ)による序文には「同帰一母則為双声，和会切会，同出一韻則為畳韻，商量切量」(同じ声母に帰するものを双声，和と会は会と同じ声母，同じ韻から出るものを畳韻，商と量は量と同じ韻母）という記述があり，反切上字と帰字は声母が全く同じである必要があり，下字と帰字は韻母と声調が全く同じである必要があることを指摘している。このような微妙な弁別を必要とする反切用字の選択は，沙門神珙および董南一などの叙述が物語る等韻学的知識を通じて初めて可能になる。等韻学概念を踏まえた反切と双声畳韻の相互に合理的な運用はこの時代以降の音韻学の著作に大きな影響を与えたのである。

宋本『広韻』(こういん)(1008年）の巻五末にも「双声畳韻法」表が付録され，双声畳韻を練習するために供給されたものと考えられている。その方法は，まず一つの字音を反切により二つの字音に解体する。例えば「章」の字を「灼良」切に分け，これを逆方向から「良灼」として併せ読むと「略」になる。この上に「章」を加えると「章略」となり，併せ読むと「灼」になる。つまり横に読むと「灼」と「章」は双声，同時に「良」と「略」も双声，斜めに読むと「灼」と「略」，「章」と「良」は畳韻となる。双声と畳韻を使って反切をわかりやすく解説したものと言える。

『広韻』巻末の付録は「双声畳韻法」だけでなく「六書」「八体」という字形に関する分類に加えて「辯十四声例法」「辯四声軽清重濁法」という等韻学的概念に基づく分類表をも含む。したがって厳密には，この二表の正確な解釈をも併せて初めて反切の上字・下字・帰字の間の組み合わせの用法を，上字の韻母と下字の声母をも微妙に選択する視点に基づいて設定することが可能になる。この点を踏まえての反切と双声畳韻の厳密な相互運用関係は清末の陳澧(ちんれい)(1810-1882年）に至り初めて検討された。その『切韻考六巻』『外篇三巻』(1842年）の「條例」において「切語之法，以二字為一字之音，上字與所切之字双声，下字與所切之字畳韻。…今考切語之法，皆由此而明之。」(反切法は二字を以て一字の音と為す。上字と帰字は双声，下字と帰字は畳韻である。…いま反切法を考えるに，すべてこの方法に由っているのは明らかである。）と指摘し，反切の理解に双声畳韻が大切な働きをしていることを強調している点は，その後の反切と中古音の研究に大きく影響している。　　（矢放昭文）

【参考文献】花登正宏「反切の実際的研究序説」『中国学志』否号。大阪市立大学編，1998/黄耀堃「宋本《切韻指掌圖》的檢例與《四聲等子》比較研究」《燕京學報》新第十三期，北京大學燕京研究院，2002。

候文（そうろうぶん）

「候う」を多用する文章，あるいは文体のこと。平安時代から近代に至るまで，書状を中心に，種々の文書類で用いられた。資料や時代により用語や「候」の用法，書記にも特色があるが，「候」が形式化した近世以降の候文は，それ以前とは，とくに分けて扱うこともある。

「候文」という用語は後世のものであるが，書簡文をこのような文体で書くことについての認識は，鎌倉初期の『貴嶺問答』の「候ノ字ノ事。此字多者劣事云々」の記事などに，つとにうかがうことができる。

候文体の成立時期は，今日残存する古文書類での使用状況からして，おおよそ11世紀後半と考えられる。それ以前の古文書の丁寧表現はもっぱら「侍（はべ）り」が担っていたが，10世紀後半以降「候う」（貴人のもとに伺候する意の謙譲語）の丁寧語としての用法が発達し，徐々に「侍り」と交替し，多用されるに至った。

成立期には，漢字書きの文書での使用が目立つが，仮名主体の文書にも「さふらふ」を多用するもの（山口清任書状，『平安遺文』1227号，奉恒消息案，同1233号など）は存在するし，12世紀には候文体の特色的用語である「候べく候」を使用するもの（源為義書状案，同4715号，左衛門尉源季房書状，同4870号など）が見いだされるので，当時の仮名書き文書の残存率の低さを考慮すると，漢字書きの文書に特有だったとは言い難い。むしろ，書状や書簡形式の証文類・上申文書などに偏って使用されていることが重要である。これらの文書類は，対話の用語を反映しやすい性質をもっており，相手（宛名人）への丁重な表現を必要とする。つまり，口頭の対話において勢力を増した丁寧語「候う」が，漢字書き仮名書きを問わず，上のような古文書類に使用され出したのが，候文の起源と考えられる。

以後，候文は，上位者の意を下位者に伝える下達文書の類にも広がり，近世には，教科書としての往来物の普及とも相まって，ますます広く浸透していった。近代に至り，外交文書や法令などの公的文書からは徐々に姿を消すものの，書簡文体としては依然として確固たる位置を占めていた。第二次世界大戦後に，公用文の口語化や現代仮名遣いの普及に伴って衰退し，言語生活上から消滅するが，それまでの長期間にわたる使用の要因としては，「候」字の文末表示機能により視覚的に理解しやすい，文末が固定的なので作成しやすい，形式に従えば適切に敬意を表しえて無難である，簡潔である，論理的につながらない文章でもつないでいける，等々の書記的，文体的な要素が指摘されている。（辛島美絵）

【参考文献】森野宗明「丁寧語『候ふ』の発達過程について」『国語学』68，1967/佐藤喜代治「候文の性格」『日本語学』9–8，1990/矢田　勉「候文における『候』字の機能」『国語研究』明治書院，1993。

則天文字

中国史上唯一人の女帝として君臨した武則天(諱は武照, 在位 689-705)が作らせた漢字。それまで通行していたいくつかの漢字の字形を改めて制作し, 全土に使用させた。また「武周新字」「武后新字」ともいう。

中国人にとっての文字は, はるか昔の聖人が発明したきわめて神聖なものであった。則天武后はその伝統的な観念にのっとって, 神聖な文字を作ることで自分の権力を誇示しようと企図し, 自分が新しく王朝を開いたことを象徴する行為として新しい文字をいくつか作らせた。則天文字を実際に作ったのは, 武照の従姉の子であった宗秦客であったといわれる。

新しく文字を制定する事業を行ったのは, 文字がもともと帝王を中心とした神聖なものと意識されていた事実を逆手にとり, それで自己の地位の神聖化をねらったものであったが, しかしその時代での文字の使われ方からいえば, 実際には大きな時代錯誤であり, 茶番劇に近いものであった。またこれらの文字は新規に作られたものではあるものの, ほとんどは既製の漢字の偏やつくりを適当に組み合わせたもので, 明確な文字学の原則に準拠して作られたものではない。

則天文字の字数について正確なことはわかっていないが, 南宋の鄭樵が著した『六書略』の中に, 天・地・日・月・星・臣・載・初・年・正・照・證・聖・授・戴・国に相当する 16 種の則天文字が載せられている。いずれも年号や皇帝に関する用語に使われる文字であるが, これらは通常の漢字による文章の中に混ぜて用いられたものであり, それだけで文章を書いたわけではない。

則天文字は強大な権力のもとに使用を強制されたから, 社会にもある程度は定着したらしく, それが使われている写本や石碑などを今も見ることができるが, 武照の退位後すぐに廃止されることとなった。ただその廃止令は不徹底の部分があって, 中央ではすぐに使われなくなったようだが, 辺境地方ではなおしばらくの間使用された。

さらに漢字文化圏の周辺諸国においては, きわめて例外的に則天文字が生き残り, 今も使われているものがある。それは「国」の代替字として作られた「圀」で, これは《八》と《方》とを《口》で囲んだ形から, 広く世界の四方八方を自分の領土に囲いこもうとする意図をこめた文字であると推測される。この字が日本では江戸時代に水戸光圀の名前に使われ, 光圀が「水戸黄門漫遊記」として知られる人気時代劇の主人公になったからか, 「JIS 規格漢字」にも収録されており, 今ではパソコンや携帯電話でも表記できる漢字となっている。 (阿辻哲次)

【参考文献】蔵中 進『則天文字の研究』翰林書房, 1997。

『大廣益会玉篇』

中国の字書。梁の顧野王編『玉篇』を改訂した書物。

顧野王の『玉篇』は成書後何度も改訂され，複雑な展開をした。オリジナルの『玉篇』は内容が大変に詳しく，一般の利用者にはやや煩雑にすぎる面が多かったらしく，梁の太宗が『玉篇』をもっと簡単にまとめるようにと蕭子愷に命じた話が『梁書』の蕭子顕伝に見える。

隋代から始まった科挙が，唐になって恒常的に行われるようにもなってくると，より便利な字書が必要になった。そのために『玉篇』にも大幅な改訂を加えたものが作られた。唐の上元年間に孫強が作った『増加玉篇』(『旧唐書』「経籍志」に30巻)はその一例であり，ほかにも慧力という僧侶が『像文玉篇』というものを作ったという記録もある(『新唐書』「芸文志」30巻)。

北宋になると『玉篇』にはさらに大きな改変が加えられた。翰林院学士であった陳彭年が丘雍らとともに，大中祥符6(1013)年に，真宗の勅命によって『玉篇』を改訂し，『大廣益会玉篇』を撰述した。この『大廣益会玉篇』が現在通行する『玉篇』で，数十年前に原本『玉篇』が発見されるまでは，『玉篇』といえばこの本を指していた。

だが原本『玉篇』の発見によって，これまで顧野王が作ったと考えられていた『大廣益会玉篇』が，その本来の形と大きく違ったものであることが明らかになった。ここでその相違の様相を具体的に示すために，原本で完全に保存されている「可」部について，両者をそのまま引いて比較してみよう。

まず原本『玉篇』では「可」部は第96部にあって，そこには以下の4字が収められている。

可　口我反，周易，天地萬物之情，可見矣，野王案，又曰有親則可久，有功則可大，可久則賢人之徳，可大則賢人之業，論語，雍也可使，南面雖百世可知，並是也，禮記曰，體物而弗可遺，鄭玄曰，可猶所也，又曰始入而辭矣，乃席曰可矣，鄭玄曰，可猶上也，説文可，肯也。

奇　竭知反，尚書，珍禽奇獸弗育于國，野王案，説文，奇，異也，謂傀異也，楚辭，余幼好奇眼，是也，老子，若使當畏死而弗爲奇者，吾得而熬之，夫熟敢，王弼曰，詭異亂羣，謂之奇，淮南，屈奇之服，許叔重曰，屈，尌也，奇，長也，又曰，靜爲躁奇，許叔重曰，奇有出於人也，字書，一曰不偶也，野王案，隻單之奇爲畸，字在田部，音居儀反，

哿　公可反，毛詩，哿矣富人，傳曰，哿，可也，杜預注左氏傳，哿，嘉也，

哥，古何反，説文，聲也，古文以爲歌字，野王案，尚書，歌詠言是，在欠部，或爲歌字，在言部，

一見してわかるように，各字にはまず反切によって字音が示され，次いでその字の

古典文献における用法が明示される。それはまず経書(けいしょ)から始まり，次にその注釈に及び，さらに諸子百家や文学書など諸書の中の関連する語句が引用される。また最後には『説文解字(せつもんかいじ)』，あるいは「字書」(これはおそらく固有名詞であって，一般的な字書を指すのではない)の記述が参照される。各字の訓釈は相当に詳しいもので，『封氏聞見記』によれば『玉篇』の総収録字数は1万6917字であったというから，非常に大きな書物であった。

ところがこの「可」部は宋の『大廣益會玉篇』では第95部にあって，そこに収められるのは同じ4字であるが，『大廣益会玉篇』では単に，

可　口我切，肯也，

奇　竭羈切，異也，又居儀切，不偶也，

哿　公可切，説文曰，可也，

哥，古何切，説文曰，聲也，古文以爲歌字，

とあるだけである。

『大廣益会玉篇』でもまず各字について反切で字音を示すのは同じであるが，肝心の字義の部分では代表的な字義を一つだけ示しているだけであって，各字の文献中における用例は全く明示されていないし，『説文解字』などその他の字書の記述も全く引かれていない。原本の記述と較べれば，それは実に数十分の一といっていいくらいの大幅な省略である。

この二つを分析すれば，原本『玉篇』と『大廣益会玉篇』がいかに異なったものであるかが一目瞭然であるが，この相違は各時代における字書の位置づけに起因するものと考えられる。

原本『玉篇』にはそれぞれの漢字に関する訓詁(くんこ)と用例が非常に詳細に記されており，多くの書物を引用し，しかもそれに関するかなり詳しいコメントが付されることも珍しくない。この事実の背景には，顧野王がこれを作った時代には「四六駢儷体(しろくべんれいたい)」と呼ばれる，修辞に技巧を凝らした美文を作ることが流行しており，詩文の制作においては各文字についての過去の用法と典故を深く把握しておく必要があったということがあろう。そのために，『玉篇』のように個別の文字の用例を詳細に載せた字書が，作詞文者たちにはまことに便利なものとして重宝されたのである。

それに対して『大廣益会玉篇』は，原本の記述を数十分の一といっていいくらいにまで大きく削っている。その書名に「大廣益会」と名乗るのは，おそらく収録字数を増やしたことだけを意味しているのであり，訓詁のほうは「大広益」どころか，まさにその逆であった。宋代の人々にとっての字書とは，多くの文字を収めていて，各字の発音と代表的な意味さえわかればそれで十分という性質のものなのであった。『大廣益会玉篇』の制作にはそんな実用的な考え方が背景にあった。　　　　(阿辻哲次)

【参考文献】岡井愼吾『玉篇の研究』東洋文庫，1969。

大篆

周の宣王(前827頃-前782頃)の太史籀が作ったとされる識字書『大篆』の文字。『大篆』はまた作者名にちなんで『史籀篇』，その書体は籀文ともいわれる。後述するように，大篆という名称は秦・始皇帝期の小篆との対応関係から生じたと見なされることから，『史籀篇』および籀文の名称が先行していた可能性が高い。

『漢書』芸文志(六芸略・小学)の書目「史籀十五篇」に付された班固の注に「周の宣王の太史，大篆十五篇を作る」とあり，小序に「史籀篇なる者は，周時の史官の学童に教うる書なり。孔氏壁中の古文と体を異にす」という。また，後漢の許慎『説文解字』叙には「宣王の太史籀，大篆十五篇を著す。古文と或いは異なる」とある。これらによって，『大篆』(『史籀篇』)は，史官の学童教育用の教科書であり，前漢初期に孔子旧宅の壁中から発見された経書の文字である「古文」とは，一部に形体の異なる文字があったことが知られる。また，秦の始皇帝のときに李斯らによって作られた識字書である『蒼頡篇』の文字は，『大篆』に基づき一部を簡略化したものであり，その書体は大篆に対して小篆と呼ばれた。すなわち，周の『大篆』およびその書体である大篆と秦の『蒼頡篇』およびその書体である小篆とは親子関係にあり，秦代に存在した8種の書体(秦書八体)の序列が第1位に大篆，第2位に小篆を置くのも，両者の継承関係と秦国における位置を反映したものと見なされる。

『大篆』(『史籀篇』)は，後漢の光武帝の建武年間(25-55)にすでに15篇中の6篇が失われ，章帝のときに王育が残りの9篇について解説を作ったが，通じないものが十に二三あったとされる(唐・唐玄度『十体書』〈『墨池編』巻1〉)。その後，これらはすべて亡佚し，現在では『説文解字』に重文として採録された200余字の大篆(籀文)にその片鱗をとどめるにすぎない。

王国維「史籀篇疏証序」(『観堂集林』巻5)は，「籀」は人名ではなく「読む」という動詞で，冒頭の句に「大史籀書」(大史書を籀む)とあったのにちなんで，『史籀篇』と称したのであって，「史籀」は本来人名ではなかったと論じ，秦の文字資料との比較検討によって，『大篆』は春秋戦国の間に秦人が学童の教育のために作ったものであるとした。しかし，『史籀篇』の冒頭の句が「大史籀書」であったという指摘は，あくまでも憶測であるため，「史籀」が人名であることを否定する根拠にはならず，その後，「史籀」を『詩経』『漢書』や青銅器の銘文などに見える人名に比定する説も提出されている。

また，『説文解字』の大篆と石鼓文とが密接な共通性を示すことから，石鼓文を大篆とする説が早くから行われているが，同時に両者には相違点も少なからず存しており，厳密には石鼓文の文字を一括して大篆と見なすことはできない。　(福田哲之)

【参考文献】啓功『古代字体論稿』文物出版社，1999。

第二次漢字簡化方案

1977年12月，中国文字改革委員会により発表された簡体字のリスト。正確には「第二次漢字簡化方案(草案)」であり，略して「二簡」ともいう。「漢字簡化方案」(1956)と「簡化字総表」(1964)の後を受けて，さらなる漢字の簡略化を行おうとしたものである。しかし，過度に簡略化された字体が多かったため社会に受け入れられず，半年ほど試験的に用いられたのち使用停止となり，1986年6月正式に廃止された。

文化大革命期(1966–1976)の中国では，新しい簡体字を作り出して使用することが政治的に正しい行為であるとみなされ，「漢字簡化方案」に収録されていない多くの簡体字が社会に氾濫した。1972年4月，郭沫若は雑誌『紅旗』に，民間の新しい簡体字を吸収して文字改革に反映させるべきだという趣旨の文章を発表した。これを受けて中国文字改革委員会は同年7月，「第二次漢字簡化方案(草案)」制定作業に着手し，常用字4500字を範囲として，当時使われていた新しい簡体字を収集し始めた。1975年5月に簡体字412字を収録する「草案」を作成して国務院に提出したが，周恩来国務院総理から簡体字の数が少なすぎるという意見が出された。同委員会は周恩来の指示に基づき修訂作業を行い，1977年5月，収録字数を大幅に増やした修訂稿を完成させ，同年10月，修訂稿は国務院によって承認された。同年12月20日，同委員会は「第二次漢字簡化方案(草案)」を発表し，同日の『人民日報』『光明日報』『解放軍報』などの新聞がこれを掲載した。「草案」は第一表(248字)と第二表(605字)からなり，合計853字の簡体字を収録する。第一表は当時広く使われていた簡体字を収録する。第二表は一部の地区や業界でのみ使われていた簡体字を主に収録し，広く民衆に修正，増補，削除などの意見を求めようとするものであった。発表後，「草案」には多くの批判的意見が寄せられた。それらは，(1)簡略化に規則性が欠けている。(2)同音代替字が意味の混乱を招く。(3)字形が似て区別しにくい文字が増えた。(4)すでに簡略化された文字は再度簡略化するべきでない。(5)画数が比較的少なく構造が複雑でない常用字は簡略化する必要がない，などにまとめられる。『人民日報』は「草案」発表の翌日から第一表所収の簡体字の試用を始めたが，1978年7月には試用を停止した。教育部は1978年3月に，その年の秋から小中高校で使う教材はすべて第一表所収の簡体字を用いる旨の通知を出したが，翌月には撤回した。また，同年12月に出版された『現代漢語詞典』(第一版)は「草案」の簡体字を使っていない。「草案」は登場から1年も経ずに事実上使用停止となった。

発表から9年後の1986年6月，国務院は国家語言文字工作委員会が提出した「草案」の廃止に関する指示要請を承認し，「草案」は正式に廃止された。そして同年10月，簡体字の規範を示すため，「簡化字総表」が改めて発表された。　(小出　敦)

【参考文献】大原信一『新・漢字のうつりかわり』東方書店，1989/王均編『当代中国的文字改革』当代中国出版社，1995。

濁音

五十音図のガザダバ4行の仮名に対応する音節を伝統的に濁音と呼び，それを表すために仮名の右肩に付ける「゛」を濁音符また濁点という。「濁」という用語は「清」とともに，もともとは中国の韻学から来たものである。例えば『韻鏡』では「清」「次清」「濁」「清濁」の四分類が存在するが，そのなかで「清」は無声無気音，「次清」は無声有気音，「濁」は有声音，「清濁」は鼻音を表す。日本漢字音でのこれらの声母の現れ方は単純ではないが，仮に中国語中古音の音価をそのまま日本語の行分類に適用すると，「濁」はガザダバ4行となり（ガ行は「清濁」もあり）現代日本の「濁音」の概念と一致する。

濁音は清音と対となっており，清音から濁音になることを「にごる」ということがある。清音と濁音との対立は，必ずしも無声音と有声音との対立に一致しない。例えばカとガとでは，その相違は無声の[k]対有声の[g]にあるが，ハとバとの相違は[h]と[b]との相違になっている。しかしこれも古くは[p]と[b]という無声音と有声音との対立であったものと推定されている。

古くは日本語には濁音で始まる語はなかった。語中・語尾の濁音は，先行する音節の母音との間に鼻音が「わたり音」として入ったものという説もある。（現代でも東北地方の諸方言などでは，濁音を鼻音を伴って発音する現象がある。）複合語においては，「たる→さかだる」のように，複合の第2要素に立つ語の語頭の濁音になること（連濁(れんだく)）がある。その後漢語が浸透したり，日本語内部でも「いだく→だく」のような変化があったりして，単独の語の語頭にも濁音が用いられるようになった。

表記の点では，奈良時代には清音と濁音とは「加(カ)・我(ガ)」のように，原則として別の文字（万葉仮名(まんようがな)）で書き分けられた。しかし仮名文字としては濁音専用の文字はついに発達しなかった。濁点の発達は仮名のそれよりかなり後になるが，もとは声点(しょうてん)から発達したものである。声点はもともとは純粋に声調だけを表すものであったが，次第に複声点が濁音を表すようになった。そして声調表示を捨象して純粋に濁音だけを表すようになったのが，今日の濁点である。古くは声点の機能も兼ねていたため，その位置も一定ではなかったが，濁点は（和語において主に語頭音節に立つ）去声（上昇調）と混同するおそれが少なかったため，次第にいわば「空き間」である右肩に付けられるようになった。鎌倉時代の『観智院本類聚名義抄(かんちいんぼんるいじゅうみょうぎしょう)』に，すでに右肩の濁点を見ることができる。現在と同じような形で清・濁を書き分けるようになったのは江戸時代のことで，それが規範として確立されたのは明治以後の教育においてである。

古代の日本語に清濁の対立が存在したかどうかは現在でも意見の分かれるところである。また清濁の意識や用語の変遷についても今後考究が求められる。（中澤信幸）

【参考文献】亀井　孝「かなはなぜ濁音専用の字体をもたなかったか―をめぐってかたる」亀井孝論文集5『言語文化くさぐさ―日本語の歴史の諸断面―』吉川弘文館，1986。

竹簡

中国において紙の普及以前に文字を記すために用いられた竹の札。木製の札（木牘）と区別する場合には竹簡と称し，両者を併せて簡牘と呼ぶことが中国では通例である。

竹簡の製法については，『論衡』量知篇に「竹を截りて筒と為し，破りて以て牒と為す。筆墨の跡を加えて，乃ち文字を成す。」とあり，竹筒を縦に割いて長さの均一な札を大量に作る工程が示されている。なお，文字を書く前に「殺青」というプロセスが加わるが，これは虫食いを防ぐために竹を火であぶって油抜きをすることであると考えられている。

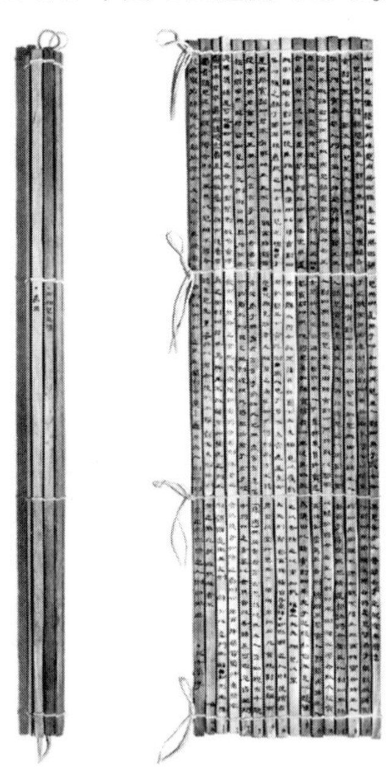

図　武威出土の『儀礼』復元
（『武威漢簡』文物出版社，1964）

同じく量知篇には「大なる者は経と為し，小なる者は伝・記と為す。」とあり，竹簡の長さによって書写されるものに違いがあったことも知られる。『孝経鉤命決』に「六経の策は長さ２尺４寸，孝経は長さ１尺２寸，論語は８寸」と記され，典籍の権威が竹簡の長さによって示されていたことがわかるが，1959年中国甘粛省武威県磨咀子の６号漢墓から出土した『儀禮』士相見之礼の記された竹簡は，長さ約55 cmで，漢代の２尺４寸（漢の１尺は約23 cm）にほぼ相当することが知られている。

書籍のように，内容を１簡に収めることができない場合は，複数の簡を紐でつなぎ合わせて使用した。これを冊書と呼ぶ。読書熱心を表す「韋編三絶」（『史記』孔子世家）とは，孔子が『易』を好んで読んだあまり，冊書の綴じ紐が何度も切れたというエピソードをふまえた言葉である。

文献に残る竹簡の出土例としては，西晋の太康２(281)年汲県の戦国墓から『穆天子伝』『竹書紀年』など75篇が出土したことが有名である（『晋書』束皙伝）。20世紀後半以降は，戦国〜漢の墓葬から大量の書籍が出土し，出土文献による書誌学の再構築が必要なほどである。しかし，書籍のほとんどが竹簡に記されていることは，木簡との用途の違いを考えるうえで重要な事実である。また日本の平城京などで発見された文字史料はすべて木簡であり，竹簡および綴じ合わされた冊書は発見されていないことも，日中の簡牘の用途および文書行政の違いをうかがわせて興味深い。

（藤田高夫）

【参考文献】大庭　脩『木簡』学生社，1979/冨谷　至『木簡・竹簡の語る中国古代 書記の文化史』岩波書店，2003。

『中華大字典』

1915年に中国の中華書局から出版された字典。陸費逵・徐元誥・欧陽溥存・汪長禄ら編。『康熙字典』に比べ1000字以上多い4万8000以上の漢字を収録する。1990年に5万6000字以上を収録する『漢語大字典』全8巻が刊行されるまで，中国では収録字数が最も多い字典であった。

本書は『康熙字典』と同じく，単字のみを収録する字典である。「本字」(正体の漢字)のほかに「古文，籀文，同字，或体，省文，俗字，譌字」などの異体字を収録している。また，形が同じでも音と意味が異なる字は，別の字と見なしている。例えば「樂」は5字，「單」は9字として掲載されている。さらには，方言字(広東方言で用いられる「【佢】」など)，翻訳用の新字(キログラムを表す「【瓩】」など)，日本製漢字(いわゆる国字。「働，腺，膵，辻，込，鯰，鰯」など)をも収録している。

部首については『康熙字典』と同じ214部を立て，画数順に並べる。ただし同画内の順序がやや異なる。例えば4画の部首を『康熙字典』では「心，戈，戸，手，支」の順に並べるが，本書では意味的関連により「手，毛，心，爪，牙」の順に変更している。また2画の部首を『康熙字典』では「人，儿，入，八，冂」と並べるが，本書では字形の類似により「人，入，八，儿，几」の順に変更している。これは許慎『説文解字』の「形による部首配列法」と，顧野王『玉篇』の「意味による部首配列法」を兼ねたものであり，『康熙字典』の規範を脱し，新しい漢字分類法へ進む第一歩だったともいわれている。

字音については，『集韻』の反切を載せ，さらに同音の漢字を用いる直音の方法でその音を示し，『佩文韻府』106韻の韻目を記す。反切から正しい音を導き出す助けとするために，巻首には『切韻指掌図』という韻図を附している。

字義の解説については，『説文解字』に見える文字であれば，第1項に『説文解字』の字釈を掲げて，その字の本義を明らかにする。これは『古今韻会挙要』に倣ったものである。その字の所属部首が『説文解字』と異なる場合は，『説文解字』の部首も示す。これは原本『玉篇』に倣ったものである。第2項以下，それぞれの意味を簡潔に説明し，用例を1例ずつあげる。しかし，例えば「擧」には51の意味項目を立てるなど，整理されないまま多くの項目を羅列しており，字の意味が捉えにくいという欠点がある。また，字に中国と異なる日本独特の意味がある場合，その意味をも収録する。例えば「丼」には「日本の料理を盛る磁器の鉢」などの意味もあげている。

本書は中国において長い間，『辞源』『辞海』とともに多くの人が常用する工具書であったが，1915年の初版以来ほとんど改訂されておらず，現在その内容はいささか古いものとなってしまった。 (小出　敦)

【参考文献】劉葉秋『中国字典史略』中華書局，1983/胡裕樹主編『中国学術名著提要・語言文字巻』復旦大学出版社，1992。

『中原音韻』

著者は元(1271-1368)の周徳清(1277-1365)。周徳清の自序に基づけば『中原音韻』は関漢卿，馬致遠など当時の代表的な元曲作家の作品中の押韻字を編集しでき上がった韻書ということになっている。初稿は元の泰定元(1324)年に成立しているが，その間数十種の写本が流布しており，元の元統元(1333)年に修訂が加えられる過程で定本が確定し，正式に印刻された。今日見ることができるのはこの定本に基づいた刻本である。

周徳清は字を挺齋といい，江西高安の人である。いわゆる正統派の文人学者ではなく，学問のレベルも高くはなかったと言われているが，そのことが逆に周徳清を現実の音韻状況から出発させ，伝統にとらわれることなく旧韻書の束縛を突破させたと考えられている。この点で『中原音韻』の画期的価値を認める意見は多数に及んでいる。

『中原音韻』の編成内容は二つの部分からなり，一つは「韻譜」であり，もう一つは「正語作詞起例」である。「韻譜」の体例は従来の伝統韻書と明確に異なり，常用の韻脚となる5876の単字を当時の北方語音システムに依拠して19韻(東鐘・江陽・支思・齊微・魚模・皆來・真文・寒山・桓歓・先天・蕭豪・歌戈・家麻・車遮・庚青・尤侯・侵尋・監咸・廉纖)に分類収録している。

19の各韻はさらに声調に基づき平声陰，平声陽，上声，去声に4分類されるともに，中古音入声字も当時の歌唱法に基づき平声陽・上声・去声の3声に配分している。平声陰・平声陽の出現は当時すでに中古音声母の清濁の区別がなくなり，陰・陽が新たな音韻基準として機能していたことを物語っている。個々の調類ごとに分類された字音は，さらに同音字一組として○を記入することで分けられる。『中原音韻』のこの体例は中国語音韻史上画期的な特色である。

ただし声母類については，周徳清は何も語っていない。同音字を集めて各韻部に配列するものの，別途に反切注記を施していないため，陳澧が『切韻考』(1842)で採用した如く，反切系聯法を使って『中原音韻』の声類を帰納することもできない。このため諸家によりいくつかの方法が試みられた結果，今日の普通話の音系に非常に近いことが明らかになってきてはいるものの，意見の一致をみているわけではない。なおこの件についての主な研究としては陸志韋「釈中原音韻」(『燕京学報』31期)，羅常培「中原音韻聲類考」(『羅常培語言学論文選集』)，趙蔭棠『中原音韻研究』がある。

一方『中原音韻』の成立過程については，従来とは異なる研究が近年進んでいる。その中でも注目すべきは『中原音韻』とほぼ前後して現れた曲韻書の燕山卓従之編『中州楽府音韻類編』との関係についての研究である。佐々木猛「『中州樂府音韻類編』によって『中原音韻』に含まれる誤りを正しうるか」は，卓従之本の体例が周徳清『中原音韻』の「正語作詞起例」の記述に詳細且つ微妙な点で合致することから「おそらく卓従之本『中州楽府音韻類編』あるいはその別本に基づいて『中原音韻』が編まれたのであろう」という，従来の研究とは全く異なる結論を導き出している。この見解についてはさらに遠藤光暁「『中原音韻』の成書過程」において一層詳細に検討が加えられており，その結論に基づけば「『中原音韻』は周徳清が自序で称するように自ら元曲の初期の名大家の実作の押韻状況を帰納して編纂したものではなく」また原本の編者も「周徳清ではあり得ないこと」，燕山卓從之も原本編者ではなく「祖述者にすぎなかった」との説が展開されている。　　　　　　　　　　　　　　　　　　　　　　　　　　（矢放昭文）

【参考文献】佐々木猛「『中州樂府音韻類編』によって『中原音韻』に含まれる誤りを正しうるか」『福岡大学人文論叢』12：4，1981/遠藤光暁「『中原音韻』の成書過程」『東洋学報』76：3/4，1995/耿振生『音韻通講』河北教育出版社，2001/楊剣橋『漢語音韻学講義』復旦大学出版社，2005。

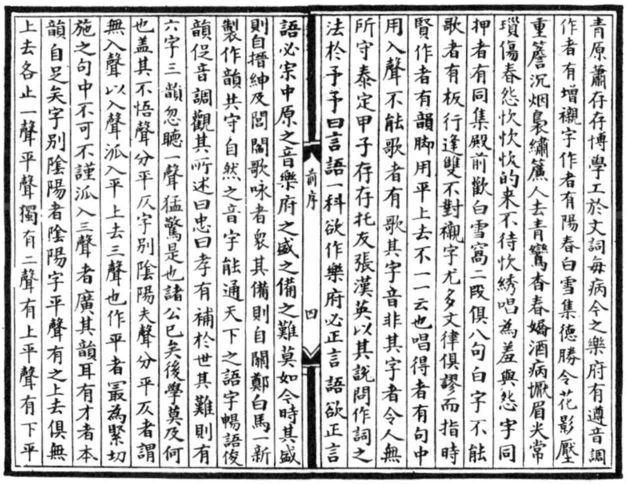

『中原音韻』周徳清序（第一葉）

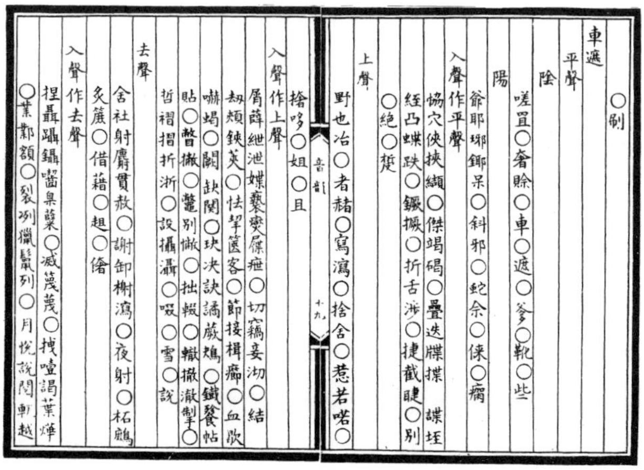

『中原音韻』車遮韻

中古音

隋の仁寿元(601)年に成立し，隋唐(589–907)両時代を通じて通行した陸法言『切韻』の語音体系を指す。原本『切韻』は早くに佚書となり今日に伝わらないが，孫愐『唐韻』(751)，陳彭年『広韻』(1008)，その他の唐写本，敦煌出土残巻などに基づいてその全貌を知ることが可能である。また『切韻』の拡充版としての『広韻』自体も高い価値を有しており中古音研究に欠くことの出来ない重要資料である。

『切韻』成立の経緯は『広韻』収録の『切韻』序文より知ることができる。それによれば，魏(220–264)の李登『声類』，晋(265–416)呂静『韻集』，夏侯詠『四声韻略』，陽休之『韻略』，李季節『音譜』，杜臺卿『韻略』など魏晋南北朝に通行した韻書の反切・分韻基準の異同と当時の南北方音の得失について，隋の開皇(581–589)初年に劉臻，顔之推，蕭該など8名の文人が陸法言の家に集まり審音の議論を重ね大綱を定めた。11年後の仁寿元年，陸法言は託されていた編集を済ませ『切韻』を完成したのである。『切韻』が反映する中古音系は，少なくとも斉(479–501)，梁(502–556)，陳(557–589)，隋(581–618)間に成立し唐代(618–907)約300年間にも通行した雅言・読書音の体系である。

『切韻』は総数約11500字を，平・上・去・入の四声に基づいて分巻する一方，同音ごとに小韻にまとめて反切と同音字数を記載し計193韻に分韻した。分韻の際には異なる声調の韻母を異なる韻と見なし，例えば東・董・送・屋の如く各韻に一つの漢字を充て韻目とした。ただし平・上・去三声については音節の高低上昇下降の違いであるため調類を捨象することが可能であり東・董・送三韻は/-uŋ/韻に帰一する。しかし入声は韻尾が短促音[-p][-t][-k]で発音されるためこの処置は使えない。他の韻についても同様の手続きが可能で『切韻』193韻，『広韻』206韻は実質上90韻前後となる。ただし個々の声調類を基本とする分韻排列法は『切韻』以降の韻書にも根強く継承された。

また『切韻』の分韻状況を詳しく見ると，異なる介音の韻母を一韻に併合し開口・合口両方の韻母を含む刪韻の例もあれば，開口と合口の違いに基づき二韻に分ける寒韻と桓韻の例もあるなど，介音と分韻基準の間にまだ一定原則が確立していなかったことがわかる。介音の音韻的価値は，唐代中葉と推定される等韻図の成立により強く認識されたのであろう。

中古音の声母・韻母が織り成す音系システムについては，『広韻』反切を上字と下字それぞれについて系聯法でまとめる方法が陳澧『切韻考』(1844)により初めて試みられた。陳澧は40類の声母を帰納している。そののち曾運乾が1927年，周祖謨が1940年にそれぞれ51声類を，白滌州は1931年に統計に基づき47類を帰納した。曾運乾に先行して最初に中古音の再構成(Reconstruction)を行ったカールグレン(B. Karlgren；高本漢）は「幇・滂・並・明」各声母に［p］・［p^h］・［b］・［m］，「端・透・定・泥」に［t］・［t^h］・［d］・［n］など具体的音価を定めた。これは系聯法で帰納された声類・韻類について，『韻鏡』『七韻略』に代表される等韻学の原理を応用し，さらに現代中国語諸方言の音価を代入する方法を採用しており，純然とした歴史比較言語学の成果であった。

高本漢の構築した中古音系については，その方法自体を認める研究者が大勢を占めている。ただし高氏の音韻資料に関する理解，扱い方の適否，方音採取の方法などには多くの問題が存在していた。したがって高本漢以降の中古音研究は，同氏の研究を修正することを基軸として展開している。

例えば高本漢の再構成した中古音では介音には［-i-］［-u-］のみが設定されたが，同氏以後に展開した精密な研究では［-i-］類に2種類，すなわち［-i-］（前舌）と［-ï-］（中舌）の介音を設定して分類基準とする方法が有力である。［-ï-］は高本漢が全く気づかなかった所謂“重紐（ちょうちゅう）”を解決する過程で見いだされた介音であるが，この介音を加えると中古音介音は3種類になり，韻母の構造は非常に複雑になる。今日の中国語音韻学では，中古音韻母は『広韻』206韻に開合，等位，軽唇音化，重紐などの諸条件と声母の違いによる字音分布を組み合わせて“韻類（いんるい）”を定義し研究の出発点としている。

その定義によれば韻図の一等に現れる韻類を一等韻，二等に現れる韻類を二等韻，四等のみに現れる韻類を純四等韻，これ以外を三等韻と呼んでいる。三等韻は声母の違いにより二三四等にまたがって現れる場合と三等のみに現れる場合があり，所謂“重紐”のペアを持つA・B類とこれを持たないC類に分けられる。C類はさらに軽唇音声母をもち三等のみに現れる純三等韻C_1類と二三四等に現れるC_2類に分類される。これら韻類の詳細な分類は『広韻』の反切構造，特に反切上字・下字の組合わさる趨向を統計的に帰納する際に，分類の出発基準を示すという点で重要であり，反切構造原理に基づいて帰字の音韻位置を決定することが可能になるという点でもきわめて合理的である。またこの方法を駆使した代表作には辻本春彦（1918-2003）『広韻切韻譜（こういんせついんぷ）』（2008）がある。

これは，1)；『音韻闡微（おんいんせんび）・音圖』に従い，23行，16段の図表枠を設定する。2)；23行の七音の排列は牙音，舌音，唇音，歯音，喉音，舌歯音とし，喉音声母を暁，匣，影，喩の順に並べ『韻鏡（いんきょう）』とは異なる。3)；16段については上から一等，二等，三等，四等に分け，各等を平・上・去・入に分けている。4)；各小韻には反切を附記する。5)；各韻における順序どおりに各小韻を標出する。6)；小韻字の左上に韻目中の小韻順序を示し，左下に小韻所収同音字数を示す，という6項目の特徴を持ち，中古音研究の主要な資料である『広韻』反切について詳細精密な分析結果を示すと同時に，中古音系が内包する言語情報を音韻総目録として図示している。　（矢放昭文）

【参考文献】平山久雄「中古漢音の音韻」『中国文化叢書①言語』pp.112-166，大修館書店，1967/楊剣橋『漢語音韻学講義』復旦大学出版社，2005/辻本春彦著・森博達編『附諸表索引広韻切韻譜』2008。

中国語の入力方法

中国語をパソコンで入力する場合，中国語のソフトが便利である。かつては専用のボードを本体に組み込むなど面倒な作業が必要であったり，中国語ソフトと日本語ソフトの切り替えがスムーズでなかったりといろいろ障害はあったのだが，現在では中国語ソフトをインストールすれば，Word などの基本的な日本語ソフトを立ち上げて，日本語の文章を打ちながら必要に応じて中国語に切り替えて文章の編集ができるようになった。

中国語と一口に言ってもそれが指すものは本来多様であるが，ここではとりあえず日本で一般的に「中国語」と認識されている中国での標準語「普通話」の入力ということにする。現在，中国では簡体字と呼ばれる，漢字を簡略化した文字が使われている。これに対し台湾や香港では旧字体が使われており，これは繁体字と呼ばれている。日本で現在使われている新字体の漢字も簡体字同様簡略化したものであるが，簡体字と同じではない。例えば繁体字で「學」という字は簡体字でも日本の新字体でも「学」である。しかし，繁体字で「澤」は日本では「沢」だが，簡体字では「泽」である。「馬」は繁体字でも日本でも「馬」だが，簡体字では「马」である。ここでは中国語の単語は簡体字で表記し，繁体字は（　）内に表記することとする。この中国の簡体字の文字コードは GB コードと呼ばれ（GB は国家標準 guojia biaozhun の頭文字），台湾，香港の繁体字は Big5 コードと呼ばれる。現在の中国語ソフトはそのどちらにも対応できるようになっている。フォントは以前は GB と Big5 では異なっていたが，現在では「PMingLiU」「SimSun」「SimHei」などどちらでも使用できるフォントが便利である。

中国語の漢字の打ち込みには“変換”が必要になる。現在中国語の発音はピンイン（拼音）と呼ばれるアルファベットで表記するため，そのアルファベットをそのままキーで打ち，漢字に変換すればよい。ただ，“ü”のキーは無いので「v」などで代用する。

【例 1】 日本語の「さようなら」にあたる中国語の“再见（再見）”を打ち込んでみる。

(1–1) “再见（再見）”の発音のピンイン表記が“zàijiàn”であるので，「Z・A・I・J・I・A・N」と打ち込む。中国語ソフトは自動的に音節ごとに分割して“zai jian”と表示される。

(1–2) そこで変換するキー，一般には「スペース」キーもしくは「変換」キーを押す。すると，入力したピンインが漢字で表示される。このときは再见のように白青か白黒反転などで表示される。

(1–3) この (1–2) で漢字が正しく“再见（再見）”と表示されれば，確定するキー，一般には「Enter」キーを押して確定し，これで完了。もしも (1–2) で漢字が正しく表示されなければ，もう一度変換するキーを押すと，ボックスが現れて他の候補が表示される。

(1–4)　その候補の中から正しいものに移動してから，確定するキーを押して確定する。もしくは，ボックス内の候補の左側に数字があるので，正しい候補の数字を数字キーを押してもよい。

【例 2】　日本語の「金剛」，中国語で“金刚(金剛)”を打ち込んでみる。

(2–1)　“金刚(金剛)”の発音のピンイン表記が“jīngāng”で“jin gang”と表示したいのだが，(1–1)のように「J・I・N・G・A・N・G」と打ち込むと，“jing ang”と表示されてしまい，そのまま変換すると“竟昂”などと表示される。このような場合は，音節の区切りをつけたい部分で「；」キー(ソフトによって異なる)を打つか，何らかの記号キーを打ってから消してスペースを作る。“jin gang”であれば，「J・I・N・；・G・A・N・G」と打つ。

(2–2)　この後は【例 1】の(1–2)(1–3)(1–4)と同様。

【例 3】　日本人の姓，「東田」，中国語で“东田(東田)”を打ち込んでみる。

(3–1)　“东田(東田)”の発音が“dōngtián”であるので，「D・O・N・G・T・I・A・N」と打ち込むと“dong tian”と表示される。

(3–2)　【例 1】の(1–2)と同様。

(3–3)　この(3–2)では普通“冬天”と表示される。“东田(東田)”などという単語は最初から中国語ソフトが記憶していないため，このままでは変換できない。そこで“东田(東田)”の“东(東)”と“田”を一文字ずつ変換しなければならない。“冬天”と表示されている状態のまま，「Shift」キーを押しながら左方向のキー「◁」キーを押すと“dong tian”という表示に変わる。さらに「Shift」キーを押しながら左方向のキー「◁」キーを押しつづけると，下線の左部分の実線＿＿が短くなり右部分の破線……が左に伸びる。破線の左端が“t”の頭にくる“dong tian”という状態にしてから，「Shift」キーから手を離し，変換するキーを押すと，例えば“东天”のように表示される。一文字目が違っていれば【例 1】の(1–3)(1–4)のように，再び変換するキーを押して候補の中から正しいものを選ぶ。一文字目が正しくなれば右方向のキー「▷」キーを押すと一文字目が確定し“东天”と表示される。ここから先は【例 1】の(1–3)(1–4)と同様である。

以上の入力例は Windows を念頭に置いているが，ソフトが異なれば入力法も微妙に異なるし，また Macintosh でも操作が多少異なることには注意が必要である。

なお，Windows の XP 以降では中国語ソフト無しでも中国語入力が可能となった。入力のためには，言語バーの左端の「JP」の部分をクリックして，「CH 中国語(中国)」があればそれをクリックすれば入力可能の状態。無ければ，「JP」の部分を右クリックし，「設定」をクリックすると，「テキストサービスと入力言語」の画面が現れる。「追加」をクリックして，入力言語を「中国語(中国)」にして，「OK」をクリックすれば設定は終了。中国語入力の際は，前述のように言語バーの「JP」の部分をクリックして，

「CH 中国語(中国)」をクリックすればよい。ただしこの場合，ピンイン入力後の語彙の選択はまず右方向のキー「■」を押し，下方向のキー「■」で移動することとなる。熟語があまり登録されていないので，一字ずつ打つことが多く，やはり中国語ソフトの方が便利ではある。 （上野隆三）

【参考文献】漢字文献情報処理研究会編『電脳中国学 2』好文出版，2001/『別冊しにか コンピュータで中国語』大修館書店，1999。

中国文字改革委員会

中華人民共和国政府の言語・文字改革機関。1954年12月に成立し，1985年12月に「国家語言文字工作委員会」と改称した。(1)漢字の簡略化と整理，(2)普通話(標準中国語)の普及，(3)漢語拼音方案の制定と普及を主要な任務とし，中国の言語・文字改革において中心的役割を果たした。

1952年2月，政務院(後の国務院，日本の内閣に相当)の文化教育委員会に中国文字改革研究委員会(主任馬叙倫，副主任呉玉章)が設置され，漢字整理や拼音方案について検討が行われた。2年後，周恩来国務院総理の提議により，文字改革事業を研究段階から実践段階へ進めるために改組し，国務院直属の中国文字改革委員会が成立した。成立時の委員は，丁西林，王力，朱学範，呉玉章，呂叔湘，邵力子，季羨林，林漢達，胡喬木，胡愈之，馬叙倫，韋慤，陸志韋，傅懋勣，葉恭綽，葉聖陶，葉籟士，董純才，趙平生，黎錦熙，聶紺弩，魏建功，羅常培の23名であり，呉玉章が主任，胡愈之が副主任を務めた。

委員会の約30年の歴史のなかで，成果が最も多かったのは最初の10年間だった。漢字の簡略化と整理の方面では，1956年に「漢字簡化方案」を公布し，1964年に「簡化字総表」を発表した。1955年には文化部と共同で「第一批異体字整理表」を発表し，1964年に同じく文化部と共同で「印刷通用漢字字形表」を発表した。1956年には「第二批異体字整理表」を作成したが，結局公表には至らなかった。普通話の普及の方面では1959年と翌年，教育部および中国科学院語言研究所と共同で普通話語音研究班を開催し，普通話普及事業の中核となる人材を育成した。漢語拼音の制定と普及の方面では1958年に「漢語拼音方案」を公布した。1958年と翌年には主任の呉玉章が普通話と漢語拼音の普及状況を調査するため全国各地の視察を行った。

1966年から1976年までの文化大革命期は活動の停滞を余儀なくされたが，その後は活動を再開し，計算機を利用した漢字の構成分析，漢字使用の頻度調査などを行った。1977年には「第二次漢字簡化方案(草案)」を発表したが，草案所収の簡体字は半年ほど試験的に用いられたのち使用停止となった。

国家語言文字工作委員会と改称したのち，1986年に「第二次漢字簡化方案(草案)」を正式に廃止し，同年改めて「漢字簡化総表」を発表した。1985年に国家教育委員会および広播電視部と共同で「普通話異読詞審音表」を発表し，1988年に国家教育委員会と共同で「漢語拼音正詞法基本規則」を発表した。

1956年に成立した文字改革出版社は中国文字改革委員会直属の出版社であり，言語・文字改革に関する重要な書籍を出版した。1980年には社名を語文出版社と改め，引き続き言語・文字に関する書籍の出版を行っている。　(小出　敦)

【参考文献】王均編『当代中国的文字改革』当代中国出版社，1995。

字喃（ちゅのむ）

かつてベトナム語を表記するために使用された，主に漢字の構成要素を利用して考案された民族文字。しばしば「擬似漢字」の一種とされる。

字喃の発生時期に関しては，例えばベトナムの代表的な編年史の一つ『大越史記全書』(呉士連，1479)に「壬午四年，元至元十九(1282)年，秋，八月，…瀘江に鱷魚が来たとき，帝は刑部尚書の阮詮に命じて，文を書いて江中投げこませたところ，鱷魚は自ら去った，帝はそのことが(中国の)韓愈の故事に類似しているので，韓の姓を賜った，詮はまた国語の賦詩をよくし，我が国の賦詩が多く国語を用いるようになったのは，実はここから始まった。」という記述があり，1305年の阮士固に関する記事にも「我が国の賦詩が多く国語を用いるようになったのは，ここから始まった。」とあることなどから，大体13，14世紀頃とみなすのが一般的である。考古資料としては，以下に述べる「仮借（かしゃ）」に属する字喃の断片的利用が11世紀の銅銘に見られるが，まとまった数で出現する最古の史料として，14世紀の年号を記したベトナム北部ニンビン(Ninh Binh)省ノン・ヌオック(Non Nuoc)山の摩崖碑文(一般に「護城山碑文」と呼ばれる)が知られている。構成方法は一般に六書（りくしょ）の「仮借」(越南（えつなん）漢字音を利用して，意味に関係なくベトナム語の音を表記)，「形声（けいせい）」(越南漢字音を基礎とする音符および義符)，一部の「会意（かいい）」の例が見られる。さらに「会音」とでも呼ぶべき例が存在する。以下それぞれの例をあげると，仮借「羅」/la^2/(漢字音：/la^1/，意味：～である)，形声「𩈘」/mǎt^6/(漢字音：末/mat^6/，意味：顔，面)，会意「𡗶」/cəj^2/(意味：空，天)，そして会音「耙」/caj^1/</blaj^1/(漢字音：巴/ba^1/＋來/laj^1/，意味：男)。一般に，14，15世紀頃の初期の資料には「仮借」「会音」の例が多く，時代を経るに従って「形声」の例が増加する。「会意」の例はきわめて少数であり，現在のところベトナムにおいて漢字を訓読した例はほとんど知られていない。字喃で表記された文書の形式は，韻文(文学作品，千字文（せんじもん）系学習書，字書など)を中心に，村落文書(家譜など)，漢文・字喃文対訳仏典など多岐にわたるが，字喃が政策的に規範化された形跡は見当たらない。胡季犛(Ho Quy Li，在位：1400)，西山朝阮文恵(Nguyen Van Hue，在位：1787–1792)など字喃の国字化を試みた例はあるが，いずれも短期執政のため実現しなかった。数多くの韻文作品が存在することや，千字文系漢字学習書，字書では漢字とその意味を示す字喃が「六八体」「双七六八体」といったベトナム独自の韻文形式で交互に配され学習の便が図られているため，それらが消極的な規範化を促した可能性はある。

ベトナム国家社会・人文科学センター漢字・字喃研究院所蔵の夥しい数の未公開史料や順次公開されつつある碑文類の分析を通じて歴史学，文学のみならず，言語学的にも重要な内部資料として今後ますます注目されることが予想される。　(清水政明)

【参考文献】三根谷徹『中古漢語と越南漢字音』汲古書店，1993/橋本萬太郎・鈴木孝夫・山田尚勇『漢字民族の決断—漢字の未来に向けて—』大修館書店，1987。

朝鮮漢字音

朝鮮半島に伝えられた漢字音は，朝鮮語の音韻体系に適応し，さらに朝鮮語自身の音韻変化によって変遷してきた。この朝鮮伝来の字音を朝鮮漢字音と呼ぶ。漢音・呉音といった複数の体系をもつ日本漢字音とは違い，基本的に一字一音のみを伝承する。ある一時代の中国音に由来するわけではなく，時代的に異なるいくつかの層に分けられるが，その最も主要な層は唐代長安音を反映したものであることが，河野六郎により明らかにされた。

朝鮮固有の文字・ハングル創製に伴い，朝鮮漢字音の分析・整理が行われ，1447年，韻書『東国正韻』が編纂された。しかしこの字音は，人為的に定めた規範音で，実際の音とは異なるため，いくつかの文献で用いられただけで，すぐに使われなくなった。『訓蒙字会』(16世紀)などが，ハングルで伝来字音を示した初期の資料である。東国正韻式漢字音と区別して，特に伝来音のみを指す場合，東音と呼ぶことがある。

朝鮮語の頭子音には清濁の区別がないため，中国中古音の清濁の別は反映しない。一方，平(無気)音・激(有気)音・濃(硬)音の区別をもつにもかかわらず，中国中古音の無気・有気の別は，唇音(p系統)・舌音(t系統)・歯音(ch系統)ではかなり混乱して写され，牙音(k系統)に関しては原則的にすべて無気音で写されている。また，濃音をもつ字は例外的な数例にすぎない。中国中古音の疑母(ng-)・影母(ʔ-)は脱落する。日母(ń-)は△(z-)で写されたが，朝鮮語内でこの音素が消滅したため脱落した。来母(l-)はn-になる(母音i・半母音yの前では脱落する)，などの特徴がある。

非常にきれいな対応をみせるのは，子音韻尾である。鼻音韻尾-m・-n・-ngはそのまま保存され(-m・-nは日本音の-ン，-ngは-ウ・-イに対応)，入声韻尾-p・-t・-kはそれぞれ-p・-l・-kとして現れる(-pは-フ，-lは-ツ・-チ，-kは-ク・-キ)。

現代韓国語においてアクセントは，一部の方言を除き残されていないが，15〜16世紀の朝鮮語資料には，平声(低平調)・上声(上昇調)・去声(高平調)の別を示す声点が付されていた。漢字音については，中国中古音の平声は平声，上声・去声は上声，入声は去声に対応するという原則がみられるが，上声字・去声字の一部は去声になっている。その根拠となる条件など，声調については，いまだ明らかでない点が多い。

中国語は二重・三重母音が多く，母音の比較的豊富な朝鮮語でも正確に写し取ることはできない。しかし，例えば，中国中古音における介母音の-ï-と-i-の対立(いわゆる重紐)が特に牙喉音字で顕著に反映されるなど，細かな区別を伝えていることもある。そのため朝鮮漢字音は，中国語音韻史の資料としても重要視されるのである。

現代韓国・日本漢字音には，大まかな対応関係がある。漢字音に注目することは，ともに漢語を多く有する日本語・韓国語学習の一助となるであろう。　(小出裕子)

【参考文献】河野六郎『朝鮮漢字音の研究』天理時報社，1968(『河野六郎著作集2』平凡社，1979)/金東昭著・栗田英二訳『韓国語変遷史』明石書店，2003/伊藤智ゆき『朝鮮漢字音研究』汲古書院，2007。

鳥篆

鳥などの形をかたどった，曲線の多い装飾的な篆書体。鳥書ともいう。文献資料においては，手書された篆書体の総称として用いられることもある。

鳥篆の早期の例としては，春秋時代の呉王子于戈(前 526 以前)・楚王酓璋戈(前 484–前 435)・越王勾践剣(前 496–前 465)・越王者旨於賜矛(前 464–前 459)などがあり，主に呉・越や楚などの兵器の銘文などに多く見られる。こうした状況をふまえれば，鳥篆は，長江流域の南方地方に起源をもつ可能性が指摘される。

後漢・許慎『説文解字』叙には，秦・始皇帝のときの 8 種類の書体(秦書八体)として，「一に曰く大篆，二に曰く小篆，三に曰く刻符，四に曰く虫書，五に曰く摹印，六に曰く署書，七に曰く殳書，八に曰く隷書」をあげ，新の王莽のときの 6 種類の書体(新莽六書)として「一に曰く古文，孔子壁中書なり。二に曰く奇字，即ち古文にして而して異なる者なり。三に曰く篆書，即ち小篆。四に曰く左書，即ち秦の隷書。秦始皇帝，下杜人程邈をして作らしむる所なり。五に曰く繆篆，印に摹する所以なり。六に曰く鳥虫書，幡信に書する所以なり」をあげる。このうち，秦書八体の「虫書」や新莽六書の「鳥虫書」と鳥篆とを関連づける説があるが，以下のような問題点が指摘されている。

『説文解字』叙には，秦書八体の「虫書」の用途についての言及は見られないが，新莽六書の「鳥虫書」については「幡信に書する所以なり」(幡信〈はた・のぼり〉に書く際に用いる)という説明がある。秦書八体と新莽六書とは明確な継承関係をもつことから，「虫書」も「鳥虫書」と同様，幡信用の書体であった可能性が高い。漢代の幡信の実例としては，居延から出土した「張掖都尉棨信」や武威の磨咀子出土の柩銘があるが，これらは長脚をもつやや屈曲の多い篆書の手写体であり，春秋戦国時代の兵器の銘文などに見られる鳥篆とは異なっている。一方，「呂不韋戟」など秦書八体の「殳書」に該当する兵器の銘文には，装飾的な書体は見いだされず，戦国期の秦国の文字資料には，南方地域との間に顕著な地域差が認められる。したがって，春秋戦国時代の武器の銘文などに見える鳥篆と『説文解字』叙の「虫書」や「鳥虫書」との間には，時代・用途の両面にわたって明確な相違があり，両者の間に直接的な関係を見いだすことはできないのである。

近年，出土文字資料が増加し，春秋戦国期の鳥篆の実態についても，徐々に解明がはかられてきている。今後は，より広く装飾体の系譜という観点から鳥篆の問題を捉え直し，春秋戦国期の文字資料に見える装飾体と秦書八体や新莽六書にあげられた各種の用途別書体との関係，さらに漢代以降の装飾体(例えば，漢碑の篆額など)への展開などについて，幅広い検討を行う必要がある。　(福田哲之)

【参考文献】容庚「鳥書考」『容庚選集』天津人民出版社，1994/張光裕・曹錦炎主編『東周鳥篆文字編』翰墨軒出版有限公司，1994/啓功『古代字体論稿』文物出版社，1999。

直音

直音とは一つの字を使い別の同音字の発音を注記する方法をいう。被注音字と同音の字を使うことにより目的の字音を示すもので，通常「A 音 B」(A の音は B である) で示される。表音文字のなかった古代においては，漢字を使って漢字音を示すより外には方法がなかったのである。

直音という語が最初に見えるのは比較的遅く，南宋の陳振孫の『直齋書録解題』が記録する『春秋直音』三巻からである。ただし直音法による音注は漢代成立の典籍によく見られる。また類似の方法として譬況，読若も通行していた。

譬況の用例を多数記録する文献としては高誘(建安年間 196–219 活動)注の『呂氏春秋』，『淮南子』が知られている。「哄，読近鴻，緩気言之」(哄は鴻に近く読む。気を緩めて発音する)，「轔，読近隣，急気言乃得之也」(轔は隣に近く読む。気を急いで発音すればこの音が得られる) などがその例であるが，「読近」(近い音に読む) が直音と異なる点である。

この点については読若も同様である。後漢の許愼(30–124)の『説文解字』では例えば「祘…読若筭」(示部)，「瑂…讀若眉」(玉部)，「膴…読若膜」，「噲，読若快」(口部)，「岷，読若盲」(民部)など 830 条の読若が確認されている。『説文解字』以外の読若例としては，やはり高誘注『呂氏春秋』に見える。例えば「其為飲食酏醴也」(彼らはお粥で作った甘酒の準備をする) についての「酏読若『詩』‘虵虵碩言’之虵」(酏は『毛詩・節南山之什・巧言』の「虵虵碩言」の虵) 等が挙げられ，反切が流行するまでは読若もよく使われたことがわかる。ただし近似の読音を許容する点は譬況と同様であり，直音と異なる点であった。

清末の王先謙(1842–1917) はその『釋名疏証補』序文において「『説文』従声之法，亦生直音，故吾以謂『説文』直音之肇祖」(『説文』の音に従う方法，つまり読若，から直音が生まれたが故に『説文』は直音の元祖である) と考えた。しかしながら形声符が音を表すこと，読若が音を擬えること，声訓が音を喩えること，これらはいずれも直音方式とは異なる。決して的確な注音とは言えない。『説文解字』編纂の目的は，字形により漢字を体系分類し，個々の字形を本源的に究める同時に，字形に基づいて意味を解釈し，本来の意義に到達することにあったと言われており，「説解」の「従音之法」もそのために使われていた。『説文』読若は漢代の字音を反映する性格をもつが，同時に声訓という類似音関係により語源を解釈する方法として使用されており，的確に音を示すものではなかった。譬況，読若は字音あるいは形声符の近似性，類似性，同一性を意味解釈に利用するものであり，近似の読音，類似音を許容することが多い。直音のように他の字音，類似音と求める音との境界が明確ではなく，精度を欠くものであったと言える。

その結果，後世の字音を学ぶ人々に対する説得性を欠き，読音の規範にはなり得なかった。後漢時代に通行していた譬況，読若であったが，後漢末から魏晋南北朝の間に生まれた反切の出現により次第に淘汰されたのは，語音の違いが以前に増して敏感に捉えられるようになったからである。反切は従来よりも正確な注音方式として漢語の歴史に新たな局面もたらす一方，直音注は的確に音を表示伝達する在来の方法として引き続き使用された。

隋唐になると顔師古(581–645)が現れ『漢書』注を著わした。顔師古は当時流通していた反切および自己の審音を経た直音注を採用すると同時に，先達二十三家の直音注をも引用している。その中で最も早いのは服虔(中平年間(184–189)活動)，應劭(霊帝時(168)活動)の注であるが，その他には孟康，蘇林，高誘などの直音注も採用している。

例えば『漢書・地理志』巻八の「畫音獲」，「簜音蕩」，「喬音橋」，「箘音囷」，『漢書・西域伝』「窳音庾」などは顔師古の注であるが，『漢書・芸文志』「栩音詡」は服虔注，『漢書・地理志』「繹幕，繹音亦」は應劭注，『漢書・高帝紀』「單音善。父音甫」は孟康注，『爾雅・序』「肇音兆」「幠音呼」，『爾雅・釋詁下』「餤音淡」「藐音邈」は郭璞(276–324)注，『漢書・西域伝』「番音盤」は蘇林の注である。これら諸家の直音注は例挙にいとまなく，今日も読書の際に通行している。

反切と平行して直音注を採用した代表的な『音義』(一種の辞書)に，顔師古と同時期に活躍した陸徳明(550頃～630頃)の『経典釈文』がある。これは漢代から魏晋南北朝を経て当時通行していた典籍の基準化を図ったもので，隋唐に至り天下が統一され儒学経典の整備事業が行われたことと軌を一にしている。『周易』『尚書』『毛詩』『周禮』『儀禮』『禮記』『春秋』『孝経』『論語』『老子』『荘子』『爾雅』など儒家を中心とする典籍経典について，諸家の読書音・訓詁・文字の異同を採集・校勘を行い，『音義』を完成させた。

その考証は詳細をきわめ，唐代には高く評価されると同時に文字・音韻・訓詁の三分野を学ぶ後世の学者に大きな影響を与えた。各『音義』には反切だけでなく直音注も頻用されており，漢語史資料としての価値は大きい。例えば『毛詩音義』の『周南・関雎』部分を一見するだけでも「洲音州」「説音悦」「逑音求」「楽音洛，又音岳」「覚音教」など反切数とほぼ同数の頻度で直音注を確認することができる。

したがって『経典釈文』中の直音をすべて集め，これに分析を加えて配列すれば陸氏の語音体系を得ることが可能である。601年成立の『切韻』と『経典釈文』はほぼ同時代の著作であるが故に，『経典釈文』の語音体系を利用すれば『切韻』と相互に検証することも不可能ではない。

『経典釈文』以外の重要な直音資料には唐玄度の『新加九経字様』(837年)，『敦煌掇瑣』所収『開蒙要訓』，慧琳『一切経音義』(810年)，『新集藏経音義随函録』などが知られている。特に『新加九経字様』は唐の玄宗の開元年間(713–741)に刊行された『開元文字音義』の注音体例を採用したと言われており，反切を用いず，全音を直音注で表している。適切な同音字がない場合は「某平，某上，某去，某入」と注記し，被注音字と注音字の声調が異なる場合に，声調を改めて読むよう指示しているなど，特色ある音韻資料となっている。（矢放昭文）

【参考文献】黄耀堃『音韻学引論』香港商務印書館，1994/万献初『《経典釈文》音切類目研究』，商務印書館，2004/楊剣橋『漢語音韻学講義』復旦大学出版社，2005。

經典釋文卷第十一
禮記音義之一 起第一盡第五
唐國子博士兼太子中允贈齊州刺史吳縣開國男陸德明撰
曲禮第一 本或作曲禮上者後人加也檀弓雜記放此曲禮者是儀禮之舊名委曲說禮之事 禮
記 此記二禮之遺闕故名禮記 鄭氏注
毋不敬 音無說文云止之詞其字從女内有一畫象有姦之形禁止之勿令姦古人云毋猶今人言莫也案
毋字與父母字不同俗本多亂讀者皆朱點母字以作無音非也後放此疑者特復音之 嚴 魚檢反本亦作儼同
矜莊貌 若思 如字徐息嗣反 矜莊 居水反 樞機 昌朱反 敖 五報反慢也王肅五
高反遨遊也 不可長 丁丈反盧植馬融王肅並直良反 欲不可從 如字足用反放縱也
樂不 舊音洛皇侃音岳 可極 如字皇紀力反 桀 其列反夏之末主名癸 紂
直丑反殷之末主名辛 狎而 戶甲反習也近也 近也 附近之近下注内不出者皆同 貴[illegible] 音戚
禮記音義之一　一　通志堂
本亦作戚 誣人 音無後並同 有畜 敕六反 以賙 音周 樂氏 音岳謂宋司城
樂喜 有害 如字本亦作難乃旦反 咎犯 其久反 重耳 直龍反 爲傷 于僞
反下爲傷爲近皆同 臨難 乃旦反 很 胡懇反鬩也 勝 舒證反 分 扶問反 鬩
呼曆反鬩猶鬭也 謂爭 爭鬭之爭下文皆同 傷知 音智 若夫 方于反丈夫也 如齊 側皆
反本亦作齋音同注同 士丏 本亦作句音蓋 乃還 音旋後放此 使從 色吏反 牲
幣 徐扶世反 弗享 許兩反 夫禮者 音扶凡發語之端皆然後放此 親疏
所居反或作疎 決 徐古穴反 嫌疑 戶恬反 別同 彼列反下注下文同 說人 音悅又始
悅反注同 佞 乃定反口才曰佞 媚 眉忌反意向曰媚 不辭 本又作詞同說文以詞為言詞之字
辭不受也後皆放此 費 芳味反言而不行為辭費 侵侮 徐亡撫反輕慢也 不好 呼報反注同
善行 下孟反下行脩同 取於人 舊七樹反謂趣就師求道也皇如字謂取師之道 取人
如字謂制師使從己 辯訟 皮勉反徐方勉反 君臣上下 上謂公卿下謂大夫士 宦學

『経典釈文』巻十一『禮記音義』第一葉

新加九經字樣
凡漆拾陸部
肆伯貳拾壹字 内壹伯參拾伍字重文
木部 凡一十四字 六字重文
鬱鬱 並𣫬入上木叢生也下芳草也 說文云鬱芳草合釀之以降神今經典相承通用上字
桼榛 音臻實如小栗傳曰女贄不過桼栗上說文下經典相承隷變
栞刊 渴平書曰隨山栞木上說文下經典相承隷省
枖夭 音妖木盛皃詩云桃之枖枖上說文下經典相承隷省
桓桓 上說文下隷省
栵栵 音例栭也見詩上說文下隷省
稽 音雞從尤從旨從禾禾音稽木之曲頭止不能上也從禾者非
檡 音澤木名見儀禮

『新加九経字様』木部第一葉

『通雅』

類書。方以智(1611-1671)の著書。康熙5(1666)年に出版された。

方以智は字を密之，号を曼公といい，安徽桐城に生まれた。桐城の方氏は士大夫階級であり，代々易学を伝えた名門であった。

『通雅』は崇禎5(1639)年，方以智が29歳以前には稿本が成立していたとされる。方以智は崇禎13(1640)年に進士に合格してほどなく，稿本に修正を加え始め，長年にわたる編集作業のすえ，江西の青原山静居寺の住職をしていた1666年，死を迎えるわずか5年前に，桐城の姚文燮によって出版された。

『通雅』は，本文が52巻から成り，別に巻首3巻を加えた構成である。巻首は，巻首之1「音義雑論」，巻首之2「読書類略提語」「雑学攷究類略」「蔵書刪書類略」「小学大略」，巻首之3「詩説」「文章薪火」から構成される。この巻首3目は本文52巻とは区別され，方以智の伝統文化から研究方法に及ぶ総論である。本文52巻の内容は以下の25項目である。「疑始」「釈詁」「天文」「地輿」「身体」「称謂」「姓名」「官制」「事制」「礼儀」「楽曲」「楽舞」「楽器」「器用」「衣服」「宮室」「飲食」「算数」「植物」「動物」「金石」「諺原」「切韻声原」「脈考」「古方解」。

このように，『通雅』は形式の面からいうと，『爾雅』や『廣雅』などのような，部門別に分類したうえで，名詞や術語を解釈した類書に類似している。しかしまた，自序において方以智自身が「此書本非類書」と述べているように，『通雅』以前の類書と比して特徴的な側面を有しているといえる。特徴の第一は，事実に基づいて真理を追究する科学精神である。17世紀後半はキリスト教の宣教師がもたらした自然科学の知識を吸収するか，それとも排斥するかという問題で中国社会が大きく揺れた。これに対し方以智は西洋の合理性を学び，研究し，吸収しようと主張した。特徴の第二は，根底には中国伝統の思想が流れており，特に象数易の影響を受けているということである。伝統を受け継ぎながら，新しい西洋の学問の合理性を取り入れた方法論は，批判主義と主知主義の精神によって支えられていたといえよう。『通雅』が同時代のそのほかの辞書的な性格をもつ類書とは異なり，文化思想史上，一歩進んだ新境地に到達しえた所以である。

『通雅』は出版されてから数十年にわたって広く読まれ，引用されることもしばしばであった。四庫全書には，『爾雅』『方言』『廣雅』などと同じ経部小説類ではなく子部雑家類に収められ，『四庫全書總目提要』では，顧炎武や朱彝尊らの先駆であると一応の評価を受けている。しかし『提要』も含め，これまで正当に理解され評価されてきたとは言い難い。わが国でも，ほとんど等閑視されてきた状態だったが，方以智の他の著作同様，その価値を見直すべきであるとする研究が始められている。(奥村佳代子)

【参考文献】『方以智全書』第1冊および第2冊所収『通雅』上海古籍出版社，1988/坂出祥伸『中国思想研究』関西大学出版部，1999。

『通俗編』

清代の類書。38 巻。翟灝（乾隆元（1736）～53（1788））年の撰。日常の言語生活の中で常用される語彙を集めて分類し，その出処を明示し，語源を考察した事典。

天文・地理・時序・倫常・仕進・政治・文学・武功・儀節・祝請・品目・行事・交際・境遇・性情・身体・言笑・称謂・神鬼・釈道・芸術・婦女・貨財・居処・服飾・器用・飲食・畜獣・禽魚・草木・俳優・数目・語辞・状貌・雑字・故事・識余の合計 38 類に分類し，各類をそれぞれ 1 巻とする。

収録される語彙は 5000 条を超え，その範囲は日常の通俗的な表現から難解な語彙と成語，さらには諺の類に及び，それぞれの語について出典が明示される。出典として言及される書物は経書や史書から詩文，筆記小説に及び，それをふまえて語義と語源が精密な考証とともに探求される。特に戯曲や通俗小説などに見える語彙と方言語彙の考察は出色である。

著者は字を大川，また晴江といい，浙江仁和の人，乾隆 19(1754)年の進士及第で，金華などの府学の教授を務めた。多くの書物を読みあさった博識の人物で，著書としてはほかに『爾雅補郭』『四書考異』『艮山雑志』などがある。

同時代の梁同書が，これと同じような企画をたてて『直語類録』という書物の著述を意図したが，すでに編纂の進んでいた『通俗編』を見て計画を変更し，『通俗編』に採録されなかった語彙と，『通俗編』の解釈と異なるものだけをまとめて，『直語補正』という書物にまとめた。

『通俗編』は収録される語彙や成語の数が豊富で，また民間の日常語や俗語，あるいは方言に深い関心を寄せており，口頭言語の語彙の研究ではそれまでに見られなかった大きな達成を示すものとなった。また後の語彙や語源研究のあり方にも大きな影響を与えた。ただ語彙の分類が伝統的な訓詁学における分類に従った雑多なものとなっており，出典の明示でも書物の巻数が示されないなどは本書の欠点とされる。語源の解釈でも文献に過度にとらわれすぎているものがある。しかし成立した時代の水準から見れば通俗語彙解釈において画期的な意義をもつ書物であって，のちの通俗文学研究者に大きな恩恵を与えた。

テキストとしては 1958 年初版の商務印書館活字本が通行しており，『直語補正』を付載し，巻末に両者の索引を付しているので便利である。　　　　　（阿辻哲次）

通用字

通用とは，ある漢字について，それと同音もしくは近い発音の別の漢字をあてて用いる現象をいう。その字を通用字と呼ぶ。例えば，先秦や漢代の文献では「早」の意味で「蚤」を用いることが多いが，後者は「ノミ」の意であり，「朝早い」意はない。にもかかわらず後者があてられるのは，両者が同音(上古音は tsu)であることによる。

なお，通用と紛らわしい現象に仮借があるが，こちらは，漢字を形成できない語に対して，同音の別の漢字をあてて用いる現象であって，通用とは区別されねばならない。また，通用の意味で「通仮」の語が用いられることもある。

通用の現象は，漢字の用法が不安定であった中国古代の文献に多く，正書意識が強くなるに従い減少する。先秦や漢代の文献を解読する際は通用字を見抜く知識が不可欠であるが，そのためには上古音に通じていなければならない。例えば，「而(上古音は n̥ǐə)」は往々にして「能(上古音は nəŋ)」にあてて用いられるが，これは両者の子音が近く，母音が対転の関係にあることから説明できる。通用字に関する知識は，清朝の考証学以来蓄積されており，その成果は高亨『古字通仮会典』などの字典にまとめられ，また，代表的な通用字は『漢語大字典』などの大型字典に取り上げられている。

これに対し，日本の文献においても，中国にはない，独自の通用字が多く見いだされる。酒井憲二・高橋久子などの調査があるものの，体系的な議論は十分とはいえない。そのような通用字は，校勘の過程で指摘されることはあっても，単なる誤字と扱われてきたためであろう。しかし，いくつかの通用字は，時代を通じて用いられ，ある程度定着しており，文献の解読のためには，必要な知識といえよう。日本独自の漢字用法として，研究の対象となるべきものである。

日本の通用字の特徴を述べる。まず，日本漢字音同士の類似による通用は，広く見られ，現代まで定着して用いられるものもある。例えば，「疳の虫」の「疳」は，同音の「癇」の通用，「太鼓の胴」の「胴」は，同音の「筒」の通用と考えられる。また，助数詞の「張」を「丁」と書き，年齢の「歳」を「才」と書くのも，同音による通用現象と解される。

また，日本の通用字としては，字形類似による通用も視野に入れる必要があろう。古くは「替」を「賛」，「栂」を「梅」，「密」を「蜜」と書くことが多く，単なる誤記として処理すべきではない。このような通用字は，ほとんどが淘汰されてしまうが，今に残るものもある。「宛」を「宛名」，「一人宛」のような意で用いるのは，日本では古くから，「宛」を「充」に通用させた結果と考えられる。これは，「宛」が「充」の異体字と酷似していることから説明できる。このように，日本の漢字文化を考えるうえでも，音の類似，字形の類似による漢字の通用現象は重要な意味をもつ。　　　　(高橋久子)

【参考文献】高亨『古字通仮会典』斉魯書社，1989/孔徳明『通仮字概説』北京広播学院出版社，1993/酒井憲二「甲陽軍鑑の通用字」『国語文字史の研究 4』和泉書院，1988/王海根『古代漢語通仮字大字典』福建人民出版社，2006。

鄭　樵

中国・宋代の学者。崇寧3(1104)年〜紹興32(1162)年，字は漁仲。福建興化軍甫田の人。宋の南遷前後に生きた人で，その生涯は『宋史』儒林伝や『福建通志』宋儒林伝，また自著の『夾漈遺稿』により概略を知り得る。夾漈山に草堂を営み，人事を謝絶し，著述に没頭したと伝えられ，世に夾漈深先生と称せられる。

鄭樵の学は実に多方面にわたり，自身の学問を分類して，経旨・礼楽・文字・天文地理・虫魚草木・方書・討論・図譜・亡書の9方面といい(『夾漈遺稿』巻3・献皇帝書)，それらの学の「会通」を主張した。多作な人であり，多くの書を撰述したと伝えられるが，特に史論をよくし，考証にすぐれた。主著『通志』は，王朝ごとに歴史を作成する伝統的な断代史の方法を批判し，歴史は通史を主とすべしとの立場から書かれたもの。そのうちの「二十略」には新見が多い。ほかに『爾雅注』『詩弁妄』『夾漈遺稿』などがある。その史学思想は清末の章学誠により再評価されている。

鄭樵の文字学は伝統的な小学と金石学の統合を目指すもので，その成果が『通志』の「六書略」「七音略」「金石略」に見える。その一例を示すものとして，ここで石鼓の時代考証についての鄭樵説を紹介しよう。

唐代に陝西に出土した石鼓について，張懐瓘や韓愈，韋応物などの唐人はそれを周の宣王の時代のものと考えた。宋になり，董逌は『左伝』の記事により周の成王代のものであると論じた(『広川書跋』巻3)。董説は唐人の籀書への素朴な短絡からは一歩進んだ説であるが，鄭樵はさらに進んで，他の金石文との比較考証の方法により，それが秦代のものであると論定する。鄭樵はいう，「此の十篇(石鼓)を観るに，皆な是れ秦篆なり。…其れ間(まま)疑うべき者有り，也を以って殹に為し，丞を以て𠀥に為すの類の若きは是れなり。これを銘器に攷えるに及ぶや，殹は秦斤に見え，𠀥は秦権に見ゆ」(『宝刻叢編』巻1・石鼓の条に引く鄭樵「石鼓音序」)。

現代では石鼓を秦のものとするのが定説であるが，その説は鄭樵によってはじめて出された説であり，古器物の断代に際して，同時代性をもつ他の銘文との比較をする鄭樵の方法は，現代でも有効な科学的な方法であろう。

文字だけに限らず，鄭樵の学は考察の範囲がはなはだ広い。考証の過程は荒けずりと評すべきで，『宋史』儒林伝は鄭樵について「博学なれども要は寡し」と評す。それはまことに適評ではあるが，しかし「寡要」と評されるものの中に，実は重要なものが潜んでいたことを忘れてはならない。　(阿辻哲次)

【参考文献】内藤湖南「章學誠の史學」(筑摩書房『内藤湖南全集』11，1969)。

丁声樹（ていせいじゅ）

中国の言語学者(1909-1989)。号は梧梓。河南省鄧縣の人。1909年3月9日生まれ，1989年逝去。

中国科学院語言研究所研究員・中国科学院哲学社会科学部委員会委員・語言研究所学術委員会委員，標準語推進委員会委員(推広普通話工作委員会委員)，『中国語文』の編集責任者(1961-1966)。中国人民政治協商会議全国委員会の第2・3期の委員となり，第3・5期の全国人民代表大会の代表でもあった。

1932年，北京大学中文系を卒業した。1944～1948年，アメリカに赴き，ハーバード大学遠東語言部研究員・エール大学研究院語言学部研究員を務めた。帰国後，中央研究院歴史語言研究所の助理員・編集員・副研究員・専任研究員となり，主に語彙と方言などの研究を行った。

丁声樹は早年において，漢語の語彙と文字の研究に力を注いでいた。主な論文は「釈否定詞『弗』『不』」(中央研究院歴史語言研究所集刊外編第1種『慶祝蔡元培先生六十五歳論文集』下冊　1935)・「詩経『式』字説」(『中央研究院歴史語言研究所集刊』第6本第4分冊，商務印書館，1936)，「詩巻耳芣苢（ふい）『采采』説」(『国立北京大学四十周年記念論文集』乙編上巻，1940)・「『何当』解」(『中央研究院歴史語言研究所集刊』第11本，商務印館，1943)・「『碚』字音読答問」(同前)・「論詩経中的『何』『曷』『胡』(『中央研究院歴史語言研究所集刊』第10本，商務印書館，1948)・「説文引祕書為賈逵説辨正」(『中央研究院歴史語言研究所集刊』第21本第1分冊，商務印書館，1949)などがある。

丁声樹の「釈否定詞『弗』『不』」は，この時期の代表作である。彼が『詩経』・『易経』・『礼記』・『左伝』・『国語』・『墨子』・『論語』・『孟子』など，多くの資料から「弗」と「不」の実例を取り上げ，二つの否定詞の異なる性質を明らかにした。「詩経『式』字説」では，従前『詩経』の中の「式」を「用」，あるいは意味ない助詞とする結論を覆して，それは現代中国語の「応」あるいは「当」に当てはまるものだとしている。

語音については，「談談語音構造和語音演変的規律」(『中国語文』創刊号，1952)などがある。多数の著作の中では『古今字音対照手冊』(共著，科学出版社，1958)と『漢語音韻講義』(共著，上海教育出版社，1981)は高い評価を得た。

方言の分野では，彼は湖北・湖南・雲南・四川の方言調査に参加し，『湖北方言調査報告』(趙元任など共著，商務印書館，1948)を著した。他の方言に関する著作は『方言調査字表』(1955)・『方言調査詞彙手冊』(1955)・『漢語方言調査簡表』(共著，1956)・『昌黎方言志』(1960)など。また彼は『現代漢語詞典』の編纂に大きな力を注いでいた。なお1994年に「国家図書賞」を受賞した。

その他，『現代漢語語法講話』(共著，1961)などがある。　(周雲喬)

【参考文献】『中国大百科全書』語言文字巻，中国大百科全書出版社，1988。

手紙(てがみ)の漢字(かんじ)

江戸時代に刊行された往来物をはじめとする手紙の作法書を見ると，手紙に使われる漢字について，どのような書体で書くかということが取り上げられていることが多い。これは，手紙を送る相手との上下関係によって，書体を使い分けるということが行われていたからである。特に頭語・結語などの定型的な表現については，手紙の作法書において，相手との上下関係による語の使い分けとともに，書体の使い分けについても例をあげて示されていることが多い。

例えば，『書札調法記』(元禄 8(1695))を見ると，頭語・結語・脇付・敬称などについて，語例をあげるとともに，どういう相手に使う語なのかについても注を付けている。頭語では，「一筆奉啓上候」が最初に掲げられ，「極々上々」という注が付けられている。これにより，相手の身分がきわめて高い場合に用いる語，つまり最も敬意の高い語とされていたことがわかる。これに続いて「一筆啓上仕候」「一筆致啓上候」「一筆致啓達候」などがあげられ，最後に，家来にあてた手紙に用いる語として「一筆申候」が示されている。この「極々上々」とされている「一筆奉啓上候」は，楷書体に近い書体で書かれている。以下，相手の身分が下がるに従ってよりくずした草書体で書くようになっている。同じ「一筆啓上仕候」でも，行書体に近い書体で書かれたものには「上々」，草書に近いくずした書体で書かれたものには「上」という注が付けられている。なお，家来あてとされている「一筆申候」は，かなりくずした草書体で書かれている。

また，各頭語に共通の「候」という字の書体を比較すると，「極々上々」とされる「一筆奉啓上候」では楷書体に近い書体で書かれているが，徐々に略体で書かれるようになり，「下ノ上」とされる「一筆令啓達候」では「〵」のような略体で書かれている。

ところで，江戸時代の往来物を見ると，いわゆる「お家流」と呼ばれるような書体で書かれているものが多く，この書体が手紙を書く際の書体として広く使われていたことがうかがわれる。しかし，明治時代になると次第に「お家流」は姿を消していき，一般的な草書体などで書かれるようになっている。

手紙の漢字については，上述のように，送る相手の身分と書体の選択との関係について紹介されることが多いが，全体的に十分に進んでいるとはいえない状況にある。往来物は，江戸時代に手習い教科書として使われ，また明治時代になっても初期の頃は引き続き学校の教科書として使われた。したがって，往来物にどのような漢字が使われているのかを把握することは，当時，どのような漢字が初等教育段階で学習すべき漢字とされていたのかということを明らかにすることにもつながる。往来物の漢字の性格を明らかにしていくためにも，まず取り組むべき課題といえよう。

(小椋秀樹)

【参考文献】橘　豊「手習教科書の文字とことば」『漢字講座 7 近世の漢字とことば』明治書院，1987。

『鉄雲蔵亀』

最初の甲骨文字著録書。1903年，劉鶚著。合計1058片の甲骨片を拓本の形で紹介した。

劉鶚（1857-1909）は，清朝末期の文人でまた文字学者でもあった。字は鉄雲，筆名は鴻都百煉生。江蘇省丹徒県の人。数学・医学・水利などの学問に興味をもち，科挙の受験を目指さず，河南巡撫や山東巡撫の幕客となって，黄河の治水に功績を残した。また清朝政府に対して鉄道建設や山西の炭鉱開発のため外債を募ることなどを建議した。

一時期は官界を離れて財界で活躍しようとしたこともあったが，事業に失敗。義和団事件の際には8カ国連合軍と交渉し，太倉の政府米を得て北京の難民救済にあてたが，両江総督に弾劾されて新疆ウルムチに流刑となり，その地で病死した。晩年に小説『老残遊記』がある。

現存する最古の漢字であり，殷代に占卜の結果を亀甲や牛骨に記録した甲骨文の存在が明らかになったのは，光緒25（1899）年のことであった。出土地は河南省安陽市北西郊の小屯村だが，1920年代後半に科学的な発掘がそこで始まる前は，甲骨はすべて小屯村一帯の農民が農作業の合間に地中から掘り出したものを骨董商が買い付け，それを著名な青銅器のコレクターたちに持ちこんだものであった。

そのコレクターの一人に，国子監祭酒（国立大学学長）の任にあった王懿栄（字は康生。山東福山の人）がいた。もともと金石学に造詣の深かった王は，骨董商がもちこんでくる甲骨片を，そのころ食客として寄寓していた劉鶚とともに検討し，そこに刻まれているのがこれまで存在を知られなかった古代の漢字であることに気づいた。

こうして王は甲骨の収集に熱心に努めたが，やがて義和団事件が起こると団練大臣に任じられ，悲運にも難に殉じた。王が没してからあと劉鶚は王の屋敷を去るが，そのときに王の手元にあった約5000片の甲骨を買い取り，やがてそのなかから文字が大きくて鮮明なもの1058片を選び，1903年に公刊した。それまでコレクターの書斎の中で珍蔵されていた甲骨片は，この書物によってはじめて一般人の目にも触れうることとなった。

劉鶚は序文のなかで卜辞に見える祖乙や祖辛などの人名を殷代の人物と正しく推定しているが，しかし甲骨の出土地について河南省湯陰県と記している。それは実際の出土地を秘匿する骨董商人の虚言をそのまま信じていたためであり，甲骨が河南省安陽市付近の「殷墟」から出土するものであることは，次に登場する羅振玉の研究まではわからなかった。

（阿辻哲次）

【参考文献】貝塚茂樹編『古代殷帝国』みすず書房，1967。

『伝音快字』

速記方式による中国語表記法を記した書物の名。蔡錫勇著，1896年刊。本書で使用される記号も伝音快字と呼ぶ。伝音快字は，清末に現れた各種中国語表記法の中で初めて官話に基づいたものであり，また中国における速記法の祖でもある。

蔡錫勇は福建省龍渓の人で，京師同文館で外国語を学んだ後，陳茘秋に随行してアメリカ・日本・ペルーなどを訪れた。ワシントンには4年間駐在し，議会や裁判において，ローマ字よりさらに簡単な記号である速記が使われていることに驚き，そこで複雑な漢字しかもたない中国語を表記するのために，新たな文字を考案した。彼は『伝音快字』「自序」の中で，漢字の代わりに伝音快字を学べば，1カ月以内にすべてを会得し，その後，余った力と時間でその他多くの重要な仕事を学ぶことができると述べている。また，「凡例」の中では，儒教の経典や歴史書を伝音快字を用いて俗語に翻訳することにも言及している。

伝音快字は，ピットマン系のグラハム式速記法を基礎として考案された（ただし蔡錫勇自身はリンズレー式に基づいたと述べている）。縦・横・斜めの直線や円弧で24種類の声母（頭子音）を表し，別の記号で32種類の韻母（母音と鼻音韻尾）を表す。同形の記号でも，線の太さによって2種類に区別される。伝音快字は縦罫線を中心として縦書きされ，声調は罫線との位置関係で示される。記号が，罫線の左側近くにあれば平声，左側やや遠くにあれば上声，右側近くにあれば去声，右側やや遠くにあれば入声を表す。上平声（北京語の第1声）は声母と韻母を続けて書き，下平声（北京語の第2声）は声母と韻母を分けて書く。中国語の1音節を2画で書くことができるように設計されており，また常用語には別の記号が用意されている。本書では，雍正帝の勅諭を口語で記した「聖諭広訓講解」を伝音快字で表記し，実例を示している。

清朝末期の約20年間で28種類の表音文字が発表されたが，そのうち最も早いものは1892年に出版された盧戇章の『一目了然初階』であった。同書はローマ字とその変形を用いて厦門音を表す。4年後に出版された『伝音快字』は官話を表す表音文字としては初めてのものであった。同じ年に蘇州音を表す沈学の『盛世元音』と，福州音を表す力捷三の『閩腔快字』（伝音快字を福州音に適用したもの）が，翌年には広東音などを表す王炳耀の『拼音字譜』が出版されたが，いずれも速記方式を採用している。

蔡錫勇の長男の蔡璋は，伝音快字に修正を加えた速記法を考案した。この方式を用いて，清末の資政院（朝廷の中央審議機関）と民国初年の国会で議事速記を行うための速記生が養成された。1912年に蔡璋はこの方式をまとめた『中国速記学』を出版したが，ここから中国の近代的速記法が始まるとされる。（小出　敦）

【参考文献】蔡錫勇『伝音快字』文字改革出版社（拼音文字史料叢書），1956/兼子次生『速記と情報社会』中央公論新社（中公新書），1999。

点画（てんかく）

それぞれの漢字を構成している点と線のこと。また字画とも，筆画ともいう。

漢字は見かけ上，点と線というきわめて単純な要素で構成されているが，漢字を形作るすべての点と線には，「とめ」とか「はね」「はらい」と呼ばれるような，方向や長短，あるいは曲直という要素が含まれている。

ちなみに，現在の中国では，点（丶）や横（一），竪（丨），撇（丿），捺（乀）など約30種の点画が辞典の見出しなどに見え，また検字のために点画による索引を設けることも珍しくない。また，従来にはなく，簡体字の字形によって設定される点画もある。

かつて漢字は，中国でも日本でも，長期にわたって毛筆で書かれるのが一般的であったから，点画は筆の運び方によって生じたものであるともいえ，その具体的な展開は多種多様であった。

とりわけ楷書においては，基本的な点画の種類が「永」という字をめぐって列挙され，それを「永字八法（えいじはっぽう）」と呼ぶ。これは毛筆で漢字を書くときの筆使いの基本としてずっと尊重されてきた。しかし，それ以外にいくぶん異なった点画があり，書道ではそれにも習熟することが要求される。

なお行書や草書などでは，文字を速く書く必要から構造が簡略化され，それとともにそれぞれの点画が変化したり，省略されることが多い。ただその変化には一定の法則があり，古典の書作品に見える伝統的な習慣を正しく身につけることが肝要である。

（阿辻哲次）

点字（てんじ）

視覚障害者が指先で触って読み取るために考案された文字記号。フランスのブライユ（Louis Braille，1809–1852）が1824年に考案したものが現在一般に用いられている。日本ではブライユのものを参照して，1890（明治23）年に東京盲唖学校教諭の石川倉吉が考案したものが用いられている。平仮名と片仮名の区別はなく漢字も使わないので，一般の文字表記（点字に対して言う時には，墨字（すみじ）と呼ぶ）と同様に読みやすくするために，分かち書きをしている。数学，化学，音楽などを表すために点字による特殊符号も考案されている。

点字は，縦3点横2点の組合せの6点を1単位とする記号で，1マスの各点を左上から左下へ，1の点，2の点，3の点と呼び，右上から右下へ，4の点，5の点，6の点と呼ぶ。6点のうちどの点が凸点になっているかを触読することによって文字記号を読むのである。一般には点字盤と鉄筆を用いて手書きするが，点字タイプライター，点字製版機なども作られている。

点字盤は上下一組の枠から成っており，間に紙をはさみ，上板のマスから下板のくぼみに対して鉄筆を押し付けて凸点を作るもので，読む時には表に返して凸点の位置を確かめてゆく。したがって，点字盤で手書きする時には，横書きの点字文にするために鏡文字のように書いてゆくのである。

日本の点字の例を説明すると，図に示したように，1の点，2の点，3の点のいくつかを凸字にすることによってアイウエオの母音を表し，カ行サ行などの各音を表すためには1マスの中にさらに子音を表す凸字を加える。濁点，半濁点，拗音などを示すためには，五十音を示した上にさらに1マスを加えて区別する。仮名に準ずる表音符号であるが，点字独自の工夫がなされ，健常者と同様な活動ができるようになってきている。たとえば，大学入学試験，公務員試験なども視覚障害者が受けられるよう配慮されるようになっている。ただ，漢字にかかわる出題など困難な問題がある。また，点字出版や点字図書館などもまだまだ不十分であり，今後に残された課題も多い。　（前田富祺）

【参考文献】本間一夫『指と耳で読む』岩波新書，1980／黒崎恵津子『点字の世界へようこそ①点字の歴史』汐文社，1998。

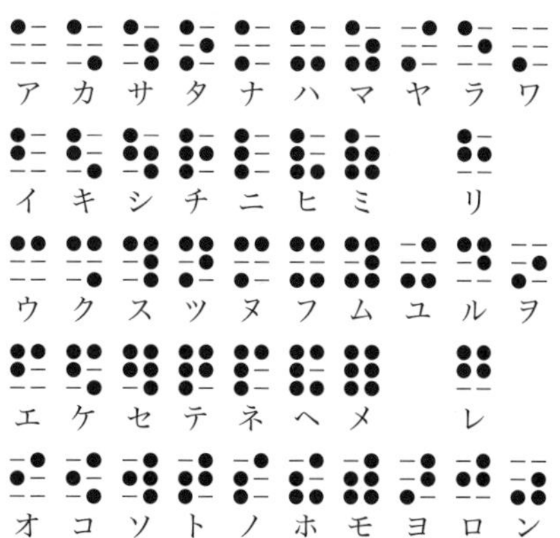

図　点字の例（五十音）
6点のうち凸字にした部分を黒丸で示し，その他の部分を横線で示す。

転注（てんちゅう）

漢字の使用法に関する理論。「六書（りくしょ）」を構成する一つではあるが，その実質についてはこれまでまだ明確になっていない。

転注について『説文解字（せつもんかいじ）』序文に，

転注者，建類一首，同意相受，考老是也，

転注なる者は，類一首を建て，同意相い受く，考・老是れなり，

と定義と挙例が示されている。定義の前半に「建類一首」とあるが，六書の定義はそれぞれ韻をふむように作られているから，「首」字は下句の「受」と押韻するために選ばれた文字である。したがって議論の中心はむしろ「類」字でなければならない。

「類」は，会意（かいい）の定義に「比類合誼」とあるその「類」と同じ意味であるはずだから，「義類」，意味的まとまりを指すものと読める。つまり「建類一首」とは，文字が何らかの意味的まとまりごとに整理されることをいう。次に下句の「同意相受」とは，同じ意味の文字がつながる，つまり字義の相互に関連性があることをいう。だから転注とは，文字が意味的まとまりごとに整理され，個別の字義が相互に関連しあう方法，ということになる。

それをふまえて，転注の例字を見ると，「説文解字」では，

老　考也，七十日老，从人毛匕，言須髪変白也，凡老之属皆从老，

老　考たり，七十を老と日う，人・毛・匕に从う。言うこころは，須と髪と白に変わるなり，凡そ老の属皆な老に从う，（八上）

考　老也，从老省丂聲，

考　老なり，老の省に从い，丂の声，（八上）

とある。

「老」は人と毛と匕（＝化）とから成る会意字で，「考なり」と訓じられる。一方「考」は「老」の省略形を意符とし，丂を音符とする形声字で，「老なり」と訓じられる。考と老は字形がよく似ており，『説文解字』では同じく「老部」に所属し，発音も似ており（畳韻），さらに意味の面でも類似しているという条件が重なって，転注の解釈は多様化した。しかし定義から考えれば，転注には前述のように字義的考察が不可欠である。そのうえにたって，考・老二字を見ると，何よりも顕著に気づかれるのは「考」には「老也」と，「老」には「考也」と訓義が与えられている，つまり「互訓」の関係にあることである。

「考」「老」の字説を眺めてまっさきに目に入る現象は，二字が互訓の関係にあるという点である。しかもそれは，字義の示す方向（義類）が同じであって（「建類一首」），意味的に二字は密接に関連しあう（「同意相受」）ものであるから，これを六書の転注と考えるのがやはり最も合理的で明快ではないだろうか。　（阿辻哲次）

『篆隷万象名義』

弘法大師空海(774–835)の撰述した漢字字書。30巻6帖からなる。全6帖の内，空海が撰述したのは第1帖から第4帖までで，第5帖と第6帖とは後人の撰述だと考えられている。平安初期の天長7(830)年前後に成書。日本人の撰述した字書としては現存最古の字書である。京都，高山寺に伝わる永久2(1114)年書写の写本(国宝)が唯一のテキストである。この本をもとに，種々のテキストが通行してきたが，現在では原本の精密な複製本(写真版)が索引・掲出字一覧・解説とともに刊行されており，容易に原本の姿にふれることができる。

本書は，中国六朝時代，梁の顧野王が撰述した部首分類辞書『玉篇』(原本『玉篇』)をもとにして，その詳細な注文を大幅に簡略化し，『玉篇』に最初から存在する隷書(楷書)による見出し字に，それに照応する篆書の見出し字を加えて作られている(ただし篆書が欠落している部分も多い)。和訓(日本語による訓釈)はない。

本書は二つの部分に分かれている。まず本書冒頭には，部首として用いた漢字の反切音注つき編目一覧表がある。その後に，約1万6000字ほどの見出し字を，「一部」「上部」「示部」から始まって「亥部」に至る542部に部首分類した本文が続く。本書の注文は，出典となった『玉篇』注文の基本部分とほとんど同一で，見出し字を542部に部首分類している点も『玉篇』と同一である。この意味で本書は，『玉篇』の簡略本だといえる。この点からすれば，本書撰述の主眼は，『玉篇』のように，注文を活用して本格的な訓釈(漢文解釈)の用に供するという点にあったのではなく，書名が示すごとく，あくまで篆書見出し字と隷書見出し字とを対照して篆隷両体を明示する点にあり，あわせて簡単な字義，字音をも表示するという点にあったと考えるのが自然である。

篆書は，秦の始皇帝時代に通行した装飾的な漢字書体で，続く漢代以後はすたれ，実用的な書体である隷書にとってかわられた。空海が遣唐大使藤原葛野麿に従って入唐した中唐の中国は，もはや楷書(きちんとした隷書)全盛の時代で，『説文解字』を中心にすえた一部特定の小学(漢字学)領域を除けば，篆書それ自体は，ほとんど存在の意味をもたない時代になっていた。そういう時代背景を考えると，空海がこの時点で，いかなる理由があって篆書と隷書とを対照しようとしたのか，判然としない点が多い。篆隷を対照した理由については諸説あるが，いずれも憶測の域をでない。

本書は後代の漢和辞書である図書寮本『類聚名義抄』に引用され，影響関係が指摘されている。また，ほとんど『玉篇』と同一内容をもつと考えられるところから，現在では残巻しか伝存していない『玉篇』の原姿を推察させる貴重資料となっている。古代文献研究上は『玉篇』の代替資料として扱われることが多い。　(西原一幸)

【参考文献】高山寺典籍文書総合調査団編『高山寺古字書資料第1(高山寺資料叢書第6冊)』東京大学出版会，1977。

等韻学（とういんがく）

『韻鏡（いんきょう）』『七韻略（しちいんりゃく）』などの等韻図(音節図表)と，これに指示された解説「等韻門法」(語音と発音方式の解説文)に基づき漢字音を分析する学問。漢語音韻学の一部門でもある。『康熙字典（こうきじてん）』の最初に掲載されている『明顕四声等韻図』の説明；「夫等韻者，梵語悉曇…」(そもそも等韻とは梵語の悉曇である…)という記述に従い，等韻は梵語の『悉曇章（しったんしょう）』(siddham)に倣って作られたものと伝統的に考えられることが多い。

さらに悉曇章では「五天」と称された古代インドの子供が文字を知り始めたときに使う発音表と考えられている。唐の義浄（ぎじょう）(635–713)の『南海寄帰内法伝（なんかいききないほうでん）・巻四』「三十四・西方学法」の記述に「夫声明者，梵云攝拖苾駄，攝拖是声，苾駄是明，即五明論之一明也。五天俗書，惣名毗何羯喇拏。大數有五，同神州之五經也。…一則創学『悉曇章』，亦云『悉地羅窣堵』。…，六歳童子学之，六月方了」(そもそも声明とは，梵語でśabdaviyāと言い，śabdaは声，viyāは明(物事を明らかにすること)，すなわち五明論の一つ明である。五天(古代インドの俗書は，viyākaraṇa(あるいは記論)と言う。大別して五つあり，神州(中国)の五経と同じである。…一つに則ちsiddhamを学びはじめる。亦siddhirastuと言う。…六歳の童子が之を学び，六ヶ月で修了する)という記述がこの見方を支える一つの拠り所である。

E. D. Perrに従えば，梵語には併せて13母音；a ā i ī u ū ṛ ṝ ḷ e āi o āu，4つの半母音y r l v，書写する際の付加記号ṃ(Anusvāra；直前の母音の鼻音化示す)とḥ(Visarga；直前の母音の末尾で声帯が振動を停止することを示す)，29の子音；k kh g gh ṅ c ch j jh ñ ṭ ṭh ḍ ḍh ṇ t th d dh n p ph b bh mがあるが，一つ一つの母音に四つの半母音または29の子音が順に組み合わさると総数で400弱の異なる音節が形成される。これが第一章，以下第二章，第三章…第十三章まで，順番に組合わさりparibarta漢訳して「転」と呼ばれた。

仏典の漢訳は後漢に始まったとされているが，『大般涅槃経（だいはつねはんきょう）・文字品（もじほん）』の数カ所以外の，少なくとも唐代に至るまでの漢訳教典は華厳（けごん），天台（てんだい），浄土（じょうど）など大半が顕教（けんきょう）のものであり，真言陀羅尼（しんごんだらに）に代表される呪語を混在する密教教典ではなかったため，人々は梵語音を直接会得する必要はほとんどなかった。しかるに唐代に入り呪術を伴う密教が流入し始めると，漢土においても陀羅尼をはじめとする真言の呪文を，どの字を使ってどの梵語音に充当させるべきか，という視点で精確に学ぶ必要に迫られた。安然（あんねん）(841～？)の『悉曇蔵（しったんぞう）』五の「上代翻訳，梵漢不定。真言対注，梵漢粗定。」(従来の翻訳は梵語と漢語が一定していない。真言の対訳音注では，梵語と漢語は粗く定められている)という記述が物語るように，真言陀羅尼が唐代に流行して初めて字音を詳細に定める必要が生じたのである。したがって等韻図による字音斟酌はこの状況下での産物と考えても大きく外れないと考えられる。

現存する最古の等韻図『韻鏡』は宋代以降日本に流伝する一方，中国では久しく伝わらなかった。この間，特に江戸時代以降は釈文雄などにより漢字音研究の材料として盛んに利用されたことはよく知られているところであるが，その南宋張麟之序文は等韻図の来源を論ずる箇所において鄭樵の「梵僧伝之，華僧続之」(梵僧が之を伝え，華僧がこれに続いた) と言う記述を引いている。まさに等韻図が生まれた過程を物語るものと言えよう。

等韻学では漢語の声母を七音(唇音，舌音，牙音，歯音，喉音，半舌音，半歯音)あるいは五音 (半舌，半歯を舌，歯に包摂する) という発音部位と，清濁 (全清，次清，全濁，次濁) という発音方法によって認識し，三十六字母に分類している。さらに三十六字母はそれぞれが特定の韻母と配合する。すなわち軽唇音(非・敷・奉・微)声母は三等韻，舌頭音声母は一四等韻，舌上音，正歯音声母は二三等韻のみとそれぞれ配合し，歯頭音は二等韻と配合しないこと，日母は三等韻のみと配合することなどがその具体的な配合状況である。

さらに『韻鏡』など初期の等韻図は開口・合口と四等の基準により『広韻』206 韻を韻の型に依って分類し体系的に「転」にまとめており，両韻図とも 43 枚の韻図から成っている。「転」は各一枚の韻図を指す。一転は該当する韻類をまず韻母の一要素である四声(平・上・去・入)に分け，さらに四等に分けている。

等の概念は等韻学の中核となるもので，『広韻』206 韻を，その字音の声母・韻母の特色に基づき四つの等級に分類する。清の江永 (1681–1762) の『音学辨微』によれば，四等の区別は字音の広狭の違いによる。江氏の「一等洪大，二等次大，三四皆細，而四尤細」(一等は最も広く，二等は次に広く，三四等はいずれも狭いが，四等は最も狭い) という記述は，等位が声母と介音・主母音・韻尾の配合により形成される音節の音的内容を調音・聴覚的に分類し「広＞狭」順に排列したことを示している。

『韻鏡』などより少し後に成立した『四声等子』『経史正音切韻指南』は 43 転を 16 類にまとめ韻攝と呼んでいる。攝は今日の基準で言えば主母音，韻尾が同じか，あるいは近い韻類をまとめたものを指す一方，声調，等位，開合の違いは捨象している。16 韻攝はさらに独立二等韻を含む外転 8 攝と，これを含まない内転 8 攝に分けられる。

明清以降の等韻学では，語音体系の変化に基づき，旧来の開合・四等の分類法は徐々に音的根拠を失っており，これに代わって「開・斉・合・撮」が採用された。また旧来の内外転もその根拠を失い，「転」は顧みられず「攝」も 16 から 12 攝あるいは 12 韻に縮小された。韻図の形式も多様化し，『康熙字典』巻首に納められる『字母切韻要法』の如く一枚の韻図に韻部の全音節を網羅し，縦枠・横枠によって介音・声調と声母を区別するもの，徐孝『重訂司馬温公等韻図経』の如く上記内容を開口・合口によって二枚の韻図に分けるもの，龍為霖『本韻一得』，洪榜『四声韻和表』の如く一韻ごとに中古以来の韻書に用いられる概念に基づき，同声調・同韻類の字音群を一単位として一韻と呼び一枚の韻図に組んだもの，『韻法直図』の如く韻母により分図し，韻母が同じで声調の異なる韻類に相配する入声韻類を併せて一韻とし，これを一枚の図にまとめたもの，明末李嘉紹『韻法横図』の如く声調に基づいて分図し，同声調の韻類を一枚の韻図にまとめたもの，馬自援『等音』，林本裕『声位』の如く「開・斉・合・撮」四呼により分図し，同時に声調も区別して同呼，同声類の韻類を一枚の図に排列したもの，李徐珍『李氏音鑒』収録「字母五声図」の如く声母によって分図し，一声母の音節ごとに一枚の図を組んで，枠と行により韻類，声調を区別したもの，などがある。明清時代の等韻図は四呼など新しい音韻概念を導入しつつも中古音以来と同様の述語を使う場合が多いため，その実質内容を十分に確かめて扱う必要がある。　　　（矢放昭文）

【参考文献】E. D. Perr ‘A Sanskrit Primer’ (Columbia University Press 1936) /趙蔭棠『等韻源流』商務印書館，1957/耿振生『明清等韻学通論』語文出版社，1992/王邦維『南海寄帰内法伝校注』中華書局，1995。

『四声等子』(通攝内一)

『経史正音切韻指南』(通攝内一)

唐音

「とういん」とも呼ぶ。平安中期11世紀から江戸末期19世紀半ばにかけて，日本に渡来した，宋・元・明・清代の中国音，またそれに基づく日本漢字音。「叉焼・青島・香港」など，近現代に日本に渡ってきた中国音は外来語の音として取り扱い，唐音には入れない。呉音・漢音とともに日本漢字音の3大系統の一つ。しかし，呉音・漢音定着後に成立したこと，漢音のようにその取り入れに政治的強制がなかったことなどから，一般に広く用いられることはなかった。今日では中世開基の禅宗＝臨済宗・曹洞宗や真言宗泉涌寺派，また近世開基の禅宗の一派＝黄檗宗の一部仏典の読経音や，中国渡来の一部文物名(行脚・杏子・行燈・清・明)などに使われているだけである。造語力もほとんどない。唐音使用の日本製単語としては「行脚する」「お俠な」などがあるくらいである。ただし，長年月にわたって渡来・成立したことや，一時的であるにせよ，禅宗や一部儒学などでは積極的に使用されたときもあったことなどから，唐音記載の文献は新旧取りまぜて多量に残っている。そして，原音渡来当時の日本音や中国音，またその歴史的変化の研究における貴重な資料となっている。

中国原音の時代差・方言差，また受け入れ側の日本音の時代差などにより，唐音の内容は多種多彩であるが，大きく分けると2系統となる。以下，呉音・漢音との違いが際だっているところをいくつか紹介する。なお，音声記号は平山久雄による中古音であり，唐音の原音ではない。

(1) 室町期以前渡来の中国音によるもの(中世唐音)　a 仏教＝禅宗：臨済宗『小叢林略清規』『諸回向清規式』・曹洞宗『永平道元禅師清規』『瑩山和尚清規』　真言宗泉涌寺(この寺では宋音と呼ぶ)『金光明懺法』『仏説阿弥陀経』　b 儒学：韻書『聚分韻略』(『三重韻』)『略韻』

①ȶ，ȶʻ，ȡ-＝さ行　茶　知　鎮　中　長　②h-＝ひ　輝　虚　兄　勲　凶　③ŋ-＝あな行　眼　五　玄　言　牛　④-ŋ(一部を除く)＝ん　行　清　東　燈　明　⑤-k，p，t＝相当部分無　戹極，急十，一出

(2) 江戸期のもの＝近世唐音　a 仏教＝黄檗宗『観音懺法』『慈悲水懺法』　b 儒学：唐音学習書・中日辞書『四書唐音弁』『唐音和解』『唐話纂要』　韻書『聚分韻略』(『三重韻』)　漢字音研究書『磨光韻鏡』『三音正譌』

①h・ɦ-＝は行　香　会　虎　現　火　②ɲ-＝あ行・る　如　然　二　爾　而　③ŋ-＝あなやな行　銀　五　眼　獄　牙　義　疑　④-ŋ＝ん　経　商　方　香　名　⑤-k，p，t 相当部分無・つ　福楽，法伏，疾，六　(湯沢質幸)

【参考文献】有坂英世『国語音韻史の研究』増補新版 三省堂，1957/奥村三雄『聚分韻略の研究』風間書房，1973/高松政雄『日本漢字音の研究』風間書房，1982/張昇余『日本唐音与明清官話研究』世界図書出版西安公司，1998/湯沢質幸『唐音の研究』勉誠社，1987/同『日本漢字音史論考』勉誠出版，1996/山田孝雄『国語の中に於ける漢語の研究』訂正版 宝文館，1958。

同訓異義

漢字のなかにはいくつかの漢字が同じ訓読みをもちながら，しかしそれぞれの意味が完全には同じでないという現象があり，それを「同訓異義」という。

例えば「あう」という訓読みをもつ漢字には「会・合・値・逢・遇・遭・翕・逅・邂」などがあるが，それぞれの漢字の使われ方は決して一通りではない。「面会」という熟語における「会」を「邂」「逅」で置き換えることは絶対に不可能である。

同じように「いつわる」という訓をもつ字には「偽・詐・佯・陽・誕・矯・譎・詭」があり，「うれえる」と訓む漢字には「憂・恤・患・戚・愁・憫・優・惧・虞」などがあるが，それぞれの漢字はさまざまな熟語において，その意味に最もふさわしいものが選ばれて使われる。

そもそもこれらの漢字が同じ訓をもっているのは，それぞれの字義に含まれる根幹の意味，最大公約数的な意味が共通するからであって，例えば「かえる」という訓をもつ「帰・反・返・還・回・復」という漢字群は，いずれの漢字にも英語なら「return」という言葉で表現される基本的な意味が内包されている。

しかし公約数として与えられた訓は同じであっても，それぞれの漢字がもっている本来の意味には相違があるから，漢字の使い方は当然異なっている。上にあげた「かえる」の例について具体的に検討すると

帰　もともといた場所にもどる　帰宅　帰巣
反　ひっくりかえる　反転　反乱
還　もとの状態にもどす　還元　返還
復　行った者が同じ道を通ってもどる　復路　往復

というような違いがある。

ただしその相違はあくまでも厳密に考えた場合に存在するというべきもので，使い分けの曖昧なものも少なくはないし，かつての中国で書かれた古文(いわゆる漢文)でも，必ずしも厳密な区別をふまえて文字を使い分けたわけではない。

漢文には「対異散同」(「対すれば異なり，散ずれば同じ」)という考え方があって，対比をきわだたせて使ったときには意味の違いが明確になるが，対比せずに使ったときには意味が共通すると認識される。例えば「女」は，既婚者を意味する「婦」と対比されて使われたときには「未婚の女性，むすめ」という意味を表すが，単に「女」だけが使われたときには未婚と既婚を問わず，広く「おんな」という意味を表す。特に詩や詞(詩余)のような韻文では，平仄や押韻の関係から特定の声調をもつ漢字しか使えないという事態が生じ，そのような場合では，同訓の他の文字が使われることも珍しくない。　(阿辻哲次)

【参考文献】原田種成『漢字小百科辞典』三省堂，1990。

頭語（とうご）

書簡文の書きだしに用いる語。

平安時代後期の『明衡往来』に「謹啓　右直物之次適関爵級」とあるように，書簡文の冒頭に頭語を用いることは古くから行われている。しかしこの頃には，現代のようにある特定の語がもっぱら頭語として用いられるというようなものではなかった。また『明衡往来』には「謹言　来札之旨詳承雅趣（中略）人々被来賀之間不遑羅縷　謹言」のように頭語と結語とに同じ語を用いた書簡が見られる。これは書簡の冒頭と末尾に同じ語を繰り返し用いるという中国の用法にならったものと考えられる。

中世以降，候文体（そうろうぶんたい）の書簡文が広まるとともに，次第にある一定の語を頭語に用いるという習慣が確立していった。例えば本多作左衛門重次が陣中から妻に送ったとされる書簡「一筆啓上，火の用心，おせん泣かすな，馬肥やせ」の冒頭にある「一筆啓上」がそれにあたる。

「一筆啓上」は，多く「一筆奉啓上候」「一筆啓上仕候」などというかたちで用いられた。『書札調法記』（元禄 8（1695））を見ると，相手との上下関係でこれらの語を使い分けており，「一筆奉啓上候」が最も敬意が高いとされていたということがうかがわれる。また相手との上下関係によって，目上には楷書体に近い書体で書き，目下には行書体や草書体などのくずした書体で書くという，書体の使い分けもなされていたようである。近世期には，頭語が固定的な表現となるとともに，相手との上下関係に基づく語や書体の使い分けなどといった，書簡作法も確立していたものと考えられる。

明治時代になると，近世期に最も一般的な頭語として用いられていた「一筆啓上」が衰退し，次第に現代最も一般的な頭語である「拝啓」が使われるようになる。「拝啓」が頭語に用いられた最初の例は，佐藤一齋が大塩平八郎にあてた，天保 4（1833）年の書簡にある「陋簡拝啓。未接紫眉候処」とされる。ただしこれより以前に下付として「裏拝啓」というかたちで用いられた例が文政 5（1822）年の頼山陽の書簡に見られる。幕末には「拝啓仕候」のようなかたちで用いられたものが多く，現代のように「拝啓」のみで用いられた例は少ない。明治初期に刊行された往来物にも「拝啓仕候」という用例を確認することができる。その後，現代と同様に「拝啓」というかたちで広く使われるようになる。大町桂月『書簡作法』（明治 39（1906））には「小生が考にては，普通，用を弁ずる手紙は，前に，拝啓か，粛啓かを用ゐて，後に，頓首ぐらゐでも用ゐれば，それで十分と存候。」とあり，明治後期には「拝啓」が頭語として一般化していたことがうかがわれる。なお，この記述を見るに，現代のように「拝啓」―「敬具」という対応で用いるということはまだ意識されていなかったようである。（小椋秀樹）

【参考文献】真下三郎『書簡用語の研究』渓水社，1985/橘　豊『書簡作法の研究』風間書房，1977。

読点（とうてん）

文章を書いたり読んだりするときに理解を助ける補助符号のひとつである。読点は語句の切れ目を表し，句点は文の切れ目を表す。句点と読点を合わせて「句読点」といい，句読点の打ち方を，「句読法」と呼ぶ。現在のように，文の終わりに句点を打ち，文中の区切りに読点を打つ方式は，さほど歴史の古いものではなく，明治期に定着したものである。この方式の成立については，明治 39(1906)年に刊行された『句読法案』(文部省)の影響が大きいとされる。また，山田美妙，二葉亭四迷といった言文一致作家が「、」「。」をよく用いたことも注意される。ただし，文部省によって示されたのは，公用文における句読法であって，われわれが日常用いる句読法が確立しているとは言い難い。実際，同じ文章であっても，書き手の好み，個人のくせなどにより，読点を打つ位置は異なるであろう。「どこに読点を打つか」について厳密な規則はないが，以下の場合に読点を打つのが一般的である。

①文中で中止する……空は晴れ、心は穏やかだ。

②主語を示す……太郎は、不正に対してだまっていられなかった。

③条件節の後……環境汚染が深刻になってきたので、市民団体が立ち上がった。

④倒置……どうなってしまうのか、日本の教育は。

⑤並列……書道、生け花、、お茶、ピアノ、が趣味です。

⑥接続詞・感動詞の後……しかし、そうとうひどく壊れたものだ。
ああ、これで夏休みも終わりだ。

⑦引用符の前……泰子は、「会議をさぼるな」と言った。

句読の表示は，すでに奈良時代に漢文訓読の世界で行われており，漢籍・仏典の文章を読解するときに用いられた。ただし，当時の句読法は，現行のものとはかなり異なる。例えば，記号の形は現代の句点の形のみである。また，打つ位置も字の中央下，左下の場合がある。句点と読点が区別されていないものが多いが，これは句読点がヲコト点の一種であることを反映している。ヲコト点は衰退してしまったが，句読点は今日まで残っている。句読法については，江戸期に太宰春台『倭読要領（わとくようりょう）』で詳しく述べられている。一方，仮名文では原則的に句読点が用いられることはなかった。

「読点の打ち方」は基本的に表記の問題だが，意味のまとまりを示す機能に注目すれば，文法にかかわる問題ともいえる。実際の文章では，平仮名が連続して意味のまとまりが読みとりにくい場合に読点を打つ場合が多い。読点の機能を文法の観点から解明することは今後の研究課題となろう。　(高山善行)

【参考文献】小林芳規「表記法の変遷」『現代作文講座 6』明治書院，1977/犬飼　隆『文字・表記探求法』朝倉書店，2002/斎賀秀夫「句読法」『続日本文法講座 2』明治書院，1958/「特集現代の句読法」『言語生活』27，1974/「特集句読法」『日本語学』，1989/宇野義方「句読法の歴史」『講座日本語学 6』明治書院，1981/大類雅敏『そこに句読点を打て！』栄光出版社，1977。

『同文通考(どうぶんつうこう)』

文字に関する和漢の説を検考，集成した概説書。四巻。新井白石(明暦 3 年(1657)–享保 10 年(1725))著。「同文」とは和漢の同文すなわち漢字，「通考」とは文字どおり諸説を通して考えることをいうらしい。『文字考』『毫品記』『同文通考』『書契文談』『国字国訓弁』などとして写本で伝わったが，白石没後，新井白蛾によって増補され，宝暦 10 年(1760)に刊行された。

「始製文字」に始まる第 1 巻は，漢字の起源，六書，書体などについて，「神代文字」に始まる第 2 巻は，日本の書体，字音を中心に述べており，全体としては穏当な見解を示しているが，過去の文献や伝承に基づく記述が主であって，創見には乏しい。例えば，神代文字に関しては，忌部広成(いんべのひろなり)『古語拾遺』，卜部兼方(うらべのかねかた)『釈日本紀』を引いて「必シモ神代ヨリ文字アリシトハサダムベカラズ」また「我国ノ神代ニ文字ナシトモイフベカラズ」と言うにとどまっている。

巻 1・巻 2 が漢字に関する説であるのに対し，「片仮名」に始まる巻 3 は仮名に関する説で，片仮名は吉備真備，「いろは」は空海の創製であるとしている。『古事記』『日本書紀』『万葉集』『和名類聚抄』などの仮名に基づいて片仮名・平仮名の字源を掲げているが，誤りが含まれるのはこの時代の限界と見るべきであろう。

「国字」に始まる巻 4 では，日本の漢字に認められる特有の事項が取り上げられている。まず，「国字トイフハ本朝ニテ造レルトコロニテ異朝ノ字書ニ見ヘヌヲイフ」として「俤(ヲモカゲ)」以下 81 字をあげ，次いで「国訓」として「俵(タハラ)」「咄(ハナシ)」「沖(ヲキ)」「椿(ツバキ)」「森(モリ)」などの 78 字を示す。以下，「我朝ノ俗凡ッ文字ノ点画多キヲハ或ハ其文字ノ音或ハ其文字ノ訓相近キ字ノ点画スクナキヲ取テ借用フル」ものを「借用(借字)」と呼んで「若」「弁」のような 14 字をあげ，「假」を「仮」，「體」を「体」とする類を「誤用」と称して 62 字示し，「丑(ウシ)」「叓(コト)」「枩(マツ)」などの 114 字を「訛字(譌字)」としてあげ，「會」を「会」と書き，「森」を「杰」，「質」を「貭」と書く類 176 字を「省字(省文)」として掲げる。このような分類や個々の事例の解釈に問題がなくはないが，中国の字書との比較を通して日本特有の漢字使用を体系的に捉えようとしている点に意味がある。

文字に関するまとまった著書のなかった当時，手頃な概説書として重んじられただけでなく，平田篤胤『古史本辞経』『神字日文伝』，伴信友『仮名本末』など，以後の論にも直接・間接の影響を与えた。　　　　（林　史典）

【参考文献】市島謙吉編『新井白石全集』吉川半七，1907/佐藤喜代治編『漢字講座 2　漢字研究の歩み』明治書院，1989。

当用漢字（とうようかんじ）

戦後の1946(昭和21)年，官制に基づく国語審議会によって答申され，内閣訓令・告示によって公布された1850の漢字からなる字種に関する制限。法令・公用文書・新聞・雑誌及び一般社会で使用する漢字の範囲を示したもの。当用漢字表のまえがきには「国民生活の上で，漢字の制限があまり無理がなく行われることをめやすとして選んだ」とあり，下記音訓表，字体表，別表とあわせて，国民一般の文化水準の向上，社会生活の能率の増進，教育における文字学習の負担の軽減を目的としている。

当用漢字表のうち881字は，義務教育の期間に読み書きともにできるように指導することが必要だとして，1948(昭和23)年，「当用漢字別表」(いわゆる「教育漢字」)として告示された。さらに当用漢字表に含まれた個々の漢字の音訓と字体については，それぞれ「当用漢字音訓表」(内閣告示・訓令，1948(昭和23))，「当用漢字字体表」(同，1949(昭和24))として公布されている。後者は「新字体」とも呼ばれる。そのほか当用漢字表では別に考えるとされた固有名詞のうち人名については，「人名用漢字別表」(92字，1951(昭和26))がのちに定められている。

当用漢字は，「当用」という言葉が示すようにその後の改定が予定されていたが，国語の表記に漢字を使用することを前提にした施策である。しかし，戦後すぐのこの時期，アメリカ教育使節団がその報告書(1946(昭和21))で漢字の廃止を勧告するなど，漢字を全廃する可能性がなかったわけではない。この点，「国語は，漢字仮名交りを以て，その表記の正則とする」(吉田富三)といった方針のもとで審議され，また公布された，のちの常用漢字(1945字，1981(昭和56))とはその背景が異なっている。

漢字を廃止する，あるいは制限するという発想は，前島密（ひそか）「漢字御廃止之議」(慶応2(1866)，廃止論)や，福沢諭吉（ゆきち）『文字之教（もじのおしえ）』(1873(明治6))，矢野文雄(龍渓)『日本文体文字新論』(1886(明治19)，以上制限論)など，明治前後からの長い歴史がある。また，後者の漢字制限については，当用漢字以前にも政府の諸機関で審議された実績があり，すでに臨時国語調査会が常用漢字(1962字，1937(大正12))を，また国語審議会が標準漢字表(1942(昭和17))を検討し，公表していた。当用漢字は，このうち国語審議会の標準漢字表(常用漢字1134字，準常用漢字1320字，特別漢字74字，計2528字)をベースに，そのなかの常用漢字を修正して常用漢字表(1295字)を作成し，さらに検討を加えて1850字としたものである。

当用漢字表は部首ごとに漢字が配置され，その使用上の注意事項として，「表の漢字で書きあらわせないことばは，別のことばにかえるか，または，かな書きにする」「代名詞・副詞・接続詞・感動詞・助動詞・助詞は，なるべくかな書きにする」「外国(中華民国〔当時〕を除く)の地名・人名は，かな書きにする。ただし，『米国』『英米』等の用例は，従来の慣習に従ってもさしつかえない」「外来語は，かな書きにする」「動植物の名称は，かな書きにする」「あて字は，かな書きにする」「ふりがなは，原則として使わない」「専門用語については，この表を基準として，整理することが望ましい」といったことが書き添えられている。このうち，最初の，表の漢字で書き表せない言葉をどうするかという問題については，その後も国語審議会，文部省，内閣法制局，新聞社，放送局などによって検討が続けられ，仮名書き（あいさつ（挨拶）・センチ（糎）），同音漢字による置き換え（総合（綜合）・知恵（智慧）・注釈（註釈）），まぜ書き（こん虫（昆虫）・洗たく（洗濯）），言い換え（汚職（瀆職）・台形（梯形））などの方法が採用された。これらの方法については，「溶接」と「熔接」では意味が異なる，「新しく発見されたこん虫」など文のなかに入ると単語の切れ目がわかりにくくなるなどさまざまな批判が出されたが，定着したものも多い。

当用漢字はその後，「当用漢字補正資料」（28 字の追加と削除など，1954（昭和 29））によって部分的な修正を受ける。しかし，使用度が低い字種や音訓，字体が含まれていること，逆に使用度の高い字種や音訓，字体が含まれていないことが指摘され，また戦後 15 年が経過して各界から表現の自由や古典の伝統を損なうものであるとの批判が強く出されるようになったこともあって，国語審議会では，1963（昭和 38）年「国語の改善について（報告）」において，「漢字は国語と密接な関係にあって，これを国語からにわかに引き離すことができない」「将来これらの問題〔固有名詞や選定の方針など〕を考えに入れて，当用漢字表を改めて検討する必要がある」と述べ，その改定に着手する。具体的には，この報告を受けた第 7 期国語審議会で「当用漢字表の再検討について（部会報告）」がまとめられ，続く第 8 期冒頭の諮問「国語改善の具体策について」（文部大臣中村梅吉，1966（昭和 41）年 6 月）の第 1 項に「当用漢字について」が盛り込まれた。その内容は，(1) 当用漢字の取り扱い方ならびに漢字の選定に関する方針および取捨選択，(2) 音訓の整理に関する方針および音訓の取捨選択，(3) 字体の標準に関する方針および各字の字体の標準の 3 項を検討することである。この諮問に対してはまず，「当用漢字改定音訓表」が答申され（1972（昭和 47）年 6 月，1973（昭和 48）年 6 月内閣告示・訓令），「昭和 23 年内閣告示の当用漢字音訓表の持つ制限的色彩を改め，（中略）音訓を使用する上での目安とする」「各種専門分野における音訓使用や，個々人の表記にまでこれを及ぼそうとするものではない」「過去に行われた音訓を否定するものでもない」といった，表の取り扱い方について大幅に緩和する方針が示される（以後の答申も同様）。続いて国語審議会は，漢字の字種・字体の問題について，国立国語研究所などによって行われた漢字調査の結果を検討し，また中間答申を行って各界の意見を集約しつつ，1981（昭和 56）年 3 月，「常用漢字表について」を答申した。ここでは，「漢字仮名まじり文は，我が国の社会や文化にとって有効適切なものであり，今後ともその機能の充実を図っていく必要がある」として漢字廃止策は否定され，日本語の表記に漢字は不可欠という立場が確認された。　（渋谷勝己）

【参考文献】文化庁『国語施策百年史』ぎょうせい，2006。

唐話辞書（とうわじしょ）

江戸時代に日本国内で学ばれた中国語である唐話を記録した書物。

鎖国政策のもとで長崎は中国からの貿易船を受け入れるため，唐通事を設置した。唐通事の本流は日本に帰化した中国人の家系から輩出された唐通事である。唐通事は実際に貿易を運営し，長崎貿易には欠かせない存在だった。その業務は貿易に止まらず，長崎滞在中の中国商人らの日常生活や年中行事をサポートすることも大切な仕事だった。唐通事が中国人との会話や意志疎通のために用いた言語が唐話である。

本来長崎の唐通事という狭い世界で用いられていた唐話を，唐通事の世界の外，つまり江戸や京坂の知識人をはじめとする一般の日本人にまで広めるきっかけを作ったのは，『唐話纂要』という書物の出版であった。編著書は，長崎で生まれ，唐話の知識と技能を身につけた岡島冠山という人物である。岡島冠山は，荻生徂徠（おぎゅうそらい）を中心に結成された訳社で唐話を教授した人物でもある。また，『水滸伝』は岡島冠山によって初めて日本語に翻訳されたことによって多くの読者を得，読み本という文学形態の成立を促すなどの影響を与えた。岡島冠山の『唐話纂要』をはじめとする一連の唐話関係の書物は，唐話に関する知識の全くない日本人にとっても，唐話を身近なものにさせた。

岡島冠山という仲介者によって伝えられた唐話は，受け手が唐通事ではなく，一般の日本人であったため，唐通事の言語を基礎とはしていたが，受け手に合わせて手を加えられていたと考えられる。唐話に関心を寄せる日本人は，唐通事のように話すことを目的としていたのではなく，唐話の知識を生かして，中国から輸入された新しい書物を読みこなすために必要な知識を得ることを目的としていた。したがって，日本人による唐話学習は『水滸伝』などの書物の語句の解釈へと移行していく。

このように，唐話という一個の呼称が用いられてはいても，広義には 1 種類の言葉を指しているわけではない。唐話は大きく唐通事の唐話と唐通事以外の日本人による唐話の 2 種類に分けることができると考えられるが，岡島冠山の編著書は，両者の中間の唐話を代表しているといえるだろう。

一般に唐話辞書という場合には，江戸時代における中国語学習書としての辞書という意味合いで理解されており，広義の唐話すべてを対象としている。したがって，唐話辞書には，唐通事が唐通事のために作成したもの，元唐通事が唐通事以外の日本人のために作成したもの，白話小説の俗語を寄せ集めたもの，『水滸伝』の語句を訳したものなど，作成目的や読者の異なる書物が含まれている。唐話辞書を扱うにあたっては，作者がどのような読者を想定し，何のために作ったのか，という点を考慮することが大切である。

（奥村佳代子）

【参考文献】長澤規矩也編，解説『唐話辞書類集』全 20 集，汲古書院。

敦煌文書(とんこうもんじょ)

中国の甘粛省(かんしゅくしょう)敦煌郊外の莫高窟(ばっこうくつ)から発見された文書群を指す。大部分は800年から990年代のものだが，4世紀まで遡(さかのぼ)ることが可能な古写本で，総数は4万巻にも達する。これらの古写本は，現在の第17窟の壁の奥に隠されていたもので，道士の王円籙(おうえんろく)が発見した。1907年，スタイン(Marc Aurel Stein)によって一部がイギリスにもち帰られ，翌年フランスのペリオ(Paul Pelliot)もまた一部をもち帰った。清朝政府が残りを北京に運ばせたが，本願寺が派遣した大谷探検隊も少部数を日本にもち帰った。このように敦煌文書はロンドン，パリ，北京などのほか，日本(龍谷大学)も含め世界各国に分散することになった。大部分を所蔵する大英博物館，パリ国立図書館，北京図書館では営々とその分類整理が続けられ，目録が作成されている。

これらの古写本は発見当初より世界の研究者の注目を集めた。日本人では京都帝国大学の狩野直喜(かのうなおき)博士や羽田亨(はねだとおる)博士などが写真版を取り寄せたり，実際にパリなどに赴くなどして研究し，日本における所謂「敦煌学」の基礎を築いた。

敦煌文書の学術的価値は大きく分けて三つある。一つは，それらが非常に幅広い領域をカバーしていることである。仏典や願文など仏教関係の写本が大部分を占めているのは当然としても，一方で，反故紙を用いた文字の練習帳のようなものや，役所の発した公用文，「書儀」と呼ばれる手紙の模範文例集や実際の手紙など，日常生活をうかがわせる文書。そして，この地の教養を示す儒教の典籍や詩文集など，雅俗さまざまな文書が含まれていたのである。前者は社会史や法制史に，後者は中国ですでに流伝を失っていたものや，伝わっている書物と記述を異にするものが多かったため，逸書の復原や校勘学に寄与した。二つ目は，用いられている言語である。多くは漢文文献であったが，チベット語などのいくつもの言語で書かれた文書が発見されている。これは敦煌という都市が，中国と西域を結ぶ位置にあったこと，戦乱のなかでチベット系民族の支配下にあった時期をもつことが原因である。ただ当時の多言語併存状況が反映された文書の発見は，言語学の分野において莫大な貢献を果たすこととなった。

三つ目は「変文(へんぶん)」のテキストの発見である。「変文」は敦煌文書に含まれていたことによって，その価値が再認識されたジャンルとさえいってもよい。これは仏教において教典の内容や意義を民衆に理解させるための，絵解きの台本である。そのために用語は平易な俗語を交えており，当時の口語文を知る重要な資料とされる。また韻文と散文を交えたその形式は，後の講唱(こうしょう)文学の原初と見なされる。実態がわかりにくい民衆文芸の，しかもその源流の一つについて具体的な資料を保存していたことこそ，敦煌文書の重要性を何よりも雄弁に語っているといえよう。　(道坂昭廣)

【参考文献】神田喜一郎『敦煌学50年』筑摩書房，1970/金岡照光『敦煌の文学』大蔵選書，1971/『講座敦煌1-9』大東出版社，1980-1992/高田時雄編『草創期の敦煌學』知泉書館，2002/池田　温『敦煌文書の世界』名著刊行会，2003。

名乗り字

公家・武家の成人男子の実名を名乗りという。大石内蔵助良雄なら〈内蔵助〉は通称で，〈良雄〉が名乗りとなる。普通，好字二字で表し，訓読みする。この名乗りに用いる漢字を名乗り字といい，古く名字ともいった。〈経・雄〉をツネ・タカと読むなど独自の訓読みをもつ場合がある。字の選び方にも特徴的な場合があり，清和源氏系の〈義〉，徳川氏の〈家〉など血縁によって同一字を含むのが知られている(通字)。藤原道長の子孫の頼通・師実・師通・忠実・忠通・基実・基通のように上字は二代続け，下字は交互に同一字を用いる規則的な例や，嵯峨源氏の信・融のように例外的に一字名のものもある。また，元服のおり，烏帽子親の一字を与えることもあった。

名乗り・名乗り字が諸特徴を備える過程では，まず平安初期の命名法の変化が注目される。平城天皇(51代。774-824)の皇子たちは高岳(高丘)・巨勢・阿保のごとく乳母の姓にちなむようだが(『文徳実録』巻1)，弟の嵯峨天皇(52代。786-842)の皇子は秀良・正良(仁明天皇)・業良・基良・忠良と好字二字になるのである(『神皇正統記』)。兄弟名で一字を共通させるのは中国的通字で，実名の二字化も中国・六朝(229-589)頃に始まり固定したというから，書・詩文など大陸文化に親しんだ嵯峨天皇が中国風を導入したものかと思われる。同じ時期の貴族も同様で，例えば藤原冬嗣(775-826)の子は長良・良房・良相・良門・良仁・良世と命名されている。これ以降，中国的通字は比較的短命だったが，実名を好字二字とすることは定着していく。

平安時代末期の『色葉字類抄』(1144-1181年頃成立)には「名字」として名乗り字が類聚されるので，この頃までには他の漢字とは異質なものと意識されていたのであろう。なお，命名に際して名乗り字を反切して得られる帰字により，その好悪を判断することもあったらしい。鎌倉時代に『拾芥抄』『二中歴』，室町時代以降に『節用集』各書付録などの類聚があった。江戸時代には専書も刊行され，黒川春村『名乗指南』のような充実したものも現れた。一方，反切帰字や五行説による吉凶判断が盛んになり，識者の眉をひそめさせた。現代では，漢字と訓の対応が特殊なものは避けられるようだが，音読み・訓読みを部分的に切り出して読ませるなど，奔放な面もある。

名乗り・名乗り字も含めた名前は，人間と言語との最も緊密な接点の一つである。また，大陸の制度との関係，通字の存在，姓名判断の流行などをみても，まずは言語生活史の視点から捉えることになる。であれば，地名の好字二字化の詔(713)，漢風諡号の一括撰進(762-764)，和気清麻呂の別部穢麻呂への強制改名(769)など奈良時代の諸事例も興味深い参考事項となろう。こうした視点を確保しつつ，名乗り字として特別視する意識および特殊訓の発生，字形の類似による訓の伝染など種々検討されることが期待される。 (佐藤貴裕)

【参考文献】『古事類苑』姓名部神宮司庁，1913/岡井慎吾『日本漢字学史』明治書院，1934/「名」「名乗字」『国史大辞典』10，吉川弘文館，1989。

『佩文韻府』

中国の辞書，または伝統的な詩文によく使われる語彙を網羅した「古典語彙集」。106巻。清の康熙帝の命により，『康熙字典』の総閲官でもあった張玉書や陳廷敬をはじめとする，総勢76名の学者が編纂にあたり，康熙50(1711)年に刊行された。なお「佩文」とは康熙帝の書斎名である。

『佩文韻府』は経書や諸子百家，あるいは文学者の別集など古典籍に使われている語彙や成句を広く集め，各語彙の出典を示した書物である。中国の伝統的な書物分類では，「小学類」ではなく「類書」に入れられる。各語彙は末尾に置かれる漢字によって分類され，それぞれの見出し字は106韻の順序に並べられている。例えば「人」という漢字を使った語彙は平声真韻の「人」の項に配置されるが，そこに収められているのは，「大人」「聖人」「無名人」「旁若無人」といった語句や「秋士・春人」などの対句で，いずれも「人」が語彙の末尾にくるものであって，「人生」とか「人馬」など「人」という漢字から始まる単語はそこには配置されない。このように熟語末尾の漢字によって語彙を分類したのは，押韻が要求される詩を作る際に語彙を選ぶための参考書として作られたからであり，そのためにそれぞれの字が，唐代以来の近体詩における押韻の枠組みである「平水韻」によって分類されている。

『佩文韻府』は詩を作る際に，語彙の用例を手軽に検索することを目的に作られたものであるから，それぞれの語彙に対する語釈は一切加えられていない。したがってそれを字書として活用するためには，検出した用例を実際の文章の中で解釈するしか方法がなく，辞書として使うのにいささか困難がある。それはそもそも，中国の古典詩文で用いられる言葉の出典を明示し，それがどのように使われてきたのかを明らかにするために作られた書物であって，語彙を検索するものはすでにその語義を知っていることが前提なのであった。ちなみに複数の漢字からできる複合語の意味を説いた辞書は，1915年に上海商務印書館が出版した『辞源』が最初である。

『佩文韻府』のテキストには，武英殿刊本，海山仙館刊本，同文書局影印本などがあるが，1937年に上海商務印書館から出された影印本は，全語彙を収めた四角号碼と語彙のうえにある漢字でも引ける総画索引が付され，その便利さのゆえに現在最も広く用いられるテキストとなっている。 (阿辻哲次)

帛書

中国で絹布に書かれた書をいう。

紙が書写材料として実用化される以前には，竹や木の札が一般に用いられたが，「竹帛に書す」という言葉があるように，帛もその一つであった。『後漢書』蔡倫伝には，「古より書契は多く編むに竹簡を以てし，その縑帛を用いる者は之を謂いて紙と為す。縑は貴くして簡は重ければ，並びに人に便ならず。」とあり，竹簡や木簡に比べてコンパクトであるが値段が高いという，帛書の特徴をあげている。

帛書の出土した例としては，20世紀前半の楼蘭や居延で発見された数点のほか，湖南省長沙市東郊の戦国墓で発見された楚の帛書があるが，1973年に同じく長沙の馬王堆3号漢墓から発見された大量の帛書群がその代表であろう。墓の年代は前漢初期の前168年とされ，出土した書籍には『老子』甲本・乙本，『周易』など現行本との対照の可能なものや，『戦国縦横家書』『春秋事語』など新出の史書，さらに天文書・医書などがあり，全部で12万字にのぼる膨大なものである。

図　馬王堆出土『老子』甲本
(『馬王堆漢墓帛書〔壹〕』文物出版社，1980)

出土帛書の大きさはさまざまだが，その中には，7〜8 mm幅の罫線が引かれているものがあり，あたかも竹簡を並べたかのような外観を呈する。また，帛という素材の特性を十分に活かして図があわせ描かれたものがあり，典籍ではないが，地図も3枚発見されている。竹簡と帛書の使い分けについては，図を描くうえでの利便性以外に，前漢の劉向が宮中の典籍を校勘した際のこととして「皆な先に竹に書きて改易し，刊定まりて繕写すべき者は上素(上質の白絹)を以てす」(『太平御覧』巻606所引)とあるのが，参考になろう。帛書に書かれた文字は修正不能であり，かつその貴重さゆえに，定本・上装本として扱われたことが推測される。　　　　(藤田高夫)

【参考文献】銭存訓(宇都木章等訳)『中国古代書籍史—竹帛に書す—』法政大学出版局，1980/大川俊隆「秦漢期の帛書の出土と研究の紹介」『古代文化』第43巻第9号，1991。

八体

秦・始皇帝のときに行われた8種類の書体。八体の名称が見える最古の資料は，後漢・許慎『説文解字』叙であり，そこには「爾れより秦書に八体有り。一に曰く大篆，二に曰く小篆，三に曰く刻符，四に曰く虫書，五に曰く摹印，六に曰く署書，七に曰く殳書，八に曰く隷書」と記されている。

大篆は籀文ともいわれ，周の宣王の太史籀が史官の文字教育のために作成した『大篆』(『史籀篇』)15篇に収録された文字。正体である小篆のもとになった古体として，八体の第1に位置づけられる。『大篆』は唐代以前に亡佚し，現在では『説文解字』に重文として採録された200余字の大篆(籀文)が唯一の直接的な資料である。ただし，『説文解字』に掲げられた文字資料は，転写や後代の改変などによって形体に変化が生じている可能性が高いため，検討に際しては注意を要する。大篆の実態をうかがうにたる一次資料としては，戦国期以前の秦のものと推定される石鼓文があげられる。

小篆は，大篆に基づき，一部の文字をやや省き改めたもので，始皇帝の文字統一に際して作成された李斯の『蒼頡篇』・趙高の『爰歴篇』・胡毋敬の『博学篇』の文字を指す。皇帝や国家に直接関与する最もあらたまった用途の書体。秦篆，あるいは単に篆書とも称され，『説文解字』の見出し字の書体として知られる。始皇帝期の一次資料には，泰山刻石・琅邪台刻石などがある。

刻符・虫書・摹印・署書・殳書の五体は，いずれも大篆・小篆に基づく用途別の書体である。刻符は割り符に用いる書体，摹印は印章に用いる書体，署書は扁額などの題字用の書体，殳書は兵器に用いる書体と見なされる。虫書については，ほかの三体と異なり，用途を名称にしていないが，秦書八体との間に明確な継承関係をもつ新の王莽の六書に鳥虫書があり，『説文解字』叙に「幡信に書する所以なり」と説明されていることから，八体の虫書も同様に幡信用の書体であった可能性が高い。これらの実例として，刻符は新陵虎符・新郪虎符，摹印は秦代の封泥，殳書は大良造鞅戟・呂不韋戟などがある。虫書と署書については，秦代の実例はまだ発見されていないが，虫書は漢代の幡信の実例である「張掖都尉棨信」，署書は居延漢簡などに見える封検の題署などを通して，その様相を推測することができる。

隷書は，官吏が実務で用いる通行の書体。『説文解字』叙には，秦の始皇帝のとき，官獄の職務が繁忙となったので，篆書を簡易化し，徒隷に使用させたと記している。秦代の筆記文字における隷書の実例は長らく知られなかったが，1975年に湖北省雲夢県睡虎地の秦墓から，始皇帝時代を含む秦代の簡牘資料が発見され，はじめてその実態が明らかとなった。 (福田哲之)

【参考文献】啓功『古代字体論稿』文物出版社，1999。

八分（はっぷん）

書体名。隷書（れいしょ）の別名。特に，横画の収筆や払いを勢いよくはね上げる波磔（はたく）をもった漢隷を指す。こうした漢隷様式は，前漢末から後漢にかけて成立し，「乙瑛碑」(153)・「礼器碑」(156)・「曹全碑」(185)などの漢碑や敦煌漢簡（とんこうかんかん）『急就篇（きゅうしゅうへん）』觚（こ）・武威漢簡『儀礼』などの漢簡に実例が見られる。

八分の名称は，漢代の文献には明確な用例が見られず，三国時代の魏にはじめて認められる。例えば『古文苑』巻17，魏の聞人牟准「衛敬侯碑陰文」には「魏の上尊号奏および受禅表は衛覬（えいき）の作であり，いずれも八分の書である」との記述が見える。上尊号奏・受禅表は現存し，いずれも波磔をもった典型的な漢隷体であることから，八分が漢隷を指すことが裏付けられる。

八分の名義については，古体八分と新体二分の割合の意，「八」字のように相背いた勢いをもつ八字分散の意，八分四方の尺度の意など諸説があるが，その本義を明確に把握することは困難である。

現在知られる漢魏の文字資料によれば，漢魏の際に波磔をもった隷書に対して新たに八分という名称が生じた背景として，少なくとも以下の2点の書体の変化が考慮される。

第1は，前漢の波磔をもたない古隷から，後漢の波磔を備えた漢隷へと変化し，波磔様式が完成した点である。特に，後漢の熹平4(175)年の熹平石経（きへいせっけい）の建立は，正体としての波磔様式を改めて広く認識させることにつながったと考えられる。

第2は，漢魏の際の頃から，漢隷の特徴である波磔があまり顕著でなく，より簡便な筆画をもった新たな様式が認められるようになる点である。これらはやがて楷書へつながるものと見なされるが，こうした新書体の萌芽は，逆に旧来の八分様式を明確に位置づけることになったと推測される。六朝（りくちょう）期の書論には，こうした新書体を隷書と称した例が見えることから，旧来の漢隷に対して，新たに八分という名称が付与された可能性も指摘されよう。

以上の2点をふまえて，改めて文献資料に見える八分の名義を検討すると，古体と新体との割合の意から生じたという説に，一定の事実が反映されているのではないかと思われる。ただし，この点についてはさらに慎重な検討が必要であり，現時点においては，八分の本義は不明とせざるをえない。

いずれにしても，八分の問題は，書体の変遷と新たな名称の発生という古代字体論における重要なテーマの一つであり，今後，一次資料の増加と書体変遷の実態を十分にふまえた議論の進展が期待される。（福田哲之）

【参考文献】啓功『古代字体論稿』文物出版社，1999。

反切（はんせつ）

表音文字をもたないかつての中国で，漢字の字音を明示するための方法として，もっとも長い時間にわたって広く使われた伝統的な方法。古くは「直音」，あるいは「読若」という，完全にあるいは近似する音の文字に置きかえる方法があったが，反切は一漢字の字音を表すのに二つの漢字を用いる。具体的には前の文字で頭子音を，後の文字で韻の部分を表現する仕組みで，直音あるいは読若が適当な同音字がない場合には使えなかったのに対して，反切はほとんどいかなる場合でも標音が可能であるという特性をもつ。

反切に使われる上の字(反切上字という)は声母を示し，下の字(反切下字という)が韻母と声調を示す。たとえば『広韻』冒頭にある「東」という漢字には「徳紅切」と反切が与えられていて，「徳」がもとめる「東」(反切帰字)の字音における声母を，「紅」が韻母と声調を示している。そのことを現代北京音(ここではピンインで示す)と日本漢字音で表示すると

徳(de)　＋紅(hong)＝東(dong)
徳(toku)＋紅(kou)＝東(tou)

となる。

反切は後漢にはじまったとされ，その起源については，仏教の研究とともにサンスクリットにおける精緻な言語の観察と研究が中国に伝わってきた結果と考える説と，中国で独自に見いだされたと考える説があって，後者については「之乎」2 文字が「諸」と書かれるような「二合音」の現象にヒントを得たと言われる。また一つの漢字に備わる音節を声母と韻母に分けるという考え方は，「双声」と「畳韻」という畳語の作り方に着想を得たのではないかとも考えられる。

反切はその初期においては，必ずしも後世のように言語研究や韻書における字音明示だけに特化して使われたものではなく，もともとは神秘的な占いに関連して使われる語彙やあるいは他者に秘匿しておきたい暗合として使われる語彙のように，閉鎖的組織における遊戯的な目的からはじまった可能性も考えられる。

音韻史の資料として反切を考えた場合，表音文字によって記された対音資料と異なり，音価を推定するための具体的な材料とはしがたい面がある。しかし反切での用字を詳細に分析することで，表音文字資料がともすれば同じように扱ってしまいがちな微細な音韻の区別を知ることができる。反切用字の分析は，過去の音韻体系を再建する上でのもっとも基礎的な作業であると同時に，また反切を構成する漢字の統計的な考察から，過去の音価推定の根拠が導かれる場合もある。　(阿辻哲次)

【参考文献】小川環樹「反切の起源と四声及び五音」『言語研究』第 19，20 号，1951/藤堂明保『中国語音韻論』光生館，1980/平山久雄「中古漢語の音韻」『中国文化叢書 1 言語』，大修館書店，1967 所収。

半濁音（はんだくおん）

日本語のパ行音（パピプペポ），またそれに対応する拗音（ピャ，ピュ，ピョ）を「半濁音」という。これらの頭子音は/p/と解釈される。

パ行子音[p]はバ行子音[b]と無声・有声で対応しており，音声学的には濁音バ行に対応する清音とでもいうべき性質をもっている。しかし日本語内部ではパ行音はハ行音が変化したものと見なされ，またその振る舞いも濁音のバ行音に通じるものがあるので，濁音に準じて扱われる。

このパ行音に対して「半濁」という語を用いた早い例として，観応（かんおう）『補忘記（ぶもうき）』（貞享4(1687)）・三浦庚妥（こうだ）『音曲玉淵集』（享保12(1727)）が知られている。ただしほぼ同時代の契沖『和字正濫鈔（わじしょうらんしょう）』（元禄8(1695)）ではパ行音のことを「清濁の間の音」として説き，「半濁」という語は使っていない。またロドリゲス『日本大文典』（慶長9(1604)–慶長13(1608)）ではパ行音は「濁り」（濁音）の中に加えられる。一方，文雄（もんのう）は『和字大観抄』（宝暦4(1754)）ではパ行音に対して「半濁」という語を用いながら，『磨光韻鏡』（延享元(1744)）では「清濁音（次濁音）」に対して「半濁」の語を用いている。これは日本語研究と漢字音研究とで異なる用語を採用していた証である。

今日のハ行音は，古くは[p]の音であったと推定されている。例えば[hana]（花）は昔は[pana]であったと推定される。この[p]は後に，発音のうえで[f]に似た音（両唇摩擦音）に変化した。ところがこの[p]→[f]の変化が完成した後の中世には，撥音・促音・字音の入声音にハ行音が続く場合に，「寒風（カンプウ）」「答拝（タッパイ）」「童（ワッパ）」「真初め（マッパジメ）」のように[p]の音が現れるようなった。このような[p]の音が「半濁音」である。ただしこれらはほとんど第1音節には立つことがなく，また[b]の音と対立することもなかったので，いまだ独立した1音素と認められるものではなかった。

近世以降，擬声語・擬態語には「ぱらり」「ぴしょぴしょ」のように[p]の音が第1音節にも立ちうるようになり，[g]に対する[k]や，[d]に対する[t]に並行して，[b]に対する1音素としての[p]を立てることが可能になった。現代語では「コップ」「ピン」「ルーペ」などの外来語に見られ，総体的に軽く鋭い感じを伴う。

半濁音を示す際に濁点でなく「゜」（半濁点）で表記した例は，通常の文としては『エボラ屏風文書』（1580頃）を初めとするキリシタン関係の写本，および『さるばとるむんぢ』（1598），『落葉集』（1598）などのイエズス会刊行のキリシタン版が最初である。江戸時代には，音曲関係の書や洒落本・滑稽本などで擬声語・擬態語の表記にしばしば半濁点を用い，また韻学関係の書で唐音の表記などに用いることもあったが，今日のように綿密に半濁音が施されるようになったのは明治以降のことである。

（中澤信幸）

【参考文献】肥爪周二「日本韻学用語攷(1)—清濁—」茨城大学人文学部紀要『人文学科論集』33，2000。

避諱(ひき)

皇帝や自分の祖先の名前を書くときに，他の文字に置き換えたり，漢字の最後の筆画を省略することで，その文字の使用を避ける方法。

かつての中国では他人を呼ぶときに実名をそのまま口にしたり，あるいはそのまま文字で書くことは不敬な行為とされ，そのために実名以外にあらかじめ別の名，すなわち字(あざな)を用意していた。皇帝とその祖先，それに自身の父より上の尊属の実名はとりわけ厳格に避けられ，文中に避けるべき文字が出てくれば，通常はそれと同じ意味の別の文字に置き換えるか，漢字の最後の筆画を書かない方法が使われた。後者の方法を「欠筆」という。

皇帝の実名を避ける風習は秦代から始まったといわれ，始皇帝は実名が「政」であったから，秦代では「正月」(《正》は《政》と同音)を「端月」と言い換えた。同様の例は枚挙にいとまがなく，前漢では高祖劉邦の諱(いみな)を避けて「邦」の代わりに「国」が使われた。唐の太宗李世民が即位した後は，「世」と「民」という常用字がそのままでは使えず，それぞれの末画を書かずに欠筆するか，あるいは「世」を「代」に，「民」を「人」に置き換えられた。唐代の文献目録では『齊民要術』が『齊人要術』という名で著録されているのはそのためである。

避諱が要求される厳密さは時代によって異なったが，宋代と清代には避諱の習慣が特に厳密に行われた。この習慣を遵守しないと命を落とすことまであり，清代に江西の挙人王錫侯(おうしゃっこう)は，その著『字貫』の巻頭に孔子と康熙(こうき)帝(名は玄燁)，雍正帝(胤禛)，それに乾隆帝(弘暦)の実名をそのまま直書する部分があったことを理由に，斬首の刑に処せられた。

ただこの習慣は，年代が確定されていない写本や刊本，あるいは石碑などの文物の年代鑑定に役立つこともあって，皇帝の実名に使われる文字でありながら，その文字が写本などの上で避諱されていなければ，その成立年代が当該の皇帝の即位以前に遡(さかのぼ)ると判断しうる。　(阿辻哲次)

【参考文献】阿辻哲次『タブーの漢字学』講談社，2004。

筆記用具

人類が文字を書くのに最初に使った道具はおそらく手の指であった。古代人は指で地面に文字を書いて何かを伝えようとしたのだが，やがて時代が進むにつれて文字が書かれる素材が多様化し，それに対応して文字を書く道具もさまざまなものが開発された。

世界各地の古代文明では，書写材料として石や樹木，植物の葉，動物の骨や皮，象牙，粘土板，蠟板，布，あるいは陶器や青銅器などさまざまなものが使われ，それらの素材がもつ硬度などの条件に合致した鉄筆やナイフ，のみ，あるいは筆やペンなどの筆記用具が開発され，使用された。

その道具を大別すれば，素材の表面を削りとることで文字を書く，すなわち文字を刻むものと，素材の表面に煤や樹脂，ゴム，あるいは顔料から製造した有色の液体(インク)を塗布することによって文字を描くもの，の2種類に分類することができる。前者の例には葦の茎で粘土板に刻みつけた古代メソポタミアの楔形文字や中国の甲骨文字，あるいは世界中に普遍的に存在する石碑などがあり，後者はいうまでもなくペンとインク，あるいは筆と墨などによる書写方法がその代表である。

中国は非常に早い時期から文字をもっており，筆記道具には最初からその2種類の方法を併用していた。具体的には筆とナイフである。

中国では筆は新石器時代から使用されていた。新石器時代の彩色土器(「彩陶」)の表面に見える人面や魚紋，あるいは幾何学模様などは，筆がなければ描くことが不可能だった。ただ，筆といってもおそらく何かの動物の毛を木の棒にくくりつけただけの，非常に原始的なものだったと思われるが，中国では筆は文明のあけぼののときから使用されていたと考えられる。

最古の漢字である甲骨文字と青銅器の銘文(金文)に関しても，上に述べた2種類のタイプの道具が使われていたことが明確である。

甲骨文字は卜いの内容と結果を，卜いに使用した亀甲や獣骨に刻んだものだが，亀甲・獣骨は非常に硬い素材だから，刻字には彫刻刀のような利器か，あるいは齧歯類の動物の鋭い歯が使用されたと推測される。殷墟からは実際に精巧な細工を施した玉や銅で作られた彫刻刀が発見されており，甲骨に文字を刻んだのはこのような刀ではなかったかと考えられている。しかし一方，甲骨文字の中には「筆」の最初の字形である「聿」字があり，それは墨液を含ませたか，あるいは乾いて毛先が広がった筆を手にもって文字を書こうとしている象形文字であることから，殷ではすでに現在のような形の筆が使われていたと想像される。実際に，甲骨文字の中には骨や甲羅などの表面に墨や朱で書かれたものも発見されているから，当時すでに墨や朱を筆につけて文字を書くことが行われていたことも確かである。

甲骨文字とともに最古の漢字資料である金文は，青銅器作成の段階で鋳こまれた文字であり，完成後の青銅器に刻まれたものではない。青銅器は粘土で作った内型と外型のすきまに，溶けた銅液を流しこんで鋳造されたもので，銘文の部分もあらかじめ粘土などで型が作られた。最初に牛の皮や粘土などの上に文章を彫り，それから型をとると鏡文字で陽文になった銘文の型ができる。それを青銅器そのものの鋳型にセットして鋳こむと，できあがった青銅器には陰文の銘文が，あたかも内壁に刻まれたように記録される。銘文の鋳型を作る段階で，最初に文字を書くときに使われたのはおそらく筆で，だから金文の文字は筆画に厚みがある肉太の文字で，曲線がのびのびと書かれている。

このような2種類の筆記道具を適宜使い分けて文字を書くことは，現代に至るまで基本的に変わっていないが，時代が進むにつれて文字が書かれる素材には木や布，あるいは紙が使われるのが一般的になり，必然的に筆が筆記用具の主流となった。

現存最古の筆は戦国時代のもので，1953年に湖南省長沙郊外から発見された「長沙筆」である。全長は約21 cmで，軸は竹が使われ，先端に兎の毛を束ねた穂先が細い糸で縛られ，根元が漆で固められている。

筆の近くからは，竹簡を削るための銅製の小刀が発見された。これは書き損じた文字や不要になった文字を削るために使ったもので，いわば木簡や竹簡の時代の消しゴムである。この削刀にはだいたい長さが20 cm以上ある長いもので，基本的には銅製，先端に輪が作られていることが多い。おそらく紐を通して腰にぶら下げたものであろう。後漢の画像石の中には，書記と思われる人物の腰に書刀がつけられているさまを描くものがある。秦から漢にかけて，書記を「刀筆の吏」と呼んだのは，書記がそのようなナイフをたえず身につけていたからである。

さらに時代がたつと，筆・硯・墨，それに紙を加えて「文房四宝」と呼ぶようになった。文房とはもともと政府から発布される文書を管轄する役所の名称であったが，やがて書道芸術が成立発展し，文人と呼ばれる趣味人が書画の作成と鑑賞に熱意を注ぐようになると，書画の名品を置き，調度にも芸術的趣向を凝らした自己の書斎を文房と呼ぶようになった。

文人たちは文字の美しさを深く追求し，そのために文字を書く環境や道具の整備にも大きく意を注いだから，その結果，文房具にも芸術的にすぐれたさまざまな名品が作り出された。それらはもちろん文房具として実際に使われることもあるが，しかし鑑賞の面にもかなり重点が置かれ，より良質の素材を使って，より技術的にも芸術的にも達成度の高い作品の創作が目指されたが，工夫はしばしば過度の装飾性におもむき，文房具本来の用途とは別の次元のところに価値を見いだそうとする傾向もある。このような文房四宝の名品については宋代以後に多くの研究と紹介のための専門の書物が作られており，現在でも書道愛好家を中心に幅広く趣味の世界を形作っている。

（阿辻哲次）

【参考文献】阿辻哲次『知的生産の文化史』（丸善ライブラリー）丸善，1991。

ひつ　じゅん
筆　順

漢字の字体は点画の組み立てになる。その要素の一つ一つをどういう形，どういう方向に手書きしてゆくかという点画の順番。書き順ともいう。

中国で漢字が使われだした時にはかならずしも字体が定まっていないものが多かった。甲骨文や金石文の形はかなりゆれがあり，左右の部分要素が入れ替わったり，鏡文字になっているものもあった。これを受け継いでいる篆書・隷書も筆順なしと言われることがある。しかし，隷書から楷書が成立する後漢のころには，より能率的な漢字の書き方が求められ，漢字の形全体のバランスが考えられ，字体構成の意識が強まった。東晋の王羲之，唐の欧陽詢，顔真卿等の書体が手本とされ，『干禄字書』『五経文字』『九経字様』などが出て字体の統一が図られた。それとともに楷書の字体に正俗の別が言われるようになり，字体を整える必要から筆順が意識されるようになったものと思われる。しかし，一つの漢字に二つ以上の筆順の認められているものもあり，厳密に定められたものではない。また，草書や行書の場合はある程度の筆順の意識はうかがえても，楷書の筆順とは異なることもある。

筆順の原則は，上から先に書く，左から先に書くなど筆の特色や手の動きやすさなどによって自然に定まってきたものである。「建」「司」などは右から先に書く，「同」「因」などは外から先に書くが，「山」「凶」などは中央から先に書くなど慣習的に字形との関わりで定まっているものもある。

303 心

304 必

305 志

図　筆順（文部省『筆順指導の手びき』，p.53，1958）

近年，万年筆，鉛筆，ボールペンなどの用いられることが多くなり，活字による印刷物を読むことが一般化するようになって，筆順が分かりにくくなった。そこで筆順の混乱が目立つようになり，学校教育の面などから筆順の明確化の要望が強まった。昭和16年国民学校国語教師用書に688字の筆順が示され，昭和33年に文部省で『筆順指導の手びき』が出され881字の筆順が明示されたのは，そのような要望に応えるものであった。しかし，漢字の筆順は一般に通用している常識的なものと考えるべきで，あまり厳密に言うべきではない。

なお，歴史的には，楷書の字体が行書や草書の変遷にも影響しており，時代ごとに字体・字形・書体とどう変わってきたか，筆記用具がどう変わってきたかも合わせ考えるべきであろう。　（前田富祺）

【参考文献】文部省『筆順指導の手びき』，1958。

『筆順指導の手びき』

当時小学校で学習する当用漢字別表881字の漢字の筆順を定めたもの。昭和33年3月31日に文部省によって編集されて発行された。

筆順とは文字を書き進めていく場合の順序のことである。この書では次のように定義している。「筆順とは文字の形を実際に紙の上に書き現そうとするとき，一連の順序で点画が次第に現されて一文字を形成していく順序であるといえよう。」

この書では，筆順について二つの大原則と八つの原則をあげている。大原則は，漢字は上から下に並べていくこと，そして左から右へ右手で書くことの二つである。

大原則1　上から下へ…「三」のように上の点画から書いていく場合だけでなく，「喜」のように上の部分から書いていく場合も同じ。

大原則2　左から右へ…「川」のように左の点画から書いていく場合だけでなく，「竹」のように左の部分から書いていく場合も同じ。

八つの原則は，次のようなものである。

原則1　横画がさき…「十」のように縦画と横画が交差するときは横画を先に書く。

原則2　横画があと…原則1の例外。「田」や「男」では横画が後になる。

原則3　中がさき…「小」や「当」のように中と左右がある場合，中を先に書く。

原則4　外側がさき…「くにがまえ」のように囲む形をとるものは，先に書く。

原則5　左払いがさき…「文」や「人」のように左払いと右払いとが交差する場合は，左払いを先に書く。

原則6　つらぬく縦画は最後…「中」や「申」のように，字の全体をつらぬく縦画は，最後に書く。

原則7　つらぬく横画は最後…「女」や「子」のように，字の全体をつらぬく横画は最後に書く。

原則8　横画と左払い…横画と左払いは短いほうを先に書く。「右」は左払いを先に書き，「左」は横画を先に書く。

この書の最大の弱点は，具体的な筆順が当用漢字別表881字についてしか示されていないことである。そのため，それ以外の漢字の筆順がこの書では分からない。

筆順は文字の記憶および文字を美しく書く上で必要である。国立国語研究所の調査によると，小学校では，ほとんどの教師が筆順を指導している。中学校でも，小学校ほどではないが，多くの教師が筆順を指導している。しかし，辞書によって筆順が違う場合，多くの教師が困ると答えている。それは中学教師のほうが多い。

（島村直己）

【参考文献】国立国語研究所『常用漢字の習得と指導』東京書籍，1996/武部良明『日本語の表記』角川書店，1979。

飛　白

書体の一種である。刷毛で書いたような文字で，飛すなわち飛動する筆勢と白すなわち白いかすれを特徴とし，風変わりで装飾性に富んでいる。後漢の蔡邕(132-192，書人として有名)が考案したと伝えられ，漢末から魏の時代にかけて流行した。

後漢の霊帝の熹平年間(172-177)，蔡邕は鴻都門の修理中に役人が箒で字を書いているのを見て悦んで家に帰り飛白の書を作ったとの記述が唐代の張懐瓘の『書断』に載せられている。王隠，王愔は「飛白は楷製を変じたものである。もと，宮殿の題額に用いた。体勢は直径一丈，字は軽微にして満たないようにする。これを飛白と名づける」といい，王僧虔は「飛白は八分の軽いものである」という(書断)。八分とは漢代の隷書独特の波磔を伴った字で，古くはこれを楷書といった。また「書断」に「漢末魏初，宮殿の題額を書くのに用いた。その体に2種ある。筆法を八分にとったものや，その微妙さを篆において窮めたものとである。」とある。また飛白は，漢末から魏の初めにかけて宮殿の題額の文字として使われ，非常に大きい文字を基本としていた。

その後王羲之およびその子王献之や蕭子雲が飛白の名人として知られた。唐代になると飛白は皇帝により権威を表す書体として書かれ，用いられた。現在残存する唐代における飛白の古典として，太宗の書として知られる「晋祠銘碑額」(646)，高宗の書として知られる「大唐紀功頌額」(659)則天武后の書として有名な「昇仙太子碑額」(699)などが知られる。「昇仙太子碑額」は文字のところどころに鳥の形が配されている。また唐に留学し後に日本に帰国した空海は，飛白の書として「飛白十如是」「七祖像讃」を遺している。「飛白十如是」には字のいろいろなところに燕が配されており，蝶・木・人物の絵がなどが字中に描かれている。

「飛白録」(清の張燕昌・陸紹曾『静園叢書』所収)に，漢から清に至る飛白の記録がある。しかしながら今日，飛白はすでに滅びた書体である。飛白は装飾性・遊戯性が強く，書体と言うよりはむしろデザイン的な文字の類であり，それゆえに書として一般化されなかったのであろう。　　(張　莉)

図　晋祠銘碑額

図　昇仙太子碑額

【参考文献】藤原有仁「飛白の沿革」書論編集室編『書論』第5号書論研究会，1974/中西慶爾編『中国書道辞典』木耳社，1981/張懐瓘「書斷」中田勇次郎編『中国書論大系』第3巻　二玄社，1978/有ヶ谷静堂『支那書道史概説』大同館書店，1930。

百姓読み

漢字の音には伝来した時期，地域によって呉音，漢音，唐音などいくつかの系統があるが，これら中国のいずれの音にも属さない，日本で誤って読み慣らわされた漢字の読みを「百姓読み」という。「百姓」は本来「一般人民」を意味するが，江戸時代には「田舎者，情趣を解さない者」という意味をももつようになり，「教養のない者の読み方」という意味で「百姓読み」と名付けられたものである。漢和辞典においてその多くは「慣用音」として扱われている。

漢字の８割は「六書」の形声（諧声）文字に属すといわれ，ここに誤読が生じる原因がある。形声文字は意味を表す意符（義符）と音を表す音符（声符）とから成り立っており，例えば，「銅」「胴」「洞」「筒」の音はいずれも「同（トウ）」と同じ音になるというように，音符からその字音を類推できる。このような知識をもとに，偏旁冠脚を有する漢字すべてが形声文字に属するわけではないのに，漢字の一部から音を類推して読み誤り，それが読みとして定着したものである。

一般に百姓読みの例としてあげられているものの内実はさまざまで，一律に捉えることはむずかしい。(a)「洗滌」（センデキ）を「條」から「センジョウ」，「攪乱」（コウラン）を「覺」から「カクラン」，「装幀」（ソウトウ）を「貞」から「ソウテイ」，「貼付」（チョウフ）を「占」から「テンプ」などは，誤用が正用より優勢で，中には正用の「シュ」ではなく，「百姓読み」の「ユ」が一般的という「輸」のような漢字もある。最初の２例には「洗浄」「装丁」という表記も生まれている。(b)「矜持」（キョウジ）を「今」から「キンジ」，「消耗」（ショウコウ）を「毛」から「ショウモウ」，「情緒」（ジョウショ）を「者」から「ジョウチョ」などの場合は，字書にも両者があげられ，どちらの語形からでも日本語入力が可能である。(c)「絢爛」（ケンラン）を「旬」から「ジュンラン」，「参詣」（サンケイ）を「旨」から「サンシ」，「甦生」（ソセイ）を「更」から「コウセイ」などは，誤用として扱われている。その他形声文字が関係しない(d)「遂行」をツイコウ，「矛盾」をホコトンなど，訓読みを交えた読み誤りもある。一般に「百姓読み」の例としてあげられるのは(a)(b)であるが，「百姓読み」にふさわしいのはむしろ(c)(d)ということになろう。

「百姓読み」は漢字音の日本語化の過程で生じた問題であるが，江戸後期の『浮世風呂』（文化 10（1814）年）では「かかア自慢の膏肓に入った奴ぢゃ」（4 編上）と「膏肓」が正しく使用されているように，多くは明治期以降に出現する，漢字の歴史からすると比較的新しい現象である。個別語の漢字の「読み誤り」が最終的には「慣用音」という漢字の新しい音の定着に至る過程のどこまでを「百姓読み」とするかにもよるが，現在でも「読み誤り」と「慣用音」の間でユレているものが多く，また，新たな「百姓読み」も出現しているのである。☞「慣用音」

（信太知子）

表意文字

それぞれの文字が字形と発音のほかに意味を表すものを表意文字といい，各字が単に発音を示すだけの機能しかもたないものを表音文字という。現在の世界で使われている文字は，アルファベットや日本のかな，アラビア文字，キリル文字，あるいはハングルなど，ほとんどが表音文字であり，使用者人口の多い文字のなかで表意文字として使われているのは，漢字だけである。

例えば「公園」と「公害」と「公民館」という単語にはどちらも最初に「公」があって，その字で「みんなのための」という意味を表しているが，「bat」と「ball」と「bag」の先頭にある「b」は音声を表すだけで，そこから意味を抽出することができない。このように各文字が固有の意味をもっているものを表意文字といい，意味を表さず単に音声のみを表すものを表音文字という。

漢字は表意文字だから，文字をその背景にある音声言語と切り離しても，それぞれの字形だけで本来の意味を伝えることがある程度は可能である。例えば「山」という字がどのような意味であるかを理解するためには，別にその字を中国語でどう発音するかを知っている必要もない。つまり一つ一つの漢字がもつ意味と，それぞれの言語での単語の対応関係が，上の例でいうならば「山」という字が日本語の「やま」という語彙を意味するものであることが，たやすく理解できる仕組みになっている。こうして「山」の日本語での読み方が，「やま」と定められた。これが訓読みである。そしてそれとは別に，中国語での発音をそのまま自国の言語内に導入して（むろんこのときに若干の変化が起こるが），それぞれの漢字の読み方を定めることもできた。これが音読みで，これによってさらに漢字を表音文字的に使って自国の言語を書くこともできた。「万葉仮名」という使い方がその例である。

日本や朝鮮半島の諸国家，それにベトナムなどは，この二つの方法を組み合わせることによって，漢字を自国の言語に適用できるようにしてきた。漢字が表意文字だったからこそ，中国以外の広い地域にも伝播していくことができたわけである。

（阿辻哲次）

表外音訓（ひょうがいおんくん）

常用漢字表の本表および付表に掲げられていない「常用漢字の音訓」をいう。例えば，常用漢字の「応」における訓「こたえる」や，同じく「育」における訓「はぐくむ」などが表外音訓である。表外の音と訓を区別する場合は，表外音，表外訓と呼ぶ。

常用漢字表の本表には，常用漢字 1945 字の音訓として，4087（音 2187，訓 1900）の音訓が掲げられ，付表にはいわゆる当て字や熟字訓など 110 の音訓を掲げる。表外音訓に対して，常用漢字表の本表および付表に掲げる音訓を表内音訓と呼ぶ。具体的に言えば，「応」の音「オウ」，「育」の音「イク」訓「そだつ」「そだてる」が表内音訓である。

表外音訓か否かは表内音訓との相対的な関係によって決まるものである。したがって，1981（昭和 56）年に常用漢字表が制定されるまでは，1948（昭和 23）年に制定された当用漢字音訓表，1973（昭和 48）年以降については，この音訓表を改定して，357（音 86，訓 271）の音訓と，付表として 106 の熟字訓などを新たに加えた（改定）当用漢字音訓表に，それぞれ掲げられていない「当用漢字の音訓」が表外音訓であった。

1948（昭和 23）年の音訓表では，当用漢字 1850 字の音訓として，3122（音 2006，訓 1116）の音訓が掲げられ，その「まえがき」に「この表は，当用漢字表の各字について，字音と字訓との整理を行い，今後使用する音訓を示したものである。」と明記されていた。そのために，この表に直接掲げられている 3122 以外の音訓は，今後使用しない表外音訓であると一般に理解されることが多かった。

しかし，同音訓表の「使用上の注意事項」には「自動詞にも他動詞にも使われるものについては，おおむねその一方の形のみを掲げてあるが，両様に使ってさしつかえない。」と記され，「滅」の訓「ほろびる」に対する訓「ほろぼす」などが使える訓として例示されていた。このような示し方がわかりにくいということから，1973（昭和 48）年の改定音訓表では，「ほろぼす」なども掲げるような方式に改められたが，当然，上述の新たに加えた 357 の音訓としては数えられていない。この「ほろぼす」のようなものも含めて，改定音訓表の本表に実際に掲げる音訓は 3938（音 2099，訓 1839）である。

また，「使用上の注意事項」には，これ以外に三項目あるが，その一つには「つぎのような熟字は，使ってさしつかえない。」として，「木き→木立こだち」「雨あめ→雨戸あまど・春雨はるさめ」「十ジュウ→十銭ジッセン」「合ゴウ→合併ガッペイ」「皇オウ→天皇テンノウ」などがあげられていた。

なお，2007（平成 19）年に発行された『新聞用語集』（日本新聞協会）では，表外音の「個（カ）」に加えて，「証（あかす）」「粋（いき）」「癒（いえる，いやす）」「描（かく）」「要（かなめ）」「応（こたえる）」「旬（しゅん）」「鶏（とり）」「放（ほうる）」「館（やかた）」「委（ゆだねる）」の 12 の表外訓を使用するとしている。　（氏原基余司）

【参考文献】武部良明『日本語の表記』角川書店，1979/佐藤喜代治編『漢字講座 11 漢字と国語問題』明治書院，1989。

表外漢字字体表

法令，公用文書，新聞，雑誌，放送等，一般の社会生活において表外漢字（常用漢字表にない漢字）を使用する場合の字体選択の「よりどころ」として，2000（平成 12）年 12 月に，国語審議会が文部大臣に答申した字体表。印刷文字を対象とする。

表外漢字の字体については，1979（昭和 54）年に出された常用漢字表の中間答申前文および 1981（昭和 56）年の答申前文で「常用漢字表に掲げていない漢字の字体に対して，新たに，表内の漢字の字体に準じた整理を及ぼすかどうかの問題については，当面，特定の方向を示さず，各分野における慎重な検討にまつこととした。」と述べるにとどまり，国語施策として明確な方針が示されてこなかったものである。

表外漢字字体表は，表外漢字 1022 字に対して印刷標準字体を掲げ，そのうち 22 字には簡易慣用字体を併せて掲げている。印刷標準字体とは，明治以来の歴史的な流れから見ても，現在の文字使用の実態から見ても，最も一般的であると判断される印刷文字字体であり，簡易慣用字体とは，印刷標準字体と入れ替えて使用しても支障ない程度に，現実の文字生活で使用されている略字体・俗字体のことである。手書き文字は別として，表外漢字の使用に際しては印刷標準字体を用いることが基本となる。

この字体表の適用に関しては，①芸術その他の各種専門分野や個々人の漢字使用には及ばない，②従来の文献などに用いられている字体を否定するものではない，③現に地名・人名などの固有名詞に用いられている字体にまで及ぶものではない，と答申前文にある。常用漢字表の前書きでは「この表は，固有名詞を対象とするものではない。」とされるが，③に述べていることはこれとは別である。③の趣旨は，固有名詞を対象としないということではなく，現在の地名や人名などに字体表で示す印刷標準字体や簡易慣用字体と異なる字体が用いられていても，それを印刷標準字体や簡易慣用字体に変更することを求めるものではないということである。

字体表に掲げる 1022 字は，文化庁が二度にわたって実施した漢字出現頻度数調査の結果や種々の資料などをふまえて，「一般の社会生活で比較的よく用いられていると判断された表外漢字の範囲」と「現実に字体上の問題（例えば，「鷗」と「鴎」，「瀆」と「涜」による混乱など）が生じている表外漢字の範囲」を勘案して選定されたものである。一般の表外漢字使用には，人名用漢字，表外漢字字体表の範囲内で十分対応できると考えられるが，これ以外の表外漢字を用いる場合には，いわゆる康熙字典（こうきじてん）体を用いることとされている。これは，常用漢字の字体に準じた略体化を及ぼすことで新たな異字体が作り出され，その結果，表外漢字の字体が再び混乱する事態が生じるおそれがあるとの判断による。（氏原基余司）

【参考文献】「SCIENCE of HUMANITY BENSEI」Vol.31；特集「どのように「表外漢字字体表」は答申されたか」勉誠出版，2001。

標準字体（ひょうじゅんじたい）

国の国語施策で標準と定めている字体。また，1977（昭和 52）年に「小学校学習指導要領」の「学年別漢字配当表」において教科書体活字で示された字体をいう。

国語施策の流れのなかで，字体に関して，標準という言い方は何度か使われている。最初は 1919（大正 8）年に，文部省普通学務局国語調査室がまとめた「漢字整理案」である。同案の凡例には，「本案は尋常小学校の各種教科書に使用せる漢字 2600 余字に就きて，字形の整理を行ひ，其の標準を定めたるものなり。」とあって，定められた標準の字体を「標準体」と称していた。同案の巻末には「漢字整理案の説明」が付されているが，この説明の中では，標準体のことを「本案の標準字体」ともいっている。

戦後，1949（昭和 24）年の当用漢字字体表の「まえがき」では，「この表は，当用漢字表の漢字について，字体の標準を示したものである。」と記されていた。現在，一般にイメージされる標準字体の概念は，この当用漢字字体表の「字体の標準」から導き出されたものであると思われる。1981（昭和 56）年の常用漢字表においては，当用漢字字体表で用いられていた「字体の標準」という言い方でなく，「通用字体」という言い方が採られている。その理由を簡単に述べれば，「字体の標準」という言い方が，当用漢字字体（いわゆる新字体）以外の字体（いわゆる康熙字典体（こうきじてんたい））を否定しているかのような受け取られ方につながっていると考えられたためである。そのために，当時の国語審議会は標準という言い方を避けて，「現代の通用字体」としたのである。端的には，明治以来使われてきた「いわゆる康熙字典体」に対する配慮からであった。しかし，現在の一般の社会生活における，字体の標準が「通用字体」にあることはいうまでもない。

2000（平成 12）年の国語審議会答申「表外漢字字体表」では，1022 字の表外漢字（常用漢字表にない漢字）に対して印刷標準字体が示された。手書き文字ではなく，印刷文字を対象とすることを明示するために，「印刷」標準字体とされたものである。

ところで，1977（昭和 52）年の文部省告示「小学校学習指導要領」では，「漢字の指導においては，学年別漢字配当表に示す漢字の字体を標準とすること。」と明記され，初めて学年別漢字配当表の漢字が教科書体で示されることとなった。これが，学校教育関係者が標準字体と呼んでいるものである。この同じ年に文部事務次官から「漢字の指導において新小学校学習指導要領に定める学年別漢字配当表に示す漢字の字体を標準として指導することは差し支えないが，この場合他の字体を誤りであるとする趣旨ではないことに十分留意すること。」という通達が出されている。この考え方は，2008（平成 20）年 3 月に告示された学習指導要領においても引き継がれているが，ここでいう字体とは，一般的には字形に当たるものである。　（氏原基余司）

【参考文献】氏原基余司「「当用漢字字体表」「常用漢字表」「表外漢字字体表」の流れ」（「「SCIENCE of HUMANITY BENSEI」Vol.31，勉誠出版，2001」所収）/同「教科書体と明朝体の問題」（明治書院「日本語学」1998 年 4 月号所収）。

平仄

平は中古音の平声，仄は中古音の上去入三声である。平仄は韻律を形成する一対の基本単位として，早くから人々が作詩をする際に重んじてきた。漢土において最初に梵語の音組織に言及したと言われる謝霊運(385-433)の事蹟を伝える『宋書・謝霊運伝』の「欲使宮羽相変，低昂互節，若前有浮声，則後須切響。一簡之内，音韻盡殊，両句之中，軽重悉異。妙達此旨，始可言文。(「宮」と「羽」に相互の変化をもたせたいなら，低音と高音を相互に調節する。もしも先に浮声が来るなら，後は切なる響きを使うべきである，短句内で音韻は悉く殊なり，二句では軽重が悉く異なる。その微妙な本来の旨を達成してこそ，始めて文と言うことができる。)」という記述に基づけば，謝霊運の生きた時代には，対としての基本的音単位の重要な働きが認識されていた。その後も古詩，賦，駢文には韻律が重んじられ，平仄の名称こそまだ現れなかったが，実際上の用字には平声と仄声を相互に調節し，音調に規律の有る交錯を利用することで詩文のリズム感を強化することが行われた。声調を調和させることで詩韻のもたらす音感を豊かなものにしていったとも言える。

平仄間の具体的な音の差異は何であったのか，この問題については，謝霊運とほぼ同時代以降に通行した梵語字母転写音〔a：ā，i：ī，u：ū〕についての対音(漢訳音)を見ることで解答を見出すことができる。例えば東晋法顕訳『仏説大般泥洹経』(417 年)では「短阿：長阿，短伊：長伊，短憂：長憂」，北涼曇無讖訳『大般涅槃経』(414-421年)では「噁：阿，億：伊，郁：優」，唐玄應撰『一切経音義』(649 年)では「裹烏可反：阿，壹：伊，塢(烏古反)：烏」，唐智広撰『悉曇字記』(780-804 年)では「短阿(上声短呼，音近「悪」引)：長阿(依声長呼)，短伊(上声，声近於翼反)：長伊(依字長呼)，短甌(上声，声近「屋」)：長甌(長呼)」などの記述がその具体例であるが，当時の梵漢訳音では，常用の平声字を梵語の長音字母の対訳に使用し，上声・去声・入声字を梵語短音字母の対訳に使っていることがわかると当時に，漢字音の平声が長伸調，仄声が短促調であったことを示している。

了尊『悉曇輪略図抄』(弘安六：1283 年)が引用する唐の處中和尚『元和新声韻譜』(820-860)は「平声は哀にして安，上声は歴にして挙，去声は清にして遠，入声は直にして促」と述べている。表現は些か文学的で具体性を欠く嫌いはあるものの，この種の描写も平声が長伸調，仄声は短促調あるいは下降調であったことを物語っている。平声は長く伸ばすことが可能であり，長く伸ばしても調形が不変であることに対し，仄声は伸ばすことが不可能であるにもかかわらず，それでも伸ばすと平声に変ってしまうという推断が可能である。

中国史上最初に「四声説」を唱えた人物として周顒(？-485)・沈約(441-513)らが知られているが，二人が活躍した斉(479-501)の永明(484-493)期には声韻の説が盛んに唱えられていた。他にも王融(467頃-493)，謝朓(464-499)らが深く声韻の詳細に通じ，永明体と呼ばれる近体詩の原型となる詩文の韻律美を追究した。とりわけ韻律を整えつつ避けるべき「八病」規則を採用した作詩法が沈約により提唱されたが，その目的は対としての平仄がもたらす音的調和を巧みに運用することにあったと言っても過言ではない。

唐代になると近体詩は一層盛んに行われた。押韻に関して規則が緩く，詩中において換韻・転韻・通韻など種々の例外を許容する古体詩に対して，韻律を重んじ，各詩句を構成する抑揚長短の排列法が一定の規則に従う近体詩は当時の文人を中心としてひろく世の中に受け入れられた。その簡潔で厳密な韻律性のもたらす美しさと詩文に凝縮された感情の高まりが一体となって，人々を感動させる新たなエネルギーを生み出したからであろう。

中国音韻学における語音の変化法則には平仄とかかわる場合が多く，従って平仄は音韻学に関連する用語とも見なされてきた。例えば中古漢語の全濁声母は近現代になると一律に同部位の清(無声)音声母に変成し，平声は有気音，仄声は無気音となっている。また述語としての平仄を使用すれば，上・去・入個々の声調について逐一叙述するよりはずっと便利になる。さらに入声を保留する方言地区の人々にとっても近体詩作成に平仄を使うことが容易である。なぜなら普通話の陰平字と陽平字中から容易に入声字を選び出すことができるだけでなく，選び出した入声字と普通話の上声字，去声字を一緒にすれば中古時代の仄声字を確認できるからである。　(矢放昭文)

【参考文献】馬淵和夫「対注漢字よりみた梵語および中国語の音韻について」『日本韻学史の研究』第3章，日本学術振興会，1965/高木正一「近体詩」『中国文化叢書4・文学概論』大修館書店，1967/楊剣橋主編『漢語音韻学講義』復旦大学出版社，2005。

平仮名

日本語を表記するために日本で作られた文字である仮名の一種。「ん」を含め 48 文字あるが，現在では「ゐ」「ゑ」を除く 46 文字が用いられる。現在，日本語の表記は漢字平仮名交じりが基本であり，その意味で日本の文字の中核を担っているといえる。平仮名書きを基本とするものは，用言の活用語尾，助詞，助動詞。平仮名で書くことが多いものは形式名詞，補助用言，接続詞，感動詞，副詞，連体詞などである。

文字をもたなかった日本人は，中国の文字である漢字を用いて文章を記したが，漢字で表記できない部分(固有名詞や助詞，助動詞など)は，漢字の読みだけを借りて表音的に記す方法，すなわち「万葉仮名」で記した。表語文字の漢字と表音文字の万葉仮名を交ぜて用いるには視覚的に両者を識別することが必要であり，そのため万葉仮名の漢字字体を草書風にくずして書くようになり，元の字体がわからなくなるまでくずしたものが平仮名である。万葉仮名から平仮名に至る過程に草書体で記した「草仮名」を認める説もあるが，平仮名が成立した後のものという説もある。平仮名は仮名の一種として片仮名と同時期に成立しているが，「平仮名」という呼び方は，時代の下った『日葡辞書』(慶長 8 (1603))に見られる例が早いもので，当初は単に「かな」「ただのかな」あるいは「女手(おんなで)」と呼ばれていた。「平」は平易，平俗の意というが不詳。片仮名が漢字と併用されたのに対し，平仮名は，多くは漢字を交えず消息や和歌など日常生活の私的な場で使用された。その点で，漢字漢文を用いる公的な場に出ることのない女性はもっぱら平仮名を使用することになり，漢字を「男手」というのに対して「女手」といわれたが，女性専用の文字ではなく，成立に関してはもちろん男性が関与し，日常生活の場では男性も用いたのである。

現行の平仮名の字体に統一されたのは，1900 (明治 33) 年の「小学校令施行規則」においてである。それまでは，アに「安・阿・愛」など一つの音節に複数の字体，あるいは種々のくずし方で使用されていた。定められた字体の字源は以下のとおりである。

安	以	宇	衣	於	加	幾	久	計	己	佐	之	寸	世	曽
太	知	州	天	止	奈	仁	奴	祢	乃	波	比	不	阝	保
末	美	武	女	毛	也		由		与	良	利	留	礼	呂
和	為		恵	遠	无									

「へ」の仮名については例外的に「部」の一部をとったものであり，また「つ」の字源ははっきりせず，あるいは「川」からともいわれる。「ん」の仮名はもと「む」の仮名として用いられていたもので，その成立は遅れ，「いろは 47 文字」の中には入っていない。施行規則で示された現行字体以外の文字は「変体仮名」と呼ばれ，現在は書道などで使用される以外，普通には使用されていない。☞仮名，片仮名　(信太知子)

【参考文献】小松茂美『かな』岩波新書，1963/築島　裕『日本語の世界 5 仮名』中央公論社，1981/小松英雄『日本語書記史原論』笠間書院，1998。

フォント

元来は，活字箱に入れられた一組の活版活字の意味で用いられていた。

この言葉が，人口に膾炙するようになったのは，ひとえにコンピュータによる簡易な印刷技術の発達による。しかし，この言葉の使われ方は，利用局面によってかなり混乱しているのが実情である。

以下，言及をコンピュータやネットワークで扱うためのデジタルフォントに限定する。「ビットマップフォント」および「アウトラインフォント」という場合のフォントは，文字の図形表現全般を指している。ビットマップフォントとは，文字を平面上の白と黒二値の格子状の点の集合で表現したもの，アウトラインフォントは，文字を直線もしくは曲線で構成される輪郭線の集合で表したものである。ビットマップフォントとアウトラインフォントの端的な相違は，ビットマップフォントが拡大を繰り返すと個々の白と黒の点も拡大され，品質と視認性が著しく損なわれるのに対して，アウトラインフォントは拡大を繰り返しても，その品質が保持される点にある。

「搭載されているフォントが多い」「フォントを買ってくる」などという場合のフォントは，フォント元来の意味に近く，ビットマップフォント技術，アウトラインフォント技術によって制作され，個々の文字図形に対して文字符号が付けられた，一組の文字図形の集合を指している。この場合，一組のフォントは，欧文のフォントであればアルファベット 26 文字の大文字，小文字およびいくつかの記号類で構成され，日本語のフォントであれば，通常は，平仮名，片仮名，数千字の漢字および記号類などで構成される。基本的には，「一組のフォント」というときには，ある言語の文字表現を行うために必要最低限必要な文字種が含まれていることが前提となる。

「横組み用フォント」「縦組み用フォント」「本文用フォント」「見出し用フォント」「明朝体フォント」「楷書体フォント」「セリフ系のフォント」「サンセリフ系のフォント」などという場合のフォントは，書体，タイプフェースデザインといった言葉と近い意味で用いられている。すなわち，ある一貫したタイプフェースデザインで制作された一組のフォントを指す。

一方，近来，デジタル技術の進展と多様な文字図形表現の必要性が相まって，一組のフォントから独立分離して個々の文字の図形表現をデジタル文書内に埋め込んだり，ネットワークを介して交換する局面が顕在化しつつある。「文書のフォントを埋め込む」とか「フォントサーバーからフォントを取ってくる」などという場合，フォントセット全体を表すことよりも，個々の文字図形のデジタル情報を指す場合のほうが多い。すなわち，このような場合，フォントという言葉は，本来の「一組の活字のセット」という意味から離れて，文字図形のデジタル表現という意味合いが強くなっている。

（小林龍生）

富士谷成章（ふじたになりあきら）

国学者・歌人。元文3(1738)年–安永8(1779)年。医師・皆川春洞の次男に生まれ，19歳で富士谷家の養子となる。幼時より漢学を学んだが，後に国学に転じ，京都中立売西洞院南角に居住し，筑後柳川藩に仕えた。兄は漢学者の皆川淇園。

主著に『かざし抄』(明和4(1767)年刊)，『あゆひ抄』(安永7(1778)年刊)がある。「かざし」「あゆひ」は，成章の品詞分類による名称である。成章は，語を機能面から「名・挿頭・装・脚結」の四つに体系的に分類した。「名」は名詞，「装」は動詞・形容詞・形容動詞，「挿頭」は代名詞・副詞・接続詞・感動詞・接頭語，「脚結」は助詞・助動詞・接尾語にほぼ相当する。「名・挿頭・装・脚結」の各名称は，文中におけるこれらの語の相互の位置関係を，人間の着衣になぞらえてつけられたものである。

成章がどのような学問的基盤をもとにこのような分類を行ったかについては，中世以来の「てにをは」研究を指摘する説とともに，漢語学(中国語学)からの影響を考える説が有力視されている。近世の漢語学では，一般に語を「実字・虚字・助字」の三つに分類していた。これを成章の分類と対比させると，「実字」は「名」，「虚字」は「装」，「助字」は「挿頭」と「脚結」にそれぞれ対応し，両者の枠組みの近さが認められるのである。特に伊藤東涯『操觚字訣』(宝暦13(1763)年序)は，「助字」を，主に文末で用いられる「助字」と，文頭・文中で用いられる「語辞」とに細分した「助字・語辞・虚字・実字」の4分類をとっているが，この「助字」は「脚結」に，「語辞」は「挿頭」にそれぞれ対応し，成章の分類と非常に似通っている。さらに荻生徂徠（おぎゅうそらい）『訓訳示蒙』(元文3(1738)年刊)も，文中の語の配置を人体にたとえる発想が見られるなどの点で，成章の学説に影響を与えた可能性が指摘されている。また成章の兄・皆川淇園に関しては，漢語と日本語の表現を比較して考察する記述が見られる点や，口語訳をあてることで語の意味をより明確に示そうとする姿勢などに，成章の研究との共通性が認められる。

成章の学説における漢語学からの影響という問題に関しては，従来，兄弟として同じ学問的環境に身を置いていた淇園の学説との深いかかわりが一般に認められ，重要視されてきている。しかし，淇園の学説自体も時期に応じて変化しているという問題もあり，成章が漢語学の研究成果を具体的にどのようにふまえながら自説を展開させていったのかについては，今後さらに詳しく検討していく必要がある。(内田宗一)

【参考文献】竹岡正夫編『富士谷成章全集 上下』風間書房，1961–1962/竹岡正夫『富士谷成章の学説についての研究』風間書房，1971/尾崎知光「富士谷成章の周辺についての覚え書」，竹岡正夫編『国語学史論叢』笠間書房，1982/佐田智明「あゆひ抄における「漢字」についての説」，『奥村三雄教授退官記念 国語学論叢』桜楓社，1986/竹岡正夫「富士谷成章の学説と表現観」，『国語学』133，1983/中田祝夫・竹岡正夫『あゆひ抄新注』風間書房，1960/古田東朔・築島 裕『国語学史』東京大学出版会，1972。

部首

辞書に多くの漢字を収録する最も代表的な方法が部首法である。

部首法を初めて設けたのは後漢の許慎（きょしん）が作った『説文解字（せつもんかいじ）』で，許慎は合計 9353 の漢字について，それぞれ成り立ちと本義を説き，それを合計 540 の部に分類して漢字を配列した。これが部首の始まりだが，ただ『説文解字』では他の文字に対して「意符」として機能するものが部首字とされた。例えば「思」は《心》を意符とする字だから当然「心」部に収められるはずだが，しかし「思」はまた「慮」の意符を伴っている。それで『説文』では「思」という部が建てられた。こうしないと「慮」を収める部がないからである。

これは文字学的には最も正しい方法といえるが，しかしすべての文字についてこの原則で部首を建てると，部の数がやたらと増えて複雑になるばかりである。それで後世の字書では，漢字をより簡単に，よりスピーディーに引けるようにと工夫をこらしてきた。

かくして部首が整理統合され，また単に字形を整理するためだけの，「丨」や「丶」という部首字などが設けられて，部首の数が時代とともに減少してきた。現在使われている部首法は 1710 年に完成した『康熙字典（こうきじてん）』のもので，それは 214 部から成り立っている。この部首法の特徴の一つは，部首字が画数順に並んでいるということで，これによって部首字そのものの検索も格段に容易になった。「日」と「月」，「水」と「火」，「魚」と「鳥」など，互いに関係がありそうな部が隣り合っていたり，近くにあるのは，もちろん意味的関連性もあるが，その前にまず画数が同じである，という大前提がある。

『説文』から『康熙字典』までに，部首の数は半分以下に減ったが，それは調べたい漢字を字書の中から簡単に見つけるために改良を加えた結果にほかならない。さらに現在の日本では『康熙字典』の部首が引きにくい，あるいは不合理な点があるとして，特に小・中学生を対象とした辞書を中心に，独自の工夫をこらした部首を設けた辞典が出版されているし，中国でも同様に独自の部首法を建てる辞書が多くなっている。

このような辞書はたしかに引きやすく工夫されている面があるが，しかしその出版社だけしか適用しない部首法となり，互換性がないため，他社の辞書を使おうとするとたちまち困難に直面する。『康熙字典』式の部首法が決して非のうちどころのないものというわけではないが，しかしそれはひとつの標準であって，スタンダードの規格をいじることが，「改善」ではなくて「改悪」になってしまう場合もある。伝統的な部首法が果たしてきた規範性に対しても，これからの時代においてもやはり一定の評価を与える必要があるだろう。

（阿辻哲次）

振(ふ)り仮(が)名(な)

漢字のわきに小書きで添えられた仮名。江戸～明治時代には「つけがな」とも呼ばれる。また主に近現代における活字印刷物の振り仮名を「ルビ」とも称し，文章中の漢字すべてに振り仮名を施したものを「総ルビ」，一部に施されたものを「パラルビ」という。

振り仮名は，もと平安時代の訓点資料において，主に難読の漢字や2種類以上の読みがある漢字の傍らに仮名を付して読み方を示したもの(＝傍訓)に由来する。例えば「強(彊)」という漢字に対して「ツヨシ」「コハシ」「アナガチ」「シヒテ」などの訓があり，文脈に応じていずれに読むべきかを示すために傍訓が付されるような場合があげられる。また「強(ツキ)」「強(コキ)」「強(アチ)」のように，識別のため最小限の部分訓が付される例も見られる。遡(さかのぼ)って奈良時代の文献においては，「天之常立神訓常云登許訓立云多知」(『古事記』)のように万(まん)葉(よう)仮(が)名(な)を用いた割注形式の訓注が見られる。これは形式上は振り仮名とはいえないが，〈漢字の読み方を示す〉という機能のうえでは振り仮名と類同のものと考えられる。訓点資料に続いて漢字仮名交じり文にも振り仮名が付されるようになり，鎌倉時代になると「ききて随喜(すいき／よろこばん)せんものは，その福(ふく)またすぐれたること」(妙一記念館本『仮名書き法華経』)のように，難読でない漢字にも多く振り仮名の施された例が見られるようになる。下って江戸時代の小説などの整版本では，総振り仮名の例が多く存する。特に滑稽本などでは，「大丈夫(でじょぶ)」「はき違(ちげへ)た」(『浮世風呂』)のように，振り仮名によって話者のくだけた発音を描写する例も見られる。

振り仮名は漢字(漢語)の右側に付される場合と左側に付される場合があるが，左側の振り仮名は，「(火星ハ)其太陽ノ対衝(アヒムカヒ)ニ近ヅクニ従ヒテ地ニ親(チカ)クシテ明亮(アキラカ)ナルコト木星ヨリモ太ダシク」(『遠西観象図説』)のように，読み方よりもむしろ，むずかしい漢語の意味を示すのに多く用いられる。また漢字の左右両側に振り仮名を付すこともあり，江戸時代の読本などでは，「怨(ゑん／ウラミ)じて」「寓(ぐう／ヨル)して」「秘策(ひさく／ヒメゴト)」「弱冠(じやくくわん／トシワカ)」(『南総里見八犬伝』)のように，右側に字音(じおん)を，左側に平易な和語で意味を記すものが多く，両側に字音が示される場合にも，「介意(かいい／ゴエンリヨ)」「黙契(もつけい／ムナザンヨウ)」(同上)のように左側のものは和化した日常的な字音語が示されている。このような振り仮名の形式は，明治期に入っても翻訳の文章などを中心に広く用いられていくが，遡れば「面貌(めんめう／おもてかたち)」「世尊(せそん／ほとけ)」「法会(ほうゑ／ちやうもん)」(妙一記念館本『仮名書き法華経』)」のような古い文献にすでにその例が認められる。

振り仮名はまた，「同胞(はらから)」「挙動(ふるまひ)」のような熟字訓の形をとることによって，漢語と和語の重層的表現に用いられる。「左手(ひだり)の指(および)」(『雨月物語』)，「人影(ひとけ)」(『浮雲』)のような例もこれに類するもので，これらは漢字で書かれた言葉(漢字語)と振り仮名の言葉の合作によって一つの言葉を形成するものといえよう。　(橋本行洋)

【参考文献】鈴木丹士郎「近世文語の問題」『専修大学論集』3，1966/小松寿雄「『雨月物語』の文章」『国語と国文学』51-4，1974/細川英雄「振り仮名—近代を中心に—」『漢字講座』4，明治書院，1989。

振り漢字《ふかんじ》

仮名で書かれた言葉の傍らに添えて，その意味を示す漢字。多くは本文の仮名よりも小さな文字で書かれる。本文の表記と傍書とを合わせて語を理解するという点では，振り仮名と類同の性質のものといえる。

江戸時代に書かれた平安文学作品の注釈書には，「もき《裳着》せ奉り給ん」「しんでん《寝殿》のはなちて《放出》の」(『落窪物語注釈』)のような例が見られる。これはもとの作品が仮名書きであって，そのままでは意味を理解しにくい場合，その原文の姿を残しつつ，それがどういう言葉であるのかの理解補助のために漢字表記を添えたものである。ただし「おや《母君也》」(同上)のような，「〜也」の形をとる臨時的な意味を示す例については，振り漢字というよりむしろ，「御かた《姫君の御方といふこと也》」(同上)などと同様の，「傍注」というべきものであろう。振り漢字はこのほか，江戸時代の戯作などにも「ドウダ引ねへか。ごうぜう《強性》ものめ」(『丘釣話』)のような例を認めることができる。「なもほれぎよ《南无妙法蓮花経》」(『浮世風呂』)の場合は，話し手のくだけた発音を忠実に伝えるために本文を仮名書きにし，その内容にあたる漢字表記を左側に示した例で，「こんべらばア《このべらばうは》」(同上)のような仮名を左に傍書した例と同質のものである。このような例を「振り漢字」や「振り仮名」と認めるかどうかは判断の分かれるところで，「傍注」との境界が曖昧な部分である。

振り漢字は，現在でも特別な表現効果をねらう場合や一部の古典注釈書などに見ることができるが，現代の注釈書ではむしろ，「裳着《もき》せ奉り給はん」「寝殿《しんでん》の放出《はなちいで》の」ようにもとの本文を振り仮名とし，振り漢字に相当するものを本文にするという方法が多くとられている。これは通読の便を考えた措置で，後述するように見慣れない表記法である振り漢字を避け，読者に心理的な抵抗を与えないようにという工夫から生まれたものと考えられる。日本語の書記言語においては，漢字表記が本来であり，仮名はその名のとおり仮のものという意識が存するから，仮名主体で表記される文は，歌や物語ないし女性の手紙文など一部のものに限られ，日本語文章の大勢を占めるには至らなかった。仮名の本文に付される振り漢字が，漢字の本文に付される振り仮名に比べ圧倒的に少ないのは，単に漢字を小書きにしなければならないという技術的な問題だけでなく，このような日本語における漢字と仮名の関係に基づくものであるといえよう。つまり，和歌や平安時代物語など原文が仮名書きがすでに固定しておりそれを保存する必要のある場合以外には，振り漢字を用いるよりも，はじめから漢字表記にして必要に応じて読み方や語釈を振り仮名で示すほうが受け入れられやすかったのである。なお，「エコロジー《生態学》」のように外来語の訳を振り漢字として示すこともあるが，これも「エコロジー(生態学)」のごとく括弧内に示す形のほうが広く用いられている。

(橋本行洋)

【参考文献】山田俊雄「漢字・かな・ルビ」『言語生活』6-8，1977/梶原滉太郎「振り漢字」『漢字百科大事典』明治書院，1996。

文（ぶん）と字（じ）

言語を表記するための記号システムを一般的に「文字」と呼ぶが，伝統的な漢字研究の場では「文字」を二つに分け，「文」と「字」をそれぞれ異なった概念として使い分ける。中国ではこれまで膨大な数に及ぶ漢字が作られてきたが，その漢字群の成立を二段階に分けて考え，最初にできた「単体」(それ以上分割できないもの)のものを「文」と，あとにできる「複体」(単体の文字をいくつか組み合わせたもの)のものを「字」という名称で呼ぶ。

「文」という字は『説文解字（せつもんかいじ）』に，

文，錯(まじわ)れる画(かく)なり，交われる文に象どる。

とある。『説文解字』によれば，「文」は線が交わったさまを示しており，その形から「もよう」という意味を表すという。「文」はもともとは「もよう」という意味だったのがやがて意味が広がり，「あやのあるさま」をいうようになった。

それに対して「字」は，『説文解字』に，

字，乳(う)むなり，子 宀の下に在るに从(したが)う，子は亦た声なり

とある。『説文解字』によれば，「字」は《宀》(屋根)と《子》(こども)とからできており，子供が屋根の下にいる形を示す。そしてその組み合わせから「子供を産む」，あるいは「育てる」という意味を示す。「字」の本義とされるその意味は，のちに同音の「孳」(うむ，ふえる)で表されるようになった。

この「文」と「字」の区別は，実際に漢字が作られてきたプロセスを分析した結果として考え出されたもので，漢字が作られてきた道筋には実は二つの段階しかなかった。例えば「縦」と「横」という二字ができる前には，必ず《糸》と《従》，あるいは《木》と《黄》という漢字が存在していたはずである。同様に「詞」ができる前には，必ず《言》と《司》という漢字が存在していたに違いない。すなわち数万字もの大量の漢字が蓄積されてくる過程で，はじめに基本的な単位として使われる一群の文字が作られ，次にそれらを組み合わせた第二段階の文字が作られたことになる。

単体の「文」は，他の文字を作る要素となりうるものだから，それだけで漢字の偏やツクリとなることができる。そして逆に，偏やツクリなどに分解できる漢字が「字」である，と考えてもよい。上にあげた例で説明すれば，最初にあった《木》と《黄》，あるいは《言》と《司》が「文」で，それらを組み合わせた《縦》や《横》，あるいは《詞》が「字」になる。

さらに例をあげれば，「山・水・馬・鳥・牛・犬・龍・門」などが「文」で，それらを構成要素に使っている「崎・港・駆・鶴・物・狗・襲・間」などが「字」である，ということになる。

(阿辻哲次)

【参考文献】阿辻哲次『文字』(一語の辞典シリーズ，三省堂)。

壁中書

孔子旧宅の壁の中から出現した書物。また，その文字を指すこともある。前漢の景帝(在位前 157–前 141)のとき(一説に武帝とする)，魯の恭王が孔子の旧宅を壊して自分の宮殿を拡張しようとしたところ，壁の中から『礼記』『尚書』『論語』『孝経』などの儒教の経典が出現したというもの。新の王莽のときに行われた 6 種の書体(六書)の一つである「古文」は壁中書の文字を指し，『説文解字』に掲出された「古文」500 余字は，壁中書に基づくとされる。

壁中書の発見は，『漢書』芸文志・楚元王伝・景十三王伝，『論衡』佚文篇・正説篇・案書篇，『説文解字』叙などに記されている。発見された書物の種類は文献によってやや異なるが，いずれも儒教の経典であり，秦の始皇帝の焚書を避けるために，魯の儒者たちが孔子旧宅の壁中に隠匿したものであるとされる。これらの書物が何に書写されていたかについては明記されていないが，当時の一般的な被書写素材であった簡牘(主として竹簡)であったことは疑いない。

壁中書の文字は，漢代通行の隷書とは異なる古文字であったことから，隷書の「今文」に対して「古文」と呼ばれた。前漢の官学は隷書で書かれた「今文」の経書に基づいていたが，壁中書の出現により「古文」の経書こそが正統であるとする古学派が台頭し，両者の間に激しい対立が生じることとなった。これが，漢代経学史上に名高い今古文の論争である。壁中書の発見は，その発端でもあった。

壁中書については，主として疑古派の学者から，古文を正統とする学者たちが捏造したものであるとする見解が提出され，その信憑性が疑問視されてきている。しかし，壁中書の文字を採録した『説文解字』の「古文」と戦国期の出土文字資料との間には，一定の共通性を認めることができ，たとえ孔子旧宅の壁中からの出現という発見の経緯には，いくつかの疑問点があるとしても，壁中書が戦国期以前に書写された書物であることは，否定できないと考えられる。

『説文解字』叙は，周の宣王の太史籀が『大篆』15 篇を著すに及んで大篆(籀文)とそれ以前の「古文」との間に部分的な異同が生じたと述べ，「古文」を大篆(籀文)以前の文字として位置づけている。これに対し，王国維「戦国時秦用籀文六国用古文説」(『観堂集林』巻 7)は，両者の異同は時代差ではなく地域差によるもので，戦国時代の西方の秦の文字が籀文，東方の六国の文字が「古文」であると説いた。

壁中書の「古文」については，戦国期の筆記資料が見られないという資料上の制約から，従来，素材の異なる金文資料を中心に検討が加えられてきた。近年，戦国期の簡牘資料が数多く出土しており，今後はこれらの筆記資料による検討が課題である。

(福田哲之)

【参考文献】啓功『古代字体論稿』文物出版社，1999。

『駢字類編』

清代の呉士玉らが編集した二字熟語を収録する類書。呉士玉(1665–1733)は，字が荊山，呉県(現在の江蘇省の呉県)の人で，著書に『蘭藻堂集』がある。

『駢字類編』の編集は1719年に始まり，1726年に完成した。多くの書物中の事項や語句を分類・編集するという従来の類書とは少し異なり，初めて駢字，すなわち二字の熟語(虚字を除く)に限り，天地・時令・山水・居処・珍宝・数目・方隅・采色・器物・草木・鳥獣・虫魚という12門および補遺としての人事門，合わせて13門に分類して事項が集められている。さらに各門がいくつかの項目に分けられており，例えば時令門の下には春・夏・秋・冬・寒・暑・晦・朔・旦・曙・昏・朝・暮・歳・年・時・暁・晩・夕・晨・午・昼・宵・熱・凍・夜・陰・陽という28項目を設けている。各項目の下に熟語を並べ，それぞれ経・史・子・集の順で用例をあげており，例えば天地門の天という項目の下には，天地・天日・天月・天風・天雲・天雨・天露など多くの熟語とそれぞれの用例が見られる。全書に1604字の頭字，10万個あまりの熟語が集められ，240巻に分けられている。

1711年に完成した『佩文韻府』の姉妹作として，『駢字類編』はかつてないほど多くの熟語と膨大な数に上る用例を収録している。前者と重複した資料は多いが，そこにはないものまで集められているため，熟語の出典を調べるのに役立っている。また，前者は主に韻文を作るために熟語が末字の韻部の順で並ぶのに対し，『駢字類編』は頭字の順によって配列されており，それが現代の辞書に踏襲されている。頭字が同じであれば，大体熟語の意味によって配列している。多義語については，混乱を避けるため意味によって分類し，複数の箇所に掲げている。したがって，部類によって頭字，そして熟語を検索することが可能である。その部類分けにも特色があり，例えば新たに数目・方隅・采色などの部類を設け，それぞれ数字・方位・色彩に関する大量の熟語を集めている。また書物を引用する際に篇名をあげ，韻文や散文を引く場合にはタイトルを掲げているため，体裁が比較的整っている。一方，多くの人によって編集された『駢字類編』には欠点も少なくない。韻文や散文を作るにあたって詞藻を検索することを最大の目的として，熟語でないものも無理に収録することがあるほか，意味や発音については全く説明がなく，篇名をあげていない用例も相当あり，分類も体系的でないため，かなり調べにくいものとなっている。ただし夥しい熟語とその用例を広く収録していることから，『駢字類編』は二字熟語の関係資料集として現在でも活用する価値がある。初版本は1728年の内府刊本であるが，1887年の上海同文書局の石印本が通用していた。また荘為斯『駢字類編引得』(四庫書局，1966)や何冠義ら『駢字類編索引』(中国書店，1988)などの索引を使うと便利である。 (陳　捷)

【参考文献】劉葉秋『中国字典史略』中華書局，1983/錢劍夫『中国古代字典辞典概論』商務印書館，1986。

偏旁冠脚（へんぼうかんきゃく）

いくつかの要素を組み合わせて作った複体の漢字を構成するそれぞれの部分に対する名称。また部首の総称として使われることもある。当該の漢字のどこに位置するかによって，名称が異なり，代表的な四つを「偏旁冠脚」と総称するが，さらに詳しく以下の七つに分類することもある。

①偏　漢字の左側にあるものの称。

亻　ニンベン　　口　クチヘン　　土　ツチヘン　　阝　コザトヘン　　犭　ケモノヘン　　衤　コロモヘン

など。以上のものは一般的に「〜ヘン」と呼ばれるが，それ以外に

冫　ニスイ　　氵　サンズイ　　月　ニクヅキ

など，「〜ヘン」をつけずに呼ばれるものもある。

②旁　漢字の右側にあるものの称。

刂　リットウ　　力　チカラ　　卩　フシヅクリ　　欠　アクビ　　殳　ルマタ　　隹　フルトリ　　頁　オオガイ　　阝　オオザト

などがある。ちなみに「隹」を「フルトリ」と呼ぶのは「奮（ふるい，旧の旧字体）」に使われていることによる。

③冠　漢字の上部にあるものの称。

亠　ナベブタ（またケイサンカンムリとも）　　八　ハチガシラ（八）　　冖　ワカンムリ　　宀　ウカンムリ　　艹　クサカンムリ　　竹　タケカンムリ　　雨　アメカンムリなど。

ちなみに「ケイサンカンムリ」は「卦算カンムリ」と書き，易で占いの結果得られた卦（八卦）を示す算木の形に由来する。

④脚　漢字の下部にあるものの称。

儿　ヒトアシ　　心　シタゴコロ　　灬　レンガ　　皿　サラなど。

⑤垂　漢字の上部から左をおおうものの称。

厂　ガンダレ　　广　マダレ　　戸　トダレ　　疒　ヤマイダレ（プ）など。

ちなみにガンダレの名は「雁（ガン・かり）」から，マダレの名は「麻（マ・あさ）」から出た。

⑥構　漢字の外側を包むものの称。

匚　ハコガマエ　　匸　カクシガマエ　　門　モンガマエ　　囗　クニガマエ　　行　ギョウガマエなど。

⑦繞　漢字の左側から下部を取り囲むものの称。

乙　オツニョウ　　麦　バクニョウ　　廴　エンニョウ　　走　ソウニョウ　　辶　シンニョウなど。

（阿辻哲次）

『方言』

書名。本来の名称は『輶軒使者絶代語釈別国方言』といい，『方言』はその略称。地域ごとに異なった語彙を比較研究した最古の書物。全13巻。方言研究の嚆矢をなす書物で，英語のdialectを中国語や日本語で「方言」と訳すのは，この書名に基づく。

前漢の揚雄の撰とされる。揚雄(前53–後18)は漢代を代表する文学者の一人で，また儒学の著述もある。四川・成都の人。字は子雲。前漢・新・後漢の3王朝に仕えた。著書には『易経』に擬した『太玄経』と，『論語』を模した『法言』がよく知られ，また司馬相如の影響を受けて賦をよくした。

ただし前漢の学術を総括する『漢書』藝文志にも，揚雄の伝記(『漢書』揚雄伝)にもその書物が言及されておらず，そこから揚雄の著であることを疑問視する考えもある。

揚雄の「劉歆に答える書」や應劭『風俗通義』序に記されるところによれば，周代には地域ごとに異なった語彙を収集する役職の人物がおり，彼らが「輶軒」と呼ばれる軽便な車両で各地域をめぐり，土地土地の語彙を収集していたとされる。揚雄は彼らがなしとげた基礎的な仕事をふまえ，それをさらに発展させて，各地の方言を積極的に収集してこの書物を作ったという。彼は各地方から首都長安にやってくる人物を情報提供者として語彙を採集し，27年の歳月をかけてこの書物を著した。

記述の方法は古代の各地域ごとに異なる語彙を列挙し，それを「通語」と呼ばれる，当時最も通行していた単語で統括する方法をとる。

例えば冒頭に「黨・曉・哲，知也。楚謂之黨，或曰曉，齊宋之間謂之哲」(黨・曉・哲は知也。楚はこれを黨といい，或は曉という，齊宋之間はこれを哲という)とあるのがその典型的な例である。

『方言』は各地の生きた言語における方言を記録の対象とし，文献や文字からの制約を受けず，さらに地域と時間の差異に注目して語彙を収集しており，これは現在の方言研究における基本的な研究姿勢を形作るものとなった。

注釈としては古い時代には晉の郭璞による『方言注』が作られているが，清の戴震(1723–1777，字は東原，安徽休寧の人)による『方言疏証』13巻が精緻を極める。戴震は『永楽大典』に引かれる『方言』を明刊本と校訂し，また古書に引かれる『方言』本文と注釈を参照して281字の誤字を校訂し，27字の脱字を補い，17字の衍字(余分な文字)を削った。また周祖謨・呉暁鈴編『方言校箋及通検』(科学出版社，1956)は戴震の成果をふまえ，さらに索引を附している。 (阿辻哲次)

【参考文献】大島正二『〈辞書〉の発明』三省堂，1997。

方言字

方言語彙を表示する方言独自の漢字を方言字という。通行範囲は限定されると同時に字形が規範を外れるため，古今を問わず標準的書面語文体で書かれた文献にその使用例を見出すことは稀である。方言字の多くは方言学文献，地方新聞，方言色濃厚な文芸作品，地方志などの地方文献，方言人名，地名，符牒や帳簿類，『広韻』，『集韻』などの韻書に収められている。

一例として閩南方言の「呾」(話す・語る) 厦門 [tã˨˩]・潮州 [tã˨˩˧] を挙げると，この方言字は 16 世紀中葉の潮州方言を反映する嘉靖 45 (1566) 年版『茘鏡記戯文』，万暦 9 (1581) 年版『茘枝記』で使用され「古人呾 (古人が言うには)」「我呾你听 (言うからお聞き)」などの用例が見出される。両資料の記載は 400 年以上遡る閩南方言の用例として貴重な価値をもつ。また 19 世紀後半に成立した漢訳聖書『福音四書合串』(福州美華書局，1873 年印) にも頻出し「聴見飼羊人所呾個人話 (羊飼いがその者に言うことによれば…)」「我對爾呾 (汝に言う…)」などの用例がある。唐代の使用例としては韓愈 (768–824) の「我銘以貞之，不肖者之呾也 (私は節操をもって銘文を記すが，不肖者の言葉である)」(『張徹墓誌銘』) に確認され「怒而不然之辞 (怒って同意しない時の言葉)」と清の乾隆 48 (1783) 年刊行の胡文英『呉下方言考』(巻 11) は注記している。また義浄 (635–713)『南海寄帰内法伝』に「蘇呾囉 (sūtra)」等の音訳字としての用例が確認される。

今日の粤 (広東) 語の代表な方言字に「乜」[mat˥] (ナニ) があるが，上記の閩南方言を反映する両資料にも「因乜 (どういうわけで)」，「乜人 (どういう人，誰)」などの用例が記録されている。方言字の流通過程は予想外に複雑であるかもしれない。「乜」はまた北京語でも使用されており「乜斜」[miɛ˥ɕiɛ]「目を細くして斜めに見る」として通行し，閩語・粤語と同字形ではあるが意味・発音は異なっている。

また粤語「冇」[mou˩˧]「～ない，有の否定形」は，福州・建甌では [p^{h}ɑŋ˨˩˧]・[p^{h}ɔŋ˧]「空っぽの」，厦門では「p^{h}ã˥」「丈夫ではない」となる。この三例の意味を通じて「無＞空虚＞実質がない＞弱い」という意味上の脈絡をたどることができる。また「甩」は北京語では [ʂuai˨˩˦]「(腕・袖などを) 振る」の意味に用いられるが，呉語では [huaʔ^5]「失う，投げ捨てる」，香港粤語では [lat˥]「(頭髪・頭垢などが) 落ちる」となる。これらは同字形でも意味・音韻両面で全く異なるか，あるいは微妙に異なる場合であり，方言の問題を考える際には注意を要する課題となっている。

呉方言を反映する『山歌』(馮梦龍 1574–1646 著)，『綴白裘』(1764–68 年)，『呉下方言考』，『越諺』(范寅 1827–1897 編)，『梅花戒寶巻』(清末成立)，『海上花列伝』(韓邦慶著，1903 年刊)，『呉歌甲・乙集』(顧頡剛編，1926・28 年刊) などにも方言字の具体例を見ることができる。顧頡剛らは口承文芸を主体とする方言色豊かな歌謡の記録を試みる際に「有音無字」に遭遇し，規範字体を越えて表記を迫られる事例に頭を痛めたが，民間に伝わる俗字は極力採用した。北京語の代表的方言字「甭」には「不用 búyòng ＞甭 béng ＞別 bié」という変遷過程が知られているが，この民間俗字を方言字例として最初に公に使用したのは顧頡剛であった。

民間俗字が方言字として定着する過程に二合字の流布を無視することはできない。標準漢字として認定されず，通行範囲が限定されるからである。范寅『越諺』は「勿」「止」「只」など常用字との組み合わせを「両字併音」として列挙するが，方言字群の一部と考えることができる。范寅があげるのは「𠡒𠆸甮𡚸着𪆬𤕫𡛗」の 8 例である。

また「勿」だけでなく「不」「未」などの否定詞と動詞・副詞・形容詞などが組み合わさり一音節化している場合も二合字由来の方言字として認定することができる。その用例は呉語だけでなく閩語・粤語にも見出すことができる。「覅」（蘇州）・「嫑」（寧波 fe˥˧・温州 fai˧），「㜺」（寧波 vəŋ˧˥），「嫒」（厦門 mai˥）はいずれも「不要（～するな。～しなくてよい。）」あるいは「別・不用（～する必要がない）」という意味で使われている。また，「𠲎」（蘇州）・「𣍐」（広州）は「不曾（～したことがない）」，「𣍐」（𠶧）（寧波 vaɪ˧˥・福州 ma˨˩˧・厦門 bue˧）は「不能（～することができない）」という意味で使われている。

香港粤語の「係咪 hai˧mai˧＜係唔係 hai˧m˩hai˧」に使われる「咪」には「不是」の意味以外に「～するな」（例えば「咪走呀！ mai˥˧tsau˧˥a˧」行かないで！）という表現があるが，意味・音韻両面で閩南語「嫒」［mai˥］（厦門）に共通する用法である。否定詞と組み合わさる方言字としての二合字には，地理的に離れるが烏魯木斉方言でも「嫑」（pɣ˧）「～するな」という例が報告されている。

人称代名詞に使用される方言字も多様である。「儂」は古楽府類，馮梦龍『山歌』などでは「自分」つまり一人称に使われているが，現代上海語［noŋ˩˧］では二人称に使われている。蘇州語「倷」［nɛ˨˩˧］（二人称），「俚」［li˨˩˧］（三人称），「俉」（嘉定）［n̩˩˧］又は［ŋ˩˧］（二人称），「佢」［kœy˩˧］（粤語）（三人称），「渠」寧波［dʑi˨˩˧］・温州［gɛi˨˩˧］・建甌［ky˥˧］なども人称代名詞を表す方言字としての代表的な用例である。

中国東南部，浙江・福建・広東地区の地名にも特有の方言字，例えば「岙」「垟」「圳」「瀝」「冚」「磜」等が分布する。「岙」［ao˥˧］は「山間の平地」を示すが，大岙，茗岙，潘岙，崔岙，羅岙，呂岙，葫蘆岙などが浙江南部に分布している。「垟」［iaŋ˩˧］は「田地」を指し，翁垟，黄垟，吳垟，騰垟，金垟，包垟などが浙江・温州市南部を中心に分布する。「圳」（甽）［tʃan˥˧］は本来「用水路」の意味であるが地名に用いられ，深圳（香港に隣接する経済特区），長圳，雙圳，洋圳，三圳，湾圳，石圳，などが珠江三角州東部地域に分布する。「瀝」［lɛk˧］は「小川」を示し，塘瀝，泮瀝，細瀝，洋田瀝，長湖瀝，水仙瀝などが珠江三角州西部に分布する。「埗」［pou˧］は「埠」の異体字であり「埠頭」を指す。深水埗（香港），草埗などが知られている。「冚」［ham˧］は「定期的に市の立つ場所」を示し，羊耳冚，榕樹冚，歐冚，馬冚，彭福冚，橘冚などが珠江三角州西部に分布している。「磜」［tɕʰi˥˧］は「階段状の高台」を指し広東・福建・浙江の客家地区に分布する。例として上磜，高磜，九龍磜，龍探磜，白水磜，劉地磜などがある。「氹」（凼）

[tʰɐm˨˩]は「水たまり」を指す。氹仔(マカオ領内の地名)はよく知られる例である。

粤語は漢語方言の中で唯一所記体系をもつ方言として知られる。「嘅」[kɛ˧](所有助詞),「哋」[tɛi˨˩](複数を示す接尾語),「咗」[tʐo˧˥](完了を示すアスペクト助詞),「喺」[hai˧˥](前置詞, 又存在動詞),「呢」[ni˥](近称指示詞),「嗰」[ko˧˥](遠称指示詞)など文法機能を発揮する方言字だけでなく, 動詞, 形容詞, 副詞, 語気助詞にも独自のものが多い。

さらに香港粤語では,「𨶙」[nan˧˥]「𨳊」[kau˥]「𨳍」[chat˧](いずれも男性器),「閪」[hai˥](女性器),「𨳒」[tiu˧˥](性交する)など, 日常的にはばかる性についての語彙を示す方言字も独自に通行している。いずれも門がまえに形声符としての能, 九, 七, 西, 小を組み合わせてできており, 漢字についての伝統的な造成法が方言字の分野にも生きていることを確認できる。さらに 1842 年に香港がイギリス領として割譲されて以来, 英語を媒体とする西欧文化の受容が要因となり, 英語に由来する意訳語・音訳語が多数に及んでいる。中には英語語彙に合わせて作字された方言字例も見られる。例えば「泵」[pɐm˥]＜ポンプ,「呔」[tai˥]＜タイヤまたはネクタイ,「軚」[tai˥]＜(自動車の)ハンドル,「𨋢」[lip˥]＜リフト(＝elevater),「⿰口飛」[fei˥]＜フィー＜チケット,「揼」[tum˥]＜ダンプまたは遅れる(delay),「⿰車允」[wɐn˥]＜ヴァン(ワゴンタイプの自動車)などがある。　(矢放昭文)

【参考文献】周振鶴・游如傑著『方言与中国文化』上海人民出版社, 1986/李如龍主編『漢語方言特徴詞研究』厦門大学出版社 2002/游如傑『漢語方言学教程』上海教育出版社, 2004/Christophr Hutton, Kingsley Bolton, *A Dictionary of Cantonese Slang*, National University of Singapore, 2005。

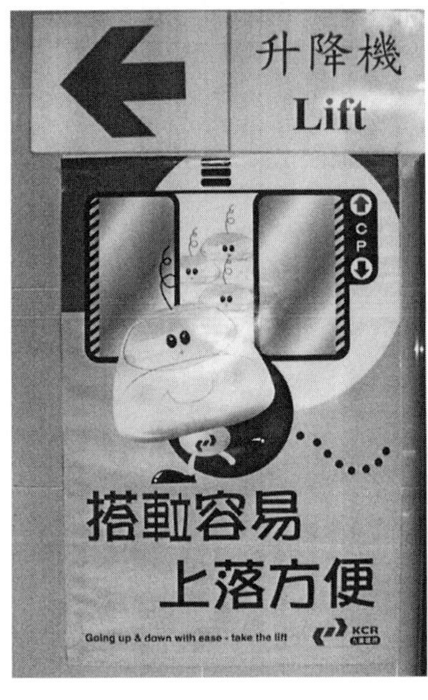

香港粤語で使われる「𨋢」字

『卜辞通纂』

郭沫若が著した甲骨文字研究書。1933（昭和 8）年，東京にて刊行。1 冊。郭沫若については「殷契粋編」の項を参照。

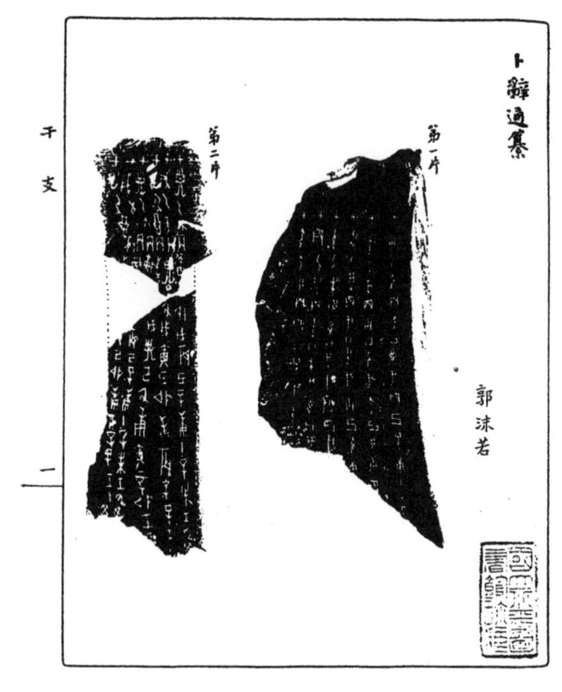

もともとは著者が日本に亡命していたときに各地で実見した甲骨約 3000 点を一書にまとめようとしたが，拓本の入手が困難であったなどの事情で計画を断念し，かわって，すでに公刊されていた甲骨の中からすぐれたものを選んで 1 冊にまとめた。収録された甲骨は，劉鶚『鉄雲蔵亀』や羅振玉『殷墟書契前編』，王国維『戩寿堂所蔵殷墟文字』，林泰輔『龜甲獣骨文』など初期の著録書から約 800 点が選ばれた。

本書は甲骨の記述に基づいて，干支・数字・世系・天象・食貨・征伐・狩猟・雑纂の 8 種に分類し，巻末に索引 1 巻を付す。それぞれの甲骨について，孫詒譲『契文挙例』や羅振玉『殷墟書契考釈』，高承祖『殷墟文字類編』などの説を参考にしながら，著者独自の解釈を加えた。初版はもともと印刷された部数が少なかったが，解釈は随所に創見に富み，後の研究に大きな影響を与えるものとなった。

中華人民共和国になってからの 1958 年に，著者みずからの校語と注釈などを加えて，科学出版社から『考古学専刊』として再版された。再版では初版の不鮮明な図版を鮮明なものに換え，また初版刊行以後に出た研究書での説をふまえた注釈も加えられている。

1983 年には『郭沫若全集』考古編第 2 巻としても刊行された。　　　　（阿辻哲次）

【参考文献】貝塚茂樹編『古代殷帝国』みすず書房，1967。

補助符号（ほじょふごう）

文章の読み書きを円滑に行うために付けられる符号。また，注意を促したり，強調を行うなど，ある種の表現効果を担う機能をもつものもある。現在用いられている補助符号には，以下のようなものがある。

・区切り　……　「。」(句点，マル)，「、」(読点)，「・」(ナカテン，ナカグロ，ポツ)，「.」(ピリオド)，「,」(コンマ)，「:」(コロン)，「;」(セミコロン)，「-」(ハイフン)，「＝」(ツナギ)

・繰り返し……　「ゝ」(一つ点)，「〃」(ノノ点)，「々」(同の字点)，「〱」(くの字点)

・発音表示……　「゛」(濁点)，「゜」(半濁点)，「ー」(長音符)

・文末　……　「？」(疑問符)，「！」「!!」(感嘆符)

・強調　……　「。」，「、」(圏点)

・引用　……　「　」(カギカッコ)，『　』(二重カギカッコ)，(　)(カッコ)，「〝 〟」(引用符)，〔　〕(キッコウ)，［　］(ブラケット)，〈　〉(ヤマガタカッコ)，《　》(二重ヤマガタカッコ)

・省略　……　「…」，「—」(ナカセン，ダッシュ)

・その他　……　「〜」(ナミガタ)，「／」(スラッシュ)，「※」(コメジルシ)，「＊」(ホシジルシ，アステリスク)

日本での補助符号の起源は漢文訓読に求めることができる。補助符号は，本来漢文の文章を読むための補助として発達してきたものである。例えば，平安時代の訓点資料では「。」「、」が用いられ，文の終止，語の並列などを表示していた。もっとも現在のように，句読点を字の右下に打ち，文や語句の区切りを示す方法は明治以後に定着したものであって，歴史は浅い。濁点「゛」は，四声（しせい）(漢字音のアクセントを示す)の表示法に起源し，現在のように字の右肩に点を加えるのは，江戸期に定着した方法である。半濁点「゜」は，室町期にキリシタン資料(キリスト教の宣教師によって書かれたローマ字表記の資料)で使われ始め，やはり江戸期に一般化した。同字の反復を示す記号は，「踊字（おどりじ）」といわれ，「々」は漢字一字，「ゝ」は仮名一字，「〱」は仮名二字の場合に用いる。濁音を含むときは「〲」のように濁点と併用する。補助符号の歴史的変遷や機能については研究課題として残されている部分が多い。　(高山善行)

【参考文献】加藤彰彦「符号の働き」『現代作文講座 6』明治書院，1977/稲垣滋子「符号の用い方」『講座日本語と日本語教育 8』，明治書院，1989/国立国語研究所『国語シリーズ別冊 4 日本語と日本語教育—文字・表記編』1976/国立国語研究所『日本語教育指導参考書 14 文字・表記の教育』，1988/富田隆行・真田知子『教師用日本語教育ハンドブック 2 表記』国際交流基金，1988/文化庁国語課『新編 現行の国語表記の基準』ぎょうせい，1982/文化庁『ことばシリーズ 25(くぎり符号)』，1986。

本 義

それぞれの漢字が作られたときに，最初に表した意味を「本義」という。

漢字には「一字多義」という現象があり，ある漢字がいくつかの異なった意味をもつことがあるが，どのような漢字でも，最初はある特定の意味を表すためだけに作られた。それが「引伸」や「仮借」の方法によって，ほかの意味をもつようになった。

漢字の本義を明らかにするためには，その文字の字源を究明する必要がある。それは現代の日本人にも好まれるテーマであり，かつて漢字の成り立ちについてアニメーションを使って説明したテレビ番組が放送され，高視聴率をあげていた。また出版の分野でも，漢字の字源解釈についてこれまでに多くの書物が出版されており，そのなかにはごく通俗的な書物から，相当に専門的なものまでさまざまな種類がある。

しかし字源の解釈とそれに連動する本義の究明は，往々にして恣意的なものになりがちで，そこに確固とした方法論がなければならないことはいうまでもない。これまでの字源研究で最もよく使われた方法は，「六書」をそれぞれの文字での最も古い字形に適用して，妥当と思われる解釈を導くことであった。その最初の試みは後漢の『説文解字』で，そこでは9000あまりの漢字について，小篆の字形を基礎として，それを六書理論によって分析してそれぞれの文字の本義を導き出した。

その方法は基本的に正しいのだが，しかしただ単に古代文字（現在なら甲骨文字や金文の字形が使える）の字形と六書の理論だけから本義を考えるのは，実際には困難であることが多く，そんなときには他方面からも本義究明の糸口を求める必要が生じる。

手がかりの一つは，古文献の用例である。一つの漢字が数種の意味をもっている場合，そこには本義と派生義が混在しているが，後からできた派生義で使われるのがむしろ普通となってしまい，やがて本義が忘れられてしまうことがしばしばある。しかしそのような漢字でも，古い時代にその本来の意味で使われた用例が文献にしばしば残っていることがあり，それによって古代文字の字形が合理的に解釈できることは決して珍しくない。

字形解釈の手がかりの二つ目は，「古今字」の関係を利用することである。ある漢字が本義から他の意味に派生し，やがて本義以外の意味で使われるのが普通になったとき，その字の本義を表すためにもとの漢字に別の要素を加えた新しい漢字が作られることがあり，このような関係にある漢字群を「古今字」という。例えば「莫」と「暮」，「然」と「燃」，「正」と「征」などがその例である。（阿辻哲次）

【参考文献】阿辻哲次『漢字学—説文解字の世界』東海大学出版会，1985。

梵(ぼん)字(じ)

古代インドの言語であるサンスクリットを梵語と呼び，梵語を表す文字を梵字と呼ぶ。ブラフマン(梵天)によって作られたものとされたので，そのように呼ばれたのである。

インドでは時代とともにさまざまな字体のものが使われ，周辺の諸国にも広まった。10世紀ごろから神聖な文字とされたデーヴァ・ナーガリー文字が北インドで使われ，サンスクリットもこれで表されるようになった。日本には中国を経て仏教とともに悉曇(しったん)と呼ばれる字体のものが伝えられた。悉曇は梵字の一覧表を指し，転じて梵語を指すこともあり，仏教を理解するための基本として天台宗・真言宗で重視され，悉曇学として発達してきた。

悉曇の一覧表は，独立文字である摩多(また)(母音)と体文(たいもん)(子音にaの音を加えたもの)を中心とするが，梵語を表すためには，半体符号(体文に付いてア段以外の母音を示す)などの特殊符号，二字が合して特別な形になった結合文字なども使われた。その配列は古代インドの音声学者によって考案されたものと思われ，最初に母音を置き，子音は牙声，歯声，舌声，喉声，唇声の順に並べ，さらに半母音などを加えるなど，きわめて音声学的なものとなっている。その学習は，中国，日本の音韻認識を高めた。日本の五十音図もこれにならって作られたものである。日本語の五十音図のアイウエオの段，アカサタナハマヤラワの行の順序は，これらから日本語にない音を省いた形となっているのである。ここでは日本で一般に用いられた梵字，デーヴァ・ナーガリー

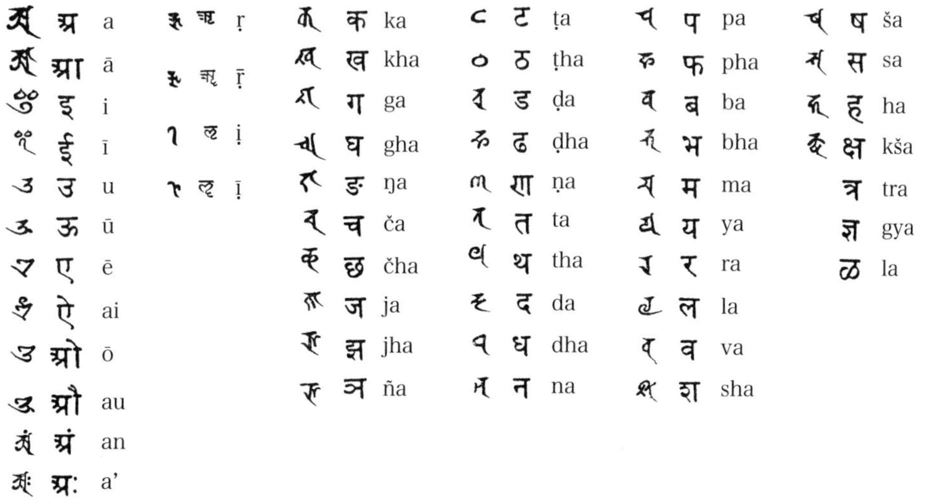

𑖀	अ	a	𑖆	ऋ	ṛ	𑖎	क	ka	𑖘	ट	ṭa	𑖢	प	pa	𑖬	ष	ša
𑖁	आ	ā	𑖇	ॠ	ṝ	𑖏	ख	kha	𑖙	ठ	ṭha	𑖣	फ	pha	𑖭	स	sa
𑖂	इ	i	𑖈	ऌ	ḷ	𑖐	ग	ga	𑖚	ड	ḍa	𑖤	ब	ba	𑖮	ह	ha
𑖃	ई	ī	𑖉	ॡ	ḹ	𑖑	घ	gha	𑖛	ढ	ḍha	𑖥	भ	bha	𑖎𑖿𑖬	क्ष	kša
𑖄	उ	u				𑖒	ङ	ŋa	𑖜	ण	ṇa	𑖦	म	ma		त्र	tra
𑖅	ऊ	ū				𑖓	च	ča	𑖝	त	ta	𑖧	य	ya		ज्ञ	gya
𑖊	ए	ē				𑖔	छ	čha	𑖞	थ	tha	𑖨	र	ra		ळ	la
𑖋	ऐ	ai				𑖕	ज	ja	𑖟	द	da	𑖩	ल	la			
𑖌	ओ	ō				𑖖	झ	jha	𑖠	ध	dha	𑖪	व	va			
𑖍	औ	au				𑖗	ञ	ña	𑖡	न	na	𑖫	श	sha			
𑖀𑖽	अं	an															
𑖀𑖾	अः	a’															

図　悉曇図

左から，日本伝来の悉曇字形，現在も使われるサンスクリット字形(デーヴァ・ナーガリー体)，ラテン文字に当てたもの

体，ローマ字に当てたものを示しておく。

梵字の一字一字に仏教的な意味を認める考え方があり，字義と呼ばれる。たとえば，梵字の「𑖀」(漢字で音訳して「阿」とする)は大日如来を象徴するものであり，「阿字本不生」といってすべてが空であることを示すものとされた。阿字観と言ってこの字に思いをこらす修行も行われた。梵語の呪文は陀羅尼(だらに)と呼ばれ中国を経て日本に伝えられ，加持祈禱の際に唱えられた。陀羅尼のことを真言とも言うが，長いものを陀羅尼，短いものを真言と呼び分けることも行われた。梵字で書かれたインドの経典は中国に運ばれ漢訳されたので，日本では仏教を漢文を通して理解することが多く，梵字・梵文に触れるのは仏教にかかわりのある場に限られることとなったのである。真言密教では，大日如来を中心としてその分身である諸仏を配し宇宙を象徴するものとして曼陀羅(まんだら)と呼んだ。仏ごとに，その地を象徴する梵字が決まっているので(これを種子(しゅじ)と言う)仏の像のかわりに梵字を記した梵字曼陀羅が作られたりした。仏には種子だけでなく，それぞれの真言も決まっている。真言ももともと梵字で書かれていたものであるが，現在は参詣の人の唱えやすいように片仮名で書かれることもある。五輪塔は，供養塔として(後に墓標として)立てられたものであるが，五大(地・水・火・風・空)の宇宙を象徴するものであり，五大の種子の記されることが多い。木製の卒塔婆(そとば)に記された梵字も同様である。梵語も音訳漢字で知ることがほとんどで，元の梵語の発音とはかなり違った形で発音されている。たとえば，「瑠璃(るり)」はサンスクリットの vaiḍūrya の俗語形 veluria の音訳「吠(べい)瑠璃」の省略形である。また，「南無阿弥陀仏」がナンマイダとなるなど日本でいろいろに発音されることもあった。　(前田富祺)

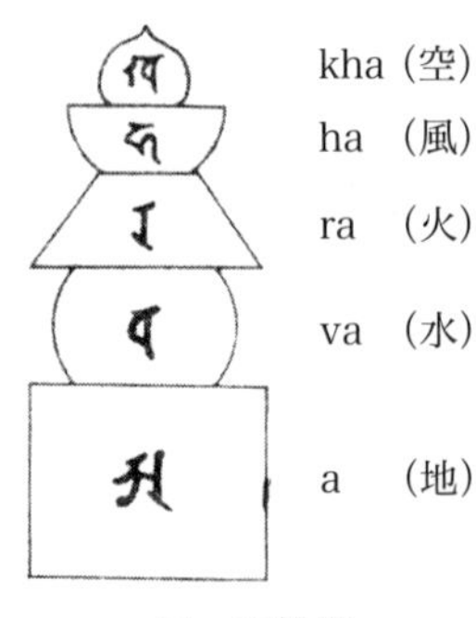

図　五輪塔

【参考文献】馬渕和夫『日本音韻学史の研究　I〜III』日本学術振興会，1962-1965/田久保周誉『批判悉曇学』真言宗東京専修学院，1944/田久保周誉『梵字悉曇』平河出版社，1981。

翻訳語（ほんやくご）

外国語を自国語に翻訳して受け入れた語。広義には，原語に対する訳語ということになるが，狭義では，それまで自国語に存在せず，新たに創造された語をいう。

翻訳語は，原語の語構造に即して作られるものと，原語の構造を無視し，意味やその形象に基づき作られるものとがある。前者は，西洋でcaluqueと呼ばれたもので，翻訳の基本的な姿勢としては，まずこの方法による。日本では，原語を和語になおし，その和語に対応する漢字を音に返して造語するという方法が多く取られた。古く16世紀に『羅葡日対訳辞書』(1595)のtropiciの語釈「メグリカエル(南北の境目)」に漢字をあて音に返して成立した「回帰(線)」があり，江戸蘭学の基本的な方法であって，aantrekkings(引く)＋kracht(力)＝「引力」，zuur(酸)＋stof(素)＝「酸素」，half(半分の)＋eiland(島)＝「半島」など，江戸期の多くの語はこの方法によって作られた。後者は，特に中国で好まれる方法で，「電池」(原語battery，組になって力をだすもの)，〈養気(酸素)＝人を養う気〉，ハッカー＝「黒客(中国音ヘイカー，邪悪な客)」などがある。

中国の古典に存在する語に新たな意味を付与して使う方法もある。その一つは，井上哲次郎が『哲学字彙（じい）』(明14・17・45)で「帰納，範疇，主義」など哲学用語を翻訳する際に採用した方法であるが，「今其の字を取りて，其の義を取らず」と各所で明言しているように，典拠を与えていても意味的な関連の希薄なものが多い。訳語は原語と一対一対応の関係にあることはむずかしく，しかも漢語がもつ含みはしばしば原語との間にずれを生じる。その意味で，含意の豊かな従来からある在来語で訳すより，意味の希薄な漢語で訳すほうが適していたともいえる。柳父章はもともと意味のない言葉が，それ自身の魅力によって人を引きつけ，いつしか豊かな意味をもつようになることを「カセット(宝石箱)効果」と呼んでいるが，訳語の定着には，その語を作った機関の権威性によるところも大きいであろう。従来からある漢語の要素をひっくり返して作られたものもある。例えば，「健康」は，中国の文献に存在し，すでに日本にも伝わっていた「康健」という語の要素を逆転させ，gezondheidの訳語として使用したものである。

翻訳語は日中で共通のものが多く，その多くは日清戦争後，日本語から中国語へ移入したといわれることがあるが，西洋事物の翻訳では中国が日本よりも先駆けており，日本の近代翻訳語は，とりわけ明治初期までは，在華西洋人宣教師たちによる漢訳洋書(洋学書)，英華辞典の影響を大きく受けている。　(荒川清秀)

【参考文献】斉藤　静『日本語に及ぼしたオランダ語の影響』篠崎書林，1967/森岡健二『近代語の成立　明治期語彙編』明治書院，1969(改訂1991)/柳父章『翻訳語成立事情』岩波書店，1982/沈国威『近代日中語彙交流史』笠間書院，1994/加藤周一・丸山真男『日本近代思想体系　翻訳の思想』岩波書店，1991/荒川清秀『近代日中学術用語の形成と伝播』白帝社，1997。

交ぜ書き（まがき）

漢字で書ける熟語を，漢字と仮名とを交ぜて書くこと。より正確には，漢字で書ける熟語を「常用漢字表」(1981(昭和56)年内閣告示・訓令)に則って表記する際，語の一部に表外漢字や表外音訓が含まれる場合にとられる対処法の一つで，その部分だけを仮名書きする方法をいう。「冶金→や金」「動悸→動き」「油砥石→油と石」の類。

本来，交ぜ書きは，「当用漢字表」(1946(昭和21)年内閣告示・訓令)及び「当用漢字音訓表」(1948(昭和23)年内閣告示・訓令)の実施に伴い，一つの便法として行われるようになったものである。それらにかわる「常用漢字表」が，一般の社会生活における「漢字使用の目安」として，専門分野には立ち入らないと明確に位置づけられたことから，以後，公用文においては，専門用語や特殊用語など，特別な漢字使用を必要とする場合には表外漢字・表外音訓の使用も認められ，その際，読みにくい語には振り仮名を用いるなどの配慮がなされるようになった。しかし，一般語彙については，当用漢字時代と取り扱いに変化はないのが実情である。

そもそも，日本語表記の基本である漢字仮名交じり文は，読み取りの効率や意味の正確な把握という点からみれば，実質的概念を表す部分は漢字，それ以外の部分は仮名で書くという原則を貫くことが望ましい。交ぜ書きはこの原則に外れ，特に，語頭が仮名書きされる場合や，語構成要素における語種と文字との対応関係(和語と仮名，漢語と漢字)がくずれているような場合には，問題が大きい。加えて近年では，ワープロなどの漢字変換により漢字表記が容易に行われるようになり，一般社会と公用文・新聞などとの実態の乖離（かいり）も著しくなってきた。このような現状をふまえ，第20期国語審議会の審議経過報告(1995(平成7))では，一般語彙の交ぜ書きを解消する一つの方向性として，振り仮名を用いて表外漢字・表外音訓部分を漢字書きする方法が提示された。報道各社における表記規準作成の目安となる『新聞用語集』(1996(平成8))では，この流れを受け，「特に読みにくい交ぜ書きに限定して，読み仮名をつけることを条件に常用漢字表外の漢字を使うことに改めた」として，従来の方針を転換した。『小学校学習指導要領解説　国語編』(1999(平成11))でも，「振り仮名付きの漢字の提出によって交ぜ書きという現状を改め，振り仮名付き漢字を通して，児童の語句の読みと意味理解を一層高めることが期待される」とあり，学校教育においても，交ぜ書き解消への配慮が強く打ち出されるに至った。この種の配慮は，国語教育のみならず日本語教育の現場においても必要であろう。ただし，振り仮名の安易な使用が，いたずらに難解な漢字を多用する傾向につながる危険性をはらんでいることを強く認識しておくことが，不可欠の前提条件といえよう。　(神戸和昭)

【参考文献】京極興一『近代日本語の研究―表記と表現―』東宛社，1998/「日本語学」21-15；特集「文字・表記の現在と課題」明治書院，2002/田部井文雄『「完璧」はなぜ「完ぺき」と書くのか―これでいいのか？　交ぜ書き語』大修館書店，2006。

万葉仮名

上代を中心に，漢字が音節文字（表音文字のうち子音＋母音からなる音節〔拍〕を表すもの）として用いられたものをいう。真仮名ともいう。

漢字の用法を，漢字の意味に従って用いる正用と，漢字の意味を無視して読みのみを借りて用いる借用とに分けると，万葉仮名は借用に当たる。中国の漢字の六書における仮借も借用に当たるが，仮借と異なり，万葉仮名には漢字の音読みによるもの（字音仮名，音仮名ともいう）のほかに訓読みによるもの（字訓仮名，訓仮名ともいう）がある。例えば，カ「加・可」は字音仮名，カ「鹿・香」は字訓仮名である。

万葉仮名は，『万葉集』によく用いられるので万葉仮名と呼ばれるが，『万葉集』に用いられている漢字すべてが万葉仮名であるわけではなく（正用のもの，特にその訓読みのもの〔正訓〕も多い），また，『万葉集』のほかにも万葉仮名が用いられる文献は多い。『万葉集』には，ほとんど万葉仮名ばかりで書かれる巻と，正訓表記が中心の巻とがある。『万葉集』のほかに万葉仮名が用いられるものとして，上代では，『古事記』・『日本書紀』の歌謡・訓注など，『風土記』の歌謡など，『仏足跡歌』や，『続日本紀』宣命・『延喜式』祝詞などの宣命書きの小文字など，その他，かなりの固有名詞の表記などがある。主に字音仮名が用いられ，字音仮名と字訓仮名とが混用されることは少ない。『正倉院万葉仮名文書（甲・乙）』のように，和歌・歌謡のほかでほとんど万葉仮名ばかりで書かれたものもある。また，平安初期頃の古辞書『新撰字鏡』『和名類聚抄』や音義『新訳華厳経音義私記』『金光明最勝王経音義』などの訓注，『日本霊異記』の訓釈，歌謡『琴歌譜』『催馬楽』などに用いられ，『新撰万葉集』の和歌にも部分的に用いられている。古くは，金石文にも用いられ，例えば埼玉県行田市稲荷山古墳出土鉄剣銘に「獲加多支鹵」（わかたける）などとあるが，主に固有名詞の表記に用いられる。借用のものが主に固有名詞の表記に用いられる点では，中国の『魏志倭人伝』に「卑弥呼」（ひみこ）などとあることと同様である。木簡に見えるものも注意される。

基本的に，『古事記』『万葉集』の字音仮名は呉音に，『日本書紀』のそれは漢音に，推古朝の金石文などのそれはさらに古くに伝えられた音に基づいているとされる。

上代の万葉仮名には，その表す音に，いろは 47 字以上の区別があり，ア行エとヤ行エとの区別を別にして，甲類・乙類と呼ばれる区別を上代特殊仮名遣いという。上代末頃から平安初期にかけて，上代特殊仮名遣いもア行エ・ヤ行エの区別も崩れていく。基本的に平仮名は万葉仮名を草書体以上にくずして用いたものであり，同じく片仮名は万葉仮名の部分を用いたものであるが，いずれも多くは字音仮名によっている。上代の万葉仮名は，清濁がほぼ区別されているが，平安時代には清濁の区別がなくなっていき，平仮名・片仮名に清濁の区別がないことにつながる。　（蜂矢真郷）

【参考文献】春登『万葉用字格』文化 15　和泉書院，1984/大野　透『万葉仮名の研究』〔正・続〕高山書店，1977/「主要万葉仮名一覧表」『時代別国語大辞典上代編』三省堂，1967。

名字

現行の法律では「氏」。奈良時代において，貴族となった「藤原氏」のような豪族を指す「氏」，天皇の支配下にある証として名乗る「朝臣」「連」のような「姓」に対して，平安時代末に武士の間で生まれた通称を「名字」という。例えば，「徳川家康」の場合，名字は「徳川」だが，官職を受ける際の呼称「源朝臣家康」の「源」が氏，「朝臣」が姓となる。天皇家を除く全国民に名字が確定するのは，1875（明治8）年2月の太政官布告で「苗字必称令」が出されたことによる。当初，妻は結婚後も生家の氏を称することになっていたが，1898（明治31）年には，嫁いだ家の氏を名乗ることになった。

平安初期までは，古代の姓に基づく多くの氏があったが，後に，地方の豪族が中央の有力な氏と関係があることを示すため，「源」「平」「藤原」「橘」や，それにちなむ氏（「藤原」であれば，「佐藤」「伊藤」など）を称することが広がった。平安末期以降，武士たちの間で，各々が支配する領地や荘園，名田の名にちなんで名乗られるようになったのが「名字」である。この動きは関東地方が西国に先んじていたらしい。「多田」「足利」などがその頃生まれた名字である。また，鎌倉時代以降は，関東の武士団が新たに支配下に置いた地に郷里の名前を付けることがあったため，同じ地名とそれにちなむ名字が各地に広がっていった。武士以外の庶民が名字を私称するようになるのは，地下人が名字を名乗ることを禁ずる法令が見られる室町時代半ば頃からであろう。江戸幕府は，農民や町人が名字を公称することを禁じたが，公の文書以外では，従来からの名字や屋号を私称することが行われていた。1872（明治5）年の戸籍法施行後，近代支配体制確立のため，戸籍制度の徹底が進み，「苗字必称令」が出されるに至る。この際には，従来から私称してきた名字を引き継ぐ場合が多かったが，新たに魚の名前などを名字にすることもあったようである。

現在，名字には，ヨミの清濁の違いなどまで区別すると，29万以上の種類があるとされる。ある名字をもつ人の数は変動していくが，佐藤や鈴木などの上位10の名字もつ人々の総数で，おおむね日本人の人口の10%を占めると推計されている。一方，古くからの名字でも狭い一族内で受け継がれたものや，明治になって新しく作られた名字には珍しいものがあり，秋田の「草彅」や鹿児島の「伊集院」のように地域的に片寄った分布を示すものも多い。名字の種類の増加には，「隺」「靏」「鶴」「鸖」「靍」のような多数の同訓異字の使用や，地名の象潟に人偏を添加して名字「像潟」とする会意的区別の導入，前掲「草彅」に見られる国字の使用などのように，日本における多様な漢字の用法が駆使されている。なお，現行の戸籍法では，その名字を名乗ることが本人に有害である場合などを除いて名字の変更はできないこととなっているため，将来的には名字の種類が大幅に増加することはないものと予想される。　（米谷隆史）

【参考文献】『古事類苑 47 姓名部』吉川弘文館，1967/丹羽基二『人名・地名の漢字学』大修館書店，1994/武光　誠『名字と日本人 先祖からのメッセージ』文春新書，1998。

明朝体（みんちょうたい）

文字を形で表すときに一まとまりの文章を統一する様式を書体と呼ぶが，明朝体は現在主として活字の書体として用いられる最も重要なものの一つである。漢字はどういう用具を使ってどういうものに書き表すかによって時代とともにさまざまな書体を発達させてきたが，書写の面から篆（てん）書，隷（れい）書，楷書，草書などがあり，印刷の面から明朝体，ゴシック体などがあげられる。中国では後漢ごろから石経の拓本を作ることが行われたが，唐以降書写したものを版下として木版で大量に印刷本を作るようになった。宋朝には版下の字を一点一画丁寧に彫らずに単純化して直線に彫ることが行われた。このような本を宋版と呼ぶ。その書体は宋朝体と呼ばれるけれども，必ずしも同じような直線化したものばかりではない。明朝になって，さらに木版を大量生産するために，最初の職人が縦の線だけに刀を入れ，第二の職人が横の線だけに刀を入れるなどして，複数の職人が流れ作業的に木版を作るようになった。このような書体を明朝体と呼ぶ。この書体はもともとの楷書の書体を直線化し，縦線を太く横線を細くしてもとからあった特色を強調し，文字を縦に並べたときに読みやすくしたものである。このような版本の書体は日本の版本にも受け継がれていった。また中世から木活字，銅活字も作られたが，これらは近代の活字版とは直接連ならなかった。

一方，中国でも各種の活字版が作製されたが，木版本の出版が大勢を占めていった。清朝には，明朝体が細形のものと太形のものとに分かれ，多様化した。また，康熙帝のように国を挙げての出版に熱心な皇帝も現れた。『康熙字典』はそのような政府の出版の代表で，漢字の字体のよりどころとされた。一方洋式活版の技術を用いてキリスト教関係の本の刊行を試みる西洋人が現れた。それらにも『康熙字典』の書体が参考にされることが多かったものと思われる。

日本とのかかわりで言えば，19 世紀後半に上海・北京で出版活動をした美華書館が重要である。美華書館では，何回かの漢字活字書体見本の作製を行っており，何種類かの明朝体活字をもっていたことが明らかである。1867 年にヘボンが『和英語林集成』を刊行したときにも日本では活版印刷をすることができず，上海の美華書館に頼らざるをえなかった。図を見ると，縦が太い線で横が細い線になっていること，「一」の形の横線の右端の上に三角のウロコが付いていることなど明朝体活字のデザインであることがわかる。美華書館の印刷所館長であったウィリアム・ガンブルは，七種の号数制明朝体活字を作った人物であるが，1869 年に長崎に来て印刷所を設立し，日本人に活字印刷の技術を教えたことでも知られる。ガンブルの講習を受けた本木昌造は崎陽新塾活字製造所を設立した。1872 年には「崎陽新塾製造活字目録」が作られた。明朝体活字の各号と楷書・行書の活字，振仮名に用いる片仮名などが作られ，活字印刷の体制が整ったのである。

明治前期には，木版・石版・銅版などの出版が行われた。その中で活字印刷が伸びるためには多様な書体の活字を用意しておく必要があった。本木昌造の後を引受けた平野富二は長崎新塾出張活版製造所(後に築地活版製造所と改称)を設立した。ここでは明治期最大の漢字字書として企画された『明治字典』(大成館　1887年)の複雑な活字印刷に応えて多くの書体の活字を用意した。

JŌ-RAKU, ジヤウラク, **上洛**, Going up to the Capital.
JO-RIKI, ジヨリキ, **助力**, (*chikara wo tasz-keru.*) *n.* Aid, help, assistance.

(『和英語林集成』初版)

こうして明治前期には，中国から伝えられた明朝体活字を中心に，さまざまな書体の活字が作られるようになった。その後も時代とともに出版活動が盛んになり，活字のデザインも印刷の方法も多様化した。特に写真植字が行われるようになってからは，活字書体(フォント)はフォントデザイナーによって多彩な形のものが作られるようになった。

明治字典巻之一

一部

(『明治字典』)

現在の活字書体で，明朝体，宋朝体，清朝体などは対照して示されているが，必ずしも中国のその時代の整版本の書体と結び付くわけではない。明朝体の活字には『常用漢字表』の前書に明朝体活字のデザインの違いが認められているし，細明朝体などの縦横の線の太さの違いやウロコなどの装飾が目立たないものもある。

宋朝体的な書体も中国にあったわけであるが，国産の宋朝体活字は昭和初年津田三省堂によって作られたのが最初で，線が細く縦長でやや右肩上りにデザインされ，美しいものとして名刺や案内状の印刷などに使われている。清(せい)朝体は1875年弘道軒で作られたもので，毛筆による楷書の書体に似ていることから，宋朝体と同じく名刺や案内状など手書き的な柔らかさを出そうとする場で用いられている。　(前田富祺)

【参考文献】竹村真一『明朝体の歴史』思文閣出版，1986/藤枝　晃『文字の文化史』岩波書店，1971/西野嘉章編『歴史の文字，記載・活字・活版』東京大学総合研究博物館，1996/印刷史研究会編『本と活字の歴史事典』柏書房，2000/文化庁文化部国語課『明朝体活字字形一覧——1820年〜1946年——・上下』文化庁，1999/倉島節尚「活字印刷と日本語」佐藤武義・飛田良文編『現代日本語講座6 文字表記』明治書院所収）2004/味岡伸太郎「漢字のデザイン」(前田富祺・野村雅昭 編『朝倉漢字講座3 現代の漢字』朝倉書店所収）2003/前田富祺「言語文化史から見た『明治字典』—国語辞書史序論として—」『語文』第73輯，1999/小池和夫他『漢字問題と文字コード』太田出版，1999。

『明朝体活字字形一覧（みんちょうたいかつじじけいいちらん）』

「表外漢字字体表」をまとめる国語審議会の参考に供する目的で，文化庁国語課が1999（平成11）年に作成した参考資料集の一つ。明治以来のわが国で実際に使われてきた「明朝体活字の字形とその異同の範囲」を明らかにする。

具体的には，江戸末期の1820（文政3）年から1946（昭和21）年までに印刷刊行された23種の活字総数見本帳を資料とし，字種ごとに，これらの見本帳に収められている1字1字を切り貼（ば）りして，刊行年の古いものから順に同一行に並べ，時間的な経緯に沿って字形のゆれや変化が一覧できるようになっている。23種の見本帳のうち，刊行年の古い4種は国外で印刷刊行されたものである。また，一覧表には参考として，『康熙字典（こうきじてん）（道光版）』および『大漢和辞典（修訂版）』の字形も掲げられている。

活字総数見本帳とは，それぞれの印刷所が活字の販売用にそろえていた同一サイズ・書体（ここでは明朝体）の文字種をすべて掲載した見本帳で，活字の注文用カタログといった性格のものである。資料として用いた23種の活字総数見本帳は佐藤タイポグラフィ研究所の所有するものであり，この資料集に収録されている延べ文字数，すなわち切り貼りした文字数は17万3345字に上る。この膨大な切り貼り作業も同研究所の手による。一覧表で同一行に並べるかどうかの確認作業および最終判断並びに資料集の編集作業は，文化庁国語課が担当した。

この資料集によって，これまではっきりしなかった戦前の明朝体活字の使用実態がかなり明らかになったことは大きい。具体的な例をいくつかあげるならば，①『康熙字典』で正字体とする「餠」や「兔」などは戦前から活字としてはほとんど作られず，一般には「餅」や「兎」が使われてきたこと，②「牙」などは「牙」「牙」「牙」の三つの活字字形が戦前から区別されることなく同じように使われてきたこと，③一部の漢和辞典などで「受」の旧字体として掲げる「受」などが実際の活字としては作られてこなかったこと，などである。以下に，該当の部分を掲げる。　（氏原基余司）

【参考文献】文化庁文化部国語課『明朝体活字字形一覧（上・下）』（大蔵省印刷局，1999）/小宮山博史「明朝体，日本への伝播と改刻」（「印刷史研究会編『本と活字の歴史辞典』柏書房，2000」所収）。

	道光版康熙字典 1831年	(1)五車韻府 1820年	(2)米長老会 1844年	(3)英華書院 1860年	(4)美華書館 1873年	(5)国文五号 1887年	(6)国文四号 1887年	(7)築地二号 1892年	(8)築地五号 1894年	(9)製文初号 1903年	(10)製文二号 1906年	(11)築地三号 1912年	(12)大阪三号 年代不明	(13)築地二号 1912年	(14)築地五号 1913年	(15)築地四号 1913年	(16)博文四号 1914年	(17)宝文四号 年代不明	(18)宝文二号 1916年	(19)宝文一号 1916年	(20)秀英一号 1926年	(21)民友35ポ 1934年	(22)築地三号 1935年	(23)朝日漢字 1946年	修訂版大漢和 1986年
①	餅	餅	餅	餅	餅	餅	餅	餅	餅	餅	餅	餅	餅	餅	餅	餅	餅	餅	餅	餅	餅	餅	餅	餅	餅 44133
	兎	兎	兎	兎	兎	兎	兎	兎	兎	兎	兎	兎	兎	兎	兎	兎	兎	兎	兎	兎	兎	兎	兎	兎	兎 1359
②	牙	牙	牙	牙	牙	牙	牙	牙	牙	牙	牙	牙	牙	牙	牙	牙	牙	牙	牙	牙	牙	牙	牙	牙	牙 19909
③	受	受	受	受	受	受	受	受	受	受	受	受	受	受	受	受	受	受	受	受	受	受	受	受	受 3159

名　数

人や物などで共通性があるものをひとつにまとめ，その頭に数字をつけた言葉をいう。「四書」や「五経」は儒家の古典，「三宝」「七福神」は宗教，好風景を数え上げた「八景」など，いろいろな分野で広く行われる，事物を分類する方法のひとつである。このように同類のものを集め，数字を冠して呼ぶ名数という方法は，中国独特のものではない。日本でも「四十七士」や「五十三次」といったように多くの名数が作られている。

名数を集めた最初のものとして宋の王応麟(1223–1296)の『小学紺珠』という類書があげられる。類書は知識の整理に便利なように，過去の書籍から事項ごとに抜き出して分類再編集した書物で，一種の百科事典ともいえる。『小学紺珠』もそのような目的から編纂された書物であるが，全編を名数によって構成するという，類書の中では特異な内容のものであった。すなわち天道・律暦から動植まで 17 類の項目をたて，それぞれの項目の中に「両儀」「三才」や「北斗七星」といった名数をあげ，それを解説するという体裁を採ったのである。この類書の例にならって，この後張九韶『群書拾唾』や宮夢仁『読書紀数略』などの書物が編纂された。これら後世の類書に較べると，王応麟のものは取るべき名数が落ちているといった批判もある。しかしそれは逆に世に行われている名数の多さを示しているともいえよう。日本でも上田元周『和漢名数大全』(元禄 8)，貝原益軒『和漢名数大全続編』(弘化 4)，同『和漢名数大全三編』(嘉永 2)と同種の本が江戸期に編纂されている。

名数は，グループ分けの発想から生まれた。数え上げることによって，記憶の助けにもなり，知識の整理と暗記のためにきわめて有用な方法の一つであり，古くから行われてきた。先の王応麟の類書があげる名数も，彼が独自に作ったものではなく，すでに世に広く流布され認識されていた名数を整理したものであった。

しかし古くから定着した名数であっても，時代によって新しい意味が与えられる場合もある。例えばわが国において「四天王」「御三家」，また「三種の神器」などの名数は，本来の意味よりも，時代を反映した新しい意味で用いられることのほうが多い。名数は何を一つのグループとするかについては，広く一般の同意と納得がなければ言葉として定着できない性格をもつ。逆にいうとそれが得られれば，短い熟語で人々が知識を共有できるというすぐれた機能をもった，便利な言葉といえる。

名数には「十三経」や「八卦」といった古い言葉がある一方，「五大陸」や「三原色」といった比較的新しいものもある。また時代の流れのなかで新しい意味を与えられた名数もある。名数は，漢字文化のなかで，恐らく将来においても続いてゆく造語法のひとつであろう。　(道坂昭廣)

【参考文献】阿辻哲次他『現代漢字語辞典』「付録・名数表」角川書店，2001。

文字（もじ）

言語を視覚的に表す記号の体系をいう。

人には必ず自分の言語がある。言語をつかさどる機能に障害があり，言葉を話せない人にも母国語が存在する。だが音声による言語は，もともと空気の連続した振動だから，すぐに消滅してしまう。だからテープレコーダーが発明されるまでは，音声を保存することができなかった。

音声による言語は，目の前にいる人とコミュニケーションをとるのに効率のよい道具だが，相手が少しでも離れるととたんに不便なものとなってしまう。さらに人間の声が届く範囲には限界があるから，口から発せられる言葉だけで，非常に遠いところにいる人に何かを伝達することは不可能である。人類は，文字が発明されるまでの非常に長い間，人と人とが直接に顔をあわせる場か，あるいは声が届く範囲内でしか，コミュニケーションがとれなかった。

しかし文字を使うことによって，人間はこの制約を克服できるようになった。文字を使うことによって，人間は口から発せられた瞬間に消えてしまっていた音声を，「記録」という形で定着させることができるようになった。

こうして特定の文字に関する知識をもっている人なら，その文字で記録された内容を読み，情報や知識を共有できるという状況が出現した。こうして文字は空間を越えて，文明を伝播させる乗り物となった。この乗り物は空間を超越するだけでなく，時間にそって運行することもできた。伝承された記録によって知識が後世に伝えられたし，後世の人は文字によって過去の歴史を知ることができる。文字こそ人類の最も偉大な発明品であった。

人間が話す言語がどれくらいあるか，その数を正確に計算することはむずかしいが，ある統計によれば現在の世界では3000種類くらいの言語が使われているという。しかしこれらの言語を表記するための文字となると格段に少なくて，400種類前後と推定される。

文字の数が言語のそれに比べて約10分の1くらいしかないのは，表記するための文字をもたない言語があるからで，そこでは「無文字社会」が形成される。無文字社会の有名な例はインカ文明で，華麗かつ高度な文化を展開したインカの人々は文字をもたなかった(文字があったとする説もあるが，少なくとも現在までまだ発見されていない)。また日本の先住民族であるアイヌ民族も，素朴ななかに力強さをひめた文化を花咲かせてきたが，かつては自分たちの言語を表記する文字をもたなかった。ユーカラと呼ばれる美しい長編叙事詩は，ずっと口伝えで伝承されてきたのである。

そのほかにも，単一の文字が複数の言語を記録するという現象があり，それも文字が言語より少なくなる理由である。例えば英語・フランス語・ドイツ語・オランダ語・イタリア語・スペイン語はそれぞれ異なった言語だが，表記する文字は「アルファベット」と呼ばれる文字ただ一種類だけである。同じように，ロシア語やポーランド語など，スラブ語系統に属する言語はキリル文字だけで表記されるし，日本語の表記に使われる漢字は，もともと中国で生まれたものだし，かつて漢字は朝鮮やベトナムでも，それぞれの言語を表記するのに使われていた。

言語に比べて文字の種類が格段に少ないのは上のような理由による。なお上にあげた 400 という数には，古代エジプトの「ヒエログリフ」やメソポタミアの楔形文字など，すでにこの世には書き手がいない文字も，あるいは「マヤ文字」や「アステカ文字」のように未解読の文字も含まれている。つまり古今東西に存在した，あらゆる文字の総数が，だいたい 400 くらいだと推定されるのである。

日本の仮名文字の起源が漢字に由来することはよく知られている。そのように世界の文字には互いに類似する点が多いものがあって，文字史の研究はその系譜的関係を明らかにしてきた。言語の起源問題が多くの人の関心をひくように，文字の起源も研究者の関心を大いにひいてきた。しかし言語の起源が解決されていないのと同様に，文字の起源についてもまだ明らかにはされていない。

漢字は「六書(りくしょ)」と呼ばれる理論で構造が説明されるが，最初の段階では絵画的な象形文字がたくさん作られた。ローマ字は，起源的にはロシア文字などとともにギリシア文字に由来する。ギリシア文字がセム系のフェニキア文字を借りたものであり，そのフェニキア文字は，通説では古代エジプトの象形文字に由来するものであるという。

メソポタミアで前 3000 年の頃から使われていた楔形文字は，絵画的な象形文字から変化したものである。そのほかにもエーゲ海にさかえたクレタ文明が象形文字を残しており，シリア地方出土のヒッタイト文字には楔形文字によるもののほか，前 1500–前 700 年と推定される象形文字がみられる。

世界の諸文字は，系譜をたどれば象形文字に由来するものであることはおそらく確実である。世界の多くの地域で生まれた古代文字において，「魚」とか「山」を表す字形はほとんどの場合同じ形に描かれる。したがって，文字とはもともとは事物を記憶するために描かれた絵から発達したものであると推測される。

問題は，絵から文字への発展が世界のどこか 1 カ所で始まり，それが次第に各地に広がっていったのか，それともそれぞれ独自に発展をとげていったのかという点にある。しかしこの問題に対する答えは，文字それ自身からはでてこない。（阿辻哲次）

【参考文献】河野六郎『文字論』三省堂，1994。

文字遊び

日本においては，漢字(あるいは漢字らしき文字)を遊戯的に使用する多様な事例が見られる。漢字は複雑性の高い多様な字種をもち，会意や形声によって造字することが容易であることに加え，音節構造の単純な日本語にあって，音訓両様のヨミを有するために同音異義語に介在しやすいことなどがその要因となっている。

中国で発祥したものであるが，既存の漢字を図案化したものに文字絵がある。「馬」を象形風に書く例など，単字の図案化は時代を通してみられる。複数の文字によるものでは「ヘマムシ(ヨ)入道」などが古いものとして有名である。文字絵とは逆に，既存の漢字に拠らず，図案に漢字風の解釈を施した文化 3(1806)年刊の『小野篤謔字尽』所収の「編冠構字尽」に見られる「つらがまへ」などの例も興味深い。偏旁冠脚の構成を利用するものには，漢詩で，「松」を「木公」，「坐」を「両人上土」のように単字を二文字以上で表記する「分字」がある。『万葉集』の「戯書」で「山上復有山」を「出」と判ずることで「いで」と読ませるような例は，これを応用したものである。永正 13(1516)年の『なぞたて』における「かみはかみにあり，しもはしもにあり」(答えは「ト」)は構成要素の共通性を利用したなぞである。また，江戸初期以降，多数の出版が確認される『小野篁歌字尽』は「春椿夏は榎に秋楸冬は柊同じくは桐」のように短歌の形式で同じ構成要素をもつ漢字を覚えるための書物である。この書物のパロディーが『小野篤謔字尽』で，先の短歌は「春椿夏は𠈓で秋𠈿冬は佟で暮は𠍱」と改められる。これは新たに造字を行っている例といえ，現代でも「感字」などと称して同様の試みがみられる。これらの多くは遊戯性が強く，字体や訓も臨時的なものだが，そのなかで人々の共通理解となったものは国字として定着することになったのであろう。音訓のヨミを生かしたものでは，『宇治拾遺物語』(13 世紀中頃成立)の「小野篁広才事」に，嵯峨天皇が「片仮名のねもじ(子)を十二書かせ」たのを篁が「猫の子の子猫，獅子の子の子獅子」と読んだものがよく知られる。『小野篤謔字尽』にも「和七」を「とだな」(大和の「と」と七夕の「たな」から)とこじつけて読む例が見られる。字体の構成も合わせて利用したものに，『宣胤卿記』文明 13(1481)年の条の「殿上の下侍の上に置く硯見失ひぬ」というなぞが存する。「殿上」の「下」に「侍」う字である「上」の「上に」，「硯」から「見」の部分を「失」った「石」を「置く」ことで「石上」の文字列を導き，音読の「せきしょう」が共通する「石菖」という答えを導くという複雑な技巧が凝らされている。　(米谷隆史)

【参考文献】佐藤喜代治編『漢字講座 10 現代生活と漢字』明治書院，1989/高橋幹夫『江戸の笑う家庭学』芙蓉書房出版，1998/小野恭靖『ことば遊びの文学史』新典社，1999。

文字改革

戦後の中国で実施された言語と文字に関する改革の総称。

1949年10月に中華人民共和国が成立した段階では，人口のほぼ8割が非識字者だった。それゆえ中国政府はその状況を改善するため国家事業として文字改革に着手し，漢字習得のための困難を減少するべく，字形の簡略化に取り組んだ。すなわち新しい中国は建国当初から，文字や言葉の問題を新しい文化創造の根本問題として位置づけ，そこにはっきりした方向性を与えていた。

文字と言語の改革には19世紀末からすでに先覚者によって「ラテン化新文字」などさまざまな経験が積み重ねられており，中国革命を一貫して指導してきた毛沢東は，1940年に執筆した『新民主主義論』のなかで，「文字は一定条件のもとで改革しなければならない。言葉は民衆に近づかなければならない」と述べていた。

さらに毛沢東は建国後の1951年に「漢字はかならず改革し，世界の文字に共通する表音文字の方向に進まなければならない」との指示を出し，それを受けて1952年には教育部（文部省）に「文字改革研究委員会」が作られ，2年後にそれは国務院に直属する「中国文字改革委員会」と改組された。政府内に文字や言語に関することがらを専門に扱う部署が設けられたのは，中国の歴史で初めてのことであった。

こうして国家によって文字と言語の改革が本格的かつ強力に推進されたが，その主要な目的は，

全国に通用する規範的な標準語の制定
漢字音を表記する表音文字の作成
漢字の簡略化

の3点にあった。

標準語については，清代にも「官話」と呼ばれる公用語があったし，中華民国時代にも国語と呼ばれる標準語があった。それは，北京音を標準音とし，北方方言を基礎として語彙を採り，著名な現代文学作品に使われている語法を規範的な文法とするものだったが，戦争や国内のさまざまな事情によって普及は完全な状態ではなかった。中華人民共和国はその「国語」に語彙面などで修正を加えて新しい標準語を制定し，それを「普通話」と呼んだ。普通話はマスコミや学校の国語の授業を通じて全国に滲透し，現在では全国ほとんどの地域で使用される規範的な言語となっている。日本で「中国語」という名称で教えられている言語は，この普通話である。

この普通話の普及と表裏一体の関係にあったのが「漢語拼音方案」である。中華民国時代にも漢字音を示すために「注音字母」が作られたが，それは漢字の筆画の一部をとったもので，漢字の注音システムもやはり世界の大多数の国で使われているアルファベットによるべきだと考える立場が相当に強かった。

それで中華人民共和国になってから漢字に注音するためのアルファベットによる表音文字システムが開発され，1958 年に批准された。これが「漢語拼音方案」と呼ばれるもので，“拼音”とは「音を綴る」という意味である。

漢語拼音方案はすぐに全国の広い範囲で学校や社会での標準語普及教育に使用され，漢字の発音注記と識字教育で絶大な効果を発揮した。また拼音は電報や手旗信号，手話，点字など広い範囲にわたって応用されているし，現代ではコンピュータでの漢字入力に使われている。さらに外国人が中国語を学ぶときや中国の人名・地名を表記するときの基準的な表音文字として，今では世界的に広く使われるものとなった。

文字改革の 3 点目は，簡体字の制定と普及である。中国が公式に制定した簡体字に関する規定は，中国文字改革委員会が 1955 年に発表した「漢字簡化方案（草案）」であり，それが翌年に国務院から正式に公布された。この「漢字簡化方案」は三つの部分からなり，第 1 は方案制定時にはすでに新聞や雑誌などに頻繁に使われていた合計 230 個の簡体字で，これらについては方案施行と同時に従来の繁体字（はんたいじ）の使用を停止する。第 2 は簡略化には問題がないとされるものの，慎重を期すためにとりあえず試用して社会の反応をみるもので，これには合計 285 字が含まれている。第 3 の部分は漢字を構成する偏やつくりの簡略化の表で，この表に基づけばより多くの簡体字の作成が可能となる。この部分には計 54 の偏などが入れられている。

こうして簡体字が社会に主人公の立場で登場したが，委員会のきわめて慎重な姿勢にもかかわらず，漢字の簡略化は社会から熱烈な歓迎を受け，以後の漢字の正統的な地位に座り，公文書や新聞雑誌，あるいは書物に使われるようになった。さらに 1965 年には偏やつくりの簡略化の詳細な規定を制定し，あわせて国家によって正規の文字と認定されたすべての簡体字の表「簡化字総表」を公布した。またそれまでは統一されていなかった印刷物に見える簡体字の字形を統一するために「印刷通用漢字字形表」を発行し，古典の複製以外にはすべてそれに準拠することとなった。

こうして簡体字は社会のいたるところで使われるようになり，すっかり定着した。さらにその頃起こった「文化大革命」で，既存の権力に対する反逆が容認されたから，簡体字の使用と作成には一層の拍車がかけられ，政府の公布した範囲以外にも簡体字が続々と作られ，民衆の間で広く使用された。

文化大革命が終結した段階で社会にはこのような未公認の簡体字が相当に使われていて，混乱状態にあった。それを整備するために 1977 年には「第二次漢字簡化方案（草案）」が発表され，それまで民間で使われていた未公認の簡体字が大量に採用されたが，しかしこの方案はそれ以後の討論の結果，1986 年に廃案とされた。その理由はいろいろ考えられるが，第二次方案で正規の簡体字として採択の候補となった未公認の簡体字には，一部の限られた地域や組織のなかだけでしか使われていないものや，必ずしも一般に通用しているとは思えないものも多く，社会全体にはまだ認知されていなかった未熟な文字が多く取り込まれていたことがある。　　　（阿辻哲次）

文字学（もじがく）

文字を研究する学問の総称。文字の研究はそもそも言語学に属するテーマであるはずだが，言語学は主としてヨーロッパやアメリカで発達してきた学問であって，書かれる文字についての研究は言語学のなかでは比較的マイナーな分野と位置づけられてきた。それは，欧米では文字といえばアルファベットと決まっており，表音文字は口頭で話す音声をうつしとるための符号にすぎず，それぞれの文字には固有の意味がない。だから言語学が扱うのは文字ではなくて，文字が表している言語そのものだという観念が，欧米での言語学では非常に強い。古代エジプトのヒエログリフやメソポタミアの楔形文字，あるいはその他の未解読文字を解読する研究などは別として，文字そのものを研究対象とするには，まずその文字が表意文字でなければならないという前提がある。表音文字では，例えばBならBという文字をいくら研究しても，それほど大きな成果が望めない。それでヨーロッパやアメリカで発達してきた言語学では，文字学は比較的マイナーな分野としてありつづけた。

一方，漢字は表意文字であって，個別の文字それぞれに対して，字形の成り立ち，字音の変遷，あるいは字義の発展などさまざまな研究が可能であって，事実過去の中国ではそれぞれの漢字に対して，すでに膨大な量の研究が蓄積されている。

漢字を研究する学問は，中国の伝統的な名称では「小学」と呼ばれ，漢字のもつ字形・字音（じおん）・字義を主要な対象として，さらに文字学・音韻学・訓詁学（くんこがく）に分けられる。儒教を国教とした過去の中国では，万人の必読書とされた経書（けいしょ）は徹底的に研究された。経書を修める学問すなわち経学が，あらゆる学問のなかで最も重要視され，経書をより精密に理解するために2000年にわたってあらゆる方面から研究が加えられてきた。

小学はその経学のなかの基礎的学問として位置づけられる。経書といってももともと文字で綴られた文献なのだから，その内容をより深く理解するためには言語学的，文献学的研究から出発しなければならない。かくして小学は経学の中の基礎科学として位置づけられてきた。

しかし辛亥革命によって清朝が倒れ，経書の地位も以前のように神聖視されるものではなくなった。小学は，もともと経書に述べられた内容をより深く理解するための基礎科学として発展してきたものであった。ところが経書の価値が失墜したとき，小学にはすでに膨大な量の研究体系が蓄積されていたのである。小学は独立した言語学となりうる体系をそのとき完全に備えていた。民国以後の学術界にも，こうして小学は新しい言語学として独自の道を歩みはじめた。今では「小学」の名こそあまり使われないが，文字学・音韻学・訓詁学の各分野は，伝統的研究方法を基礎として新しい角度から中国の言語の諸相を捉える学問として，今日に至るまで発展を重ねている。

（阿辻哲次）

木簡

中国・日本などで，紙が普及する以前に文字を記すために用いられた木の札の総称。本来「簡」とは竹の札を意味するが，日本では竹簡の出土事例はなく，また20世紀に入って中国で発見された事例のほとんどが木製の札であったことから，「木簡」の呼称が定着している。

木簡の成形については，『論衡』量知篇に「木を断じて槧と為し，之を析りて板と為す。力，刮削を加えて，乃ち奏牘を成す。」とあり，長さ3尺の槧（『釈名』釈書契）から1尺の札を作る工程が記されている。漢代では長さ約23 cm（漢の1尺），幅約1 cm，厚さ2〜3 mmの木簡が標準で，これを「札」と呼び，やや幅広で2行書きのものを「両行」と呼ぶ。さらに幅の広いものを「方」「板」と呼び，「牘」と総称することもある。

封泥匣を伴う検

楬

図　『居延漢簡』図版之部（中央研究院歴史語言研究所，1957）

日本における木簡の出土地が主として都城であるのに対し，中国では墓葬と辺境地帯に出土例が多く，とりわけ甘粛省など西北の乾燥地帯から大量の木簡が発見されている。これは，この地域では竹を産しないために，現地で入手できる木材を用いた木簡がもっぱら使用されたことによる。したがって，木簡の内容も「付け札」の多い日本のように限定されたものではなく，行政上の種々の文書・記録類が大量に含まれる。

ただし，木簡は竹簡の単なる代用品であったのではなく，加工性に富むという木の材質を活かして，さまざまな形態の木簡が存在する。文書・物品の宛名書きである「検」には，封印のための粘土を装填する封泥匣を伴うものがあるし，物品のラベルに相当する「楬」には紐を通す穴が開けられている。また関所の通行証に相当する「符」や売買契約の「券」には，側面に符合のための「刻歯」（切り込み）が加えられている。多角柱の側面にそれぞれ文字を記した「觚」と呼ばれる木簡にいたっては，「木の札」の概念にはもはや収まらない。こうした形態の多様性とその名称・用途を実物に沿って確定していく作業が，木簡学の現在の課題である。　（藤田高夫）

【参考文献】大庭　脩『木簡』学生社，1979/大庭　脩『木簡学入門』講談社学術文庫，1984/冨谷　至『木簡・竹簡の語る中国古代 書記の文化史』岩波書店，2003。

本居宣長

国学者。享保15(1730)年–享和元(1801)年。伊勢松坂の人。宝暦2(1752)年，23歳で京都へ遊学，漢学を堀景山に学び，医学を武川幸順に学ぶ。景山の影響で，荻生徂徠や契沖の学問に触れる。宝暦7(1757)年に松坂へ帰り，医師として開業する一方で国学の研究にうちこみ，宝暦13(1763)年，松坂を訪れた賀茂真淵と初めて対面し，翌明和元(1764)年に入門した。主著に『古事記伝』『玉勝間』などがある。

漢字研究の著作に『字音仮名用格』(安永5(1776)年刊)，『漢字三音考』(天明5(1785)年刊)，『地名字音転用例』(寛政12(1800)年刊)がある。『字音仮名用格』は，漢字音を仮名でどう表記すべきかを論じた書である。このなかで宣長は，「お」をワ行の仮名とし「を」をア行の仮名とする中世以来の五十音図の混乱を訂正している。この五十音図における「お」「を」の所属の問題は，ほぼ同時期に富士谷成章も『あゆひ抄』(安永7(1778)年刊)で同様の訂正を行っており，その先後関係が問題となっている。『漢字三音考』は，呉音・漢音・唐音の3音の歴史や特質などについて論じた書で，日本の漢字音は中国原音を漢字伝来の初期の時点で日本語の発音に合うような形に改めたものであるとの見解が示されている。さらに，音便について，これを漢字音の影響により起こったものであると論じている。『地名字音転用例』は，古代の地名表記にあてられた漢字について，本来の音とは異なるあて方をされた例を取り上げて考察した書である。

宣長の漢字音研究の特色は，漢字の中国原音が変容をとげたところの，日本における漢字音の問題をもっぱらの対象としている点である。これは宣長の研究目的が，上代文献の解読のため，上代における用字法を明らかにするという点にあったことによる。宣長が問題としていたのはあくまでも日本語の枠内での漢字音の位置づけであった。例えば，従来『地名字音転用例』に関して，宣長は鼻音韻尾のmとnの区別をせず，東条義門『男信』(文化5(1808)年初稿成，天保13(1842)年刊)や太田全斎『漢呉音図』(文化12(1815)年刊)に至ってこの不備が補われたと説明される場合が多かったが，近年では，宣長も両者の区別は認識していたものの，仮名表記のうえでは書き分けが必要のないものであるために問題として取り上げなかったのだとして，従来の見方に疑義を呈する説も提出されている(尾崎(1997)，犬飼(1998))。　(内田宗一)

【参考文献】林　史典「近世の漢字研究」『漢字講座2 漢字研究の歩み』明治書院，1989/尾崎知光「『漢字三音考』の本旨―ンノ韻の問題にふれて―」，『鈴屋学会報』14，1997/犬飼　隆「『地名字音転用例』が論じたもの」，『鈴屋学会報』15，1998/古田東朔・築島　裕『国語学史』東京大学出版会，1972/馬渕和夫『五十音図の話』大修館書店，1993。

文選読み

漢文の訓読において，一つの漢語を，一度字音で読み，再度訓読みで読む訓法。例えば「蹂躙」を「ジウリンとふみにじる」，「崔巍」を「サイガイとたかし」，「巌峻」を「ガムシユンのいはほ」と読む類（以上文選）であり，『文選』の訓読において多く用いられたのでこの名がある。ただし古くは，「かたちよみ（貌読・形読）」と称せられ，「文選読み」は近世以降の呼称らしい。上接の字音読みは下接の訓読み部分に対して修飾語となり，訓読み部分が用言の場合は助詞「と」，体言の場合は助詞「の」を介するが，中世以降，訓読み部分が用言の場合について助詞「に」を介する例などもまれに存する。

古くは平安初期の仏書訓点資料に見え，漢籍においては，平安時代院政期以降に実例が知られ，『文選』のほか，『白氏文集』『遊仙窟』などにも見られる。院政期1100年頃成立の漢和辞書『図書寮本類聚名義抄』には，「巌峻ノイハホ巽」（「巽」は文選を表す）など，これらの漢籍訓点資料を出典とする文選読みによる和訓が多く登載されている。

概して難解な二字熟字に対して用いられる場合が多く，上掲のように，訓読み部分はその熟字をひとまとまりとして一つの訓で読むのが通常である。例えば「崢嶸」を「サウクワウとたかくさがし」と読む例（文選）であっても，訓読み部分は「崢嶸」を一体として「たかくさがし」と読んだものであり，各漢字をそれぞれ「たかく」と「さがし」に読んだものではない。もっとも，中世以降の訓点本には「妙絶」を「メウゼツとたへにすぐれたるなり」と読んだ例（遊仙窟）のように，明らかに各漢字に対する訓（妙…たへに，絶…すぐれたるなり）を連接させたものも見られるが，例外的であり，後世になって出現したタイプである可能性が高い。一方，「琴」を「キムのこと」，「笙」を「シヤウのふえ」と読む類も文選読みの一種と考えられ，これらの類はこの形で一語の複合語として，平安時代中期から『宇津保物語』『源氏物語』などの和文にも用いられており，930年代成立の漢和辞書『和名類聚抄』にもこの類が掲げられている。

また，漢訳仏典や唐土撰述の仏書，漢籍のほか，『三教指帰』『将門記』などの日本漢文の，平安時代院政期以降の訓読においても文選読みが用いられており，さらには漢文訓読以外においても，平安時代和文の『栄花物語』，中世以降には『平家物語』などの和漢混淆文，漢籍関係の抄物などにも見られるようになる。ただし抄物以外では，漢籍や仏書の一節を下敷きにし，その訓読に基づいた例が大半である。中世の漢文訓読では，基本的に平安時代の継承にとどまり，それを大きく出ることはないが，近世においては，古訓点では文選読みが用いられていなかった『詩経』の訓読にも多数用いられるなど，概して隆盛をみる。しかし近代に入ると，漢文訓読では文選読みは一般に行われなくなる。　（山本秀人）

【参考文献】山田孝雄『漢文の訓読によりて伝へられたる語法』宝文館出版，1935/「国語国文」22-10，寿岳章子「抄物の文選読」1953/築島　裕『平安時代の漢文訓読語につきての研究』東京大学出版会，1963。

山田孝雄（やまだよしお）

1873(明治 6)年-1958(昭和 33)年。国語学者。富山市に生まれる。

山田の研究領域は国語学のみならず，国文学，国史学，文献学にわたり，それぞれの分野で数多くの業績を残している。とりわけ，文法研究においては「山田文法」を構築したことで著名である。「山田文法」は，時枝誠記（ときえだもとき）の「時枝文法」，橋本進吉の「橋本文法」と並び，「日本 3 大文法」と呼ばれている。山田は，富士谷成章（ふじたになりあきら）などの国学の成果やスウィートの英文法の成果を取り入れ，緻密で一貫した論理の文法体系を構築したのである。国語教師をしていたときに，生徒から助詞「は」について質問されたが答えられず，そのことが文法研究に向かわせたというエピソードがある。

山田文法の特色は意味重視，主体重視の文法論を展開している点にある。文は各要素がまとまって事態内容を表す。この事態内容の材料となる種々の観念を統合する作用を，山田は「統覚作用」と呼ぶ。また，統覚作用の言語的な現れを「陳述」と呼ぶ。山田のいう「陳述」が，厳密な意味での文法用語なのか，「(文を)述べあげる」という程度の日常語的な使用なのかについては明確な説明がなく，はっきりしない。その点は，後に「陳述」概念をめぐっての議論(「陳述論争」と呼ばれている)のもととなった。「陳述論争」は，日本語の文法研究に寄与する面が大きい。山田文法では，主格と賓格の対立，統一によって形成される「述体句」(例「花は紅なり」)と，そうした対立をもたない「喚体句」(例「妙なる笛の音よ」)を立て，文表現を体系的に捉えようとする。品詞論においては，助動詞を品詞として認めず，「複語尾」という独自の品詞を立てる。現在，山田の研究成果は森重敏，川端善明などによって継承されている。なお，山田文法の内容については，『日本文法論』『日本文法学概論』『日本文法講義』『日本口語法講義』などの著作によって知ることができる。

山田は文法研究の成果を各時代の文法に援用し，『奈良朝文法史』『平安朝文法史』『平家物語の語法』などを著した。それらは文法の共時的記述として価値が高い。国語史，国語学史については，『五十音図の歴史』『国語史文字篇』『仮名遣いの歴史』などがある。国文学の分野では，『古事記概説』『万葉集講義』『三宝絵略注』『源氏物語の音楽』『日本歌学の源流』『連歌概説』『桜史』などを著し，語学研究の成果を生かした古典文学作品の注釈を数多く残している。山田は，『国体の本義』『大日本国体概論』『国史に現はれた日本精神』『神道思想史』などの著作によって国粋主義を鮮明にしているが，その精神に基づいて，「国語国字問題」についても発言しており，『国語政策の根本問題』『国語の本質』などの著作がある。古辞書の校訂，索引の編纂を行うなど文献の複製刊行，流布の面での功績は文献学の発展に大きく寄与するものである。　(高山善行)

【参考文献】佐藤喜代治「山田孝雄先生を追慕して」『国語学』36，1959/尾上圭介「山田文法とは」『言語』，1981・1/山田俊雄『山田孝雄著述目録抄』『国語学』36，1958/森　重敏「山田文法批判」『解釈と鑑賞』30 巻 12 号/鈴木英夫「山田文法」『国文法講座 1』明治書院，1987。

右文説

右文説は形声文字で同一の音符をもつ文字群に共通する特定の意味が想定できるという考え方である。音符は通常では文字の右半分に配置されることが多いことから，「右文説」と称される。

『説文解字』を著した許慎は六書をもって各々の文字の解釈を行った。六書とは象形・指事・会意・形声・転注・仮借のことで，前の四つが文字の造り方(造字法)に関するもので，後の二つは文字の使い方(用字法)に関するものである。このなかで，形声文字は発音を表す声符(音符)と意味を表す意符との結合より成る。例えば植という形声文字の声符は直，意符は木である。六書によると形声文字の声符は発音を示すだけで，字義を表さない。文字を構成する要素を表意と表音の機能にはっきりと分ける考え方である。それに対して右文説は表音の機能をもつ声符の中に表意機能があるとする考え方である。

右文説の考え方は宋代に形成された。

宋初の徐鉉，徐鍇は『説文解字』に精通し，小篆について文字の字形，字音，字義の3要素について分析した。しかしながら彼らは字について，音や義より形を主に論じた。

王安石は『字説』を著し，「滑」は「水の骨」を意味し，「坡」は「土の皮」を意味するとの論述が伝わっている。また陸佃は『埤雅』の中で次のように述べている。「狸」は豸(長い背骨をもつ獣)が里にいるものである。「狼」は獣の才智を有するものであり，「良」に従って作った文字である。「猫」はよく鼠を捕らえ，鼠は苗を害するところから，「苗」に従う字になっている。陸佃の説については，形声の記号素の組み合わせを会意として独断的に解釈したものと考えられる。音符に表意機能を求めたものとして右文説の前段階的な考え方と解釈できる。

右文説を明確に唱えたのは王聖美である。沈括の『夢渓筆談』の中に，王聖美の右文説について述べられており，「戔」には小の意味があり，水の小は「淺」，金の小は「錢」，歹の小は「殘」，貝の小は「賤」という字例が載せられている。また宋の寧宗の時代，張世南は『游宦紀聞』の中で，「戔」の小の義より「淺」「錢」「殘」「賤」を系列的に解釈し，「青」の精明の義より晴(すみきった日)・清(すみきった水)・睛(すんだ目)・精(精白してすみきった米)を系列的に解釈する。また宋末の戴侗は『六書故』を著し，そのなかの『六書通釈』に「右文説」について言及している。昏(日の光が暗い)—惛，㮯(心が暗い)—婚(結婚は夕暮れに行われることに由来する)などの字は「暗い」という基本義から引伸されている。「昏」は音符としてだけでなく一定の意味を表す機能としても使われている。戴侗は同じ音符をもつ元字と形声文字との間の意味についての関係について論じている。明代になり黄生の子孫 黄承吉は安徽の学者 黄生の『字詁』にある内容を推し進め，「字義は右傍より起こるの説」という論文を世に出した。これは明白な右文説といってよい。

清朝になって「右文説」は大きな発展を遂げた。

段玉裁はその著『説文解字注』においていくつかの「右文説」に沿った字義の解釈をしている。「襛」字の注に「凡そ農声の字は皆な厚と訓ず。醲は酒の厚きなり，濃は露の多きなり，襛は衣の厚き皃なり，引伸して凡そ多く厚きの称と為る」とある。音符である農に共通した「厚」の意味を認めたうえでの注釈である。また「鏓」字の注に「凡そ字の義必ず諸字の聲を得る」，あるいは「晤」字の注に「同じ聲の義相近し」とあり，字音に意味の共通義を認めている。清代の学者 阮元は「釈矢」「釈門」の論文を書いた。「釈矢」では矢—尸—屎—雉など同音の文字群の系列には「直進する」という意味が共通して存することを論じた。また「釈門」では，門—悶—免—勉—敏などが「狭い空間を出入りする」という意味を含むことを論じた。阮元の論で注目すべきは，形声文字の内部記号にとらわれず，同類の語音により共通の意味を見いだしている点である。清末の劉師培は「字義は字音より起こるの説」において「古には文字なし，まず語言あり。……語言に本づいて文字を製るに及んで，名物の音をもって字音となす。故に義象同じければ，従う所の聲もまた同じきなり」と述べている。すなわち音声と文字はその成立において音声が先行する。ものの名前を付けるのもまず音をもってし，意味と形が同じであれば字音もまた共通のものとなる。例として「祖」は古くは「且」に作り，「作」は古くは「乍」に作り，「惟」は古くは「隹」，「貨」は古くは「化」に作ったとある。この例によれば，「貨」の意味はすでに「化」に含まれていたことになる。しかしながらこれらの事例は汎用性の面からみると範囲が狭いのが欠陥である。

沈兼士は宋以来の諸家の右文説について詳しく分析した。彼によると同じ音符の文字は共通の意味をもつものがあるが，同音文字の中に異なった意味をもつものがあること，すなわち多義性であることを述べている。

わが国の漢字学者 藤堂明保はカールグレンの「Word Families in China」という考え方を受け継ぎ，「単語家族」という説を唱えた。文字成立以前の言葉について音韻の同一のもの，あるいは近似のものに共通の意味があるとする考え方であり，漢字の字源についても氏は同様の解釈を試みた。これは右文説の発展形態とみることができる。

現代的な解釈からすれば，右文説は「字音に関する共通義を探り出す」という方法であるが，適応可能な範囲があって，すべての漢字に適応できるものではない。適応外の漢字に右文説を適応することにより誤謬に陥ることになるので，そのことを十分にわきまえることが必要であろう。　　　　（張　莉）

【参考文献】阿辻哲次『漢字学—「説文解字」の世界』東海大学出版会，1985/藤堂明保『漢字語源辞典』学燈社，1965/沈兼士「右文説在訓詁學上之沿革及其推闡」中央研究院歴史語言研究所『慶祝蔡元培先生六十五歳論文集』1933-1935/劉又辛「"右文説"説」『語言研究』1982.5。

湯桶読み（ゆとうよみ）

漢字の熟語のうち，「湯桶」のように上の字を訓読み，下の字を音読みにする音訓混用の読み方，あるいはそのような読み方をする熟語。

漢字は古くは，音読するか訓読するかいずれかで，音訓混用することはまれであったが，漢字が日本語の中に深く浸透していった結果，漢字の中国における発音に由来する「音」と，その漢字の意味に相当する日本語に由来する「訓」とを混用するようになった。言い換えると「漢語」と「和語」との差異が薄れ，その結果「湯桶」のような訓・音混用する混種語が成立したと考えられる。

このような熟語の存在は古くから認められるが，訓・音混用の読み方をひとくくりとして捉えるようになったのは，中世後半のようである。例えば，文明元(1501)年の『桂庵和尚家法倭点』(漢文訓読の新しい訓法を提唱した書)では，「湯桶文章トテ一字ハ訓，一字ハ音ノ時」というように「湯桶文章」という名称で言及されている。ただ慶長 8(1603) 年のロドリゲス (Ioãn Rodriguez) の『日本大文典』で「ヨミ (訓)」と「コヱ (音)」のまじった「湯桶文章」の例として「御堂(ミダウ)」という「湯桶読み」の語と並べて「御掟(ゴオキテ)」という「重箱読み（じゅうばこよみ）」の例もあげており，音訓混用語すべてを指し示す用語であったようである。「湯桶文章」のほか，「湯桶文字」「湯桶言葉」などともいわれたが，「湯桶読み」という名称が一般的になるのは 18 世紀初頭以降である。また，「湯桶読み」と「重箱読み」とを現在のように使い分ける例は明治期にもみられるが，両者が対立する用語として定着するのは昭和に入ってからである。

「湯桶読み」の熟語は，「男（お）餓鬼」「女（め）餓鬼」などすでに『万葉集』にも存在するが，中古中世と次第にその数を増やし，中世末から近世にかけてかなりの増加が認められる。上に記した名称の有り様もこのことと無関係ではなかろう。本来は混用されない音訓を混用するのであるから，文章語としてはふさわしくないというマイナス評価を伴う語と意識されていた。一口に「湯桶読み」といってもその内実は均質ではない。日常よく使われる語が多く，「大勢」「小判」「浮気」「場所」のように和語と漢語からなる混種語といえるものが大部分ではあるが，なかには「見世」「形気」のようにあて字の結果「湯桶読み」になった語もある。「見世」(店)は動詞「見す」の連用形「見せ」が名詞になった語で，あて字である。「形気」は本来「形木」であったものが，語源意識が薄れた結果「木」のかわりに「気」をあてたものである。また，本来は音読語であった語の読み方が変化したため「湯桶読み」になった「町衆」(チョウシュウ→マチシュウ) ような語もある。このように文字にかかわる部分と，語彙にかかわる部分とがあるが，多くは和語と漢語という混種語の問題である。☞重箱読み (信太知子)

【参考文献】新野直哉「重箱読み・湯桶読み」『漢字講座 3 漢字と日本語』所収　明治書院，1987。

Unicode

Unicode Consortium が制定，保守管理している国際的な符号化文字集合。1991 年 10 月に Unicode 1.0.0 が発行。2009 年 4 月時点での書籍としての最新版は，Unicode 5.0。

1988 年 8 月 29 日に，当時 Xerox Corporation に在籍していた Joseph D.Becker 博士の提唱が契機となりゼロックス，IBM，マイクロソフト，アップルコンピューター，サンマイクロシステムズなど，主に米国西海岸に本拠を置く地球規模企業の有志が集って規格提案を行ったのが始まり。このグループは，後に米国カリフォルニア州法に基づく非営利民間組織 Unicode Consortium を結成し，現在に至るまで Unicode の維持拡充にあたっている。Unicode の出自は典型的な de facto standard であるといえよう。

しかし，Unicode の開発と同時期に，典型的な de jure standard 開発組織である ISO/IEC JTC1/SC2（国際標準化機構：International Organization for Standardization と国際電気会議：International Electrotechnical Commission の第 1 共同委員会第 2 小委員会）で異なる方式による国際符号化文字集合の開発が進んでいたため，さまざまな経緯を経て，Unicode Consortium と JTC1/SC2 との間で調整が行われた結果，現在では ISO/IEC 10646 Universal Multiple-Octet Coded Character Set（UCS）と事実上同一である。Unicode Consortium と JTC2/SC2 とは，密接な連携を取って，両規格の同期に力を注いでいる。あえて，両規格の差異をあげると，UCS が符号化文字集合そのものであるのに対して，Unicode は，コンピュータやネットワークで実際に用いる際のさまざまな付随的な情報や方針を付加していることである。UCS に準拠していても，Unicode に準拠しない場合もありえる。（実際には，相互運用性の問題もあり，世界中のほぼすべての開発主体が Unicode に準拠した開発を行っている）。

Unicode は，その制定当初，ISO/IEC の標準化活動との軋轢や国内における情緒的な反発などにより，日本国内ではその普及が遅々として進まなかった。大きな転機となったのは，インターネットの爆発的な普及である。HTML，XML，Java など，インターネットを前提とする民間規格，基盤技術が相次いで Unicode を最優先の文字コードと決定したこと，地球規模で普及している OS（Operating System）の内部コードの Unicode 化が進展したことにより，日本国内における漢字仮名交じり文をコンピュータやネットワークで使用するときも Unicode を用いる局面が急速に増加しつつある。それに伴い，情緒的に Unicode や UCS に対する反発を口にすることではなく，実生活や研究における具体的な必要性に立脚した要求を地道に国際社会に対して発言していくことが重要となっている。

Unicode は当初から世界中のあらゆる文字に一意な符号を付与することを企図しており，西欧のアルファベット（Latin, Greek, Cyrillic など），中東の文字（Hebrew, Arabic,

Syriac など)，南アジアと東南アジアの文字(Devanagari，Bengali，Gurmukhi など)，東アジアの文字(漢字，平仮名，片仮名，Hangul など)，その他の文字(Ethiopic, Mongolian など)をカバーする60種類以上の文字と多くの記号類を採録している。

Unicode のうち，漢字部分(CJK Unified Ideographs)は，ISO/IEC JTC1/SC2/WG2 の下に組織されている Ideographic Rapporteur Group(IRG)が実質的な策定作業を行っている。Unicode Consortium からもこの IRG にオブザーバーが参加している。

CJK Unified Ideographs は，当初，日本，中国，韓国，台湾の四つの国と地域が既存の文字コード規格をもち寄り，UCS では後に CJK 統合漢字の統合および配列の手順として規格化されるガイドラインに基づいて，字形が類似しており，異体字関係にあると思われる漢字を統合し，約2万1000字を規格化した。その後，1999年に，CJK Unified Ideographs Extension A として約6000字が，2001年には，Extension B 約4万3000字が，2008年には Extension C 約4000字が追加されている。

Unicode(UCS)には，このほかにも，漢字関係のレパートリーとして，CJK Compatibility Ideographs(CJK 互換漢字)，Kanbun(漢文)，CJK and KangXi Radicals(康熙(こうき)部首および CJK 部首補助)，Ideographic Description Characters(IDC)などがある。なかでも，CJK Compatibility Ideographs には，当初から JIS X 0208，JIS X 0212 という日本の標準規格には含まれず，民間企業のシステムで用いられていた文字(多くは標準規格に含まれ，CJK Unified Ideographs では Unification の対象となる文字の異体字)が，漢字使用国以外からの提案を経て提案，採録されていること，JIS X 0213 で規格化され，Unification Rule に従うと，Unification の対象となる文字が補遺として規格化されたことにより，特に日本において Unicode 環境での漢字利用を考える場合には，その扱いへの配慮が重要である。

また，国際的な観点から Unicode の実装，普及状況を概観すると，大きく下記のような状況にまとめることができよう。

欧米言語の実装：ラテンアルファベットを中心に主として UTF-8 を用いて ASCII コードとの互換性を重視した実装。

CJK パートの実装：特に，日本，中国などの東アジア漢字圏を中心に，OS ベンダーが製品に組み込む形で実装。

アラビア語圏文字の実装：アラビア語など左から右，右から左への記述が混在する文字表記の実装。Unicode 技術委員会が主導して，実装方法を検討。

インド系文字の実装：Devanagari，Khmer など。これらについては，現在少しずつ実装が進んでいる状況である。その動きのなかで，それぞれの当事者国・地域が，Unicode(UCS)をベースに，国内規格を整備確立する動きと，国際規格制定・改正に積極的に関与する動きが顕在化しつつある。日本も，国際協力の一環として，これらの国・地域の文字言語表現実現のための援助活動を行っている。（小林龍生）

【参考文献】The Unicode Consortium：The Unicode Standard Version 3.0 Addison Wesley，2000。

読み書き能力

「読む・書く・話す・聞く」の言葉の4技能のうち，書記言語にかかわる，文字を読み，また書く能力をいう。リテラシーとも。読む能力は聞く能力とともに理解能力を，また書く能力は話す能力とともに使用能力を構成する。

読み書き能力とは何かを定義することは容易でない。基本的な人権の一つとしての読み書き能力を国際的に高めるためにさまざまな識字運動を展開するユネスコは，次のような定義を採用している(日本ユネスコ国内委員会「教育統計の国際的標準化に関する改正勧告(仮訳)」(1978年総会採択)による。非識字者に関する(b)(d)省略)。

(a)日常生活に関する簡単かつ短い文章を理解しながら読みかつ書くことの両方ができる者は，読み書き能力者とする。(c)その者が属する集団及び社会が効果的に機能するため並びに自己の及び自己の属する社会の開発のために読み書き及び計算をしつづけることができるために読み書き能力が必要とされるすべての活動に従事することができる者は，機能上の読み書き能力者とする。

また，読み書き能力の測定は，ユネスコの場合，以下の方法によるとしている。

(a)国民の全体的国勢調査又は部分的抽出調査において前記定義に関連する1つまたは数個の質問を行う。(b)特別調査の場合は，読み書き能力(または機能上の読み書き能力)標準試験による。この方法は，他の方法で得られた資料の正確性を確認し，または系統的誤謬を矯正するために使用される。(c)以上のいずれもが可能でない場合は，次の推定によって行う。(i)在籍者数に基づく特別調査または抽出調査，(ii)人口統計学上の資料と関連する定期的な学校統計，(iii)国民の教育水準に関する資料。

既存の各種統計では，最も簡便な(c)の方法によって報告されるケースが多い。

日本ではかつて，1948年に，連合国軍総司令部民間情報教育局の協力によって大規模な「日本人の読み書き能力調査」が行われたことがある。この調査の読み書き能力の定義は「現代の社会で正常な言語生活を営むのに理解・使用できなければならない最低の度合い」というもので，かな・数字・漢字の書き取りと読み，語の意味(2種)と文章の理解の，合計9種類の問題を作成し，15〜64歳の国民全体からサンプルした16820名に対して集合調査法による筆記試験を行った。結果は，満点が4.4%，逆に仮名の読みもできない完全非識字率は1.7%，仮名は読み書きできるが漢字は全く読み書きできない不完全非識字率もあわせると2.1%という数字が出ている。全問題の平均点は100点満点に換算して78.3点であった。最低限の読み書き能力をもっているか否かを調べた調査の結果としては識字率は低いとしなければならないが，国際的な水準からすれば低いものではない。 (渋谷勝己)

【参考文献】野元菊雄「日本人の読み書き能力」『岩波講座日本語3 国語国字問題』，1977。

読み癖

読み様，云クセ，文字よみ，口伝よみ，名目ともいう。故実読み（別項）と区別なく用いることが多いが，故実読みは主として有職故実に基づく漢語の読み方を対象にするのに対し，読み癖は，古今集，百人一首，伊勢物語，源氏物語，平家物語，徒然草，謡曲，漢籍や仏典の訓読に用いられる語句の表記とは異なった読み方を対象にすることが多い。この場合の表記とは，主として仮名のことをいう。

「書きてあるままに読むは田舎読みなり（『安斎随筆』）」という記述そのままに，読み癖は，表記に反映しないことが多く，その反対の「発音のままには書かない」という仮名づかいと表裏一体をなしている。そのため，読み癖の成立には仮名づかい意識が関係していることは否定できない。ただ，一方では「仮名のままに読むべし（『古今集清濁』）」という注記も存在し，その実態は多用的である。したがって，読み癖は「先達によく尋ね学びて知るべし（『席話抄』）」ということになり，これを知悉していることが一種のステータスとなりえたことを意味している。ただ，文献に現れる初期の読み癖は，「（阿仏尼が天皇の前で源氏物語を講釈するときに）まことにおもしろし，よのつねのよむにはにず，ならひあべかめり（文永 6・9・17/1269 年，『飛鳥井雅有日記』）」のように読み方の具体的記述を欠くものが多いが，古今伝授の世界では，13 世紀中期ごろからさまざまな注記を見ることができる。

［内容］読み癖の本質は，表記されたままには読まないというところにある。したがって，内容としては，正書法では濁点を付さないとか，ハ行転呼音（語中のハ行音のワ・ア行音化現象）は原則として表記に反映しないとか，連声も表記しないのが原則であるというような仮名表記体系の特質をふまえたものを基本としたところにある。そこで，以下に読み癖注記の典型的な例を一つずつあげる。

［清濁の例］（きのふこそさなへとりしか）取シカハ取シガ也。此ヲスミテヨム也『延五記』。［転呼音の例］（…事なしふとも…）ふの字，うという様にいふべし『両度聞書』。［連声の例］越王をゑつたう，八音をはつちん，舌音ををぜつとんとよむがごとし。かくよめばとて越王をゑつたう舌音をぜつとんと仮名には書かず『夏山雑談』。［音便の例］（とよみて夜のほのほのと明るに）よみてと書きていつれにてもよんでと読む也『平松家本上皇御講釈聞書』。［マ行とバ行の交替例］（かすむみをあはれび）びをみとよみなすべし。あはれみなり『大島雅太郎氏旧蔵三秘抄古今聞書』。［拗音の例］（せんさうはかりひきめぐらして）せんさうと書きてせんしやうと読むべし『河海抄』。さらには，「神なびの三室の山に…」の傍線部に対して，「口伝，ひの字をミとヒとのあはひにきこゆる様によむと也。別の歌にてもおなし『古今文字読聞書』」とか，「つひぢ」の傍線部に対して，「いの字を引てイともヒともきこえぬやうに読むべし『伊勢物語嬰児抄』」のように，「A の音と B の音との間で読む」などという他の文献では目にするこ

とができない特殊な表現を使って，微妙な音声の実態を説明する記述などが見られる。　　　　　　　　　　　　　　　　　　　　　　　　　　　　　（遠藤邦基）

【参考文献】秋永一枝『古今和歌集声点本の研究　資料編』校倉書房，1972/遠藤邦基『国語表現と音韻現象』新典社，1989/同『読み癖注記の国語史研究』清文堂，2002。

羅振玉

中国の古文字学者(1866–1940)。字は叔蘊，または叔言。号は雪堂。晩年は貞松老人とも号する。浙江省上虞の人。同治5(1866)年6月28日に下級官吏の家に生まれ，16歳のとき清の秀才になった。1896年上海に「学農社」を設け，1898年「東文学社」を創立した。その後，張之洞の招請を受け，湖北省農務局の総監に就く。また地方学校の監督などを担当した。1907年，北京にて清政府の「学部二等諮議官」に任じられた。1909年，京師大学堂農科の監督をも兼ねた。1911年，辛亥革命のとき，日本へ亡命し，京都にて王国維とともに甲骨文の研究に従事した。1919年，帰国後は，清王室の政治に積極的に関与し，満州国の成立の際には，参議・監察院長などの要職に就いた。1937年に引退し，1940年5月14日，旅順で病没した。

羅振玉は甲骨文・金石・敦煌文献学と，三つの領域において，卓越した業績を残している。彼は清末期に発見された甲骨文・簡牘・漢魏の石経・敦煌文献を整理，刊行することと清の内閣大庫档案の保存にも尽力した。彼の手を経て，編集・刊行された書籍は数百種類を超えている。甲骨文字は1899年に河南省の安陽の殷墟にて発見され，その二年後，劉鶚から所蔵の甲骨文を見せてもらった羅振玉は，その拓本を刊行するように勧めた結果，『鉄雲蔵亀』が出版された。これをきっかけに，羅振玉は甲骨を収集して，整理・編集に力を注いだ。1911年に『殷虚書契前編』(20巻)をはじめとして，その後，『殷虚書契菁華』・『殷虚書契後編」・『殷虚書契待問編』・『殷虚書契続編』などを刊行した。

学術面においては，1910年に「殷商貞卜文字考」を発表し，継いで『殷虚書契考釋』(1914)を著した。甲骨の卜辭を解いて，商王朝の王系・名号を明らかにした。数百の甲骨文字の意味を解明したうえに，金文・古文・籀文・篆文と比較して，文字の起源と変相について推考した。金石文字については，『殷文存』・『貞松堂吉金図』など，石鼓文の研究では，『石鼓文考釋』，敦煌文献については『莫高窟石室秘録』・『鳴沙石室佚書・続編』など，漢・晋の木簡について，『流沙墜簡』(共著)などを刊行した。羅振玉の著作の多くは『羅雪堂先生全集』(台湾文華出版公司，1968～1976)に収められている。

(周雲喬)

【参考文献】『中国大百科全書』語言文字巻，中国大百科全書出版社，1988。

ラテン化新文字

1931年に制定されたローマ字による中国語表記法。中国語では「拉丁化新文字」といい，略して「新文字」という。「北方話拉丁化新文字」(北方方言ラテン化新文字)が代表的な方案であったので，略して「北拉」ということもある。

1917年のロシア革命のあと，ソ連領内の少数民族言語についてラテン文字表記を制定する政策が採られた。1926年の統計によれば，当時ソ連領内には約10万人の中国人がおり，彼らに文字を与えるために中国語のラテン文字化が課題となった。その頃ソ連にいた中国共産党指導者の瞿秋白が中心となりラテン文字化を研究し，方案が定められた。1931年ウラジオストクで中国新文字第1次代表大会が開かれ，「中国漢字ラテン化の原則と規則」が採択された。その原則において，多くの人民にとって識字の障害となっている漢字を将来的には廃止すべきこと，そのためにはローマ字を採用すべきこと，口頭語を書き表すべきこと，方言を書き表すべきこと，ソ連極東地域にいる中国人労働者は多くが北方人であるので先ず北方方言の教本や字典を編修すること，などが掲げられている。表記の規則で特徴的なことは，声調を表記しないことである。ただし混同しやすい一部の語彙については，特別の綴りを定めて区別する。例，買(買う)maai，売(売る)mai。ラテン化新文字では「希」の音をxi，「知」の音をzhと綴るが，これらの子音にx，zhを当てるのは新文字が最初であり，後の漢語拼音方案に引き継がれている。1933年頃から新文字に関する情報が中国国内に伝えられ，上海のエスペランティストや大衆語運動提唱者の間で注目されるようになった。当時上海にいた魯迅も新文字を積極的に支持する文章を発表している。国民党政府は，新文字を共産党の文字であるとして取り締まったにもかかわらず，1937年までに国民党地区で70以上の新文字関連の団体が成立し，新文字による60種以上の書籍と30種以上の雑誌が出版された。また延安を中心とする共産党地区においても識字教育に新文字が使われた。上海・福州・廈門・広州など13種の方言ラテン化方案が制定されたが，主に学習されたのは北方方言ラテン化新文字であった。中華人民共和国成立後，新文字を使用した書籍や雑誌は急激に増加したが，1958年の漢語拼音方案制定により新文字はその役目を終えた。

ラテン化新文字が戦乱の続く困難な条件のもとで普及したのは，新文字が簡単で学びやすかったからであるが，基礎となる方言を北京語とは限定しておらず，声調も示さないため，精密な表記法ではなかった。新文字は，漢語拼音方案登場までの過渡的な役割を果たした表記法であると評価されている。　(小出　敦)

【参考文献】大原信一『近代中国のことばと文字』東方書店，1994/藤井(宮西)久美子『近現代中国における言語政策』三元社，2003。

蘭亭序（らんていじょ）

蘭亭序は東晋の書聖 王羲之（おうぎし）の書と伝えられる。行書作品の中では最高峰とされ，古今書道学習者にとって臨書の第一級の典範とされてきた古典でもある。

王羲之は晋代の名族王氏の出身で，年少の頃から書に巧みであった。書を女流書家の衛（えい）夫人に学んだが，羲之の書は衛夫人をして「筆勢洞精，字体遵媚（じたいしゅうび）」といわしめた。晋の永和 9 (353) 年羲之の招きにより，会稽（かいけい）(現在の中国浙江省紹興市（せっこうしょうしょうこうし）) 山陰の蘭亭に 41 名の文人が会し，詩を取り交した。その際羲之が詩集の序文を書いたのが蘭亭序である。羲之 51 歳のときの作品で，鼠鬚筆（そしゅひつ）を用いて蚕繭紙（さんけんし）に書いたといわれている。羲之が蘭亭序を書いたとき酒に酔っていたが，神助を得て書き上げた。神妙な出来栄えで，彼自身後に何度書いてもこれには及ばなかった。蘭亭序は草稿であるため，羲之の運筆にてらいがなく自然の妙があり，文章中の同じ字も一つとして同書体がないほどに変化に富んでいる。蘭亭序が古今愛される所以がここにある。

羲之直筆の蘭亭序は現在残っていない。それについてこんなエピソードがある。この書跡は，羲之 7 世の孫 智永（ちえい）が所持していたが，自ら子孫をもたないために弟子の辨才に与えた。唐の太宗はひどくこれを得ることを欲し，家臣を遣わして騙し取らせた (この話とは別説もある)。太宗は当時書の大家であった虞世南（ぐせいなん），欧陽詢（おうようじゅん），褚遂良（ちょすいりょう）のほか，臨模者（りんもしゃ）(原本に忠実に模写することを専門とした人) に蘭亭序を臨書せしめた。墨書きした模写本や石碑，拓本の形で今も残されており，現在我々も目にすることができる。原本は太宗の死後，彼の墓地「昭陵」に埋蔵され，二度と人目に触れることがなかった。現在伝わる蘭亭序は百を超えるが，なかでも有名なものに定武本（ていぶほん）(欧陽詢の書，拓本)，神龍本（しんりゅうぼん）(臨模者による書といわれる。模写本・拓本の両方が残っている)，褚遂良臨本 (2 種あり，いずれも模写本)，虞世南臨本 (虞世南の書であるかどうかは不明。模写本) などがある。

羲之の書道史における功績は，漢字の書体が隷書（れいしょ）から楷書へ移行する過程にあって楷・行・草の書法を確立し，後世に多大な影響を与えたことである。蘭亭序のほかに楽毅論（がっきろん）(楷書)，十七帖（じゅうしちじょう）(草書)，秋月帖（しゅうげつじょう）(草書)，喪乱帖（そうらんじょう）(行書) などの作品があり，唐の時代はもとより，宋代・明代に至っても羲之の書は最高の模範の一つとされてきた。日本においても奈良時代すでに羲之の書が伝わり典範とされた。将来された喪乱帖の模本や光明皇后による楽毅論の臨書が今も正倉院に残っており，また当時の書体を見ても羲之の影響は明らかである。現在に至っても羲之の古典，とりわけ蘭亭序は書道を志す人ならば必ず臨書学習されており，一般的な書道の教本にも頻出している。蘭亭序は書の流れの原点に立ちながら，今なおその輝きを燦然（さんぜん）と放っているのである。

(張　莉)

【参考文献】余雪曼編「蘭亭序：行書王羲之」『書道技法講座』二玄社，1970/中西慶爾編『中国書道辞典』木耳社，1981/田中　有「王羲之と〈蘭亭叙〉」『しにか』大修館，2002 年 12 月号。

六書

漢字の成り立ちと意味を解釈するための基本的理論。象形・指事・会意・形声・転注・仮借の6種からなり，前4種は文字の作り方，後の2種は文字の使い方とされる。

『説文解字』序文に六書についての定義と挙例が記されており，そのはじめに

周禮，八歳入小學，保氏教國子先以六書。

周の礼に，八歳にして小学に入る　保氏　国子に教うるに先づ六書を以ってす。

とある。「八歳入小学」という記述は『周禮』には見えないが，次に出てくる「保氏」は『周禮』に見える官名である。

『周禮』の地官・保氏の職掌に，

保氏掌諫王悪，而養國子以道，乃教之六藝。一曰五禮，二曰六樂，三曰五射，四曰五馭，五曰六書，六曰九数。（以下略）

保氏は王の悪を諫めるを掌どり，国子を養うに道を以てす。乃ちこれに六藝を教う。一に曰く五禮，二に曰く六楽，三に曰く五射，四に曰く五馭，五に曰く六書，六に曰く九数と。

とある。これによれば保氏の仕事は王の正しくない行為を諫めることと，国子（諸侯の子弟）を教育することであって，その教育内容が「六藝」であるという。「六藝」とは六種の学藝で，五礼・六楽・五射・五馭・六書・九数に分類される。『周禮』に付す鄭注によれば，五礼とは吉礼・凶礼・賓礼・軍礼・嘉礼の5種の礼法で，以下六楽は六種の音楽，五射は5種の弓術，五馭は5種の乗馬テクニックであり，また九数とは9種の算術をいう。

ところがこの「六書」について，鄭注は鄭衆（鄭司農）を引いて「六書は，象形・会意・転注・処事・仮借・諧声なり。」と記す。名称と順序は『説文解字』所掲のものと違うが，この注釈によれば，象形や指事などの「六書」が周代から存在していたこととなる。

伝統的な考え方では鄭衆の説に疑問をもたず，六書はすでに周代からあったものとされてきた。しかし『周禮』の「六書」は保氏による教育内容であり，「六書」のほかの「五礼」や「六楽」「九数」はいずれも「五種の礼」「六種の音楽」「九種の算術」であるから，「六書」も「六種の書」でなければ，ほかとのつりあいがとれない。

一方文字学でいう「六書」は文字の成り立ちを説明する理論であって，文字それ自身を指すものではない。「書」という字は意味がきわめて広いが，ほかの「五礼」や「六楽」と対比される「六書」の「書」が，文字の原理とか法則を指すとは考えがたい。ほかの「藝」と対比して，この場合の「書」とは書体などもっと具体的なものを指しているのであろうと考えられる。

『周禮』の「六書」と文字学でいう六書は，単に字面が同じだけで，両者を同一のもの

と断定することはできない。とすれば，周代にすでに六書が存在していたとの考え方が疑わしくなってくる。

六書の細目の名称が出現するのはずっとのちの後漢前後であり，その資料としては『説文解字』序文と『周禮』鄭衆注，それに『漢書』藝文志がある。その三種の文献に見える六書の細目は，しかし名称と順序が次のように異なっている。

『説文解字』序—指事・象形・形声・会意・轉注・仮借
鄭衆—象形・会意・転注・処事・假借・諧声
漢志—象形・象事・象音・象声・轉注・仮借

ところでこれらの著者である許慎(きょしん)・鄭衆・班固の3人の学問的系統を遡(さかのぼ)っていくと，すべて劉歆にまでたどりつく。劉歆は古文学の開祖であり，後漢の学問に大きな影響を与えているが，さらに劉歆と六書の関係をさらに密接に示す資料がある。

荀悦『漢紀』巻25に劉向・劉歆父子による宮中図書校定事業を述べて「劉向　経伝を典校し，異同を考え集めて云う」という一段があり，以下に「易」にはじまる各経書の伝承を略述し，「小学」に及んで，

凡書有六本，謂象形・象事・象意・象声・轉往・假借也，
およそ書に六本有り，象形・象事・象意・象声・転注・仮借なり，

という。

『漢紀』は『漢書』より後にできた歴史書である。後漢の献帝（189–220在位）は読書の好きな皇帝だったが，班固の『漢書』の文が繁雑であるのを嫌い，荀悦に命じて『左伝』の形式で前漢の歴史を新しく書かせた。その結果書かれたのが『漢紀』である。だから荀悦は『漢書』を参考にしながら『漢紀』を書くことができた。その『漢紀』の中に「六書」という当時すでに著名であった言い方が使われず，「六本」という見なれない呼び方がされているのは，荀悦がそこで『漢書』よりももっと来歴の古い資料を使ったからではないだろうか。そこに記される六書の名称と順序が「藝文志」と全く同じであることを考えあわせると，あるいは荀悦がそこに引いたのは劉歆の『七略』そのものではなかったか，と想像される。

上のように考えるならば，六書についての確かな記述は劉歆にまで遡ることができる。また前掲のように許・鄭・班3人の記す六書の細目と順序がまちまちで統一されていないのも，六書の説が成立して間もないものであったことによるのだろう。

つまり現存する資料から考えるならば，六書は劉歆を中心に成立するものと考えるのが最も確実である。

六書は最初は「六本」と呼ばれていた。それが「六書」と呼ばれるようになったのは，当時存在が知られたばかりで，クローズ・アップの過程にあった『周禮』の保氏に「六書」という語があるのに結びつけて，その説の来歴をより古いものに見せるための操作の結果だったのである。　(阿辻哲次)

【参考文献】阿辻哲次『漢字学—「説文解字」の世界』東海大学出版会，1985。

六書(書体)

新の王莽の時に行われた6種の書体。

後漢の班固『漢書』芸文志(六芸略・小学)は，古文・奇字・篆書・隷書・繆篆・虫書の6種をあげる。また，同時期の許慎『説文解字』叙もほぼ同様な6種をあげ，以下のような解説を加えている。

一に曰く古文。孔子壁中書なり。

二に曰く奇字。即ち古文にして而して異なる者なり。

三に曰く篆書。即ち小篆。

四に曰く左書。即ち秦の隷書。秦の始皇帝，下杜の人程邈をして作らしむる所なり。

五に曰く繆篆。印に摹する所以なり。

六に曰く鳥虫書。幡信に書する所以なり。

古文は，壁中書の文字を指す。壁中書は，前漢のはじめに魯の孔子旧宅の壁の中から発見された儒教の経典であり，その文字は，当時通行の隷書とは異なる古体字であったため，隷書の今文に対して古文と呼ばれた。『説文解字』に掲出された古文500余字は，壁中書に基づく。

奇字は，古文の一種で壁中書の文字とは異なるもの。『説文解字』には5字が見られるにすぎず，その実体は十分に把握し難いが，『漢書』87下・揚雄伝に，劉歆の子の劉棻はかつて揚雄について奇字を作ることを学んだと記されており，一定の規模をもつ古体字であったと推測される。

篆書は，小篆。秦篆ともいう。『説文解字』の見出し字の書体。『説文解字』叙には，秦の始皇帝の文字統一に際して作成された李斯の『蒼頡篇』・趙高の『爰歴篇』・胡毋敬の『博学篇』の文字の書体で，それらはみな周の宣王の太史籀の大篆(籀文)に基づき，一部の文字をやや省き改めたものであると説明されている。

左書は，秦の隷書。下文に始皇帝が，程邈に作らせたと記すが，『説文解字』叙の前段では，秦の始皇帝のとき，官獄の職務が繁忙となったので，篆書を簡易化し，徒隷に使用させたと記している。

繆篆は，印章に用いる書体。繆とは，綢繆，まつわりもつれあう意で，複雑で屈曲の多いさまをいう。漢代の印章に実例が見られ，これらの印文を収録したものに，清の桂馥『繆篆分韻』(5巻・補1巻)がある。

鳥虫書は，虫書ともいい，のぼり・はたじるしに用いる装飾的な書体。漢代の幡信の実例としては，甘粛省の居延肩水金関から出土した「張掖都尉棨信」や甘粛省の武威磨咀子から出土した柩銘が知られる。　(福田哲之)

【参考文献】啓功『古代字体論稿』文物出版社，1999。

吏 読

日本同様，もともと固有の文字をもたなかった朝鮮半島では，漢字の音と訓を借りて自国の言語を記してきた。広義では，この借字表記法，またそれに使われた文字を吏読という。三国時代に始まり，朝鮮固有の文字・ハングル制定後も，19 世紀末に至るまで使用された。『大明律直解』(1395)に，新羅の「薛聡が作った方言文字」とする記述があるが，定かではない。吏道・吏頭・吏吐・吏文・吏書・吏套・吏札ともいう。

借字表記法には，狭義の吏読・郷札・口訣・固有名詞などの表記，の四つがある。

狭義の吏読とは，吏読文(一種の変体漢文)に使われた表記法である。助詞や語尾を漢字で記し，語順は朝鮮語に従う。形式としては，日本の祝詞や宣命書などと同様のものである。朝鮮では主に行政文書に使われたが，民間でも，書簡・造成記・発願文など，広く実用的な文章に使用されてきた。正統漢文と混用されることが多い。

郷札は，郷歌(新羅中葉～高麗初期，民間に流行した朝鮮固有の詩歌。四句・八句・十句体の 3 形式がある。『三国遺事』に 14 首，『均如伝』に 11 首の 25 首を残すのみ)のように，全面的に朝鮮語を記すものである。吏読が，伝達内容重視の散文で，助詞や語尾の省略も多いなど，より漢文に近いのに対し，郷札は，詩歌としての形式や韻律を重視した結果であろう，当時の純粋な朝鮮語をそのまま写す傾向にある。古代朝鮮語に限らず，詩経の難解句を解釈した『詩経釈義』(16 世紀)なども，完全に朝鮮語であることから，郷札に分類される。また，吏読文は三国時代から近代まで使われたが，統一新羅時代に完成した郷札は，ハングル制定後，急速に使われなくなった。

口訣とは，漢文を解釈するための補助として，漢文原典に吐(送り仮名)を付すものである。漢字の一部を利用した略号が使われた。口訣には，朝鮮語の助詞や語尾を入れるだけで，漢文の語順のままに読む順読口訣と，返り点により朝鮮語として読む方法を示した釈読口訣とがある。後者は，遅くとも統一新羅時代には存在したもので，郷札表記法の母胎になったといわれる。また前者は，漢文学習法が発達した高麗時代に生まれたと推定され，吏読の発展に大きな影響を与えたと考えられる。近年，日本や韓国で新しく発見されてきている角筆文献には，日本・朝鮮共通の記号が見られる。片仮名を含め，日本の漢文に訓点を書き入れる手法は，朝鮮半島からもち込まれた可能性が高まり，研究が進められている。

人名・地名などの固有名詞，官名やその他の普通名詞の表記に使われた借字には，万葉仮名と共通するものがあり，万葉仮名の一部は朝鮮半島に由来する可能性が高い。

吏読資料による研究は困難を伴う。現存の古代資料はきわめて限られ，中世以後の資料は，それ以前の高麗時代の言語を保持しているため，同時代資料とならないからである。しかし，日本語との関係を含め，今後の研究に期待したい。　(小出裕子)

【参考文献】南豊鉉『吏読研究』태학사，2000/姜斗興『吏読と万葉仮名の研究』和泉書院，1982。

略字

使用上の便宜や筆写の省力化のために，それぞれの漢字がもつ本来の筆画を簡略にした，楷書での字体。字形の正俗を区別した言い方での「俗字」と呼ばれるものと重なることが多い。

画数の多い漢字は書くのに時間がかかり，また覚えにくいものだから，日本でも中国でも，現実の社会では構造を簡略化した漢字が，はるか前から使われていた。だがそんな「略字」はこれまでずっと，「正字」(また「正体字」とも)よりも価値が一段劣るものとされ，科挙の答案や儒学の経典の筆写，あるいは仏典の学習と写経など伝統的な漢字文化の枠内に位置する正規の文書には，略字を使うことが厳しく戒められていた。略字はもっぱら，商店の帳簿や個人の備忘などにしか使われないものだった。

図　唐代の『干禄字書』「功」の正字と略字が見える。

しかし戦後の日本で制定された「当用漢字」や，そのあとを受けた「常用漢字」，および中国の文字改革の結果として制定された「簡化字総表」に含まれる「簡体字」の中には，かつて略字とされていた字形が数多く含まれている。

このように国家によって正式に決定された漢字の規格に採用されたものは，それが今では通用字体となっているが，そこに採用されなかったものは，今も略字のままである。

例えば，かつて「学」は「學」の，「芸」は「藝」の，「国」は「國」のそれぞれ略字であったが，当用漢字(常用漢字)に略字形が収録されたことによって，今では「学」「芸」「国」が正規の字形とされ，それに対して「學」「藝」「國」は「旧字体」と呼ばれるようになった。

しかし「鶯」と「鴬」，「濤」と「涛」，「瀆」と「涜」などのペアについては，それらの字種がいずれも当用漢字・常用漢字に採用されなかったため，現在においても「鴬」は「鶯」の，「涛」は「濤」の，「涜」は「瀆」の略字であると考えるべきである。　(阿辻哲次)

龍龕手鏡

中国，遼代の僧行均が撰述した字書。4巻で，収録された字数は2万6430余字，注も含めると18万9610余字に及ぶ。

撰者の行均についての詳しい伝記はない。ただ，本書に寄せられた燕台憫忠寺の僧智光の序に「行均上人，字は広済，俗姓は于氏。青斉に派演し，燕晋に雲飛す。音韻を善くし，字書を閑う。」とあり，沈括『夢溪筆談』に「幽州の僧行均」とあるのによれば，現在の北京を中心として，遼朝治下の華北で活動し，音韻・字書をよくした学僧であったことがうかがえる。

撰述の年代については，智光の序に「統和15年丁酉7月1日癸亥序」とあるのによって，遼の統和15(997)年とするのが一般である。本書は熙平年間(1068–1077)に宋に伝えられ，その後，書名を『龍龕手鑑』と改められた。これは宋の太祖の祖父の諱を避けたためである。

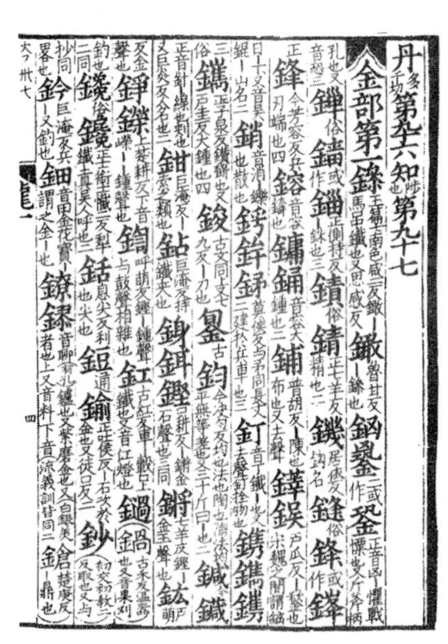

図 『龍龕手鏡』の巻頭
(『日本古典全集別刊』，1934)

本書は，偏旁を242の部首に分類して，それを平・上・去・入の四声順に配列し，かつ各部首の下に分類される文字についても同様に四声順に配列したものである。4巻の各巻はその四声に対応している。書名の「龍龕」とは大蔵と同義であり，本書は仏典中に見られる文字を集成したものであるが，正字以外に，俗字・通字・古字・今字などさまざまな字体を列挙し，簡単な訓詁を施して収録している。そのために，木村正辭『欟斎雑考』に「龍龕手鑑はいとよきものなり，…古書を読まんには，必ずこの書をかたえにおきて合わせ見るべきなり」とあるごとく，異体字を多く含む古書とりわけ古写本を読むには，きわめて有益な著述と評価されている。

なお智光の序には，行均には別に『五音図式』の撰述があって，本書の後に附したことが記されているが，現存していない。　(藤田高夫)

【参考文献】野上俊静「『龍龕手鏡』雑考」『遼金の仏教』所収 平楽寺書店，1953。

『流沙墜簡』

イギリスのアウレル-スタインが第２回中央アジア探検(1906-1908)で発見した漢晋の簡牘・残紙について，羅振玉(1866-1940)が王国維(1877-1927)とともに図版を分類し考釈を加えた書物。

当時，日本に亡命中であった羅振玉・王国維は，スタインの発掘品の整理・釈読にあたっていたエドワード-シャバンヌから手校本を提供され，それをもとに，1913年の暮れから考釈に着手した。その後，わずか２ヵ月足らずの間に考釈を終え，1914年の２月から王氏が清書にかかり，補遺・附録・表の作成を経て，1914年５月に京都の東山学社から，王氏の清書本をそのまま付印して初版が出版された。本書は，簡牘研究史における最初の中国人研究者の著作として，きわめて重要な意義をもつ。

初版の目次と分担は，以下のとおりである。

〔第１冊〕

羅振玉　序
王国維　序
小学術数方技書　１巻(図版)〈羅振玉排類〉
屯戍叢残　１巻(図版)〈王国維排類〉
簡牘遺文　１巻(図版)〈羅振玉排類〉

〔第２冊〕

小学術数方技書考釈　１巻〈羅振玉〉
屯戍叢残考釈　１巻〈王国維〉
簡牘遺文　１巻〈王国維〉
王国維　跋

〔第３冊〕

流沙墜簡補遺(図版)〈王国維排類〉
流沙墜簡補遺考釈〈王国維〉
附録(李柏文書)〈王国維〉
表〈王国維〉

頁数でみると考釈の７割が王国維の手になる。初版刊行の直後から補正が開始され，その後，修訂を加えた再版が出された。再版の刊行時期については不明な点が多く，初版刊行直後の1914年と王氏が没した1927年から1934年の間という二つの可能性が指摘されている。現在，1993年に中華書局から刊行された再版の重印本が行われている。

(福田哲之)

【参考文献】門田　明「流沙墜簡版本考」『漢簡研究国際シンポジウム'92報告書 漢簡研究の現状と展望』関西大学出版部，1993。

劉　復

中国の言語学者・詩人(1891-1934)。本名は壽彭，その後，復と改名した。字(あざな)は半農。曲庵と号し，ペンネームは寒星。江蘇省江陰の人。1891年5月27日生まれ，1934年7月14日逝去。

1903年に翰墨林小学校に入学，1907年に常州府中学堂に進学した。1911年辛亥革命勃発の際には江蘇の清江で革命新軍に参加し，文牘の仕事を務めた。翌年上海に行き，「中華新報」と中華書局の編集に携わった。1913年から『小説月報』など，多くの雑誌に小説や翻訳作品を数々発表している。1917年に『新青年』に「我之文学改良観」(第3巻第3号)，「詩与小説精神上之革命」(第3巻第5号)発表。北京大学文科学長陳独秀の推薦によって，北京大学の法科予科の教授に任じられた。そして『新青年』の編集委員の一人として，銭玄同と共に文学革命を唱える文章を発表した。また，古韻を改めて今音に合致する新たな韻を用いることや，文章の区切りと新式句読点の使用を主張した。1918年，劉復は沈尹黙・沈兼士・銭玄同と共に民謡の収集を提唱し，「北大歌謡征集處」を設立した。148首歌謡を選定し，1918年5月から「北大日刊」(141号〜384号)に掲載されている。

1920年2月，ヨーロッパに留学に赴き，パリ大学で実験語音学を専攻した。1925年フランスの文学博士号を取得，パリ語言学会会員にもなった。同年，帰国後，北京大学国文系の教授・研究所国学門導師，中法大学国文系主任・輔仁大学教務長・国立北平大学女子学院院長・『世界日報』の副刊(文芸版)の編集を主宰するなど，数多くの職を兼任した。また，語学の研究会である「数人会」を発案し，趙元任・銭玄同・黎錦熙(れいきんき)などと共に，「国語羅馬(ローマ)字問題」について議論し，「国語羅馬字拼音(ピンイン)法式」を確定に導いた。

主な著作は『四声実験録』(群益書杜，1924)『宋元以来俗字譜』(共編，中央研究院歴史語言研究所，1930)・『中国文法講話』(上，北新書局，1932)・『中国俗曲総目稿』(共編，中央研究院歴史語言研究所，1932)・『賽金花本事』(共編，星雲堂書店，1934)・『半農雑文』(星雲堂書店，1934)・『半農雑文二集』(良友図書印刷公司，1935)などがある。

劉復は詩作にも才気に溢れ，新詩の先駆者として活躍した。彼は故郷である江陰の民間の歌を模倣し，新詩を作り，主に『揚鞭(ようべん)集』(上巻，北新書局，1926)と『瓦釜(がふ)集』(北新書局，1926)に収めている。また，翻訳作品は『茶花女(椿姫)』(北新書局，1926)・『国外民歌訳』(北新書局，1927)・『法国短編小説集』(北新書局，1927)などがある。

(周雲喬)

【参考文献】『中国大百科全書』中国文学巻，中国大百科全書出版社，1986/『劉半農研究資料』鮑晶　天津人民出版社，1985。

臨時国語調査会（りんじこくごちょうさかい）

国語問題を調査することを目的とした文部大臣の諮問機関。1902(明治35)年に設立された国語調査委員会が，多くの国語問題に着手しつつも，そのほとんどを未解決のままに残して行政整理のために1913(大正2)年に廃止されたあとも，教育界を中心に国語の調査機関を再設置することの要望が多く，1921(大正10)年6月に設置された。

初代の会長は保守派の森林太郎(鷗外)であるが，翌年，森の逝去に伴って改革論者の上田萬年が会長に就任する。委員35名には漢字制限を検討していた新聞界からもメンバーが加わるなど，漢字制限を模索する姿勢が顕著で，本会設置時の首相も，大阪毎日新聞社社長を歴任し，『漢字減少論』を著すなど漢字を制限することを主張した原敬であった。また，明治以来の懸案事項である仮名遣いについても，国語音，字音ともに発音式をめざしており，表記のありかたを合理化しようとする動きが目に付く。

臨時国語調査会の主な業績には，「常用漢字表」(1923(大正12)，1962字)，「仮名遣改定案」(1924(大正13))，「字体整理案」(1926(大正15))，表外漢字やそれを含む漢語の言い換えなどを整理した「漢字整理案」(1926(大正15)～1928(昭和3))などがある。先の国語調査委員会が国語政策の基礎となるべき国語に関する学術的な研究成果を数多く残したのに比べると，国語を学校で教育し，また世の中で一般に使用する場合に直面する国語の実際問題に取り組もうとする姿勢が前面に出ている。

これらのうち常用漢字表は，紙面の漢字を制限することを試みていた報知・東京日日・朝日・読売など新聞界の支持を得，また実際に東京および大阪の主な新聞社は1923(大正12)年9月1日の紙面から漢字制限を実施しようとしたが，同日，関東大震災が起こったために挫折する。しかし，膨大な数の活字の処理に日々悩まされつづけ，漢字の制限が差し迫った課題であった新聞界では独自に検討を進め，1925(大正14)年6月1日に「漢字制限に関する宣言」を紙面に掲載した。このような社会の動きを背景として臨時国語調査会もふたたび検討をはじめ，1931(昭和6)年，再度「常用漢字表」(1858字)を発表したが，このときもまた同年9月に満州事変が勃発し，新聞の記事に中国の地名や人名などを掲載する必要が出てきたために実施は不可能となった。

常用漢字表をはじめとして，国語の合理化をめざした臨時国語調査会の立案した国語政策は，一方では戦争という社会情勢によって，また一方では，とくに仮名遣いの改定をめぐって，山田孝雄や芥川龍之介，与謝野鉄幹らの保守派や軍国主義者の強力な反対にあってその実施を阻まれたが，その仕事は次の国語審議会に引き継がれ，戦後，敗戦による伝統の崩壊感が世に蔓延するなかで，「当用漢字表」(1946(昭和21))や「現代かなづかい」(同)など，国語の合理化をめざす一連の政策となって短期間のうちに施行され，急速に普及した。

1934(昭和9)年，国語審議会に改組され，廃止。　(渋谷勝己)

『類聚名義抄』

平安時代院政期に成立した部首分類体漢和辞書で，原撰本系と改編本系との2系統が存する。後世の漢和辞書などにも大きな影響を与え，日本の辞書史上重要である。

原撰本は1100年頃の成立で，成立後ほど遠からぬ頃の書写と見られる図書寮本(書陵部蔵本)が唯一の伝本であり，戦後に発見された。「仏・法・僧」それぞれ「上・下」の全6帖のうち「法上」1帖のみの零本であるが，従来知られていた後述の観智院本などすなわち改編本系諸本とは体裁・内容を大きく異にする。改編本系が単字標出を主体とし，和訓による注を中心とするのに対して，図書寮本は，単字に対する注を掲げる場合も標出字は多くが熟字により，さらに仏教典所用の語を中心に多くの熟字を掲げる。注は漢文による音注・義注を主体とし，その後に片仮名による和訓を掲げ，和訓は漢文注に対してむしろ従である。これらの注のほとんどに出典名が明示され，この点も改編本系とは異なる特徴である。漢文注は，『篆隷万象名義』『和名類聚抄』(万葉仮名和訓を含む)，『玉篇』などの辞書類と，『玄応一切経音義』『中算妙法蓮華経釈文』などの仏典音義類の引用を主体とし，仏教辞書的性格が強く，編者は引用諸書から法相宗僧侶と考えられる。ただし片仮名和訓は大部分，博士家所管の漢籍の訓を採る。和訓を含め各引用とも概して正確で，平安時代の字訓・語彙資料等々として貴重である。和訓はまた大半に朱声点が施され，平安時代のアクセント資料として重要であり，平声軽点(下降調)の存在が明らかにされている。

改編本は，原撰本を下敷きにしながらも，標出字の原則単字化と大量増補を行い，注は漢文注を大幅に減らし代わって和訓を大量に増補し，万葉仮名和訓は片仮名に統一し，出典表示はすべて削除して，単字標出・和訓中心の一般字書へ抜本的に改編したものである。この体裁が，後の『字鏡集』『倭玉篇』などの漢和辞書の原型となったといってよい。院政期末には成立していたとする説が有力で，伝本はいずれも鎌倉時代書写の，観智院本，高山寺本(三宝類字集)，蓮成院本(三宝類聚名義抄)が主要なもので，観智院本は唯一の完本である。ほかに観智院本に近い伝本として宝菩提院本，西念寺本も知られる。諸状況から改編者は真言宗僧侶である可能性が高い。大量の和訓の増補が何によったのかは重要な問題であるが，大部分は未詳のままである。いずれにせよ，特に完存の観智院本は，平安時代末の和訓の宝庫ともいうべきであり，しかも和訓には図書寮本同様，大半に朱声点があり，大量のアクセント資料をも提供する。ただし，観智院本は，本文の書写，声点の加点とも，正確さなどに問題も少なくないので，利用には注意も要する。　(山本秀人)

【参考文献】岡田希雄『類聚名義抄の研究』一條書房，1944/「訓点語と訓点資料」2・3・5，1954・1955，吉田金彦「図書寮本類聚名義抄出典攷」/正宗敦夫編『類聚名義抄 第弐巻』風間書房，中田祝夫「類聚名義抄使用者のために」1955/築島　裕『平安時代の漢文訓読語につきての研究』東京大学出版会，1963/西崎　亨編『日本古辞書を学ぶ人のために』世界思想社，1995。

『類篇』

字書。宋・司馬光撰と称するが，実際の編纂にあたったのは王洙・胡宿・掌禹錫らで，司馬光は最終段階の整理にあたったにすぎない。15巻を上中下に分け，すべてで45篇からなる。3万229字を収め，部首は『説文解字』の540部に従うが，部首の順序をかなり入れ替えている。それぞれの文字には反切で字音を掲出し，次に字義を解釈する。

『類篇』は『広韻』の増補版として作られた『集韻』を部首別に並べ替えた字書。宋の大中祥府年間に作られた『広韻』は2万6000余字を収めるが，それでも字数が少ないとの認識が成書の直後からあった。そこでより多くの文字を収めたもっと大きな韻書を作ろうとして『集韻』が作られた。

宋の景祐4(1037)年，宋祁らが『広韻』の不備を感じてその増訂を上奏し，仁宗から宋祁や丁度らに勅命が下った。増訂作業が完成したのは英宗の治平4(1067)年のことであり，『集韻』と命名された。

『集韻』は全10巻，四声ごとに分巻し，平声は上平・下平に各2巻，上・去・入の各声にそれぞれ2巻があてられる。平声が上下2部に分けられるのは所属の字数が多いためで，この体例は『広韻』と全く同じである。

『集韻』の撰述がほぼ完成に近づいた頃，主編者である丁度らは，『集韻』のための資料で別の大きな字書の作成を奏上して，許可された。こうして作られたのが『類篇』(1066刊)である。『類篇』は『説文解字』が建てる540の部を用い，その内部を韻書式の配列(上平の『東』から始まり，入声の『乏』に終わる)で並べた字書であるが，各字の注解には『集韻』の資料をそのまま使っている。だから同一の資料で作られた韻書が『集韻』，字書が『類篇』であり，両者は姉妹版とでもいうべき関係にある。『集韻』は多量の文字と注解を収める書であるから，誤字や脱文など校訂の不備が免れ難いものであるが，『類篇』を併用することによって，『集韻』校訂の一助とすることができる。

清代に曹寅が『楝亭五種』のひとつとして刊行し，のちに姚覲元が翻刻したものが通行した。現在はその影印本が刊行されている。　(阿辻哲次)

【参考文献】貝塚茂樹編『中国の漢字』(日本語の世界第3)中央公論社，1981。

黎錦熙

中国の言語文字学者(1890–1978)。字は劭西。湖南省湘潭の人。1890年2月2日生まれ，1978年3月27日逝去。

1905年，清の秀才に。1911年湖南優級師範史地部を卒業し，1915年教育部の要請に応じて，教科書の特約編纂に任じた。1920年より，北京高等師範・北京女子師範大学・北京大学・燕京大学の国文系教授などを歴任した。1928年「国語統一籌備委員会」の常務委員，1948年，北京師範大学文学院院長・国文系主任に就いて，『中国大辞典』編纂處の総主任を兼任した。1949年，呉玉章・馬叙倫などと一緒に，中国文字改革協会を設立し，理事会の副主席に任じた。1955年，中国社会科学院哲学社会科学部の委員に聘された。中国人民政治協商会議の第1・2と第5期の委員になり，かつ第1・2・3期の全国人民代表大会の代表であった。

黎錦熙の言語学の研究は広い範囲に及んでおり，著作は30あまりにのぼる。彼は主に標準語の普及・漢字改革・文法研究・辞書編纂において活躍した。1916年より，言文一致・国語統一を唱え，1918年に「注音字母」の公表を教育部に要請し，同年11月に認可を得て，正式に公表実施された。1920年に出した『国語学講義』(商務印書館)の中で漢字の簡易化の問題などを論じている。1923年，銭玄同・趙元任などとともに「国語羅馬字拼音研究委員会」を設立し，1926年，「国語羅馬字拼音法式」を制定した。この間，共通語を広げるために，『国語週刊』を創立し，その中で白話文の推進を提唱し，文字改革をも宣伝した。1934年に出版した『国語運動史綱』(商務印書館)は，清末からの文字改革・注音字母・ローマ字化・大衆言語化を進めた経緯を語り，国語運動史の重要な資料である。

1949年以後『漢語拼音方案』の制定と漢字の簡易化に積極的に参与し，『中国文字与語言』(1951)・『文字改革論叢』(1957)・『字母与注音論叢』(1958)などがある。

中国語文法の研究では，彼の『新著国語文法』(商務印書館，1924)は中国で初めてシステム化した白話文(口語体)の文法を作りだしたものである。この著作の完成は中国語の文法研究が新たな段階を迎えた標識である。その後，『漢語語法教材』(共著，商務印書館，1957～1962)を出版した。文法のテキストとして，さらに材料の充実，解説の周到などの面において工夫が見られる。

ところで，黎錦熙は辞書の編纂にも大きな力を注いだ。1928年，中国大辞典編纂処が設置され，銭玄同と共に総編纂に任じられ，1948年までに，中国大辞典30巻を完成する計画を立てていたが，時勢の妨げるところとなり，完成しなかった。1949年以後は，『国音字典』(共著，商務印書館，1949)・『学習辞典』(北京師範大学出版部，1950)などの辞典を作った。かつて『銭玄同伝』(城固西北聯合大学排印本，1939)を撰した。

(周雲喬)

【参考文献】『中国大百科全書』語言文字巻，中国大百科全書出版社，1986。

隷書

書体名。佐(左)書・史書・八分ともいう。現在，一般的に隷書という場合は，波磔と呼ばれる波勢をもつ漢代の隷書(漢隷)を指す。これに対して，秦代の隷書を秦隷，漢隷様式が完成する以前の隷書を古隷と称したりする。

隷書の起源について，後漢の許慎『説文解字』叙は，秦の始皇帝のとき，官獄の職務が繁忙となったので，隷書が起こり，文字の簡易化がすすんだと記し，秦の始皇帝のときの書体として「一に曰く大篆。二に曰く小篆。三に曰く刻符。四に曰く虫書。五に曰く摹印。六に曰く署書。七に曰く殳書。八に曰く隷書」の8種類を掲げ，隷書をその末尾に位置づけている。また，新の王莽のときの書体として「一に曰く古文。二に曰く奇字。三に曰く篆書。四に曰く左書。五に曰く繆篆。六に曰く鳥虫書」の6種をあげ，「左書」について，「即ち秦の隷書。秦の始皇帝，下杜の人程邈をして作らしむる所なり」と説明している。

これらの記述によって，秦の始皇帝期に隷書が存在したことが知られていたが，その実例については，資料上の制約から長らく不明であった。1975年に湖北省雲夢県睡虎地秦墓から始皇帝の時代を含む秦代の簡牘資料(睡虎地秦簡)が発見され，はじめて秦代の隷書の実態が明らかとなった。

秦代の隷書は，起筆を打ち込んでそのまま真直に引いたような，平板で肥痩差の少ない板状線の筆画を中心とし，全体的に顕著な方折性が見られるといった共通の様式的な特色をもち，波磔を様式的な特色とする漢代の隷書(漢隷)とは別種の一体として位置づけられる。ただし，一部には波磔の萌芽的形体も認められ，これらがやがて漢隷へと展開していくことを示している。

『説文解字』には隷書の起源を，秦の始皇帝の時代としているが，すでに始皇帝以前に隷書が存在していたことが，1979年に四川省青川県郝家坪秦墓から出土した青川木牘によって明らかとなった。青川木牘は，睡虎地秦簡の約100年前の武王のときに書写された文書であるが，睡虎地秦簡の書体とほぼ共通している。

漢代では，隷書を佐(左)書あるいは史書と称する。佐書は篆書を佐助する書体の意，また，史書が官職名の史によるのと同様，佐書も官職名の書佐に由来するとの説もある。前漢末から後漢にかけて，収筆を上部へ跳ね上げる波磔と呼ばれる波勢を備えた独自の様式が完成し，漢魏の際以降，これらは特に八分と称された。

漢代の隷書の実例は，従来，漢碑などの石刻資料が中心であり，しかもそれらの大部分は後漢のものであって，前漢の資料はきわめて限られていた。ところが今世紀に入って，前漢から後漢にかけての漢代簡牘資料(漢簡)が大量に出土し，隷書の成立と展開の過程が具体的に明らかとなった。 (福田哲之)

【参考文献】啓功『古代字体論稿』文物出版社，1999。

『礼部韻略』

宋の丁度などが編纂した官修韻書。『集韻』成立より 2 年早く仁宗皇帝の景祐 4 (1037) 年に完成した。奇字・僻字は採用せず常用の 9590 字を収める。『韻略』と呼ぶように，常用の基本的字義を採用し注釈も簡略である。東，同，可など常用字種により附注しない場合もある。官製韻書として当時の任官試験・科挙受験者が遵守すべき規範本であった。唐の開元 24 (736) 年以降，地方の才能ある人物を試験で選び中央政府に推薦する際の「貢挙」は礼部の所轄であるため『礼部韻略』と呼ばれた。

当時読書人は「苦節の十年を過ごしても，ひとたび推挙されれば名を成す」と言われ，国家刊行の官製韻書は必読書であった。だから『礼部韻略』は天下に広く普及したが『集韻』は広まらなかった。規範として普遍に応用されたため研究する者も多かった。『礼部韻略』刊行後，孫諤，蘇軾などが校訂，増字，補充を行った。また皇帝の批准を経た刊行物であり勝手な更改は許されなかった。当時の規定では修訂，増補，削除箇所については，たとえ小変更でもすべて国士監の審査後，皇帝に奏上し批准を得てはじめて韻末に附記が許された。

『礼部韻略』には修訂本が多いが『附釈文互注礼部韻略』と『増修互注礼部韻略』(毛居正が校勘重増した刻本，通常『毛晃増韻』と呼ぶ)が重要である。『附釈文互注礼部韻略』は集団編集の官本であり著作者は不明である。一字ごとに先ず「官注」を付し，次に「互注」を付記するが，間に〔〕記号を付した注釈つまり［釈］を附けることで区分していた。先の「官注」は科挙受験者が遵守すべきものであり，後の釈文は主として参考用の補足説明である。

『附釈文互注礼部韻略』には 2 種類のテキストがある。一つは清の康熙丙戌 (1706) 年曹寅刻本すなわち『楝亭五種』本であり，後に姚覲元重刻『姚刻三韻』本もある。この刻本には袁文焴が歐陽徳隆『押韻釈疑』のために記した序文があり，郭守正重修序，校正条例十則と淳熙年間(1174–1189)の文書式も掲載されている。

もう一種は商務印書館『四部叢刊・続編』本である。これは鉄琴銅剣楼藏宋紹定庚寅(1230)年藏書閣重刻本の影印本である。曹寅本には附されている序文と条例が巻頭にない。本文五巻は同じである。また曹寅刻本にない「韻略条式」一巻が巻末に附されている。

『附釈文互注礼部韻略』の利用価値は高くない。むしろ『四部叢刊』本巻末附記の「韻略条式」の方が価値は大きい。この条式には宋の元祐庚午–嘉定癸未 (1090–1223) 間に増削された韻字，祖廟・祧廟の諱，試巻の書式，文章規程を勘案・校訂する資料が保存されており，当時の科挙試験の具体的状況を理解する上できわめて有用である。これらは史書の中で記述されることがきわめて少ないからである。元来工具書の修訂本は原刻本より優れ，長く経つほど原本は淘汰される。『礼部韻略』原本は早く佚書となり現存しない。今日所見可能な刻本が『附釈文互注礼部韻略』のみという理由はここにある。

『増修互注礼部韻略』(『増韻』という)は毛晃親子が継承し完成させた個人修訂本である。修訂箇所は四種類；増字，増圏，正字，修訂注釈である。毛晃増加字は総数2655字，増圏は1691字で485字を訂正し，注釈中の多くの誤りを改正した。のちに息子の毛居正が1402字を増加している。

『礼部韻略』という官修の立場から言えば毛晃親子は確かに優れた功臣であり当時の評価も高かった。注釈修訂後，後世の評価は一層高くなった。後の劉淵『壬子新刊礼部韻略』，宋濂主編『洪武正韻』も注釈部分に『毛晃増韻』を主要参考書として多数箇所を引用した。だが清代の『四庫全書』編集に至りはじめて毛晃親子に対し厳しい批評が現われた。「古今の文字例を知らず，古今の声韻の違いを知らない」というもので，毛晃親子が増加した字・音には誤りが多い，というものであった。

ただし，毛晃親子が古音に精通せず，頭の中に多くの枠組みをもたずに当時の語音の実際状況の一部を多く語っているところにこの韻書の価値はある。例えば毛晃は微韻の後に「一韻を二韻に分けるべしというのは，例えば麻字韻の奢以下，馬字韻目の写以下，禡字韻の藉以下を指してみな別の一韻としていることを指す。そもそも麻馬禡などの字はみな喉音であるのに対し，奢写藉などの字はみな歯音であり，『中原雅音』によってこれをもとめると大いに異なる」と記述するこの一現象は，宋代にはすでに麻馬禡などの字音はa韻，奢写藉などの字音はe韻となっていて，麻韻が現在のように二分化していたことがわかる。また一方で『礼部韻略』の分韻は純粋に先の時代の韻書に従ったものであり，当時の実際語音を考慮したものでないことをも証明している。

『増韻』の清代刻本は伝わらず今日見ることは難しい。宋の淳祐壬子(1252)年に『壬子新刊礼部韻略』が現われた。作者は劉淵，江北平水人である。この書も今日伝わらない。関連事項は熊忠『古今韻会挙要』によってその一部を知ることができる。それによると分韻は107韻で基本的に『礼部韻略』同用例を併せている。

この後，金(1115–1234)の王文郁が『新刊平水礼部韻略』を著したが，上記107韻のうち，上声の迥・拯両韻を一韻に合併し106韻を建てた。劉淵『壬子新刊礼部韻略』と王文郁『新刊平水礼部韻略』を併せて今日『平水韻』と呼んでいるが，『平水韻』分部の起源は唐代に固まった近体詩の押韻法にまで遡ることができる。　　　(矢放昭文)

【参考文献】趙誠『中国古代韻書』中華書局，1979/劉葉秋『中国字典史略』中華書局，1983/楊剣橋主編『漢語音韻學講義』復旦大学出版社，2005。

『隷辨』

清代にできた隷書の字典。漢代の隷書の碑文の鉤摹された文字を字ごとに編集したもので，全8巻よりなる。著者は顧藹吉で，宋代に著された婁機の『漢隷字源』を原本とし，その不備な部分を補足している。

顧藹吉は字を南原といい，長州(今の江蘇省呉県)の人。自ら『隷辨』の序において，30有余年を経て作成したと述べている。『説文解字』により，正・変・省・加を弁じている。1巻から5巻は宋代の『禮部韻略』により韻を206に分別して編集し，巻末に疑字52を載せている。毎字の下に碑名を載せ，各字について前後の碑文を掲載している。第6巻は『説文解字』にならい，540字の偏旁についてその隷書と碑注を載せている。巻7，巻8は引用される碑の場所や建立の年代および内容について述べている。これらの碑については『隷釋』『隷續』を参考としている。巻8末には「隷八分考」「筆法」が附録として載せられている。「隷八分考」は隷書の起こりおよびその歴史について述べており，「筆法」は歴史的に有名な書家である蔡邕，鍾繇，王羲之，虞世南，米芾などの隷書の筆法について述べている。康熙57(1718)年歙頂氏玉淵堂刊行。乾隆8(1743)年黄氏重刻本・同治12(1873)年刻本などがある。

この字典の価値は『漢隷字源』の後に発見された漢碑20余種を補足しているところにある。これらの新出の隷書については，一字ずつ人の手によって模写され，非常に正確である。漢代の隷書を大量に記録した資料として貴重であり，篆書から隷書への変化が通観できる。 (張　莉)

【参考文献】王雲五主持　四庫全書珍本五集『隷辯』台湾商務印書館，1911/『隷辯[隷書字典]』北京市中国書店，1982/『謝昆撰『小学考』漢語大詞典出版社，1997/張潜超主編『中国書法論著辞典』上海書画出版社，1990。

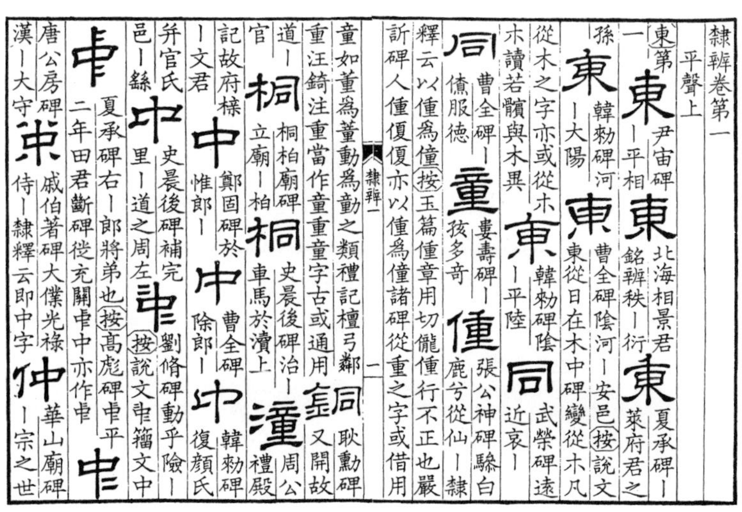
隷辨卷第一
平聲上
東第一 東 尹宙碑｜平相 東 北海相景君銘辨秩｜衍 東 夏承碑｜萊府君之孫
東 韓勑碑河｜大陽 東 曹全碑陰河｜安邑按說文東從日在木中碑變從朩凡從木之字亦或從朩朩讀若髕與木異 東 韓勑碑陰｜平陸 同 武榮碑遠近哀｜
同 曹全碑｜僮服德 童 婁壽碑｜孩多奇 僮 張公神碑緜白鹿兮從仙｜隷釋云以僮爲僮按玉篇僮章用切儱僮行不正也嚴訢碑人僮僮僮亦以僮爲僮諸碑從重之字或借用
隷辨一　一
童如董爲董動爲動之類禮記檀弓鄰重汪錡注重當作童重童字古或通用 銅 耿勳碑又開故道｜ 桐 桐柏廟碑立廟｜柏 桐 史晨後碑治｜車馬於瀆上 潼 周公禮殿記故府椽官
中 鄭固碑於｜文君 中 曹全碑惟郎｜除郎｜ 中 韓勑碑復顏氏幷官氏 中 史晨後碑補完邑｜繇 中 劉脩碑動乎險｜里｜道之周左按說文中籀文中
中 夏承碑右｜郎將弟也按高彪碑中平二年田君斷碑從充關中中亦作中 中 唐公房碑戚伯著碑大僕光祿漢｜大守 中 侍｜隷釋云即中字 仲 華山廟碑｜宗之世

歴史的仮名遣い

仮名によって語を表す基準を歴史的な表記法に置こうとする仮名遣い。現代仮名遣いに対して言う。旧仮名遣い，古典仮名遣いなどとも呼ばれる。

本来，仮名は一文字が一音に対応する表音仮名遣い的な性格をもっていたのであるが，時代とともに音韻が変化し，仮名が一まとまりの文字列となって語を表記するようになるとともに，一方では古い表記法を保持しようとする傾向があり，他方では新しい音にふさわしい表記をしようとする傾向が生まれて，同じ音(あるいは同じ語)を表す表記法に混乱が生ずることになる。中古末期の仮名遣いの乱れに対して，十分ではないが，歴史的な立場を主張し，仮名遣いの規範を定めたのが藤原定家の定家仮名遣いで，和歌の表記や古典の書写などの世界で一定の影響を与えた。

『万葉集』などの古典研究を進めた契沖は定家仮名遣いを批判し，主として万葉仮名で書かれた資料を手がかりとして歴史的に仮名遣いの規範を定めようとしたのである。これを契沖仮名遣いと呼ぶ。契沖の唱える仮名遣いは主に国学者の間に広まり，さらに補正が行われた。

明治になって，学制が公布されるとともに各種の教科書が編集されるようになった。一般に刊行せられた書籍には仮名遣いの乱れが多かったが，国語教科書では歴史的仮名遣いが採用されていった。教科書・国語辞書だけでなく，一般の刊行物，小説なども明治末期から大正にかけては歴史的仮名遣いで表記されるようになっていた。そのような中でも，正しい歴史的仮名遣いを確定する研究は次々と進められてきた。特に文部省の国語調査委員会の編纂になる『疑問仮名遣』(前編・大正元年刊，後編・大正四年刊)の刊行は大きな意味をもっていた。教育の普及とともに，仮名遣いは正書法としての性格をおび，歴史的仮名遣いが正しい仮名遣いのように意識されるに至った。昭和21年現代仮名遣いの公布に伴って，歴史的仮名遣いは旧仮名遣いと呼ばれるようにもなった。しかし，現代仮名遣いの規則は歴史的仮名遣いとのかかわりで述べられているところがあることに注意しておく必要がある。

こうして，歴史的仮名遣いは現代日本語の表記法としての役割を終えたのであるが，古文の教科書，文語辞典の見出し語の表記などは歴史的仮名遣いに従っている。短歌や俳句の表記も歴史的仮名遣いによることが多い。ただ，古典の仮名遣いは時代によって変わるものであるから，仮名遣いの混乱の見られる中世の文学作品や後代の写本しか残っていない中古の仮名遣いは，規範として想定された歴史的仮名遣いに統一されて表記されている場合が多いのである。　　(前田富祺)

【参考文献】築島　裕『歴史的仮名遣い　その成立と特徴』中央公論社，1986/木枝増一『仮名遣研究史』賛精社，1933/山田孝雄『仮名遣の歴史』宝文館，1929，復刻版，1945。

『歴代鐘鼎彝器款識法帖』

夏・殷・周・秦・漢の鐘・鼎・彝器の拓本集である。最初石刻による拓本であったので，法帖と称した。宋の薛尚功の著。金石学の初期的な資料で，出土の場所，所蔵家，釋文を記載している。

薛尚功は字を用敏といい，浙江省銭塘（今の杭州）の人。紹興年間に通直郎僉定江軍節度判官廳事であったことが知られ，古代の籀篆学に精通していた。ほかに『廣鐘鼎篆韻』7 巻の著があるが，内容は今に伝わっていない。

『歴代鐘鼎彝器款識法帖』は，尚功が手書きしたものを紹興 14（1144）年定江郡守林師説が石に刻し公庫に置いた。現在，完本は伝わっていない。後の重刻本および影印本によって内容が知られる。はじめ 10 巻で，後に釋文を加え 20 巻となった。夏器 2，商器 209，周器 253，秦器 5，漢器 42，全部で 511 器が収められている。これらの文字資料は，主に呂大臨の『考古図』と王黼の『宣和博古図』より集録されたものであるが，それ以外の資料もある。今日の調査によると，夏器とされたものは呉・越のものであり，商器中にいくつかの周器を含んでおり，偽物と思われるものも含まれている。当時の金石学はまだ早尚で，鑑別は詳しくない。原器の形制や図を載せず，銘文文字の原形と釋文および出土の場所と所蔵家を記載している。これらの銘文は古文・大篆・小篆・隷書で書かれている。当時は文字の研究のためでなく，書法および鑑賞の対象として見られていた。

明の万暦 16（1588）年万岳山人による硃印刻本，明の同祟禎 6（1633）年朱謀垔刻本，清の嘉慶 2（1797）年阮元の諸書を補正して小琅嬛僊館に刻したもの，光緒 33（1907）年貴地劉世珩刻本，民国 21（1932）年中央研究院歴史語言研究所の影印本（新たに発見された原刊本の雰本十葉を含む）などがある。金石学，書法学としての研究の価値があり，現在に伝わった宋代の金文資料として貴重である。（張　莉）

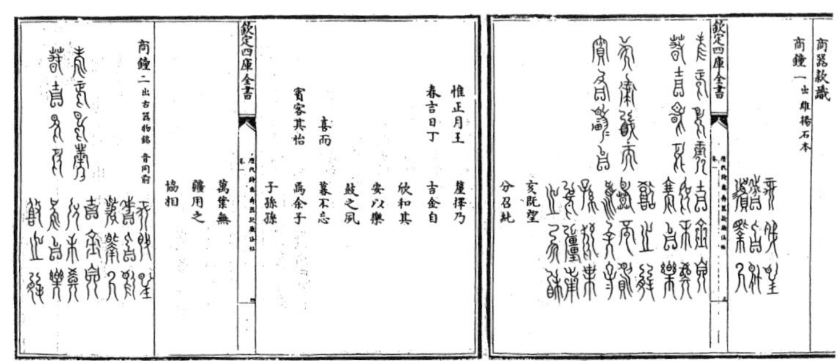

【参考文献】薛尚功『歴代鐘鼎彝器款識』遼沈書社出版，1985/胡樸安『中国文字学史』商務印書館，1937/『景印文淵閣四庫全書』經部 台湾商務印書館，1983-1986/謝昆撰『小学考』漢語大詞典出版社，1997/中西慶爾編者『中国書道辞典』木耳社，1981。

レタリング

文字を書き入れること，また，書き入れられた文字。一般的には，視覚的なデザインを施した文字について用いる。さらに，視覚的なデザインを施した文字を毎回毎回手作業で書き入れる技術を指す場合もある。

カリグラフィー（calligraphy）という言葉が，文字を書くことの芸術性，一回性に重心があるとすると，レタリングはむしろ職人性，スタイルの安定性に重心がある。

レタリングのスタイルは，その時代時代の筆記用具（筆，刷毛(はけ)，鉄筆，ロットリングなど）の制約から自由でないことはいうまでもないが，むしろその制約を積極的に捉えて可読性と意匠性の両立を図ったものが多く見られる。

日本の仮名漢字文化のなかでのレタリングの代表的な例として，歌舞伎文字（勘亭(かんてい)流），相撲文字，寄席文字などをあげることができる。

勘亭流は，カリグラフィーの流派の一つである御家流の指南を家業としていた岡崎屋勘六が，歌舞伎看板の揮毫を依頼された際，御家流の法度に触れないように工夫して創意したといわれている。その出自からして，レタリングの商業性が如実に表れている。

広告看板などにペンキで描かれる文字も，レタリングの範疇に入るといえよう。

職人技術としてのレタリングは，活版印刷技術の発展とともに，新聞や雑誌の見出し文字，広告の文字へと引き継がれていく。活版時代は，活字デザインの種類が少なく，表現の幅に限界があることを補うために，毎回毎回手書きで意匠を尽くしたデザイン文字を創出し，それを版下とした凸版を起こすという作業過程が伴った。いわゆる版下(はんした)屋という職業が存在し，各自各社それぞれに意匠を尽くした文字デザインの作例集を独自に用意していた。

しかし，一方で，レタリングがもつ商業性，デザインの安定性という特性は，複製技術の進展とともに，毎回毎回手書きを行う煩瑣を嫌い，写真植字の時代からデジタルフォントの時代を迎えて，多種多様なデザインによる文字盤，フォントセットが商品化され利用されるようになった。現在では，勘亭流も含め，レタリングに出自をもつ多くのデザイン文字を，家庭にある一般的なパーソナルコンピュータで自由に利用することすら可能となっている。

日本におけるレタリングの歴史は，個人が意匠を凝らして制作する年ごとの賀状デザインに引き継がれているともいえよう。（小林龍生）

ロゴタイプ

元来は，印刷用語で，合字。複数の文字を一つの活字として鋳込んだもの。転じて，商標，社名などをある特別のデザイン性のある文字デザインで表現したものを指す。近年は，そこから転じて，文字に限定せずに，企業のシンボルマークなども含め，ロゴマークという言い方も生じている。

漢字をロゴタイプという観点から見ると，その象形文字としての出自とのかかわりで，他の文字群とは異なる特異な観点が見えてくる。

例えば，JR東日本旅客鉄道株式会社のロゴタイプを見ると，「鉄」の字の「失」の部分が「矢」となっている。「鉄」という文字を構成する「金」と「失」が「金を失う」を連想させることから，縁起を担いだものであると考えられる。

JR 東日本旅客鉄道株式会社

また，高島屋というデパートでは，欧文の“Takashimaya”という記載とともに，丸の中に独特の「高」という文字を使っている。

髙 Takashimaya

このように，ロゴタイプは，意味を伝達するための文字としての性格よりも，ある組織，企業体などの自己同一性の表出，もしくは他の組織，企業体などとの差別化の機能のほうが強く働く。このため，ロゴタイプには，文字表現を基本としながらも，かなり自由なデザインの可能性がある。漢字が本来もつ生産性の高さとロゴタイプの差別化機能が相互に積極的に機能することにより，斬新な視覚表現の可能性が無限に秘められているといえよう。

ちなみに，「人名漢字ロゴタイプ論」といった観点が根強く存在する。

すなわち，例えば，「吉」と「𠮷」や「高」「髙」の使い分けについての巷間の要求は根強いものがあるが，この違いは，意味の違いというよりも，それを用いる主体が，自己同一性の表出，他の主体との差別化の表出を企図したものなので，意味の交換を目的とした文字としての漢字とは区別して，ロゴタイプと同様な性格のものとして扱うべきである，というものである。こういった観点から見ると，署名，サインといったものをデザイン化し固定化したものがロゴタイプであるという言い方も可能である。

ロゴタイプとは，名の視覚表現を，個別性という方向に極端に推し進めたものといえよう。 （小林龍生）

魯迅

作家(1881-1936)。本名周樟壽,後に樹人と改名した。字(あざな)は豫才。ペンネームは魯迅。浙江(せっこう)省紹興(しょうこう)の人。1881年9月25日生まれ,1936年10月19日逝去。

1898年,南京の江南水師学堂に入学。翌年江南陸師学堂に附属する鉱務鉄路学堂に転入した。1902年,日本に留学し,東京弘文学院・仙台医学専科学校にて学んだ。日本にいる間,「文化偏至論」・「摩羅詩力説」などを発表。1909年帰国後,浙江省の中学校の教員,1912年に南京に臨時政府が成立して,教育部に転職した。

魯迅は1918年の初め,『新青年』の編集に参加し始めた。同年5月,彼の初めての白話小説『狂人日記』を『新青年』第4巻第5号に発表し,一挙に名を成した。この時,はじめて「魯迅」のペンネームを使った。この小説は中国現代文学史の中では,初めて「喫人」(人間を食う)の封建制度と礼教の弊害を批判する小説である。その後,「孔乙己」・「薬」・「故郷」・「阿Q正伝」などを含め,十何篇の作品を短編小説集『吶喊』にまとめた。「阿Q正伝」は最初1921年,『晨報副刊』に発表した。国民性の改造が必要と悟った魯迅は精神が麻痺状態に陥っている民衆に対し,その痴愚的本性を手厳しく批判すると共に国民の意識変革と啓蒙を望んでいた。

1920年より,北京大学・北京女子師範大学で教鞭を執り,この時期には,『中国小説史略』(上・下,新潮社,1923〜1924年)を線著した。1924〜1926年,週刊『語絲』に相次いで散文詩を発表しつつ,その23篇の作品を集めて『野草』(北新書局,1927)と名づけた散文詩集を出した。1926年,厦門(アモイ)大学に勤めることになった。中国文学史を教えており,後講義ノートを『漢文学史綱要』としてまとめられた。1927年10月上海に転居,逝去まで文学活動に専念した。1930年3月,上海にて左翼作家連盟が成立したが,魯迅はその発起人の一人であった。

魯迅の生前に出版された作品には,『小説旧聞鈔』(北新書局,1926)・『唐宋伝奇』(上・下,北新書局,1927〜1928)・『魯迅自選集』(天馬書店,1933)などがある。翻訳作品は『文芸と批評』(水沫書店,1929)・『芸術論』(光華書局,1930)など。

1938年,「魯迅先生記念委員会」が『魯迅全集』(20巻)を出版した。1981年,人民文学出版社は新版『魯迅全集』(全16巻,翻訳作品なし)注釈本を刊行した。1984年,日本では『魯迅全集』の完訳版が学習研究社より刊行された。2005年に人民文学出版社より,『魯迅全集』(全18巻)増訂版(改訂)が刊行された。　(周雲喬)

【参考文献】『中国大百科全書』中国文学巻,中国大百科全書出版社,1986。

和漢混淆文(わかんこんこうぶん)

文章様式の一つで，広義には和文調の文脈と漢文訓読調の文脈とが入り交じった文章をいう。狭義には平安時代から院政期にかけて用いられた表記様式の片仮名交じり文が平安時代の和文と漢文訓読文の語法を基調として，漢字・漢語を多用し，同時に当時代の口頭語や俗語なども併用し，さらに四六騈儷体(しろくべんれいたい)にならった対句法・倒置法なども取り入れながら，なかには変体漢文の要素も多く交えた文章のことである。一般に和漢混淆文といえば，この狭義の意味で理解されている。

和漢混淆文は『今昔物語集』などの出現によって中世に花開き，『平家物語』『太平記』などの軍記物語や随筆の『方丈記』に至って達成されたものである。表記は漢字に片仮名を交じえたものが本来の形式である。『平家物語』についてみると，漢字と仮名との交用表記の形式をとり，その文章様式は記録的・合戦記的な要素の強い章段では要所に漢語を用い，対句的表現を繰り返すなど漢文訓読調の文が用いられ，説話的・物語的な要素の強い章段では和歌を織り込んだ流麗な和文調の文が用いられている。

『方丈記』の場合は，現存最古の写本の大福光寺本は片仮名表記が中心でそこに漢字が混じっている。その漢字は字音語をはじめ，体言・用言の語幹や連体詞などの表記に正用され，なかには漢文の字順に則った「不知」「不可計」などの表記例も見える。これらの文章様式は中世以降の軍記物語や説話文学，紀行文・法語・謡曲・幸若舞・キリシタン文献，江戸時代の俳文・仮名草子・浮世草子・読本・随筆雑記などの文章につながり，明治文語文(普通文)へと発展し，口語文の素地となったのである。

和漢混淆文の特色を語彙の面から捉えると，表現対象を同じくする場合，いさご—スナ，く(来)—キタル，おなじ—オナジキ，しばし—シバラク，さらば—シカラバ，やうなり—ゴトシ，ど—トイヘドモ　などのように，和文脈語(平仮名表記したもの)と漢文訓読語(片仮名表記したもの)との対立する語が同一の作品内に見いだされる。当時代の俗語に関しては，むねと(宗徒)，くたびる，かはゆし，きらびやかなり，かまへて，たし(助動詞)，ばし(助詞)などが用いられる。さらに記録語からの影響によるものとして，形式名詞に間・所など，形容動詞に以外(もってのほか)など，連体詞に指(させる)，連語に了・畢(おわんぬ)などがみられる。説話の文章中には「え…ズシテ」「やうにシテ」のような和漢両文脈の混淆によって生じた特有文型ともいうべき構文も作り出している。

和漢混淆文の研究の課題としては，資料の一層の整備・充実を図るとともに，特に説話文学では，文献ごとに表記形式の違いがみられ，和漢の混淆の度合いの違いがあることから，それぞれの要素の用語がどのように混在し，いかなる表現効果をもたらしているか，組織的・総合的に把握することが必要である。　(坂詰力治)

【参考文献】『岩波講座日本語　文体』岩波書店，1977/馬渕和夫他編『日本の説話 7 言葉と表現』東京美術，1974/佐藤喜代治他編『漢字百科大事典』明治書院，1996。

脇付(わきづけ)

書簡で，敬称をつけた宛名の左下に書きそえてさらに敬意を表す語。現代の書簡では，「侍史・御侍史・玉案下・案下・机下」などを用い，特に師に対しては「尊前・函丈・侍史」などを用いる。また女性が用いる脇付としては「御許・みもとに・おそばに・御前に・お机下に・まいる」などがある。

脇付は，もともと公家の書簡において相手が高位高官で打付書(宛名のみを書いたもの)では失礼にあたると考えられる場合に，宛名の左下にそえられたものである。嘉禎3(1237)年の『消息耳底抄』には「直ニ名を不レ書程ノ人ニハ。人々御中。若ハ祇候ノ人ノ名ヲ書様有也。」とあり，打付書にしてはならない人にあてる書簡では「人々御中」という脇付をそえるか，宛名として相手の近侍者の名を書くとある。またその後の公家の書簡作法書『書札礼』(仁治3(1242)-宝治2(1248))，『弘安礼節』(弘安8(1285))にも脇付として「人々御中」があげられており，きわめて丁重で，高い敬意を表すものとされている。

脇付は，その後次第に種類を増やしていき，特に室町時代の武家の書簡作法書では多くの脇付が示されるようになる。例えば室町時代の書簡作法書『大舘常興書札抄』(天文9(1540)頃)には「一 進之と云は。うちつけ書より上也。一 御宿所は。進之よりは上なり。一 進覧候進献候などは。御宿所より上なり。一 人々御中は。進覧候などよりは上なり。一 今の人の被官などのあて所に書は。人々御中より上也。」とある。この記述から，公家の書簡用語であった「人々御中」が武家の書簡作法にも取り入れられていることがわかる。また「人々御中」のほかにも「進之」「御宿所」「進覧候」「進献候」などが脇付として用いられており，それぞれの語が表す敬意に差があり，相手との身分の関係で使い分けようという意識のあったこともうかがわれる。

「人々御中」は，『消息往来』(寛政5(1793))にも「参人々御中。人々御中。御宿所」とあげられている。もともと公家の書簡作法に始まる語であるが，武家に取り入れられた後，近世期にはさらに一般へと広まっていったものと思われる。『書札調法記』(元禄8(1695))には「御小姓衆御披露」「参人々御中」「人々御中」「旨」「御宿所」などが「脇付」としてあげられている。「御小姓衆御披露」が最も敬意が高く，以下「参人々御中」「人々御中」の順に次第に敬意が下がり，それに従って書体もより草書化した書体になっていくことが示されている。頭語・結語などと同様に脇付にも相手との上下関係によって語や書体の使い分けがあったことが知られる。

なお現代よく使われる「侍史」「机下」などは，松尾芭蕉・本居宣長(もとおりのりなが)・頼山陽などの書簡に例を見いだすことができ，近世期には広まっていたものと思われる。

(小椋秀樹)

【参考文献】真下三郎『書簡用語の研究』渓水社，1985/橘　豊「書簡・往来物の語彙」『講座日本語の語彙 5 近世の語彙』明治書院，1982。

『倭玉篇』

漢和字書。「和玉篇」とも書き，慶長 8 (1603) 年刊『日葡辞書』に「vagocufen」と見えるように，「ワゴクヘン」といわれていた。ただし，江戸末期には，「玉篇」を「ギョクヘン」と読んだ例もあり，「ワギョクヘン」ともいう。

漢字の配列は扁旁に従っているが，その順序は多種にわたり，なかには意義的なまとまり(例えば，「天象・地儀・植物…」の順など)に応じた写本も存在する。標出漢字に音注や注を下記したものもあるが，一般には，漢字の右傍に字音，下に和訓を片仮名で記し，写本の中には万葉仮名による記述も見られる。

成立も編者(『夢梅本』の編者を除く)も未詳であるが，焼失した長享 3 (1489) 年本や現存する最古の写本の延徳 3 (1491) 年本によって，室町初期の成立と考えられている。書名についても，種々の名称が認められ，「玉篇」を示す『玉篇要略集』，その体裁からの書名と思われる『篇目次第』『音訓篇立』，など，種々の書名に及んでいる。

標出部首の配列も多種に及んでいる。古写本の中で，半ば以上が属しているのが「日・月・肉・人・言…」の順をとる系統で，これには，「日・月・肉・火・シ…」(『音訓篇立』)や「日・月・人・女・目…」(『小玉篇』)という順序をとる類も含まれてくる。これら以外にも，例えば「雨・風・日・月(天象)…」(『玉篇要略集』など)，「金・人・言・心・山…」(『慶長古活字版』)，「一・上・示・二・三…」(『慶長整版本』など)の順序をとるものが見いだせるのである。特に，『慶長整版本』の順序は，この後，近世開板の『倭玉篇』に多く採用され，部首配列の主流を果たすことになる。

慶長 15 (1610) 年刊の整版本以降，江戸時代に開板された『倭玉篇』は 50 種以上にのぼり，漢和字書として通用していたといわれるが，そこに字書の体裁の変化も見られるのである。すなわち，寛文年間に入ると，本文は従前の順序に配列しながら巻首に画引目録を付し(『袖珍倭玉篇』)，また，本文を改編し画数順に部首を配列し(『増補二行倭玉篇』)たものが生まれ，元禄には当時の流通辞書であった『節用集』と合刻し，節用集本文の頭書に『倭玉篇』を登載する(『頭書絵鈔大広益節用集』など)形式のものも刊行されてくるのである。

今後の課題として，室町から江戸にかけて盛行した本書が当時の人々の言語生活にどうかかわっていたかを検証していく必要がある。そのためには，近年刊行されたような多種に及ぶ『倭玉篇』の和訓索引の活用や江戸時代の口語資料との対比などが急がれる。また，『慶長整版本』を開いてみると，「カカヤク」「ソソク」は清音だが「ススグ」の「グ」に濁音符が付されている。これは，古形を保存するとの認識の下に利用を進めていくべきなのか否か，字書の規範意識という面も含め，今後も継続すべき課題と思う。

（菊田紀郎）

【参考文献】佐藤喜代治編『国語学研究字典』明治書院，1977/北　恭昭編『倭玉篇五本和訓集成』(本文篇・索引篇)汲古書院，1995

和字

和字は倭字とも表記し，漢字から脱化した仮名文字(ひらがな・かたかな)を指す場合と，その用法についていう仮名遣いを指す場合と，漢字に似せて作った日本製の文字(国字)を指す場合とがある。仮名文字を和字と称することは，僧文雄の『和字大観抄』(宝暦4(1754)刊)に見え，仮名のうち主として，ひらがな・かたかなと，それらに関する諸種の関係事項(字源や仮名遣いなど)を扱った総論書として江戸時代の学者に広く読まれていた。書名にあえて仮名の語を採用しなかった理由は日本の文字の総論を意識したもので，真名に対して仮の字を意味する仮名をことさらに避けたというわけではないようである。書名以外のところでは仮名の語を用いている。これよりはやく僧契沖に仮名遣いを論じた『和字正濫鈔』(元禄6(1693)成立)があり，これに反論した橘成員に『倭字古今通例全書』(元禄8(1695)自序)があり，さらに契沖が反駁して『和字正濫通妨抄』(元禄10(1697))，『和字正濫要略』(元禄11(1698))を著している。貝原益軒も定家仮名遣いに基づいた『和字解』(元禄12(1699)成立)を書いている。和字の用語は元禄期にはほぼ仮名遣いと同義であった。文雄の用語は仮名遣いそのものをも含みつつ仮名文字一般に拡張して用いようとしたものであった。

和字を国字の意味で用いるようになったのはこれより新しいのであろう。和製字(和制字)・和俗字の語で仮名や仮名遣いと区別する行き方もあったのは，用語がそれだけ誤解を生みやすいものであったことを意味する。なお，漢字に似せた和製字を和字と呼んでも，漢字を用いるのに日本独特の用法に限定した現象を指して和字と呼ぶことはなかったようである。当て字とか世話字とか呼んでいる。〈地炉〉のことを「囲炉裏」と書いたり，〈うるさし〉を「右流左死」と書き，〈羨ましく〉を「浦山敷」，〈勇健〉の義を「岩畳」「岩乗」「五調」「四調」などと書く例がそれである。

和製漢字すなわち国字としての和字は，本来の漢字と区別することが困難な場合が多い。何をもって和字と認定するかが判然としないことが問題だからである。手近には『康熙字典』に見えない字形のものはその可能性があると考えられるが，平安時代初期の『新撰字鏡』に「蜱」とある字は『康熙字典』やそれ以前の『字彙』『類篇』などにもあるとはいえ，指すものが全く異なる。『新撰字鏡』の「蜱」は〈あしまつひ〉(＝あしまとい)という虫の名，室町時代の『下学集』の「蜱」は〈こをろぎ〉(＝こおろぎ)で，それぞれ別個に日本で生み出されたとみられる。〈朱鷺〉を「鴇」の字で表すことがあり，和製字とされるが，「鳭」「鴹」「[illegible]」「[illegible]」「[illegible]」「[illegible]」なども中国側の字典類には見えないものであるが，字形の類似が惹起した一連のものか，偶然に一致した別個の和製字か区別することは至難である。字形の類似・誤認とも和製字は境を接しているのである。

(佐藤　稔)

【参考文献】エツコ・オバタ・ライマン『日本人が作った漢字』南雲堂，1990/菅原義三『国字の字典』東京堂出版，1990。

和製漢語

漢字の字音で表記されており，中国語に出典がなく日本で作られたと思われる語。「大根(おほね→だいこん)」や「返事(かへりごと→へんじ)」のように和語の漢字表記を音読して成立したものや，「哲学」「機能」など幕末・明治初期における訳語の必要性によって生成されたものが有名である。そのほかにも，中国語と形態が同じであっても語構造が日本語独特なものや，意味や音の変化のために新しく表記が作られたもの，漢字政策による漢字の書き換えによって生じたものなど，さまざまなものがある。

和製漢語の生成方法は時代によって異なっている。上代・中古など古い時代においては，文章は漢文で執筆するのが一般的であった。平安時代の男性日記など記録文も漢文的な文体であった。漢文体という文体的要請によって，中国語に直接対応できる語がない場合には和語を漢語風に表記したり，また日本語的な語順に基づいた表記によって，中国語とは異なる語が作られ，それが定着することがあった(「名字」「合期」「推参」「腹立」など)。中世には，漢語の普及とともに，漢語尊重の風潮が生じ，漢字が多用されるようになる。往来物が流行し，そこでは候文体がとられ和語を漢字表記することが多くなり，その漢字表記が音読されて，漢語として定着することがあった(「大根」「返事」「物騒」「出張」など)。近世には，漢語が口語においても使用されるようになり，意味や音に変化が生じた。それによって，もとの語形がわからなくなり，新しい表記をとることもあった。また，和語においても，音の変化によって漢語らしき音韻的特徴(撥音や長音など)を備えるようになった語は，漢字が当てやすく，漢字表記を獲得し，漢語として定着するようになった(「面倒」「横着」「堪能」「厄介」など)。幕末・明治初期においては，外国からの新しい概念を紹介するために，訳語として漢語が採用されることになったが，中国で作られた訳語や古代中国語に適した語がない場合には，漢字の表語性を利用して新しい漢語が作られることがあった(「個人」「進化」「体験」「電話」など)。また，中国語は日本語に移入され使用されるに伴い，派生的な意味が生じることがある。その派生した意味のほうが使用頻度が高くなるにつれて，本来の表記に違和感が生じ，新しい表記が作られることがある(「用捨」→「容赦」，「世事」→「世辞」，「不断」→「普段」など)。

和製かどうかの判断はなかなか困難である。中国で日本製の外来語(和製漢語)と思われていた語でも，漢訳洋学書や英華字典に見られるものがある。それらが日本で定着して，中国からの留学生によって，逆輸入され定着したものも多いようである。

一語一語を明確にしていくことも重要であるが，語構造やある漢字を軸とした熟語群などから和製の特徴を見ようとする大きな視野に基づいた考察が必要であろう。

(田島　優)

【参考文献】陳力衛『和製漢語の展開とその生成』汲古書院，2001/田島　優『近代漢字表記語の研究』和泉書院，1998/遠藤好英『平安時代の記録語の文体史的研究』おうふう，2006。

『倭名類聚抄』(わみょうるいじゅしょう)

漢和辞書。10巻および20巻。源 順(みなもとのしたごう)撰。承平年間(931–938)の成立。「和名抄」「順和名」とも称する。

漢字・漢語を意義によって分類配列し，見出しにつづいて先行する文献を引いて注を施し，漢字の音を示すとともに和訓(和名)を万葉仮名(まんようがな)で記している。分類は，20巻本では，天・地・水以下の「部」に分かち，各「部」内でさらに部類分けしている(「門」)。分類配列は，『芸文類聚』『初学記』などの類書に倣(なら)ったようであるが，現存の類書で一致をみるものはない。編纂の過程で諸事情や便宜を勘案して独自の分類配列を行ったのであろう。出典として，漢籍・和書・仏書にわたって多数の書が簡略に引かれている。なかにはすでに逸書となったものも多く含まれており，貴重である。引書はたんに用例としてだけではなく，掲出語の意味を明らかにしようとする意図がうかがえる。なお狩谷棭斎(かりやえきさい)は，『箋注倭名類聚抄』において詳細な出典の考証を行っている。和訓は，「和名」につづいて引くほか，「一云」「俗云」「鄙語謂」「俗語云」の次にあげている。これは当世通用の語を採り入れたということのようであり，その意味で当時の語彙を知るうえでの重要な資料ともなる。

序によれば，順が編纂するについては，醍醐天皇の皇女勤子内親王の下命があった。内親王が読書ことに漢字による書籍を読む際に，十分な理解を得難かったという。『文館詞林』『白氏事類』は文学に関する語を解するのに役立つ程度で，利用範囲は限られる。『弁色立成』『楊氏漢語抄』『和名本草』『日本紀私記』などは所収の「和名」が乏しく，読解のためには不足があった。当時すでに漢籍などは男性知識人らの専有物ではなくなっており，一部の女性も次第に読者となっていったのである。このような時代背景があって内親王も読解に有益な漢和辞書を求めたのである。序には「僕得蒙其松容之教命」とあり，順は勤子に近侍するなかで辞書編纂を命じられており，時代の要請は背景にあったものの，『倭名類聚抄』は勤子個人の利用に供するために作成されたと考えるべきである。

『倭名類聚抄』には，10巻本と20巻本がある。10巻本が24部128門であるのに対して，20巻本は32部249門に分類されており，国郡部・歳時部など8部121門多い。両本のいずれが先に成立して，その後の増補または整備があったのかは，大きい問題である。ただ現状では不明とするほかなく，今後の研究に委ねられている。

本辞書には順自身の序があり，まずこれに注目しておく必要がある。近世以来検討が行われているが，まだ十分な注解には至っていない。また掲出語とその語注・和訓などが当代の和漢にわたる言語とどうかかわるのか，後世どのようにこの辞書が享受されるのかを系統立てて調査するといった課題が残っている。　　　　（北山円正）

【参考文献】川瀬一馬『増訂 古辞書の研究』雄松堂出版，1986/杉本つとむ編『和名抄の研究』桜楓社，1984。

ヲコト点

漢文を訓読した結果を原漢文の紙面上などに表記する訓点の符号の一種。符合は，原漢文の漢字を四角に見立てた場合，その漢字の四隅や各辺上，また漢字の中央や漢字中央と各角を結んだ線上の中点などや，漢字の外周に少し離れて付される。符合としては「・」(星点)や「：」などの復星点，「—」「｜」「＼」「／」などの線点，「└」「┐」などの鉤点のほか，「リ」「タ」や「〇」「＋」などの符号が使用される。これらの符号を漢字に付し，その位置によって特定の読みを示そうとしたものである。ヲコト点の名称は，博士家点(例えば，明経点)の星点の漢字右肩と右辺の，右肩に続く星点とを連呼すると「を・こと」となることから名付けられたと考えられる。

ヲコト点は，中田祝夫博士によって，その星点の形式から，8分類され，その8分類の相互展開が跡づけられ，ヲコト点が一元的に出現したものであろうことが明らかとなった。ヲコト点が現れるのは平安初期初頭とされるが，平安初期(9世紀)には，第1群点，第2群点，第3群点，第4群点の各点法のヲコト点が出現する。平安初期の資料に認められるヲコト点の形式は，各資料ごとに，細部にわたっては，区々で，社会的な統一性はほとんどなかった。平安中期以降，第5群点以下の形式のヲコト点が現れるが，平安中期(10世紀)に至り，ある形式のヲコト点が，世代を越えて，ある社会集団のなかで伝承されるような現象を生じる。この傾向は時代が下るとともに顕著となる。平安時代後半期，平安後期(11世紀)，院政期(12世紀)に及んでは，ヲコト点の種類が集約されるとともに，博士家や仏家も宗派流派によって使用されるヲコト点の種類が限られるようになり，使用されたヲコト点の種類から，加点者の素性を推定できるようになる。鎌倉時代に至っては，諸種の形式のヲコト点が滅び，訓点としてヲコト点の担っていたものは，片仮名により担われ加点されるようになると説かれる。例えば，第3群点に所属する中院僧正点は，10世紀末に，小嶋僧都真興(934–1004)の使用例が最古で，明算(1021–1106)によって使用され，以降，高野山中院流において，鎌倉時代に至るまで盛んに使用された。第4群点は，平安初期に現れる形式のヲコト点であるが，11世紀には，衰退に向かう。第8群点には，順暁和尚点が属するが，平安中期中葉に石山寺淳祐(890–935)が使用し，以降，その流で使用されたが，11世紀には衰退に向かうなどのごとくである。そうしたなかで，俗家の使用した博士家点，円堂点，東大寺点などの形式のヲコト点は，江戸時代の資料に至るまで訓点として使用された例が知られている。(松本光隆)

【参考文献】中田祝夫『古点本の国語学的研究 総論篇』講談社，1954。勉誠社，1979改訂/築島 裕『平安時代訓点本論考 研究篇』汲古書院，1996。

付　　録

国字一覧

卡	かみしも	枠	わく	蘰	かずら	鮗	このしろ
丁	こと（事）	柾	まさ	蚫	あわび	鮖	いしぶし,かじか
匁	もんめ	栂	とが	蛯	えび	鯰	なまず
俤	おもかげ	榊	さかき	裃	かみしも	[illegible]	ひお
俣	また	梺	ふもと	𧘕	ほろ	鮃	ひらめ
働	はたらく，ドウ	椚	くぬぎ	裄	ゆき	鮴	ごり
		椙	すぎ	褄	つま	鯆	いるか
凧	たこ	楾	はんぞう	襷	たすき	鯑	かずのこ
凩	こがらし	樫	かし	[illegible]	みせ	鰹	かつお
凪	なぎ	槙	まき	諚	じょう	鯱	しゃち
匂	におう	浬	かいり	躮	せがれ	鰰	はたはた
吋	インチ	瓩	キログラム	[illegible]	ねらう	鱩	はたはた
呏	ガロン	瓲	トン	躾	しつけ	鰯	いわし
呎	フィート	畑	はた，はたけ	[illegible]	しつけ	鱚	きす
听	ポンド	畠	はた，はたけ	軈	やがて	鱈	たら
噺	はなし	癌	がん	辷	すべる	鮱	ぼら
哩	マイル	硲	はざま	辻	つじ	鯎	うぐい
圦	いり	竔	リットル	込	こむ	鯐	すばしり
圷	あくつ	笹	ささ	迚	とても	鯒	こち
[illegible]	くろ	簓	ささら	遖	あっぱれ	[illegible]	どじょう
垰	たお	[illegible]	キセル	鎹	かすがい	鰙	はや
塀	へい	簗	やな	鋲	ビョウ	鰚	はらか
妛	あけび	粁	キロメートル	錻	ブリキ	鰤	ぶり
嬶	かか	粂	くめ	錺	かざる	鱰	しいら
峅	くら	籾	もみ	錵	にえ	鳰	にお
峠	とうげ	糀	こうじ	鑓	やり	鴫	しぎ
広	ひろ	糎	センチメートル	閖	ゆり	鵆	ちどり
憖	なまじい	縅	おどし	[illegible]	あられ	鴾	つき（とき）
扨	さて	聢	しかと	雫	しずく	鵤	いかるが
杣	そま	[illegible]	さかやき	鞆	とも	鶇	つぐみ
杢	もく	腺	セン	颪	おろし	鶸	ひわ
杤	とち	膣	チツ	[illegible]	あさる	麿	まろ
栃	とち	艝	そり	饂	ウ（ン）		
桝	ます	[illegible]	あけび	魞	えり		
椛	もみじ	[illegible]	わさび	[illegible]	すっぽん		

主要万葉仮名一覧

	字音仮名	字訓仮名
ア	阿 婀 安	吾 足
イ	伊 夷 以 異 已 移 怡 易	射
ウ	宇 汙 有 于 羽 烏 禹 紆	菟 卯 得
エ(ア行)	愛 亜 衣 依 哀	榎 荏 得
オ	意 於 淤 憶 乙	
カ	加 迦 賀 可 珂 何 訶 哿 柯 河 舸 箇	鹿 蚊 香
ガ	宜 賀 何 河 我 蛾 餓 鵝 峨 俄	
キ(甲)	岐 伎 吉 棄 支 枳 企 耆 祇 祁	杵 寸 来
ギ(甲)	藝 祇 伎 岐 儀 蟻	
キ(乙)	貴 紀 奇 綺 騎 寄 記 規 気 幾 機	城 木 樹
ギ(乙)	疑 擬 宜 義	
ク	久 玖 苦 群 君 丘 鳩 区 句 勾 絢 屨	来
グ	具 求 遇 隅 愚 群 虞	
ケ(甲)	祁 計 鶏 雞 谿 奚 家 係 介 家 結 兼 監 険 啓 稽	異
ゲ(甲)	下 牙 雅 夏 霓	
ケ(乙)	気 既 開 該 階 戒 凱 愷 慨 概	毛 食 飼
ゲ(乙)	宜 義 导 礙 皚	
コ(甲)	古 故 姑 枯 胡 高 庫 孤 顧 固	子 児 籠 小 粉
ゴ(甲)	胡 呉 虞 後 吾 悟 誤 娯	
コ(乙)	許 己 巨 挙 虚 居 去 忌 今 金 莒 據 渠	木
ゴ(乙)	其 碁 期 凝 語 御 馭	
サ	佐 沙 左 作 者 奢 柴 紗 草 三 讃 散 雑 匝 颯 薩 瑳 磋 娑 舎 差	
ザ	邪 奢 射 謝 蔵 社 奘 装 座	挟 援
シ	斯 志 芝 色 之 師 紫 子 思 司 旨 詩 寺 時 指 此 至 死 偲 四 指 次 詞 新 信 絁 矢 始 資 伺 思 施 辞	磯 為

	字音仮名	字訓仮名
ジ	士 自 慈 時 寺 仕 尽 児 貳 爾 耳 珥 餌 茸	
ス	須 州 洲 周 珠 数 駿 宿 秀 酒 素 殊 輸 蕦	酢 栖 渚 簀 為
ズ	受 授 殊 聚 儒 孺	
セ	世 勢 西 斉 瞻 栖 制 細 剤 是	瀬 湍 背
ゼ	是 筮 噬	
ソ(甲)	蘇 宗 祖 素 泝	十 麻
ゾ(甲)	俗	
ソ(乙)	曽 僧 増 所 則 贈 層 諸 賊	衣 背 其
ゾ(乙)	叙 序 賊 茹 鋤 鐏	
タ	多 他 當 太 塔 丹 但 哆 大 黨 柂 拖 陁 駄	田 手
ダ	陀 陁 太 大 弾 娜 嚢 儾	
チ	知 智 恥 陳 珍 致 擻 池 笞 遅 馳	道 路 千 乳 血 茅
ヂ	治 地 遅 尼 泥 膩 膩 旎	
ツ	都 豆 通 追 莵 途 徒 屠 突 図 豆 頭	津
ヅ	豆 頭 逗 弩 砮	
テ	弖(氐) 帝 提 堤 天 底 点 諦 題	手 価 直
デ	伝 殿 提 代 泥 涅 田 涅 弟 耐	
ト(甲)	斗 刀 都 覩 土 杜 妬 徒 屠 度 渡	戸 門 速 利
ド(甲)	度 渡 土	
ト(乙)	等 登 止 騰 得 苔 到 鄧 縢 藤	十 鳥 跡 迹 常
ド(乙)	杼 縢 騰 藤 特 廼 耐	
ナ	那 奈 寧 難 南 儺 娜 乃	名 魚 菜 七 中 莫
ニ	尓 迩 二 仁 耳 而 尼 日 人 儞 貳	
ヌ	奴 努 怒 農 濃	沼 宿 寐
ネ	泥 尼 袮 涅 年 念 涅	根 宿
ノ(甲)	努 怒 弩 奴	野
ノ(乙)	能 乃 廼	笑 箆 荷

	字音仮名	字訓仮名
ハ	波 播 幡 皤 破 婆 芳 方 防 房 八 半 伴 薄 泊 簸 巴 泮	葉 羽 歯 者
バ	婆 伐 麼 磨 縻 魔	
ヒ(甲)	比 卑 賓 嬪 臂 必 避 譬 毗	日 氷 檜
ビ(甲)	毗 妣 婢 鼻 弭 彌 寐	
ヒ(乙)	肥 斐 非 悲 飛 妃 彼 被 秘	火 乾 干
ビ(乙)	備 肥 眉 媚 縻	
フ	布 賦 不 否 敷 府 粉 福 符 甫 輔 浮	経 歴
ブ	夫 扶 部 父 歩 矛 騖	
ヘ(甲)	弊 幣 敝 平 覇 陛 返 反 遍 弁 辺 部 伯 鞞	重 隔
ベ(甲)	辨(弁) 便 別 謎	
ヘ(乙)	閇 背 拝 倍 陪 杯 沛 珮 俳	戸 綜 瓲 経
ベ(乙)	倍 毎	
ホ	富 本 菩 番 蕃 保 朋 宝 抱 方 倍 凡 褒 報 譜 費 陪 費	穂 帆
ボ	煩	
マ	麻 摩 磨 万 末 馬 満 望 莫 幕 麼 魔 莽	真 間 目
ミ(甲)	弥(彌) 美 民 敏 瀰 弭 湄 寐	
ミ(乙)	微 味 未 尾 微	身 実 箕
ム	牟 无 無 武 鵡 模 謀 務 儛 夢 霧 茂	六
メ(甲)	賣 咩 馬 面 謎 迷 綿	女 婦
メ(乙)	米 迷 梅 昧 毎 妹	目 眼
モ	毛(記ではモ甲) 母(記ではモ乙) 茂 忘 蒙 聞 問 門 文 勿 物 望 謀 暮 慕 謨 模 墓 梅 悶 莽	裳 藻 喪 哭
ヤ	夜 移 野 耶 也 楊 益 椰 瑘 揶	八 屋 矢
ユ	由 遊 喩 油 踰 愈 瑜 臾	弓 湯
エ(ヤ行)	延 要 叡 曳 遙	

	字音仮名	字訓仮名
ヨ(甲)	用 欲 容 庸 遙	夜
ヨ(乙)	与 余 豫 餘 誉 預	世 四 吉 代
ラ	良 羅 浪 藍 濫 覧 楽 落 臘 邏 囉 攞 囉	
リ	理 里 利 隣 離 梨 唎 釐	
ル	流 琉 留 類 屢 蘆 盧 婁 楼 溜	
レ	礼 列 例 烈 廉 連 戻 黎	
ロ(甲)	路 廬 漏 露 魯 楼	
ロ(乙)	呂 侶 里 廬 慮 稜	
ワ	和 倭 宛 涴 過	輪 丸
ヰ	韋 為 位 謂 委 萎 偉 威	井 居 猪
ヱ	恵 慧 廻 佪 画 衛 隈 穢	咲 座
ヲ	袁 遠 乎 呼 烏 怨 越 塢 鳴 弘 惋	小 少 尾 男 雄 麻 緒

〔付記〕『古事記』『万葉集』の例を主とし，後に『日本書紀』の例を加えることとした。字形・字体の問題，資料による相違と重なりの問題など検討すべきところが多いが，ここでは便宜に従った。

片仮名主要字体一覧

字源	東大寺諷誦文稿	極楽願往生歌	古今訓点抄	和字正濫抄	しょうがくこくご1
〔阿の偏から〕	ア	ア	ア	ア	ア
〔伊の偏から〕	イ	イ	イ	イ	イ
〔宇から〕	于	ウ	ウ	ウ	ウ
〔江から〕		エ	エ	エ	エ
〔衣から〕	衣（ア行）				
〔於の異体の偏から〕	オ	オ	オ	オ	オ
〔可から〕	丁				
〔加から〕		カ	カ	カ	カ
〔幾から〕	十	丶	キ	キ	キ
〔久から〕	久	ク	ク	ク	ク
〔介から〕	ケ　介	介	ケ	ケ	ケ
〔古から〕	古（甲類）				
〔己から〕	己（乙類）	コ	コ	コ	コ
〔左の異体から〕	ナ				

字源	東大寺諷誦文稿	極楽願往生歌	古今訓点抄	和字正濫抄	しょうがくこくご1
〔散から〕		サ	サ	サ	サ
〔之から〕	シ	し	し	こ	シ
〔志から〕	志				
〔須から〕	欠　須	ス	ス	ス	ス
〔世から〕	七　世	せ	せ	せ	セ
〔曽から〕	ソ	ソ　メ	ソ	ソ	ソ
〔太から〕	大　太				
〔多から〕	多	タ	タ	タ	タ
〔知から〕	チ　天				
〔千から〕		チ	チ	チ	チ
〔州からか〕	川	巛	ツ	ツ	ツ
〔氏の異体から〕	弖				
〔天から〕	天	テ	テ	テ	テ
〔止から〕	ト	ト	ト	ト	ト

字源	東大寺諷誦文稿	極楽願往生歌	古今訓点抄	和字正濫抄	しょうがくこくご1
〔奈から〕	ナ	ナ	ナ	ナ	ナ
〔尓から〕	尓				
〔二から〕		ニ	ニ	ニ	ニ
〔奴から〕	ヌ	ヌ	ヌ	ヌ	ヌ
〔祢の偏から〕	ネ			ネ	ネ
〔子から〕		子	子	子	
〔乃から〕	乃	ノ	ノ	ノ	ノ
〔波から〕	大				
〔八から〕		ハ	ハ	ハ	ハ
〔比から〕	ヒ	ヒ	ヒ	ヒ	ヒ
〔布から〕	巾				
〔不から〕		フ	フ	フ	フ
〔部の旁から〕	マ	ヘ	ヘ	ヘ	ヘ
〔保から〕	旦　呆	早	早　ホ	ホ　早	ホ

字源	東大寺諷誦文稿	極楽願往生歌	古今訓点抄	和字正濫抄	しょうがくこくご1
〔万から〕	万	マ	マ	マ	マ
〔美から〕	ミ　美				
〔三から〕		ミ	ミ	ミ	ミ
〔牟から〕	ム	ム	ム	ム	ム
〔米から〕	メ　米				
〔女から〕		メ	メ	メ	メ
〔毛から〕	レ　毛	モ	モ	モ	モ
〔也から〕	せ	ヤ	ヤ	ヤ	ヤ
〔由から〕	ユ	ユ	ユ	ユ	ユ
〔江から〕	エ（ヤ行）				
〔與与から〕	ヨ　与	ヨ	ヨ	ヨ	ヨ
〔良から〕	ラ	ラ	ラ	ラ	ラ
〔利から〕	リ	リ	リ	リ	リ
〔流から〕	ル　流	ル	ル	ル	ル

字源	東大寺諷誦文稿	極楽願往生歌	古今訓点抄	和字正濫抄	しょうがくこくご1
〔留の異体〕	畱				
〔禮礼から〕	ち	し	レ	レ	レ
〔呂から〕	呂	ロ	ロ	ロ	ロ
〔和から〕	禾	禾	ワ	ワ　禾	ワ
〔井から〕	井	井	井	井	
〔恵から〕	ヒ	ヱ	ヱ	ヱ	
〔乎から〕	ふ	ヲ	ヲ	ヲ	ヲ
〔撥音符から〕					ン

○東大寺諷誦文稿　9世紀初め。前田富祺「『東大寺諷誦文稿』の片仮名の字体について」(『語文』52，平成1(1989))参照。

○極楽願往生歌　康治1年(1142)書。前田富祺「『極楽願往生歌』の片仮名の体系」(『語文』53・54，平2(1990))参照。

○古今訓点抄　嘉元3(1305)。

○和字正濫抄　元禄8(1693)刊行。前田富祺「『和字正濫抄』の片仮名字体について」(『語文』62・63，平7(1995))参照。

○しょうがくこくご1上　平成14年(2002)前田富祺ほか編(大阪書籍)

平仮名主要字体一覧

字源	秋萩帖（草仮名）	更級日記（定家筆）	竹取物語（古活字本）	雨月物語（本行）（振仮名）	たけくらべ（一葉自筆）	文芸倶楽部	しょうがくこくご1
〔安〕							
〔阿〕							
〔以〕							
〔意〕							
〔伊〕							
〔移〕							
〔宇〕							
〔雲〕							
〔有〕							
〔衣〕							
〔江〕							
〔要〕							
〔於〕							
〔可〕							
〔加〕							
〔閑〕							

字源	秋萩帖（草仮名）	更級日記（定家筆）	竹取物語（古活字本）	雨月物語（本行）（振仮名）	たけくらべ（一葉自筆）	文芸倶楽部	しょうがくこくご1
〔我〕							
〔幾〕							
	き	き	き	き　き	き	き	き
〔起〕							
〔久〕		く	く	く　く	く	く	く
〔具〕							
〔計〕	け	け	け	け　け	け	け	け
〔氣〕							
〔介〕							
〔遣〕							
〔希〕							
〔許〕							
〔己〕		こ	こ	こ　こ	こ	こ	こ
〔古〕							
〔故〕							
〔散〕							
〔左〕	さ	さ	さ	さ　さ	さ	さ	さ

字源	秋萩帖（草仮名）	更級日記（定家筆）	竹取物語（古活字本）	雨月物語（本行）（振仮名）	たけくらべ（一葉自筆）	文芸倶楽部	しょうがくこくご1
〔佐〕		[illegible]	[illegible]	[illegible]			
〔斜〕	[illegible]						
〔之〕	[illegible] し	し	し	し し	し	し	し
〔志〕	[illegible]		[illegible]	[illegible] [illegible]	[illegible]		
〔新〕	[illegible]						
〔寸〕		す	す	す す	す	す	す
〔春〕	[illegible]		[illegible]	[illegible] [illegible]			
〔須〕		[illegible]	[illegible]	[illegible]			
〔寿〕				[illegible]			
〔数〕	[illegible]						
〔世〕	[illegible]	せ	[illegible] ぜ	せ せ	せ	せ	せ
〔勢〕	[illegible]						
〔所〕	[illegible]						
〔曽〕		[illegible]	[illegible]	そ そ	そ	[illegible] そ	そ
〔處〕	[illegible]						

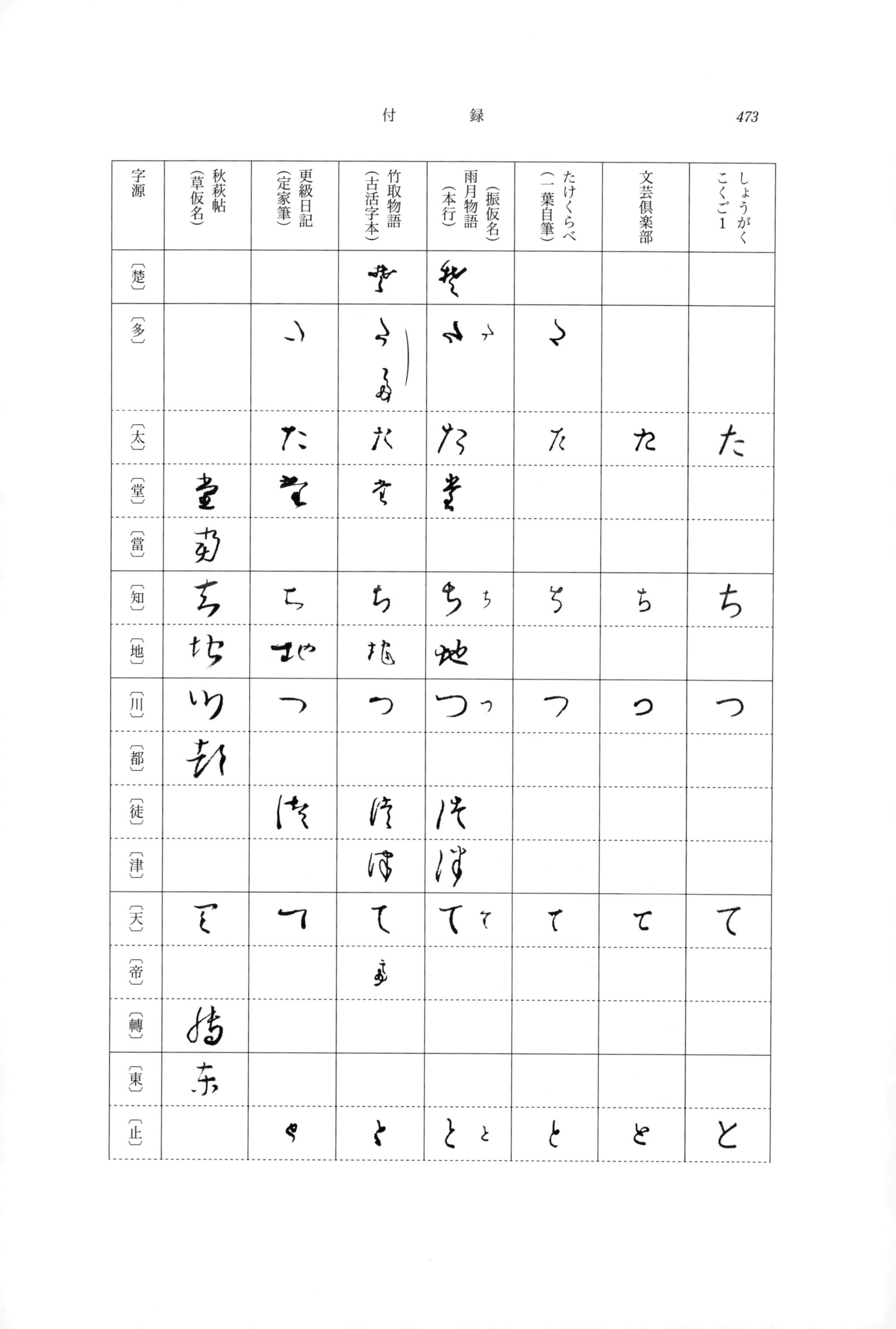

字源	秋萩帖（草仮名）	更級日記（定家筆）	竹取物語（古活字本）	雨月物語（本行）（振仮名）	たけくらべ（一葉自筆）	文芸倶楽部	しょうがくこくご1
〔楚〕							
〔多〕							
〔太〕					た	た	た
〔堂〕							
〔當〕							
〔知〕					ち	ち	ち
〔地〕							
〔川〕					つ	つ	つ
〔都〕							
〔徒〕							
〔津〕							
〔天〕					て	て	て
〔帝〕							
〔轉〕							
〔東〕							
〔止〕					と	と	と

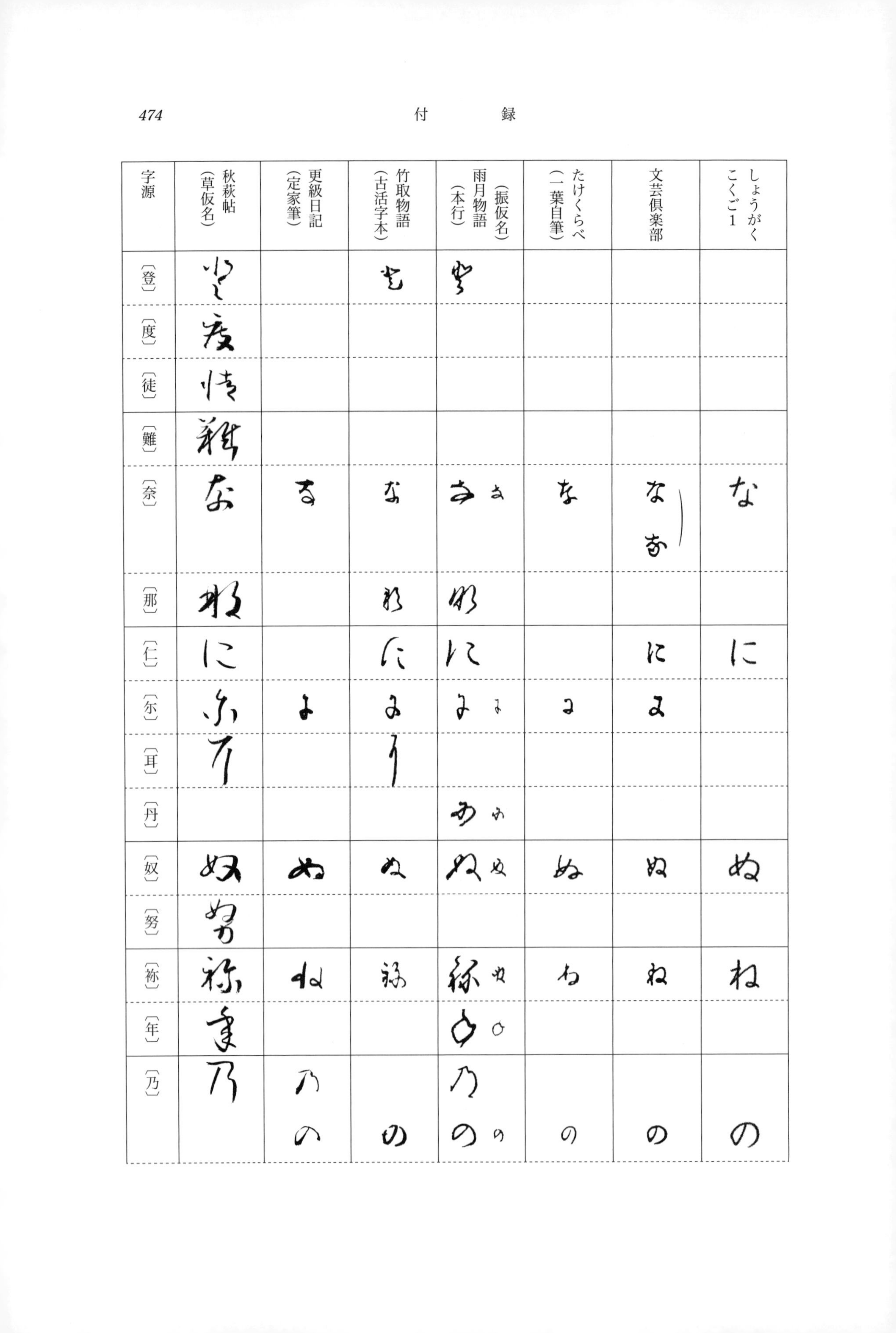

字源	秋萩帖（草仮名）	更級日記（定家筆）	竹取物語（古活字本）	雨月物語（本行）（振仮名）	たけくらべ（一葉自筆）	文芸俱楽部	しょうがくこくご1
〔登〕							
〔度〕							
〔徒〕							
〔難〕							
〔奈〕							
〔那〕							
〔仁〕							
〔尓〕							
〔耳〕							
〔丹〕							
〔奴〕							
〔努〕							
〔祢〕							
〔年〕							
〔乃〕							

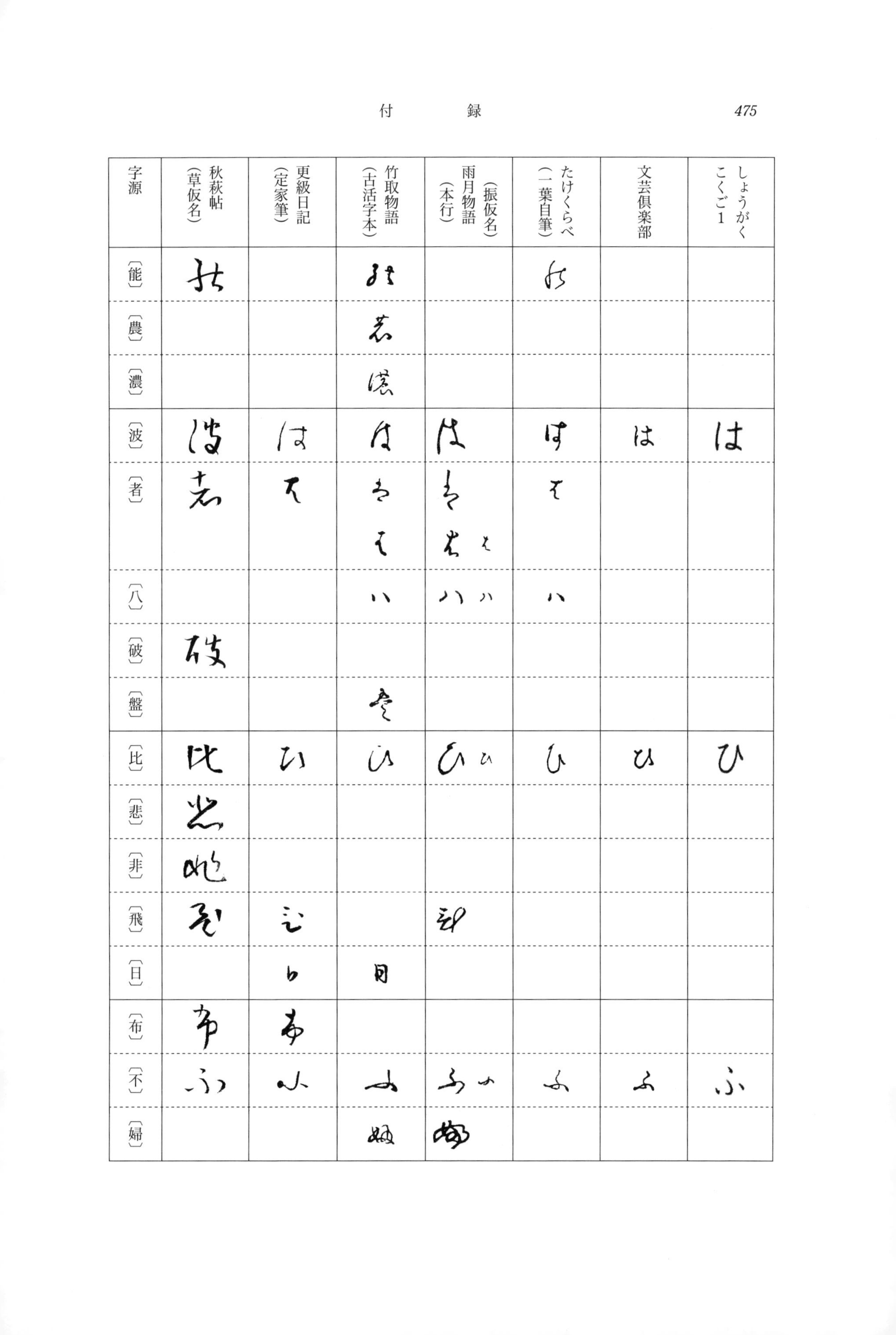

字源	秋萩帖（草仮名）	更級日記（定家筆）	竹取物語（古活字本）	雨月物語（本行）（振仮名）	たけくらべ（一葉自筆）	文芸倶楽部	しょうがくこくご1
〔能〕							
〔農〕							
〔濃〕							
〔波〕						は	は
〔者〕							
〔八〕							
〔破〕							
〔盤〕							
〔比〕						ひ	ひ
〔悲〕							
〔非〕							
〔飛〕							
〔日〕			日				
〔布〕							
〔不〕						ふ	ふ
〔婦〕							

字源	秋萩帖（草仮名）	更級日記（定家筆）	竹取物語（古活字本）	雨月物語（本行）（振仮名）	たけくらべ（一葉自筆）	文芸倶楽部	しょうがくこくご1
〔部〕	へ	へ	へ	へ　へ	へ	へ	へ
〔弊〕	へ						
〔遍〕			へ	へ			
〔保〕	ほ	ほ	ほ	ほ　ほ	ほ	ほ	ほ
〔本〕		ほ	ほ	ほ　ほ			
〔末〕	ま	ま	ま	ま　ま	ま	ま	ま
〔萬〕	ま						
		ま	ま				
〔満〕		ま	ま	ま			
〔美〕	み	み	み		み	み	み
〔見〕	み		み				
〔三〕			み	み　み	み		
〔牟〕	む						
〔武〕	む	む	む	む　む	む	む	む
〔無〕	む		む				
〔女〕	め	め	め	め　め	め	め	め
〔免〕		め	め	め			

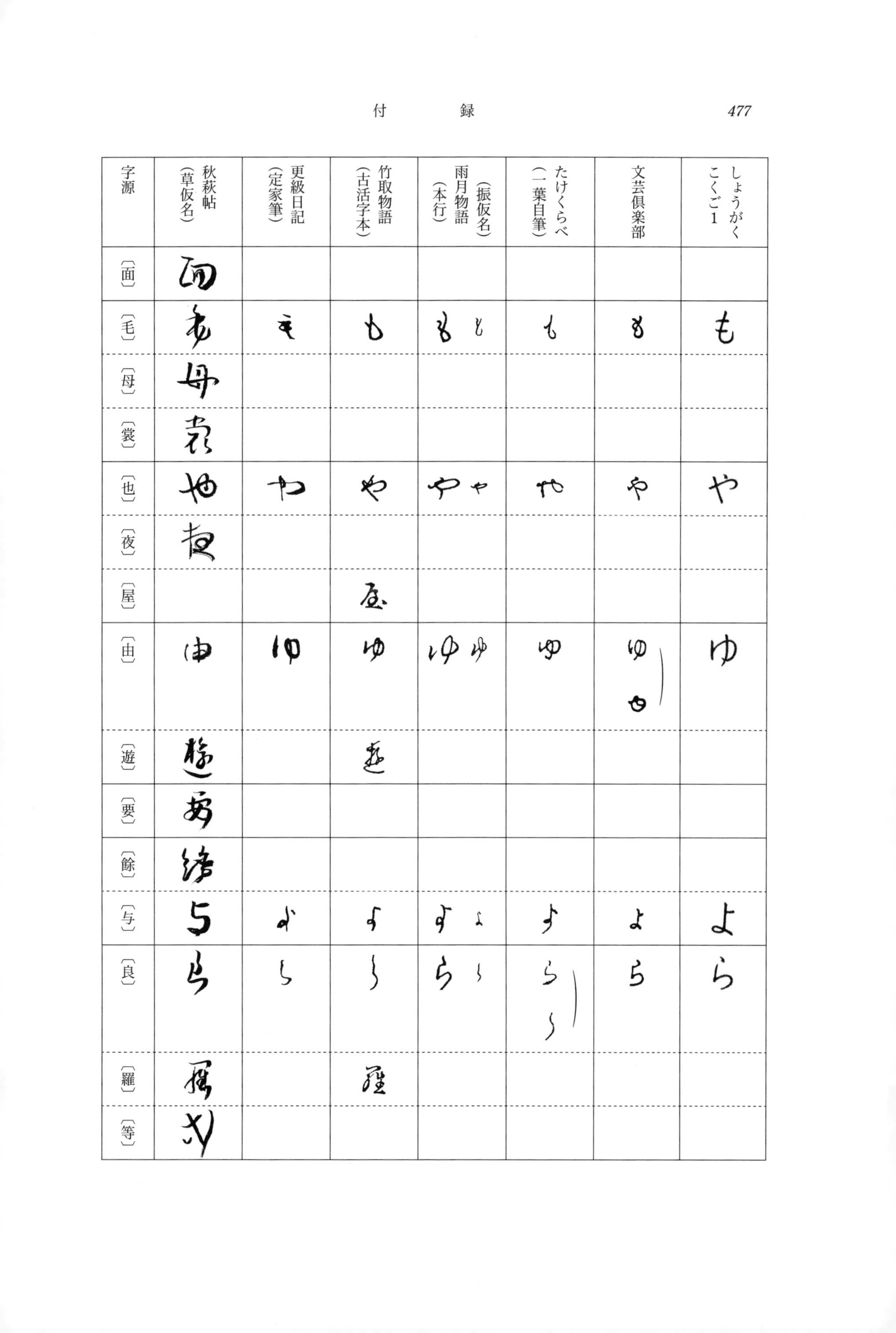

字源	秋萩帖（草仮名）	更級日記（定家筆）	竹取物語（古活字本）	雨月物語（本行）（振仮名）	たけくらべ（一葉自筆）	文芸倶楽部	しょうがくこくご1
〔面〕							
〔毛〕							
〔母〕							
〔裳〕							
〔也〕							
〔夜〕							
〔屋〕							
〔由〕							
〔遊〕							
〔要〕							
〔餘〕							
〔与〕							
〔良〕							
〔羅〕							
〔等〕							

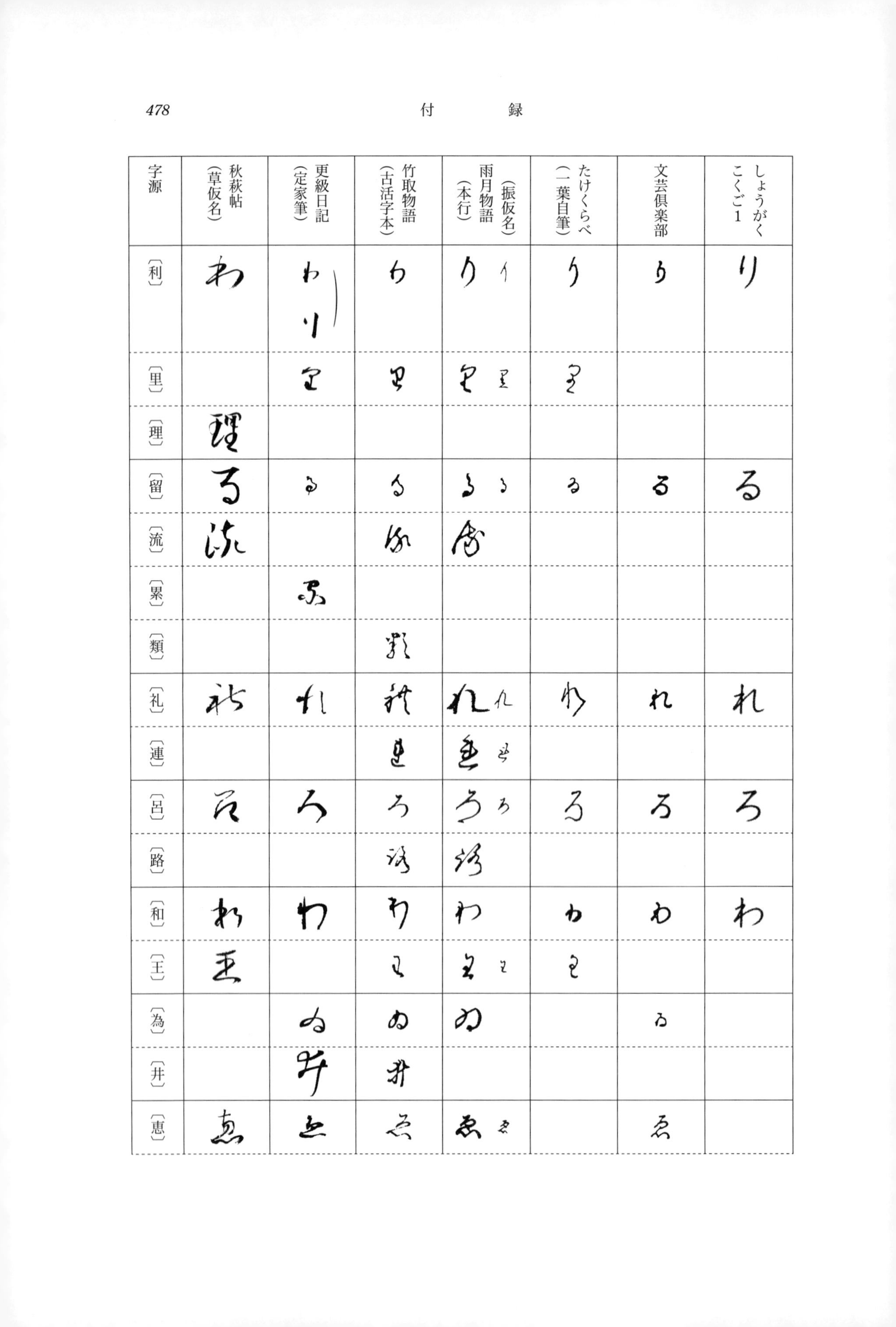

字源	秋萩帖（草仮名）	更級日記（定家筆）	竹取物語（古活字本）	雨月物語（本行）（振仮名）	たけくらべ（一葉自筆）	文芸倶楽部	しょうがくこくご1
〔利〕						り	り
〔里〕							
〔理〕							
〔留〕						る	る
〔流〕							
〔累〕							
〔類〕							
〔礼〕						れ	れ
〔連〕							
〔呂〕						ろ	ろ
〔路〕							
〔和〕						わ	わ
〔王〕							
〔為〕						ゐ	
〔井〕							
〔恵〕						ゑ	

字源	秋萩帖（草仮名）	更級日記（定家筆）	竹取物語（古活字本）	雨月物語（本行）（振仮名）	たけくらべ（一葉自筆）	文芸倶楽部	しょうがくこくご1
〔衛〕							
〔遠〕							
〔越〕							
〔无〕							

付記　『秋萩帖』は中古前期の草仮名の代表例であるが，さまざまな色の染紙に書かれており，仮名の濃淡大小様々で裏の文字と重なっているところもあるので筆者が転写した。

○『更級日記』は藤原定家晩年筆のものである。なお前田富祺「川柳の仮名――国語字体史の視点から――」(『日本語・日本文化研究論集』四，1988)を参照。

○『竹取物語』は慶長ごろ(1600 ごろ)の古活字本である。なお上の前田富祺論文を参照。

○『雨月物語』は安永 5 年(1766)刊のもので本行の仮名と振仮名の部分とに分けて示した。

○『たけくらべ』は『文学界』所収のものと，それを元に作られた一葉自筆の草稿，それによって作られた『文芸倶楽部』(明治 29 年(1986))刊本とがあり，ここでは後の二つの仮名を取上げた。なお前田富祺「『たけくらべ』における平仮名の書体と字体」(『国語文字史の研究』二　平成 6 年(1990))を参照。

○『しょうがくこくご』1 上は平成 14 年(1998(前田富祺他編　大阪書籍)による。

漢字部首一覧

一	いち
丨	たてぼう，ぼう
丶	てん，ちょぼ
丿	のかんむり，の
乙（乚）	おつ，おつにょう
亅	はねぼう
二	に
亠	なべぶた，けいさんかんむり
人（𠆢亻）	にんべん，ひと，ひとやね，ひとがしら
儿	ひとあし，にんにょう
入	にゅう，いる，いりがしら，いりやね
八（丷）	はち，はちがしら
冂	けいがまえ，どうがまえ，えんがまえ
冖	わかんむり
冫（⺀）	にすい
几	つくえ，きにょう
凵	かんにょう，かんがまえ，うけばこ
刀（刂）	かたな（りっとう）
力	ちから
勹	つつみがまえ，くがまえ
匕	さじ，さびのひ
匚	はこがまえ
匸	かくしがまえ
十	じゅう
卜	ぼく，ぼくのと
卩（㔾）	ふしづくり，わりふ（まげわりふ）
厂	がんだれ
厶	む
又	また
口	くち，くちへん
囗	くにがまえ
土（𡈽）	つち，つちへん，どへん
士	さむらい
夂	ふゆがしら
夊	すいにょう，なつのあし

夕	ゆうべ，ゆう
大	だい
女	おんな，おんなへん
子	こ，こへん
宀	うかんむり
寸	すん
小（⺌⺍）	しょう，しょうがしら
尢（尣兀）	だいのまげあし，おうにょう
尸	しかばね，しかばねかんむり
屮（屮）	めばえ，てつ
山	やま，やまへん，やまかんむり
巛（川川）	かわ（まがりかわ，さんぼんがわ）
工	たくみへん，こう
己（已巳）	おのれ
巾	はば，はばへん，きんべん
干	かん，ほす，いちじゅう
幺	いとがしら，おさなへん
广	まだれ
廴	えんにょう，えんにゅう
廾	にじゅうあし，こまぬき
弋	しきがまえ，よく
弓	ゆみ，ゆみへん
彑（⺕⺔）	けいがしら，いのこがしら
彡	さんづくり，かみかざり
彳	ぎょうにんべん
忄→心	りっしんべん
扌→手	てへん
氵→水	さんずい
丬→爿	しょうへん
犭→犬	いぬ，けものへん
艹→艸	くさかんむり
辶（辵辶）	しんにょう，しんにゅう
阝→邑	おおざと
阝→阜	こざとへん，こざる
心（⺗忄）	こころ（したごころ，りっしんべん）

戈	ほこがまえ，ほこづくり
戶（戸）	と，とかんむり，とだれ
手（扌）	て，てへん
支	しにょう，えだにょう
攴（攵）	ぼくにょう，とまた（のぶん）
文	ぶん，ぶんにょう，ふみづくり
斗	とます
斤	おのづくり，きん
方	ほう，ほうへん，かたへん
无（旡无）	むにょう
日	ひへん，にちへん
曰	ひらび，いわく
月	つきへん，つき
月（→肉）	にくづき
木（朩）	きへん，き
欠	あくび，かける，ふくづくり
止	とめる，とめへん
歹（歺）	がっへん，かばねへん
殳	るまた，ほこづくり
毋（母）	なかれ，ははのかん
比	くらべる，ならびひ
毛	け
氏	うじ
气	きがまえ
水（氺氵）	みず（したみず，さんずい）
火（灬）	ひ，ひへん（れんが，れっか）
爪（爫）	つめ，つめかんむり，そうにょう
父	ちち
爻（㐅）	こう，めめ
爿（丬）	しょうへん
片	かたへん
牙（牙）	きば，きばへん
牛	うし，うしへん
犬（犭）	いぬ，けものへん
王（玉）	おう，たまへん

ネ（示）	しめす，しめすへん
罒（网）	あみ，あみがしら
耂（老）	おいかんむり，おいがしら
艹（艸艹艹）	くさかんむり，くさ
辶（辵辶）	しんにょう，しんにゅう
玄	げん
玉（王）	たまへん，おうへん
瓜	うり
瓦	かわら
甘	あまい
生	いきる
用	もちいる
田	た，たへん
疋（⺪）	ひき，ひきへん
疒	やまいだれ
癶	はつがしら
白	しろ，しろへん
皮	けがわ，ひのかわ
皿	さら
目（罒）	め，めへん（よこめ）
矛	ほこ，ほこへん
矢	や，やへん
石	いし，いしへん
示（ネ）	しめす，しめすへん
禸	ぐうのあし
禾	のぎ，のぎへん
穴	あな，あなかんむり
立	たつ，たつへん
罒→网	あみがしら
罒→网	あみがしら，よこめ
ネ（衣）	ころも，ころもへん
竹	たけ，たけかんむり
米	こめ，こめへん
糸	いと，いとへん
缶	ほとぎ，ほとぎへん

网（⺳円罒）	あみ，あみがしら（よこめ）
羊	ひつじ，ひつじへん
羽→羽	はね，はねへん
老（耂）	おいかんむり，おいがしら
而	しかして
耒	すきへん，らいすき
耳	みみ，みみへん
聿	ふでづくり
肉（月）	にく，にくづき
臣	しん
自	みずから
至	いたる
臼（臼）	うす
舌	した，したへん
舛（舛）	ます，まいあし
舟	ふね，ふねへん
艮	こん，こんづくり，ねづくり
色	いろ
艸（⺾艹艹）	くさかんむり，くさ
虍	とらかんむり，とらがしら
虫	むし，むしへん
血	ち，ちへん
行	ゆきがまえ，ぎょうがまえ
衣（衤）	ころも，ころもへん
襾（覀西）	かなめのかしら（にし）
見	みる
角	つの，つのへん
言	ごんべん
谷	たに，たにへん
豆	まめ，まめへん
豕	いのこ，いのこへん
豸	むじな，むじなへん
貝	かい，こがい，かいへん
赤	あか，あかへん
走	そうにょう

足（⻊）	あし，あしへん
身	み，みへん
車	くるま，くるまへん
辛	からい
辰	たつ，しんのたつ
辵（⻌⻍）	しんにょう，しんにゅう
邑→阝（右側）	むら，おおざと
酉	とりへん，ひよみのとり，さけづくり
釆	のごめ，のごめへん
里	さと，さとへん
麦→麥	ばくにょう，むぎへん
金	かね，かねへん
長（镸）	ながい，ちょうへん
門	もんがまえ，かどがまえ
阜→阝（左側）	おか，ふ，こざとへん
隶	れいづくり，たい
隹	ふるとり
雨	あめ，あめかんむり
靑（青）	あお，あおへん
非	あらず
飠→食	しょく，しょくへん
斉　齋	せい，ひとし
面	めん，おもて
革	かわへん，かくのかわ，つくりがわ
韋（韋）	なめしがわ
韭	にら
音	おと，おとへん
頁	おおがい
風	かぜ，かぜがまえ
飛	とぶ
食（飠飠）	しょく，しょくへん
首	くび
香	かおり
馬	うま，うまへん
骨	ほね，ほねへん

高	たかい
髟	かみかんむり，かみがしら
鬥	たたかいがまえ，とうがまえ
鬯	ちょう，においざけ
鬲	かなえ，れき，れきのかなえ
鬼	きにょう，おに，おにへん
竜→龍	りゅう，たつ
魚	うお，うおへん，ぎょへん
鳥	とり，とりへん
鹵	ろ，うしお
鹿	しか，しかへん
麥（麦）	ばくにょう，むぎへん
麻（麻）	あさ，あさかんむり
黒→黑	くろ，こくへん
亀→(龜)	かめ
黃（黄）	きいろ，きへん
黍	きび，きびへん
黑（黒）	くろ，こくへん
黹	ち，ぬいとり
歯→齒	は，はへん
黽	べん，あおがえる，べんあし
鼎	かなえ
鼓	つづみ
鼠	ねずみ，ねずみつくり
鼻（鼻）	はな，はなへん
齊（斉）	せい，ひとし
齒（歯）	は，はへん
龍（竜）	りゅう，たつ
龜（亀）	かめ
龠	やく，やくのふえ，やくへん

外国地名漢字表記

国名・地名	日本での書き方（一例）	中国語
アイスランド	氷島	冰島
アイルランド	愛蘭土	愛爾蘭
アテネ	雅典	雅典
アフガニスタン	阿富汗斯	阿富汗
アフリカ	阿非利加	非洲
アメリカ	亜米利加・美利堅	美利堅・美国
アラビア	亜剌比亜	阿拉伯
アルゼンチン	亜爾然丁	阿根廷
イギリス	英国・英吉利	英國
イスラエル	伊色列	以色列
イタリア	伊太利亜	意大利
イラン	伊蘭	伊朗
イングランド	英蘭	英格蘭
インド	印度	印度
インドネシア	印度尼西亜	印度尼西亞
ウィーン	維納	維也納
エジプト	埃及	埃及
オーストラリア	濠太剌利	澳大利亞
オーストリア	墺太利	奥地利
オランダ	和蘭・阿蘭陀・和蘭陀	荷蘭
カナダ	加那太	加拿大
カンボジア	柬埔寨	柬埔寨
キューバ	玖馬	古巴
ギリシャ	希臘	希臘
コロンビア	哥倫比亜	哥倫比亞
コンゴ	公果	剛果
サンフランシスコ	桑港	桑港
シアトル	舎路	西雅圖
シカゴ	市俄古	芝加哥
シドニー	雪特尼	悉尼
ジュネーブ	寿府	日内瓦
シンガポール	新加坡	新加坡
スイス	瑞西	瑞士
スウェーデン	瑞典	瑞典
スペイン	西班	西班牙
タイ	泰	泰國
チリ	智利	智利
デンマーク	丁抹	丹麥
ドイツ	独逸・独乙	德意志・德国
トルコ	土耳古	土耳其

国名・地名	日本での書き方（一例）	中国語
ニュージーランド	新西蘭	新西蘭
ニューヨーク	紐育	紐約
ネパール	尼波羅	尼泊爾
ノルゥエー	諾威・那威	諾威
パナマ	巴奈馬	巴拿馬
ハノイ	河内	河内
パリ	巴里	巴黎
ハリウッド	聖林	好莱坞
ハワイ	布哇	夏威夷
ハンガリー	洪牙利	匈牙利
ハンブルク	漢堡	漢堡
フィリピン	比律賓	菲律賓
フィンランド	芬蘭土	芬蘭
ブラジル	伯剌西爾	巴西
フランス	仏蘭西	法蘭西・法國
ブルガリア	勃牙利	保加利亞
ベトナム	越南	越南
ペルー	秘露	秘魯
ベルギー	白耳義	比利時
ペルシャ	波斯	波斯
ベルリン	伯林	柏林
ポーランド	波蘭	波蘭
ボストン	波士敦	波士頓
ポルトガル	葡萄牙	葡萄牙
マドリード	馬徳里	馬德里
マニラ	馬尼刺	馬尼拉
マレーシア	馬来西亜	馬來西亞
ミュンヘン	民顕	慕尼黑
メキシコ	墨西哥	墨西哥
メルボルン	墨耳鉢恩	墨爾本
モスクワ	莫斯科	莫斯科
モンゴル	莫臥児	蒙古
ラオス	老檛	老檛
ラテン	羅典	拉丁
ルーマニア	羅馬尼	羅馬尼亞
ローマ	羅馬	羅馬
ロサンゼルス	羅府	洛杉基
ロシア	露国・露西亜	俄羅斯
ロンドン	倫敦	倫敦
ワシントン	華盛頓	華盛頓

常用漢字表

『常用漢字表』は，「1.　前書き」，「2.　表の見方」，「3.　本表」，「4.　付表」から成る。ここでは，どういう漢字が所収されているかを示すために，「本表」の漢字の字体と音訓を抜き出して示すことにする。なお『常用漢字表』は近々改訂の計画があり，文化審議会国語分科会漢字小委員会で検討が行われている。

『常用漢字表』の詳細は本書の『常用漢字表』の事項を参照されたい。

ア	遺	英	汚	仮（假）	介	角	かぶ
亜（亞）	緯	映	オウ	何	回	拡（擴）	株
アイ	イキ	栄（榮）	王	花	灰	革	かる
哀	域	営（營）	凹	佳	会（會）	格	刈
愛	イク	詠	央	価（價）	快	核	カン
アク	育	影	応（應）	果	戒	殻（殼）	干
悪（惡）	イチ	鋭	往	河	改	郭	刊
握	一	衛（衞）	押	科	怪	覚（覺）	甘
アツ	壱（壹）	エキ	欧（歐）	架	拐	較	汗
圧（壓）	イツ	易	殴（毆）	夏	悔（悔）	隔	缶（罐）
あつかう	逸（逸）	疫	桜（櫻）	家	海（海）	閣	完
扱	いも	益	翁	荷	界	確	肝
アン	芋	液	奥（奧）	華	皆	獲	官
安	イン	駅（驛）	横（橫）	菓	械	嚇	冠
案	引	エツ	オク	貨	絵（繪）	穫	巻（卷）
暗	印	悦	屋	渦	開	ガク	看
イ	因	越	億	過	階	学（學）	陥（陷）
以	姻	謁（謁）	憶	嫁	解	岳（嶽）	乾
衣	員	閲	おそれ	暇	塊	楽（樂）	勘
位	院	エン	虞	禍（禍）	壊（壞）	額	患
囲（圍）	陰	円（圓）	オツ	靴	懐（懷）	かける	貫
医（醫）	飲	延	乙	寡	貝	掛	寒
依	隠（隱）	沿	おろす	歌	ガイ	かた	喚
委	韻	炎	卸	箇	外	潟	堪
威	ウ	宴	オン	稼	劾	カツ	換
胃	右	援	音	課	害	括	敢
為（爲）	宇	園	恩	蚊	涯	活	棺
尉	羽	煙	温（溫）	ガ	街	喝（喝）	款
異	雨	猿	穏（穩）	我	慨（慨）	渇（渴）	間
移	ウン	遠	カ	画（畫）	該	割	閑
偉	運	鉛	下	芽	概（概）	滑	勧（勸）
意	雲	塩（鹽）	化	賀	かき	褐（褐）	寛（寬）
違	エイ	演	火	雅	垣	轄	幹
維	永	縁（緣）	加	餓	カク	かつ	感
慰	泳	オ	可	カイ	各	且	漢（漢）

慣	飢	ギャク	キョウ	均	郡	血	玄
管	鬼	逆	凶	近	群	決	言
関（關）	帰（歸）	虐	共	金	ケイ	結	弦
歓（歡）	基	キュウ	叫	菌	兄	傑	限
監	寄	九	狂	勤（勤）	刑	潔	原
緩	規	久	京	琴	形	ゲツ	現
憾	喜	及	享	筋	系	月	減
還	幾	弓	供	禁	径（徑）	ケン	源
館	揮	丘	協	緊	茎（莖）	犬	厳（嚴）
環	期	旧（舊）	況	謹（謹）	係	件	コ
簡	棋	休	峡（峽）	襟	型	見	己
観（觀）	貴	吸	挟（挾）	ギン	契	券	戸
艦	棄	朽	狭（狹）	吟	計	肩	古
鑑	旗	求	恐	銀	恵（惠）	建	呼
ガン	器（器）	究	恭	ク	啓	研（硏）	固
丸	輝	泣	胸	区（區）	掲（揭）	県（縣）	孤
含	機	急	脅	句	渓（溪）	倹（儉）	弧
岸	騎	級	強	苦	経（經）	兼	故
岩	ギ	糾	教	駆（驅）	蛍（螢）	剣（劍）	枯
眼	技	宮	郷（鄕）	グ	敬	軒	個
頑	宜	救	境	具	景	健	庫
顔	偽（僞）	球	橋	愚	軽（輕）	険（險）	湖
願	欺	給	矯	クウ	傾	圏（圈）	雇
キ	義	窮	鏡	空	携	堅	誇
企	疑	ギュウ	競	グウ	継（繼）	検（檢）	鼓
危	儀	牛	響（響）	偶	慶	嫌	顧
机	戯（戲）	キョ	驚	遇	憩	献（獻）	ゴ
気（氣）	擬	去	ギョウ	隅	警	絹	五
岐	犠（犧）	巨	仰	クツ	鶏（鷄）	遣	互
希	議	居	暁（曉）	屈	ゲイ	権（權）	午
忌	キク	拒	業	掘	芸（藝）	憲	呉
汽	菊	拠（據）	凝	くる	迎	賢	後
奇	キチ	挙（擧）	キョク	繰	鯨	謙	娯
祈（祈）	吉	虚（虛）	曲	クン	ゲキ	繭	悟
季	喫	許	局	君	劇	顕（顯）	碁
紀	詰	距	極	訓	撃（擊）	験（驗）	語
軌	キャク	ギョ	ギョク	勲（勳）	激	懸	誤
既（既）	却	魚	玉	薫（薰）	ケツ	ゲン	護
記	客	御	キン	グン	欠（缺）	元	コウ
起	脚	漁	斤	軍	穴	幻	口

工公孔功巧広（廣）甲交光向后好江考行坑孝抗攻更効（效）幸拘肯侯厚恒（恆）洪皇紅荒郊香候校耕航貢降高康控黄（黃）慌港硬絞項溝鉱（鑛）構綱酵稿興衡鋼講購

ゴウ
号（號）合拷剛豪

コク
克告谷刻国（國）黒（黑）穀（穀）酷

ゴク
獄

コツ
骨

こむ
込

コン
今困昆恨根婚混紺魂墾懇

サ
左佐査砂唆差詐鎖

ザ
座

サイ
才再災妻砕（碎）宰栽彩採済（濟）祭斎（齋）細菜最裁債催歳載際

ザイ
在材剤（劑）財罪

さき
崎

サク
作削昨索策酢搾錯

さく
咲

サツ
冊札刷殺（殺）察撮擦

ザツ
雑（雜）

さら
皿

サン
三山参（參）桟（棧）蚕（蠶）惨（慘）産傘散算酸賛（贊）

ザン
残（殘）暫

シ
士子支止氏仕史司四市矢旨死糸（絲）至伺志私使刺始姉枝祉（祉）肢姿思指施師紙脂視（視）紫詞歯（齒）嗣試詩資飼誌雌賜諮

ジ
示字寺次耳自似児（兒）事侍治持時滋慈辞（辭）磁璽

シキ
式識

ジク
軸

シチ
七

シツ
失室疾執湿（濕）漆質

ジツ
実（實）

しば
芝

シャ
写（寫）社（社）車舎者（者）射捨赦斜煮（煮）遮謝

ジャ
邪蛇

シャク
勺尺借酌釈（釋）爵

ジャク
若弱寂

シュ
手主守朱取狩首殊珠酒種趣

ジュ
寿（壽）受授需儒樹

シュウ
収（收）囚州舟秀周宗拾秋臭（臭）修終習週就衆

集
愁
酬
醜
襲
ジュウ
十
汁
充
住
柔
重
従（從）
渋（澁）
銃
獣（獸）
縦（縱）
シュク
叔
祝（祝）
宿
淑
粛（肅）
縮
ジュク
塾
熟
シュツ
出
ジュツ
述
術
シュン
俊
春
瞬
ジュン
旬
巡
盾

准
殉
純
循
順
準
潤
遵
ショ
処（處）
初
所
書
庶
暑（暑）
署（署）
緒（緖）
諸（諸）
ジョ
女
如
助
序
叙（敍）
徐
除
ショウ
小
升
少
召
匠
床
抄
肖
尚
招
承
昇
松

沼
昭
宵
将（將）
消
症
祥（祥）
称（稱）
笑
唱
商
渉（涉）
章
紹
訟
勝
掌
晶
焼（燒）
焦
硝
粧
詔
証（證）
象
傷
奨（奬）
照
詳
彰
障
衝
賞
償
礁
鐘
ジョウ
上
丈
冗

条（條）
状（狀）
乗（乘）
城
浄（淨）
剰（剩）
常
情
場
畳（疊）
蒸
縄（繩）
壌（壤）
嬢（孃）
錠
譲（讓）
醸（釀）
ショク
色
食
植
殖
飾
触（觸）
嘱（囑）
織
職
ジョク
辱
シン
心
申
伸
臣
身
辛
侵
信
津
神（神）

唇
娠
振
浸
真（眞）
針
深
紳
進
森
診
寝（寢）
慎（愼）
新
審
震
薪
親
ジン
人
刃
仁
尽（盡）
迅
甚
陣
尋
ズ
図（圖）
スイ
水
吹
垂
炊
帥
粋（粹）
衰
推
酔（醉）
遂

睡
穂（穗）
錘
ズイ
随（隨）
髄（髓）
スウ
枢（樞）
崇
数（數）
すえる
据
すぎ
杉
スン
寸
せ
畝
瀬（瀨）
ゼ
是
セイ
井
世
正
生
成
西
声（聲）
制
姓
征
性
青
斉（齊）
政
星
牲
省
逝

清
盛
婿
晴
勢
聖
誠
精
製
誓
静（靜）
請
整
ゼイ
税
セキ
夕
斥
石
赤
昔
析
隻
席
惜
責
跡
積
績
籍
セツ
切
折
拙
窃（竊）
接
設
雪
摂（攝）
節（節）

説
ゼツ
舌
絶
セン
千
川
仙
占
先
宣
専（專）
泉
浅（淺）
洗
染
扇
栓
旋
船
戦（戰）
践（踐）
銭（錢）
銑
潜（潛）
線
遷
選
薦
繊（纖）
鮮
ゼン
全
前
善
然
禅（禪）
漸
繕
ソ

阻
祖（祖）
租
素
措
粗
組
疎
訴
塑
礎
ソウ
双（雙）
壮（壯）
早
争（爭）
走
奏
相
荘（莊）
草
送
倉
捜（搜）
挿（插）
桑
掃
曹
巣（巢）
窓
創
喪
葬
装（裝）
僧（僧）
想
層（層）
総（總）
遭
槽

操
燥
霜
騒（騷）
藻
ゾウ
造
像
増（增）
憎（憎）
蔵（藏）
贈（贈）
臓（臟）
ソク
即（卽）
束
足
促
則
息
速
側
測
ゾク
俗
族
属（屬）
賊
続（續）
ソツ
卒
率
ソン
存
村
孫
尊
損
タ
他

多
ダ
打
妥
堕（墮）
惰
駄
タイ
太
対（對）
体（體）
耐
待
怠
胎
退
帯（帶）
泰
袋
逮
替
貸
隊
滞（滯）
態
ダイ
大
代
台（臺）
第
題
たき
滝（瀧）
タク
宅
択（擇）
沢（澤）
卓
拓
託

濯
ダク
諾
濁
ただし
但
タツ
達
ダツ
脱
奪
たな
棚
丹
担（擔）
単（單）
炭
胆（膽）
探
淡
短
嘆（嘆）
端
誕
鍛
ダン
団（團）
男
段
断（斷）
弾（彈）
暖
談
壇
チ
地
池
知
値
恥

致
遅（遲）
痴（癡）
稚
置
チク
竹
畜
逐
蓄
築
チツ
秩
窒
チャ
茶
チャク
着
嫡
チュウ
中
仲
虫（蟲）
沖
宙
忠
抽
注
昼（晝）
柱
衷
鋳（鑄）
駐
チョ
著（著）
貯
チョウ
丁
弔
庁（廳）

兆
町
長
挑
帳
張
彫
眺
釣
頂
鳥
朝
脹
超
腸
跳
徴（徵）
潮
澄
調
聴（聽）
懲（懲）
チョク
直
勅（敕）
チン
沈
珍
朕
陳
賃
鎮（鎭）
ツイ
追
墜
ツウ
通
痛
つか
塚（塚）

漬
つぼ
坪
テイ
低
呈
廷
弟
定
底
抵
邸
亭
貞
帝
訂
庭
逓（遞）
停
偵
堤
提
程
艇
締
デイ
泥
テキ
的
笛
摘
滴
適
敵
テツ
迭
哲
鉄（鐵）
徹
撤

テン
天
典
店
点（點）
展
添
転（轉）
デン
田
伝（傳）
殿
電
ト
斗
吐
徒
途
都（都）
渡
塗
ド
土
奴
努
度
怒
トウ
刀
冬
灯（燈）
当（當）
投
豆
東
到
逃
倒
凍
唐

島
桃
討
透
党（黨）
悼
盗（盜）
陶
塔
搭
棟
湯
痘
登
答
等
筒
統
稲（稻）
踏
糖
頭
謄
闘（鬭）
騰
ドウ
同
洞
胴
動
堂
童
道
働
銅
導
とうげ
峠
トク
匿

特
得
督
徳（德）
篤
ドク
毒
独（獨）
読（讀）
トツ
凸
突（突）
とどける
届（屆）
トン
屯
豚
ドン
鈍
曇
ナイ
内
ナン
南
軟
難（難）
ニ
二
尼
弐（貳）
ニク
肉
ニチ
日
ニュウ
入
乳
ニョウ
尿
ニン

任
妊
忍
認
ネイ
寧
ネツ
熱
ネン
年
念
粘
燃
ノウ
悩（惱）
納
能
脳（腦）
農
濃
ハ
把
波
派
破
覇（霸）
バ
馬
婆
ハイ
拝（拜）
杯
背
肺
俳
配
排
敗
廃（廢）
輩

バイ
売（賣）
倍
梅（梅）
培
陪
媒
買
賠
ハク
白
伯
拍
泊
迫
舶
博
薄
バク
麦（麥）
漠
縛
爆
はこ
箱
はた
畑
はだ
肌
ハチ
八
鉢
ハツ
発（發）
髪（髮）
バツ
伐
抜（拔）
罰
閥

ハン
反
半
犯
帆
伴
判
坂
板
版
班
畔
般
販
飯
搬
煩
頒
範
繁（繁）
藩
バン
晩（晚）
番
蛮（蠻）
盤
ヒ
比
皮
妃
否
批
彼
披
肥
非
卑（卑）
飛
疲
秘（祕）

被
悲
扉
費
碑（碑）
罷
避
ビ
尾
美
備
微
鼻
ヒツ
匹
必
泌
筆
ひめ
姫
ヒャク
百
ヒョウ
氷
表
俵
票
評
漂
標
ビョウ
苗
秒
病
描
猫
ヒン
品
浜（濱）
貧

賓（賓）
頻（頻）
ビン
敏（敏）
瓶（甁）
フ
不
夫
父
付
布
扶
府
怖
附
負
赴
浮
婦
符
富
普
腐
敷
膚
賦
譜
ブ
侮（侮）
武
部
舞
フウ
封
風
フク
伏
服
副
幅

復
福（福）
腹
複
覆
フツ
払（拂）
沸
ブツ
仏（佛）
物
フン
粉
紛
雰
噴
墳
憤
奮
ブン
分
文
聞
ヘイ
丙
平
兵
併（倂）
並（竝）
柄
陛
閉
塀（塀）
幣
弊
ベイ
米
ヘキ
壁
癖

ベツ
別
ヘン
片
辺（邊）
返
変（變）
偏
遍
編
ベン
弁（辨瓣辯）
便
勉（勉）
ホ
歩（步）
保
捕
浦
補
舗
ボ
母
募
墓
慕
暮
簿
ホウ
方
包
芳
邦
奉
宝（寶）
抱
放
法

泡
胞
俸
倣
峰
砲
崩
訪
報
豊（豐）
飽
褒（襃）
縫
ボウ
亡
乏
忙
坊
妨
忘
防
房
肪
某
冒
剖
紡
望
傍
帽
棒
貿
暴
膨
謀
ホク
北
ボク
木
朴

牧
僕
墨（墨）
撲
ボツ
没
ほり
堀
ホン
本
奔
翻（飜）
ボン
凡
盆
マ
麻
摩
磨
魔
マイ
毎（每）
妹
枚
埋
マク
幕
膜
また
又
マツ
末
抹
マン
万（萬）
満（滿）
慢
漫
ミ
未

味
魅
みさき
岬
ミツ
密
ミャク
脈
ミョウ
妙
ミン
民
眠
ム
矛
務
無
夢
霧
むすめ
娘
メイ
名
命
明
迷
盟
銘
鳴
メツ
滅
メン
免（免）
面
綿
モ
茂
模
モウ
毛

妄
盲
耗
猛
網
モク
目
黙（默）
モン
門
紋
問
もんめ
匁
ヤ
夜
野
ヤク
厄
役
約
訳（譯）
薬（藥）
躍
ユ
由
油
愉
諭
輸
癒
ユイ
唯
ユウ
友
有
勇
幽
悠
郵

猶
裕
遊
雄
誘
憂
融
優
ヨ
与（與）
予（豫）
余（餘）
誉（譽）
預
ヨウ
幼
用
羊
洋
要
容
庸
揚
揺（搖）
葉
陽
溶
腰
様（樣）
踊
窯
養
擁
謡（謠）
曜
ヨク
抑
浴
欲
翌

翼
ラ
裸
羅
ライ
来（來）
雷
頼（賴）
ラク
絡
落
酪
ラン
乱（亂）
卵
覧（覽）
濫
欄（欄）
リ
吏
利
里
理
痢
裏
履
離
リク
陸
リツ
立
律
リャク
略
リュウ
柳
流
留
竜（龍）
粒

隆（隆）
硫
リョ
旅
虜（虜）
慮
リョウ
了
両（兩）
良
料
涼
猟（獵）
陵
量
僚
領
寮
療
糧
リョク
力
緑（綠）
リン
林
厘
倫
輪
隣
臨
ルイ
涙（淚）
累
塁（壘）
類（類）
レイ
令
礼（禮）
冷
励（勵）

戻（戾）	麗	烈	錬（鍊）	労（勞）	ロク	話	ワン
例	レキ	裂	ロ	郎（郞）	六	ワイ	湾（灣）
鈴	暦（曆）	レン	炉（爐）	朗（朗）	録（錄）	賄	腕
零	歴（歷）	恋（戀）	路	浪	ロン	ワク	
霊（靈）	レツ	連	露	廊（廊）	論	惑	
隷	列	廉	ロウ	楼（樓）	ワ	わく	
齢（齡）	劣	練（鍊）	老	漏	和	枠	

追加及び削除字種の候補漢字一覧

平成 21 年 1 月 29 日文化審議会総会に提出された「新常用漢字表（仮称）に関する試案」に示されたもの。

〈現行「常用漢字表」に追加する字種候補（191 字）〉

挨 曖 顎 宛 嵐 畏 萎 椅 彙 茨 咽 淫 唄 鬱 怨 媛 艶 旺
岡 臆 俺 苛 牙 瓦 潰 諧 崖 蓋 骸 葛 鎌 韓 玩 伎 亀 畿
臼 嗅 巾 僅 錦 惧 串 窟 熊 詣 憬 稽 隙 桁 拳 鍵 舷 股
虎 梗 喉 乞 傲 駒 頃 痕 沙 挫 采 塞 埼 柵 刹 拶 斬 恣
摯 餌 鹿 叱 嫉 腫 呪 袖 羞 蹴 哨 憧 拭 尻 芯 腎 須 裾
凄 醒 脊 戚 煎 羨 腺 詮 箋 膳 狙 遡 曽 爽 痩 踪 捉 遜
汰 唾 堆 戴 誰 旦 綻 憚 緻 酎 貼 嘲 諜 捗 椎 爪 鶴 諦
溺 塡 妬 賭 藤 瞳 栃 頓 貪 丼 那 奈 梨 謎 鍋 匂 虹 捻
罵 剝 箸 氾 汎 阪 斑 眉 膝 肘 訃 阜 聘 蔽 餅 璧 蔑 蜂
貌 頰 勃 昧 枕 蜜 冥 麺 冶 弥 闇 喩 湧 妖 瘍 沃 拉 辣
藍 璃 慄 侶 瞭 瑠 呂 弄 籠 麓 脇

〈現行「常用漢字表」から削除する字種候補（5 字）〉

勺 錘 銑 脹 匁

送り仮名の付け方について

d　内閣訓令・告示「送り仮名の付け方」(昭和四八年六月一八日)

○内閣訓令第２号

各行政機関

「送り仮名の付け方」の実施について

さきに，政府は，昭和34年内閣告示第1号をもって「送りがなのつけ方」を告示したが，その後の実施の経験等にかんがみ，これを改定し，本日，内閣告示第2号をもって，新たに「送り仮名の付け方」を告示した。

今後，各行政機関においては，これを送り仮名の付け方のよりどころとするものとする。

なお，昭和34年内閣訓令第1号は，廃止する。

昭和48年6月18日　　内閣総理大臣　田中　角榮

○内閣告示第二号

一般の社会生活において現代の国語を書き表すための送り仮名の付け方のよりどころを，次のように定める。

なお，昭和三十四年内閣告示第一号は，廃止する。

昭和四十八年六月十八日　　内閣総理大臣　田中　角榮

送り仮名の付け方

前書き

一　この「送り仮名の付け方」は，法令・公用文書・新聞・雑誌・放送など，一般の社会生活において，「当用漢字音訓表」の音訓によって現代の国語を書き表す場合の送り仮名の付け方のよりどころを示すものである。

二　この「送り仮名の付け方」は，科学・技術・芸術その他の各種専門分野や個々人の表記にまで及ぼそうとするものではない。

三　この「送り仮名の付け方」は，漢字を記号的に用いたり，表に記入したりする場合や，固有名詞を書き表す場合を対象としていない。

「本文」の見方及び使い方

一　この「送り仮名の付け方」の本文の構成は，次のとおりである。

単独の語

1　活用のある語

通則1　(活用語尾を送る語に関するもの)

通則2　(派生・対応の関係を考慮して，活用語尾の前の部分から送る語に関するもの)

2　活用のない語

通則3　(名詞であって，送り仮名を付けない語に関するもの)

通則4　(活用のある語から転じた名詞であって，もとの語の送り仮名の付け方によって送る語に関するもの)

通則5　(副詞・連体詞・接続詞に関するもの)

複合の語
通則 6 (単独の語の送り仮名の付け方による語に関するもの)
通則 7 (慣用に従って送り仮名を付けない語に関するもの)
付表の語
1 (送り仮名を付ける語に関するもの)
2 (送り仮名を付けない語に関するもの)

二 通則とは，単独の語及び複合の語の別，活用のある語及び活用のない語の別等に応じて考えた送り仮名の付け方に関する基本的な法則をいい，必要に応じ，例外的な事項又は許容的な事項を加えてある。

したがって，各通則には，本則のほか，必要に応じて例外及び許容を設けた。ただし，通則 7 は，通則 6 の例外に当たるものであるが，該当する語が多数に上るので，別の通則として立てたものである。

三 この「送り仮名の付け方」で用いた用語の意義は，次のとおりである。

単独の語…漢字の音又は訓を単独に用いて，漢字一字で書き表す語をいう。
複合の語…漢字の訓と訓，音と訓などを複合させ，漢字二字以上を用いて書き表す語をいう。
付表の語…「当用漢字音訓表」の付表に掲げてある語のうち，送り仮名の付け方が問題となる語をいう。
活用のある語…動詞・形容詞・形容動詞をいう。
活用のない語…名詞・副詞・連体詞・接続詞をいう。
本 則…送り仮名の付け方の基本的な法則と考えられるものをいう。
例 外…本則には合わないが，慣用として行われていると認められるものであって，本則によらず，これによるものをいう。
許 容…本則による形とともに，慣用として行われていると認められるものであって，本則以外に，これによってよいものをいう。

四 単独の語及び複合の語を通じて，字音を含む語は，その字音の部分には送り仮名を要しないのであるから，必要のない限り触れていない。

五 各通則において，送り仮名の付け方が許容によることのできる語については，本則又は許容のいずれに従ってもよいが，個々の語に適用するに当たって，許容に従ってよいかどうか判断し難い場合には，本則によるものとする。

「公用文における漢字使用等について」(昭和 56 年 10 月 1 日事務次官等会議申合せ)においては，国の公用文における送り仮名の付け方は，原則として，「送り仮名の付け方」(昭和 48 年内閣告示第 2 号)の通則 1 から通則 6 までの「本則」・「例外」，通則 7 及び「付表の語」(1 のなお書きを除く。)によるものとされ，複合の語 (通則 7 を適用する語を除く。)のうち，活用のない語であって読み間違えるおそれのない語については，通則 6 の「許容」を適用することとなった。

また，法令文については，同申合せにおいて，別途内閣法制局からの通知によるものとされていたが，「法令における漢字使用等について」(昭和 56 年 10 月 1 日内閣法制局総発第 141 号) によるべき旨内閣法制次長から各省庁事務次官あてに通知された。同通知によると別紙「法令における漢字使用等について」の「二　送り仮名の付け方について」の「2　複合の語」の (一) のただし書に例示された活用のない語で読み間違えるおそれのない語についてのみ通則 6 の「許容」を適用するほかは，通則 1 から通則 6 までの「本則」・「例外」，通則 7 及び「付表の語」(1 のなお書きを除く。) によることとされ，原則として，公用文と法令文の表記の統一が図られている。

地方公共団体における送り仮名の付け方の取扱いについても国と同様にするのが適当と考えるが，その具体的取扱いを整理すると以下のとおりとなる。

単独の語

1　活用のある語

通則 1

本則　活用のある語(通則 2 を適用する語を除く。)は，活用語尾を送る。

例　憤る　承る　書く　実る　催す
生きる　陥れる　考える　助ける
荒い　潔い　賢い　濃い
主だ

例外　(1)　語幹が「し」で終わる形容詞は，「し」から送る。

例　著しい　惜しい　悔しい　恋しい　珍しい

(2)　活用語尾の前に「か」，「やか」，「らか」を含む形容動詞は，その音節から送る。

例　暖かだ　細かだ　静かだ
穏やかだ　健やかだ　和やかだ
明らかだ　平らかだ　滑らかだ　柔らかだ

(3)　次の語は，次に示すように送る。

明らむ　味わう　哀れむ　慈しむ　教わる　脅かす(おどかす)　脅かす(おびやかす)　食らう　異なる　逆らう　捕まる　群がる　和らぐ　揺する
明るい　危ない　危うい　大きい　少ない　小さい　冷たい　平たい
新ただ　同じだ　盛んだ　平らだ　懇ろだ　惨めだ
哀れだ　幸いだ　幸せだ　巧みだ

注　語幹と活用語尾との区別がつかない動詞は，例えば，「着る」，「寝る」，「来る」などのように送る。

通則 2

本則　活用語尾以外の部分に他の語を含む語は，含まれている語の送り仮名の付け方によって送る。(含まれている語を〔　〕の中に示す。)

例

(1)　動詞の活用形又はそれに準ずるものを含むもの。

動かす〔動く〕　照らす〔照る〕

語らう〔語る〕 計らう〔計る〕 向かう〔向く〕
浮かぶ〔浮く〕
生まれる〔生む〕 押さえる〔押す〕 捕らえる〔捕る〕
勇ましい〔勇む〕 輝かしい〔輝く〕 喜ばしい〔喜ぶ〕
晴れやかだ〔晴れる〕
及ぼす〔及ぶ〕 積もる〔積む〕 聞こえる〔聞く〕
頼もしい〔頼む〕
起こる〔起きる〕 落とす〔落ちる〕
暮らす〔暮れる〕 冷やす〔冷える〕
当たる〔当てる〕 終わる〔終える〕 変わる〔変える〕 集まる〔集める〕
定まる〔定める〕 連なる〔連ねる〕 交わる〔交える〕
混ざる・混じる〔混ぜる〕
恐ろしい〔恐れる〕

(2) 形容詞・形容動詞の語幹を含むもの。
重んずる〔重い〕 若やぐ〔若い〕
怪しむ〔怪しい〕 悲しむ〔悲しい〕 苦しがる〔苦しい〕
確かめる〔確かだ〕
重たい〔重い〕 憎らしい〔憎い〕 古めかしい〔古い〕
細かい〔細かだ〕 柔らかい〔柔らかだ〕
清らかだ〔清い〕 高らかだ〔高い〕 寂しげだ〔寂しい〕

(3) 名詞を含むもの。
汗ばむ〔汗〕 先んずる〔先〕 春めく〔春〕
男らしい〔男〕 後ろめたい〔後ろ〕

注 次の語は，それぞれ〔 〕の中に示す語を含むものとは考えず，通則1によるものとする。
明るい〔明ける〕 荒い〔荒れる〕 悔しい〔悔いる〕 恋しい〔恋う〕

2 活用のない語

通則3

本則 名詞（通則4を適用する語を除く。）は，送り仮名を付けない。

例 月 鳥 花 山
男 女
彼 何

例外 (1) 次の語は，最後の音節を送る。
辺り 哀れ 勢い 幾ら 後ろ 傍ら 幸い 幸せ 互い
便り 半ば 情け 斜め 独り 誉れ 自ら 災い

(2) 数をかぞえる「つ」を含む名詞は，その「つ」を送る。

例 一つ 二つ 三つ 幾つ

通則4

本則　活用のある語から転じた名詞及び活用のある語に「さ」，「み」，「げ」などの接尾語が付いて名詞になったものは，もとの語の送り仮名の付け方によって送る。

例

(1)　活用のある語から転じたもの。

動き　仰せ　恐れ　薫り　曇り　調べ　届け　願い　晴れ

当たり　代わり　向かい

狩り　答え　問い　祭り　群れ

憩い　愁い　憂い　香り　極み　初め

近く　遠く

(2)　「さ」，「み」，「げ」などの接尾語が付いたもの。

暑さ　大きさ　正しさ　確かさ

明るみ　重み　憎しみ

惜しげ

例外　次の語は，送り仮名を付けない。

謡　虞　趣　氷　印　頂　帯　畳

卸　煙　恋　志　次　隣　富　恥　話　光　舞

折　係　掛(かかり)　組　肥　並(なみ)　巻　割

注　ここに掲げた「組」は，「花の組」，「赤の組」などのように使った場合の「くみ」であり，例えば，「活字の組みが緩む。」などとして使う場合の「くみ」を意味するものではない。「光」，「折」，「係」なども，同様に動詞の意識が残っているような使い方の場合は，この例外に該当しない。したがって，本則を適用して送り仮名を付ける。

〔備考〕　表に記入したり記号的に用いたりする場合には，次の例に示すように，原則として，(　)の中の送り仮名を省く。

例　晴(れ)　曇(り)　問(い)

答(え)　終(わり)　生(まれ)

注　「送り仮名の付け方」(昭和48年内閣告示第2号)は，漢字を記号的に用いたり，表に記入したりする場合を対象としていないものとされているが，法令文については，前記内閣法制次長通知により上記の取扱いによるものとされているので，法令文との表記の統一を図る趣旨から〔備考〕の定めを法令文のみでなく公用文一般にも適用することが適当である。

通則5

本則　副詞・連体詞・接続詞は，最後の音節を送る。

例　必ず　更に　少し　既に　再び　全く　最も

来る　去る

及び

例外　(1)　次の語は，次に示すように送る。

明くる　大いに　直ちに　並びに　若しくは

(2)　次のように，他の語を含む語は，含まれている語の送り仮名の付け方によって送る。(含まれている語を〔　〕の中に示す。)

例　併せて〔併せる〕　至って〔至る〕　恐らく〔恐れる〕　絶えず〔絶える〕　例えば〔例える〕　努めて〔努める〕

辛うじて〔辛い〕　少なくとも〔少ない〕

互いに〔互い〕

必ずしも〔必ず〕

注　接続詞は，原則として，次の4語は漢字で書き，それ以外は仮名で書く。

及び　並びに　又は　若しくは

複合の語

通則6

本則　複合の語(通則7を適用する語を除く。)の送り仮名は，その複合の語を書き表す漢字の，それぞれの音訓を用いた単独の語の送り仮名の付け方による。

例

(1)　活用のある語

書き抜く　流れ込む　申し込む　打ち合わせる　向かい合わせる　長引く　若返る　裏切る　旅立つ

聞き苦しい　薄暗い　草深い　心細い　待ち遠しい　軽々しい　若々しい　女々しい

気軽だ　望み薄だ

(2)　活用のない語

石橋　竹馬　山津波　後ろ姿　斜め左　花便り　独り言　卸商　水煙　目印

封切り　物知り　落書き　雨上がり　墓参り　日当たり　夜明かし　先駆け　巣立ち　手渡し

入り江　飛び火　教え子　合わせ鏡　生き物　落ち葉

寒空　深情け

愚か者

行き帰り　伸び縮み　乗り降り　抜け駆け　作り笑い　暮らし向き　歩み寄り　移り変わり

長生き　早起き　苦し紛れ　大写し

粘り強さ　有り難み　待ち遠しさ

乳飲み子　無理強い　立ち居振る舞い

次々　常々

近々　深々

休み休み　行く行く

ただし，活用のない語で読み間違えるおそれのない次の語は，次のように送り仮名を省く。

明渡し　預り金　言渡し　入替え　植付け　魚釣用具　受入れ　受皿　受持ち　受渡し　渦巻　打合せ　打合せ会　打切り　内払　移替え　埋立て　売上げ　売惜しみ　売出し　売場　売払い　売渡し　売行き　縁組　追越し　置場　贈物　帯留　折詰　買上げ　買入れ　買受け　買換え　買占め　買取り　買戻し　買物　書換え　格付　掛金　貸切り　貸金　貸越し　貸倒れ　貸出し　貸付け　借入れ　借受け　借換え　刈取り　缶切　期限付　切上げ　切替え　切下げ　切捨て　切土　切取り　切離し　靴下留　組合せ　組入れ　組替え　組立て　くみ取便所　繰上げ　繰入れ　繰替え　繰越し　繰下げ　繰延べ　繰戻し　差押え　差止め　差引き　差戻し　砂糖漬　下請　締切り　条件付　仕分　据置き　据付け　捨場　座込み　栓抜　備置き　備付け　染物　田植　立会い　立入り　立替え　立札　月掛　付添い　月払　積卸し　積替え　積込み　積出し　積立て　積付け　釣合い　釣鐘　釣銭　釣針　手続　届出　取上げ　取扱い　取卸し　取替え　取決め　取崩し　取消し　取壊し　取下げ　取締り　取調べ　取立て　取次ぎ　取付け　取戻し　投売り　抜取り　飲物　乗換え　乗組み　話合い　払込み　払下げ　払出し　払戻し　払渡し　払渡済み　引上げ　引揚げ　引受け　引起し　引換え　引込み　引下げ　引締め　引継ぎ　引取り　引渡し　日雇　歩留り　船着場　不払　賦払　振出し　前払　巻付け　巻取り　見合せ　見積り　見習　未払　申合せ　申合せ事項　申入れ　申込み　申立て　申出　持家　持込み　持分　元請　戻入れ　催物　盛土　焼付け　雇入れ　雇主　譲受け　譲渡し　呼出し　読替え　割当て　割増し　割戻し

注　「こけら落とし（こけら落し）」,「さび止め」,「洗いざらし」,「打ちひも」のように，前又は後ろの部分を仮名で書く場合は，他の部分については，単独の語の送り仮名の付け方による。

通則７　複合の語のうち，次のような名詞は，慣用に従って，送り仮名を付けない。

例

(1)　特定の領域の語で，慣用が固定していると認められるもの。

ア　地位・身分・役職等の名。

関取　頭取　取締役　事務取扱

イ　工芸品の名に用いられた「織」,「染」,「塗」等。

《博多》織　《型絵》染　《春慶》塗　《鎌倉》彫　《備前》焼

ウ　その他

書留　気付　切手　消印　小包　振替　切符　踏切

請負　売値　買値　仲買　歩合　両替　割引　組合　手当

倉敷料　作付面積

売上《高》　貸付《金》　借入《金》　繰越《金》　小売《商》　積立《金》　取扱《所》　取扱《注意》　取次《店》　取引《所》　乗換《駅》　乗組《員》　引受《人》　引受《時刻》　引換《券》　《代金》引換　振出《人》　待合《室》　見積

《書》　申込《書》

(2)　一般に，慣用が固定していると認められるもの。

奥書　木立　子守　献立　座敷　試合　字引　場合　羽織　葉巻　番組　番付　日付　水引　物置　物語　役割　屋敷　夕立　割合

合図　合間　植木　置物　織物　貸家　敷石　敷地　敷物　立場　建物　並木　巻紙

受付　受取

浮世絵　絵巻物　仕立屋

注　1　「《博多》織」，「売上《高》」などのようにして掲げたものは，《　》の中を他の漢字で置き換えた場合にも，この通則を適用する。

2　通則7を適用する語は，例として挙げたものだけで尽くしてはいない。したがって，慣用が固定していると認められる限り，類推して同類の語にも及ぼすものである。通則7を適用してよいかどうか判断し難い場合には，通則6を適用する。

なお，通則7を適用する語は，例として挙げたもののほか，おおむね次の218語が考えられる。

合服　預入金　編上靴　《進退》伺　浮袋　受入額　受入先　受入年月日　受付係　受取人　受払金　打切補償　埋立区域　埋立事業　埋立地　裏書　売掛金　売出発行　売手　売主　売渡価格　売渡先　襟巻　沖合　奥付　押売　押出機　覚書　折返線　織元　卸売　買上品　買受人　買掛金　外貨建債権　概算払　買手　買主　書付　過誤払　貸方　貸越金　貸室　貸席　貸倒引当金　貸出金　貸出票　貸主　貸船　貸本　貸間　箇条書　貸渡業　肩書　借受人　借方　借越金　刈取機　借主　仮渡金　缶詰　切替組合員　切替日　くじ引　組入金　組立工　繰上償還　繰入金　繰入限度額　繰入率　繰替金　繰延資産　月賦払　現金払　小売　小切手　先取特権　挿絵　差押《命令》　指図　差出人　差引勘定　差引簿　刺身　仕上機械　仕上工　仕入価格　仕掛花火　仕掛品　敷網　敷居　敷金　敷布　軸受　下請工事　仕出屋　仕立券　仕立物　質入証券　支払　支払元受高　仕向地　事務引継　締切日　所得割　新株買付契約書　据置《期間》　《支出》済《額》　備付品　ただし書　立会演説　立会人　立入検査　竜巻　立替金　立替払　建具　建坪　建値　建前　棚卸資産　《条件》付《採用》　月掛貯金　付添人　漬物　積卸施設　積出地　積荷　詰所　釣堀　出入口　出来高払　手付金　手引　手引書　手回品　手持品　灯台守　《欠席》届　留置電報　取入口　取替品　取組　取消処分　《麻薬》取締法　取立金　取立訴訟　取付工事　取引　取戻請求権　問屋　仲立業　投売品　縄張　荷扱場　荷受人　荷造機　荷造費　《休暇》願　乗合船　乗合旅客　履物　払込《金》　払下品　払出金　払戻金　払戻証書　払渡金　払渡郵便局　控室　引当金　引継事業　引継調書　引取経費　引取税　引渡

《人》　引込線　瓶詰　封切館　福引《券》　船積貨物　振込金　不渡手形　分割払　掘抜井戸　前受金　前貸金　巻上機　巻尺　巻物　見返物資　見込額　見込数量　見込納付　水張検査　見取図　見習工　未払勘定　未払年金　見舞品　名義書換　申立人　持込禁止　元売業者　物干場　雇入契約　雇止手当　譲受人　湯沸器　呼出符号　読替規定　陸揚地　陸揚量　割当額　割高　割増金　割戻金　割安

付表の語

「常用漢字表」の「付表」に掲げてある語のうち，送り仮名の付け方が問題となる次の語は，次のようにする。

1　次の語は，次に示すように送る。

浮つく　お巡りさん　差し支える　五月晴れ　立ち退く　手伝う　最寄り

2　次の語は，送り仮名を付けない。

息吹　桟敷　時雨　築山　名残　雪崩　吹雪　迷子　行方

中国常用字表（2500 字）筆画順序表

一　画

一 乙

二　画

二 十 丁 厂 七 卜
人 入 八 九 几 儿
了 力 乃 刀 又

三　画

三 于 干 亏 士 工
土 才 寸 下 大 丈
与 万 上 小 口 巾
山 千 乞 川 亿 个
勺 久 凡 及 夕 丸
么 广 亡 门 义 之
尸 弓 己 已 子 卫
也 女 飞 刃 习 叉
马 乡

四　画

丰 王 井 开 夫 天
无 元 专 云 扎 艺
木 五 支 厅 不 太
犬 区 历 尤 友 匹
车 巨 牙 屯 比 互
切 瓦 止 少 日 中
冈 贝 内 水 见 午
牛 手 毛 气 升 长
仁 什 片 仆 化 仇
币 仍 仅 斤 爪 反
介 父 从 今 凶 分
乏 公 仓 月 氏 勿
欠 风 丹 匀 乌 凤
勾 文 六 方 火 为
斗 忆 订 计 户 认
心 尺 引 丑 巴 孔
队 办 以 允 予 劝
双 书 幻

五　画

玉 刊 示 末 未 击
打 巧 正 扑 扒 功
扔 去 甘 世 古 节
本 术 可 丙 左 厉
右 石 布 龙 平 灭
轧 东 卡 北 占 业
旧 帅 归 且 旦 目
叶 甲 申 叮 电 号
田 由 史 只 央 兄
叼 叫 另 叨 叹 四
生 失 禾 丘 付 仗
代 仙 们 仪 白 仔
他 斥 瓜 乎 从 令
用 甩 印 乐 句 匆
册 犯 外 处 冬 鸟
务 包 饥 主 市 立
闪 兰 半 汁 汇 头
汉 宁 穴 它 讨 写
让 礼 训 必 议 讯
记 永 司 尼 民 出
辽 奶 奴 加 召 皮
边 发 孕 圣 对 台
矛 纠 母 幼 丝

六　画

式 刑 动 扛 寺 吉
扣 考 托 老 执 巩
圾 扩 扫 地 扬 场
耳 共 芒 亚 芝 朽
朴 机 权 过 臣 再
协 西 压 厌 在 有
百 存 而 页 匠 夸
夺 灰 达 列 死 成
夹 轨 邪 划 迈 毕
至 此 贞 师 尘 尖
劣 光 当 早 吐 吓
虫 曲 团 同 吊 吃
因 吸 吗 屿 帆 岁
回 岂 刚 则 肉 网
年 朱 先 丢 舌 竹
迁 乔 伟 传 乒 乓
休 伍 伏 优 伐 延
件 任 伤 价 份 华
仰 仿 伙 伪 自 血
向 似 后 行 舟 全
会 杀 合 兆 企 众
爷 伞 创 肌 朵 杂
危 旬 旨 负 各 名
多 争 色 壮 冲 冰
庄 庆 亦 刘 齐 交
次 衣 产 决 充 妄
闭 问 闯 羊 并 关
米 灯 州 汗 污 江
池 汤 忙 兴 宇 守
宅 字 安 讲 军 许
论 农 讽 设 访 寻
那 迅 尽 导 异 孙
阵 阳 收 阶 阴 防
奸 如 妇 好 她 妈
戏 羽 观 欢 买 红
纤 级 约 纪 驰 巡

七　画

寿 弄 麦 形 进 戒
吞 远 违 运 扶 抚
坛 技 坏 扰 拒 找
批 扯 址 走 抄 坝
贡 攻 赤 折 抓 扮
抢 孝 均 抛 投 坟
抗 坑 坊 抖 护 壳
志 扭 块 声 把 报

却劫芽花芹芬
苍芳严芦劳克
苏杆杠杜材村
杏极李杨求更
束豆两丽医辰
励否还歼来连
步坚旱盯呈时
吴助县里呆园
旷围呀吨足邮
男困吵串员听
吩吹呜吧吼别
岗帐财针钉告
我乱利秃秀私
每兵估体何但
伸作伯伶佣低
你住位伴身皂
佛近彻役返余
希坐谷妥含邻
岔肝肚肠龟免
狂犹角删条卵
岛迎饭饮系言
冻状亩况床库
疗应冷这序辛
弃冶忘闲间闷
判灶灿弟汪沙
汽沃泛沟没沈
沉怀忧快完宋
宏牢究穷灾良
证启评补初社
识诉诊词译君
灵即层尿尾迟
局改张忌际陆
阿陈阻附妙妖
妨努忍劲鸡驱
纯纱纳纲驳纵
纷纸纹纺驴纽

八　画

奉玩环武青责
现表规抹拢拔
拣担坦押抽拐
拖拍者顶拆拥
抵拘势抱垃拉
拦拌幸招坡披
拨择抬其取苦
若茂苹苗英范
直茄茎茅林枝
杯柜析板松枪
构杰述枕丧或
画卧事刺枣雨
卖矿码厕奔奇
奋态欧垄妻轰
顷转斩轮软到
非叔肯齿些虎
虏肾贤尚旺具
果味昆国昌畅
明易昂典固忠
咐呼鸣咏呢岸
岩帖罗帜岭凯
败贩购图钓制
知垂牧物乖刮
秆和季委佳侍
供使例版侄侦
侧凭侨佩货依
的迫质欣征往
爬彼径所舍金
命斧爸采受乳
贪念贫肤肺肢
肿胀朋股肥服
胁周昏鱼兔狐
忽狗备饰饱饲
变京享店夜庙
府底剂郊废净
盲放刻育闸闹
郑券卷单炒炊
炕炎炉沫浅法
泄河沾泪油泊
沿泡注泻泳泥
沸波泼泽治怖
性怕怜怪学宝
宗定宜审宙官
空帘实试郎诗
肩房诚衬衫视
话诞询该详建
肃录隶居届刷
屈弦承孟孤陕
降限妹姑姐姓
始驾参艰线练
组细驶织终驻
驼绍经贯

九　画

奏春帮珍玻毒
型挂封持项垮
挎城挠政赴赵
挡挺括拴拾挑
指垫挣挤拼挖
按挥挪某甚革
荐巷带草茧茶
荒茫荡荣故胡
南药标枯柄栋
相查柏柳柱柿
栏树要咸威歪
研砖厘厚砌砍
面耐耍牵残殃
轻鸦皆背战点
临览竖省削尝

是 盼 眨 哄 显 哑
冒 映 星 昨 畏 趴
胃 贵 界 虹 虾 蚁
思 蚂 虽 品 咽 骂
哗 咱 响 哈 咬 咳
哪 炭 峡 罚 贱 贴
骨 钞 钟 钢 钥 钩
卸 缸 拜 看 矩 怎
牲 选 适 秒 香 种
秋 科 重 复 竿 段
便 俩 贷 顺 修 保
促 侮 俭 俗 俘 信
皇 泉 鬼 侵 追 俊
盾 待 律 很 须 叙
剑 逃 食 盆 胆 胜
胞 胖 脉 勉 狭 狮
独 狡 狱 狠 贸 怨
急 饶 蚀 饺 饼 弯
将 奖 哀 亭 亮 度
迹 庭 疮 疯 疫 疤
姿 亲 音 帝 施 闻
阀 阁 差 养 美 姜
叛 送 类 迷 前 首
逆 总 炼 炸 炮 烂
剃 洁 洪 洒 浇 浊
洞 测 洗 活 派 洽
染 济 洋 洲 浑 浓
津 恒 恢 恰 恼 恨
举 觉 宣 室 宫 宪
突 穿 窃 客 冠 语
扁 袄 祖 神 祝 误
诱 说 诵 垦 退 既
屋 昼 费 陡 眉 孩
除 险 院 娃 姥 姨
姻 娇 怒 架 贺 盈
勇 怠 柔 垒 绑 绒
结 绕 骄 绘 给 络
骆 绝 绞 统

十　画

耕 耗 艳 泰 珠 班
素 蚕 顽 盏 匪 捞
栽 捕 振 载 赶 起
盐 捎 捏 埋 捉 捆
捐 损 都 哲 逝 捡
换 挽 热 恐 壶 挨
耻 耽 恭 莲 莫 荷
获 晋 恶 真 框 桂
档 桐 株 桥 桃 格
校 核 样 根 索 哥
速 逗 栗 配 翅 辱
唇 夏 础 破 原 套
逐 烈 殊 顾 轿 较
顿 毙 致 柴 桌 虑
监 紧 党 晒 眠 晓
鸭 晃 晌 晕 蚊 哨
哭 恩 唤 啊 唉 罢
峰 圆 贼 贿 钱 钳
钻 铁 铃 铅 缺 氧
特 牺 造 乘 敌 秤
租 积 秧 秩 称 秘
透 笔 笑 笋 债 借
值 倚 倾 倒 倘 俱
倡 候 俯 倍 倦 健
臭 射 躬 息 徒 徐
舰 舱 般 航 途 拿
爹 爱 颂 翁 脆 脂
胸 胳 脏 胶 脑 狸
狼 逢 留 皱 饿 恋
桨 浆 衰 高 席 准
座 脊 症 病 疾 疼
疲 效 离 唐 资 凉
站 剖 竞 部 旁 旅
畜 阅 羞 瓶 拳 粉
料 益 兼 烤 烘 烦
烧 烛 烟 递 涛 浙
涝 酒 涉 消 浩 海
涂 浴 浮 流 润 浪
浸 涨 烫 涌 悟 悄
悔 悦 害 宽 家 宵
宴 宾 窄 容 宰 案
请 朗 诸 读 扇 袜
袖 袍 被 祥 课 谁
调 冤 谅 谈 谊 剥
恳 展 剧 屑 弱 陵
陶 陷 陪 娱 娘 通
能 难 预 桑 绢 绣
验 继

十一画

球 理 捧 堵 描 域
掩 捷 排 掉 堆 推
掀 授 教 掏 掠 培
接 控 探 据 掘 职
基 著 勒 黄 萌 萝
菌 菜 萄 菊 萍 菠
营 械 梦 梢 梅 检
梳 梯 桶 救 副 票
戚 爽 聋 袭 盛 雪
辅 辆 虚 雀 堂 常
匙 晨 睁 眯 眼 悬
野 啦 晚 啄 距 跃
略 蛇 累 唱 患 唯
崖 崭 崇 圈 铜 铲
银 甜 梨 犁 移 笨
笼 笛 符 第 敏 做
袋 悠 偿 偶 偷 您

售 停 偏 假 得 衔
盘 船 斜 盒 鸽 悉
欲 彩 领 脚 脖 脸
脱 象 够 猜 猪 猎
猫 猛 馅 馆 凑 减
毫 麻 痒 痕 廊 康
庸 鹿 盗 章 竟 商
族 旋 望 率 着 盖
粘 粗 粒 断 剪 兽
清 添 淋 淹 渠 渐
混 渔 淘 液 淡 深
婆 梁 渗 情 惜 惭
悼 惧 惕 惊 惨 惯
寇 寄 宿 窑 密 谋
谎 祸 谜 逮 敢 屠
弹 随 蛋 隆 隐 婚
婶 颈 绩 绪 续 骑
绳 维 绵 绸 绿

十二画

琴 斑 替 款 堪 搭
塔 越 趁 趋 超 提
堤 博 揭 喜 插 揪
搜 煮 援 裁 搁 搂
搅 握 揉 斯 期 欺
联 散 惹 葬 葛 董
葡 敬 葱 落 朝 辜
葵 棒 棋 植 森 椅
椒 棵 棍 棉 棚 棕
惠 惑 逼 厨 厦 硬
确 雁 殖 裂 雄 暂
雅 辈 悲 紫 辉 敞
赏 掌 晴 暑 最 量
喷 晶 喇 遇 喊 景
践 跌 跑 遗 蛙 蛛
蜓 喝 喂 喘 喉 幅
帽 赌 赔 黑 铸 铺
链 销 锁 锄 锅 锈
锋 锐 短 智 毯 鹅
剩 稍 程 稀 税 筐
等 筑 策 筛 筒 答
筋 筝 傲 傅 牌 堡
集 焦 傍 储 奥 街
惩 御 循 艇 舒 番
释 禽 腊 脾 腔 鲁
猾 猴 然 馋 装 蛮
就 痛 童 阔 善 羡
普 粪 尊 道 曾 焰
港 湖 渣 湿 温 渴
滑 湾 渡 游 滋 溉
愤 慌 惰 愧 愉 慨
割 寒 富 窜 窝 窗
遍 裕 裤 裙 谢 谣
谦 属 屡 强 粥 疏
隔 隙 絮 嫂 登 缎
缓 编 骗 缘

十三画

瑞 魂 肆 摄 摸 填
搏 塌 鼓 摆 携 搬
摇 搞 塘 摊 蒜 勤
鹊 蓝 墓 幕 蓬 蓄
蒙 蒸 献 禁 楚 想
槐 榆 楼 概 赖 酬
感 碍 碑 碎 碰 碗
碌 雷 零 雾 雹 输
督 龄 鉴 睛 睡 睬
鄙 愚 暖 盟 歇 暗
照 跨 跳 跪 路 跟
遣 蛾 蜂 嗓 置 罪
罩 错 锡 锣 锤 锦
键 锯 矮 辞 稠 愁
筹 签 简 毁 舅 鼠
催 傻 像 躲 微 愈
遥 腰 腥 腹 腾 腿
触 解 酱 痰 廉 新
韵 意 粮 数 煎 塑
慈 煤 煌 满 漠 源
滤 滥 滔 溪 溜 滚
滨 粱 滩 慎 誉 塞
谨 福 群 殿 辟 障
嫌 嫁 叠 缝 缠

十四画

静 碧 璃 墙 撇 嘉
摧 截 誓 境 摘 摔
聚 蔽 慕 暮 蔑 模
榴 榜 榨 歌 遭 酷
酿 酸 磁 愿 需 弊
裳 颗 嗽 蜻 蜡 蝇
蜘 赚 锹 锻 舞 稳
算 箩 管 僚 鼻 魄
貌 膜 膊 膀 鲜 疑
馒 裹 敲 豪 膏 遮
腐 瘦 辣 竭 端 旗
精 歉 熄 熔 漆 漂
漫 滴 演 漏 慢 寨
赛 察 蜜 谱 嫩 翠
熊 凳 骡 缩

十五画

慧 撕 撒 趣 趟 撑
播 撞 撤 增 聪 鞋
蕉 蔬 横 槽 樱 橡
飘 醋 醉 震 霉 瞒
题 暴 瞎 影 踢 踏
踩 踪 蝶 蝴 嘱 墨
镇 靠 稻 黎 稿 稼
箱 箭 篇 僵 躺 僻

德 艘 膝 膛 熟 摩
颜 毅 糊 遵 潜 潮
懂 额 慰 劈

十六画

操 燕 薯 薪 薄 颠
橘 整 融 醒 餐 嘴
蹄 器 赠 默 镜 赞
篮 邀 衡 膨 雕 磨
凝 辨 辩 糖 糕 燃
澡 激 懒 壁 避 缴

十七画

戴 擦 鞠 藏 霜 霞
瞧 蹈 螺 穗 繁 辫
赢 糟 糠 燥 臂 翼
骤

十八画

鞭 覆 蹦 镰 翻 鹰

十九画

警 攀 蹲 颤 瓣 爆
疆

二十画

壤 耀 躁 嚼 嚷 籍
魔 灌

二十一画

蠢 霸 露

二十二画

囊

二十三画

罐

中国次常用字（1000 字）筆画順序表

二 画

匕 刁

四 画

丐 歹 戈 夭 仑 讥
冗 邓

五 画

艾 夯 凸 卢 叭 叽
皿 凹 囚 矢 乍 尔
冯 玄

六 画

邦 迂 邢 芋 芍 吏
夷 吁 吕 吆 屹 廷
迄 臼 仲 伦 伊 肋
旭 匈 凫 妆 亥 汛
讳 讶 讹 讼 诀 驰
阱 驮 驯 纫

七 画

玖 玛 韧 抠 扼 汞
扳 抡 坎 坞 抑 拟
抒 芙 芜 苇 芥 芯
芭 杖 杉 巫 杈 甫
匣 轩 卤 肖 吱 吠
呕 呐 吟 呛 吻 吭
邑 囤 吮 岖 牡 佑
佃 伺 囱 肛 肘 甸
狈 鸠 彤 灸 刨 庇
吝 庐 闰 兑 灼 沐
沛 汰 沥 沦 汹 沧
沪 忱 诅 诈 罕 屁
坠 妓 姊 妒 纬

八 画

玫 卦 坷 坯 拓 坪
坤 拄 拧 拂 拙 拇
拗 茉 昔 苛 苫 苟
苞 茁 苔 枉 枢 枚
枫 杭 郁 矾 奈 奄
殴 歧 卓 昙 哎 咕
呵 咙 呻 咒 咆 咖
帕 账 贬 贮 氛 秉
岳 侠 侥 侣 侈 卑
刽 刹 肴 觅 忿 瓮
肮 肪 狞 庞 疟 疙
疚 卒 氓 炬 沽 沮
泣 泞 泌 沼 怔 怯
宠 宛 衩 祈 诡 帚
屉 弧 弥 陋 陌 函
姆 虱 叁 绅 驹 绊
绎

九 画

契 贰 玷 玲 珊 拭
拷 拱 挟 垢 垛 拯
荆 茸 茬 荚 茵 茴
荞 荠 荤 荧 荔 栈
柑 栅 柠 枷 勃 柬
砂 泵 砚 鸥 轴 韭
虐 昧 盹 咧 昵 昭
盅 勋 哆 咪 哟 幽
钙 钝 钠 钦 钧 钮
毡 氢 秕 俏 俄 俐
侯 徊 衍 胚 胧 胎
狰 饵 峦 奕 咨 飒
闺 闽 籽 娄 烁 炫
洼 柒 涎 洛 恃 恍
恬 恤 宦 诫 诬 祠
诲 屏 屎 逊 陨 姚
娜 蚤 骇

十 画

耘 耙 秦 匿 埂 捂
捍 袁 捌 挫 挚 捣

捅 埃 耿 聂 荸 莽
莱 莉 莹 莺 梆 栖
桦 栓 桅 桩 贾 酌
砸 砰 砾 殉 逞 哮
唠 哺 剔 蚌 蚜 畔
蚣 蚪 蚓 哩 圃 鸯
唁 哼 唆 峭 唧 峻
赂 赃 钾 铆 氨 秫
笆 俺 赁 倔 殷 耸
舀 豺 豹 颁 胯 胰
脐 脓 逛 卿 鸵 鸳
馁 凌 凄 衷 郭 斋
疹 紊 瓷 羔 烙 浦
涡 涣 涤 涧 涕 涩
悍 悯 窍 诺 诽 袒
谆 祟 恕 娩 骏

十一画

琐 麸 琉 琅 措 捺
捶 赦 埠 捻 掐 掂
掖 掷 掸 掺 勘 聊
娶 菱 菲 萎 菩 萤
乾 萧 萨 菇 彬 梗
梧 梭 曹 酝 酗 厢
硅 硕 奢 盔 匾 颅
彪 眶 晤 曼 晦 冕
啡 畦 趾 啃 蛆 蚯
蛉 蛀 唬 啰 唾 啤
啥 啸 崎 逻 崔 崩
婴 赊 铐 铛 铝 铡
铣 铭 矫 秸 秽 笙
笤 偎 傀 躯 兜 衅
徘 徙 舶 舷 舵 敛
翎 脯 逸 凰 猖 祭
烹 庶 庵 痊 阎 阐
眷 焊 焕 鸿 涯 淑
淌 淮 淆 渊 淫 淳
淤 淀 涮 涵 惦 悴
惋 寂 窒 谍 谐 裆
袱 祷 谒 谓 谚 尉
堕 隅 婉 颇 绰 绷
综 绽 缀 巢

十二画

琳 琢 琼 揍 堰 揩
揽 揖 彭 揣 搀 搓
壹 搔 葫 募 蒋 蒂
韩 棱 椰 焚 椎 棺
榔 椭 粟 棘 酣 酥
硝 硫 颊 雳 翘 凿
棠 晰 鼎 喳 遏 晾
畴 跋 跛 蛔 蜒 蛤
鹃 喻 啼 喧 嵌 赋
赎 赐 锉 锌 甥 掰
氮 氯 黍 筏 牍 粤
逾 腌 腋 腕 猩 猬
惫 敦 痘 痢 痪 竣
翔 奠 遂 焙 滞 湘
渤 渺 溃 溅 湃 愕
惶 寓 窖 窘 雇 谤
犀 隘 媒 媚 婿 缅
缆 缔 缕 骚

十三画

瑟 鹉 瑰 搪 聘 斟
靴 靶 蓖 蒿 蒲 蓉
楔 椿 楷 榄 楞 楣
酪 碘 硼 碉 辐 辑
频 睹 睦 瞄 嗜 嗦
暇 畸 跷 跺 蜈 蜗
蜕 蛹 嗅 嗡 嗤 署
蜀 幌 锚 锥 锨 锭
锰 稚 颓 筷 魁 衙
腻 腮 腺 鹏 肆 猿
颖 煞 雏 馍 馏 禀
痹 廓 痴 靖 誊 漓
溢 溯 溶 滓 溺 寞
窥 窟 寝 褂 裸 谬
媳 嫉 缚 缤 剿

十四画

赘 熬 赫 蔫 摹 蔓
蔗 蔼 熙 蔚 兢 榛
榕 酵 碟 碴 碱 碳
辕 辖 雌 墅 嘁 踊
蝉 嘀 幔 镀 舔 熏
箍 箕 箫 舆 僧 孵
瘩 瘟 彰 粹 漱 漩
漾 慷 寡 寥 谭 褐
褪 隧 嫡 缨

十五画

撵 撩 撮 撬 擒 墩
撰 鞍 蕊 蕴 樊 樟
橄 敷 豌 醇 磕 磅
碾 憋 嘶 嘲 嘹 蝠
蝎 蝌 蝗 蝙 嘿 幢
镊 镐 稽 篓 膘 鲤
鲫 褒 瘪 瘤 瘫 凛
澎 潭 潦 澳 潘 澈
澜 澄 憔 懊 憎 翩
褥 谴 鹤 憨 履 嬉
豫 缭

十六画

撼 擂 擅 蕾 薛 薇
擎 翰 噩 橱 橙 瓢
蟥 霍 霎 辙 冀 踱
蹂 蟆 螃 螟 噪 鹦
黔 穆 篡 篷 篙 篱
儒 膳 鲸 瘾 瘸 糙

燎 濒 憾 懈 窿 缰

十七画

壕 藐 檬 檐 檩 檀
礁 磷 瞭 瞬 瞳 瞪
曙 蹋 蟋 蟀 嚎 赡
镣 魏 簇 儡 徽 爵
朦 臊 鳄 糜 癌 懦
豁 臀

十八画

藕 藤 瞻 嚣 鳍 癞
瀑 襟 璧 戳

十九画

攒 孽 蘑 藻 鳖 蹭
蹬 簸 簿 蟹 靡 癣
羹

二十画

鬓 攘 蠕 巍 鳞 糯
譬

二十一画

霹 躏 髓

二十二画

蘸 镶 瓤

二十四画

矗

中国・日本対照文字年表

西暦	年号(☆中国 ★日本)	事項（○中国 ●日本）
前14〜11世紀	☆殷代	○亀の甲羅や牛などの獣骨に刻まれた文字（「亀甲獣骨文」「甲骨文」と呼ばれる）が存在した。
前15〜3世紀	☆殷・周代	○祭祀に使われた鼎や鐘などの青銅器に鋳込まれている文字（「金文」といわれる）が存在した。
前221	☆秦	○始皇帝，中国統一。このころ篆書・隷書定まる（李斯『蒼頡篇（そうけつへん）』を著す）。このころの竹簡が発見されている（雲夢秦簡）
前146	☆前漢・建元5	○五経博士の設置。
前100ごろ	☆前漢	○このころ紙が発明された。
前40ごろ	☆前漢・永光	○史游，『急就篇』を著す。
後57	☆後漢・建武中元2	●「漢委奴国王」の金印
100ごろ	☆後漢	○蔡倫が紙の製法を改良した。
121	☆後漢・建光元	○『説文解字』（許慎）このころ成る。
365ごろ	☆東晋・興寧3	○王羲之没。真・行・草の三体ほぼ確立する。
369		●石上神宮七支刀。
471		●稲荷山古墳出土鉄剣銘
477		●百済の王仁（わに）渡来，『論語』『千字文』をもたらしたと言われる（応神天皇)。
5世紀〜6世紀	☆南北朝時代	○しだいに隷書から楷書が成立する。
521	☆梁・普通2	○『千字文』を著した周興嗣没。
543	☆梁・大同9	○『玉篇』（顧野王）成る。
554	★欽明天皇	●百済，五経・易・暦・医博士・採薬師・楽人を献ずる。
572	★敏達天皇	●高麗よりの表疏で読みがたいのを王辰爾読む（『日本書記』)。
583ごろ	☆陳・至徳1	○『経典釈文』（陸徳明）成る。
589	☆隋・開皇9	○隋の中国統一。このころから楷書が標準書体となる。
601	☆隋・仁寿元	○『切韻』（陸法言ら編）成る。
650	☆唐・永徽1	○『一切経音義』（玄応）このころ成る。
712	★和銅5	●『古事記』成る。
720	★養老4	●『日本書紀』成る。
759以降	★天平宝字3〜	●『万葉集』成る。
760	★天平宝字4	●『百万塔陀羅尼』作られる。
774	☆唐・大暦9	○『干禄字書』（顔元孫）成る。
834	★承和元	●『篆隷万象名義』（空海)，この年以前に成る。
868	☆唐・咸通9	○中国で現存する最古の木板印刷『金剛経』印刷される。
892〜900	★寛平4〜昌泰3	●『新撰字鏡』（昌住）成る。
934	★承平4	●『倭名類聚抄』（源順)，このころ成る。
997	☆遼・統和15	○『龍龕手鑑』（行均）序。
998〜1021	★長徳4〜治安元	●『御堂関白記』（藤原道長）成る。
1008	☆北宋・大中祥符1	○『重修広韻』（陳彭年ら）撰定。

西暦	年号(☆中国 ★日本)	事項(○中国 ●日本)
1041〜48	☆北宋・慶暦年間	○畢昇(ひつしょう),活字印刷法の発明。
1067	☆北宋・治平 4	○『集韻』(丁厚ら)成る。
1100	★康和 2	●『類聚名義抄』(図書寮本),永保元(1081)以後,このころまでに成る。
1106 ごろ	★嘉承元	●『今昔物語集』このころ成る。
1109	★天仁 2	●『童蒙頌韻』(三善為康)。
1143	☆南宋・紹興 13	○『翻訳名義抄』(法雲)成る。
1161	☆宋・紹興 31	○『韻鏡』(張麟之)刊。
1180	★治承 4	●3 巻本『色葉字類抄』このころ成る。
1223	★貞応 2	●世尊寺本『字鏡』,このころまでに成る。
1251	★建長 3	●観智院本『類聚名義抄』(顕慶)書写。
1265	☆元・至元 2	○『切韻指南』(劉鑑)序。
1297	☆元・大徳 1	○『古今韻会挙要』(熊忠)成る。
1307	★徳治 2	●『聚分韻略』(虎関師錬),この年の跋文。
1315	★正和 4	●10 巻本『伊呂波字類抄』成る。
1324	☆元・泰定 1	○『中原音韻』(周徳清)。
1375	☆明・洪武 8	○『洪部正韻』(楽韶鳳)刊。
1386	★至徳 3	●『法華経音訓』(心空)刊行される。
1444	★文安 1	●『下学集』(東麓破衲)成る。
1469	★文明 1	●『新韻集』(万里集九)このころ成る。
1474	★文明 6	●文明本『節用集』このころまとめられる。
1484	★文明 16	●『温故知新書』(大伴広公)成る。
1489	★長享 3	●長享本『和玉篇』書写される。
1528	★享禄 1	●享禄本『韻鏡』刊。
1590	★天正 18	●天正 18 年本『節用集』刊。
1597	★慶長 2	●易林本『節用集』刊。
1601	★慶長 6	●古活字本『倭玉篇』このころ刊行。
1673	★寛文 13	●『小野篁哥字尽』。漢字の篇や冠が同じ類字を区別したもの。
1680	☆清・康熙 19	○『正字通』成る。
1692	★元禄 5	●『異体字弁』(中根元珪)刊。
1716	☆清・康熙 55	○『康熙字典』『佩文韻府』成る。
1760	★宝暦 10	●『同文通考』(新井白石)刊。
1787	☆清・乾隆 52	○『草字彙』(石梁)成る。
1798	☆清・嘉慶 3	○『経伝釈詞』成る。
1798	☆清・嘉慶 3	○『経籍籑詁』(阮元ら)成る。
1807	☆清・嘉慶 12	○『説文解字注』(段玉裁)成る。
1866	★慶応 2	●前島密が「漢字御廃止之議」を将軍慶喜に建白。
1872	★明治 5	●『新撰字書』(田中義慶)成る。漢字 3167 字。
1873	★明治 6	●『文字之教』(福沢諭吉)刊。2000〜3000 字の漢字節減論。
1887	★明治 20	●文部省『尋常小学読本』刊。
1889	★明治 22	●『送仮名法』(内閣官報局)刊。

西暦	年号(☆中国 ★日本)	事項（○中国　●日本）
1900	★明治 33	●文部省，小学校令施行規則改正。
1903	☆清・光緒 29	○『鉄雲蔵亀』（劉鶚）刊。
1904	★明治 37	●第 1 期国定国語教科書『尋常小学読本』。
1907	★明治 40	●『送仮名法』（国語調査委員会）刊。
1908	★明治 41	●『漢字要覧』（国語調査委員会）刊。
1910	★明治 43	●第 2 期国定国語教科書『尋常小学読本』。
1913	☆民国 2	○読音統一会で注音字母を発表。
1915	☆民国 4	○『中華大字典』（徐元誥・欧陽溥存ら編），『辞源』（陸爾奎ら編）成る。
1918	★大正 7	●第 3 期国定国語教科書『尋常小学国語読本』。
1919	★大正 8	●『漢字整理案』（文部省，普通学務局）刊。
1923	★大正 12	●『常用漢字表』（臨時国語調査会）発表。
1925	★大正 14	●「字体整理案」（臨時国語調査会）発表。
1930	☆民国 19	○『宋元以来俗字譜』（中華民国，歴史語言研究所）刊。
1931	★昭和 6	●臨時国語調査会，『常用漢字表』『仮名遣改定案』の修正を発表。
1933	★昭和 8	●第 4 期国定国語教科書『小学国語読本』。
1934	★昭和 9	●岡井慎吾『日本漢字学史』刊。
1935	★昭和 10	●『本邦常用漢字の研究』（内閣印刷局）刊。
1935	★昭和 10	●斯文会，常用漢字 3586 字を選定。
1935	☆民国 24	○略字 324 字を公表。
1936・37	☆民国 25・26	○『辞海』（舒新城ら編）刊。
1938	★昭和 13	●山本有三『戦争と二人の婦人』刊。
1938	★昭和 13	●『ふりがな廃止論とその批判』（白水社編）刊。
1938	★昭和 13	●国語審議会，「漢字字体整理案」を答申。
1938	★昭和 13	●岡崎常太郎『漢字制限の基本的研究』刊。
1940	★昭和 15	●陸軍『兵器名称及び用語の簡易化に関する通牒』を発し，漢字を 1235 字に制限。
1941	★昭和 16	●第 5 期国定国語教科書『ヨミカタ』等。
1941	★昭和 16	●『本邦常用漢字の研究』（内閣印刷局）刊。
1941	★昭和 16	●大西雅雄『日本基本漢字学』。
1942	★昭和 17	●国語審議会『標準漢字表案』2528字を議決答申。国語審議会『新字音仮名遣表』『国語ノ横書ニ関スル件』を議決答申。
1944	★昭和 19	●岡田希雄『類聚名義抄の研究』刊。
1946	★昭和 21	●『新聞活字用標準漢字の研究』（朝日新聞社）刊。
1946	★昭和 21	●『送りがなのつけ方』（文部省国語調査室）刊。「当用漢字表」「現代かなづかい」公布。
1947	★昭和 22	●第 6 期国定国語教科書『こくご』等。
1948	★昭和 23	●「当用漢字別表」「当用漢字音訓表」公布。『50 音順　当用漢字音訓表』（文部省国語課）刊。

西暦	年号(☆中国 ★日本)	事項（○中国 ●日本)
1948	★昭和 23	●平井昌夫『国語国字問題の研究』刊。
1949	★昭和 24	●「当用漢字字体表」公布。
1949		○中華人民共和国成立。
1950	★昭和 25	●『活字使用度数調査・熟語使用度数調査』(朝日新聞社）刊。
1951	★昭和 26	●国語審議会,「人名用漢字別表」(92 字）公布。
1951	★昭和 26	●「小中学校の児童生徒の漢字を書く能力調査」(文部省初等課）の結果を発表。『義務教育における漢字習得に関する調査報告』(文部省調査局国語課）刊。
1951		○毛沢東，文字改革を指示。
1952	★昭和 27	●倉石武四郎『漢字の運命』刊。
1954	★昭和 29	●国語審議会，当用漢字表の補正（28 字の入れ替え，字体 1 字修正）について審議，漢字部会の審議結果の報告が，将来当用漢字資料となることを決議。
1954		○国務院内に中国文字改革委員会成立。
1955		○「漢字簡化方案草案」(2238 字）公布される。
1955～60	★昭和 30～35	●『大漢和辞典』(諸橋轍次）刊。
1955	★昭和 30	●川瀬一馬『古辞書の研究』刊。
1955		○「第 1 批異体字整理表」公布。異体字の整理と淘汰を行う。
1956		○国務院『漢字簡化方案』を批准。これによって簡化字が中国大陸の正規の字形となる。
1956	★昭和 31	●教育課程審議会「教育漢字の学年配当」答申。
1956	★昭和 31	●新聞用語懇談会，用語の統一作業について音訓表外漢字の基準原則・学術用語・法令用語・2 種以上の慣用ある漢字の使用基準を決定。
1958	★昭和 33	●文部省,『小・中学校学習指導要領国語科編』告示。別表に「小学校学年別漢字配当表」を示す。文部省,「教科用図書に用いる別表の漢字の教科書体活字の字体について」発表。
1958	★昭和 33	●山田忠雄『当用漢字の新字体―制定の基盤をたづねる―』刊。
1958		○『漢語拼音方案』公布。
1958	★昭和 33	●『筆順指導の手びき』(文部省）刊。
1959	★昭和 34	●内閣,「送りがなのつけ方」「『送りがなのつけ方』の実施について」公布。
1960	★昭和 35	●『総合雑誌の用字』(国立国語研究所)
1960	★昭和 35	●毎日新聞東京本社印刷局『外字調査報告書―昭和 32 年 9 月 6 日～昭和 33 年 9 月 5 日―』刊。
1960		○『新簡化字収集に関する通知』公布。新しい簡化字の収集および整理を開始。

西暦	年号(☆中国 ★日本)	事項（○中国　●日本）
1962	★昭和 37	●吉田澄夫・井之口有一『明治以降国字問題諸案集成』刊。
1963	★昭和 38	●『現代雑誌 90 種の用語用字』（国立国語研究所）刊。
1963	★昭和 38	●『当用漢字字体表の問題点』（『国語シリーズ 53』林大執筆）刊。
1964		○『簡化字総表』制定。
1965		○『印刷通用漢字字形表』公布。計 6196 字の字形や筆画，筆順などについて，具体的な規定を制定。
1966	★昭和 41	●『戦後の国民各層の文字生活』（国立国語研究所）刊。
1966	★昭和 41	●『外国人のための漢字辞典』（文部省）刊。
1966	★昭和 41	●国語審議会第 58 回総会。文部大臣から「国語改善の具体策について」諮問。「国語の表記は，漢字かなまじり文によることを前提とし」，①（イ）当用漢字表（別表を含む）の取り扱いならびに漢字の選定方針とその取捨選択について，（ロ）音訓整理の方針とその取捨選択について，（ハ）字体の標準に関する方針と各字の字体の標準について，②送りがなのつけ方について，③現代かなづかいについて，検討する必要があると項目が示された。
1968	★昭和 43	●文部省，小学校学習指導要領告示。第 6 学年に教育漢字外当用漢字 115 字の追加（小学校で 1000 字の学習）
1971	★昭和 46	●国語審議会，第 78 回総会。「当用漢字改定音訓表」が承認された。45 年の試案にある追加 394 の音訓のうち，65 を削り 28 を加えて，357 の音訓を追加し，例外的な読みを認める表がつけられている。
1972	★昭和 47	●国語審議会，第 80 回総会。「『当用漢字音訓表』および『送りがなのつけ方』の改定について」を答申。
1972	★昭和 47	●『児童・生徒の読み書きの力―当用漢字について』（文化庁国語課）刊。
1973	★昭和 48	●「当用漢字音訓表」・「送り仮名の付け方」公布。
1976	★昭和 51	●『現代新聞の漢字』（国立国語研究所）刊。
1976	★昭和 51	●「人名用漢字追加表」（法務省・人名用漢字問題懇談会）。
1976	★昭和 51	●「小学校の教科書における表外漢字の出現状況」（文化庁国語課）。

西暦	年号(☆中国 ★日本)	事項（○中国 ●日本）
1976	★昭和 51	●福沢周亮『漢字の読字学習—その教育心理学的研究』刊。
1977	★昭和 52	●『法令における表外漢字使用の実態調査報告書』（文化庁国語課）
1977		○『第 2 次漢字簡化案（草案）』発表。第 1 表 248 字，第 2 表 605 字。
1978	★昭和 53	●杉本つとむ『異体字とは何か』刊。
1979	★昭和 54	●『現代の漢字使用の実態と意識に関する計量言語学的研究』（国立国語研究所）刊。
1981	★昭和 56	●大原信一『中国の漢字』刊。
1981	★昭和 56	●『常用漢字表』公布。
1981		○『信息交換用漢字編碼字符集・基本集』（国際標準 GB）発布。コンピュータ処理用の漢字コード，計 6763 字。
1982	★昭和 57	●中田祝夫『日本の漢字』刊。
1982	★昭和 57	●井之口有一『明治以後の漢字政策』刊。
1983	★昭和 58	●「情報交換用漢字符号系 JIS C 6226-1983」発表。
1984	★昭和 59	●海保博之『漢字を科学する』刊。
1985	★昭和 60	●樺島忠夫他編『事典日本の文字』刊。
1985		○『普通話異読詞審音表』発表。標準語における多音字での読音を整理し，標準音を明示。
1986	★昭和 61	竹村真一『明朝体の歴史』刊。
1986	★昭和 61	杉本つとむ『常用漢字にない漢字の辞典』刊。
1986		○『第 2 次漢字簡化方案（草案）』の使用停止を決定。
1986		○『簡化字総表』の再発表。
1987	★昭和 62	●『分類漢字表稿本』（国立国語研究所）刊。
1987		○『地名での文字使用に関する若干の規定』公布。
1987		○『放送・映画・テレビで言語と文字を正確に使うことに関する若干の規定』公布。
1987		○『企業や商店の看板，商品の包装，広告などで正確に漢字と漢語拼音方案を使用することに関する若干の規定』公布。
1987～89	★昭和 62～平成 1	●佐藤喜代治編『漢字講座』（全 12 巻）
1988		○『現代漢語通用字表』発表。常用字 2500 字，次常用字 1000 字。
1988		○『現代漢語通用字表』発表。印刷通用漢字字形表から 50 字を削り，854 字を増加。計 7000 字。
1988	★昭和 63	●野村雅昭『漢字の未来』刊。
1989	★昭和 64・平成 1	●阿辻哲次『図説漢字の歴史』刊。
	★平成 1	●「小学校学習指導要領」改正。
1990	★平成 2	●菅原義三（飛田良文監修）『国字の字典』刊。

西暦	年号(☆中国 ★日本)	事項（○中国　●日本）
1990	★平成 2	●エツコ・オバタ・ライマン『日本人の作った漢字—国字の諸問題』刊。
1990	★平成 2	●「情報交換用漢字符号系 JIS X 0208-1990」発表。
1992		○『出版物における漢字使用管理規定』公布。
1992〜	★平成 4〜続刊	●前田富祺編『国語文字史の研究』第 1 集刊。2007 年までに第 10 集まで刊行。
1994	★平成 6	●河野六郎『文字論』刊。
1994	★平成 6	●『常用漢字の習得と指導』(国立国語研究所) 刊。
1997	★平成 9	●『字体・字形差一覧』(文化庁国語課)。
1997	★平成 9	●芝耕司編『JIS 漢字字典』刊。
1997〜2000	★平成 9〜12	●『漢字出現頻度数調査』(文化庁国語課)。
1998	★平成 10	●佐藤喜代治他編『漢字百科大事典』刊。
1998	★平成 10	●杉本つとむ『日本文字史の研究』刊。
1999	★平成 11	●『明朝体活字字形一覧』上下（文化庁国語課)。
1999	★平成 11	●小池和夫他『漢字問題と文字コード』刊。
2000	★平成 12	●「表外漢字字体表」答申。
2000	★平成 12	●「情報交換用漢字符号系」JIS X 0213-2000。
2000	★平成 12	●『ユニコード漢字情報辞典』(同編集委員会)。
2000	★平成 12	●『本と活字の歴史事典』(印刷史研究会編) 刊。
2002	★平成 14	●芝野耕司編『増補改訂 JIS 漢字字典』刊。
2002〜05	★平成 14〜17	●『現代雑誌の漢字調査』(国立国語研究所)。
2003	★平成 15	●笹原宏之他『現代日本の異体字—漢字環境学序説』刊。
2003	★平成 15	●藤井久美子『近現代中国における言語政策——文字改革を中心に』刊。
2003〜06	★平成 15〜18	●前田富祺・野村雅昭編『朝倉漢字講座』1〜5 巻刊。
2004	★平成 16	●森岡健二『日本語と漢字』刊。
2004	★平成 16	●「情報交換用漢字符号系」JIS X 0213-2005。
2005	★平成 17	●円満字二郎『人名用漢字の戦後史』刊。
2005	★平成 17	●『国語施策百年史』(文化庁)。
2006	★平成 18	●笹原宏之『日本の漢字』刊。
2007	★平成 19	●笹原宏之『国字の位相と展開』刊。

索　引

ア　行

カ 行

サ 行

タ 行

ナ 行

ハ 行

ワ 行

欧 文

編集者略歴

前田富祺（まえだ とみよし）

1937年　北海道に生まれる
1965年　東北大学大学院文学研究科博士課程修了
現　在　神戸女子大学名誉教授
　　　　大阪大学名誉教授
　　　　文学博士

阿辻哲次（あつじ てつじ）

1951年　大阪府に生まれる
1980年　京都大学大学院博士課程修了
現　在　京都大学大学院人間・環境学研究科教授
　　　　文学修士

漢字キーワード事典

2009年5月30日　初版第1刷
2012年11月15日　第2刷

編集者　前　田　富　祺
　　　　阿　辻　哲　次
発行者　朝　倉　邦　造
発行所　株式会社　朝　倉　書　店
東京都新宿区新小川町6-29
郵便番号　162-8707
電　話　03(3260)0141
FAX　03(3260)0180
http://www.asakura.co.jp

〈検印省略〉

新日本印刷・渡辺製本

ISBN 978-4-254-51028-7　C3581　Printed in Japan